U0681491

汉字教学常用字形义解析

金文伟　曾红　温莉 ◎ 编著

中国财富出版社

图书在版编目（CIP）数据

汉字教学常用字形义解析／金文伟，曾红，温莉编著．—北京：中国财富出版社，2012. 10（2025. 4 重印）

ISBN 978－7－5047－4372－5

Ⅰ．①汉…　Ⅱ．①金…②曾…③温…　Ⅲ．①汉字—小学—教学参考资料　Ⅳ．①G623. 203

中国版本图书馆 CIP 数据核字（2012）第 160056 号

策划编辑 张彩霞		**责任印制** 梁 凡	
责任编辑 张彩霞		**责任校对** 孙会香　杨小静	

出版发行	中国财富出版社
社　　址	北京市丰台区南四环西路 188 号 5 区 20 楼　　**邮政编码** 100070
电　　话	010－52227588 转 2098（发行部）　　010－52227588 转 321（总编室）
	010－52227566（24 小时读者服务）　　010－52227588 转 305（质检部）
网　　址	http：//www. cfpress. com. cn
经　　销	新华书店
印　　刷	宝蕾元仁浩（天津）印刷有限公司
书　　号	ISBN 978－7－5047－4372－5/G・0548
开　　本	880mm×1230mm　1/32　　**版　　次** 2012 年 10 月第 1 版
印　　张	16.5　　　　　　　　　　　**印　　次** 2025 年 4 月第 12 次印刷
字　　数	736 千字　　　　　　　　　　**定　　价** 68. 00 元

编写说明

一、编写目的

本书为提高汉字教学（包括中小学识字教学、少数民族学汉字、对外汉语教学、师范语文教育）的效率而编写，也可作为书法爱好者、其他行业人士学习汉字知识的参考书。

二、编排体例

1. 掌握汉字系统是提高汉字教学效率的重要方法之一。为了发挥部首系统在汉字教学中的重要作用，正文按部首排序。各部首系统，先解析部首，再解析部中字。

2. 本书解析了193个部首，2210个汉字，其中192个部首和绝大多数字是《现代汉语常用字表》（3500个字）所设部首和部中字，另加"黾"部和"珀、鼯、她、嫣"等极少数常见字。

3. 本书部首不是据义定部，而是便于检字的据形定部之部首，这更适宜发挥"举一形而统众形"的作用，所以本书除了解析每个部首的形音义关系，还指出了部首作为偏旁时在构字中作意符、声符和记号的作用。

4. 本书依据汉字学，将汉字字符分为意符、声符、记号。

5. 解析汉字形体结构和形义联系的术语比较多，为照顾大多数人的习惯，本书仍采用传统的"六书"说，即象形、指事、会意、形声、假借、转注。对记号字符随文指出。

6. 对字的解析，多以汉字学界的公认定论为准；少数采用或参考某家之言，或列出不同说法供读者参考；极少数是编著者有确凿根据的一得之见。

7. 所谓形声字的声符表声，指的是造字时声符与字音是相同或相近的。由于时代的发展，语音的变化，有相当多的形声字，其声符与该字的现代规范读音已不相同，不能表音而成为了记号，本书仍称其为形声字，是依传统说法。

8. 字头为楷体简化字，括号内为该字头的繁体字、异体字；后面标注该字头的现代汉语拼音，某些字的古音根据需要随文标出。

9. 为了便于解析字形、说明演变源流，拼音后列有古文字：（甲）代表甲骨文；（金）代表金文；（籀）代表籀文，即大篆；（古文）代表《说文》中的古文；（篆）代表《说文》中的小篆；（或体）代表《说文》中的小篆异体字；（隶）则代表古隶书。

10. 每个字条的解析顺序是：先解析该字较早字体（多为古文字）的形音义关系与演变，次解说该字的本义、通假义或近远引申义的主要义项，并多阐明义项间的联系，说明古今意义和用法的重要变化。各义项后一般列 2 个例证。有些字条末尾列有"注意"栏，提醒读者关注相关形近字的区别和辨别方法。

11. 本义指文献中反映出来的造字时的字义；引申义指由本义延伸派生出来的意义；假借义指按照同音或近音（指古代）的原则，一个字被借用来表示另一字时的意义。

12. 例证力求典型，明白易懂，以求举一反三，触类旁通。一般例证不注明出处，引自典籍的例句则注明作者和出处。对某些例证的疑难字词作了适当注释，一般是随引文注音，句后加括号释义。

三、检索方法

1. 本书检字表依次分为部首目录、部首检字表、笔画检字表、音序检字表四部分。

2. 部首检字表的部首和部中字按笔画数由少到多排列；笔画数相同的按"一""｜""丿""丶""一"的笔形顺序排列。

3. 笔画检字表按照汉字笔画数由少到多排列；笔画数相同的字按"一""｜""丿""丶""一"的笔形顺序排列。

4. 音序检字表按照汉语拼音音节表的次序排列；声母韵母相同的，按阴、阳、上、去、轻的声调顺序排列；同音字按照笔画数由少到多排列；笔画数相同的，按"一""｜""丿""丶""一"的笔形顺序排列。

部首目录

（部首右边的号码为部首检字表的页码）

部首检字表

（字右边的号码为正文页码）

幔	114	夙	120	庚	128
彳部		舛	120	废(廢)	128
		名	120	度	129
彳	115	多	121	庭	129
行	115	梦(夢)	121	庠	129
役	115	**夂(夊)部**		席(蓆)	129
征(徵)	115			座	129
往	115	夂(夊)	122	唐	129
彼	116	处(處、处)	122	庶	130
径(徑、逕)	116	冬	122	庵	130
待	116	务(務)	122	庚	130
徊	116	各	123	廊	130
律	116	条(條)	123	康	130
很	116	夏	123	庸	130
徐	116	**爿(丬)部**		赓	130
徘	116			廓	130
徙	116	爿(丬)	124	廉	131
得	116	壮(壯)	124	腐	131
衔(銜、啣)	117	妆(妝、粧)	124	**门(門)部**	
街	117	状(狀)	124		
循	117	将(將)	124	门(門)	132
微	117	**广部**		闩(閂)	132
德	117			闪(閃)	132
徽	117	广¹	126	闭(閉)	132
彡部		广²(廣)	126	问(問)	132
		庄(莊)	126	闯(闖)	133
彡	118	庆(慶)	126	闰(閏)	133
形	118	庑(廡)	127	闲(閑、閒)	133
彤	118	床(牀)	127	间(間、閒)	133
须(須、鬚)	118	库(庫)	127	闷(悶)	133
彦(彦)	118	庇	127	闸(閘)	133
彩	118	庐(廬)	127	闹(鬧、閙)	133
彭	119	序	127	闺(閨)	134
彰	119	庞(龐)	127	闻(聞)	134
影	119	店	128	闽(閩)	134
夕部		庙(廟)	128	阀(閥)	134
		府	128	阅(閱)	134
夕	120	底	128	阁(閣、閤)	134
外	120	庖	128	阐(闡)	134

犀	156	**女部**		驰(馳)	168
履	156			驱(驅、敺)	168
		女	163	驳(駁)	168
己(已、巳)部		奶(嬭)	163	驴(驢)	169
		奴	163	驶(駛)	169
己	157	奸(姦)	163	驷(駟)	169
已	157	如	163	驹(駒)	169
巳	157	妄	164	驼(駝)	169
改	157	妇(婦)	164	骄(驕)	169
忌	157	好	164	骆(駱)	169
		妓	164	骇(駭)	169
弓部		妙	164	验(驗、譣)	169
		妖	164	骗(騙)	169
弓	158	妨	164	骚(騷)	169
引	158	妒(妬)	164	骤(驟)	170
弘	158	妻	165		
弛	158	姓	165	**幺部**	
张(張)	158	始	165		
弧	158	姿	165	幺	171
弦(絃)	159	娃	165	幼	171
弩	159	娇(嬌)	165		
弯(彎)	159	姹	165	**巛部**	
弱	159	娶	165		
弹(彈)	159	婴(嬰)	165	巛	172
强(強、彊)	159	婚	166	邕	172
疆	159	婉	166	巢	172
		媚	166		
子部		嫉	166	**王(玉)部**	
		嫌	166		
子	161	嫁	166	王	173
孑	161	嫣	166	玉(玊)	173
孔	161			弄	173
孕	161	**飞(飛)部**		玖	174
孙(孫)	162			玛(瑪)	174
孜	162	飞(飛)	167	玩	174
学(學)	162			环(環)	174
孟	162	**马(馬)部**		现(現)	174
孤	162			玫	174
孪(孿)	162	马(馬)	168	珐	174
孩	162	驭(馭)	168	珀	174
孺	162	驯(馴)	168	珍	174
				玲	175

轰(轟)	194	戡	200	**日(冄、曰)部**	
转(轉)	194	截	200		
斩(斬)	194	戮(勠)	200	日	208
轮(輪)	194	戴	200	冄	208
软(軟、輭)	194			曰	208
轿(轎)	194	**比部**		旦	208
较(較)	195	比	201	早	209
辅(輔)	195	毕(畢)	201	旭	209
辆(輛)	195	毙(獘、斃)	201	旱	209
辈(輩)	195			时(時)	209
输(輸)	195	**瓦部**		昔	209
辑(輯)	195	瓦	202	昆	209
辖(轄)	195	瓶(缾)	202	昌	209
				昂	209
牙部		**止部**		昏	209
牙	196	止	203	昧	210
邪	196	正	203	是	210
鸦(鴉、雅)	196	此	203	显(顯)	210
雅	196	步	204	冒	210
		歧	204	映	210
戈部		肯(肎)	204	昨	210
戈	197	整	204	昭	210
戊	197			晓(曉)	211
戎	197	**攴(攵)部**		晕(暈)	211
戍	197	攴(攵)	205	冕	211
戌	197	收	205	晚	211
成	197	政	205	暂(暫)	211
划(劃)	198	故	205	暑	211
戒	198	效(俲、効)	205	最	211
我	198	教	206	晶	212
或	198	救	206	景	212
咸(鹹)	198	敏	206	普	212
威	198	敛(斂)	206	暖(煖、煗)	212
战(戰)	199	敝	206	暗	212
栽	199	敬	206		
载(載)	199	敞	206	**贝(貝)部**	
戚(慼)	199	敲	207	贝(貝)	213
戛	199	敷	207	则(則)	213
裁	199			财(財)	213

笔画检字表

（字右边的号码为正文页码）

师(師)	10	伍	41	多	121
尘(塵)	101	伏	42	凫(鳧)	55
尖	101	臼	355	争(爭)	69
劣	101	伐	42	色	360
光	51	延	78		
当(當、噹)	102	件	42	丶	
早	209	伦(倫)	42	壮(壯)	124
吐	104	华(華)	23	冲¹(沖)	60
虫(蟲)	341	仰	42	冲²(衝)	60
团(團)	108	伪(僞、偽)	42	妆(妝、粧)	124
吕(呂)	104	自	356	冰	60
同	32	血	357	庄(莊)	126
吊(弔)	104	向(嚮、曏)	14	庆(慶)	126
吃(喫)	105	行	115	亦	56
因	108	舟	358	刘(劉)	260
吸	105	杀(殺)	181	交	56
屿(嶼)	111	合	42	衣(衤)	361
回(迴、廻、囬)	109	兆	14	次	61
则(則)	213	企	43	产(產)	316
刚(剛)	68	佘	43	决(決)	61
网(網)	33	众(眾、衆)	43	充	57
肉	344	爷(爺)	246	妄	164
団	109	伞(繖、傘)	43	闭(閉)	132
丿		肌	247	问(問)	132
年	13	肋	247	闯(闖)	133
朱(硃)	13	朵	181	羊(羌、𦍌)	363
缶	345	杂(雜、襍)	181	米	366
先	51	凤	120	州	18
牝	227	危	69	污(汙、污、洿)	216
丢(丟)	13	旬	50	江	216
廷	78	旭	209	汲	217
舌	346	旨	53	池	217
竹(⺮)	348	负(負)	69	汤(湯)	217
迁(遷)	145	犷(獷)	188	忙	272
乔(喬)	13	匈	50	宇	136
乒	13	舛	120	守	136
乓	14	各	123	宅	136
休	41	名	120	字	137
				安	137

军(軍)	63	纟(糹、纟)	373	声(聲)	85
许(許)	403	巡	145	报(報)	231
讽(諷)	403	**七画**		抒	232
农(農、辳)	18	**一**		却(卻)	66
设(設)	404	弄	173	劫	72
访(訪)	404	麦(麥)	382	芽	89
乛		玖	174	花	89
聿	369	玛(瑪)	174	芹	89
寻(尋)	152	形	118	芬	89
那	394	进(進)	145	苍(蒼)	89
艮	370	戒	198	芳	89
迅	145	吞	105	劳(勞)	90
尽(盡、儘)	18	违(違)	145	苏(蘇)	90
导(導)	94	韧(韌、靭)	179	巫	81
弛	158	坏(壞)	84	杠(槓)	182
孙(孫)	162	找	230	杜	182
阵(陣)	418	批	230	杏	182
阳(陽)	418	址(阯)	84	杉	182
收	205	走	383	极(極)	182
阶(階、堦)	419	贡(貢)	80	李	182
阴(陰)	419	汞	81	杨(楊)	182
防	419	坝(壩)	84	匣	29
丞	21	攻	81	束	5
奸(姦)	163	赤	385	豆	386
如	163	折	230	酉	387
妇(婦)	164	抓	231	医(醫)	29
好	164	扮	231	辰	390
戏(戲、戱)	74	孝	326	否	105
羽	371	坎	84	还(還)	145
欢(歡)	74	均	84	来(來)	5
红(紅)	373	抑	231	连(連)	146
纤(纖、縴)	373	投	231	轩(軒)	193
驯(馴)	168	坟(墳)	84	**丨**	
约(約)	374	坑	84	步	204
级(級)	374	坊	85	卤(鹵)	31
纪(紀)	374	护(護)	231	肖	102
驰(馳)	168	志(誌)	85	早	209
纫(紉)	374	块(塊、凷)	85	呈	105

忧(憂)	273	附(坿)	420	拖	232
快	273	坠(墜)	420	顶(頂)	334
完	137	妓	164	拆	232
宋	137	妙	164	拂	232
宏	137	妖	164	坡	86
牢	137	妨	164	拨(撥)	232
究	318	妒(妬)	164	卓	410
穷(窮)	318	努	72	其(箕)	35
灾(災)	138	忍	272	取	327
良	370	鸡(鷄、雞)	74	苦	90
证(証、證)	404	纬(緯)	374	昔	209
启(啟、啓)	270	驱(驅、敺)	168	若	90
评(評)	404	纯(純)	374	茂	90
补(補)	361	纲(綱)	374	苹(蘋)	90
初	361	纳(納)	375	苗	90
社	282	驳(駁)	168	英	90
诉(訴)	404	纵(縱)	375	直	24
罕	63	纷(紛)	375	茄	91
词(詞)	404	纸(紙)	375	茎(莖)	91
一		驴(驢)	169	茅	91
君	106	纽(紐)	375	林	182
灵(靈)	152	**八画**		枝	182
即(卽)	66	**一**		杏	183
层(層)	154	奉	5	枚	183
屁	154	玩	174	析	183
尿	154	环(環)	174	述	146
尾	154	武	100	枕	183
迟(遲)	146	青	409	丧(喪)	24
局	155	责(責)	213	或	198
改	157	现(現)	174	卧(臥)	330
张(張)	158	玫	174	事	6
忌	157	表	6	刺	69
际(際)	419	孟	297	枣(棗)	6
陆(陸)	419	卦	31	雨	411
阿	419	拔	232	卖(賣)	24
孜	162	拣(揀)	232	厕(廁)	26
陈(陳)	420	坦	86	奈	97
阻	420	拐	232	奔(犇)	97

店	128	学（學）	162	孤	162
夜	57	宝（寶、寶）	138	函（圅）	65
庙（廟）	128	宗	138	降	420
府	128	定	138	限	421
底	128	审（審）	138	姓	165
庖	128	宙	138	始	165
疟（瘧）	314	空	318	弩	159
郊	395	帘（簾）	319	叁（参、叄）	76
庚	128	官	139	参（參）	76
废（廢）	128	宛	139	艰（艱）	75
盲	291	实（實）	139	线（綫、線）	376
放	261	宓	139	练（練）	376
刻	70	试（試）	404	组（組）	376
育（毓）	249	郎	395	细（細）	376
闸（閘）	133	诗（詩）	404	驶（駛）	169
闹（鬧、閙）	133	肩	270	驸（駙）	169
郑（鄭）	395	房	270	驹（駒）	169
券	70	诚（誠）	405	终（終）	377
卷	67	衬（襯）	361	绊（絆）	377
单（單）	36	衫	361	驼（駝）	169
炒	264	视（視）	282	绎（繹）	377
炊	264	祈	283	经（經）	377
炕	264	诞（誕）	405	贯（貫）	280
炎	264	询（詢）	405	**九画**	
浅（淺）	219	**乛**		**一**	
法	219	建	78	契（栔）	98
泄（洩）	219	肃（肅）	369	贰（貳、弍）	100
河	219	隶（隸、隷）	428	玷	174
泪（淚）	219	录（彔、録、錄）	152	珀	174
泗	220	帚	152	玲	175
沿	220	居	155	珍	174
泡	220	届	155	珊	175
治	220	屈	155	毒	280
怖	274	弧	158	挂（掛）	233
性	274	弦（絃）	159	封	94
怕	274	承	21	持	233
怜（憐）	274	孟	162	项（項）	81
怪（恠）	274	陌	420	垮	86

律	116	奕	98	洽	221
很	116	庭	129	染	184
须（須、鬚）	118	疮（瘡）	314	济（濟）	221
叙（敍、敘）	75	疯（瘋）	314	洋	221
剑（劍、劎）	70	疫	314	浑（渾）	221
爰	244	疤	314	津	221
食（饣、飠）	434	庠	129	恢	275
盆	297	姿	165	恬	275
胚（肧）	249	亲（親）	316	恰	275
胧（朧）	250	飐（颭）	257	恨	275
胆（膽）	250	音	437	举（舉、擧）	18
胜（勝）	250	彦（彥）	118	觉（覺）	226
胞	250	帝	58	宣	139
胖	250	施	261	宦	139
脉（脈）	250	闺（閨）	134	室	139
胎	250	闻（聞）	134	宫	140
鸨（鴇）	311	闽（閩）	134	突	319
訇	50	阀（閥）	134	穿	319
勉	72	养（養）	363	窃（竊）	319
狭（陜）	189	美	363	客	140
独（獨）	189	姜（薑）	363	冠	63
狰	189	叛	18	语（語）	405
狡	190	类（類）	366	扁	270
狱（獄）	190	迷	147	祖	283
狠	190	籽	366	神	283
急	274	前	36	祝	283
饶（饒）	435	首	438	祠	283
蚀（蝕）	435	逆	147	说（說）	405
		炼（煉、鍊）	264		
丶		炸	264	**乛**	
弯（彎）	159	炮（砲、礮）	265	郡	395
孪（孿）	162	炫（衒）	265	叚	75
将（將）	124	烂（爛）	265	垦（墾）	370
奖（奖、獎、奬）	98	柒	184	既	178
哀	57	洄	220	屋	155
亭	57	洗	220	昼（晝）	21
亮	57	活	221	屎	155
度	129	派	221	陟（阱）	421
弈	95			逊（遜）	147

氧	237	颂(頌)	335	恙	364
氨	237	翁	371	瓶(缾)	202
特	228	脂	250	拳	234
牺(犧)	228	脏(臟、髒)	251	粉	366
造	148	胶(膠)	251	料	366
乘	305	卿	67	益	298
敌(敵)	346	逢	148	兼	36
租	305	鸵(鴕)	311	烘	265
积(積)	305	鸳(鴛)	311	烦(煩)	266
秧	306	皱(皺)	322	烧(燒)	266
称(稱)	306			烟(煙、菸)	266
笔(筆)	348	、		烙	266
笑	348	效(俲、効)	205	酒	222
笫	349	凌	61	涉	222
笋(筍)	349	凄(淒)	61	涂(塗)	222
笆	349	浆(漿)	220	浴	222
值	47	桨(槳)	185	浮	222
俱	47	衰	58	流	222
候	48	高	441	浸	223
隼	416	席(蓆)	129	涩(澀、澁)	223
隽(雋)	416	准(準、凖)	61	悟	275
臭	356	座	129	悄	276
射	397	病	314	悍	276
躬(躳)	397	疾	315	悔	276
息	356	疲	315	害	140
徐	116	疼	315	宽(寬)	140
殷	258	脊	251	家	140
舰(艦)	358	离(離)	58	宵	141
舱(艙)	358	唐	129	窄	319
般	358	凋	62	容	141
航	358	凉(涼)	62	宰	141
釜	246	站	316	朗	251
耸(聳)	328	竞(競)	317	扇	271
爹	246	部	396	袓	361
舀	244	旅	261	袖(褏)	362
豺	400	畜	294	被	362
豹	400	阅(閲)	134	祥	283
奚	244	羞	363	冢	64
		羔	364		

审(寶)	319	鼓(皷、皷)	448	照	267
窝(窩)	319	聘	328	畸	294
窗(窓、牕、牕)	320	戡	200	路	393
扉	271	斟	269	跟	393
遍(徧)	149	靴(鞾)	429	遣	149
雇(僱)	271	靶	429	蛾	342
裕	362	鹊(鵲)	312	蜂(蠭)	342
禄(祿)	284	献(獻)	190	蛹	342
幂(冪、幎)	64	禁	284	置	295
一		楚	321	罪(辠)	295
犀	156	楞	186	罩	296
强(強、彊)	159	赖(賴)	71	蜀	296
疏	321	酬(醻、酧)	388	幌	114
隔	422	碑	287	丿	
隙	423	碎	287	锦(錦)	425
絮	379	碰(掽)	287	矮	301
媚	166	碗(盌、椀)	287	雉	302
登	323	碌	288	辞(辭)	346
缄(緘)	380	雷(靁)	411	颓(穨、穨)	336
缓(緩)	380	零	411	筹(籌)	351
缔(締)	380	雾(霿、雺、霧)	411	简(簡)	351
骗(騙)	169	雹	412	签(簽、籤)	352
编(編)	380	输(輸)	195	筷	352
骚(騷)	169	辑(輯)	195	毁	258
缘(緣)	380	丨		舅	355
飨(饗)	434	龄(齡)	414	鼠	449
十三画		督	292	躲	397
一		鉴(鑒、鑑、鑒)	424	魁	433
瑟	176	睛	292	微	117
鹉(鵡)	312	睹(覩)	292	愈(瘉、癒)	279
瑞	176	睦	292	领(領)	336
瑰	176	睡	292	腰	252
瑜	176	鄙	396	腹	252
瑕	177	暖(煖、煗)	212	鹏(鵬)	312
魂	433	盟	298	腾(騰)	252
肆	239	煦	267	颖(穎)	336
填	87	歇	255	触(觸)	401
搏	235	暗	212	解	401

音序检字表

（字右边的号码为正文页码）

疯(瘋)	314	赴	383	**ge**		
蜂(蠭)	342	复(復、複)	15	戈	197
冯(馮)	60	富	142	哥	7
逢	148	腹	252	鸽(鴿)	312
讽(諷)	403	缚(縛)	381	割	71
凤(鳳)	54	覆	332	歌(謌)	256
奉	5	**G**		革	429
fou		**ga**		格	184
缶	345	夹(夾、裌、袷)	5	鬲	440
否	105	轧(軋)	193	隔	422
fu		**gai**		合	42
夫	3	改	157	各	123
麩(麱)	382	盖(蓋)	364	**gei**	
敷	207	**gan**		给(給)	378
弗	21	干[1]	79	**gen**	
伏	42	干[2](乾)	79	根	184
凫(鳧)	55	甘	285	跟	393
孚	243	竿	348	艮	370
拂	232	乾	410	**geng**	
服	248	秆(稈)	304	庚	128
宓	139	赶(趕)	383	耕	325
俘	47	干[3](幹、榦)	79	耿	327
浮	222	卓	410	賡	130
符	349	軫	410	羹	365
匐	50	**gang**		颈(頸)	336
幅	113	冈(岡)	32	**gong**	
福	284	扛	229	工	80
父	246	刚(剛)	68	弓	158
斧	246	纲(綱)	374	公	34
府	128	缸	345	功	80
釜	246	杠(槓)	182	红(紅)	373
辅(輔)	195	**gao**		攻	81
腐	131	高	441	宫	140
付	40	羔	364	恭	275
负(負)	69	膏	441	躬(躳)	397
妇(婦)	164	篙	354	廾(收)	95
附(坿)	420	稿	306	巩(鞏)	80
阜(阝左)	418	告	106	汞	81

纪(紀)	374	拣(揀)	232	觉(覺)	226
系(係、繫)	373	柬	6	轿(轎)	194
忌	157	减(減)	62	较(較)	195
际(際)	419	简(簡)	351	醉	388
妓	164	见(見)	226	**jie**	
季	304	件	42	阶(階、堦)	419
既	178	建	78	皆	308
继(繼)	379	饯(餞)	434	接	235
祭	284	剑(劍、劒)	70	结(結)	377
寄	141	舰(艦)	358	街	117
绩(績)	379	践(踐)	392	卩(㔾)	66
鲫(鯽)	426	鉴(鑒、鑑、鍳)	424	孑	161
髻	439	箭	353	节(節)	88
jia		**jiang**		劫	72
加	72	江	216	捷	234
夹(夾、裌、袷)	5	将(將)	124	截	200
茄	91	姜(薑)	363	解	401
佳	45	浆(漿)	220	介	40
家	140	疆	159	戒	198
嘉	87	奖(奖、獎、奬)	98	届	155
戛	199	桨(槳)	185	界	293
颊(頰)	336	匠	28	家	140
甲	9	降	420	**jin**	
胛	75	虹	341	巾	113
贾(賈)	332	强(強、彊)	159	斤	241
嫁	166	酱(醬)	388	今	40
稼	307	**jiao**		金(钅、釒)	424
jian		交	56	津	221
尖	101	郊	395	筋	351
奸(姦)	163	娇(嬌)	165	仅(僅)	39
间(間、閒)	133	骄(驕)	169	尽(盡、儘)	18
肩	270	胶(膠)	251	紧(緊)	376
艰(艱)	75	教	206	锦(錦)	425
监(監)	297	焦	266	进(進)	145
兼	36	角	401	近	146
缄(緘)	380	狡	190	浸	223
煎	267	绞(絞)	378	禁	284
囝	109	叫	104	**jing**	
				茎(莖)	91

慢	279	糜	444	摩	443
mang		靡	443	魔	443
芒	88	米	366	万	2
忙	272	冖	63	末	180
盲	291	糸(糹、纟)	373	没	218
莽	92	觅(覓)	244	陌	420
mao		宓	139	冒	210
猫(貓)	190	密	142	脉(脈)	250
毛	238	幂(冪、幎)	64	莫	92
矛	324	蜜	143	寞	142
茅	91	**mian**		墨	446
冃	208	宀	136	默	446
茂	90	棉	185	**mou**	
冒	210	免	69	厶	76
帽	113	黾(黽)	415	某	285
貌(皃)	400	勉	72	**mu**	
mei		冕	211	母	280
没	218	面¹(靣)	430	牡	227
玫	174	面²(麵、麪)	430	亩(畝、畂、畮)	57
枚	183	**miao**		木	180
眉	291	苗	90	目	291
糜	443	秒	304	沐	217
美	363	妙	164	牧	227
昧	210	庙(廟)	128	睦	292
媚	166	**mie**		**N**	
men		灭(滅)	263	**na**	
闷(悶)	133	**min**		那	394
门(門)	132	民	21	纳(納)	375
们(們)	41	皿	297	**nai**	
meng		黾(黽)	415	乃(迺、廼)	19
盟	298	闽(閩)	134	奶(嬭)	163
黾(黽)	415	敏	206	奈	97
猛	190	**ming**		耐	333
孟	162	名	120	**nan**	
梦(夢)	121	冥	64	囝	109
mi		铭(銘)	425	男	293
迷	147	命	46	南	24
糜	443	**mo**		难(難)	75
		膜	252		

nang			nong			pang	
囊	7	农(農、辳)	18	乓	14
齉	450	弄	173	膀(髈)	253
nao			**nu**		庞(龐)	127
孬	7	奴	163	胖	250
闹(鬧、閙)	133	努	72	**pao**	
ne		弩	159	庖	128
疒	314	怒	274	跑	392
nei			**nü**		泡	220
内	32	女	163	炮(砲、礮)	265
那	394	**nuan**		**pei**	
neng		暖(煖、煗)	212	胚(肧)	249
能	77	**nüe**		陪	422
ni		虐	339	培	87
儿²(兒)	51	疟(瘧)	314	佩	45
尼	154	**O**		沛	217
你(儞)	44	**ou**		配	387
旎	262	区(區)	28	**pen**	
逆	147	欧(歐)	255	盆	297
匿	29	殴(毆)	258	**peng**	
nian		鸥(鷗)	311	朋	248
年	13	**P**		彭	119
碾	288	**pa**		鹏(鵬)	312
念	273	爬	243	篷	354
niang		怕	274	捧	234
酿(釀)	388	**pai**		碰(掽)	287
niao		排	234	**pi**	
鸟(鳥)	311	徘	116	坏(壞)	84
尿	154	牌	240	批	230
nie		派	221	被	362
聂(聶)	328	**pan**		劈	71
ning		番	398	皮	322
宁(寧、甯)	136	攀	236	疲	315
狞(獰)	189	爿(丬)	124	匹	28
凝	62	胖	250	否	105
niu		判	69	屁	154
牛(牜、牛)	227	盼	291	辟²(闢)	407
纽(紐)	375	叛	18	譬	406

恬	275	**tuan**		汪	217
甜	346	团(團)	108	亡(亾)	56
填	87	**tui**		王	173
舔	347	推	234	罓	295
tiao		颓(頹、穨)	336	网(網)	33
条(條)	123	褪	362	往	115
笤	350	**tun**		妄	164
tie		吞	105	忘	272
帖	113	屯	4	**wei**	
餮	435	褪	362	危	69
ting		**tuo**		威	198
厅(廳)	25	托(託)	229	逶	149
廷	78	拖	232	微	117
亭	57	脱	251	囗	108
庭	129	驼(駝)	169	韦(韋)	179
艇	359	鸵(鴕)	311	为(爲、為)	16
tong		妥	243	违(違)	145
通	148	**W**		围(圍)	109
同	32	**wa**		惟	277
彤	118	凹	9	维(維)	379
童	317	挖(穵)	233	伪(偽、僞)	42
统(統)	378	娃	165	尾	154
筒(筩)	351	瓦	202	纬(緯)	374
痛	315	**wai**		萎	92
tou		歪	6	未	180
偷	48	外	120	位	44
亠	56	**wan**		畏	293
头(頭)	17	弯(彎)	159	胃	293
投	231	丸	11	**wen**	
tu		完	137	文	260
凸	8	玩	174	闻(聞)	134
秃	303	顽(頑)	334	蚊	341
突	319	宛	139	问(問)	132
涂(塗)	222	晚	211	**weng**	
屠	156	婉	166	翁	371
土	82	碗(盌、椀)	287	**wo**	
吐	104	万(萬)	2	窝(窩)	319
兔	70	**wang**		我	198
		尢	99		

囿	110	员(員)	106	在	83
鼬	449	爰	244	**zan**	
yu		原	26	暂(暫)	211
予	20	圆(圓)	110	赞(贊、賛、讚)	215
余(餘)	45	鼋(黿)	415	**zang**	
盂	297	援	235	脏(臟、髒)	251
鱼(魚)	426	缘(緣)	380	**zao**	
渔(漁)	223	院	421	糟	368
瑜	176	愿(願)	279	早	209
舆(輿)	37	**yue**		枣(棗)	6
屿(嶼)	111	曰	208	蚤	341
宇	136	约(約)	374	澡	225
羽	371	月(月)	247	燥	268
雨	411	乐(樂)	13	造	148
语(語)	405	岳(嶽)	111	躁	393
庾	130	阅(閱)	134	**ze**	
玉(玊)	173	说(說)	405	则(則)	213
驭(馭)	168	越	384	责(責)	213
芋	88	**yun**		仄	25
聿	369	晕(暈)	211	**zei**	
谷[1]	399	云(雲)	3	贼(賊)	215
育(毓)	249	匀(勻)	49	**zeng**	
狱(獄)	190	员(員)	106	曾	36
浴	222	允	76	**zha**	
预(預)	335	陨(隕)	421	轧(軋)	193
欲	255	孕	161	闸(閘)	133
遇	149	酝(醞)	387	炸	264
寓(庽)	142	韵(韻)	437	眨	291
裕	362	**Z**		栅(柵)	183
愈(瘉、癒)	279	**za**		**zhai**	
誉(譽)	405	杂(雜、襍)	181	宅	136
豫	22	砸	286	窄	319
yuan		**zai**		祭	284
鸳(鴛)	311	灾(災)	138	**zhan**	
冤	64	栽	199	占(佔)	30
渊(淵)	223	仔	41	毡(氈、氊)	238
元	99	载(載)	199	斩(斬)	194
园(園)	109	宰	141	崭(嶄、嶃)	112

状(狀)	124	子	161	祖	283
zhui		仔	41	**zui**	
佳	416	籽	366	最	211
追	147	第	349	罪(皐)	295
坠(墜)	420	自	356	醉	389
缀(綴)	380	字	137	**zun**	
zhun		**zong**		尊	94
屯	4	宗	138	遵	150
准(準、凖)	61	鬃	439	**zuo**	
zhuo		纵(縱)	375	昨	210
桌	185	**zou**		琢	176
灼	264	走	383	左	80
酌	387	**zu**		佐	44
琢	176	租	305	作	44
zi		足(𧿹)	392	坐	85
孜	162	族	262	座	129
姿	165	阻	420	做	48
髭	439	组(組)	376		

一部(40字)

一 yī （甲）━━ （金）━━ （篆）━━ 甲骨文是指事字,画一横表示抽象的数目"一"。后加声符"弋"为大写"弌"。现在规范为"壹"。本义是最小的正整数。引申指数量的小和少,如"一星半点儿","一丁点儿"。也指序数第一,因为数目的开始,故又指开始的,初始的,如"道生一,一生二,二生三,三生万物"(《老子》第四十二章)。引申指单纯唯一,进而引申为相同,同一,如"长短不一","一视同仁"。再引申为专一,如"一心一意","用心一也"(《荀子·劝学》)。古人又认为世界的万事万物合起来是一个整体,故又有整体、完全、满等义,如"耳目一新","一辈子","一身轻松"。虚化为副词,相当于"完全",如"一如既往","一反常态"。

"一"也是汉字基本笔画之一,读"横"(héng)。在字左作底横时写作提,为的是向右上方顺写右旁的第一笔,如"现、颤"。"一"在楷书中以基本笔画充当部首,不易分清部首而起笔是横或中心笔画是横的字,便归入此部。在不同字中有不同的意思,如在"二、三、百"等字中表示数目义,在"屯、韭"等字中表示土地,在"旦"中表示日影,而在"丁、不、丈、世"等字中则是其他字符的变形,与"一"义无关。

注意:"一"的读音,在去声前面是阳平调 yí,如"一半","一辈子";在阴平、阳平、上声字前面都是去声 yì,如"一帆风顺","一年","一板一眼"。

二 èr （甲）二 （金）二 （篆）二 甲骨文是指事字,用等长的两横表示抽象的数目"二"。后大写作"弍、贰、貳",现在规范为"贰"。本义是次小的正整数,一加一的和。引申为双,如"独一无二"。也指序数第二,进而引申为次,副,如"第二名","二把手"。再引申为两样,有区别,如"不二价","心无二用"。

丁 dīng （甲）○ ● □ ○ （金）① ● ② ▼ （古鉢）丁 （篆）竹 （隶）丁 甲骨文是象形字,是钉帽的俯视形。是"钉"的初文。金文①是俯视钉帽形,②是侧视钉体形。古鉢(鈢)是侧视钉形。本义是钉子。钉子坚硬,且能使器物牢固,故引申指健壮、健壮的成年人(指能担任赋役),如"丁壮"。进而引申指能从事某种劳动的人,如"园丁"。又引申泛指人口,如"添丁"。借用天干的第四位,即"甲乙丙丁……",也因此用作序数第四位的代称。"丁"被引申义和借义专用后,本义便造"釘"(钉,"丁"加意符"金")字表示。

七 qī （甲）十 （金）十 （篆）七 甲骨文是指事字,在横画中加一竖,表示从这里切断之意。小篆为与"十"相区别,将竖的下部弯曲。是"切"的初文。本义是切断。后来被借作数词,表示六加一的和,也用作序数第七。后又借用"柒"为大写。"七"被假借义专用后,本义便造"切"(加意符"刀")字表示。

三 sān （甲）〓 （金）〓 （篆）〓　甲骨文是指事字,用三横表示抽象的数目"三",后借用"叁"(由"参"变化而来)为大写。本义是数词,二加一的和,也用作序数第三。又泛指多数或多次,如"一唱三叹","三思而后行"。

亏（虧）kuī （篆）虧　小篆是形声字,从亏(气出舒平之状),虖(hū)声。规范简化为"亏"。本义是气损。引申为缺损,亏损,折耗,如"月有盈亏","气血两亏"。进而引申为缺少,减少,差欠,如"功亏一篑","亏秤","理亏"。由"减少"又引申为损失,如"吃亏","亏空"。又引申为亏负,心虚,如"亏心"。还引申为多亏,幸而,如"亏你帮忙,否则我不知该如何是好!"

下 xià （甲）〓 〓 （金）〓 下 （古文）丅 （篆）下 （隶）下　甲骨文是指事字,在一弧形或长横下画一短横,表示位置在低处,与"上"相对。金文晚期为了与"二"字区别而加一竖。《说文》古文则把短横变成竖线。小篆基本承接金文晚期字形。隶书写作"下"。本义是位置在低处,如"山下","楼下"。引申为时间或次序在后的,如"下次","下卷"。又引申为地位或职位低的,如"下级"。又引申为质量或等次品级低的,如"下品","下等"。又引申为低于或少于,如"不下三万人"。作动词,表示由高处到低处,如"下水","下山"。又引申为去,到,进去,如"下乡","下狱"。又引申为离开,如"下班"。由"由高到低"又引申为降落,使……降落,如"下雨","下半旗"。又引申为下达,颁布,如"下令"。又引申为攻陷或攻克,如"连下数城"。进而引申为退让,如"争执不下"。用作抽象意义,引申为用,投入精力,如"下工夫"。用在动词后边表示行为的完成、结果、趋向,如"打下基础","停下","蹲下"。作量词,指动作的次数,如"打三下"。

万（萬）wàn mò （甲）萬 （金）萬 万 （篆）萬 （隶）萬　甲骨文是象形字,像蝎子形。金文下部加一横。小篆下部为"冂"。隶书写作"萬"。"万"形最早见于西周,字义不明。南朝《玉篇》称是"俗萬字"。"萬"规范简化为"万"。音wàn:"萬"本义是蝎子。假借作数目字,表示千的十倍。引申为很多,极多,如"千呼万唤","万事如意","万恶之源"。进而引申作副词,相当于极,很,绝对,如"万全之策","万无一失"。"万"被假借义专用后,本义便造"虿"(chài,"萬"加意符"虫")字表示,简化为"虿"。音mò:万俟(qí),复姓。

丰[1] fēng （甲）丰 （金）丰 （篆）丰　甲骨文是象形字,像一棵培好土的树。本义是草木茂盛,如"树木丛生,百草丰茂"(曹操《观沧海》)。引申为丰满,丰姿(也作"风姿")。作"豐"的简化字,表示丰盛,丰富,盛大等义(参看"丰[2](豐)"字条)。

注意:楷书"丰"的起笔画是横,不是撇。

丰²(豐)fēng (甲)　(金)　(篆)　甲骨文是会意字,像豆(祭器)里放着两串玉器,表示丰盛。规范简化为"丰"。本义是丰盛。引申为大,如"丰功伟绩","丰碑"。又引申为多,如"丰富","丰衣足食"。

开(開)kāi (古文)　(篆)　(隶)　《说文》古文是会意字,从門(两扇门)从一(门闩)从𦥑(双手),表示两手取掉门闩而开门。小篆把门闩分为二,与双手合为"开",仍表示开门。隶书把"开"写作"开"。规范简化为"开",从一从廾(gǒng,双手)。本义是开门。引申泛指打开,如"开窗","开幕"。进而引申为开辟,如"开天辟地","开源节流"。又引申为打通,如"茅塞顿开"。"开辟"有创始义,故又引申为开始,开创,如"开工","开国"。由"开门"又引申为开动,操作,如"开车","开机器"。

井jǐng (甲)　(金)　(篆)　(隶)　甲骨文是象形字,两横两竖交叉像木构成的井口形。金文或写作"丼",中间一点指井里的水。隶书又省去一点。本义是水井。引申为人口聚居地或乡里,如"市井","背井离乡"。又引申指形状像水井的,如"矿井"。因井形整齐有序,引申形容整齐不乱而有条理,如"井井有条","秩序井然"。

夫fū fú (甲)　(金)　(篆)　甲骨文是象形字,像大(正面站立的大人形)头上插"一"(簪子)形。古代男孩披发,20岁时行加冠礼,束发戴簪,以示成人了。小篆文字化。音 fū:本义是成年男子。引申为丈夫,指女子的配偶,如"夫君"。又引申为对男子的美称,如"大丈夫"。还引申指从事某种体力劳动者,如"农夫","役夫"。音 fú:借作代词,助词,语气词。

云(雲)yún (甲)　(金)　(古文)　(篆)　甲骨文是象形字,上部两斜线像层叠的云气形(一说是古"上"字,表示天空),下部像回转的云形。《说文》古文的云形简省。小篆加意符"雨",以区别表示"说"的"云"字。规范简化仍为"云"。本义是云气,云彩。比喻引申高,如"云天","云梯"。又比喻多,密,如"云集"。假借作动词指说,曰,如"人云亦云"。又假借作文言助词,用在句首、句中或句末。

五wǔ (甲)　(金)　(篆)　(隶)　甲骨文是指事字,是数目字写法之变化,横画记数为一、二、三、三(后改为四),"五"则以两横两斜线交叉表示。金文、小篆大同。隶书写作"五"。本义是数词,四加一的和。也用作序数第五。大写为"伍"。

不bù (甲)　(金)　(篆)　甲骨文是会意字,用三根线条汇集而被"一"阻挡,表示不能前进之意。金文、小篆逐渐文字化。本义是不能继续前进。

引申为否定副词,如"不允许"。

屯 tún zhūn （甲）（金）（篆）（隶）　甲骨文是象形字,像种子发芽艰难出土形状,一横表示地面,地面下是植物的根。小篆将中(草芽)大部放在"一"(地面)下,并将根部弯曲,突出了草芽出土的艰难。隶书写作"屯"。音zhūn:本义是艰难。此义后写作"迍"。音tún:由"艰难"引申为停滞不前。进而引申为聚集,蓄积,如"屯集","屯粮"。再引申为驻守,驻扎,如"屯兵","屯守"。又引申为村庄,如"屯子"。

互 hù （篆）　小篆是象形字,像古代绞绳(也称收绳)用的一种工具形。本义是绞(收)绳器。引申为交错,如"其岸势犬牙差互"(柳宗元《小石潭记》)。进而引申为副词,相当于相互,彼此,表示动作交互进行,如"互助互利","互教互学"。

可 kě kè （甲）（金）（篆）　甲骨文是会意兼形声字,从口从丂(kǎo,气要抒发而出),表示歌唱;丂兼表声。是"歌"的初文。音kě:本义是歌唱。引申为肯定,许可,如"可否"。虚化为助词,表示能够,如"牢不可破"。用作连词,表示转折,如"可是"。音kè:可汗,指少数民族首领。

平 píng （金）（篆）　金文是会意字,从亏(yú,隶变后写作"于")从八,亏是气息平直地舒出,八表示均分,合起来表示语气均分则平舒。小篆下部弯曲。本义是语气平和舒缓。引申为心气平和,语气舒顺,如"平和","愤愤不平"。进而引申指不倾斜,平坦,如"平地","平原"。再引申为公平,均等,如"平分","平行","平等"。又引申为一般的,普通的,如"平民","平凡"。又引申作动词:使……平,安定,安静,如"平定","平息"。又引申为没有危险,没有事故,如"平安"。又特指汉语的平声,如"阴平","阳平"。

东(東) dōng （甲）（金）（篆）（隶）　甲骨文是象形字,像用绳子系结两端的口袋形。是"橐"的初文。《说文》认为小篆"東"是"从日在木中",依甲骨文字形看,不确。规范简化为"东",由草书楷化而来。本义是口袋。假借作方位词,指日出的方向,如"旭日东升"。引申为向东,如"大江东去","碧水东流至此回"(李白《望天门山》)。春秋时期,郑国在秦国的东面,故称为"东道主",由此引申泛指主人,如"房东","股东"。进而引申指请客的人,如"做东"。

丛(叢) cóng （篆）　小篆是形声字,从丵(zhuó,丛生的野草),取声。规范简化为"丛",从丛,一横是记号。本义是聚集,如"草木丛生"。引申为聚集的人、物,如"人丛","丛书"。

丝(絲) sī （甲）（金）（古文）（篆）　甲骨文是象形字,

像扭在一起的两束蚕丝(絲)之形。金文、《说文》古文、小篆大同。规范简化为"丝"。本义是蚕丝,如"春蚕到死丝方尽"(李商隐《无题》)。引申为丝织品,如"丝绸之路"。又引申泛指纤细如丝之物,如"铁丝","藕断丝连"。进而比喻极细微的东西或迹象,如"一丝不苟","纹丝不动","一丝笑容","情丝"。用作计量单位,十忽为一丝,十丝为一毫,"丝毫"连用比喻极少,如"丝毫不差"。作为八音(金、石、土、革、丝、木、匏、竹)之一,"丝"指弦乐器,如"丝竹"("竹"指管乐器)。

吏 lì　(甲) (金) (篆)　甲骨文是会意字,以又(手)持猎叉表示打猎之意。小篆文字化。吏、事本同字,后分化。本义是从事打猎。引申为做事者,官吏,后特指小官、差役,如"悍吏来吾乡"(柳宗元《捕蛇者说》)。

夹 (夾、袷、袷) jiā jiá gā　(甲) (金) (篆)　甲骨文是会意字,从二人从大(人),像二人从左右腋下夹持一个大人。规范简化为"夹"。**音jiā:**本义是从左右钳住,相持,如"夹板"。引申为辅佐,如"五侯九伯,女实征之,以夹辅周室"(《左传·僖公四年》)。又引申为处在两旁的,如"夹道欢迎"。又引申为两者之间,如"夹缝"。又引申为掺杂,混杂,如"夹杂","夹生"。作名词,指夹东西的器具,如"文件夹"。**音jiá:**由"两者之间"引申为两层的,如"夹衣"。此义后来写作"袷",又写作"袷"。规范简化仍作"夹"。**音gā:**夹肢窝,即腋窝。

束 shù　(甲) (金) (篆)　甲骨文是会意字,从木从口(wéi,表示捆缚),像用绳索捆缚木柴之形。本义是捆绑,如"腰束皮带","束之高阁"。引申为约束,限制,如"束手束脚","束缚","束身"。又引申指整理,收拾,如"束装"。作量词,用于捆在一起之物,如"一束花"。

注意:"束""朿"(cì)形近易混,辨析:"束"中间表示绳索捆缚,故封口;"朿"从木,中间是芒刺,故不封口。

来 (來) lái　(甲) (金) (篆)　甲骨文是象形字,像小麦形状。规范简化为"来"。本义是小麦。后假借表示来去之"来",而把表示"来"义的"麦"字表示小麦。

奉 fèng　(甲) (金) (篆) (隶)　甲骨文是会意字,像廾(双手)捧着禾麦形,表示祭献神祖祈求丰收。金文是会意兼形声字,将禾麦省形为"丰",双手变成"廾"(gǒng);丰兼表声。小篆在下部双手间又加屮(手)。隶书上部写作"夫",下部"手"是"手"的变形。是"捧"的初文。本义是捧,如"进盥,少者奉盘,长者奉水,请沃盥"(《礼记·内则》)。引申为进献,如"奉献","端茶奉烟"。又引申为供给,供养,如"供奉","侍奉","奉养"。由"捧"引申为承受,敬受,如"奉命"。又引申为遵守,遵照,如"奉公守法","奉行"。进而引申为信仰,尊重,如"信奉","奉为圭臬"。由"敬献"又引申为敬语,用于自己的行动与对方相关时,如"奉陪","奉劝"。

表 biǎo （篆）褱 （隶）表　小篆是会意字兼形声字,从衣从毛,指毛朝外的皮衣,毛兼表声。隶书将上半部笔画拉平变为"龶"。本义是毛朝外的皮外衣。由"外衣"引申泛指外表,外面,如"表里如一","地表"。又引申为人的外貌,如"仪表堂堂"。由"外面"又引申指外亲,即表亲,如"表姑","表姐"。因"外表"有显明义,又引申为动词:表示,表达。进而引申为表扬,表彰。又引申指古代奏章的一种,如诸葛亮的《出师表》,李密的《陈情表》。进而引申为分门别类按格记录的材料,如"统计表","元素周期表"。古代将测日影计时的标杆称作表,故近代又指计时器,繁体写作"錶",规范简化为"表",如"钟表"。进而引申指各种测量的器具,如"水表","气压表"。

　　注意:"表"从衣,故与"衣"字下部同有一撇。

事 shì （甲）𠃨 （金）𠧨 （篆）事　甲骨文是会意字,用手持猎叉表示打猎。吏、事本同字,小篆将"吏"(𠇍)中间一竖延长写作"事",分化为两个字。本义是从事打猎。引申为职业,工作,如"设法谋事","在公司做事"。又引申指事情,如"公事","事实"。又引申为从事,做,如"无所事事","大事宣扬"。又特指事故,如"平安无事","出事了"。又引申指关系或责任,如"关你什么事?"

枣 (棗) zǎo （古文）𣐀 （篆）𣐀　《说文》古文是会意字,从二朿(cì)相叠。"朿"是芒刺,"刺"的初文。二朿重叠,表示枣树有刺且较高。规范简化为"枣",以两点代表另一"朿"。本义是枣树。也指枣树的果实。

甚 shèn shén （金）𣊫 （篆）𣊫　金文是会意字,从甘(口含美味)从匕(羹匙),表示用匙往口中送美味。小篆变为从甘从匹,甘指安乐,匹指配偶,合起来指沉溺于男女欢情。**音 shèn**:本义是异常安乐。引申泛指过分,厉害,如"一之谓甚,其可再乎?"(《左传·僖公五年》)进而引申为胜过,超过,如"日甚一日","甚于水火"。作程度副词,表示非常,很,如"水木草陆之花,可爱者甚蕃"(周敦颐《爱莲说》)。**音 shén**:是后起义,作代词,表示什么或为什么,常用于古代白话小说和词曲中,如"不记相逢曾解佩,甚多情、为我香成阵?"(辛弃疾《贺新郎·赋水仙》)

柬 jiǎn （金）柬 （篆）柬 （草书）东　金文是会意字,从束从八(分别),束本指绳索捆缚木柴,此表一捆竹简;合起来表示从书简中挑拣。是"拣"的初文。本义是挑拣。由挑拣书简引申指简,信札,如"请柬"。后来本义造"拣"(拣,加意符"扌")表示。

　　注意:"柬"字单写未简化,作偏旁写作"东"(不是"东"),由草书楷化而来,如"拣""练""炼"简化为"拣""练""炼"。

歪 wāi　楷书是会意字,从不从正。本义是不正,偏斜,如"歪歪斜斜"。引申为不正派,不正当,如"歪风邪气"。

甭 béng　楷书是会意字,从不从用,表示不用。béng 是方言读音,"不用"的合音。本义是不用,不要,如"您甭说了"。

韭 jiǔ （篆）𦬠　小篆是象形字,像韭菜生长在地上的形状。《说文解字·韭部》:"一种而久(生)者,故谓之韭。"本义是韭菜。

哥 gē （篆）哥　小篆是会意字,从二可。"可"本义是歌唱,后被引申义所专用,本义便造"哥"字(再加一"可")表示。本义是歌唱。后假借表示兄长,歌唱义则造"歌"(加意符"欠")字或"謌"字表示。现在规范为"歌"。

孬 nāo　楷书是会意字,从不从好。本义是不好,如"吃得孬"。又指人的怯懦,无能,如"孬种"。

棘 jí （金）𣛙 （篆）𣡽　金文是会意字,从二束(cì)。"束"是树的芒刺,二"束"并立,表示矮小而成丛莽的酸枣树。本义是酸枣树。引申泛指多刺的草木,如"披荆斩棘"。进而引申为草木刺人,如"棘手"(喻事情不好办)。

囊 náng nāng （金旁）𠧪 （篆）𡄑　金文偏旁是象形字,像扎了口的袋子。小篆在袋子中间加声符"襄"(省"亠")成形声字。音 náng:本义是口袋,如"皮囊","囊中羞涩"。引申为像袋子的东西,如"毛囊","胆囊"。又引申为动词,指用囊盛物,如"囊括"。音 nāng:囊膪(chuài),猪、狗腹部肥而松的肉。

│部（16字）

│ gǔn　（篆）　小篆是指事字，用一竖表示上下相通；一说是象形字，一根竖棍形，是"棍"的初文。本义是上下相通。后在汉字系统里作构字偏旁或基本笔画。

　　"│"是汉字基本笔画之一，音"竖"（shù）。在楷书中以基本笔画充当部首，不易分清部首而起笔是竖的字，便归入此部。在不同字中有不同的意义，如在"中、串、申"等字中表示上下贯通义，在"旧、师、临"等字中则是其他字符的变形，与"│"义无关。

中 zhōng zhòng　（甲）①　②　（金）①　②　（篆）　甲骨文是象形字，①像旗杆竖立在方框正中，表示正中，上下是旌旗和飘带；②省去旌旗和飘带。小篆从甲骨文②。**音 zhōng**：本义是中心。引申为在一定范围内，里面，如"暗中"，"房中"。又引申为在两端之间，如"中间"，"中等"。进而引申为不偏不倚，如"中立"。又引申为在双方之间作见证或调节、介绍的人，如"中人"，"中介"。由"居中"引申为合适，适中。又引申表示动作正在进行，如"行进中"。上古时，我国华夏族建于黄河中下游一带，以为居天下中，故称"中国"或"中华"，而把周围地区称"四方"，后"中"成为中国的专称，如"中文"，"中式"。**音 zhòng**：由"适中"引申为动词，表示正对上，适合，如"中奖"，"射中"，"中意"。又引申为受到，遭受，如"中毒"，"中计"。

凸 tū　楷书是象形字，像一块明显高出平面的结构形状。本义是中间高出周围，与"凹"相对，如"凸出"，"凹凸不平"。

旧（舊）jiù　（甲）　（金）　（篆）　甲骨文是形声字，从萑（huán，猫头鹰的一种），臼声。楷书繁体写作"舊"，本来简体是去"萑"存"臼"，后来出现变体"旧"。规范简化为"旧"。本义是猫头鹰。假借为过时的，不合时宜的，与"新"相对，如"旧式"，"旧俗"。引申为从前的，原来的，如"旧社会"，"旧居"。又引申为老交情，老朋友，如"思旧"，"故旧"。

且 qiě jū　（甲）　（金）　（篆）　甲骨文是象形字，像男性生殖器形，依此形为祖先牌位形，表示祖先。是"祖"的初文。**音 qiě**：本义是男性生殖器。后主要借作虚词。作连词表示进一层，如"而且"，"既高且大"。引申表示又，"且惊且喜"。又表示动作同时进行，如"且走且说"。作副词相当于尚且，况且，如"臣死且不避，卮酒安足辞"（《史记·项羽本纪》）。引申为暂时，如"苟且偷安"，

"姑且"。又引申为将要,将近,如"城且拔矣","年且九十"。**音 jū**:文言助词,相当于"啊",如"狂童之狂也且"(《诗经·郑风·褰裳》)。

甲 jiǎ （甲）①✝②田 （金）①✝②田 （篆）甲 （隶）甲 　甲骨文是象形字,①像植物萌芽后所戴的种皮裂开的花纹形;②在外加方框表示果实的轮廓(一说是古代铠甲形)。金文同。小篆为了避免与"田"字相混,将裂纹的一端延伸到下部。隶书写作"甲"。本义是植物萌芽后所戴的种皮。引申指某些动物身上有保护功能的硬壳,如"龟甲"。又引申指手指或脚趾上的角质硬壳,如"指甲"。还引申指古代军人打仗穿的护身服,用皮革或金属叶片制成,如"盔甲","甲兵"。也指旧时的户口编制单位,如"保甲","甲长"。又借作天干的第一位。进而引申为居于首位的,超过其他的,如"甲等","桂林山水甲天下"。

申 shēn （甲）𢆶 （金）𢆶 （籀）𦥔 （篆）𤰒 （隶）申 　甲骨文是象形字,像闪电光蜿蜒伸展形。是"电"的初文。籀文文字化。小篆将中间一笔拉直。本义是闪电,此义后写作"电"。"申"则假借表示陈述,说明,如"申述","申辩"。又引申为重复,一再,如"谨庠序之教,申之以孝悌之义"(《孟子·梁惠王上》)。又借作地支的第九位。又作上海的别称,战国时楚国春申君黄歇的封邑在今上海,故称上海为"申"。

电(電) diàn （甲）𢆶 （金）雱 （篆）雷 （隶）電 　甲骨文是象形字,像闪电蜿蜒伸展的形状,与"申"同字。金文加"雨",表示闪电与雨天有关。小篆文字化。隶书写作"電"。规范简化为"电"。本义是闪电。引申比喻速度快,如"风驰电掣"。又引申指有电荷存在和电荷变化的现象,如"电流","电子"。引申作动词指触电,如"我被电了一下"。也引申为电报,发电报,如"贺电","电告"。

史 shǐ （甲）𠁾 （金）𠁾 （篆）� 　甲骨文是会意字,用手持猎具表示打猎,即治事、史与事、吏、使本同一字,后分化为四字。本义是做事,原指在王身边负责卜筮、星历的人员,后专指负责记载史事的官,如"太史","内史"。引申为历史,如"史实","史料"。又引申为记载历史的书籍,如"二十四史","通史"。

央 yāng （甲）朱 朱 （金）朱 （篆）朱 （隶）央 　甲骨文是会意字,从大(人)在冂(jiōng,指界围)中,表示中心。一说像大(人)脖颈上带有枷形,是"殃"的初文。本义是中心,正中,如"溯游从之,宛在水中央"(《诗经·秦风·蒹葭》)。中央:特指国家政权或政治团体的中心,如"党中央","团中央"。"央"还有恳求,请求之意,如"央求","央请"。假借表示尽,完了,如"夜未央"。

凹 āo wā 　楷书是象形字,像一个坑的剖面形状。**音 āo**:本义是周围高,中间低,与"凸"相对,如"凹面","凹陷"。**音 wā**:同"洼",用于地名,如"核桃凹"(在山西省),"万家凹"(在云南省)。

师（師）shī （金）𠂤帀 （篆）師

金文是会意字，从𠂤（duī，聚积）从帀（zā，环绕），"𠂤""帀"都有众多义。楷书繁体写作"師"。规范简化为"师"。本义是指古代军队编制的一级，一师2500人。引申泛指军队，如"出师"，"百万雄师"。军队由长官带领，故又引申为掌管某个方面的官，如"乐师"（掌管乐队者），"卜师"（掌管巫祝卜筮之类事情者）。又引申指教民的官，后来主要指老师，导师，如"业师"。进而引申指擅长某种技术的人，如"工程师"，"医师"。又引申指由师徒或师生关系产生的，如"师母"，"师兄"。也表示对和尚或道士的尊称，如"禅师"，"法师"。由"老师"又引申为榜样，如"前事不忘，后事之师"。引申作动词：效法，学习，如"师法古人"。

串 chuàn （金）𢭏

金文是象形字，像两个物品贯穿在一起，中间一竖表示绳线或棍。本义是把物品连贯成一行（háng），如"串连"。引申作名词，指连贯而成的物品，如"珠串"，"钥匙串儿"。作量词，用于指成串的物品的单位，如"一串儿烤肉"。又引申指错误的连接，如"串行（háng）"，"串味"。又引申为互相勾通，勾结，如"串供"，"串通一气"。又引申为往来，走动，如"串乡"，"串门儿"。还引申指扮演戏剧角色，如"串戏"，"客串"。

果（菓）guǒ （甲）果 （金）果 （篆）果

甲骨文是象形字，像树上结满果实形，用三个果子表示很多果子。金文将果实减省为一个。"菓"是异体字。现在规范为"果"。本义是树木上的果实，如"苹果"。引申泛指植物的果实，如"水果"，"干果"。果实是开花结实的终局，故又引申指事情的结局与成效，与"因"相对，如"因果关系"，"成果"。又引申为实现（一般用于否定），如"未果"。由"果实的丰满"引申为充实，饱足，如"果腹"。由"果壳的坚硬"引申为果敢，坚决，如"果决"，"果断"。虚化为副词，表示事情与预想的一致，相当于果然，确实，如"果真如此"，"果不出所料"。用作连词，表示如果，假若，如"丈人顾先生曰：'果如是，是羿亦有罪焉'"（马中锡《中山狼传》）。

畅（暢）chàng

楷书繁体是形声字，从申（闪电），昜（yáng）声。规范简化为"畅"。本义是通达，没有阻碍，如"畅通"，"畅销"。引申为痛快，尽情地，如"欢畅"，"畅谈"。

临（臨）lín （金）臨 （篆）臨 （隶）臨

金文是会意字，从人从臣（竖立之眼）从品（众多器物），像人俯视众物形。小篆文字化。隶书写作"臨"。规范简化为"临"。本义是俯视，如"居高临下"，"临渊羡鱼"。引申指降临，尊对卑，如"大王乃肯临臣"（《史记·淮阴侯列传》），"临幸"。后用作敬词，如"光临"，"莅临"。又引申为到来，遇到，如"身临其境"，"临危不惧"。进而引申为靠近，挨着，如"临街"。由"俯视"又引申为面对，如"临风"，"临机应变"。由"面对"又引申为照着字画模仿，如"临摹"。虚化作副词，表示时间上的接近，将要，如"临别"，"临终"。

丿部(31字)

丿 piě （篆）𠄌　小篆是象形字，像汉字向左写的一撇，称作"撇"。汉字基本笔画之一，不单用，只作构字部件。"丿"部的字多无意义上的共同性，凡楷书形体中以"丿"起笔而又不易分清部首的字，就归入此部，如"川、及、失、乍、丘、乎、册"。

九 jiǔ （甲）𠂼 （金）𠃏 （篆）九　甲骨文是象形字，像曲钩形。本义是曲钩。假借表示数字九。也表序数，如"九连"，"九班"。九在个位数中最大，故又引申泛指多次或多数，如"九死一生"，"九牛一毛"，"九天"。

川 chuān （甲）𔖈 𔖉 （金）川 （篆）川 （隶）川　甲骨文是象形字，像弯曲的河流形状，左右是岸，中间是流水。金文变为三条曲线。隶书将曲线拉直。本义是河流，水道，如"高山大川"，"川流不息"。河川水面平，引申指平坦的陆地，如"一马平川"，"三百里秦川"。用作四川省的简称。

久 jiǔ （篆）𠃑　小篆是会意字，上部像横卧着的人，下部像用艾条灸灼身体的形状。本义是灸灼治病，此义后写作"灸"（加意符"火"）。假借表示时间长，如"久远"，"久经考验"。引申指时间的长短，如"住多久？""三年之久"。

丸 wán （篆）𠁥　小篆是会意字，是"仄"（仄）的反写，仄表倾侧义，丸是圆转滚动物，不能平立或倾侧，故用反"仄"表示。本义是小而圆的物体，如"弹丸"，"肉丸儿"。引申作量词，用于丸药，如"一日两丸"。

及 jí （甲）𠂇 （金）𠬶 （篆）𠬝 （隶）及　甲骨文是会意字，从人从又（手），表示后面的人赶上来用手抓住前面的人。本义是追赶上，抓住。引申为达到，如"及格"，"普及"，"过犹不及"。进而引申为够得上，比得上，如"君美甚，徐公何能及君也？"（《战国策·齐策》）又引申为涉及，如"言不及义"。抓住对方要利用机会，故又引申为趁着，乘，如"及时"，"及早"。作连词表示并列关系，相当于和、跟，如"秦王大喜，传以示美人及左右"（《史记·廉颇蔺相如列传》），"以及"。

升(昇、陞) shēng （甲）𠂦 （金）𣂤 （篆）𣂦 （汉帛书）𠂦 （隶）升　甲骨文是象形字，像斗（参看"斗"字条）中间盛有物，表示这是量粮食的器具，旁边小点表示掉落的米粒。小篆文字化。本义是容器名，一斗的十分之一。因量米时有向上升举的动作，引申为由低向上移动，如"如日之升"，"升级"。进而引申为登上,如"升堂入室"。又引申为职务、级别的提高,如"晋升","提升"。上升、晋升义在古籍中也写作"昇"或"陞",规范简化为"升"。

乏 fá （金）〔图〕（篆）〔图〕　金文是会意字,是"正"的反写。本义是不正。后引申为缺少,如"乏味","贫乏"。又引申为缺少力气,疲倦,如"乏困","身体疲乏"。

丹 dān （甲）〔图〕（金）〔图〕（篆）〔图〕　甲骨文是指事字,外框像矿井,井中加一横指示里面有丹砂。本义是朱砂。引申为红色,如"丹霞山"。道家炼药多用朱砂,故所炼药称为"丹"。又引申指依方制成的颗粒状或粉末状的中成药,如"丸散膏丹","活络丹"。由红色又引申为赤诚,如"留取丹心照汗青"(文天祥《过零丁洋》)。

乌(烏) wū wù （篆）〔图〕　小篆是象形字,像乌鸦,比鳥(鸟)少了短横(眼珠)是因乌鸦全身羽毛黑亮而看不出眼珠。规范简化为"乌",仍比"鸟"字少一点(表示眼珠)。**音wū:**本义是乌鸦,俗称"老鸹(guā)"或"老鸦",如"月落乌啼霜满天"(张继《枫桥夜泊》),"乌合之众"。引申为黑色,如"乌云","乌亮"。作副词,相当于何,怎么,如"乌有此事?"**音wù:**"乌拉",也写作"靰鞡",东北地区的冬鞋,用皮革制成,里面垫以乌拉草。

失 shī （篆）〔图〕　小篆是形声字,从手(手),乙声,从手,表示东西从手上逸脱。本义是失去。引申为没有掌握住,非主观愿望所致,如"失言","失手","失火","失察"。又引申为找不着,如"迷失"。又引申为没有达到愿望,如"失望","失意"。还引申为错误,如"过失","智者千虑,必有一失"。也引申为违背,如"失约","失信"。

丘 qiū （甲）〔图〕（金）〔图〕（篆）〔图〕（隶）〔图〕　甲骨文是象形字,像地面上并立的两座小山包。金文稍讹。小篆变为从北(两人相背)从一(地面)。本义是指自然形成的小土山,如"丘陵","荒丘"。引申为形状像小丘一样的坟墓,如"尧葬济阴,丘垅皆小"(《汉书·楚元王传》)。作量词,用于指水田分隔开的大小不同的块,如"一丘十亩大的稻田"。

乎 hū （甲）〔图〕（金）〔图〕（篆）〔图〕（隶）〔图〕　甲骨文是会意字,上部表示声音上扬,下部是丂(kǎo),表示舒气。金文在上面加了一横,小篆改为一撇。隶书写作"乎"。是"呼"的初文。本义是吐气。后借用作文言助词,表疑问,推测,反问等,相当于"吗、吧",如"学而时习之,不亦说乎?"(《论语·学而》)"天下事有难易乎?"(彭端淑《为学一首示子侄》)又借用作叹词,表示祈使或感叹,如"长铗归来乎!食无鱼"(《史记·平原君虞卿列传》)。用作形容词词缀,表示赞美或叹息,如"神乎其神","巍巍乎可畏"(《刘基《卖柑者言》)。用作介词,相当于"于",如"异乎寻常","合乎情理"。

乐（樂）yuè lè　（甲）① ② （金） （篆）樂 （隶）樂　甲骨文是象形字，①下面是木架，上面像张着的弦丝，是弦琴类的一种乐器；②加"θ"，像调弦器，一说像鼓形。金文承甲骨文②。规范简化为"乐"，由草书楷化而来。**音yuè**：本义是乐器。引申为音乐，如"金石丝竹，乐之器也"（《礼记·乐记》）。**音lè**：音乐使人愉悦，故引申为快乐，如"有朋自远方来，不亦乐乎?"（《论语·学而》）又引申为使人快乐的事，如"取乐"，"逗乐"。又引申为乐意，心甘情愿，如"喜闻乐见"，"乐此不疲"。

册（冊）cè　（甲） （金） （篆）　甲骨文是象形字，像简册形状，竖画表示竹片或木片，圆圈是皮绳。小篆规整化。现在规范为"册"。本义是编串好的书简。引申指古代帝王祭祀天地神仙的文书或封爵的诏书，如"册文"，"册封"。现在指装潢好的纸本子，如"纪念册"，"画册"。用作量词，指书籍，如"一册书"，"第二册"。

年nián　（甲） （金） （篆） （隶）秊年　甲骨文是会意字，以人负禾表示庄稼成熟。小篆将"人"讹变为"千"。本义是谷物成熟，如"祈年殿"。引申指一年的收成，如"年成"，"年景"。上古时庄稼一年一成熟，故又指十二个月为一年。由此引申为年节，如"过年"。又引申为每年的，如"年会"，"年薪"。又引申指年龄，年纪，如"年富力强"，"年老"。进而引申为人一生所经历的年龄分期，如"青少年"，"老年"。

朱（硃）zhū　（甲） （金） （篆）　甲骨文是指事字，从木，圆点指明树干部分。小篆将点变为了一横。本义是树干，此义后写作"株"。引申指赤心木。又引申指大红色，如"朱漆"，"朱门"。又指朱砂，是一种矿物，可做颜料、药剂，古代方士也用于炼丹，此义后写作"硃"（加意符"石"），规范简化仍作"朱"。

丢（丢）diū　楷书原写作"丢"，会意字，从一从去，表示一去不返。后来俗写作"丢"，一横改为一撇，撇是随手丢弃的动作，表示丢掉的东西去而不返。现在规范为"丢"。本义是抛弃，扔，如"丢弃"，"不要乱丢垃圾"。引申为遗失，失落，如"钱丢了"，"丢盔卸甲"。又引申为放下，搁置，如"丢下不管"，"丢不开"。

乔（喬）qiáo　（篆）喬 （隶）喬　小篆是会意兼形声字，从夭（表示弯曲）从高省（省去"冖"），高兼表声。规范简化为"乔"，由草书楷化而来。本义是高而上部弯曲，多指树木高大，如"乔木"，"乔松"。后引申指升官或迁居，如"乔迁"。进而引申为假饰，作假，如"乔装打扮"。

乒pīng　楷书是形体分化字，"兵"省去右下点。本义是象声词，多与"乓"连用，指连续不断的声音，如"乒乒乓乓"。也指乒乓球，如"乒坛"。

乓 pāng　楷书是形体分化字,“兵”省去左下撇。本义是象声词,多与“乒”连用,指连续不断的声音,如“乒乒乓乓”,“乒乓作响”。也用于形容枪声、关门声及砸东西的声音,如“乓的一声响”。

向(嚮、曏) xiàng　(甲)　(金)　(篆)　甲骨文是象形字,像墙壁上开了一个窗口的形状。本义是朝北开的窗户,如“塞向墐户”(《诗经·豳风·七月》。塞向:冬天到了,堵塞住北向的窗户;墐户:用泥涂实篱笆门)。引申为对着,朝着,与“背”相对,如“项王、项伯东向坐”(《史记·项羽本纪》),“磨刀霍霍向猪羊”(《木兰诗》)。由“朝向”又引申为方向,趋向,如“志向”,“意向”。又引申为偏袒,袒护,如“偏向”。又引申为接近,临近,如“向晚意不适”(李商隐《登乐游原》),“秋天漠漠向昏黑”(杜甫《茅屋为秋风所破歌》)。又引申为过去的,从前的,如“向日”,“向者”。又引申为从开始到现在,如“向来”,“一向”。作介词,表示动作的方向,如“向雷锋同志学习”。“对着”“接近”义在古代又写作“嚮”,“从前”义又写作“曏”,现皆合并简化为“向”。

兆 zhào　(古文)　(篆)　(隶)　《说文》古文是象形字,像古人烧灼龟甲的裂纹形状。小篆另加意符“卜”以突出卜卦之意。隶书承接古文。楷书写作“兆”。本义是卜兆,即龟甲灼烧后的裂纹,古人以此推断凶吉。引申指事物发生前的征候、迹象,如“兆头”,“预兆”。又引申用作动词指预示,显示,如“瑞雪兆丰年”。又用作数词,古代指一万亿,今指一百万。进而引申表示极其众多,如“兆民”。

囱(囪) cōng　(篆)　小篆是象形字,像古代简易的窗牖。楷书写作“囱”。本义是开在屋顶的天窗,音 chuāng。此义后写作“窗”(加意符“穴”)。引申指炉灶出烟的通路,即烟囱。

卵 luǎn　(篆)　小篆是象形字,像卵的形状。本义是卵子,特指动物的蛋。引申指圆形如卵的东西,如“鹅卵石”。也作男性睾丸的俗称。

垂 chuí　(篆)　(隶)　小篆是形声字,从土(古人常在边境线上垒土石做标记),𠂹(𠂹 chuí)声。本义是边疆,边境,此义后写作“陲”(加意符“阝”)。“𠂹”又是象形字,像花叶下垂的形状,通作“垂”,表示下垂,如“垂柳”。引申为垂挂,如“若垂天之云”(《庄子·逍遥游》)。进而引申为流下,滴下,如“垂泪”,“垂涎三尺”。又引申为时间上的传下去,留传,如“永垂不朽”,“名垂千古”。又引申为接近,快要,如“垂危”,“垂老”,“功败垂成”。由“下垂”又引申虚化作敬词,表示在上者对在下者施加恩宠,或认为对方高于自己,如“垂爱”,“垂青”。

卑 bēi　(甲)　(金)　(篆)　(隶)　甲骨文是会意字,像又(右手)持甲(有柄酒器)形。金文是左手。小篆将酒器讹作“甲”。隶书写作“卑”。本义是一种便携的日常用的酒具,此义后写作"椑"(pí)。日常所用则不贵重,故引申指身份或职位低下,如"卑下","卑微"。进而引申指人品低劣,如"卑鄙","卑劣"。又指地势低下,与"高"相对,如"山土崇卑不一"(《徐霞客游记·粤西游日记四》)。

注意:"卑"上部中间的一撇表示酒器柄,故要撇出。

重 zhòng chóng (金)①東②重 (篆)重 (隶)重 金文是会意兼形声字,①从人从東(两头扎紧的囊袋),以人背囊袋表示负重;東兼表声;②下加"土",表示人挺立在地上。隶书中人和袋囊看不出原形。**音 zhòng:**本义是分量大,与"轻"相对,如"重负","沉重"。引申为程度深,如"重病","重望","重创"。又引申为价格高,如"重金"。又引申为数量多,如"重兵","工作重"。因有分量就有意义,作用大,故又引申为主要,要紧,如"重镇","重点","重要"。进而引申为认为重要而认真地对待,如"重视","尊重"。还引申指言行不轻率,如"慎重","自重"。**音 chóng:**数量多是由少增添的结果,故又引申为重叠,如"重霄","重洋"。进而引申为再,如"重复","她重(chóng)申要纠正重(zhòng)男轻女的思想"。还引申为层,如"重重包围"。

复(復、複) fù (甲)夏 (金)①夏②復 (篆)復 (隶)復 甲骨文是会意字,上部像有两个出入口的地穴,下部"夂"是倒止(脚),合起来表示出入往来之意。金文①加台阶形,②另加意符"彳"(chì,"行"的一半),突出行走义。小篆从金文②。隶书写作"復"。规范简化为"复"。本义是返回,回来,如"黄鹤一去不复返"(崔颢《黄鹤楼》),"循环往复"。返回即回到原来位置,故又引申为还原,如"光复","复辟"。又引申为回答,回报,如"复函","报复"。虚化为副词,相当于又,再,如"死灰复燃","复习","复审"。又作"複"(本义是夹衣)的简化字,表示重复,繁复,如"山重水复","复杂"。

够(夠) gòu 楷书是形声字,从多,句(gōu)声。"夠"是异体字。现在规范为"够"。本义是多。引申为数量上满足需要,如"够不够","够本"。又引申指因超过了一定的量而腻烦,难以承受,如"受够了","真是够饿"。又引申为达到一定标准或程度,如"够好的了","够格"。进而引申为可以触到、取到,如"手够不着","我够到了。"

舞 wǔ (甲)莽 森 (金)森 (篆)舞 甲骨文是会意字,像大(人)双手分持牛尾或枝条或火把在舞蹈,即"無"字。后因"無"假借表示没有义,金文便加"舛"(chuǎn,两足)造"舞"字表示跳舞义,成会意兼形声字。本义是跳舞,如"轻歌曼舞"。引申指舞蹈种类,如"交谊舞","秧歌舞","芭蕾舞"。因舞蹈是身体、手脚的舞动,故又引申泛指摇动,挥动,如"挥舞","舞剑"。因跳舞展示了人体动作的各种变化,故又引申为耍花招,耍弄,如"舞弊","舞文弄墨"。

丶部（15字）

丶 zhǔ （金）▌ （篆）▌ 金文是象形字，像灯碗中燃烧的火焰形状。本义是灯心。后来古人读书时用作断句的符号，停顿的标志。现在用作标点符号中的顿号，表示单字、词语或短句之间的停顿。

"丶"是汉字基本笔画之一，音"点"（diǎn），在构字中无固定意义。楷书笔画中含"丶"而又难以归部的字一般归于此部，如"主、农、尽、举"。

丫（桠、枒）yā （篆）丫 小篆是象形字，像树木上端的分权形状。"桠""枒"是异体字。现在规范为"丫"。本义是树木和物体的分叉部分，如"树丫"，"脚丫子"。因古代女孩头上梳双髻，像树丫权，故又称呼女孩为"丫头"。后转指旧时受役使的女孩子，也称"丫鬟"。又引申指长辈对下辈青年女子的昵称，如《红楼梦》中贾母称王熙凤为"凤丫头"。

义（義）yì （甲）羊 （金）羊 （篆）義 甲骨文是会意字，从我（兵器，表仪仗）从羊（祭牲）。一说表示屠宰牛羊以祭祀。一说是形声字，从羊，我声。俗写用"乂"（yì）同音代替，后加"丶"为"义"以区别。规范简化为"义"。本义是公正合宜的道德、行为或道理，如"正义"，"见义勇为"，"义不容辞"。引申为公益的，不取报酬的，如"义务"，"义演"。又引申为意义，含义，如"字义"，"定义"。还引申指人与人之间的情义，如"义气"，"义重如山"。也引申为由于拜认或抚养而成为的亲属关系，如"义父"。也引申指人工制造的，如"义齿"，"义肢"。

之 zhī （甲）止 （金）止 （篆）止 （隶）之 甲骨文是会意字，从止（脚）从一（地面），表示由此地前往。草书楷化为"之"形。本义是往，到，"到……去"，如《送孟浩然之广陵》。借用作代词，表指示，相当于"此"，"这"，如"之子于归（这个女子出嫁）"（《诗经·周南·桃夭》）；表人称，用作宾语，相当于"他"，"她"，"它（们）"，如"等闲视之"，"为之感动"，"求之不得"。作助词用在偏正结构中，表示领属关系或一般的修饰关系，相当于"的"，如"赤子之心"，"不速之客"。用于分句的主谓语之间，取消其主谓独立性而变为词组，如"大道之行也，天下为公"（《礼记·礼运》），"为中华之崛起而读书"（周恩来）。"之"用在某些固定词语中，只是凑个音节，无实际意义，如"久而久之"。

为（爲、为）wéi wèi （甲）手 （金）手 （篆）爲 （隶）爲 爲 甲

骨文是会意字，从爪从象，以手牵象鼻表示劳作。小篆繁化（《说文》认为像母猴的形状，不确）。隶书写作"爲"。"為"是异体字。规范简化为"为"，由"為"的草书楷化而来。**音 wéi**:本义是役象以助劳，此义消亡。引申为作，做，如"见义勇为"，"何乐而不为"。进而引申为作为，做事的能力，如"年轻有为"。又引申为当做，认做，如"认为"，"习以为常"。又引申为变成，如"化为乌有"，"一分为二"。还引申为治理，处理，如"为政"。又引申为判断词"是"，如"知之为知之，不知为不知，是知也"（《论语·为政》）。作介词，表示被动，如"为天下笑"。也表示强调，如"大为恼火"，"广为流传"。**音 wèi**:又作介词，表示替，给，如"为民请命"，"为虎作伥"。也表示目的，如"为了"，"为何"。还表示对，向，如"不足为外人道"。

主 zhǔ （甲）🔥 （篆）🔥　甲骨文是象形字，上部像燃烧的火焰，下部是木材。小篆上部中心像火焰，下部是油盏、灯座。本义是灯心。此义后写作"炷"（加意符"火"）。灯心是灯的主体，中心，故引申为最基本的，最重要的，如"主要"，"主力"。又引申为君主。又引申为首领，如"帮主"。又引申指奴仆的主人及一家之主，主宾之主。又引申为拥有财物、权利的人，如"业主"，"民主"，"主权"。又引申为事件当事人，如"事主"，"苦主"。又引申为掌管，如"主持"。由"主体"又引申为对事情确定的见解，看法，如"主见"，"主张"。还引申指从自我出发的，如"主观"，"主动"。基督教徒将上帝、伊斯兰教徒将真主也称为"主"。

半 bàn （金）半 （篆）半　金文是会意字，从八从牛，八表示分解，牛大易分解，故以牛会意。本义是二分之一，一半，如"半圆"，"半年"。引申为在中间，如"半途而废"。由"一半"又引申为部分的，不完全的，如"半信半疑"，"半成品"。又引申比喻极少的，如"一星半点"。

头 （頭） tóu （篆）頭　小篆是形声字，从頁（xié，人头），豆声。规范简化为"头"，由草书楷化而来。本义是人的头部。引申泛指各种动物的头部，如"虎头"。又引申指头上有发的部分，如"洗头"，"平头"。又引申为首领，如"土匪头子"，"大头目"。又引申指物的两端或末梢，如"笔头"，"尽头"。又引申为事情的开端，如"从头开始"，"头绪"。还引申为第一的，次序在先的，如"头版头条"。作量词，用于牛、羊、驴、骡等家畜，如"一头牛"，"三头驴"。作后缀，加于名词、动词、形容词后构成新名词，如"木头"，"想头"，"甜头"。作助词，置于方位词后，表处所，如"里头"，"外头"。

必 bì （金）必 （篆）必　金文是会意兼形声字，从弋（木橛）从八（表示分），弋兼表声。本义是分界的标杆。（郭沫若认为是古代兵器的柄，是"柲"的初文。）引申为抽象意义的确定，肯定，如"必定"，"必由之路"。又引申作副词，相当于一定，必须，如"事必躬亲"，"必有所成"。

永 yǒng （甲）①彳 ②彳 （金）彳 （篆）永 （隶）永　甲骨文是会意字，①中间是彳（人），左旁彳（chì）表行走，右旁三点表示水，合起来表示人在水中行;②简化,省去水。小篆将水点变成弯曲的河水。隶书写作"永"。本义是人在水中游泳。此义后写作"泳"(加意符"氵")。引申为水流长,如"江之永矣,不可方思"(《诗经·周南·汉广》)。进而引申指时间长久,如"永志不忘","永垂不朽"。又引申指意味深长,如"隽永"。

州 zhōu　(甲)　(金)　(篆)　(隶)　甲骨文是象形字,两边像弯曲的河流,中间有小洲。小篆将小洲变成三个。隶书写作"州"。本义是水中陆地,此义后写作"洲"(加意符"氵")。引申指划分的地理区域。传说大禹治水将中国划分为九个区域,称九州,后遂成为中国的代称。汉以后成为古代的一种行政区划(所辖地区的大小历代不同),"州"也就多用于地名,如"州县","杭州"。又引申为中国一种民族自治行政区划,高于县,如"凉山彝族自治州"。

农 (農、辳) nóng　(甲)　(金)　(篆)　甲骨文是会意字,从林(表植物)从辰(用蜃蛤制作的耕具),即"辳"字,表示农耕。金文上加"田"下加"又"(手),表示手持农具耕作于田间。小篆将"田"讹变为"凶",写作"農",从晨,凶(xìn)声。楷书繁体写作"農"。"辳"为异体字。规范简化为"农",由草书楷化而来。本义是耕,耕种,如"三川岂不农,三辅岂不耕"(皮日休《农夫谣》)。引申泛指农事,农业。又引申指从事农业的人,即农民,如"老农"。

尽 (盡、儘) jìn jǐn　(甲)　(金)　(篆)　甲骨文是会意字,像又(手)持刷子洗刷器皿,表示器皿空了。小篆文字化。楷书繁体写作"盡",规范简化为"尽",由草书楷化而来。音jìn:本义是器物中空。引申为完毕,如"取之不尽"。又引申为达到极端,如"尽头","山穷水尽"。还引申为全部用出,竭力做到,如"尽瘁","尽职"。进而引申为都,全,如"尽释前嫌","尽收眼底"。音jǐn:本写作"儘",也规范简化为"尽"。本义是极,最,如"尽里头"。引申为力求达到最大限度,如"尽量","尽管"。又引申为放在最前的,如"先尽着你用"。

叛 pàn　(篆)　小篆是形声字兼会意字,从反从半(分离),半兼表声。本义是背叛,叛离,如"叛徒","众叛亲离"。

举 (舉、擧) jǔ　(篆)　(隶)　小篆是形声字,从手,與(与)声。隶书写作"擧","手"写作"手"。"舉"是异体字。规范简化为"举",由草书楷化而来。本义是双手向上托物,如"举案齐眉","举重"。引申泛指抬起,如"举头","举手","举足轻重"。又引申指动作行为,如"举止","轻而易举"。由"举起"又引申为发起,兴办,如"举兵","举办","创举"。又引申为提出,如"举要","举例"。"向上托物"又引申为向上推荐,如"推举","举荐"。也引申为攻克,如"一战而举鄢、郢"(司马迁《史记·平原君虞卿列传》)。由于"举"使物全部脱离原处,又引申为全,都,如"举国","举世"。由"推荐"又引申指(古代)科举考试,如"赴举"。进而引申指举人,如"中举"。

一(乛、乙、乚)部(21字)

一(乚、乙、乛)^{zhé}　一、乚、乙、乛在现代楷书中,都是一画折笔,称作"折角"或"折"。在部首系统中是符号部首,即用一个笔画充当部首。楷书中的一些字,因起笔是折而又不易分清部首,或者折形比较突出,便归入此部,如"买、司、尺、乡、乞、乳"。

乚 yà (篆)乚　小篆是象形字,像玄鸟(紫燕)上下翻飞的形状。"乚"作为偏旁,在构字中主要作声符,如"扎、札、轧"。

乙 yǐ (甲)乙乙乙(金)乙(篆)乙(隶)乙乙　甲骨文是象形字,但像何物却说法不一,有说像鱼肠,有说像植物屈曲生长形,以后均假借为天干甲乙丙丁的"乙";还有说像刀形、玄鸟(燕)飞形,水流形等。也有说不是象形字,可能是原始社会所使用的符号,本义就是天干第二位。
　　"乙"作为偏旁,在构字中主要作声符,如"亿、艺、忆"。

刁 diāo　楷书是象形字。本与"刀"同字,音相近,后为相区别,将"刀"的一撇改为提。《玉篇·刀部》:"刁,亦姓。俗作刁。"本用作姓,后来主要表示奸诈、狡猾,如"刁钻古怪","刁劣"。引申为说话刻薄,如"你的嘴太刁了!"刁难(nàn):故意为难人。

了¹ liǎo le (篆)了(隶)了　小篆是象形字,像"子"(子,婴儿)的两臂两足全包裹好的形状,表示事已做完。**音 liǎo**:本义是收束,完结,如"一了百了","不了了之"。引申为决断,决定,如"了决此事"。又作"瞭"(liǎo)的简化字,表示明白,清晰,如"明了"(参看"了²"字条)。**音 le**:虚化为助词,用在词尾,表示完成。也作语气词,用在句末,表示肯定的语气,如"上课了","下雪了"。作语气词有时写作"啦",是"了啊"两个语气词的合音;有时写作"喽",是"了哟"的合音。

了²(瞭)^{liǎo liào}　楷书繁体是形声字,从目,尞(liáo)声。**音 liǎo**:本义是眼珠明亮。引申为明白,清晰,此义规范简化为"了",如"明了","了解","了如指掌"。
　　音 liào:由"眼珠明亮"又引申为向远处看。此义不简写,如"瞭望","远瞭"。
　　注意:现在"瞭"仅用于"远望"义,其他义项都用"了"。

乃(廼、迺)^{nǎi}　(甲)乃(金)乃(篆)乃(隶)乃　甲骨文是象形字,像妇女乳头的侧视形状。隶书加一撇。是"奶"的初文。本义是乳房。后来假借为代词"尔",即你,你的,如"家祭无望告乃翁"(陆游《示儿》)。又借作副词"迺"(也作"廼"),相当于于是,就,如"婉贞挥刀奋斫……敌乃纷退"。"乃"用于假借义后,其本义造"奶"字(加意符"女")表示。"迺、廼"现在规范为"乃"。

  注意:"乃"字起笔是横折。

也 yě (金) (篆) (隶) 金文是象形字,像突出了头部的蛇。是"它"(亦"蛇")的异体字。《说文》认为"也,女阴也,象形";清朝王筠《文字蒙求》认为:"也,古匜(yí)字。沃盥器也",均可为一说。本义是蛇。蛇是曲折前行的,故引申为曲折延伸,古人假借为表现延续说话语气的语气助词。后又用作副词,相当于同样,如"我也去"。"也"被借义专用后,其本义造"蚒"(shé)字(加意符"虫")表示,现在规范为"蛇"。

习(習) xí (甲) (金) (篆) 甲骨文是会意字,从羽(鸟翼)从日(表空中),表示鸟在空中反复练飞。小篆将"日"讹变为"白"。规范简化为"习"。本义是鸟反复地练习飞,如"鹰乃学习"(《礼记·月令》。习:练飞)。引申为学习,练习,复习。由"反复练习"又引申为熟悉,通晓,如"北方之人不习水战"(《三国志·蜀志·诸葛亮传》)。由"反复"又引申为习惯,如"积习","恶习"。

尹 yǐn (甲) (金) (篆) 甲骨文是会意字,从又(右手)执笔(一竖),表示治事。本义是治理。因治理者多居于官位,故引申为古代官职,如"令尹","府尹","县尹"。

丑(醜) chǒu (甲) (金) (篆) (隶) "丑""醜"本是两字。甲骨文"丑"是象形字,像长有指甲的手形。小篆将指甲连成一竖。本义是手。甲骨文时已假借表示地支的第二位。小篆"醜"是形声字,古人认为鬼的面貌最丑,故从鬼;酉声。规范简化为"丑"。本义是貌丑。引申为可厌恶的,可耻的,如"丑闻","丑态"。又特指喜剧里的滑稽角色"丑角"。

  注意:楷体"丑"中间一横不往右边出头,解析参看"彐¹"字条。

巴 bā (篆) 小篆是象形字,像一种口大头大体长的大蛇形状,古代传说是食象蛇。本义是一种大蛇,古代川东、鄂西一带山地多产大蛇,故称为巴山。"巴"字突出了蛇的大口,引申指面颊,如"嘴巴","下巴"。因蛇附着物体爬行,又引申为黏附和黏附物,如"巴结","锅巴"。后虚化为名词、形容词词尾,如"哑巴","紧巴"。

予 yǔ yú (篆) (隶) 小篆是象形字,像以手推物给人,往下一笔是伸出的肘腕。**音 yǔ**:本义是给,如"给(jǐ)予","赋予"。此义有时与"与"同。**音 yú**:假借作第一人称代词"我",如"予取予求"(原意是"从我这里取和求",后来指任意索取)。

  注意:"予"比"矛"字少一撇;与"预"的形音义均不同,也不作"预"的简化字。

司 sī （甲）司 （金）后 （篆）司　甲骨文是会意字，从亻(人)从口，像一个人或面向左或面向右地侧身站立，举手向前，张口发令，表示管理、统治。在甲骨文、金文中，"亻"的左右朝向不固定，故与"后"通。后"司、后"分化为二字：人右向者尊为"后"，即帝王，如"后羿"，"后稷"；左向者屈作"司"。本义是职掌，主管，如"司法"，"司令"，"司仪"。引申为官吏，如"有司"（主管某一部门的官吏）。又引申指官府，现在称中央机关部以下一级的行政部门为司，如"财政司"，"外交部礼宾司"。

民 mín （甲）甲 （金）甲 （篆）民　甲骨文是象形字，像用尖器刺左目的形状。古代曾将俘虏刺瞎左眼，强迫他们做奴隶。小篆文字化。本义是奴隶。引申指平民，百姓，与"官"相对，如"与民同乐"，"民谣"。进而引申为从事某项职业者，如"渔民"，"农民"。又引申泛指人，人类，如"食者，民之本也"（《淮南子·主术训》）。

弗 fú （甲）弗 （金）弗 （篆）弗　甲骨文是会意字，用绳捆束弯曲的箭杆使其直。本义是矫正(箭杆)。本义已消亡，虚化为否定副词，相当于不，如"弗去"，"弗许"。

丞 chéng （甲）丞 （金）丞 （篆）丞 （隶）丞 丞　甲骨文是会意字，从廾(gǒng，双手)从卩(jié，跪着的人)从凵(kǎn，陷阱)，表示上面人伸下双手救陷阱里的人。金文省去"凵"。小篆承甲文，将人腿与陷阱合为"山"。隶书将上部写作"承"，下部省作"一"，形义关系看不出了。本义是拯救，此义后写作"拯"（再加意符"扌"）。引申为辅佐，辅助，如"丞辅"。进而引申为辅佐的官吏，如"丞相"，"县丞"。

注意："丞"不从水一。

乳 rǔ （甲）乳 （金）乳 （篆）乳　甲骨文是会意字，从女从子，像跪坐的母亲双手抱婴儿哺乳形状。金文左从爫(手)从子，右边是突出了乳头的身子轮廓。小篆将身子轮廓讹为"乚"。本义是哺乳。引申为乳房，乳汁。又引申为生子，生殖，如"乳子"（产子），"乳妇"（产妇）。进而引申为初生的，幼小的，如"乳鸽"，"乳燕"。

承 chéng （甲）承 （金）承 （篆）承 （隶）承 承　甲骨文是会意字，从廾(gǒng，双手)从卩(jié，跪着的人)，像双手捧着一人。小篆在中下部又加一只手。隶书写作"承"，上下连通。本义是奉，捧着。引申为承受，承担，如"承包"，"承办"。由"承受"又引申为继承，承接，如"承上启下"。

昼（畫） zhòu （甲）昼 （金）畫 （篆）畫 （隶）畫　甲骨文是会意字，从聿(手执笔)从日，表示画出白天与黑夜的界线。小篆在"日"旁添加装饰性笔画。隶书下部省作"旦"，写作"畫"。规范简化为"昼"，由草书楷化而来，"尺"是记号。

本义是白天,与"夜"相对。

豫 yù （篆）**豫**　小篆是形声字,从象,予声。本义是大象。大象行缓且自乐,引申为安乐,安逸,如"逸豫"。由"行缓"又引申为犹豫。假借作"预",表示事先有准备,如"豫则祸不生"(《荀子·大略》)。此义也作"预"。豫州:地名,古九州之一,包括今河南省以及山东省西部和湖北省北部,后为河南省的简称。

十部(11字)

十 shí （甲）▎（金）✦（篆）十　甲骨文是指事字,像一根树枝,用此代表十。金文像结绳记数形,用一个结表示十。后来一点变为一横。"十"是数词,本义是九加一的和。因从一到十,十是最大的、最末的数,故引申为完满具足,如"十全十美","十足","十分"。又引申指多,如"五光十色"。

"十"作为偏旁,在合体字中作意符,所从字与数目、众多、齐全等义有关,如"协、博、计、叶";也作意符兼声符,如"什";也作声符,如"汁"。

楷书中有些字的"十"是其他字符的变形,与"十"的音义无关,如"华、毕、直、千、兢"。

注意:"十"在常用字中作左旁的只有"协、博"两字。

古 gǔ （甲）🝓（金）①𠖠②古（篆）古　甲骨文是会意字,从口从中,表示言传口授过去的事。金文①将"中"填实,②横笔变细成"一"。《说文》认为小篆"古":从十(表示多)从口,指代代相传的事为古。本义是时代久远的、过去的,与"今"相对。引申为古代的事情,如"博古通今"。又引申为古朴,如"古香古色"。又引申为守旧,含有贬义,如"古板"。还引申指历时久远,如"万古流芳"。

协(協) xié （甲）①)))②𦥑（金）𤔔（篆）協　甲骨文是会意字,①从三耒(lěi,农具),表示合力并耕;②耒下加"口",表示同声合力。金文在"耒"下加三"犬",表示用畜力代替人力。小篆从十(众多)从劦(xié,同力耕作)。规范简化为"协"(两点代表双"力")。本义是共同,如"同心协力"。引申为使和谐、融洽,如"协调"。又引申为帮助,如"协助"。

华(華) huā huá huà （甲）✖（金）𡤼（古钵）𡥈（篆）𦶎（隶）華　甲骨文、金文是象形字,像一棵有根有茎的鲜花。古钵(钵)加意符"艸"。隶书写作"華"。规范简化为"华","化"表声。**音 huā**:本义是花朵,与"花"是古今字,如"春华秋实"。引申作动词:开花。六朝人另造"花"字表示本义(参看"花"字条)。**音 huá**:花的色彩丰富,引申为美丽有光彩,如"华光","华丽"。又引申指时光,岁月,如"年华"。又引申为高贵美丽,如"华贵"。又引申指繁荣昌盛,如"繁华"。进而引申指浮华,虚华,如"华而不实"。又引申指头发花白,如"华发"。花是植物营养最集中处,又引申指事物最好的部分,如"精华","含英咀华"。又引申为有文才,如"才华"。又引申为我国古代简称,华夏。**音 huà**:华山,在今陕西省。也用作姓。

直 zhí （甲）▲ （金）▣ （篆）直　甲骨文是会意字，从丨（一竖）从目，表示眼睛直视标杆。金文在竖线上加一圆点，左下加乚（yǐn，矩尺），突出目测端直之意。小篆上部成"十"字坐标，将"目"立起。楷书最后一笔与"目"相连写成"直"，里面成三画。本义是直视。引申为不弯曲，如"笔直"，"直径"。进而引申为使动词：使……变直，如"伸直"，"挺直"。由"不弯曲"又引申为品行端正，如"正直"。进而引申为直率，如"直言不讳"。又引申为正义的，公正的，如"是非曲直"，"理直气壮"。由"直视"又引申为竖向垂直，如"直升飞机"。虚化为副词，相当于径直，一直，如"直达车"，"直走过去"。

丧（喪）sàng sāng （甲）▣ （金）▣ （篆）▣　甲骨文是会意字，像桑树上挂着盛桑叶的器物，表示采集桑叶。假借表示丧亡。一说是众口喧哭于桑下。小篆变为会意兼形声字，从哭从亡，亡兼表声。规范简化为"丧"。**音 sàng**：本义是采桑叶。假借表示人丧亡。引申为失掉，如"丧失"。**音 sāng**：由"死亡"引申为丧事，指人死后入殓、祭奠、殡葬等事宜。

卖（賣）mài （篆）▣　小篆是会意字，从出从买，表示使别人买。楷书繁体从士从買。规范简化为"卖"，从十从买。本义是出售，以货物换钱，与"买"相对。引申为背叛，为了私利而出卖祖国和亲友，如"卖国求荣"，"出卖同志"。又引申为通过某种手段或技能换取钱财，如"卖艺"。又引申为故意显能，如"卖弄"。还引申为尽量使出，如"卖力"。

南 nán （甲）▣ （金）南 （篆）南　甲骨文是象形字，像一种钟形乐器的形状，上端有绳索可以悬挂。本义是一种乐器名。引申为乐曲名，如《周南》《召南》。假借作方位词"南"，与"北"相对。

博 bó （金）▣ （篆）博　金文是会意兼形声字，从十（齐全）从尃（fū，散布，遍布），尃兼表声。本义是大。引申为多，广，如"广博"，"渊博"。又引申为广泛，普遍，如"博爱"，"博览群书"。又引申为通晓，如"博古通今"。又引申为取得，如"博取"，"博得好感"。又引申指古代的一种棋戏，如"博弈"。进而引申指赌博。

注意：①"博"字右旁是"尃"，不是"専"（zhuān）和"專"（zhuān）；上部"甫"的第三画横折钩改为横折。②"博"与"搏"音同而形义不同，辨析见"搏"字条。

兢 jīng （金）▣ （篆）▣　金文是会意字，像两个人头顶着重物，戒惕小心、不敢疏忽的样子。小篆是形声字，从二兄，丰声。楷书简作"兢"。本义是小心谨慎。兢兢：小心谨慎的样子，如"战战兢兢"，"兢兢业业"。

注意："兢"是双"克"并列，不是双"竞"。

矗 chù　楷书是会意字，以三直并叠，表示又高又直。本义是高耸直立，如"高楼矗立"。

厂（厂）部（17 字）

厂¹ hǎn chǎng （甲）〔图〕（金）〔图〕（篆）〔图〕甲骨文是象形字，像山崖伸出的部分。金文或加声旁"干"为"厈"。小篆承甲文。**音 hǎn**：本义是山崖，其下凹穴人可居住。此音义已不单用，只作偏旁。**音 chǎng**：现在也作"廠"的简化字（参看"厂（廠）"字条）。

"厂"作为偏旁，习惯上称为"厂（chǎng）字旁"。在合体字中多作意符，所从字与山崖、房屋等义有关，如"厉、厚、厕、原、厦"；也作声符，如"彦、雁"。因与部首"广"（yǎn，简易房屋）形近，古文字中常相通用。"反、盾"等字的偏旁原是"厂"形，故归此部。

厂² （廠、厰）chǎng ān 楷书"廠"是会意兼形声字，从广（yǎn，简易的大房屋）从敞（敞露无遮挡），敞兼表声。"厰"是俗体。规范简化为"厂"（chǎng）。**音 chǎng**：本义是没有墙壁或只有一面墙的简易房屋。《集韵·养韵》："廠，屋无壁也。"引申为工厂，如"化肥厂"，"纺织厂"。又引申为厂子，如"煤厂"。**音 ān**："庵"（小的圆顶草屋）的省写，多用于人名。

厅 （廳）tīng 原写作"聽"，指"聽事"处，即官员办公事的堂屋，后省说为"聽"。后又加意符广（yǎn，简易的大屋）为"廳"，聽表意兼表声。规范简化为"厅"，从厂（hǎn，房屋），丁声。本义是官府办公处。引申为现代党政机关的办事机构，如"办公厅"，"教育厅"。又引申指聚会或接待客人的房间、店堂，如"客厅"，"饭厅"。

仄 zè （篆）〔图〕小篆是会意字，从厂（hǎn，像山崖下的洞穴）从人，像人在狭窄洞穴中倾侧难伸状。本义是倾斜。引申为狭窄，如"逼仄"。又引申为心中不平静，不安，如"愧仄"。又指古音韵学中的仄声调，上、去、入三声的总称，与平声调相对，意思是"不平"。

历 （歷、曆）lì （甲）〔图〕（金）〔图〕（篆）〔图〕〔图〕甲骨文是会意字，从秝（lì）从止（脚），秝是二禾并立，代表行列整齐的农作物；以"止"走遍"禾"表示经历多。金文加意符"厂"（hǎn，山崖）为"歷"，从止从秝（lì），表明庄稼种植在山崖前；秝兼表声。本义是经过，越过。引申为逐个地，一件一件地，如"历访名校"，"历试诸法"。经历过的事往往记忆清楚，故又引申为清晰，如"历历"（清晰分明）。因"经过"有时间推移义，故又引申为日历，历法，此义后改"止"为"日"写作"曆"。"歷、曆"均规范简化为"历"。

反 fǎn （甲）反 （金）反 （篆）反　甲骨文是会意兼形声字，从厂(hǎn，山崖)从又(手)，像手攀山崖的形状；厂兼表声。是"扳"的初文。本义是攀引。引申为拉，拨动(山石)。此二义后写作"扳"。由"拨动"引申为翻转，如"易如反掌"。进而引申为颠倒的，如"适得其反"。再引申为反复，反对，反抗。由"翻转"又引申为类推，如"举一反三"。用作副词，相当于反而，如"画虎不成反类犬"。

厉(厲) lì （金）厲 （篆）厲　金文是形声字，从厂(hǎn，岩石)，萬声。《说文》认为"萬"是"蠆(虿 chài)"的省声。规范简化为"厉"。是"礪(砺)"的初文。本义是粗磨刀石。用作使动词：使……磨得锋利，如"厉兵秣马"，"再接再厉"。引申为厉害，凶恶，成常用义。又引申为抽象义的磨炼，勉励，激励，振奋，此义后写作"励"(加意符"力")。因"激励"的目的是为了使人振奋向上，故"厉"又引申为高扬，如"铺张扬厉"；进而引申为猛烈，程度深，如"变本加厉"。又引申为严厉，剧烈，如"色厉内荏"，"声色俱厉"。进而引申为严格，切实，如"厉行节约"。"厉"常用于引申义后，本义便造"砺"(加意符"石")字表示，但成语中仍用"厉"。

厕(廁) cè （篆）廁　小篆是形声字，从广(yǎn，简易房屋)，则声。后改从"厂"(hǎn，此与"广"义同)。本义是厕所。古时厕所往往与猪圈紧连一处，故引申指猪圈，如"厕中豕群出"(《汉书·武五子传》)。又引申作动词，表示加入、参与的谦辞，如"厕足"，"厕身行伍"。

厚 hòu （篆）厚　小篆是会意兼形声字，从厂(hǎn，山崖)从旱(hòu，味道醇厚)，旱兼表声。本义是山陵高厚。引申泛指物体(多指扁平物质)上下两面距离大。进而引申指数量、质量、重量的多，也指重、大，如"厚利"，"无可厚非"。又引申指人的大度，宽容，不刻薄，如"宽厚"，"敦厚"。用作动词：重视，如"厚此薄彼"。

盾 dùn （篆）盾　小篆是会意字，"厃"(厂)像盾的侧视形状，"十"像盾的把手，"目"表示盾可以遮掩眼睛和身体。本义是古代用以遮挡敌人刀箭保护自己的兵器，即盾牌。

厝 cuò （篆）厝　小篆是形声字，从厂(hǎn，表山石)，昔声。本义是磨刀石，段玉裁认为是金刚钻之类。后写作"错"。古书常通"措"，指安置，安排，如"厝火积薪"。方言指房屋。福建沿海及台湾人称家或屋子为厝。

原 yuán （金）原 （篆）原 （或体）原 （隶）原 原　金文是会意字，从厂(hǎn，前檐突出的山崖)从泉，像泉水从山崖下涓涓流出的形状。小篆将泉水写成三股以表水多；《说文》或体仍为一股。隶书将"水"写成"小"，成为"原"。本义是水源，源泉。引申为起源，开始。泉水聚集在一起则水面平缓，故又引申指宽广平坦的地方，并成为"原"的主要义，如"平原"，"原野"。"原"又用作原谅。

"原"多表示引申义后,本义便造"源"(加意符"氵")字表示。

厢(廂)^{xiāng}（篆)厢　小篆是形声字,从广(yǎn,房屋),相声。现在规范从"厂"(hǎn,此与"广"义同)。本义是东西廊。引申指堂屋的东西墙。进而引申指正房两侧的房屋,如"西厢","东厢"。再引申指车厢,包厢。又引申指旁,边,如"这厢"。

厨(厨)^{chú}（篆)厨　小篆是会意兼形声字,从广(yǎn,房屋)从尌(shù,从"寸"表操持),尌兼表声。规范简化为"厨",从"厂"(hǎn,此与"广"义同)。本义是厨房。引申指主持烹饪的人,如"名厨"。进而引申为菜肴,如"厨珍"(珍贵美味的食品)。

厦(厦)^{shà xià}（篆)厦　小篆是会意兼形声字,从广(yǎn,房屋)从夏,夏原是秦晋方言,"大"义,故表示大房子;夏兼表声。现在规范为"厦",从"厂"(hǎn,此与"广"义同)。**音 shà**:本义是大房子。引申指屋子后面突出的部分,如"前廊后厦"。**音 xià**:用作地名,厦门市,在福建省。

雁^{yàn}（篆)雁　小篆是会意兼形声字,从佳(zhuī)从亻从厂(hǎn,岩崖),佳是鸟,亻指大雁飞行时排成的"人"字形;厂表示雁在旅途中常夜宿岩崖下;厂兼表声。本义是大雁。大雁像鹅非鹅,引申为假的,伪造的,此义后写作"赝"。

注意:"雁""鹅"二字同源,古文中"雁"字有时指"鹅"。后为了区分这两种动物,就把家鹅称作"鹅",把野鹅(形似鹅实为鸟)称作"雁"。

赝(赝)^{yàn}　楷书繁体是会意兼形声字,从贝(贝)从雁,雁因似鹅非鹅而引申为假的,与"贝"合体表示宝贝似真非真;雁兼表声。规范简化为"赝"。本义是假的,伪造的,如"赝品","赝本"。

匚部（10 字）

匚 **fāng** （甲）匚 （金）匚 （籀文）匚 （篆）匚　甲骨文是象形字，像方形筐子竖立的形状，长竖画是筐底，空缺处是筐口。金文和《说文》籀文画出了用藤柳等物编织的纹路。小篆文字化。本义是古代一种盛放东西的方形器物。

　　"匚"已不单用，与形似的"匸"（xì，隐藏）合并为"匚"旁，习惯上称作"三框栏"、"区字框"。在合体字中作意符，所从字或与盛物的器具义有关，如"匣、匠、匮"，或与隐藏义有关，如"区、医、匿"。

　　楷书中有些字的"匚"是其他字符的变形，与"匚"义无关，如"巨、匹、臣（yí，下巴，现只作偏旁）"。

匸 **xì** （篆）匸　小篆是会意字，从乚从一，乚是古"隐"字，上面再用一物覆盖，表示隐藏得很深。本义是隐藏，隐匿。已不单用，与匚（fāng）合并为"匚"旁（参看"匚"字条）。

区（區）**qū ōu** （甲）匚 （金）匷 （篆）區　甲骨文是会意字，从匸（xì，隐藏物品的器具）从品（许多物品，三表示多数），表示藏东西。规范简化为"区"，以记号"乂"代替"品"。**音 qū**：本义是收藏物品的地方。引申指一定的地域范围，如"地区"，"区域"。进而引申指行政区划单位，如"自治区"，"辖区"。收藏物品，要分门别类，所以又引申为动词：划分，分别，如"区分"，"区别"。藏匿处必小，故进而引申指小，细微，如"区区小事"。**音 ōu**：用作姓。

匹 **pǐ** （金）匹 （篆）匹　金文是象形字，像折叠得不平整的布。小篆讹作从匸（xì）从八，失去原构意。本义是古代布帛的长度单位，四丈为匹。引申用作量词，用于整卷的布和马、骡，如"一匹绸缎"，"一匹马"。古时量布往往从两头卷起，一匹有两卷，故又引申为相配，相当，如"匹配"。又引申为单一，如"单枪匹马"。

巨（钜）**jù** （金）①矩 矩 ②巨 （篆）巨　金文①是会意字，像一人（大或夫）手持工字型方尺，即"矩"字（"夫"讹为"矢"）；②简化手与方尺。小篆承金文的左旁方尺。本义是画方形或直角的方尺。引申指规矩，法则。此义后用"矩"表示，而"巨"假借表示大，如"事无巨细"，"巨人"。"钜"是异体字，现在规范为"巨"。

匠 **jiàng** （篆）匠　小篆是会意字，像匚（fāng，箱匣）从斤（斧），以工具箱装斧子表示木匠(上古时称木工为"匠")。本义是木匠。引申泛指有手艺者,如"铁匠","石匠"。又引申指巧妙设计,如"匠心独运"。

匣 xiá （篆） 小篆是形声字,从匚(fāng,盛放东西的器物)甲声。本义是存放东西的有盖器具,大的叫箱,小的叫匣。作动词:置于匣中,如"且匣起,青铜休照"(刘克庄《贺新郎》)。

医(醫) yī （甲） （金） （篆）① ② 甲骨文是会意兼形声字,从匚(xì,隐藏物品的器具)从矢(箭),矢兼表声。金文、小篆①从甲骨文;小篆②从殳(yì,病人呻吟声)从酉(疗伤用酒),表示医药关系。规范简化仍为"医"。本义是隐藏弯弓箭矢的器具。引申指盛放医疗器械的器具,如"医药箱"。进而引申指治病者,如"医生"。又引申为动词:治疗,如"医治"。

匿 nì （甲） （金） （篆） 甲骨文是会意字,像匚(xì,隐藏物品的器具)中藏着一个两手整理头发的女人。小篆讹变为形声字,从匚(隐藏),若声。本义是隐藏,不让人知道,如"匿名","匿影潜形"。

匪 fěi （篆） 小篆是形声字,从匚(fāng,盛放东西的器物),非声。是"箧"(fěi,一种圆形竹筐)的初文。本义是一种不方正的筐类竹器。由"不方正"引申指人的品行不端正,如"不幸见辱于匪人"(李朝威《柳毅传》)。匪人:行为不正的人,"土匪"是后起义)。进而引申指劫财害人的歹徒,如"土匪","匪帮"。由"行为不正"又引申为"非",副词,表示否定,如"受益匪浅","匪夷所思"(夷:平常)。

卜(卜)部(7字)

卜 bǔ bo　（甲）像形（金）（篆）　甲骨文是象形字，像龟甲灼烧后出现的裂纹形，古人以此作为判断吉凶的兆象。小篆规整化。**音 bǔ**：本义是占卜。引申为推测，预料，如"预卜"，"存亡未卜"。又引申为选择(处所)，如"卜宅"，"卜居"(选择地方居住)。卜辞：商代把占卜情况刻在龟甲、兽骨上的记录。**音 bo**：作"蔔"(萝卜的"卜")的简化字。

　　"卜"作为偏旁，在字上部写作"⺊"，如"占"。在合体字中多作声符，如"仆、讣、扑、赴"；也作意符，所从字与占卜有关，如"占、贞、卦"。

　　楷书中有些字的"⺊"是其他字符的变形，与"卜"的音义无关，如"上、卤"。

上 shàng shǎng　（甲）（金）（晚金）（古文）（篆）　甲骨文、金文是指事字，用一弧线或一长横作基准，在上面加一短横表示上部。晚期金文为了与"二"区别，在短横旁加一竖，成为今天"上"字的直接来源。《说文》古文将短横变成竖。小篆繁化。**音 shàng**：本义是高处，上边。**音 shǎng**：作汉语声调之一，上声。

卡 qiǎ kǎ　楷书是会意字，从上从下，表示不上不下。**音 qiǎ**：本义是夹在中间不能活动，如"卡壳"。引申为夹东西的器具，如"发卡"。进而引申为哨卡，关卡。**音 kǎ**：卡车，卡片。又指卡路里(热量单位)的简称(法语：calorie)。

占(佔) zhān zhàn　（甲）（篆）　甲骨文是会意字，从卜从口，表示龟卜后根据裂纹用口解释吉凶。**音 zhān**：本义是视龟甲被灼烧的裂纹情况来解释、推测吉凶，如"占卦"。引申泛指推测，推断，如"占梦"。**音 zhàn**：卜甲上有兆纹，故又引申为占有，据有，如"占领"。进而引申为有，具有，如"占上风"，"好人占大多数"。此义后写作"佔"加意符"亻"，规范简化仍为"占"。

贞(貞) zhēn　（甲）（金）（篆）　甲骨文是形声兼会意字，从卜(卜问吉凶)，鼎声，鼎兼表意。鼎本是上古时烹煮食物的食器，后将法律(章则)刻在上面，因而有端正不移、有操守之意；鼎又置于宗庙作铭功记绩的礼器，象征吉祥，因此"卜""鼎"合起来表示占卜吉祥正事。"鼎""贝"形近，金文讹变为"贞"。规范简化为"贞"。本义是卜问吉祥正事，如"以贞来岁之媺恶"(《周礼·春官·天府》。岁：年。媺音 měi：美、善)。引申为正，守正。由"端正不移"又引申为忠贞不渝。由"守正"又引申特指封建礼教压迫下的女子守身未嫁，或从一夫而终，如"守贞节"。

卤（鹵）lǔ（金）（篆）　金文是指事字，用四点表示装入盛盐器（罐或竹篓）中的盐粒。规范简化为"卤"。本义是食盐。引申指卤水（熬盐时剩下的黑色液体），也叫苦汁。进而引申指盐碱地。由"食盐"又引申指用盐水等浓汁制作的食品，如"卤肉"，"卤豆干"。又引申指卤汁，如"卤子"。后因"卤"被引申义所专用，本义便造"鹽"（加声符"監"，简化为"监"）字表示。规范简化为"盐"。

卦 guà（篆）　小篆是形声字，从卜（占卜），圭（guī）声。本义是古代供卜筮用的象征自然现象和人事变化的一套符号，即"八卦"。引申为占卜，如"算卦"。进而引申指占卜吉凶的各种形式，如"挂摊儿"，"测字打卦"。

冂（几）部（8字）

冂 jiōng （甲）冂 （金）𩫖 （篆）冂 甲骨文是象形字，像城邑管辖区的边界标志。金文成会意字，从冂从口（wéi，城邑），表示城外的一定范围。小篆从甲文。《说文》："邑外谓之郊，郊外谓之野，野外谓之林，林外谓之冂。"本义是城市的远郊。因郊野与土地有关，后此义写作"坰"（加意符"土"）。

"冂"现在只作为偏旁，习惯上称为"同字框"。在合体字中作意符，所从字与范围、遥远等义有关，如"内、央、市、周"；也作意符兼声符，如"迥、坰、泂、扃"；也作声符，如"炯"。

楷书中有些字因有外框"冂"而归入此部，与"冂"的音义无关，如"冈、用、同、罔、甩"。

冈（岡）gāng （篆）𡶀 （隶）岡 小篆是形声字，从山，网声。隶书写作"岡"。规范简化为"冈"。本义是山脊。引申为山岭或小山，如"山冈"，"井冈山"。

注意："冈"统读作 gāng，不读 gǎng。

内 nèi （甲）内 （金）内 （篆）内 甲骨文是会意字，从冂（表屋子或洞穴）从入，表示进入。金文从宀（mián，房屋）从入。小篆文字化。本义是从外面进入屋里。引申为里边，如"内部"，"窗内"。古代又特指内室，如"家有一堂二内"（《汉书·晁错传》）。古时妻妾居内室操持家务，故称"内人"，"内助"。引申指妻子的亲属，如"内侄"，"内弟"。由"内室"又转指皇宫，如"大内"，"内臣"。

用 yòng （甲）甶 （金）用 （篆）用 （隶）用 甲骨文是会意字，从卜从冎（占卜用的骨板），表示依卜兆行事。一说"用"像桶形，是"桶"的初文。小篆规整化。隶书写作"用"。本义是施行。引申为使用，采用，如"用尽力量"，"大材小用"。又引申为用处，费用。又引申为介词，表示凭借、使用的工具、方式，如"用铅笔写字"，"用炮轰"。又引申为需要，多用于否定，如"不用去了"。

甩 shuǎi 楷书是指事字，把"用"中间一竖引长向右弯出，表示摔出。此义早期白话文写作"摔"，后多写作"甩"。本义是挥动，抡，如"甩动臂膀"，"甩鞭子"。引申为扔出去，如"甩石头"。又引申为抛开，如"甩掉敌人"。

同 tóng tòng （甲）𠙵 （金）𠘘 （篆）同 甲骨文是会意字，从凡（古"凡"

字）从口,表示把众口会合在一起。小篆从"日"(mǎo,重复)从口,意思不变。**音 tóng**:本义是会合,聚集。引申为共同,如"同胞","同甘共苦"。又引申为一样的,相同的,如"大同小异"。作介词,相当于跟,如"同去年差不多"。作连词:和,如"我同你一起去"。**音 tòng**:指小街道,如"胡同"。

网（**網**）wǎng　（甲）网 网　（金）网　（篆）网　（或体）网 网　甲骨文是象形字,像在两根木棍之间用绳索交叉编织成的捕捉鱼、鸟、兽的器具。金文简化。小篆或体加声符"亡"写作"罔"。后因"罔"假借作否定词,又加意符"系"写作"網"。规范简化仍为"网"。本义是捕捉鱼、鸟、兽的工具,如"网疏而兽失"（桓宽《盐铁论·刑德》）。引申泛指网状的东西,如"蜘蛛网","电网"。又引申指无形的网,如"情网","关系网"。又引申指互联网,如"网络","上网"。由本义又引申为动词:用网获取,如"网了两条鱼"。进而引申为搜罗,招致,如"网罗"。

周 zhōu　（甲）田　（金）周　（篆）周　甲骨文是象形字,像整齐的田地密植着农作物,表示稠密、周遍之意。一说像雕满突状物的钟,表示雕刻周密,是"雕"的初文。金文下面加"口"(表示发布政令),成会意字,是姬周(王朝)之"周"。本义是周密。引申为周到,完备,如"考虑不周"。又引申为全面,普遍,如"众所周知"。又引申为环绕,循环,如"周游","周而复始"。又引申为圈子,如"周围","四周"。由"环绕"进一步引申为时间的一轮,如"周年","七天为一周"。又引申为接济,如"周济"。又指朝代名,周朝,周武王姬发建于公元前十一世纪;后来有北周(公元557—581)、后周(公元951—960)等朝代。

八(丷)部(18字)

八(丷) bā （甲）从（金）八（篆）八（隶）**八** 甲骨文是指事字，用两条相背的曲线表示分开相背之意。是"分"的初文。隶书写作"八"。本义是分别，分开。假借为数字，即七加一之和，如"八仙过海"。进而假借作"发"。"发"音声母古代曾读b，与"八"声母相同，故有人以"八"表发财意。后本义造"分"(加意符"刀")字表示。

　　"八"作为偏旁，在字左时，第二笔捺要写成点，如"颁、颂"；处字上部时，有的倒写作"丷"，如"兑"。在合体字中作意符，所从字与分解、分散、相背等义有关，如"分、半、公"；也作意符兼声符，如"扒、趴"；也作声符，如"叭"。

　　楷书中有些字上部的"丷"是其他字符的变形，与"八"的音义无关，如"兰、关、并、弟、单、酋、前"；有些字下部的"八"习惯上称作"八字底"，也与"八"义无关，多是"廾"(gǒng，双手，参看"廾"字条)的变形，楷书写作"八"，如"兵、共、典、具"。

分 fēn fèn （甲）从（金）分（篆）从 甲骨文是会意字，以刀插入八(分开)中，表示把一件东西分开。**音fēn**：本义是分开。引申为辨别，如"分辨"，"分析"。又引申指从主体分出一部分，如"分支"，"分局"。又引申为一半，如"二分之一"。又用作量词，表示长度，十分为一寸；表示面积，十分为一亩；表示重量，十分为一钱。**音fèn**：指人在社会群体中的地位、职责范围和权限等，如"本分"，"分内"。又引申为属于一定阶层、集团或具有某种特征的人，如"知识分子"，"投机分子"。又引申为情谊，机缘，资质，如"情分"，"缘分"，"天分"。

公 gōng （甲）公（金）公（篆）公 甲骨文是会意字，从八(分开)从口(器皿)，表示平分器皿里的东西。小篆变"口"为"厶"(sī，"私"的初文)，表示与私相背之意。本义是平分。引申为合理，无私，如"公平"，"公正"。又引申为属于国家的、集体的，如"公有"，"公事"。进而引申为共同的，大家认同的，如"公式"，"公约"。又引申为不隐瞒的，如"公开"，"公审"。古代又指五等爵位(公、侯、伯、子、男)的第一等，即"公爵"。又通称古代朝廷的最高官位，即"三公"(太师、太傅、太保)。又引申指对男人的尊称，如"包公"，"叶公好龙"。又引申为对丈夫父亲的尊称，如"公公"。由男性尊称又引申指雄性的禽兽，如"公母"，"公熊"。

兰(蘭) lán （篆）蘭 小篆是形声字，从艸(cǎo)，闌(lán)声。规范简化为"兰"，由草书楷化而来，"丷"是"艹"的简写。本义是兰草。又指兰花。

共 gòng （甲）⚟ （金）①⚟ ②⚟ （篆）⚟ 甲骨文是会意字，从双手向上举。金文②像两手捧物上举，表示供奉。小篆像两只手供设器皿。本义是供奉。此义后写作"供"。引申为一同，一起，如"共同"，"共有"。进而引申为相同的，一样的，如"共性"。又引申为合计，如"总共"。

兵 bīng （甲）⚟ （金）⚟ （篆）⚟ 甲骨文是会意字，从斤（大斧）从⚟（gǒng，双手），像双手挥着一把弯柄大斧。本义是武器，兵器，如"短兵相接"，"兵工厂"。引申指使用兵器的人，如"士兵"，"雄兵百万"。进而引申为军事，战争，如"纸上谈兵"，"兵连祸结"。

兑（兑）duì （甲）⚟ （金）⚟ （篆）⚟ 甲骨文是会意字，从八（分开）从口从人，以口分开表示人笑，人高兴。是"悦"的初文。小篆下部写作"儿"（亦人）。本义是喜悦。唐代产生"交换"义，沿用至今，如"兑换"，"兑现"。也用作中国象棋术语，如"兑马"，"兑子"。

弟 dì （甲）⚟ （金）⚟ （篆）⚟ 甲骨文是个象形字，像一根木桩上有绳子一圈圈地有序地缠绕的形状。本义是有次序地排列，即次弟。此义后写作"第"。因同父母的孩子出生有先后，故引申为兄弟的"弟"。进而引申为朋友间的谦称，如"小弟不才"，"称兄道弟"。

其（箕）qí jī （甲）⚟ ⚟ （金）⚟ （篆）⚟ ⚟ 甲骨文是象形字，簸箕形。是"箕"的初文。金文加声符"丌"（jī）为"其"。小篆有"其""箕"两形。**音 jī**：本义是簸箕。后因假借作虚词，本义就造"箕"字（加意符"竹"）表示。**音 qí**：假借作第三人称代词，表示领有：他（她、它）的，他们（她们、它们）的；后来又指他（她、它）们。又借作指示代词：那，那些。又借作副词、连词和形容词词头，多用于文言文中。又借作副词词尾，如"极其快乐"。

具 jù （甲）⚟ （金）⚟ （篆）⚟ 甲骨文是会意字，从⚟（gǒng，双手）捧鼎（食器），表示饭已准备好。金文写成省形的"貝"（省去两点为"目"。古文字"鼎""貝"形近，故有些字的"鼎"旁写成"貝"）。小篆承金文。楷书写作"具"，将双手⚟变为一长横两点，将上面"目"形两竖延长，使长方框里变成三短横。本义是准备饭食或酒席。引申为饭食，如"食以草具"（《战国策·齐策四》。草具：粗劣的饭食）。又引申为准备，备办，如"谨具薄礼"。进而引申为具有，具备，如"别具一格"，"粗具规模"。由"准备、备办得如何"又引申为详细陈述，列出，如"具体"。又引申为日常生活、生产中使用的器物，如"家具"，"工具"。又引申为量词，只用于尸体、棺材和某些器物，如"一具尸体"，"一具座钟"。

注意："具"框内是三短横，不要写成两横。"家具"不写作"家俱"。

典 diǎn （甲）⚟ （金）⚟ （篆）⚟ 甲骨文是会意字，从⚟（gǒng，双手）捧

读册,表示好书。金文从册摆丌(jī,书案、几案)上,表示好书。本义是重要的文献、书,如"典籍","经典著作"。引申为法则,制度,规范,如"典范","典章"。又引申为前代的文物,故事,如"典故","数典忘祖"。又引申为仪式,如"典礼"。唐时假借表示用物品作抵押,如"典当","典押"。

单(單) dān shàn chán　(甲)　(金)　(篆)單　甲骨文是象形字,像一段丫形树干的两端缚上石块制成的一种猎兽工具。小篆文字化。规范简化为"单"。**音 dān:**本义是猎兽的工具。因这种器具捕鸟兽每次只能捕到一只,故引申为单一、单独,如"单枪匹马"。又引申为与偶数相对的奇数,如"单数","单号"。进而引申为薄弱,如"身体单薄"。又引申为种类少,如"简单"。又引申为记事用的纸片,如"单据","账单"。用作姓。**音 chán:**单于,匈奴君主的称号。也作复姓。**音 shàn:**用作姓。作地名,"单县",在山东省。

前 qián　(甲)　(金)　(篆)①　②　(隶)前　甲骨文是会意字,从止(脚)从舟,即"歬"字,表示人站在舟上借水流向对面运动。金文、小篆①承甲骨文。小篆②是"前"字,形声字,从刀,歬声,是"剪"的初文,本义是剪,后假借表"前"义。本义是向面对的方向运动,如"前进"。引申为过去的、较早时间的,如"前所未有"。又引申为从前,以前,如"前任"。又引申为靠近开端,如"前面","前列"。

兼 jiān　(金)　(篆)　金文是会意字,从又(手)握秝(lì,二禾)。本义是一手持两株禾苗。引申为同时做几件事或者占有几样东西,如"他身兼数职"。又引申为侵占别人的土地、财产,如"兼并"。

兽(獸) shòu　(甲)　(篆)　甲骨文是会意字,从單(单,丫形猎具)从犬,表示狩猎。是"狩"的初文。小篆文字化。规范简化为"兽"。本义是打猎,此义后写作"狩"。引申为野兽。

奠 diàn　(甲)　(金)　(篆)　甲骨文是会意字,从酉(酒坛)置一(承托物)上,表示祭奠。金文从酉置丌(jī,基座)上。小篆在"酉"上加"八"形表示酒香溢出,意为用好酒祭祀。楷书将"丌"写作"大"。本义是用好酒祭祀。引申为把祭品放在死者的遗体、灵位、墓前以示祭祀、纪念,如"祭奠","奠仪"。又引申为建立,如"奠基","奠定"。

曾 zēng céng　(甲)　(金)　(篆)　甲骨文是会意字,下部像蒸食物的箅子,上部像蒸汽。是"甑"(zèng,古代一种蒸饭瓦器)的初文。金文下加蒸锅。**音 zēng:**本义是一种蒸食物的有锅有屉的炊具。引申为重(chóng),指中间隔两代的亲属,如"曾祖父","曾孙女"。又用作姓氏。**音 céng:**借作副词,相当于经历过,发生过,如"曾几何时","曾(zēng)老师曾(céng)经讲过她的曾(zēng)祖父过草地的事迹"。

舆（輿）yú （甲）🐜 （篆）🦟　甲骨文是会意兼形声字,从车(车)从舁(yú,四只手),表示合力造车;舁兼表声。小篆规整化。规范简化为"舆"。本义是造车的工匠。引申为车厢。又引申指代车,如"舍舆登舟"。又引申为众人的,如"舆论","舆情"。

人（亻、入）部（65字）

人（亻） rén （甲）〔甲骨文字形〕 （金）〔金文字形〕 （篆）〔篆文字形〕 （隶）〔隶书字形〕 〔甲〕

骨文是象形字，像手臂前伸侧面站立的人形，面向的左右方不固定。小篆成为面左弯腰的人形。隶书把人的头和手臂连写成撇，身体和腿连写成捺。本义是由古类人猿进化而来的、能制造工具并使用工具进行劳动的高等动物，如"人类"，"人是万物之灵"。引申为别人，如"舍己救人"，"对人尊敬"。又引申指每人，如"人手一册"，"人所共知"。又引申指成年人，如"长大成人"。又引申指体面，面子，如"丢人现眼"。又引申指人的身体或意识，如"把人累坏了"，"人已经昏迷了"。又引申指某种身份的人，如"证明人"，"法人"。

"人"作为偏旁，在字左时多写作"亻"，称作"立人旁"，如"侃、俏"；在字的上部和下部时多写作"人"，如"企、欠"；在字左或中间时，捺要写成点，如"从、闪、两、舒、巫"；"以"右旁"人"的捺要写成点，这是特例。在合体字中作意符，所从字与人或人的动作、性质等义有关，如"休、伴、估、企、雁"；也作意符兼声符，如"仁"；也作声符，如"认（認）"。

楷书中有些字的"人"是其他字符的变形，与"人"的音义无关，如"仓、仑、会、全、合、伞、舍"。

注意："人""入"形近易混，辨析："人"字撇压捺，"入"字捺压撇。

入 rù （甲）〔甲骨文字形〕 （金）〔金文字形〕 （篆）〔篆文字形〕 （隶）〔隶书字形〕 〔甲〕骨文是象形字

（一说指事字），像箭头的形状，以尖头表示容易进入之意。小篆规整化，但还保留了部分形义关系。隶书写作"入"。本义指从外面进到里面，与"出"相对，如"入场"，"登堂入室"（对此义，古人用"入"不用"进"，"进"指前进，与"退"相对）。引申为收入，如"入不敷出"。进而引申为加入，参加，如"入伙"，"入团"。借作古汉语四声之一，即平上去入之"入声"。

"入"在合体字中作意符，所从字与入有关，如"内、籴、粂"。"入"部现与"人"部合为一部。

仁 rén （甲）〔甲骨文字形〕 （篆）〔篆文字形〕 〔甲〕骨文是会意兼形声字，从亻从二（双方），表示人与人之间应当相互亲善、人道待人；亻兼表声。本义是对人亲善，友爱，如"仁义道德"，"仁至义尽"。引申为仁人，进而引申为敬辞，如"仁伯"，"仁弟"。由"讲仁爱"又引申指某些人的感觉，如"麻木不仁"（不仁：没有感觉）。又指某些物的内部物质，如"虾仁"，"杏仁"。

什 shí shén （篆）什　小篆是会意兼形声字，从亻从十，十兼表声。**音 shí**：本义是古代以十个作为一个集体，如军制十人为什，户籍编制十家为什，《诗经》中"雅"和"颂"以十篇为什，如《诗经·小雅·鹿鸣之什》。引申指杂样的，多种的，如"什锦"，"家什"。**音 shén**：假借作什么之"什"。

仆¹ pū （篆）仆　小篆是形声字，从亻，卜声，本与"僕"是两个字。"仆"本义是"顿"，即人以头碰地。引申为向前跌到，如"前仆后继"。现也作"僕"的简化字，泛指奴隶，进而引申指差役、供主人役使的人，如"仆人"（参看"僕"字条）。

仆²（僕） pú （甲）🔸（金）🔸（篆）僕（隶）僕　甲骨文是会意字，右上部是辛（刑刀），左上部是簸箕，小点表示尘土，下部是身附尾饰（奴隶服）双手捧箕的人，合起来表示从事贱役的奴隶。是"僕"的初文。金文左边加"亻"旁，右边改为双手捧箕。小篆成会意兼形声字，从亻从美（pú），美兼表声。规范简化为"仆"，与"仆"（向前跌倒）成同形字。本义是奴隶的一个等级。引申泛指奴隶，进而引申指差役、供主人役使的人。因奴隶辛苦劳顿，故引申形容旅途的劳顿为"风尘仆仆"。古代男子也用作自谦词，如"仆不敏"。

化 huà （甲）化（金）化（篆）化　甲骨文是会意字，从亻从匕（huà，倒亻形，不是"匕"），以一人正立一人倒立好似杂耍变化一样，表示变化之意。金文、小篆均为两亻相反。本义是变化。引申为对人的感化、教化、转化。因大自然能化生万物，又引申为造化。进而引申指极其高超的境界，如"出神入化"。因"变化"使某些东西消亡了，故又引申为融化、熔化。万物变化是由产生发展到消亡，又引申为死，如"坐化"，"羽化"。由"变化"现在又引申为"化学"的简称，如"数理化"。虚化作词缀，加在名词或形容词后面，构成动词，表示转变成某种性质或状态，如"老化"，"绿化"，"现代化"。

仇 qiú chóu （篆）仇　小篆是形声字，从亻，九声。**音 qiú**：本义是同伴、伴侣，如"赳赳武夫，公侯好仇"（《诗经·周南·兔罝》）。引申为匹偶，如"结发辞严亲，来为君子仇"（曹植《浮萍篇》）。"匹偶"有友爱、仇怨之分，故又引申指怨偶，古代有"怨偶曰仇"之说。用作姓。**音 chóu**：由"怨偶"又引申为有深切怨恨的人，如"仇敌"，"仇（qiú）老师教我们成语'同仇（chóu）敌忾'"。进而引申指强烈的恨，如"报仇"，"恩将仇报"。

注意："仇"本读 qiú，到中古时"仇恨"义读 chóu。

仍 réng （篆）仍　小篆是会意兼形声字，从亻（人的行为）从乃（表相因），乃兼表声。本义是依照、沿袭，如"一仍其旧"。引申为重复、接连不断，如"战争频仍"。作副词，相当于依然、还，如"仍须努力"。

仅（僅） jǐn jìn （篆）僅　小篆是形声字，从亻（人的行为），堇（qín）声。规范简化为"仅","又"是记号。**音 jīn**:本义是才能够,勉强。引申为"只""只是",如"仅此而已","不仅如此"。**音 jìn**:用作副词,相当于将近,几乎,多用在数量词前,如"学生仅千人"。

介 jiè （甲）𣲗 𠆵 （金）𠆳 （篆）𠆵 （隶）𠆵　甲骨文是象形字,像人身穿铠甲的形状,四点或两点表示联缀的铠甲片。本义是铠甲,如"介胄之士"。引申泛指甲,如"介虫"(甲虫)。又引申为披甲之人,进而引申为量词,相当于"个"(多表微贱),如"一介武夫"。甲中有人,故引申为夹,夹在中间,如"中介"。进而引申为介绍。又引申为介意(放在心上)。因"铠甲"有防御作用,故又引申为疆界,界线,此义后造"界"(加意符"田")字表示。人穿铠甲不易弯身,故又引申指品行卓越,有操守,如"耿介"。

　　"介"在合体字作声符时也多兼表"小"义,如小草谓之芥,小蚌谓之蚧,小疾谓之疥。

从(從) cóng （甲）①𠂤②𣥑 （金）𠂤 𣥰 （篆）𠂤 𣥞 （隶）𨑒　甲骨文①是会意字,二人相随形,即一人跟着另一人走;②加意符"彳"(chì,道路),表示走在路上。金文或从辵(辶 chuò,彳、止合体),突出了跟着走之意。隶书写作"從"。规范简化仍为"从"。本义是随行,跟随。引申为听从,顺从,如"胁从","力不从心"。"跟随"就是加入另一行列,引申为参与,从事,如"从军","从政"。进而引申为采取某种原则或态度,如"从简","从速办理"。虚化作介词,相当于自,由,如"从古到今","从桥上过"。作副词,相当于从来,用在否定词前,如"从未见过"。由"跟随"又引申为次要的,旧读 zòng,如"从犯"。又指堂房(亲属),如"从叔","从弟"。"跟随"使前后成纵行,后来为了分化字义借"纵"字来表示。

仑(侖) lún （甲）𠓛 （金）𠓛 （篆）𠓜　甲骨文是会意字,从亼(jí)从册。亼是古"集"字,以三方并合形表示会合、集合;册是用竹简联缀的书,"侖"以简册的集合排列表示前后次序、条理之意。规范简化为"仑"。本义是条理,次序。引申为伦理,思想,此义后写作"伦"。

　　"仑"在合体字中有时作声符兼意符,使字包含"有次序"义,如"伦、论、轮"。

今 jīn （甲）𠓦 （金）𠓦 （篆）𠓥　甲骨文是象形字,像口朝下有钮有舌的铃,铃发声则当即听到,以此表示现在。本义是现在,如"觉今是而昨非"(陶潜《归去来兮辞》)。引申为当前的,如"今年","今天"。

付 fù （金）𠂤 （篆）𠂤　金文是会意字,从亻从寸(手),表示以手持物交给别人。本义是交给,如"付款","付诸东流"。引申为托付。

代 dài （篆）𠂤　小篆是形声字,从亻(人的行为),弋声。本义是替换,如"替代","代课"。引申为交替。人类历史,是一个时期替代前一个时期,故又引申为朝代,时代,如"改朝换代"。上古时父子相继称作"一世",唐人为避太宗李世民讳,多用"代"表示,后便相沿至今,如"两代人","祖孙三代"。

仙(僊) xiān （篆）𠀋 小篆是会意兼形声字,从亻从𦉝(xiān,升高),表示人升高成仙;𦉝兼表声。俗写作"仙",会意兼形声字,从人在山中,表示修炼成仙;山兼表声。现在规范为仙。本义是神仙。引申比喻不同凡俗的人,如"诗仙","仙风道骨"。又引申作人死的婉辞,如"仙逝"(登仙而去)。

们(們) men mén 这是个后起形声字,从人,門(门)声,唐代已用作词尾。规范简化为"们"。**音 men**:用在代词或指人的名词后面表示复数,如"他们","同学们"。**音 mén**:图们,地名,在吉林省。图们江,河流名,发源于吉林,流入日本海。

注意:名词前有数量词时,后面不加"们",如不能说"六个老师们"。

仔 zī zǐ zǎi （甲）𢓵 （金）𣎆 （篆）𣎆 甲骨文是会意兼形声字,从亻从子,像大人背孩子的形状;子兼表声。**音 zī**:本义是人背孩子。引申为负担,担任,如"仔肩"。**音 zǐ**:由"背孩子"又引申指幼小的,如"仔畜"。由"幼小"又引申为细心,如"仔细"。**音 zǎi**:由"幼小的"又引申指小孩(方言),也指男青年(方言),如"打工仔"。又指幼小的动物,如"虎仔",此义也写作"崽"。

令 lìng líng lǐng （甲）𠆢 （金）𠆢 （篆）令 （隶）令 甲骨文是会意字,从亼(jí)从卩(jié),亼是古"集"字,以三方并合形表示会合、集合,卩像跪着听命的人形,合起来表示集合众人发布命令。**音 lìng**:本义是发布命令、号令。引申为命令,法令。又引申为古代官职,如"令尹","县令","郎中令"。由"命令"又引申为使,让,如"令人鼓舞","令我感动"。作形容词,表示美好、善,如"令德","令名"。进而引申为敬辞,尊称对方的亲戚,如"令尊","令爱"。**音 líng**:由听令人又引申指听令,听话,此义后写作"聆"(加意符"耳")。用于复姓:令狐。**音 lǐng**:纸张计量单位,英文 ream 的音译,原张纸五百张为一令。

休 xiū （甲）𣏒 （金）𣏒 （篆）𣏒 甲骨文是会意字,从亻从木,表示人依树休息。本义是休息。引申为停止,完结,如"休会","争吵不休"。后用作否定副词,表示不要、禁止或劝阻,如"休想","休得无礼","闲话休提"。由"休息"又引申为休假。进而引申为喜悦,欢乐,如"休戚与共"(休戚:欢喜与忧愁)。

注意:"休""体"形近易混,辨析见"体"字条。

伍 wǔ （篆）伍 小篆是会意兼形声字,从亻从五,五兼表声。本义是古代最小的军事编制单位,五人为"伍"。引申指户籍编制五家为"伍"。又引申为同伙,同类,如"相与为伍"。由"五人为伍"又引申为军队,如"行(háng)伍","入伍"。又借作数字"五"的大写。

伏 fú （金）[金文字形] （篆）[篆文字形]　金文是会意字,从亻从犬,像犬俯身人后伺机袭击之形。本义是俯伏,趴下。引申为隐蔽,如"潜伏","昼伏夜出"。又引申为藏匿,如"祸兮福之所倚,福兮祸之所伏"(《老子》第五十八章)。进而引申为埋伏,伏击。由"俯伏"引申指身体前倾靠在物体上,如"伏案"。又引申为低下去,如"此起彼伏","起伏不平"。由"俯伏"还引申为屈服,被迫接受,如"伏法","伏诛"。进而引申为动词,使屈服,如"降伏","伏虎降龙"。

伐 fá （甲）[甲骨文字形] （金）[金文字形] （篆）[篆文字形]　甲骨文是会意字,从亻从戈(古代一种武器),像戈砍在一人脖颈上的形状。本义是砍杀,击刺。引申为砍伐,如"伐木"。又引申为攻打,如"征伐","北伐",进而引申为声讨,如"口诛笔伐"。征伐者有功,故引申为功劳,如"(怀王)非有功伐,何以得专主约!"(《汉书·高帝纪上》)进而引申为自夸,如"不伐己功","不矜不伐"(不自大自夸)。

件 jiàn （篆）[篆文字形]　小篆是会意字,从亻从牛,表示人把牛分解成各个部分。本义是分解,分开。引申为量词,用于被分出来的个体事物,如"一件事","两件公文"。又引申指物件,即可以一一计算的事物,如"零件","案件","事件","文件"。

伦（倫）lún （篆）[篆文字形]　小篆是会意兼形声字,从亻从侖(仑 lún),亻指人际关系,侖指有次序条理;侖兼表声(参看"仑"字条)。规范简化为"伦"。本义指人际关系有次序有条理,如"伦常","五伦"。引申泛指条理,顺序,如"语无伦次"。"人伦"指人类间的道德关系,又引申指同类,类别,如"无与伦比","不伦不类"。

仰 yǎng （甲）[甲骨文字形] （金）[金文字形] （篆）[篆文字形] （隶）[隶书字形]　甲骨文是会意字,从亻(傲立之人)从卩(jié,跪着的人),是跪者仰头看站者之形,即"卬"(áng)字。与"仰"是古今字。小篆或加"亻"旁,强调"仰"是人的动作,成会意兼形声字。本义是面朝上(与"俯"相对),如"仰望","仰卧"。引申为仰视崇高的人,如"仰慕","久仰"。进而引申为依赖,依靠,如"仰赖","仰人鼻息"。

伪（僞、偽）wěi （篆）[篆文字形]　小篆是会意兼形声字,从亻从爲(为),表示人为之意;爲兼表声。"偽"是异体字。规范简化为"伪"。本义是人为的。引申为虚假,诡诈,如"虚伪","伪造","伪装"。由"虚假"又引申为非法的,非正统的,如"伪政府","伪军"。

合 hé gě （甲）[甲骨文字形] （金）[金文字形] （篆）[篆文字形]　甲骨文是会意字,从亼(jí)从口,亼是古"集"字,以三方并合形表示会合、集合。**音 hé:**本义是闭,合拢,如"合不拢嘴","合围"。引申为聚集,如"桓公九合诸侯"(《国语·楚语下》)。又引申为符合,如"合格","合法"。又引申为副词,相当于共同,一起,如"合唱"。**音 gě:**容量单位,十合为一升。

企 qǐ （甲）〔甲骨文〕 （金）〔金文〕 （篆）〔篆文〕 甲骨文是会意字,从人从止(脚),以夸张的"止"表示人踮起了脚跟。小篆"止"更夸张,意思更明显。本义是人踮起脚跟,如"延颈企踵"。引申为期待,希求,如"企盼"。进而引申为企图。再引申为赶上,如"不可企及"。又引申为开启,如"企业"。企鹅的动作与"企"字形所表示的动作相似,故名之。

氽 cuān 楷书是会意字,从入从水。本义指一种烹饪方法:把食物放到沸水里稍微一煮,如"氽丸子"。氽子:一种烧开水很快的薄铁筒。

注意:"氽"从"入",不要写成从"人"的"氽"(tǔn,漂浮)。

众(眾、衆) zhòng （甲）①〔甲骨文〕②〔甲骨文〕 （金）①〔金文〕②〔金文〕 （篆）〔篆文〕 （隶）〔隶书〕 甲骨文是会意字,①三人相从表示众多;②上部加"日",是烈日下众奴隶劳作的场景。金文②改"日"为横写的"目"(眼睛),表示奴隶被看管、监视着劳动。小篆承接金文②。隶变后楷书写有"眾、衆、众"三形。规范简化为"众"。本义是许多人,如"众目睽睽","众口一词"。

伞(繖、傘) sǎn （篆）〔篆文〕 小篆是形声字,从糸(mì,细丝),散声。楷书写作"繖"。楷书俗写作"傘",是象形字,上部"人"形是伞张开的部分,下部是支架、伞把。取其轮廓简化作"伞"。本义指车盖。引申为遮阳或挡雨的器具,可张可合,如"阳伞","雨伞"。又引申指伞形的器物,如"降落伞","灯伞"。

体(體) tǐ tī （篆）〔篆文〕 小篆是形声字,从骨,豊(lǐ)声。规范简化为"体",成会意字,从亻从本,表示身体是人之根本,也与原本表示"笨"义的形声字"体"(bèn)成了同形字。音tǐ:本义是人或动物全身的总称,如"体重","心宽体胖"。也指身体的一部分,如"五体投地","四体不勤,五谷不分"(《论语·微子》)。由于身体是一种实体,故引申指物体,如"气体","固体"。又引申指根本,本体,如"中学为体,西学为用"。身体有一定的结构、外形,故又引申指作品体裁,如"文体","旧体诗"。又引申指文字的书写形式,如"字体","篆体","楷体","颜体"。"身体"又引申为动词,表示亲身体验,如"体会","体谅","身体力行"。音tī:用作"体己"(也作"梯己"),指贴身的,亲近的,如"体己话","体己人"。

注意:"体""休"形近易混,辨析:"体"从人从本,表示身体是人之根本,"休"从人从木,像人倚靠树木休息的形状。

何 hé hè （甲）〔甲骨文〕 （金）〔金文〕 （篆）〔篆文〕 甲骨文是会意字,像一人扛着戈行走,表示负荷之意。金文演变出形声字,从人,可声。是"荷"的初文。音hè:本义是担,挑,如"何蓑何笠"(《诗经·小雅·无羊》)。音hé:借作疑问代词,并成为主要用法,如"何人喧闹?""何必如此"。

佐 zuǒ 　楷书是会意兼形声字,从亻从左,左兼表声。是"左"的分化字。"左"本是辅佐、帮助义,后专表示"左边"义(参看"左"字条),于是本义就造"佐"字来表示,"左""佐"成古今字。本义是辅助,帮助,如"辅佐","佐餐"。引申为辅助别人的人,如"僚佐"。

　　注意:"佐"与"佑"都有帮助义,辨析见"佑"字条。

佑(祐) yòu 　楷书是会意兼形声字,从亻从右,右兼表声。是"右"的分化字。"右"本是帮助义,后来专表示"右边"义(参看"右"字条),本义就另造"佑"字来表示,"右""佑"成为古今字。本义是帮助(常用于上对下、强对弱的帮助)。引申为保佑。曾加"礻"旁写作"祐",以表示神助,现在规范为"佑"。

　　注意:"佑"与"佐"都有帮助义,辨析:古人曾以右为尊,左为卑,所以"佑"常用于上对下、强对弱的帮助,"佐"常用于下对上、弱对强的帮助。

佃 tián diàn 　(金)🀤　(篆)🀥　金文是会意兼形声字,从亻从田,表示人在田间劳作,田兼表声。**音 tián**:本义是耕种田地。也指打猎,古同"畋"。**音 diàn**:由本义引申为农民租种土地,如"佃农","佃户"。

作 zuò zuō 　(甲)🀦　(金)🀧　(篆)🀨　(隶)🀩　甲骨文是象形字,像衣领初做尚不完整形,表示制衣之始,即"乍"字。金文或加"又"(手)成会意字。小篆分化为"乍"和"作","作"用"亻"旁表示人的行为,成会意字。**音 zuò**:本义是开始,如"天下之大,作于细"(《老子》第六十三章)。引申为兴起,如"鼓声大作","兴风作浪"。由"兴起"又引申为起身,起立,如"作息时间","日出而作","舍瑟而作"(《论语·先进》)。进而引申为振作,如"一鼓作气"。由"开始"又引申为创作,写作,作文,进而引申为著作,作品,作者。由"开始"又引申为制作,如"为他人作嫁衣裳"(秦韬玉《贫女》)。进而引申为劳作,工作,再引申为从事或进行某种活动,如"作报告","与不良风气作斗争"。人为的"制作"又引申指装做,做作(即造作),如"装腔作势","装模作样"。进而引申为当成,作为,如"作保","认贼作父"。**音 zuō**:由"制作"又引申为制作的场所,即作坊。

　　注意:"作""做"的用法辨析见"做"字条。

你(儞) nǐ 　楷书是会意字,从亻从爾(尔 ěr),"爾"本是蚕结茧义,古时借作第二人称代词,后又加"亻"来表示。南北朝后期出现"你"的写法,逐渐通行。本义是第二人称代词,称说话的对方,如"你好!"有时也兼指复数,如"你校何时放假?"有时也不确指哪个人,如"你追我赶","你死我活的斗争"。

位 wèi 　(甲)🀪　(金)🀫　(篆)🀬　甲骨文是指事字,是大(人)在一(地面)上形,同"立",表示大臣站立在朝廷上,后也表示站立的处所。小篆加意符"亻"(群臣)为"位",从亻从立,成为会意字。本义是群臣在朝廷站立的位置。引申泛指坐位和站位,进而引申为官位,爵位,职位,地位。又特指君主的地位,如"即位"，"在位"。作量词，用于人，含尊敬义，如"诸位"，"几位客人"。

余（餘）yú （甲）字形（金）字形（篆）①字形②字形 甲骨文是象形字，像用树木支撑着屋顶的简易房舍，是原始的地上住宅。金文或加两根支柱。小篆①承接金文。本义是房舍。因房舍有主，引申作第一人称代词。现在又规范为"餘"（馀，小篆②）的简化字。"馀"的本义是宽裕。引申为剩下，如"余粮"，"不遗余力"。又引申指遗留，如"残余"。又引申指某种事情、情况以外或以后的时间，如"业余"，"工作之余"。

　　注意："余"与"馀"含义可能混淆时用"馀"，如"馀年无多"。

佳 jiā 楷书是形声兼会意字，从亻，圭(guī)声，圭是瑞玉，上圆下方，此兼表人如玉之意。本义是美好，如"佳人"，"佳节"，"美味佳肴"。

　　注意：①"佳""隹"(zhuī)形近而音义异，辨析见"隹"字条。②"佳""嘉"音同义近，辨析："佳"是形容词，主要指人的美好，也形容景色和物的美好。"嘉"主要作动词，表示赞美，如"精神可嘉"；但"嘉宾"不可写作"佳宾"。

使 shǐ （甲）字形（篆）字形 甲骨文使与史、事、吏是同一个字，后分化为四字。小篆加"亻"为"使"，会意兼形声字，从亻从吏(官员)，吏兼表声。本义是命令，派遣。引申为让，役使。由"派遣"又引申为奉命出使，进而引申为使者，大使。虚化为连词，表示假使，假设。

侃 kǎn （金）字形（篆）字形 金文是会意字，从亻从口从川，表示人说话时口若悬河。本义是说话人口若悬河。引申为慷慨直言，如"侃侃而谈"。进而引申为刚强正直，如"侃然正色"。由"口若悬河"又引申指从容不迫，和乐的样子，如"侃然"。又引申为调侃，侃大山。

侨（僑）qiáo （篆）字形 小篆是会意兼形声字，从亻从乔(乔)，乔是高的意思，合起来表示人踩高跷；乔兼表声。规范简化为"侨"。本义是人踩高跷。又，《诗经·小雅·伐木》："出自幽谷，迁于乔木。"后一句是说鸟搬到高大的树上，后便以"乔迁"比喻人搬到好住处或升官，久之，就借"侨"指人客居异地，如"侨居"，"羁旅侨士"(韩非子《亡征》)。古代特指东晋南北朝时流亡江南的北方人，现在指寄居国外的人，如"华侨"，"外侨"。

佩 pèi （金）字形（篆）字形 金文是会意字，从亻从凡(盘形饰品)从巾(佩带)，表示人所佩带的盘形饰品。本义是古人系在衣带上的装饰品，此义又写作"珮"，如"玉珮"。引申为动词，表示佩带。因"佩带"不离身，又引申为铭记不忘，如"眷爱之意，感佩无涯矣！"(《红楼梦》第九十三回)"饰品"会引人称赞，又引申为敬佩，佩服。

侈 chǐ （篆）字形 小篆是会意兼形声字，从亻从多(花费多)，多兼表声。本义是浪费(与"俭"相对),如"奢侈"。引申为放纵,无节制,如"淫逸侈靡"。进而引申指夸大而不切实际,如"侈言"(夸大不实的言辞),"侈论"(夸大不实的言论)。再引申为自高自大,盛气凌人,如"侈傲"。

依 yī　(甲)🧍　(篆)🧍　甲骨文是会意兼形声字,从人在衣中,以衣能遮体避寒暑表示有依靠的意思;衣兼表声。小篆将人移到衣外成左右结构。本义是依靠,如"相依为命"。引申为倚傍,如"依山傍水"。又引申为依托,如"花开子留树,草长根依土"(温庭筠《江南曲》)。进而引申为按照,遵循,如"依次","依法"。又引申为顺从,如"什么都依你"。

舍 shè shě　(金)🏠　(篆)🏠　金文是会意字,上部"亼"像屋顶,中间的"屮"(屮)像木柱,下部"口"是建筑物的台基,三部分合起来表示简易的客舍、宾馆。音shè:本义是客舍,宾馆。引申泛指房舍,住所。又引申作动词:止宿,止息,如"舍于汶上"(《墨子·非攻中》)。古时将行军三十里住宿一夜称为"舍",又引申指三十里,如"退避三舍"。音shě:由"止息"引申为放弃,如"舍生忘死"。进而引申为施舍。此类义后造"捨"加意符"手"字表示,规范简化仍为"舍"。

命 mìng　(甲)🔔　(金)🔔　(篆)🔔　甲骨文的"命"与"令"是同一个字(参看"令"字条),是会意字,从亼(jí,表集合)从卩(jié,跪坐着的人),是集合众人发布命令之意。金文加"口"造"命"字,表示口发命令。本义是发布命令。引申作名词:命令,如"奉命"。又引申为天命,命运,进而引申为性命。由"发布命令"又引申为差遣,进而引申为使用,如"欣然命笔"。又引申为任命,进而引申指上对下给予名称,如"命名"。

修 xiū　(篆)🧍　小篆是形声字,从彡(shān,花纹状的装饰),攸(yōu)声。本义是修饰,如"装修","修辞"。引申为整治,恢复完美,如"修理","修复"。进而引申为修建,修造。由"修造"又引申为文字创作,如"修撰","修书"。由"修饰"又引申为宗教方面的修行。"修饰"是追求美,又引申为美,善,如"修名"。又假借"脩"字(干肉)表示长,高,如"修长","路曼曼其修远兮"(屈原《离骚》)。

保 bǎo　(甲)🧍　(金)①🧍 ②🧍 ③🧍　(篆)🧍　甲骨文是会意字,从亻从子,大人背抱幼儿的形状。金文①是大人一只手爱抚幼儿的形状,突出慈爱保护之意;②右下部加一撇,是一只手臂抱孩子的简形;③左下部再加一笔,像大人两手抱孩子腿的形状(右边不是"呆"字)。小篆文字化。本义是背孩子。引申为养育,抚养,如"事神保民"(《国语·周语上》)。进而引申为保护,保佑。由"养育"又引申为养育人:保姆。又引申指古代掌管宫廷教育的官:太保(三公之一)。由"背孩子"又引申为襁保,此义后写作"褓"。由"保护"又引申指起保护作用的小城,此义后写作"堡"。

俗 sú　(金)🧍　(篆)🧍　金文是形声字,从亻,谷声。本义是风俗,习俗,如

"移风易俗"。引申为一般的,大众的,如"通俗","俗语","俗文学"。进而引申指一般的人,如"凡夫俗子"。由"一般的"又引申为格调不高雅,如"雅俗共赏","庸俗","俗气"。

俘 fú （甲）①	②	（金）	（篆）	甲骨文是会意字,①从又(手)从子,表示手抓住一个人,是"俘"的初文;②左边从爫从子,亦"孚"字,右边是"行"(háng)字的省形"亍",表示押解俘虏行走在路上。金文写作"孚"。小篆加意符"亻"为"俘",成会意兼形声字。本义是俘获。引申为俘虏。

信 xìn （金）	（篆）	（隶）	金文是会意字,从亻从口,表示人口说出的话是真实的。小篆改"口"为"言",意思更明确。本义是言语真实。引申为真实,诚实,如"信用","失信"。由"诚实"又引申为相信,信任。由"真实"又引申为凭证,如"信物"。进而引申为传递凭证的人,如"信使"。再引申为信息,信函,书信,音信。"相信"则容易听从,又引申为任凭,随意,如"信口开河","闲庭信步"。古文通"伸"。

侵 qīn （金）	（篆）	（隶）	金文是会意字,是又(手)持帚(zhǒu)扫人身上灰尘的形状。小篆将人移到左边。隶书写作"侵"。本义是打扫。扫东西是逐渐前进的,又引申为渐进。进而引申为接近,如"侵晨"(天快亮的时候)。由"渐进"又引申为进犯,进攻,进而引申为侵犯,侵略,侵占,侵凌。

侯(矦) hóu hòu （甲）	（金）	（篆）	（隶）	甲骨文是会意字,是一矢(箭)射中一张布制箭靶的形状。小篆上部加"人",表示人射矢。楷书"矦"上边的"人"字变形。俗写将第一笔拉长为一撇,字变为"侯"。现在规范为"侯"。**音 hóu**:本义是箭靶子,如"射侯"。古代群居时,以善射者为长,故引申为君主。特指古代诸侯五等爵位(公、侯、伯、子、男)的第二等,引申泛指诸侯。进而引申为对士大夫的尊称,如"侯门"。**音 hòu**:闽侯,地名,在福建省。

　　注意:"侯""候"形近易混。辨析:用法上,"侯"在现代汉语里只用于称谓古代诸侯,而"候"义多;在构字上,"侯"用作声旁,所构字多念 hóu,如"猴、喉、(箜)篌、瘊(子)",而"候"一般不作偏旁。

值 zhí （篆）	小篆是形声兼会意字,从亻直声;直、值是古今字,直本义是直视,引申义为对着,面对,此义后用"值"(加意符"亻")字表示。本义是对着,面对。引申为相遇,碰着,如"时值中秋夜","以足撩之,偶不相值"(冯梦龙《古今谭概·活见鬼》)。进而引申为恰巧碰上,如"值大雨"。由"恰巧碰上"引申指执行轮到的勤务,如"值日","值班"。由"对着"又引申为两两相当,如"值得一去"。又特指价格相当,如"币值","值钱"。由"两两相当"又引申指数值,如"函数值"。

俱 jù （篆）	小篆是会意兼形声字,从亻从具(全部),具兼表声。本义是共同,一起,如"与之俱往"。引申作副词,相当于一起,全部,如"面面俱到","野径云俱黑"(杜甫《春夜喜雨》)。

候 hòu （篆）候

小篆是会意兼形声字,从亻从矦(矦hóu,箭靶),表示观察者在等待观望射箭是否中靶之意;矦兼表声。楷书将右旁"矦"的第一笔省略,把第四笔"丿"写成短竖,变成"候"。本义是观察守望。引申指等候、迎候、伺候。"迎候"常有时间约定,引申为时候。由"观察守望",又引申指侦察,观测,如"斥候"。由"观测"引申为征候,征兆,进而引申指气候,季候。

注意:"候""侯"形近易混,辨析见"侯"字条。

做 zuò

楷书是会意字,从亻从故(前人所做之事),表示人做事。是"作"的后起俗字,明代梅膺祚所编《字汇》收入。本义是人从事某种工作或活动,如"做事","做买卖","做作业"。引申为制造,制作,如"做衣服","做箱子"。进而引申为结成某种关系,如"做朋友"。又引申为担任,充当,如"做中介人","做官","今天会议由他做主席"。又引申为举办,如"做寿"。又引申为装做,如"装神做鬼"。又引申为用做,如"沼气做燃料","文章被选做教材"。

注意:"做"与"作"的用法辨析:①"做"的有些用法与"作"大同,但不用于"开始""起来""兴起"等类意思(参看"作"字条)。②因"做"是"作"的俗字,故多用于口语,如"做饭","做媒","做活儿";"作"则多用于文言文、书面语,如"作梗","作态","作画"。③"作"的历史远长于"做",所以成语也多用"作",如"作茧自缚","作壁上观","作奸犯科",少数用"做",如"做贼心虚","白日做梦"。④"做"的宾语是名词,如"做好事","做学问","做体操";"作"的宾语为动词,如"作斗争","作调查","作答复"。⑤在表示"制成"义时,"做"的宾语多是物质产品,如"做标本","做箱子";"作"的宾语常为精神产品,如"作文","作画"。⑥在表示"充当"之意时,大多数词语用"做",如"做个好学生","做媒",只有"作为一名人民教师……"之类的说法用"作"。

偷 tōu

楷书是形声字,从亻,俞声。本义是苟且,如"偷生","偷安"。其"偷窃"义,先秦时一般用"盗""窃"表示,汉代以后用"偷",与"盗""窃"成同义词。由"偷窃"引申为小偷,又引申为悄悄的,暗中,如"偷听","偷渡"。

舒 shū （篆）舒

小篆是会意兼形声字,从舍从予,予是以手推物给人,此表伸展意,兼表声。本义是伸展,如"舒展","展眼舒眉"。引申为舒畅。又引申为宽,广阔,如"万里长江横渡,极目楚天舒"(毛泽东《水调歌头·游泳》)。又引申为舒缓。

禽 qín （甲）禽 （金）①禽 ②禽 （篆）禽

甲骨文是象形字,像一把捕鸟兽的长柄网,表示捕捉。是"擒"的初文。金文①加声符"今",成形声字;②下部又加意符"内"(róu,表示动物)。小篆规整化。本义是捕捉鸟兽。引申泛指捕捉,捕获,此义后写作"擒"(加意符"扌")。又引申指捕捉的鸟兽,如"五禽"。后来"禽"词义缩小,专指鸟类,如"飞禽","家禽"。

勹部（11字）

勹 bāo （甲）　（金）　（篆）　（隶）　甲骨文是象形字，像人的手臂弯曲包裹东西的形状，前部像手形。是"包"的初文。小篆变为人身弯曲手臂环抱东西的形状。隶书写作"勹"。本义是包裹。后因"勹"专作偏旁，本义就用"包"表示。

"勹"作为偏旁，习惯上称为"包字框"、"句子框"。在合体字中多作意符，所从字与人体弯曲、包裹等义有关，如"匀、匈、旬"；也作意符兼声符，如"包"。

楷书中有些字的"勹"是其他字符的变形，与"勹"的音义无关，如"勿、句、旬"。

勺 sháo （金旁）　（篆）　（隶）　金文偏旁是象形字，像有柄的勺子，勺中小点表示所舀之物。小篆将勺柄移到下面，小点变为短横。本义是有柄的舀物用具，古代用来舀樽中的酒。引申为容量单位，一勺相当于现在的百分之一升。

匀 yún （匀）　（金）　（古钵）　（篆）　金文是会意字，从勹（bāo）从二，勹像人体弯曲包裹东西的形状，二表示将东西分为二。楷书将"二"写成点和提。本义是分，如"匀出两斤面粉给他"。引申为均匀，如"匀称"，"匀速运动"。

句 jù gōu （甲）　（金）　（篆）　甲骨文是会意兼形声字，从口从丩（jiū），口是方钉钉帽的俯视形（参看"丁"字条），丩像两根绳子纠结在一起，是"纠"的初文，这里表弯曲义；丩兼表声。金文将"丩"移到上面。小篆文字化。**音gōu**：本义是弯曲，勾曲，此义后来写作"勾"，"口"改为"厶"。引申为钩义，后写作"钩"。也用于古人名、古国名，如"句践"（春秋末期越王名，今作"勾践"），"高句骊"（gāogōulí）。**音jù**：由"弯曲"义又引申为限止，划分，用于语言，指句子。用作量词，指言语的计量，如"三句话不离本行"。

注意："句"在构字中作声符时，多数仍作"gou"声，如"佝、诟、狗、苟、枸、够"，少数作"ju"声，如"拘、驹"。

匆 cōng 本是形声字，从心，囱（cōng）声，小篆写作（悤）。隶书变作"怱"。唐代有写作"匆"的。现在规范为"匆"。本义是急速，急促。

包 bāo （篆）　小篆是会意兼形声字，从勹（bāo，胞衣）从巳（sì，像子未成形），表示妇人怀孕之意；勹兼表声。是"胞"的初文。本义是胎胞。引申为裹，包扎，包围，包括，包容，包揽。又引申为包好了的东西，如"包袱"，"邮包"。又引申为装东西的袋子,如"书包","背包"。

旬 xún （甲）古 （金）旬 （篆）旬　　甲骨文是指事字,上部从十(甲),下部引长内曲一周表示十天(古人最初用"甲乙丙丁戊己庚辛壬癸"十个天干来记时)。金文加意符"日",表示从甲到癸历十日一循环。小篆将"十"与内曲之形讹变为"勹"。本义是十日。引申为十年。又多指人的年龄,如"年满七旬"。又引申指满(一个循环),整整,如"旬年之间"。

匈 xiōng （篆）匈　　小篆是形声字,从勹(bāo,"亻"的变形),凶声。是"胸"的初文。本义是胸膛。又用于"匈奴"和"匈牙利"。后来"匈"作了偏旁,其本义就造"胸"(加意符"月",肉义)字表示。

甸 diàn （金）甸 （篆）甸　　金文是会意兼形声字,从田从亻,表示人在田边劳作;田兼表声。小篆将"亻"变成"勹",并包住了"田",成为"甸",表示围绕都城的五百里王田。与"佃"分化成两个字。本义是王田。引申指都城的郊外(古代都城郭外称郊,郊外称甸)。又引申泛指田野,如"草甸子"。方言称放牧的草地为"甸子"。

匍 pú （金）匍 （篆）匍　　金文是形声字,从勹(bāo,人曲身形),甫声。本义是爬。匍匐:人趴伏爬行。

匐 fú （篆）匐　　小篆是形声字,从勹(bāo,人曲身形),畐(fú)声。本义是伏地。匍匐:见"匍"字条。

儿部(5字)

儿¹ ér （甲）�)（金））（篆））　甲骨文是象形字,像一个侧身站立或跪坐的人形,读 rén。本义是人。作偏旁,处于左边的写作"亻",处于下部的,隶书形变为"儿"。因与"兒"的简化字"儿"形同,现在通读 ér。

"儿"作为偏旁,在字的下部,习惯上称为"儿字底"。在合体字中作意符,所从字与人有关,如"兀、见、兄、光、先、兒(儿)、兔、竟"。

楷书中有些字的"儿"是其他字符的变形,与人义无关,如"党、兔、兆"。

儿² (兒) ér ní （甲））（金））（篆））（隶））　甲骨文是象形字,像幼儿张口露牙嬉笑的形状。一说像小儿头大而囟门未合形。隶书写作"兒"。规范简化为"儿"。**音 ér:**本义是小孩子,如"婴儿","儿童"。引申指自己的孩子,如"儿子","女儿"。进而引申为年轻人,如"男儿","健儿"。又引申指雄性牲畜,如"儿马"。虚化为名词后缀,成儿化现象,多含有小或可爱之意,如"花儿","小孩儿","玩儿"。**音 ní:**兒(郳),周朝国名,在今山东省滕州东南。

"儿"作为偏旁,在合体字中写作"兒"时,多作声符(音 ní)兼表"小"意,如"倪(古称小孩)、鲵(娃娃鱼)、霓(颜色浅的副虹)、麑(小鹿)";也作声符,如"睨"。

光 guāng （甲））（金））（篆））（隶）光　甲骨文是会意字,从火在卩(jié,跪着的人)上,用人头上顶着火表示光明。金文上部左右两点表示摇曳的火光。小篆下部演变成"儿"。本义是光明,明亮。引申为光亮,光线,如"月光","激光"。由"明亮"又引申指日、月、星辰等天体,如"三光"(古指日、月、星)。因日月星辰在时日中运转,故引申为时光,如"光阴似箭"。由"光亮"又引申为抽象意义的光荣,光彩。进而引申为敬辞,指对方的行为使自己感到光荣,如"光临","光顾"。由"光彩"又引申指景色,如"春光","观光"。又引申为光滑,如"磨光","这种纸很光"。进而引申为裸露,无遮拦,如"光头","光着身子"。由"光滑"又引申为净尽,无剩余,如"吃光用光"。"净尽"后来虚化为副词,相当于只,仅仅,如"光说不干","他这么做也不光是为了我"。

先 xiān （甲））（金））（篆））（隶）先　甲骨文是会意字,下部是侧立的人,头上有止(脚),表示走在人前。本义是走在前面,如"争先恐后"。引申指时间或次序在前的,与"后"相对,如"有言在先","事先","先进"。进而引申为前代人,如"祖先","先辈"。由"时间在前"又引申为对去世人的尊称,如"先烈","先父"。又引申指原来,开始时,如"原先","起先"。

兜 dōu　(篆)　小篆是会意字,从兜(gǔ,壅蔽)从皃(mào)省,"皃"是"貌"的初文,下从人,上部"白"像人头,合起来像人戴着头盔的形状。楷书写作"兜"。本义是头盔,如"兜鍪(móu)"。引申为像兜鍪的帽子,如"风兜"(风衣上的帽子)。又引申为可装物品的兜形口袋,如"裤兜儿","网兜儿"。由兜的形状引申为动词:承物,如"用手绢儿把这些枣兜上"。进而引申为抽象意义的承担,如"出了事儿我兜着"。由兜的形状又引申为环绕,如"汽车在马路上兜了一圈儿"。又引申为逗引,招致,如"兜售"。又引申为彻底揭露,如"兜出老底"。

匕部(3字)

匕 bǐ （甲）乀 亻 乀 彳 乄 （金）𠃌 彳 （篆）𠂆 （隶）匕　甲骨文是象形字,主要有两种解释。一说,像古代一种前端较尖能撮取肉食的长柄羹匙侧形。隶书写作"匕"。本义是羹匙。因该匙头较尖较薄,引申指箭头。又因一种短剑头部像匕,故称为匕首。"匕"在合体字中作意符,所从字与勺有关,如"旨、匙"。

另一说,甲骨文是反立人形,像婚后妇女温顺的形象,是"妣"的初文。隶书写作"匕"。本义是有配偶的妇女。后来主要作雌性的标志,在合体字中作意符,如"牝(pìn)"。

楷书中有些字的"匕"是其他字符的变形,与羹匙、雌性义无关,如"它、仑、北"。

注意:"匕"一撇不出头,不要写成"𠤎"(huà,立人颠倒形,本义是变化)。

北 běi （甲）北 （金）北 （篆）北　甲骨文是会意字,从二人背对背。是"背"的初文。本义是脊背,古音 bèi。引申为背离,背叛,如"士无反北之心"(《战国策·齐策》)。因追击败军是在其背后,故又引申指军队败走,如"三战三北"(bèi)。进而引申作名词,指败逃者,如"追亡逐北"。由于人居处时习惯面阳背阴,故称背对的方向为"北"。为了与方位词"北"区别,"脊背"义造"背"(在"北"下加意符"月",肉义)字表示。

旨 zhǐ （甲）旨 （金）旨 （篆）旨　甲骨文是会意字,从匕(bǐ,羹匙)从甘,表示用匕送美味食品入口(参看"甘"字条)。本义是滋味美,如"虽有嘉肴,弗食不知其旨也"(《礼记·学记》)。引申指美味食品,如"食旨不甘"(《论语·阳货》。意:吃美味不知道甜)。由"美味"又引申指包含的意思、意图,如"宗旨","主旨"。进而引申指皇帝的意见、命令,如"圣旨","传旨"。

几(几)部(7字)

几¹ jī （篆）几 （隶）几　小篆是象形字，像几案的形状。隶书写作"几"。本义是古人席地而坐时供倚靠的器具。引申为放置物件的小桌子，如"茶几"，"窗明几净"。规范也作"幾"的简化字。

"几"作为偏旁，在合体字中作意符，所从字与器具、凭靠等义有关，如"凳、凭"；也作声符，如"肌、麂"。

有些字因形近或形变而归入"几"部，与"几"的音义无关，如"凡、凤、凰、夙、咒、凫"。

几²（幾）jī jǐ （金）𢆶戍 （篆）𢆶戍　金文是会意字，从丝（yōu）从戍。丝是"丝"的象形，这里表示细微；戍从人从戈，这里表示派兵守卫。"幾"与"几"本是两个字，现在"幾"规范简化为"几"。**音jī**：本义是细微的苗头，迹象，如"君子见几而作，不俟终日"（《周易·系辞下》）。此义后写作"機"（机）。引申为危险，如"本不固者末必几"（《墨子·修身》）。由"细微"虚化为副词，相当于将近，差不多，如"几乎"，"知乐则几于礼矣"（《礼记·乐记》）。**音jǐ**：借作代词，表示疑问，询问数目的多少，何，什么，如"几个人？""明月几时有？"（苏轼《水调歌头》）用作数词，表示数量少，如"寥寥无几"；又表示数量不少，如"几度春秋"。

凡 fán （甲）𠘧 （金）𠙶 （篆）𠘨 （隶）凡　甲骨文是象形字，像一个高足盘子的形状。是"盘"的初文，甲骨卜辞"盘庚"也作"凡庚"。小篆文字化。本义是盘。引申为大概，要略，如"发凡"，"凡例"。又引申指总共，如"全书凡XX卷"。又引申为一切，全部的，如"凡事豫（预）则立，不豫（预）则废"，"凡是考试作弊的，成绩都为零分"。又引申为平常，普通，如"平凡"，"自命不凡"。进而引申指人世间，如"凡尘"，"仙女下凡"。

凤（鳳）fèng （甲）①𩁨 ②𩂶 （金）𩁨𩂶 （篆）鳳　甲骨文是象形字，①像一只凤鸟形，突出其高冠、花翎和长尾；②在右上角加声符"凡"，成为形声字。金文从甲文②。小篆从鸟（鸟）凡声。规范简化为"凤"，"又"是记号。本义是古代传说中的鸟王、神鸟，如"百鸟朝凤"。凤凰：古代常用来表示吉祥，雄为凤，雌为凰，如"凤求凰"。

注意："凤""风"形似音近而义异，不要混淆。

凫（鳧）fú（金）（篆）　金文是会意字兼形声字，从鳥（鸟）从几（shū，短羽鸟飞的样子），几兼表声。后来"几"讹变为"几"。规范简化为"凫"。本义是野鸭。引申为泅水，如"凫水"。

　　注意：①"凫"上部的"鸟"省去长横，共4笔。②"凫"不念 jí。

凭（凴、憑）píng（篆）　小篆是会意字，从几（矮桌）从任（依靠）。"凴"是异体字。"憑"在古代是"满"义，假借表示依凭。规范简化为"凭"。本义是身体靠在物品上，如"凭窗而立"。引申为倚靠，依赖，如"全凭好人帮忙"。又引申为表示无条件，如"任凭风吹雨打"。又引申指证据，如"不足为凭"，"真凭实据"。

凰 huáng　本作"皇"，因与"凤"组词而加"几"为"凰"，"几"不表音、意，"皇"为声符。本义是古代传说中的神鸟。参看"凤"字条。

亠部（21字）

亠 tóu （篆）　汉字部首，无意义，不独立成字。在构字中作字头，一般称为"点横头"。对那些不易分清部首，且第一、二笔是点横的字，为检字方便而多归入此部，如"亡、六、夜、哀、亭、帝"。

亡（亾）wáng （篆）（隶）　小篆是会意字，从入从乚（yǐn，隐蔽处），表示逃入隐蔽处。本义是逃跑，如"逃亡"，"流亡"。引申为出外，不在，如"孔子时其亡也，而往拜之"（《论语·阳货》）。进而引申为失去，如"亡佚"，"亡羊补牢"。再引申为死去，如"伤亡"，"阵亡"。又引申为消亡，与"存"相对，如"灭亡"，"救亡"。由"不存在"又引申为没有，古代同"无"，音 wú，如"人皆有兄弟，我独亡"（《论语·颜渊》）。

六 lù liù （甲）（金）（篆）　甲骨文是象形字，像田野中临时居住的茅屋形状。金文大同。小篆讹变。**音 lù**：本义是茅庐，是"庐"的初文。也用作古国名，地名，如"楚人灭六"（《左传·文公五年》）。六：在今安徽省六安县北。六合：在江苏省南京。**音 liù**：因古音相近，后借用表示数字"六"。也是中国古代工尺谱记音符号之一，表示音阶上的一级。

市 shì （金）（篆）（隶）　金文是会意字，从止（前往）从兮（呼唤叫卖声）。小篆整齐化。隶书写作"市"。本义是集中交易买卖的场所，如"菜市"，"市场"，"市井"。引申泛指交易，如"有行无市"。又引申为买，如"市义"，"市恩（讨好）"。也引申指卖，如"市酒"，"市食"，"市马"。又引申为价格，如"随行就市"。由"交易"又引申为度量衡单位，如"市尺"，"市斤"。由"市场"又扩大指人口密集的行政中心或工商业、文化发达的地方，如"城市"，"都市"，"市镇"。现也指一种行政区划，有中央直辖和省（自治区）辖等，如"北京市"，"南京市"。

亦 yì （甲）（金）（篆）　甲骨文是指事字，从大（正面站立的人形），在两臂下加两点指事符号，表示两腋。本义是腋下。是"腋"的初文。假借为副词，大多表示也，也是，如"人云亦云"，"亦步亦趋"。又假借为语气词，表示加强或委婉的语气，如"学而时习之，不亦说乎？"（《论语·学而》）

交 jiāo （甲）（金）（篆）　甲骨文是象形字，像人两腿交叉的形状。本义是两腿相交。引申泛指相连，接合，如"交界"，"交通"。进而引申为一齐，同时,如"风雨交加","内外交困"。又引申为互相往来联系,如"交流","交易","交涉"。又引申为结交,交往,如"君子之交","外交"。又引申为朋友,如"故交","至交"。又引申为两性和合,如"性交","杂交"。还引申为付托,付给,如"交活儿","交卷","交差"。又同"跤",指跟头。

充 chōng　(篆)𧘇　小篆是会意兼形声字,下儿上育省(省去"月"),表示育儿长大成人;育省兼表声。本义是长(cháng),高。引申为满,足,如"充足","充实","充分"。又引申为动词:填满,使装满,如"充耳不闻","充电","汗牛充栋"。又引申为尽量展开,发挥,如"扩充"。又引申为当做,担任,如"充当","画饼充饥","充军"。还引申为假装,假冒,如"滥竽充数","冒充"。

亩(晦、畮、畆)mǔ　(金)畮　(篆)畮　(或体)畮　金文是形声字,从田,每声。小篆同金文。《说文》或体写作"畮",从十(田间道路)从田,久声。楷书繁体写作"畆"。规范简化为"亩"。本义是田垄,田埂,如"畎亩","我疆我理,南东其亩"(《诗经·小雅·信南山》)。泛指农田,田地,如"陇亩"。引申用作土地面积单位,一亩等于六十平方丈。

享 xiǎng　(甲)亯　(金)亯　(篆)亯　(或体)亭　(隶)享　甲骨文是象形字,像有高大台基的殿堂形状,象征宗庙。金文、小篆承接甲骨文。《说文》或体略有讹变。隶书写作"享"。本义是用食物供奉神祖,如"享于祖考"(《诗经·小雅·信南山》)。引申泛指贡献,如"诸侯以享天子"(《考工记·玉人》)。又引申指鬼神享用祭品,如"百神享之"。又引申为享受,受用,如"安享","坐享其成"。还引申为用食物招待,如"享宴"。

夜 yè　(金)夜　(篆)夜　(隶)夜　金文是形声字,从夕,亦声。隶书写作"夜"。本义是从天黑到天亮的这段时间,与"日""昼"相对,如"夜以继日","昼夜"。

哀 āi　(金)哀　(篆)哀　金文是形声字,从口,衣声。本义是怜悯,如"天子作诗三章以哀民"(《穆天子传》)。引申为悲痛,悲伤,如"哀思","哀叹"。又引申为悼念,如"默哀"。

亭 tíng　(篆)亭　小篆是形声字,从高(高台建筑)省(省去下面"口"),丁声。本义是古代设在路旁,供行人食宿的处所。引申为秦汉时的行政单位,十里为一亭,如"亭长"。又引申指供人休息的有顶无墙的小型建筑物,多建筑在路旁或花园里,如"凉亭","牡丹亭"。现也引申指形状像亭的简易小屋,如"书报亭","邮亭"。又引申为适中,均匀,如"亭匀"。亭亭:直立、挺立的样子,如"亭亭袅袅","亭亭玉立"。亭午:正午,中午。

亮 liàng　(篆)亮　是会意字,从几("人"字变体)从高省(省去下部"口")。表示人站高处则明亮。本义是明亮,有光,如"天亮","敞亮"。比喻引申为明朗,清楚,如"心明眼亮","心里亮了"。又引申为显露,显示,如"亮相"。又引申为品质高洁,坚贞,如"高风亮节"。由"光线明"又转指声音大,如"洪亮","嘹亮"。

帝 dì （甲）①帝 ②帝 （金）帝 （篆）帝　甲骨文是象形字,①像花蒂的全形,上像子房,⊶像花萼,下像下垂的花蕊;②在上面加一横。是"蒂"的初文。小篆将花蕊讹变为"巾"。隶书笔画化。本义是花蒂。因花蒂能开花结果子,引申指称化育万物的创造者和主宰者,如"上帝","玉皇大帝"。进而引申指君主,如"五帝","帝王","皇帝"。也特指帝国主义,如"反帝反封建"。"帝"被引申义专用后,另造"蒂"字表示花蒂。

衰 cuī shuāi （古文）衰 （篆）衰　《说文》古文是象形字,像蓑衣的形状,上部是斗笠、领口,下部像一层层草编的垂衣。小篆为了突出蓑衣之意,保留了古文下部,并加意符"衣"写作"蓑"(suō)。本义是草编成的用来挡雨的蓑衣,此义后写作"蓑"。音 cuī:蓑衣用草一层层编成,故引申为从大到小按一定的等级递减,如"等衰"。又同"缞",古代用粗麻布制成的毛边丧服。音 shuāi:等级递减又引申指事物由盛而衰,如"衰败","衰落"。又引申为减少,如"日食饮得无衰乎?"(《战国策·赵策四》)

离(離) lí （甲）离 （金）离 （篆）離　甲骨文是会意字,上部是鸟,下部是长柄网,表示以网捕鸟。金文改"鸟"为"隹",下加又(手),表示在林中捕鸟。小篆改"林"为"屮"(草),与手持网组成"离",右边加"隹"(zhuī,鸟)为"離",成左声右形的形声字。规范简化为"离"。本义是捕获。引申为遭遇,触犯,如"离法者罪"。遭受捕获则离群,故又引申为分开,离散,如"离别","支离破碎"(《广韵》:"近曰离,远曰别",如"生离死别")。又引申作使动词:使……分离,如"离间"。又引申为相距,隔开,如"距离","这儿离车站很近"。还引申为缺少,如"孩子成长离不开教育"。还借以表示八卦之一,代表火。

毫 háo　楷书是形声字,从毛,高省(省去下面"口")声。本义是细长而尖的毛,如"毫毛","毫发"。引申为数量极少,一点儿(限用于否定式),如"毫无二致","毫不利己,专门利人"。又引申为计量单位名,十丝为一毫,十毫为一厘;与某一物理量的单位连用时,表示该量的千分之一,如"毫米","毫克"。毛笔用细毛制成,故代指毛笔,如"挥毫"。

率 shuài lǜ （甲）率 （金）率 （篆）率　甲骨文是象形字,像牵引绷紧的大绳,小点是大绳上的毛刺。(《说文》根据小篆体认为像捕鸟的丝网,恐不确。)音 shuài:本义指拉紧的大绳。引申为沿着,顺着,如"率西水浒,至于岐下"(《诗经·大雅·绵》)。"绳索"有牵引义,故又引申为带领,如"率领","统率"。进而引申为榜样,带头,如"表率","率先"。又引申表示轻易地,不仔细,不慎重,如"轻率",

"草率"。进而引申为爽直,坦白,如"直率","坦率"。又引申为大概,大略,如"率常","大率如此"。**音 lǜ**:指两个相关的数在一定条件下的比值,如"效率","税率","增长率"。

就 jiù （篆）𡘭　小篆是会意字,从京(高丘)从尤(特别)。本义是到高处去住。引申为走到,从事,进入,如"各就各位","就餐","就医","就学","就业","就职","行将就木"。由"走到"进而引申为成功,完成,如"成就","功成名就","就绪"。由本义又引申为凑近,靠近,如"避难就易","就着灯看书","就近入学"。进而引申为趁着,依从,依照,如"就便","就着月光看景","半推半就","就事论事"。用作副词,相当于马上,即便,只,偏偏,如"就来","就他一人","我就不信"。用作连词表示假设或让步,如"你就是打我,我也不去!"

裹 guǒ （篆）裹　小篆是形声字,从衣,果声。本义是缠绕,包扎,如"裹脚","裹好伤口","马革裹尸"。引申为夹带,夹杂,如"洪水裹着泥沙","好人坏人裹在一起分不清"。又引申为名词,指包裹着的物品,如"包裹","装裹"。

注意:"裹"中间是声符"果",不要写成"里"而成繁体字"裹"。

豪 háo （籀文）豪 （隶）豪　《说文》籀文是形声字,从豕(shǐ,猪),高声。隶书写作"豪",声符"高"省去下面的"口"。本义是豪猪。豪猪身上长有硬而尖的毛,故引申指细而尖的毛,此义后写作"毫"。因豪猪凶猛,引申为具有杰出才能的人,如"豪杰","英豪","文豪"。进而引申指气魄大,直爽痛快,没有拘束的,如"豪放","豪爽","豪迈"。还引申指强横的,有特殊势力的,如"豪强","巧取豪夺","豪门"。

冫部（19字）

冫 bīng （甲）（金）（篆）甲骨文是象形字，像冰面隆起形或冰裂纹形。是"冰"的初文。小篆规整化。隶书写作"冫"。本义是水冻结而成的固体。后来"冫"（仌）专用作偏旁部首，本义就借"冰"（"凝"的初文）字表示。

"冫"作为偏旁，习惯上称为"两点水"。在合体字中多作意符，所从字与寒冷、凝结等义有关，如"冻、冷、凋、凛、凝、冬、寒"；也作声符，如"冯"。

楷书中有些字的"冫"是其他字符的变形，与"冰"的音义无关，如"冲、次、习、尽"。

冯（馮）píng féng （篆）
小篆是形声字，从馬，仌（冫bīng，古"冰"字）声。规范简化为"冯"。**音 píng**：本义是马跑得快。引申为盛，大。进而引申为登，乘，如"冯虚御风"（苏轼《前赤壁赋》）。又引申指徒步过河，成语有"暴虎冯河"（暴虎：空手打虎；冯河：徒步渡河。比喻有勇无谋，冒险乱干）。古代又通"凭"，表示依仗、倚托。**音 féng**：姓。

冲¹（沖）chōng （甲）（金）（篆）（隶）甲骨文
是形声字，从水（像水流动），中声。金文左边"水"的形象性增强。小篆省去旗帜飘动的垂饰。隶书写作"沖"。楷书俗写省作"冲"。现在规范为"冲"，与"衝"的简化字相同。本义是水向上涌动。引申为水流的冲击，如"冲刷"。进而引申为用水、酒等浇注调制，如"冲茶"。由"向上涌动"又引申为直上，如"怒发冲冠"，"一飞冲天"。由"涌动"又引申指情绪的起伏，如"冲动"。

冲²（衝）chōng chòng （篆）
小篆是形声字，从行（háng，道路），童声。隶变后楷书写作"衝"，从行，重声。规范简化为"冲"。**音 chōng**：本义是通途，大路，如"要冲"，"冲衢"。古时也指冲击敌阵的战车，引申为冲击，碰撞。**音 chòng**：由"冲击"又引申指向着，对着，如"她冲我一笑"。由"冲击"又引申为猛烈，如"他干活有股冲劲儿"，"酒味儿太冲"。又特指冲压，如"冲床"。

冰 bīng （甲）（金）①②（篆）（隶）甲骨文是象形字，像水面隆起或裂纹的形状。金文①承甲文，②是会意字，从冫（bīng，古"冰"字）从水，表示水遇冷凝结而成冰。是"凝"的初文。本义是水凝结成冰。"冰"被借用表示冰块义后，另造"凝"字。由"冰块"引申为寒冷，如"冰冷"。因"冰块"洁

白透明，又引申指晶莹、洁白，如"冰心"，"冰肌玉骨"。

次 cì （甲）𦑛 （金）𦑛 （篆）㳄 （隶）**次**　甲骨文是会意兼形声字，从欠从二（第二），称说必动声气，故从欠，二表示顺序在前项之后，或地位的亚次；二兼表声。隶书将"次"的"二"写为"冫"。《说文·欠部》："次，不前不精也。""不前"是指空间顺序不是第一，"不精"是指质量等次不是最好。本义是第二，次级的。引申为质量较差的，如"次品"。又引申为依顺序排列，如"民为贵，社稷次之"（《孟子·尽心下》）。又引申为次序，等第，如"名次"，"依次前进"。由"依顺序"又引申为量词，表示动作的回数，如"他数次历险"，"我们是第二次见面了"。

决（決）jué （篆）𣲙 （隶）**𣲙**　小篆是会意兼形声字，从水（疏通水道）从夬（guài，分决，此处表示开凿壅塞），夬兼表声。俗写省作"决"，变"氵"旁为"冫"旁。现在规范为"决"。本义是开凿壅塞，疏通水道。引申指水冲决破堤岸，如"决口"，"冲决"。进而引申为决定，决断。再引申为作出判断，如"表决"，"孔子不能决也"（《列子·汤问》）。由"决口"又引申为破裂，如"决裂"。又引申为处死，如"枪决"，"处决"。用作副词，相当于一定，必定，如"决不害人"，"决无二心"。

冻（凍）dòng （篆）𩖐　小篆是形声字，从仌（冫 bīng，古冰字），東声。规范简化为"冻"。本义是结厚冰。引申为冰冻，如"冻伤"，"冻疮"。进而引申为寒冷。又引申指汤汁凝结成的半固体，如"果冻"，"鱼冻"。

冷 lěng （篆）𩒏　小篆是形声字，从仌（冫 bīng，古冰字），令声。本义是寒冷。引申为凉，冷清，冷静，冷淡，冷酷，冷门。由于"冷清"不易引人注意，又引申指突然发出，如"冷箭"（乘人不防暗地射出的箭）。

冶 yě （金）𦫵 （篆）𪼯　金文是会意字，从口（器物）从二（金属原料）从人（冶炼者），表示冶炼者用金属原料冶铸器物。小篆讹变为形声字，从仌（冫 bīng，古冰字），台（yí）声，用冰的融化比喻金属的销熔。本义是销熔。引申为铸造工，熔炉，冶炼场所。又引申指对人的培养、造就，如"陶冶情操"。由"销熔"又引申为容貌光艳，妖媚，如"妖冶"，"佳冶"。

凌 líng （篆）𩕳　小篆是形声字，从仌（冫 bīng，古冰字），夌（líng）声。本义是冰，如"凌室"（古代的藏冰室）。借作"陵"表示高升，超越，如"凌云志"。进而引申为侵犯，欺压，如"侵凌"。再引申为逼近，如"凌晨"。

凄（淒）qī （篆）𣲚　小篆是形声字，从水，妻声。俗写省作"凄"，从冫（bīng，古冰字），妻声。现在规范为"凄"。本义是寒凉。引申为景象的凄凉，冷落。由"寒凉"又引申指心情的悲凉，此义也写作"悽"。

准（準）zhǔn （篆）𣷚　小篆是形声字，从水，隼（sǔn）声。俗写省作"準"和

"准"。现在规范为"准"。本义是水平。引申指水平仪,进而引申为测量,标准,准则。唐宋以来公文上表示许可的批语,即批准、允许。鼻子在脸的正中,古代也将鼻子称为准,如"隆准"(隆:高)。

凋 diāo （篆）〔图〕 小篆是形声字,从仌(ㄅ bīng,古冰字),周声。本义指草木衰落,零落。引申为衰败,疲敝,如"民力凋敝"。古籍中又写作"彫",如"岁寒,然后知松柏之后彫也"(《论语·子罕》)。

凉(涼) liáng liàng （篆）〔图〕 小篆是形声字,从水,京声,古代典籍多写作"涼"。俗写省作"凉",变"氵"旁为"冫"旁。现在规范为"凉"。**音 liáng**:本义是薄酒。引申泛指薄。薄则生寒,又引申指微寒,如"天凉了","凉水"。进而引申指地区的荒凉(指人少,与人多热闹相对),心情的凄凉(指愁苦,与热烈兴奋相对)。**音 liàng**:用作动词:使……变凉,如"把稀饭凉一凉再喝"。

凑(湊) còu （篆）〔图〕 小篆是形声字,从水,奏声。隶变后楷书写作"湊"。俗写省作"凑",变"氵"旁为"冫"旁。现在规范为"凑"。本义是人在水边聚集。引申泛指聚集,如"凑在一起"。又引申为拼合,如"一共凑成 12 个"。又引申为挨近,靠拢,如"凑近","他凑到耳边说"。又引申为添加,如"说这事儿是为了凑趣儿"。

减(減) jiǎn （金）〔图〕 （篆）〔图〕 （隶）〔图〕 金文是形声字,从水,咸声。隶书写作"減"。俗写省作"减",变"氵"旁为"冫"旁。现在规范为"减"。本义是水减少,减损。引申泛指减少,即由原有数量中去掉一部分。进而引申为降低,衰退,如"减轻","减色"。

凛 lǐn 楷书是形声字,从冫(bīng,古冰字,表寒冷),禀声。本义是寒冷,如"凛冽"(非常寒冷),"凛栗"(因寒冷而颤抖)。引申为严正不可侵犯,如"大义凛然"。又引申为令人畏惧,如"威风凛凛"。

凝 níng （金）〔图〕 （篆）〔图〕 金文是会意字,从冫(bīng,古冰字)从水,表示水遇冷而凝结成冰。是"凝"的初文。后因"冰"假借表示冰块,又造小篆"凝"字,成形声字,从仌,疑声。本义是结冰,如"凝霜"。引申为凝聚,集中,如"凝思","凝视"。

冖部(9字)

冖 mì （甲）∏ （金）∏ （篆）∬　甲骨文是象形字，像一块布巾向下披覆的形状，表示蒙覆之意。是"帽""幂"的初文。楷书写作"冖"。本义是用布幔、布巾覆盖东西。

"冖"现只作偏旁，习惯上称作"秃宝盖"或"平宝盖"。在合体字中作意符，所从字与蒙覆、遮掩等义有关，如"冠、冤"；作意符兼声符，如"冥、幂"。

楷书中有些字的"冖"是其他字形的变形，与"冖"义无关，如"罕、写、军、农"。

冗（宂）rǒng （甲）俞 （篆）冗 （隶）宂 冗　甲骨文是会意字，从宀（mián，房屋）从人，表示人闲居在家。隶书有"冗""宂"两形，冖（mì）这里表示房屋。现在规范为"冗"。本义是闲散。"闲散"之人就是多余的人，引申为多余，过剩的，如"冗员"，"文章冗长"。进而引申为繁多，繁杂，如"冗繁琐事"，"公务冗杂"。由"繁多"又引申为繁忙，如"冗务缠身"。进而引申为繁忙的事，如"请拨冗出席"。

军（軍）jūn （金）軍 （篆）軍 （隶）軍　金文是会意字，从勹（bāo，包，环围）从車（战车）。中国古代（特别是周朝）打仗以车战为主，军队驻扎时将战车环绕四周以防卫。隶书为书写方便改"勹"为"冖"（mì）。规范简化为"军"。本义是用兵车围成营垒，即驻军。引申泛指驻扎，如"沛公军霸上"（《史记·项羽本纪》）。又引申指军队，如"全军为上，破军次之"（《孙子兵法·谋略》）。又指军队编制单位，现在一军下辖若干师。引申指有组织的集体，如"劳动大军"。

罕 hǎn （篆）罕　小篆是会意兼形声字，从网从干（长柄），干兼表声。楷书将"网"俗写为"罒"。现在规范为"罕"。本义是捕鸟的长柄小网。古代也用以指旗帜。捕鸟网的网眼稀疏，引申为稀少，如"罕见"，渐成为常用义。

冠 guān guàn （篆）冠　小篆是会意字兼形声字，从冖（mì，布帽）从元（人头）从寸（手），会意手拿帽子戴在头上；元兼表音。音 guān：本义是帽子，如"张冠李戴"，"冠冕堂皇"。引申指形状像帽子或在顶部的东西，如"鸡冠"，"树冠"。音 guàn：用作动词，指戴上帽子，如"沐猴而冠"，"赵文子冠，见栾武子"（《国语·晋语六》）。冠在头上成为人体的最高处，故又引申为位居第一，如"冠军"，"名冠全球"。

注意:"冠"从"冖",不要写成"宀"(房屋)。

冢(塚) zhǒng　(金)　(篆)　(隶)　金文是会意字,从勹(bāo,表坟墓)从豕(chù),豕是豕(shǐ,猪)双腿被绑形,表示陪葬品。小篆的勹是全包围形,表示覆盖。隶书为书写方便改"勹"为"冖"(mì)。本义是高大的坟墓。此义后写作"塚"。规范简化仍为"冢"。引申泛指坟墓,如"荒冢","衣冠冢"。由"高大"又引申指山顶,如"山冢"。

注意:"冢""家"形近而音义不同,请结合"家"字条辨析。

冥 míng　(甲)① ② 　(篆)　(隶)　甲骨文是会意字,①从冖(mì,布幔)从日从廾(gǒng,双手),②从宀(mián,房屋)从月从廾,均表示用双手拉上布幔遮住日月光,使屋内暗下来。小篆从冖从日,"廾"变为"六"形。本义是昏暗,幽暗,如"天色冥暗","晦冥"。引申为幽深,进而引申指阴曹地府,如"冥界"。又引申为深奥,深沉,如"苦思冥想"。由"幽暗"又引申指头脑糊涂,愚昧,如"冥顽不灵"。

冤 yuān　(篆)　小篆是会意字,从冖(mì,覆盖)从兔,表示兔子被布所蒙盖,走动不得,卷曲难伸,受到了委曲。本义是屈缩,不舒展。引申为冤枉,冤屈。进而引申为仇恨,如"冤仇","冤冤相报何时了"。被冤屈有上当吃亏之意,故称作"花冤枉钱","真冤"。

注意:"冤"从"兔"不从"免",不可少写了右下一点(兔的短尾)。

幂(羃、幎) mì　本写作"冖"(mì),像布巾蒙覆形。后因"冖"专作了偏旁而造"幎";"羃"是异体字,从冖从幕。现在规范为"幂",幕省去"艹"。本义是盖东西的巾。用作动词:覆盖,罩,如"青烟幂处,碧海飞金镜"(晁补之《洞仙歌》)。又用作数学名词,指乘方形式。

凵部（4字）

凵 kǎn qiǎn （甲）∪（篆）∪ 甲骨文是象形字，像低陷的坑坎。是"坎"的初文。小篆规整化。**音 kǎn**：本义是陷坑。**音 qiǎn**：因字形像张开的口，引申为张口。

"凵"现只作偏旁，习惯上称作"凶字框"。在合体字中作意符，所从字与坑、坎等义有关，如"凶、凹、凸、出、凿"。

楷书中有些字的"凵"是其他字符的变形，与坑坎义无关，如"画、函"。

凶（兇）xiōng （篆）凶 兇 小篆为指事字，从凵（kǎn）从乂（yì），凵表陷坑，乂是指事符号，表示这里是陷井。"凶"与"兇"原为两字。凶的本义是不吉利，如"凶险"，"逢凶化吉"；也指年成不好，如"凶年"。"兇"的本义是惊恐，会意字兼形声字，从儿（人）在凶下，表示灾难当头、惊慌扰攘之状；凶兼表声。规范简化为"凶"。"凶"引申泛指凶恶，如"穷凶极恶"。又引申为厉害，如"这人太凶"。进而引申指伤害或杀害人的行为，如"行凶"。又引申指行凶的人，如"元凶"，"凶犯"。

出 chū （甲）屮（金）屮（篆）屮 甲骨文是会意字，从止（脚）从凵（kǎn，坑穴），表示走出半地穴式的原始居住处。小篆规整化。本义是从里面到外面，如"出门"，"出出进进"。引申为来到某个场所、场合，如"出席"，"出庭"。又引申为向外拿，如"出力"，"出主意"，"入不敷出"。又引申为出现，显现，如"水落石出"，"露出真相"，"找出问题"。又引申为离开，脱离，如"出发"，"出家"。又引申为超过，如"出人头地"。又引申为长出，如"出芽"。又引申为产生，发生，如"出次品"，"出事"。进而引申为出版。又引申为发散，发泄，如"出汗"，"出气"。

函（圅）hán （甲）圅（金）圅（篆）圅（隶）函 函 甲骨文是象形字，像放有箭矢的袋，袋外有钩挂的小耳。小篆文字化。隶书有"圅""函"等不同写法。现在规范为"函"。本义是箭袋。引申指包裹东西的匣、盒或封套，如"镜函"，"石函"。由"封套"又引申为书信，如"信函"。进而引申为公文的一种，如"公函"，"来函"。

卩（㔾）部（8字）

卩（㔾）jié　（甲）　（金）　（篆）　（隶书偏旁）　甲骨文是象形字，人屈膝跪坐形，突出了人的膝关节。小篆文字化。隶书右偏旁写作"卩"。本义是屈膝跪坐之人。

"卩"现只作偏旁，习惯上称为"单耳刀"或"单耳旁"。楷体另有"㔾、㔾、巴、尸"等写法。在合体字中主要作意符，所从字多与人或人的腿部动作等义有关，如"卯、叩、卸、卿、色、危、邑、卷、辟"；也作声符，如"节、疖、爷"。

印 áng　（甲）　（诅楚文）　（篆）①　②　③　甲骨文是会意字，从亻（傲立的人）从卩（jié，下跪者），表示下跪者仰看站立者。诅楚文、小篆①逐渐文字化。本义是仰，是"仰"的初文，音 yǎng。古代通"昂"字，故今音 áng。"印"后因假借作人称代词"我"，便加意符"亻"造"仰"（小篆②）字，加意符"日"造"昂"（小篆③）字，均为会意兼形声字。

印 yìn　（甲）　（金）　（篆）　（隶）　甲骨文是会意字，从爪（爪）从卩（jié，跪的人），表示用手强按使人跪下。是"抑"的初文。金文"爪"移"卩"上，义更明显。隶书为左右结构。本义是按，抑。我国商代已用印章，写作"鈢"（xǐ），周代写作"玺"，秦始皇规定皇帝的印称玺。玺用时须按压，故引申指玺印，印章。印章使用要留下字迹，故引申指痕迹，如"手印"，"印象"。进而引申为印刷，如"印书"，"印材料"。

注意："印象"不要写成"映像"。"印象"指"客观事物在人的头脑里留下的迹象"，"映像"指"客观事物投映成的图像"；"印"是前鼻音，"映"是后鼻音。另外，"映像"也不可写成"映象"，汉语词中有"映像"而无"映象"。

却（卻）què　（篆）　（隶）　小篆是形声字，从卩（jié），谷（jué，笑时口上纹，非"谷"gǔ）声，卩与人的腿脚活动有关。隶书变"谷"为"去"。本义是退，如"望而却步"。引申为退还，不受，如"盛情难却"，"却之不恭"。进而引申为除、去，如"忘却"，"了却"。用作副词，相当于再、还，如"却说……"，"何当共剪西窗烛，却话巴山夜雨时"（李商隐《夜雨寄北》）。后又作转折副词，如"人虽小，却很有劲！"

即（卽）jí　（甲）　（金）　（篆）　甲骨文是会意兼形声字，从皀（guǐ，同"簋",盛食物的高足容器)从卩(jié,跪坐的人),表示人正在就餐;卩兼表声。现在规范为"即"。本义是就餐。引申为接近、靠近,就,如"若即若离","即将"。进而引申为走上,登上,如"即位"。用在判断句中,相当于就是,如"知识即力量"。用作连词,表示假设,如"即使","即便"。

卷 juǎn juàn （篆）𧮫 小篆是会意兼形声字,从卩(卩jié,跪坐的人)从关(juàn,弯曲),关兼表声。本义是膝曲,音quán。引申泛指弯曲,如"卷娄"(拘挛,衰老背驼貌)。此义后写作"蜷"。**音juǎn**:由"弯曲"引申为动词,指把东西弯成筒形或环形,如"卷帘子","卷刃"。此义后写作"捲",规范简化仍为"卷"。进而引申指成卷的东西,如"胶卷","蛋卷"。又用作量词,如"一卷纸"。**音juàn**:古书用竹帛书写而成,按篇卷在一起,卷成的一卷(juǎn)称为一卷(juàn),如"书卷"。引申指书本,如"手不释卷"。进而引申指试卷,案卷,画卷。

卸 xiè （篆）𡰣 小篆是形声字,从卩(jié)从止,午声,卩是人跪坐形,止指车马停,合起来表示人在停车解马。本义是停车解去套在马身上的东西。引申泛指拿下车、船等运输物上的东西,如"卸车","卸货"。又引申为把人身上的装饰除去,如"卸妆"。又引申为抽象意义的解除,不肯承担,如"卸任","推卸"。

注意:"卸"左下是"止",表示车马停止,故左旁不写作"缶"。

卿 qīng （甲）𣬻 （金）𣬻 （篆）𣬻 甲骨文是会意字,是二人跪坐在皀(guǐ,同"簋",盛食物的高足容器)两边相向共食的形状,反映了古代氏族部落共同进食的习俗。与"乡"(鄉)本为一字。本义是聚餐。"卿"后多用于表示对职官、将领以及人们相互间的称呼,如"三公六卿","爱卿","荀卿"(荀子)。也指夫妻间的爱称,如"卿卿"。卿卿我我:形容夫妻或其他男女间非常亲昵。

刀（刂ク）部（25字）

刀（刂、ク）dāo　（甲）　（金）　（篆）　（隶）　甲骨文是象形字，像刀形，上部是刀柄，下部是刀身。小篆文字化。隶书写作"刀"。本义是古代兵器名。引申泛指有锋刃的器物，如"菜刀"，"车刀"，"刻刀"。又是古代一种刀形钱币名，代称"刀"。作量词，用以计数纸张，一百张纸为一刀。

"刀"作为偏旁，在字右时，楷书多写作"刂"，称作"立刀旁"。"刀"在合体字中多作意符，所从字与刀或用刀的动作等义有关，如"刃、切、分、初、券、利、辨"；也作声符，如"叨、召、到、氘"。

楷书中有些字的"刂"是其他字符的变形，与"刂"义无关，如"俞"。

楷书中有些带"ク"的字，因形近而归入"刀"部。"ク"或是"人"的变形，如"色、危、负"，或是"爫"（爪）的变形，如"争"，或像某种动物头部之局部的变形，如"兔、龟、象"，或是"勹"的变形，如"刍"（本义是割草），均与"刀"的音义无关。

刃 rèn　（甲）　（篆）　甲骨文是指事字，从刀，刀口处的一点是指事符号，表示刀锋所在。本义是刀口，引申泛指刀剑一类的利器，如"利刃"。又引申为动词，指用刀杀，如"手刃亲仇"。

切 qiē qiè　（篆）　小篆是形声字，从刀，七声。**音 qiē**：本义是用刀把物品切开，割断。引申为加工玉石珍宝，如"切磋"。**音 qiè**：又引申为摩擦，接触，如"切齿"。进而引申为契合，与……相一致，如"不切实际"，"切题"。再引申为恳切，急切。又特指中国古代一种注音方法，即反切。

刈 yì　（篆）　（隶）　小篆是会意兼形声字，从刂从乂（yì，剪草的大剪刀的形状），乂兼表声。本义是割取，如"刈麦"。引申为砍，杀，如"斩将刈旗"。

刊 kān　（篆）　小篆是形声字，从刂，干声。本义是砍斫，消除。引申为雕刻，进而引申为雕版印刷，出版物。古代文书刻在竹简上，刻错或不要了需用刀削去，所以"消除"又引申为删定，订正，如"刊定谬误"。

刚（剛）gāng　（甲）　（金）　（篆）　甲骨文是会意字，从刀从网，以刀能断网表示坚利。金文改"网"为"冈"，做声符。小篆规整化。规范简化为"刚"，声符简化为"冈"。本义是坚利。引申为坚硬，坚毅，强劲，如"刚强"，"刚正"。用作副词，相当于方才，恰巧，如"刚才"，"刚好"。

危 wēi （篆）🔲　小篆是会意字，从厃（wēi）从卩（jié），厃表示人站在厂（hǎn，岩崖）上，卩是人屈膝的形状（参看"卩"字条）。本义是站在高处而恐惧。引申为恐惧。又引申为高，如"危楼高百尺"（李白《夜宿山寺》）。又引申为直，端正，如"正襟危坐"。由"高处"又引申为危险。进而引申为危害，垂危（将死）。

负（負）fù （篆）🔲　小篆是会意字，从人从贝（古代钱币），表示人背有钱币则有所依之意。规范简化为"负"。本义是仗恃，依靠，如"自负"，"负隅顽抗"。由"背有货币"引申为背着，载着，如"负重"，"负荆请罪"。用于抽象意义，表示担当，如"负责"，"负担"。又引申为享有，如"久负盛名"。由"背"又引申为违背，辜负，对不起，如"忘恩负义"，"负约"。又引申为遭受，如"负伤"。进而引申为亏欠，如"负债累累"。由"负"又假借表示失败，如"胜负难分"。

争（爭）zhēng （甲）① 🔲 ② 🔲 （金）🔲 （篆）🔲　甲骨文是会意字，①像上下两只手在争拉一根棍，②改上部"又"（手）为"爪"。小篆规整化。规范简化为"争"。本义是争夺。引申为争斗，竞争。

龟（龜）guī jūn qiū （甲）① 🔲 ② 🔲 （金）🔲 （篆）🔲　甲骨文是象形字，①是乌龟的左视形，②是俯视形。小篆承甲骨文①并文字化。规范简化为"龟"。音 guī：本义是乌龟。音 jūn：手足皮肤冻裂像龟甲的纹路，故称"龟"，此义后写作"皲"（jūn）。音 qiū：西域古国名，龟兹。

免 miǎn （甲）🔲 （金）🔲 （隶）🔲 🔲　甲骨文是会意字，像跪着的人戴大帽子的形状。本义是古代天子、诸侯、卿大夫的礼帽。引申为摘掉（帽子），如"免冠"。进而引申为去掉，如"免税"，"免除"。又引申为避免，如"免疫"。"免"本义后造"冕"（加意符"冂"mào）字表示。

删 shān　楷书是会意字，从册（古代书简）从刀，表示用刀削去竹简上刻错或不要的文字。本义是消除，如"删除"。引申为删取，选取，如"删节"。

判 pàn （篆）🔲 （隶）🔲　小篆是会意兼形声字，从刀从半，表示一个整体分为两半，半兼表声。本义是分开，分解。引申为区分，分辨，如"判别"，"是非立判"。进而引申为判断，评判，判案。又作古代官名，如"通判"，"州判"。

刺 cì cī （甲）🔲 （金）🔲 🔲 （篆）🔲 🔲 （隶）🔲 🔲　甲骨文是象形字，像树木上左右横生的芒刺，即"朿"（cì）字。是"刺"的初文。金文或加"刀"写作"刺"，表示用刀等尖利物扎、杀，成会意兼形声字。隶书写作"朿"、"刺"。后来"朿"只作偏旁。音 cì：本义是树木的芒刺。引申为树木的棘刺。又引申指像芒刺般尖利的东西，如"鱼刺"。又引申为动词：穿刺。进而引申为用刀等尖利物穿、扎。再引申为暗杀，如"刺客"。又引申为刺激。进而引申为用尖刻的话指责,嘲笑,如"讽刺"。音 cī:拟声词,如"刺溜"(脚底下滑动声),"刺啦"(撕裂声)。

　　注意:"束、刺"不要写成"朿、剌(là)",辨析见"束"字条。

到 dào （金）到 （篆）到 （隶）**到**　金文是会意字,从人从至,表示人到达。小篆改"人"为"刀",作声符。本义是到达。引申为周到。又引申作动词的补语,表示动作行为的结果,如"这事能办到。"虚化作介词,引出时间地点等,如"到八点钟叫我","小鸟落到地上了"。

刽（劊）guì （篆）劊　小篆是形声字,从刀,會(会)声。规范简化为"刽"。本义是砍断。刽子手:也称作"刽子",旧时指执行死刑的人,后来多用来比喻屠杀人民的人。

兔 tù （甲）兔 （石鼓文）兔 （篆）兔 （隶）兔　甲骨文是象形字,像兔子的形状,分别突出了兔子的长耳、短尾或豁唇。石鼓文有所讹变。小篆文字化。隶书写作"兔",兔短尾写作一点。本义是兔子。

刻 kè （篆）刻　小篆是形声字,从刀,亥声。本义是雕刻。实物经过刻削,由厚变薄,因此引申为刻薄,苛刻。又引申作计时单位,中国古代用刻漏计时,一昼夜分为一百刻;后来用钟表计时,以十五分钟为一刻。

券 quàn　楷书是形声字,从刀,𢍰(juàn)声。古代用木竹做契据,用刀刻齿,分为两半,双方各执其一,作为相合凭证。本义是古代的一种契据。引申为凭据,信物,如"丹书铁券"。进而引申泛指用作凭证的票据或纸片,如"入场券","优待券"。

荆 jīng （金）荆 （篆）荆 （隶）荆　金文是形声字,从刀(表示可以刺人),井声。小篆成形声字,从艸(cǎo),刑声。楷书将"艹"与"刑"的左部合为左旁,成左右结构。本义是一种丛生多刺的落叶灌木,又名楚。因楚国原建于荆山一带,故又称荆。今湖北省有荆州。荆条可编筐、作刑杖,如"负荆请罪"。灌木不成材,故旧时由"荆木"又引申谦称自己的妻子,如"拙荆","荆室"。

剑（劒、劍）jiàn （篆）劒　小篆是形声字,从刃,僉(金 qiān)声。隶变后楷书写作"鐱"、"劒"、"劍"等。规范简化为"剑"。本义是古代的一种长条两刃的兵器。

象 xiàng （甲）象 （金）象 （篆）象 （隶）象　甲骨文是象形字,大象的形状(甲骨文一般把字形偏宽的字竖写),突出了长鼻子。金文、小篆保留了此特征。本义是大象。引申指形状、样子,如"现象","景象"。进而引申为仿效、模拟,如"象形","象声词"。

　　注意:"象"除了"大象"义,其引申义只能用作词素,不能如"像"单独用,如"姑娘像花儿一样"的"像"不能写成"象"。

割 gē （金）🖼 （篆）🖼　金文是形声字,从刀,害声。本义是用刀切断,裁割。引申泛指划分,如"分割","割据江东"。进而引申为断绝,舍弃,如"忍痛割爱","割地赔款"。

赖（赖）lài （篆）🖼 （隶）🖼　小篆是形声字,从贝(贝,盈利),剌(là)声。为了字形匀称美观,将"刀"缩写在"贝"上。隶书写作"赖"。规范简化为"赖"。本义是赢利。因"赢利"是生活的保障,故引申为依靠,凭藉,如"依赖","赖以生存"。推卸责任于他人也是一种依赖,故引申为诬赖,如"赖别人"。进而引申为抵赖,再引申为赖账。又引申为态度顽逆,如"赖皮","耍赖"。进而引申为劣,坏,如"这件事干得真不赖"。

注意:"赖"左旁是"束",七画,不是六画的"束"(cì)。"束""束"辨析见"束"字条。

劈 pī pǐ （篆）🖼　小篆是形声字,从刀,辟声。**音 pī**:本义是用刀、斧强力破开,如"劈成两半"。引申为雷电击下,如"天打雷劈"。又引申为正对着,冲着,如"劈头盖脑"。**音 pǐ**:由"劈开"引申为分开,如"劈柴","劈叉"。

力部(7字)

力 lì （甲） （金） （篆） （隶）　甲骨文是象形字,像古代耕田用的犁——耒(lěi)。小篆规整化。隶书写作"力"。本义是耒。耕田要用力,故引申为力气,体力,如"强壮有力","四肢无力"。又引申为力量,能力,如"量力而行","理解力"。又引申为动词:努力,尽力,如"工作不力","力挽狂澜"。又引申为副词,相当于竭力地,如"据理力争"。还引申指物理学上指改变物理运动状态的作用,如"地球引力","磁力"。

　　"力"作为偏旁,在合体字中作意符,所从字与力量、功能等义有关,如"动、劝、男、励、劳";也作声符,如"历、荔"。

加 jiā （金） （篆）　金文是会意字,从力从口,表示用言语极力夸大之意。小篆文字化。本义是夸大,诬枉。引申为增多,增益,如"增加","加大","加快","加强"。进而引申为另外增添上去,如"添加","加注解","加注音","给锅里加点水"。又引申为施以,施行,如"多加小心","不加思索","妄加评论"。

劫 jié （篆）　小篆是会意字,从力从去,表示以强力阻止他人无法离去。本义是威逼,胁迫,如"劫持"。引申为强取,掠夺,如"抢劫","打家劫舍"。"劫"也是梵语"劫波"(kalpa)的省称,意思是远大时节。后来佛经把天地从形成到毁灭叫做一劫,如"万劫不复"。佛教又有"四劫"之说,即成、往、坏、空四时期,到了"坏劫"时,世界就要毁灭,因此人们以劫指灾难,如"浩劫","度尽劫波兄弟在,相逢一笑泯恩仇"(鲁迅《题三义塔》)。

助 zhù （篆）　小篆是形声字,从力(出力相佐),且(zǔ)声。本义是在物质上或精神上给予协助,即辅佐,帮助,如"互助","助纣为虐","助人为乐"。

努 nǔ　楷书是形声字,从力,奴声。本义是勉力,出力,如"努力"。引申为尽量地使出力量,如"努劲儿"。又引申为用力伸出,凸出,如"努努嘴"。

勉 miǎn （篆）　小篆是形声字,从力,免声。本义是力所不及而强作,如"勉强","勉为其难"。引申为努力,尽力,如"勉力","奋力"。又引申为鼓励,如"自勉","互勉","有则改之,无则加勉"。

勘 kān （篆）　小篆是形声字,从力,甚声。本义是校订,核对,如"校勘","勘误"。引申为深测,细看,如"勘测","勘探"。

又部 (15 字)

又 yòu （甲）🖐 （金）弓弓 （篆）弓 （隶）又　甲骨文是象形字，像右手的形状，古人以三表示多，故画三指代表五指，向下伸展的一笔是手臂。清代桂馥解释说：由于大指、食指、中指用得最多，故用此三指代表五指。隶书写作"又"。本义是右手。后"右"字取代了本义，就多假借作虚词，表示重复或连续，如"说了一遍又一遍"；表示并列，如"又唱又跳"；表示更进一层，如"她学习好，又有管理能力"；表示再加上，如"一又二分之一"；表示强调，如"这点事儿又算什么"。

　　"又"作为偏旁，楷书有"𠂇、又、彐、⺕"等形，如"有、双、彗、秉"。在合体字中作意符，所从字与手、手的动作等义有关，如"丑、支、攴（攵）、殳、皮、取、事、兼"；也作声符兼意符，如"右、有"。

　　甲骨文无"手"字，"手"字始于金文。

　　楷书中有些简体字的"又"是代替繁难偏旁的简化符号，与"又"的音义无关，如"圣、对、权、鸡、难"。

叉 chā chá chǎ chà （篆）弓　小篆是指事字，从又（右手），手指中的短横是指事符号，表示在手指间加进另一根手指。**音 chā**：本义是手指交错。引申为有分叉的器具，如"鱼叉"，"钢叉"。进而引申为动词：用叉子挑（tiǎo）或扎取东西，如"叉鱼"。此义也写作"扠"。由"手指交错"又引申指其他事物的交错，如"三叉神经"，"交叉关系"。又引申指"×"形的符号，用来表示错误或作废，如"给错题打叉"。**音 chá**：又引申为卡住，堵塞，如"冰块叉在河道"。**音 chǎ**：又引申为分开成叉（chā）形，如"船上的渔民叉（chǎ）开双腿，手拿鱼叉（chā）对准水中的鱼儿便叉（chā）了下去"。**音 chà**：由"分开成叉"再引申为两腿向相反方向分开的动作，如"劈叉"。

友 yǒu （甲）🖐🖐 🖐🖐 （金）弓弓 𣥂 （篆）弓 （隶）支友　甲骨文是会意字，以方向相同的两只手并排靠在一起表示以手相助。小篆定为右手，并成上下结构。隶书写作"友"。本义是朋友，如"亲友"，"战友"。引申为关系好，如"友好"，"友爱"。又引申为有友好关系的，如"友人"，"友邦"。朋友常相互帮助，又引申为帮助，如"出入相友"。

邓（鄧）dèng （篆）𨙓　小篆是形声字，从邑（阝），登声，邑与地名或行政区域有关。规范简化为"邓"，"又"是记号。本是古国名，曼姓，故地在今河南省邓县,公元前 678 年被楚国灭亡。现在主要用作姓。

劝(勸) quàn (篆)勸 小篆是形声字,从力(勉励而使人努力),雚(guàn)声。规范简化为"劝","又"是记号。本义是勉励,在上古时期是鼓励他人做好事之意。引申为讲道理说服人,如"劝说","劝勉"。

双(雙) shuāng (篆)雙 小篆是会意字,从二隹(zhuī,鸟)从又(手),像一手抓了两只鸟。规范简化为"双",用两个"又"表示一双。本义是两只禽鸟。引申泛指两个,一对儿,如"一双手","成双成对"。进而引申为"偶"数,与"单"或"只"相对,如"双号","双日"。由"一对儿"又引申为匹敌,如"举世无双"。引申作量词,用于成对的东西,如"一双手套","两双筷子"。

圣(聖) shèng (甲)钟 (金)钟 (篆)聖 (隶)聖 甲骨文是会意字,上部是人耳,下部是口和侧立的人,表示这是既善用耳听又擅用口说的聪明人。金文改"人"为"壬"(tǐng,人挺立)。小篆规整化。"圣"本音 kū,从又(右手)从土,用手使劲挖地之意,后来借作"聖"的简化字。本义是聪明非凡。引申为通达事理,无所不通。进而引申为精通某种学问或技艺的人,如"诗圣","棋圣"。又引申为具有最高智慧和道德的人,如"圣贤"。又引申为最崇高的,如"革命圣地"。进而引申为对帝王的尊称,如"圣上","圣旨"。又引申为宗教徒对所崇拜、信仰的人或事的尊称,如"圣诞","圣经"、"显圣"。

戏(戲、戲) xì hū (金)戲 (篆)戲 金文是会意字兼形声字,左上是虎头,左下是豆(食器,此表祭祀),右旁是戈(表示武舞),合起来表示祭祀时有人头戴虎形面具,持戈角力或舞蹈,也是军队作战前的一种仪式;虘(xī)兼表声。小篆规整化。"戲"是异体字,从"虚"表示戏是表演,并非真场景。规范简化为"戏","又"是记号。**音 xì**:本义是角力,角斗,如"子玉使斗勃请战曰:'请与君之士戏。'"(《左传·僖公二十八年》)由"角力"引申为游戏,玩乐,如"儿戏","嬉戏"。又引申为嘲弄,开玩笑,如"戏弄","戏言"。还引申泛指杂技或戏剧,如"百戏","马戏","戏法","京戏"。**音 hū**:用于叹词"於戏"(wū hū),同"呜呼"。

欢(歡) huān (篆)歡 小篆是形声字,从欠,雚(guàn)声。欠本像人张大口打呵欠的形状,此表欢乐的声气。规范简化为"欢","又"是记号。本义是快乐。引申为方言,指起劲,热闹,如"学生们真欢","机器转得很欢"。

鸡(鷄、雞) jī (籀)鷄 (篆)雞 籀文(大篆)是形声字,从鳥(鸟),奚(xī)声。小篆从隹(zhuī,鸟),奚声。规范简化为"鸡","又"是记号。本义是一种家禽。引申指鸡鸣声,如"闻鸡起舞"。

叔 shū (金)叔 (篆)叔 金文是会意兼形声,从又(手),朮(shū)声,朮兼表豆意。"卡"是象形字,上部像豆子蔓生的茎,并有豆荚,下部像豆荚裂开后落到地上的豆粒;"又"表示用手拾豆粒。本义是拾取,如"九月叔苴"(《诗经·豳风·七月》。苴:jū,麻子)。假借称父亲的弟弟,如"二叔",又统称父辈中年纪较小的男子,如"叔叔"。引申指丈夫的弟弟,如"小叔子"。又引申为兄弟中排行第三(伯、仲、叔、季)。

艰(艱)jiān (篆)艱 小篆是形声字,从堇(qín),艮(gèn)声。堇是会意字,从土,从黄省形,表示黄土,黄土多黏,故也称黏土。"艱"规范简化为"艰","又"是记号。本义是黏土难以耕作、难以治理。引申为艰难、困难,如"艰苦"、"艰深"、"艰险"。

叙(敘、敍)xù (甲)叙 (篆)敘 (隶)叙敍 甲骨文是会意兼形声字,从又(手)从余(茅屋),余兼表声。小篆改"又"为攴(pū,手持棍),突出手持工具义。楷书有"叙、敘、敍"等异体字,现在规范为"叙"。本义是铺排茅草为屋。铺茅草有一定顺序,故引申为按次序排列。进而引申指前后有序地把话语说清楚,如"叙述"、"记叙"。由"排列次序"又引申为评定等级次第,如"叙功"。义也同"序",指一种文体,如"叙言",古代置于卷末,后来放在卷首。

叚jiǎ (金)①叚 ②叚 (篆)叚 金文是会意字,①左上是阜(阝,有脚窝的大土山),右旁和下部是上下两手,合起来表示凭借山势而攀援向上;②左上是厂(hǎn,岩崖),两点表山石,意为攀山崖向上。小篆将双手写作"彐(彐)"。本义是假借。古代也通"瑕"。后"叚"作了偏旁,本义便造"假"(加意符"亻")字表示。

难(難)nán nàn (金)難 (篆)難 金文是形声字,从隹(zhuī,鸟),堇(qín)声。规范简化为"难","又"是记号。音 nán:本义是一种鸟。假借表示难易之"难",不容易,如"难办"、"难免";或表不好,如"难看"、"难吃"。音 nàn:引申指灾祸,困苦,如"灾难"、"苦难"。又引申为诘问,如"责难"、"非难"。

厶部（7字）

厶 sī mǒu （甲）） （金） （篆） 甲骨文是指事字，表示向里（自己）勾曲之意。一说是象形字，像胎儿头朝下的形状。**音 sī:** 是"私"的初文，与"公"相对（背私为公）。本义是不择手段去谋求自己的利益。此义后借"私"（本义是禾名）来表示。**音 mǒu:** 同"某"。陆游《老学庵笔记》："今人书某为厶，皆以为从俗简便，其实古'某'字也。"

"厶"现只作偏旁，在合体字中作意符，所从字与自私、私自等义有关，如"篡"；也作意符兼声符，如"私"。

楷书中有些字的"厶"是其他字符的变形，与"厶"的音义无关，如"幺、云、么、能、勾"。

允 yǔn （甲） （金） （篆） （隶）允 甲骨文是象形字，一个人头顶有标志（不明何物）点头表示承诺的形状。一说像头戴高冠（标志身份）的人的形状，表示是说话算数的人。小篆是会意兼形声字，从儿（人）从目（yǐ，任用），表示用人不贰；目兼表声。隶书写作"允"。本义是诚信。引申为答应，许可，如"允许"，"应允"。又引申为公平，得当，如"公允"。

县（縣）xiàn （金） （篆）縣 金文是会意字，从木从系（绳索）从倒首，表示头颅倒悬在高杆上。是"悬"的初文。小篆省去木杆，将系置于県（倒首）的右边。楷书写作"縣"。规范简化为"县"。本义是悬（xuán）首示众。引申为悬挂，悬殊。后假借作行政区划单位，周代县大于郡，秦以后县属于郡。今为一级行政区划，隶属于地区、自治州、直辖市之下，如"县委"，"县政府"。

叁（参、叄）sān （金） （篆） 金文是会意字，写作"参"，从三星从彡（shān，表示星光）从人，表示人头上的参（shēn）宿（xiù）三星。由于参星突出中间的三颗主星，参又音近"三"，故"参"又假借表示"三"，如"先王之制，大都（城邑）不过参国之一"（《左传·隐公元年》）。后"参"改三撇为三横，写作"叄"，成"三"的大写，规范简化为"叁"。

参（參）shēn cān cēn （金） （篆） 金文是会意字，从三星从彡（shān，表示星光）从人，意为人头上的参（shēn）宿（xiù）三星。楷书繁体写作"參"，规范简化为"参"。**音 shēn:** 本义是星宿名，如"参商"（二星宿名）。假借表示"葠""薓"(均音 shēn,药草名),如"人参","党参"。**音 cān**:由"三颗星"引申泛指配合,如"笔参造化,学究天人"(李白《与韩荆州书》)。引申为等同,如"吾与日月参光,吾与天地为常"(《庄子·在宥》)。由"配合"引申为加入,如"参加","参与"。进而引申指研讨,如"参谋"。又引申指进见,如"参见"。**音 cēn**:用于"参差",联绵词,表示长短不一、高低不齐。

垒(壘)lěi (篆)① ② "垒""壘"本是两字。小篆①是会意字兼形声字,从土从厽(lěi,像土石堆砌的形状),厽兼表声。本义是用土石砌墙。引申为堆砌。小篆②是形声字,从土,畾(léi)声。本义是古代军中防守用的墙壁或建筑物,即堡垒,如"壁垒森严"。因"垒""壘"音同义近,后合写为"壘"。规范简化为"垒"。

能néng (金) (篆) 金文是象形字,像熊的形状。是"熊"的初文。小篆文字化,兽形依然可见。本义是熊类野兽。熊强壮有力,故引申为能力,才能,如"技能","各尽其能"。又引申为有才能的,如"能人","嫉贤妒能"。由"能力"又引申为能量,如"核能","能源","太阳能"。由"有才能的"又引申为能够,胜任,如"能说会道"。进而引申为应该,如"他不能这样做"。因"能"被引申义专用,本义另造"熊"("灬"是"炎"省声)字表示。

廴部（4字）

廴 yǐn （金）~~（篆）~~　金文是象形字，是彳（chì）的末笔向右拉长形。彳是行（háng，十字路口）的省写，表示道路、行走，引长末笔，表示长行（xíng）。小篆将末笔引得更长，意思更突出。楷书写作"廴"。本义是长行。引申泛指延伸，拉长。

　　"廴"现只作偏旁，习惯上称为"建字底"。在合体字作意符，所从字与延长有关，如"廷、延"。

　　注意："廴""辶"形近义近易混，辨析：规范简化汉字中，从廴的常见字仅"廷、延、建"。

廷 tíng （金）~~（篆）~~（隶）　金文是会意字，从壬（tǐng，人立土台上的形状）从彡（多层台阶）从直角（庭隅），表示人站在庭院台阶上。一说像人登阶而上进入厅堂。小篆变直角和彡为"廴"（yǐn，长行），壬为声符。本义是庭院，此义后写作"庭"。引申为君主接受朝见、理政之处，如"朝廷"，"宫廷"。

延 yán （甲）（金）~~（篆）~~（隶）　甲骨文是会意字，从彳（chì，路口）从止（脚），表示走长路。金文将"彳"的末笔向右引长，小篆进一步拉伸为"廴"，并在"止"上加一撇，均强调拉长义。隶书写作"延"。本义是走长路。引申为引长，伸展，如"延年益寿"，"延颈举踵"。又引申为推迟时间，延续，如"延期"，"延误"。"延"有前进义，又引申为引导，引进，进而引申为聘请，邀请，如"延聘"，"延至其家"。

建 jiàn （金）~~（篆）~~　金文是会意字，从彳（chì，路口）从止（脚）从聿（yù，手执笔），表示开始立法行动。小篆从廴（yǐn，引长）从聿，义不变。本义是立典章法律。因立法有创立、设置义，故引申为创立，设立，如"创建"，"建党"。又引申为修造，修筑，如"建造"，"建筑"。又引申为提出，首倡，如"建言"，"建议"。又特指福建，如"建漆"。

干部(3字)

干¹ gān gàn （甲）（金）（篆）（隶）干　甲骨文是象形字,像带有桠杈的木棒的形状,是古人的田猎工具,也是早期的武器。隶书写作"干"。与"單"(单)同源。也规范为"乾、幹、幹"的简化字。**音 gān**:本义是古时的田猎工具、作战武器,如"干戈"。"干"主要用于进攻,故引申为触犯,冒犯,如"干犯"。进而引申为强行参与不该管的事,如"干预","干涉"。又引申为关涉,如"相干","干系"。由"冒犯"又引申为冲,如"哭声直上干云霄"(杜甫《兵车行》)。"干"作为防御武器,假借为毌(guàn,盾的象形),即盾牌,如"刑天舞干戚"(陶潜《读山海经》其十)。**音 gàn**:由"盾牌"又引申为捍卫,防卫,如"干城"。此义后写作"扞"("捍"的古字)。

　　"干"作为偏旁,在合体字中多作意符兼声符,所从字与棍棒、干燥等义有关,如"杆、旱、罕、竿";也作声符,如"刊、汗、赶、骭"。

干² （乾）gān （篆）乾　小篆是会意兼形声字,从乙从倝(gàn),乙像草木弯曲破土成长形,倝像太阳升起;倝兼表声(参看"乾"字条)。"乾"有"qián"(本义是冒出)和"gān"两种读音,规范简化音"gān"的写作"干"。本义是干燥。引申指枯竭,空虚,如"干瘪","外强中干"。又引申为空的,徒然的,如"干等","干着急"。由"干燥"又引申指不用水的,如"干洗"。又引申指加工成的干食品,如"干粮","饼干"。又引申指没有血缘或婚姻关系而结认的亲属关系(即形式上的),如"干亲","干闺女"。

干³ （幹、榦）gàn （篆）榦　小篆是会意兼形声字,从木从倝(gàn,杆),倝兼表声。"幹"是俗体,"榦"表声。规范简化为"干"。本义是古代的筑墙板,即筑墙时植于两端的主要木板。引申指事物的主要部分,主干,如"树干","躯干","干线"。又引申为起主要作用的人,如"骨干"。进而引申为动词:做事,从事,如"干活","干革命","干教师工作"。由"做事"又引申为做事能力强,如"干才"。由"主干"又引申指天干(天干地支是"幹枝"的比喻说法),古代借"干"(gān)表示。

工部(10字)

工 gōng （甲）🔲 （金）🔲 （篆）🔲 甲骨文是象形字,像带柄的铲刀(一说像木匠画线用的曲尺)。金文的字形义比较明显。本义是工具。引申为使用工具的人,如"能工巧匠","工欲善其事,必先利其器"(《论语·卫灵公》)。又引申指工程,如"施工","建筑工程"。进而引申为工业,如"轻工产品","化工"。古代又指乐官或乐人。又引申泛指所做的事,如"工作","勤工俭学"。又引申指擅长,如"工书法","工于心计"。由此引申为精巧,精细,如"工巧"。又引申作量词,指一个人一天的工作量,如"一个工"。

　　"工"作为偏旁,在合体字中作意符,所以字与工具、技能等义有关,如"左、式、巧";也作意符兼声符,如"功、巩";也作声符,如"江、红、贡、虹、汞、空"。

巧 qiǎo （篆)🔲 小篆是形声字,从工,丂(kǎo)声。本义是技艺,技能。引申为技艺高明,如"精巧","敢将十指夸针巧"(秦韬玉《贫女》)。又引申为美好,"巧笑倩兮"(《诗经·卫风·硕人》)。也引申为虚假不实在,如"巧言令色","投机取巧"。又引申作副词,相当于正赶上,恰好,如"凑巧","巧合"。

功 gōng （篆)🔲 小篆是会意兼形声字,从力从工,工兼表声。本义是用力工作。引申为做工的成效,如"事半功倍","徒劳无功"。又引申为劳绩,成绩,如"功劳","丰功伟绩"。又引申为技能,技术修养,如"基本功","功夫"。

左 zuǒ （金)🔲 （篆)🔲 （隶)🔲 金文是会意字,从𠂇(zuǒ,左手)从工(事功,作为),表示伸出手援助、帮助。隶书写作"左","𠂇"写作"𠂇"。本义是辅佐,帮助。此义后写作"佐"。"左"引申指方位,与"右"相对,如"左手","左边"。古人契约分左右两半,索债人凭证为左半,故引申为证据,如"左证"(现为"佐证")。《增韵·苟韵》:"左,人道尚右,以右为尊,故非正之术曰左道。"故也指不正,如"旁门左道"。又引申为相悖,不合,如"意见相左"。

巩(鞏) gǒng （金)🔲 （篆)🔲 金文是会意兼形声字,从丮(jǐ)从工,像一个人双手握着工具跪着劳作的形状;工兼表声。小篆加"革",表示以皮革束物;巩表声。隶变后"丮"讹为"凡",写作"鞏"。规范简化为"巩"。本义是使用皮革绑物品。引申为牢固,使牢固,如"基础巩固","巩固胜利成果"。

贡(貢) gòng （篆)🔲 小篆是形声字,从贝(财物),工声。规范简化为

"贡"。本义是向君主进献财物,如"进贡"。引申为进献的物品,如"贡品"。由"进献财物"引申为向朝廷举荐人才,如"举人贡士"(《后汉书·章帝纪》)。如今又指为国家、人民献出力量、财物或多做有意义的事,如"贡献青春","贡献力量"。

汞 gǒng　楷书是形声字,从水,工声。本义是一种金属元素,符号 Hg,通称水银,银白色液体,能溶解金、银、锡、钾、纳等,可用来制作温度计、气压计、水银灯、镜子等。

攻 gōng　(金)攻　(篆)攻　(隶)**攻**　金文是形声字,从攴(pū,击打),工声。隶书写作"攻",将"攴"写作"攵"。本义是攻打,进攻。引申为指责,如"群起而攻之"。又引申为治病,如"以毒攻毒"。又引申为专心学习或专门从事、研究,如"日夜攻读","闻道有先后,术业有专攻"(韩愈《师说》)。

巫 wū　(甲)十　(金)十　(侯马盟书)巫　(篆)巫　(隶)**巫**　甲骨文是象形字,像两玉交错的形状(古代以玉为灵物),古代巫祝执之以事神,后用二玉交错表示巫师。侯马盟书、小篆将横写的玉变为两"人"形,竖写的玉变为"工"(有工巧、神奇义),合起来表示巫装神弄鬼替他人向神祈祷求福。隶书写作"巫"。本义是巫师。初不分男女,后来女称巫,男称巫也称觋(xí)。又指古代医师,如"人而无恒,不可以作巫医"(《论语·子路》)。

项(項)xiàng　(篆)項　小篆是形声字,从頁(页,人头),工声。规范简化为"项"。本义是脖子后部,如"望其项背"。引申泛指脖子,如"巨身修尾,青项金翅"(《聊斋志异·促织》)。又引申为事物的种类和条目,如"条款","项目"。还指经费,钱款,如"款项","进项"。又引申作量词,用于分类的事物,如"三项工作"。作数学用语,指代数式中不用加减号连接的单式。如"$3a^2b$","$4ab$"。

土(士)部(34字)

土 tǔ （甲）◯◯ （金）⟟⟟ （篆）土 （隶）土 甲骨文是会意字，下面一横表示地面，上为土堆的形状。金文将土堆填实，或符号化。小篆将土堆变为"十"形。本义是泥土，土壤。引申为土地，如"国土"，"寸土不让"。又引申为家乡的，如"故土"，"乡土人情"。又引申为地方的，如"土产"，"土语"。进而引申为民间的，如"土布"，"土洋结合"。由"地方的"又引申为不时兴，不开通，如"土气"，"土头土脑"。由"泥土"又引申为五行(金、木、水、火、土)之一。又引申为古代八音(金、石、丝、竹、匏、土、革、木)之一。熬制前的鸦片形状像土，故称"烟土"。

"土"作为偏旁，在字左时称作"提土旁"，即底横变提，为的是顺写右偏旁第一笔，如"地、城"。在合体字中作意符，所从字与泥土、土地、建筑、尘土等义有关，如"域、填、基、墅"；也作声符，如"吐、徒、杜、肚"。

楷书中有些字的"土"是其他字符的变形，与"土"的音义无关，如"圣、至、走"。因"士""土"形近，楷书中有些带"士"的字现也归入"土部"，但与"土"的音义无关，如"吉、壮、声、壹"。

士 shì （甲）⟟ （金）⟟⟟ （篆）士 甲骨文是象形字，像雄性生殖器的形状，用性成熟表示成年。金文写作"士"或"土"。小篆写作"士"。本义是成年男子，如"女曰鸡鸣，士曰昧旦"(《诗经·郑风·女曰鸡鸣》)。又特指士兵，如"士兵"，"士气"。今又指军衔的一级，在尉以下，如"上士"，"下士"。古代又指贵族最低的一个等级，如"士族"，"士大夫"。又指有才能有胆识的人，如"勇士"，"壮士"。又指文人，知识分子，如"志士仁人"，"寒士"。作为美称，指具有某些技术学识和品德修养的人，如"医士"，"护士"，"志士"。

"士"作为偏旁，在合体字中多作意符，所从字与男性、雄性、美好等义有关，如"壮、吉、毐(ǎi，男子品行不端)"；也作意符兼声符，如"仕"；也作声符，如"志"。

楷书中有些字的"士"是其他字符的变形，与"士"的音义无关，如"喜、嘉、壳、壹"。

去 qù （甲）⟟⟟ （金）⟟ （篆）⟟ （隶）去 甲骨文是会意字，从大(人)从口(或凵 kǎn，古人穴居的门口)，表示人离开住处。小篆下部为"凵"。隶书将"大"的双腿形连成一横，变成"土"。本义是离开，与"来"相对，如"去国怀乡"，"何去何从"。引申为失掉，如"大势已去"。又引申指使……离去，表示去掉、除掉,如"去火","去污"。又引申指空间上的距离,如"相去不远"。又引申指时间上的距离,特指过去的一年,如"去年今日","去冬今春"。离开此地就是前往彼地,故又引申为前往,到……去,如"大江东去"(苏轼《念奴娇·赤壁怀古》),"去北京"。又虚化为词缀,表示动作的趋向,如"出去","上去"。引申用作婉辞,指逝世,如"她去了"。借作汉语声调四声之一,古代汉语"平、上、去、入",现代汉语"阴、阳、上、去"。

寺 sì　(金)　(篆)　(隶)　金文是形声字,从又(手),之声。是"持"的初文。小篆将"又"改为"寸"(手)。隶书变"之"为"土"。本义是操持。引申指寺人,即宫中操持杂务的小臣(类似后世的宦官)。寺人是宫廷官员,其住处称寺舍,故引申指官署,如"大理寺","太仆寺"。佛教传入中国后,《广韵·志韵》:"寺,汉西域白马驮经来,初止于鸿胪寺,遂取寺名,创置白马寺。"故又指佛教庙宇,如"佛寺","寺观"。"寺"被引申义所专用后,本义造"持"(加意符"扌")字表示。

吉 jí　(甲)　(金)　(篆)　甲骨文是会意字,主要有三种解释:一说像兵器收入鞘中不用,表示太平;一说像祭品陈列在神座上,表示祭神求吉或吉庆;一说从士从口,表示吉士不出恶言,即说善言。小篆从吉从口。本义是善,如"吉人天相"。又引申为吉利的,如"吉祥","逢凶化吉"。

地 dì de　(篆)　小篆是形声字,从土,也声。**音 dì**:本义是大地,地面,与"天"相对。又特指可以耕种的土地,田地。又引申为区域,地区,如"内地","根据地"。又引申为空间,如"给她占个地儿"。进而引申为处境,境地,如"设身处地","留有余地"。**音 de**:虚化为结构助词,用在状语的后面,如"天渐渐地黑了"。

场(場、塲) cháng chǎng　(篆)　小篆是形声字,从土,昜(yáng)声。后起俗体字写作"塲"。均规范简化为"场"。**音 cháng**:本义是古代祭神用的平地。引申指晒粮、碾轧谷物的平坦场地,如"打谷场","开轩面场圃"(孟浩然《过故人庄》)。因打谷场是众人聚集之所,故引申为集市,如"赶场"。又用作量词,指事情的过程,如"一场秋雨","一场决战"。**音 chǎng**:由"场院"泛指适应某种需要的较大地方,如"操场","同学们在场(cháng)院里排队后进入剧场(chǎng)看演出"。又引申指舞台,如"上场","粉墨登场"。作量词,用于戏剧的分段,如"三幕五场";也用于有场次或有场地的文娱活动,如"三场电影","两场球赛","跳一场舞"。由"积聚"又引申指物质存在的一种特殊形式,如"电场","磁场"。

　　注意:"场"的声旁"𢎤"共三画,繁体是"昜"不是"易","易"没有简化。

在 zài　(甲)　(金)　(篆)　甲骨文是象形字,像种子发芽拱出地面的形状,即"才"字。金文加意符"土",成会意字。小篆变为形声字,从土,才声。

本义是存在,存活,生存,如"健在","青春长在"。引申为处于某地点,居于某处,如"在桌子上"。又引申为居于某职位或处于某种状态下,如"在职","在逃","在望"。又引申为正在,如"他在做功课"。又引申为在于,决定于,如"事在人为","驽马十驾,功在不舍"(《荀子·劝学》)。用作介词,介绍时间、地点、情形、范围等,如"你在这段时间里做了什么?""在教室上课","在那种情况下","在全市招聘"。

坏(壞) huài pī （篆)坏 壞　小篆是形声字。"坏""壞"原是音义不同的两个字。音 pī:"坏"从土,不(pī)声,本义是未烧过的砖瓦,陶器。此义后也写作"坯"。音 huài:"壞"从土,褱(huái)声,本义是建筑倒塌。后假借"坏"作了"壞"的简化字。由"倒塌"引申指衰败,败坏。又引申为拆毁,破坏,如"毁坏"。进而引申指伤害,杀害,如"坏了性命"。又引申指品质恶劣,有害,如"坏蛋","坏人坏事"。还引申表示程度深(用在动词后面),如"忙坏了","高兴坏了"。

址(阯) zhǐ （篆）阯 （或体）址　小篆是会意兼形声字,从阜(左"阝",表墙)从止,表示地基;止兼表声。即"阯"字。《说文》或体写作"址",成异体字。现在规范为"址"。本义是地基,根基。引申为建筑物的位置,处所,地点,如"厂址","住址"。

坝(壩) bà　楷书是形声字,从土,霸声。规范简化为"坝","贝"表声。本义是截河拦水的堤堰,如"拦河坝","堤坝"。坝子:方言指平地。

坎 kǎn （篆）坎　小篆是会意兼形声字,从土从欠(欠缺),欠兼表声。本义是地面低陷的地方,坑穴,如"坎井之蛙,不可与语东海之乐"(《荀子·正论》)。用于"坎坷",指道路、土地坑坑洼洼,也比喻遭遇不顺利。有低洼就有凸起,故又引申指条状凸起的棱,即自然形成或人工修筑的像台阶状的东西,如"土坎","田坎"。又假借表示八卦之一,代表水。

均 jūn （金）均 （篆）均　金文是会意兼形声字,从土从匀,表示土地均平;匀兼表声。本义是均匀,均平,相等,如"均衡","势均力敌","机会均等"。用作副词,相当于皆,都,如"老少均安"。

坟(墳) fén （篆）墳　小篆是形声字,从土,贲(贲 bēn)声。规范简化为"坟","文"表声。本义是高大的土堆,如"登大坟以远望兮"(屈原《九章·哀郢》)。引申指大的堤岸,如"遵彼汝坟,伐其条枚"(《诗经·周南·汝坟》)。又引申特指坟墓,如"祖坟","坟茔"。

坑 kēng　楷书是形声字,从土,亢声。本义是沟壑,地面上的地陷处,如"泥坑","挖个坑"。引申作动词:活埋,如"坑杀","焚书坑儒"。进而引申为陷害,设计使人受到损失,如"坑害","坑蒙拐骗"。由"沟壑"又引申为地洞,地道,如"矿坑","坑道"。

坊 fāng fáng （篆）坊

小篆是形声字,从土,方声。音 fāng:本义是城镇中的街巷,胡同,多用于街巷名,如"白纸坊"(在北京)。引申指街市,市中店铺,如"坊间","街坊"(邻居)。又引申指牌坊,旧时标榜功德的建筑物,用石建成,上刻字,初建于里巷,后也立于园林、寺庙。音 fáng:由"店铺"引申指小手工业者的工作场所,如"染坊","油坊"。

志 （誌）zhì （篆）①志 ②誌 （隶）志誌

小篆①是会意兼形声字,从心从之,表示心愿所往;之兼表声。隶书将"止"讹变为"士",成形声字,从心,士声。本义是意向,意念,如"志愿","志气"。引申指记住,如"永志不忘","博闻强志"。又引申为记号,如"标志","寻向所志"(陶渊明《桃花源记》)。又引申指记载的文字,如"杂志","志怪"。又引申指记事的书籍或文章,如"墓志","地方志","余既为此志,后五年,吾妻来归"(归有光《项脊轩志》)。"记住、记号、记载"三义又写作小篆②"誌",现在规范为"志"。

块 （塊、凷）kuài （篆）①凷 ②塊

小篆①是会意字,从土从凵(kǎn),表示土块装在筐器中;②是异体字,从土,鬼声,后成为楷书繁体正字。规范简化为"块","夬"(guài)表声。本义是土块。引申指成疙瘩、成团的东西,如"石块","煤块"。又引申作量词,用于块状或某些片状物,如"一块砖","一块肉";用于货币,同"圆",如"五块钱"。

声 （聲）shēng （甲）声 （篆）聲

甲骨文是会意兼形声字,从耳(表示听)从口从殸(qìng,手持槌击磬),表示发音入耳;殸兼表声。小篆从耳从殸。规范简化为"声"。本义是乐音。引申泛指声音,声响。又引申作动词:发出声音,宣布,如"不声不响","声明"。又引申指名声,名誉,如"声望","此人皆身至王侯将相,声闻邻国"(司马迁《报任安书》)。又指汉语语音学的两个术语:声母、声调。又指方言,口音,如"与人罕言语,语类楚声"(魏禧《大铁椎传》)。用作量词,指声音发出的次数,如"他叫了一声","转轴拨弦三两声"(白居易《琵琶行》)。

注意:"殸"是会意字,从声(像悬挂的磬的形状)从殳(shū,手持槌),表示手持槌击磬。

坐 zuò （古文）坐

《说文》古文是会意字,从二人从土,像两人对坐土(地面)上。古人曾以跪代坐,即两膝着地,臀部压在脚跟上。凳、椅出现后,将臀部着于其上以支撑身体的方式称为坐。楷书写作"坐"。本义是古人的一种止息方式,如"坐井观天"。引申为乘,搭,如"坐火车"。又引申作名词,指停坐的地方,此义后来加意符"广"(房屋)写作"座"。由"停坐"引申为处在,在某处,如"坐落","坐北朝南"。又引申为"因……定罪",治罪,如"连坐","坐赃"。进而引申为连词,相当于因为,由于,如"停车坐爱枫林晚"(杜牧《山行》)。

注意:"坐""座"二字音同而形义不同,辨析:在古代文中,二字可以相通,在现

代文中，"坐"是动词，"座"是名词，指座位。

坦 tǎn （篆）坦　小篆是形声字，从土，旦声。本义是地面宽而平，如"坦途"，"坦荡"。引申形容内心平，即直爽，不隐瞒，如"坦白"，"坦言"，"坦率"。又引申为心地平静、宽舒，如"坦然自若"，"君子坦荡荡，小人长戚戚"（《论语·述而》）。

坡 pō （篆）坡　小篆是形声字，从土，皮声。本义是倾斜的地形，如"黄土高坡"，"山坡"。引申为倾斜，如"坡度"，"坡道"。

垮 kuǎ　楷书是形声字，从土，夸声。是现代产生的字。本义是倒塌，坍塌，如"房子垮了"，"洪水冲垮了大桥"。引申比喻身体支持不住，如"她被累垮了"，"身子垮了"。又引申为崩溃，溃败，如"碉堡被炮弹轰垮了"，"垮台"，"打垮了敌人"。

城 chéng （金）①　②　（篆）城　金文是会意兼形声字，①从郭（guō，古"郭"字）从成（完成）；②简化为从土（筑城用）从成；成均兼表声。小篆承金文②，变为左右结构。本义是城墙，是古代都邑四周用以防御的墙垣。一般分两重，内城谓城，外城谓郭，"城"单用时多包含城与郭，如"城内"，"万里长城"。引申指城墙以内的地方，即"城市"。

埋（薶）mái mán （甲）　　　（篆）薶 （隶）埋　甲骨文是会意字，像把牛、羊、猪、人等埋入坑中的形状，小点是土块。小篆以貍（lí，狸）藏于草中表示埋藏，貍兼表声。隶书写作"埋"，会意兼形声字，从土从里，表示埋入土里；里兼表声。现在规范为"埋"。**音 mái**：本义是埋藏于土，如"埋葬"，"掩埋"。引申为掩藏不露，如"埋没"，"埋伏"。**音 mán**：埋怨，将心中的不满表示给自认为原因所在的人或事。

壶（壺）hú （甲）　　（金）　（篆）壺　甲骨文是象形字，像有盖、两耳、圆底的葫芦形器皿。楷书繁体写作"壺"。规范简化为"壶"。本义是古代一种盛酒浆或粮食的器皿。后多用作液体盛器，如"茶壶"，"唾壶"。引申泛指像壶的容器，如"鼻烟壶"。引申作量词，用于计算液体的量，如"一壶茶"，"一壶酒"。

　　注意："壶"字下部是"业"不是"亚"，不要写成"壸"（kǔn，宫里的路）。

堵 dǔ （篆）堵 （隶）堵　小篆是形声字，从土，者（zhū 古音）声。隶书写作"堵"。本义是古代墙壁的面积单位。古代用板筑法筑土墙，一般以长、高各一丈为一堵。引申指墙壁，如"观者如堵"。墙起阻隔作用，故又引申为堵塞（sè），"堵挡"，"堵截"。又引申指心中不畅快，如"堵心"。又引申作量词，用于墙，如"一堵墙"。

堆 duī （甲）　（金）　（篆）　（战国简书）堆　甲骨文是象形字，像竖写的丘（凶）字，即"自"字。战国简书是形声字，从土，隹（zhuī）声。楷书写作"堆"。

本义是土堆。引申指累积在一起的东西,如"书堆","草堆"。又引申比喻人或事之多,如"扎堆","问题成堆"。又引申作动词,指聚集,如"堆放","堆砌"。引申作量词,用于成堆的物或成群的人,如"一堆白菜","一堆人"。

培 péi （篆）培　小篆是形声字,从土,咅(pǒu)声。本义是在植物根部或墙、堤的根基部分加土,如"培土","培植"。引申为培养,教育,如"培育","培训"。

基 jī （甲）基 （金）基 （篆）基　甲骨文是形声字,从土,其声。金文变为上其下土。本义是墙基,墙脚。引申泛指建筑物的底部,如"基石","路基","奠基"。进而引申为事物的基础,根本,如"基本","基业"。由"墙基"又引申为开头,起始的,如"基点","基数"。又引申为化学名词,化合物的分子中所含的一部分原子被看作是一个单位时,也称作"基",如"氨基","羟基"。

堤（隄） dī （篆）堤　小篆是形声字,从土,是声。本义是滞止。假借作"隄",指用土、石等材料修筑的挡水建筑物,如"堤坝"。

填 tián （篆）填　小篆是形声字,从土,真声。本义是垫平或塞满凹陷的地方,如"填沟","填充"。引申为充满,如"义愤填膺"。又引申为填写,如"填空(kòng)","填表"。

嘉 jiā （甲）嘉 （金）嘉 （篆）嘉　甲骨文是会意字,从壴(zhù,乐鼓)从力,表示尽情欢娱。金文下加"口",突出了张口欢笑之意。小篆是形声字,从壴,加声。本义是尽情欢乐。引申为善,美好,如"嘉宾","嘉言懿行"。又引申为赞美,夸奖,如"嘉奖","精神可嘉"。

注意:"嘉"与"佳"音同义近,辨析见"佳"字条。

壁 bì （篆）壁　小篆是形声字,从土,辟声。本义是墙壁,如"壁画","铁壁铜墙"。引申指某些物体上作用像墙的部分,如"井壁","细胞壁"。又引申指陡峭如墙的山崖,如"悬崖绝壁"。又引申特指军营的围墙,营垒,如"壁垒","坚壁清野"。

艹(艸)部(37字)

艹(艸) cǎo （甲）①↓ ②↓↓ （金）↑ ↑↑ （篆）↓ ↑↑ 甲骨文
①是象形字,像小草初生的形状,有叶有茎,也读 chè;②从二屮,表示众草。后又滋生出"芔"(huì,卉)、"茻"(mǎng,草丛、草莽)。在古文字中,"屮"与"艸"虽繁简不同,但均表示草。本义是草本植物的总称。"艸"后被"草"字取代,就专作偏旁。楷书简体写作"艹"。

"艹"作为偏旁,称作"草字头"。在合体字中作意符,所示字与草本植物有关,如"花、芳、茅、蔬菜"。"茻"作意符,如"莫、葬",作意符兼声符,如"莽"。

楷书中有些字的"艹"是其他字符的变形,与草义无关,如"劳、蔑"。

艺(埶、藝) yì （甲）🌿 （金）①🌱 ②🌾 （篆）🌿 （隶）藝 甲骨文
是会意字,像跪坐的人双手捧着小树(木)在栽种。金文②在左下部加"土",栽种义更明显,右旁是女人加一双手,表示女人植树。小篆写作"埶"。隶书写作"藝"。规范简化为"艺",乙表声。本义是种植。作名词,指种植的方法,如"园艺"。种植是一种本领,故引申为技能,技艺,才能,如"工艺","多才多艺"。进而引申为艺术,如"文艺","艺坛新秀"。

节(節) jié jiē （金）🎋 （篆）🎋 （隶）節 金文是形声字,从竹(竹节),即声。隶书改"竹"为"艹"。规范简化为"节",艹代表植物,声符省作"卩"(jié)。**音 jié:**本义是竹节。引申为木节,如"盘根错节","节外生枝"。又引申指骨头等其他事物的分节,如"骨节","关节"。"竹节"上有分节点,又引申为时节,节日,节奏。因"一节"就是一段,故引申指段落,如"文章章节"。进而引申作量词,如"两节课","三节车皮"。因"竹节"分段有规则,又引申为法度,节操,礼节。"竹节"分段而有所限制,又引申为节制。进而引申为节约,如"节水","节电"。**音 jiē:**"节骨眼",比喻紧要的或能起决定作用的环节或时刻。

芋 yù （篆）芋 （隶）芋 小篆是形声字,从艸(艹),亏(yú,于)声。隶书将"亏"最后一笔贯通拉直,写作"芋"。本义是一种多年生草本植物,地下块茎成椭圆形或卵形,可供食用,俗称芋头。引申泛指马铃薯、甘薯等植物,如"洋芋","山芋"。

芒 máng （篆）芒 小篆是形声字,从艸(艹),亡声。本义是多年生植物名,俗称

芭茅。芭茅易刺破人的肌肤，故引申指谷类种子壳上或草木上的细刺，如"麦芒"。进而引申为刀剑的尖，如"锋芒"。由"锋芒"又引申为光芒。

芝 zhī （篆）𡴁 （隶）芝　小篆是形声字，从艸（艹），之声。本义是一种真菌，俗称"灵芝"。又指"芷"，一种香草。

芽 yá （篆）𦬊　小篆是形声字，从艸（艹），牙声。本义是植物刚发出的、可以长成茎、叶或花的部分，如"萌芽"，"发芽儿"。引申比喻形状像芽的东西，如"肉芽"。

花 huā （金）𦬠 （篆）𦾓 （隶）華　金文是象形字，像一朵有根有茎的鲜花。小篆变化较大，但仍像花形。隶书写作"華"。规范简化为"华"。许多成语的"华"都保留着"花"义，如"春华秋实"，"华而不实"。后来"华"表示光华。六朝时又产生了"花"字，从艹化声，并逐渐通行，"华""花"成古今字。本义是花，花朵。引申指形状像花的东西，如"雪花"，"礼花"。进而引申指棉花，如"纺花"。由"形状像花的东西"引申指某些滴珠、颗粒、粉末状的东西，如"泪花"，"盐花儿"，"葱花儿"。由"花"又引申指有花纹的，杂色的，如"花白"，"花花绿绿"。"花"因美丽，又用来比喻女子，美女，如"姊妹花"，"校花"。进而引申指与妓女有关的，如"寻花问柳"。由"花纹"又引申指视觉模糊迷乱，如"老眼昏花"。进而引申指使人迷乱的，不真实的，如"耍花招"，"花言巧语"。又假借表示耗费，开支，如"花时间"，"花钱"。

芹 qín （篆）𦼫　小篆是形声字，从艸（艹），斤声。本义是一年生或二年生的一种蔬菜，俗称芹菜。引申比喻微薄，如"芹献"，"献芹"，"芹意"（均谦称自己的礼品或建议）。

芬 fēn （篆）𦭓　小篆是形声字，从艸（艹），分声。本义是花草的香气，如"芬芳"。引申指香料。又比喻美名或盛德，如"诵先人之清芬"（陆机《文赋》）。

苍（蒼） cāng （古钵）𧁾 （篆）蒼　古钵是形声字，从艸（艹），倉（仓）声。小篆规整化。规范简化为"苍"。本义是草色，青色（包括蓝和绿）。引申为深绿色，如"苍翠"，"苍山"。进而引申指草木丛生处为苍生，再引申称百姓、众庶为苍生。上古时指深蓝色，如"天之苍苍，其正色邪?"（《庄子·逍遥游》）由天的颜色引申指天，如"上苍"。又引申为灰白色，如"苍白"；又多指头发斑白，如"白发苍苍"，"苍髯"。又引申指野外广阔无边的景色，如"苍茫大地"，"暮色苍茫"。

芳 fāng （篆）𦭴　小篆是形声字，从艸（艹），方声。本义是花草的香气，香，如"芬芳"，"兰芷变而不芳兮"（《楚辞·离骚》）。引申为香草，如"哀众芳之芜秽"（《楚辞·离骚》）。进而引申泛指花卉，如""群芳争艳"，"远芳侵古道"（白居易《赋得古原草送别》）。由"香草"又引申为美好的，如"芳辰"，"芳名"。进而引申比喻美好的名声或德行，如"千古流芳"。

劳（勞）láo （篆）𤇾

小篆是会意字，从𤇾（yíng，像两枝火把）从力，表示人在火光下用力劳作。因"𤇾"规范简化为"艹"，故"勞"简化为"劳"。本义是辛苦劳作，如"任劳任怨"。引申指功勋，如"汗马之劳"。又引申为用力，费力，如"君子劳心，小人劳力"（《左传·襄公九年》）。进而引申为疲惫，如"劳累"，"疲劳"。又引申为烦人辛苦，如"劳驾"，"劳师动众"。又引申为慰问，如"慰劳"，"犒劳"。又引申指人类创造物质或精神财富的活动，如"劳动"。

苏（蘇）sū （篆）蘇

小篆是形声字，从艹（艹），酥（sū）声。规范简化为"苏"。本义是紫苏，白苏，一种药用植物。因其具有"行气和血"（李时珍《本草纲目》）的功效，使人服后舒畅，清醒，故又引申指昏迷后醒过来，如"苏醒"。又引申为须状下垂的饰物，如"流苏"。又作江苏省和江苏省苏州市的简称。

苦 kǔ （篆）苦

小篆是形声字，从艹（艹），古声。本义是一种苦菜。引申指像胆汁或黄连一样的味道，如"苦瓜"，"苦胆"。进而引申为痛苦，困苦，如"不堪其苦"。又引申为辛苦，如"劳苦"。又引申为愁苦，如"苦于无奈"。还引申为深，如"冥思苦想"，"苦心孤诣"。虚化为副词，相当于有耐心地，竭力，如"勤学苦练"，"苦苦哀求"。

若 ruò （甲）若 （金）若 （篆）若

甲骨文是象形字，像人跪坐，用双手梳理头发，以示顺从。金文加"口"，表示应诺。是"诺"的初文。小篆将头发讹作"艹"，跪坐的人与口讹为"右"。本义是顺从，和顺。引申为如，似，好像，表示事物的相近，如"门庭若市"，"虚怀若谷"。又假借作如果，假如，如"从今若许闲乘月，拄杖无时夜叩门"（陆游《游山西村》）。

茂 mào （篆）茂

小篆是形声字，从艹（艹），戊（wù）声。本义是草木丰盛，如"茂密"，"根深叶茂"。引申为精美，丰富，如"图文并茂"，"声情并茂"。

苹（蘋）píng （篆）蘋

小篆是形声兼会意字，从艹（艹），平声，平兼表浮萍平展之意。是"萍"的初文。本义是浮萍。此义后写作"萍"。与"蘋"本是两个字，"苹果"原写作"蘋果"。蘋从草，頻声，规范简化为"苹"。"蘋"又读 pín，一种蕨类植物，也叫田字草。

苗 miáo （篆）苗

小篆是个会意字，从艹（艹）从田，表示禾苗长在田里。本义是尚未吐穗的谷物，如"揠苗助长"。引申泛指初生的植物，如"树苗"。又引申指初生的动物，如"鱼苗"。进而引申指事物的端倪，如"苗头"。又引申指形状像苗的，如"火苗儿"，"苗条"。苗由根长出，故又引申指后代，如"苗裔"。疫苗注入机体后可增长免疫力，故又指疫苗，如"卡介苗"。

英 yīng （篆）英

小篆是形声字，从艹（艹），央声。本义是花，如"落英缤纷"。

引申比喻美好,如"英年","英名盖世"。又引申指才能出众,如"英才"。由"才能出众"引申为杰出的人物,如"群英会","英豪"。又引申指才能和智慧超人的,如"英勇","英明"。又引申为精华,如"精英","含英咀华"。也作大不列颠及北爱尔兰联合王国的简称,如"中英关系"。

茄 jiā qié (篆)茄　小篆是形声字,从艸(艹),加声。**音 jiā:**本义是荷茎。雪茄:英文 cigar 的音译字。**音 qié:**蔬菜名,茄子。

茎(莖) jīng (篆)莖　小篆是形声兼会意字,从艸(艹),巠(jīng)声,巠兼表竖直义("巠"指古代织布机的经线,故有竖直义)。规范简化为"茎"。本义是植物的主干部分。引申指像茎的东西,如"阴茎"。引申作量词,如"两茎灯草","吟安一个字,拈断数茎须"(卢延让《苦吟》)。

茅 máo (金)茅 (篆)茅　金文是形声字,从艸(艹),矛声。本义是是茅草。因用茅草盖屋顶,故引申指茅屋。

　　注意:"名列前茅"的"茅"不写作"矛"。

草(艸) cǎo (甲)草 (篆)草　甲骨文是象形字,像两株小草。小篆成形声字,从艸,早声。"草"与"艸"本是两字。"草"本义是栎(lì)树的荚果,音 zào,即皂角。"艸"本义是草本植物的总称,后假借"草"表示,如"百草","野草"。由"野草"引申指山野,民间,如"落草为寇"。进而引申指卑贱,如"草民"。由"野草"又引申为粗糙,不细致,如"潦草","草率"。文章底稿未经周密审定,故称为"草稿"。又引申指草书,汉字书写的一种形体。还引申指雌性家畜,如"草驴","草鸡"。

茵 yīn (甲)茵 (金)茵 (篆)茵　本作"因"。甲骨文是象形字,像一张草席,口像席子四边,中间或像编织纹,或像一大人卧在席上。此义小篆写作"茵"(加意符"艹"),会意兼形声字,因表意兼表声。本义是草席。引申泛指各种垫褥,如"绿草如茵"。

茶 chá (篆)茶　小篆是形声字,从艸(艹),余声,即"荼"(tú)字,本义是一种苦菜。后假借表示一种叶子可以作饮料的树名,继而减去"余"的短横写作"茶"。引申指茶树的叶,即茶叶。再引申指用茶叶沏成的饮料,如"喝茶"。

　　注意:"荼""茶"形近,辨析:"茶"由"荼"减去"余"中一横而来。

荒 huāng (篆)荒　小篆是形声字,从艸(艹),巟(huāng)声。本义是杂草掩盖田地。引申为弃耕,弃学,如"荒地","荒废学业"。又引申为年成不好,如"荒年"。

　　注意:"荒"的声符"巟"是形声字,从川,亡声,本义是水广。故"荒"中的"亡"不能在右下多加一点。

药（藥）yào　（篆）䕅　　小篆是形声字，从艸（艹），樂（乐）声，古代治病多用草药，故从艹。后借"药"字表示。药，从艹，约声，本义是白芷的叶子，现在规范作"藥"的简化字。本义是药品，能够治病的草木金石鸟兽虫鱼的总称。引申为治疗，如"不可救药"。引申为毒杀，如"药死一只老鼠"。又引申指某些有化学作用的物质，如"火药"，"焊药"。

莽 mǎng　（篆）䒽　　小篆是会意兼形声字，从䒼（mǎng，草丛）从犬（动物），用野兽出没草丛，表示草莽荒野之地；䒼兼表声。本义是杂草丛生、野兽出没的荒凉地。引申指草木繁茂，如"草莽"，"丛莽"。又引申为广阔，如"原野莽苍"。由"野兽出没"引申为行为冒失，粗鲁，如"鲁莽"，"莽撞"。

莫 mò　（甲）䒾　（金）䒿　（篆）䒱　　甲骨文是会意字，从日入䒼（mǎng，草丛）中，表示天色将晚。是"暮"的初文。本义是日落之时（音 mù）。由"日入草丛"引申为动词：没有，如"非刘豫州，莫可以当曹操者"（《资治通鉴·汉献帝建安十三年》。当：抵挡。译文：除了刘豫州，没有可以抵挡曹操的人）。进而引申为否定性无定代词，表示"没有谁"，或"没有那一种东西（事情）"，如"莫不欢欣鼓舞"，"莫大的幸福"。由"没有"又引申虚化作副词，相当于不，不要，如"变幻莫测"，"闲人莫入"。"莫"被引申义专用后，本义造"暮"（再加意符"日"）字表示。

获（獲、穫）huò　（甲）䒔　（金）①䒖　②䒘　（篆）穫　　甲骨文、金文①是会意字，从又（手）持隹（zhuī，鸟），表示捕获了鸟。金文②上部改为萑（huán，像头上有毛角形的鸟，即猫头鹰；不是"萑"字）。小篆加"犬"旁，表示带犬捕鸟。后来捕获禽兽写作"獲"，收获庄稼写作"穫"。规范简化均为"获"。本义是猎取禽兽。引申为俘获敌人。又引申为得到其他东西，如"获胜"，"不劳而获"。

荤（葷）hūn　（篆）葷　　小篆是形声字，从艸（艹），軍（军）声。规范简化为"荤"。本义是姜、韭、蒜、葱等有辛辣味的"臭（xiù）菜"。荤辛菜常作鱼肉等的调料，以除去鱼肉的腥臊，后"荤"转指肉食，如"荤菜"，"不吃荤"。

萎 wěi　（篆）萎　　小篆是形声字，从艸（艹），委声。本义是植物干枯，凋谢，如"枯萎"，"萎谢"。引申为衰退，衰弱，如"萎缩"。又引申指人的精神不振，意志消沉，如"精神萎靡"。

菜 cài　（篆）菜　　小篆是会意兼形声字，从艸（艹）从采，表示采摘能吃的植物；采兼表声。本义是蔬菜。引申指经过烹调的蛋、肉等副食品，如"荤菜"，"鲁菜"。

董 dǒng　　楷书是形声字，从艹，重声。本义是一种草，即鼎董。因"董""督"同源，假借为督，表示监督、管理，如"董理"。董事：由股东选举产生的管理公司活动的人，董事会成员。

落 luò là lào （篆）𦳋　小篆是形声字，从艸（艹），洛声。《说文》："落，凡草曰零，木曰落。"**音 luò**：本义是草木衰落。引申为稀少，如"零落"。又引申为掉下，下降，如"落入水中"，"降落伞"。又引申为归属，如"幸运落在他的头上"。又引申指跟不上形势，如"落伍"。又引申指人聚居的地方，如"村落"。进而引申为停留，如"落脚"。再引申为留下，如"落款"。又引申为停留或聚集的地方，如"下落"，"着落"，"村落"。因"落下"有终止义，意味着新的开始，故又引申为开始，如"落成"（建筑物建成开始使用）。**音 là**：由"掉下"又引申为遗漏，如"丢三落四"。进而引申为掉队，如"他落在后面了"。**音 lào**：用于一些口语词中，相当于掉下来、下降、停留、归属、得到，如"落不是"，"落汗"，"落价"，"落色（shǎi）"，"落枕"，"落子"。

薄 bó báo bò （篆）𧅫　小篆是形声字，从艸（艹），溥（pǔ）声。**音 bó**：本义是草木茂密的地方。引申为迫近，接近，如"日薄西山"。进而引申为厚度很小（口语读 báo），如"如履薄冰"，"脸皮薄"。再引申为轻微，少，如"浅薄"，"稀薄"。进一步引申为轻视，如"厚古薄今"。由"厚度小"又引申指土地贫瘠，如"薄田"。**音 bò**：薄荷，一种有药用价值的多年生草本植物。

寸部(4字)

寸 cùn　（金）　（篆）　（隶）　金文是指事字,在又(手)下加指事符号"ノ",指手腕下一寸处,中医切脉叫做"寸口"。小篆将指事符号改为短横。隶书写作"寸"。本义是寸口。引申指长度单位:寸。寸在长度单位中是比较短的,故引申形容小或短,如"寸土不让","鼠目寸光"。

"寸"作为偏旁,在合体字中多作意符,所从字与手的动作或尺寸标准等义有关,如"付、守、封、射、尊、时";也作意符兼声符,如"时";也作声符,如"忖、村、衬"。

导(導) dǎo　楷书繁体是会意兼形声字,从道(道路)从寸(手),表示用手指引道路;道兼表声。规范简化为"导",由草书楷化而来,从巳(sì,蛇形)表示山道弯曲如蛇行状。本义是引导,带领,如"向导","领导"。引申为开导,教导,疏导。

注意:"导"上部"巳"代表蛇,十二生肖有"巳蛇",不要写成"已"或"己"。

封 fēng　（甲）　（金）　（篆）　（隶）　甲骨文是会意字,从木从土从又(手),像用手培土植树。小篆将"又"改为"寸"(亦手)。隶书把左上改为"土"。本义是在边境堆土植树为界。古代分封诸侯,诸侯在封地边境挖沟,把土堆在沟外侧,并在上面植树作为疆界的标志,故有"封疆"之说。引申指帝王赐给亲属或臣僚土地、爵位、名号等,如"封建"(建立国),"封公子为信陵君"(《史记·魏公子列传》)。又引申指古代帝王为庆祝胜利筑土为坛以祭天,如"元嘉草草,封狼居胥"(辛弃疾《永遇乐·京口北固亭怀古》)。由"堆土植树为界"又引申为封闭(与外界隔绝),密封,封合,封存,查封。由"封闭"又引申指包起来的或用来封装物品的纸包和纸袋,如"信封","赏封"。又引申作量词,如"一封信","一封银子"。

尊 zūn　（甲）　（金）　（篆）　（或体）　（隶）　甲骨文是会意字,从酉(酒器)从廾(gǒng,双手),以双手敬酒表示敬重。小篆在"酉"上加"八"(表示酒香四溢),用敬献好酒突出尊敬意。《说文》或体将双手省作"寸"(手)。本义是举酒器敬酒。引申泛指盛酒器皿,如"一尊还酹江月"(苏轼《念奴娇·赤壁怀古》)。此义后写作"樽"或"罇",现在规范为"樽"。由"敬酒"引申为尊重,尊敬,如"尊师重教"。又引申指地位高,与"卑"相对,如"尊贵","尊卑"。进而引申为敬词,如"令尊","尊上"(称呼长辈),"尊府"。由"酒尊"又引申作量词,如"三尊神像","五尊大炮"。

廾部(5字)

廾（收）gǒng （甲）〔字形〕 （篆）〔字形〕 （隶书偏旁）**廾** 甲骨文是会意字，从𠂇（左手）从𠂇（又，右手），像两手相对拱举有所奉之形。是"拱"的初文。隶书将两手的两指拉平相连成一横。本义是两手捧物。

"廾"现只作偏旁，习惯上称为"弄字底"。在合体字中作意符，所从字与两手的动作有关，如"开、共、弄、戒、兵"。

注意：楷体中，"廾"与"弃""奔"下部的"廾"形同而音义异："弃"下部是"艸"（草）的变形，"奔"下部是三止（脚）的变形，均与"廾"的双手义无关。

弁（覍、卞）biàn （甲）〔字形〕 （金）〔字形〕 （篆）〔字形〕 （或体）〔字形〕 甲骨文是会意字，像𠬞（廾 gǒng，双手）扶冠形。小篆作"覍"，《说文》或体作"弁"。隶变后俗写作"卞"。现在规范为"弁"。本义是古代的一种帽子。古代吉礼用冕，常礼用弁，有皮弁（武冠）、爵弁（文冠）。因武官戴皮弁，故引申指武官。后又指一般的士兵及差役，如"马弁"。古时男子年满二十加冠也称弁。

弃（棄）qì （甲）〔字形〕 〔字形〕 （金）〔字形〕 （古文）〔字形〕 （篆）〔字形〕 （隶）**棄** 甲骨文是会意字，从𠬞（廾 gǒng，双手）从其（簸箕）从子，小点是血滴，表示双手持簸箕抛弃逆生婴儿。《说文》古文省其（簸箕），将𠀬（子）倒置为𠀬，即"弃"字。小篆承甲骨文并繁化。规范简化为"弃"。本义是抛弃婴儿。引申为抛弃，放弃。

注意："弃"上部的点是倒子的脚，不能写成"云"的短横。

弈 yì （篆）〔字形〕 小篆是形声字，从𠬞（廾 gǒng，双手），亦声。本义是围棋。用作动词：下棋，如"对弈"，"使弈秋诲二人弈"（《孟子·告子上》）。

弊 bì （篆）〔字形〕 小篆无"弊"，有形声字"獘"，从犬，敝声，表示被犬扑倒。后讹变为"弊"，从廾（gǒng，双手）从敝。现在规范为"弊"。本义是向前倒下，仆。引申为欺蒙人的坏事，如"作弊"，"营私舞弊"。进而引申为坏处，如"弊端"，"兴利除弊"。

大部(18字)

大 dà dài （甲）大 （金）大 （篆）大 （隶）大　甲骨文是象形字,用正面站立且两臂张开、双腿叉开的成人形象(以区别"子"),表示抽象意义的"大"。金文更形象。隶书把大人的两臂写成一横。**音 dà**:本义是大,与"小"相对。引申为排行第一,年长,如"大伯","大哥"。又引申为敬词,如"大作","大名"。又引申指能力超过一般,如"大师"。又引申为重要,如"大事"。**音 dài**:现在用于专称,如"大夫","大王"(国王或强盗首领),"大黄"(草药)。

　　"大"作为偏旁,在字左、字右和字里时,捺写成点,如"鹪、挼、因";在上下边时,有的也写成点,如"奇、头"。在合体字中多作意符,所从字与大人、大等义有关,如"夫、尖、套";也作意符兼声符,如"奄";也作声符,如"达、驮"。

　　楷书中有些字的"大"是其他字符的变形,与"大"的音义无关,如"奈、尧、类、奖、樊"。

天 tiān （甲）①大 ②天 （金）大 大 天 （篆）天　甲骨文①是象形字,用突出了头部的大人形表示头顶之意(甲骨文刻写在龟甲兽骨上,难以圆笔,故头有棱角);②头形成短横,成指事符号。金文同甲骨文。本义是头顶。头顶是人的最高处,引申为天空,如"蓝天白云"。进而引申为大自然,如"天灾"。

太 tài　本与"大"同字,后加指事符号"丶"表示比"大"更大,字音也分化为"tài"。本义是更大,如"太仓"。引申指空间的更广,如"太原"。又引申指空间的极高,如"太空冥冥"。还引申指时间的极早,如"太古"。进而引申指辈分更高或身份最高或地位极尊贵者,如"太公","太后","太子","太师"。作副词,表示特别,如"太白星";表示极、最,如"太好了","太难了";表示过分,如"人太多了",表示很,如"不太愿意"。

　　注意:"大""太""泰"是同源字,古时常通用。

夭 yāo （甲）夭 （金）夭 （篆）夭 （隶）夭　甲骨文是象形字,像一个大人两臂弯曲摇曳起舞的形状。小篆将头部侧倾,增强了字的动感。本义是两臂摇曳起舞。引申为草木幼嫩茂盛而艳丽,如"桃之夭夭,灼灼其华"(《诗经·周南·桃夭》)。又引申为弯曲,进而引申为摧折,再引申指人短命早亡,少壮而死,如"夭殇","夭折"。

夯 hāng bèn　楷书是会意字,从大从力。**音 hāng**:本义是用大力扛重物。引申为砸实地基,即举起重物用力砸下,如"夯筑","夯实"。进而引申为砸地基的工具,如"石夯"。**音 bèn**:夯很笨重,引申指笨拙,蠢人,如"夯汉",多用于元明戏曲及古典白话小说,如"行者喝道:'夯货,却莫胡说!'"(《西游记》第十九回)"夯雀儿先飞"(《红楼梦》第六十七回)。

夸(誇)kuā　(甲)　(金)　(篆)　甲骨文是会意兼形声字,从大(成年人)从于(同竽),表示大人以能吹出动听的竽声而自夸;于兼表声。金文或添加波纹符表示竽声。小篆将"于"写作"亏",或加"言"为"誇"。规范简化为"夸"。本义是奢言,虚夸。引申为夸张,浮夸,自大,炫耀。又引申为夸赞他人。也用作姓。

夺(奪)duó　(金)　(篆)　(隶)　金文是会意字,从衣从雀从又(手),表示用手抢夺鸟雀放于衣中。小篆将衣和鸟变为奋(xùn),奋从大从佳(zhuī,鸟),表示鸟张大毛羽振翅欲飞。隶书将"又"变为"寸"(亦手)。规范简化为"夺"(省去"佳")。本义是强取,如"人夺女妻而不怒"(《左传·文公十八年》)。引申为做出决定,如"定夺"。又引申为被夺,即失去,如"匹夫不可夺志"。

夷yí　(金)　(篆)　金文是会意字,从大(成年人正面站立形)身上挎弓,或挂着带有丝绳的短箭——矰(zēng),以喜用弓箭的特点统称我国古代东部的游牧民族。小篆从大从弓。本义是蔑称我国古代东部的民族。引申泛指古代的少数民族。后也蔑称外国或者外国的,如"以夷制夷"。作"易"的假借字,指平坦,引申为动词:使平坦,弄平,如"夷为平地"。进而引申为除去,消灭,如"夷其宗庙"(《国语·周语下》)。

奈nài　(篆)　小篆是形声字,从木,示声,即"柰"(nài)字。本义是果木名。后假借表示"奈何"。汉隶为与果木名区别而写成"奈"。常与"何"连用。奈何:如何,怎么办,如"无可奈何";奈……何:对……怎么办,怎么对付,如"虞姬虞姬奈若何!"(项羽《垓下歌》。若:你。)

奔(犇)bēn bèn　(金)　(篆)　(隶)　金文是会意字,上部像一个大人甩开双臂迈步跑,下部用三止(脚)表示跑得很快。楷书将三止变形为"卉"。"犇"本指牛惊,后也表"奔"义,成异体字。现在规范为"奔"。**音 bēn**:本义是快跑。引申为逃跑。又引申指奔马,如"乘奔御风"。**音 bèn**:引申为直接向目的地走去,如"投奔","奔向远方"。进而引申为将近,接近(用于年龄),如"快奔五十的人了"。

奋(奮)fèn　(金)　(篆)　金文是会意字,从衣从佳(zhuī,鸟)从田,表示田间鸟被捕获放进衣服后奋力挣扎而逃出。小篆改为从奋(xùn,鸟张开毛羽而身大)从田,表示鸟振翅从田间飞起。规范简化为"奋"(省去"佳")。本义是鸟用力振羽展翅从田间飞起,如"奋飞"。引申为振作,如"振奋","奋起直追"。进而引申为举起,如"奋笔疾书"。

契(栔)qì xiè　(甲)　(金)　(篆)　　甲骨文是会意字,从刀从"丰"(一竖是木条,三画是刀刻的记号),是上古时契刻记事法的反映。小篆加"木"为"栔",突出了契刻材料。后"木"讹变作"大",写作"契"。**音 qì**:本义是用刀刻。此义又写作"锲"(qiè),如"锲而不舍"。最初的甲文卜辞、文卷契约是用刀刻出的,故"契"又称指案卷,合同,账目,如"契约","地契"。因"契约"由双方保存,验证时拿出看是否相合,故又引申用作动词:合,投合,符合,如"契合"(意气相投)。**音 xiè**:商族始祖名,相传是舜的臣,因助大禹治水有功而封于商。

奖(奖、獎、奬)jiǎng　(篆)　　小篆是形声字,从犬,将省声(省去"寸")。隶变后楷书写作"奬"。俗写下部变成"大",即"奖、獎"。规范简化为"奖"。本义是唆使犬猛进。引申为劝勉,鼓励,如"当奖率三军,北定中原"(诸葛亮《出师表》)。进而引申为夸奖,称赞。再引申指为了勉励或表彰给予的荣誉或物品,如"奖品","颁奖"。

奕yì　(篆)　　小篆是形声字,从大,亦声。本义是大。引申为美的,如"自关而西凡美容谓之奕"(扬雄《方言》卷二)。又引申为明亮,如"眼光奕奕"。又引申为精神饱满,精神焕发,如"神采奕奕"。

套tào　　楷书是会意字,从大从镸("長"减省一笔),表示套子要比被套者大些长些。本义是外罩,如"外套","笔套儿"。因套子外形变化较少,故引申指固定模式,如"套路","套话","老一套"。又引申指用绳子等结成的环状物,如"绳套"。进而引申为圈套。引申作动词:套住。

奢shē　(金)　(篆)　　金文是形声字,从大,者声。本义是张大。引申为过分,过度,如"奢求"。又引申特指挥霍浪费钱财追求过分享受,如"奢侈","穷奢极欲"。

爽shuǎng　(甲)　(金)　(篆)　　甲骨文是会意字,从大(人)两手各持一盏灯,表示明亮。金文、小篆的灯形渐变作"爻"。本义是明亮,如"神清目爽"。引申为性格开朗,率直,如"豪爽","直爽"。又引申指地势开阔,敞亮透气,使人感到凉爽,清爽。进而引申为舒适,如"身体不爽"。灯亮时产生阴影,故又引申为违背,如"爽约"(失约)。

樊fán　(金)　(篆)　(隶)　　金文是会意兼形声字,从棥(fán,两木中间枝杈交叉的篱笆)从廾(双手),表示双手把树枝等编成篱笆。隶书将双手写成"大"为"樊"。本义是篱笆。引申指关鸟兽的笼子,如"樊笼"。也比喻不自由的境地,如"久在樊笼里,复得返自然"(陶潜《归园田居》)。

尢(兀)部(3字)

尢 wāng yóu （金）（篆）　金文是象形字，人（大）右腿有疾而曲的形状。小篆规整化。**音 wāng:** 本义是跛足。引申为曲脊，曲背。**音 yóu:** 是"尤"的初文（参看"尤"字条）。

　　"尢"（wāng）现只作偏旁。作半包围字的偏旁时，第三笔要拉长，如"尪"。在合体字中作意符，所从字与跛足或腿蜷曲等义有关，如"尬、尴尬"。

元 yuán （甲）（金）（篆）　甲骨文是指事字，"亻"上短横指明头的部位。小篆将"亻"写作"儿"（古文字中，"人""儿"都是人形）。本义是头。头在人的最高处，引申为第一，最初，开始，如"元旦"，"元月"，"元年"。又引申指为首的，如"元首"，"元帅"，"元凶"，"状元"。又引申为主要的，基本的，如"元素"，"元气"，"元音"，"元件"。又表示原来，明朝前用"元来"，如"刘项元来不读书"（章碣《焚书坑》，据《全唐诗》），"死去元知万事空"（陆游《示儿》）。明初统治者因嫌与元朝的"元"相混，改为"原"，后习惯性写作"原来"。作数学名词，用于表示代数式中未知数的文字，如"一元一次方程"。又指中国朝代名，元朝。

尤（尢）yóu （甲）（金）（篆）（隶）　甲骨文是指事字，在又（手）上加短横，表示手上长一赘疣，即"尢"字。小篆讹为会意兼形声字，从乙从又（手），又兼表声。隶书写作"尤"。本义是手上赘疣。此义后写作"肬"，规范为"疣"。由"赘疣"的多余、突显引申为特异，突出，如"尤物"，"无耻之尤"。"特异"就是越过了常规，故也引申为过失，罪过，如"效尤"。对过失、罪过要究其因，进而引申为责怪，归咎，如"怨天尤人"。虚化为程度副词，相当于更加，特别，格外，如"尤其"，"尤喜书画"，"水尤清冽"。

弋部(4字)

弋 yì （甲）（金）（篆）（隶）弋   甲骨文是象形字,像带分叉的小木桩、橛子钉在地上用来拴牲畜、系船或标志地界,"一"表示地面。是"杙"(yì)的初文。隶书写作"弋"。本义是小木桩。木桩上系织物须用绳子,故引申指带绳子的箭,如"鸟高飞以避矰弋之害"(《庄子·应帝王》)。进而引申为动词:用带绳子的箭射猎,如"弋射","弋获"。

"弋"作为偏旁,在合体字中多作声符,如"式、忒、弑、鸢";也作声符兼意符,所从字与木橛有关,如"必、杙";也作声符,如"代、式、忒、鸢"。

楷书中有些字的"弋"是其他字符的变形,与"弋"的音义无关,如"武"。

注意:"弋""戈"形近,辨析:因字义不同而"戈"多一撇。

式 shì （篆）式   小篆是形声兼会意字,从工(指工具、矩尺)从弋,弋能标志地界而有法式义,合起来表示做工必有模式;弋兼表声。本义是法度,规矩。引申为榜样,模范,如"圣人抱一为天下式"(《老子·二十二章》)。又引申指物体的外形,如"款式","形式"。又引申为一定的规格,如"格式","程式"。进而引申为仪式,如"开幕式","阅兵式"。也指自然科学中表明某种规律的一组符号,如"公式","方程式"。又指一种语法范畴,如"叙述式","命令式"。

注意:"式"是"弋"旁,不要多加一撇写成"戈"旁。

武 wǔ （甲）（金）（篆）（隶）武   甲骨文是会意字,从止(脚)从戈(兵器),以人扛戈行进表示要动武。《说文》认为"止戈为武",不确。隶书将"戈"的横撇写为两长横,楷书将最上横改为短横,故"武"没有撇。本义是征伐示威,此义典籍少用。引申泛指军事,技击,强力,如"武装","武器","武术"。动武需有胆量,不怕危险,故又引申为勇猛,如"威武","武士"。由"征伐"又引申为足迹,如"踵武"。"武"从"止",又引申指半步,泛指脚步,如"步武","行(xíng)不数武"。

贰 （貳、貮）èr （金）（篆）贰   金文是会意兼形声字,从鼎从式(古文"二",两弋的合体),表示两鼎相匹配,式兼表声。小篆将"鼎"讹为"贝"。"貮"是讹体。规范简化为"贰"。本义是相比并,相匹配。引申为副,居第二的。又引申为辅佐,如"贰正"(辅佐匡正)。又引申为背离,怀有二心,如"贰虑"(三心二意)。也用作"二"的大写。

小（⺌）部（11 字）

小（⺌）xiǎo　（甲）川 小 （金）八 爪 （篆）川 （隶）小　甲骨文是象形字，用沙粒样的三四个小点或小竖点表示抽象的细小、微小之意。金文或将字形写长。隶书写作"小"。"小""少"本同字，后演变分化，三点为"小"，四点为"少"。本义是细小，微小。

"小"作为偏旁，主要有"小、⺌"两种写法。在合体字中多作意符，所从字与小、少等义有关，如"尖、尘、少、尕、雀"；也作声符兼意符，如"肖"。

楷书中有些字的"小"是其他字符的变形，与"小"的音义无关，如"你、光、当、尝"。

少 shǎo shào　（甲）川 小 （金）小 （篆）山 （隶）少　甲骨文是象形字，用沙粒样的三四个小点或小竖点表示抽象的细小、微小之意。本与"小"同字，后来将四点的分化为"少"，专表数量小，但仍以小为声。金文将第四笔写长，以区别"小"。隶书写作"少"。**音 shǎo**：本义是个体的数量不多，如"少数服从多数"。引申为不足，缺少，如"少了一半"，"少不了你的"。进而引申为丢失，如"包里少了什么？"**音 shào**：由"数量小"又引申指年幼，年轻（古代凡不满三十岁都称"少"），如"少年"，"莫等闲、白了少年头"（岳飞《满江红》）。进而引申指同类中等级较低的，如"少牢"，"少将"。

注意："少"的第一笔是竖，不是竖钩。

尘（塵）chén　（籀）䴢 （隶）塵　《说文》籀（zhòu）文是会意字，从三鹿从二土，表示群鹿奔跑时扬起的尘土。隶书省为一鹿一土。规范简化为"尘"，会意字，从小从土。本义是飞扬的细土，灰尘。人行走亦会扬起尘土，故引申为行迹，如"步人后尘"。进而引申指人间，世俗，如"红尘"，"凡尘"。

尖 jiān　楷书是会意字，上小下大，表示尖的东西大多是由下而上逐渐变得细小而锐利的。本义是物体的末端细而锐，如"小荷才露尖尖角"（杨万里《小池》）。引申为物体锐利的末端或细小的头儿，如"针尖儿"，"塔尖"。由"物体锐利"又引申指耳、目、鼻子等器官灵敏，如"他的眼最尖"，"耳朵尖"。又引申指声音高而细，如"尖声尖气"。

劣 liè　（篆）劦　小篆是会意兼形声字，从少从力，少即小，合起来表示气力小；力兼表声。本义是弱小。引申为差的,不好的,如"劣等","拙劣"。进而引申为坏,恶,如"伪劣","土豪劣绅"。

当(當、噹)dāng dàng （篆）當 小篆是形声字,从田,尚声。规范简化为"当",由草书楷化而来。音dāng:本义是两块田价值相等。引申泛指两两相等,如"旗鼓相当"。进而引申为人面对着人或物,如"当面","木兰当户织"(《木兰诗》。户:单扇门)。进而引申指抽象的面对,如"当仁不让"。由"面对"又引申为阻挡,如"螳臂当车"。又引申为抵挡,此义后写作"挡"。由"相对等"又引申为担任,担当,因为只有相当才可以担任,如"当裁判","当司令"。进而引申为执掌,如"当权者"。又引申为主持,如"当家做主"。又引申为匹配,如"门当户对"。用作象声词:当当响,此义也写作"噹",规范简化仍作"当"。音dàng:由"两两相当"又引申为抵得上,合适,如"适当","恰当"。又引申指用实物作抵押,如"典当"。又指在同一时间,如"当天","当年"。

注意:①"螳臂当车"也作"螳臂挡车"。②"当年"音有dāng nián和dàng nián两种,前者指从前,如"想当年……";后者指本年,同一年,如"校舍当年盖好"。

肖 xiāo xiào （侯马盟书）（金）（篆） 侯马盟书是会意兼形声字,从肉从小,表示细小的肉丁;小兼表声。音xiāo:本义是细小,细微,如"肖翘之物"(肖翘:轻小能飞的生物)。用作姓,是"萧"的俗写。音xiào:细微之物大多相似,故引申为相似,类似,如"惟妙惟肖","不肖子孙"。

尚 shàng （金）（篆） 金文是会意兼形声字,从八(分散)从向(朝北窗户),用窗口向上散气,表示高出;向兼表声。小篆"向"的一撇与"八"构成"小"字形。本义是高出,超过。超过一般则被人尊崇,故引申为尊崇,注重,如"崇尚","礼尚往来"。进而引申指社会上共同遵从的风俗,习惯,如"风尚","时尚"。也同"上",如"尚方宝剑"。作副词,相当于还(hái),如"年龄尚小","尚不可知"。作连词,相当于尚且,表示进一层,下文常用"何况"等呼应,如"为了抗战,流血尚不惜,何况流点汗呢?"

尝(嘗、嚐)cháng （金）（篆） 金文是形声字,从旨(滋味美),尚声。繁化为"嚐",规范简化为"尝"。本义是辨别滋味,品尝。由"辨别滋味"引申为试,试探,如"尝试"。又引申为吃,如"尝鲜"(吃时鲜的食品)。由"品尝"又引申为经历,如"备尝艰苦"。用作副词,相当于曾经,如"未尝","何尝"。

雀 què qiāo qiǎo （甲）（金）（篆）（隶） 甲骨文是会意字,从小从佳(zhuī),表示小鸟,即麻雀。隶书写作"雀"。音què:本义是麻雀。引申泛指小鸟,如"门可罗雀"。人脸部的褐色斑点像麻雀身上的斑点,故称为"雀斑"。音qiāo:雀子,即雀斑。音qiǎo:用于一些口语,如"家雀儿","雀盲眼"。

辉(輝、煇)huī （篆） 小篆是形声字,从火,军声。"輝"是俗体。规范简化为"辉"。本义是闪耀的光彩,如"光辉"。引申为照耀,如"辉映","星月交辉"。

口 kǒu （甲）**Ħ** （金）**Ħ** （篆）**Ħ** （隶）**口** 甲骨文是象形字,像人嘴张开的形状。隶书写作"口"。本义是嘴,如"病从口入"。引申为话语,言语,如"口语","口才"。又引申为口味,如"可口"。又引申指人口,如"户口"。又引申为出入的地方,如"入口","路口","港口"。引申特指长城的关口,如以长城为界分为"关内","关外",又称"口内","口外"。由本义又引申为破裂的地方,如"伤口","决口"。又引申指武器或工具的锋刃,如"刀口"。又引申指系统,行业,如"教育口","工业口"。作量词,用于人、牲畜、器物,如"三口人","两口猪","一口锅","数口井"。

　　"口"作为偏旁,在合体字中作意符,所从字与口及吃喝言语等义有关,如"吵、吸、君、告";也作声符,如"扣、叩、周";也作记号,如"员"。

右 yòu （甲）**X** （金）**㞢** （篆）**㞢** 甲骨文是象形字,像人的右手形状。帮助人时多用右手并常用口,金文加"口",成会意字。此义后造"佑"字表示。本义是右手,引申为右边。汉代以右为尊,引申为等级高的,尊贵的,如"无出其右"。现在又特指政治思想上保守的,或反动的,如"右倾","右翼分子"。

叶 (葉) yè （甲）**㞢** （金）**茉葉** （篆）**葉** 甲骨文是象形字,像树上长着的树叶。金文将叶片写成十字状,并上下分离,演变为"枼"(yè)。小篆写作"葉",成形声兼会意字,从艸(艹)从枼,枼兼表声。"叶""葉"原为两字。叶(xié)是会意字,从口从十(众多),意思同"协"。后与"葉"合二为一。规范简化为"叶"。本义是维管植物营养或光合作用的器官,由叶片、叶管和托叶组成。引申为像叶子的东西,如"肺叶","百叶窗"。由于树叶的生长和凋零与季节、时间有密切的关系,故引申指时期,阶段,如"十九世纪中叶"。

叮 dīng 楷书是形声字,从口,丁声。本义是反复地嘱咐,如"叮咛"。又指虫类用针形口器刺扎,如"叮咬"。又作象声词,如"叮当","叮咚"。

号 (號) háo hào （篆）①**号** ②**號** 小篆①是形声兼会意字,从口,丂(kǎo)声,丂兼表出声之意。与②"號"(虎吼)是两个字。现在规范"号"为简化字。**音 háo**:本义是拖长声音大声呼叫,如"呼号","北风怒号"。引申为大声哭,如"哀号"。**音 hào**:由"呼喊"引申为发出命令,如"发号施令"。又引申为宣称,扬言,如

"号称"。又引申指供人呼叫的名称,如"称号"。又引申为喇叭,如"号角","军号"。又表示标志,如"记号","暗号"。

兄 xiōng （甲）🝖 🝖 （金）🝖 （篆）兄　甲骨文是会意字,从口从儿(人),像一人跪地仰天祷告的形状。是"祝"的初文。本义是祷告求福。因古代祭祀祖先时由兄长负责祷告,故引申为哥哥,如"胞兄","兄弟"。又引申指同辈亲戚中年纪大于自己的男性,如"表兄"。又引申尊称同门学长,如"师兄"。又引申尊称朋友,如"仁兄","世兄"。

叼 diāo　楷书是形声字,从口,刁声。本义是用嘴衔住,如"老人叼住烟袋","狼叼住小羊"。

叫 jiào （篆）𠰶　小篆是形声字,从口,丩(jiū)声。本义是人呼喊,如"大呼小叫","叫嚣"。引申泛指非人类发出的声音,如"人欢马叫","汽笛鸣叫"。又引申为召唤,如"叫你过去"。又引申为诉说,如"叫苦","叫屈"。又引申为使,令,如"这件事叫我怎么办"。又引申指称作,如"这叫赶时髦"。

叨 tāo dāo （金）𠮱 （篆）叨　金文是形声字,从口,刀声。音 tāo:本义是贪,贪食,是"饕"的异体字。引申为谦辞,表示承受,如"叨光","叨教"。叨(tāo)扰:谢人款待的话,表示打扰了。音 dāo:用于"唠叨","叨叨",表示没完没了地说。

吐 tǔ tù （篆）吐　小篆是形声字,从口,土声。音 tǔ:本义是东西从口中出来,如"吐舌头","吐口水"。引申为长出来,露出来,如"吐芽儿","吐丝"。又引申为说出来,如"吐露真言"。音 tù:不能控制地从口中涌出,如"呕吐","吐血"。引申为被迫退还,如"把你不该拿的钱吐出来!"

吕(呂) lǚ （甲）吕 （金）吕 （篆）吕　甲骨文是象形字,像人的一节节脊骨。小篆中间加短竖。现在规范仍为"吕"。本义是人的脊椎骨。假借为古代音乐十二律(阳六为律,阴六为吕)中的阴律,包括大吕、夹钟、中吕、林钟、南吕、应钟。亦为姓氏字。后吕被他义所用,"脊骨"义造"膂"(从月(肉)旅声)字表示。

吊(弔) diào （甲）弔 （金）弔 （篆）弔　甲骨文是象形字,像人持弋射矰(zēng)缴(用丝绳系住的短箭)的形状。古人死而不葬,放在荒野用柴草覆盖,又怕被禽兽吃,故送丧的亲友也带弓箭帮助驱除禽兽。小篆规整化。楷书写作"弔"。俗写作"吊",会意字,从口(慰问用"口")从巾(白巾志哀),表示哀悼死者并慰问其家属。现在规范为"吊"。本义是悼念死者。如"吊唁","吊丧"。引申为慰问,如"茕茕孑立,形影相吊"(李密《陈情表》)。进而引申为悲伤,如"顾瞻周道,中心吊兮"(《诗经·桧风·匪风》)。又引申为悬挂,如"上吊"。进而引申为量词,用于旧时货币单位,如"一千文为一吊"。

吃(喫) chī （古陶）言 （篆）① ② 喫　古陶是形声字,从口,气(旧读 jí)声。小篆①将口移到左边。本义是说话不流利,结巴,如"口吃"。与②"喫"本是两字,"喫"始见于唐诗,从口,契声,本义是吞咽食物,如"喫饭"(汉代以前表示吃东西的词是"食",后多用于书面语)。后来"吃""喫"混用。现在规范为"吃","喫"为异体字。"吃"在方言中也表示喝,饮,如"吃茶","吃酒"。引申为经受,如"吃惊","吃苦"。又引申为耗费,如"吃力","吃劲"。又引申为依靠某种事物谋生,如"靠山吃山,靠水吃水"。又引申指消灭,除去(多用于军事、棋戏),如"把敌人吃掉","吃他的'炮'"。

吸 xī （篆）　小篆是形声字,从口,及声。本义是通过口鼻腔把气引入体内,与"呼"相反,如"吸气","呼吸"。引申为靠近,接触,如"吸引","吸铁石"。又引申为摄取,如"吸取"。又引申为收纳,如"吸纳新党员"。

吞 tūn （篆）　小篆是形声字,从口,天声。本义是将整块食物不细咀嚼或不嚼便咽下,如"狼吞虎咽","囫囵吞枣"。引申为消灭别国政权,霸占其土地、资产等,如"侵吞","吞并"。

否 fǒu pǐ （金）（篆）　金文是会意兼形声字,从口从不,不兼表音。**音 fǒu:**本义是不,如"否定","否认"。在疑问句中表示是不是,能不能,可不可以,如"是否","能否","可否","曾记否"。**音 pǐ:**卦名。如果卦形为乾上坤下,就表示天地相交,上下通畅,是泰卦,好卦。卦形为乾下坤上,表示天地不交,闭塞不通,是否卦;否卦谓之恶卦,故引申指坏、恶,如"否极泰来"。

呈 chéng （古文）（篆）　古文是会意兼形声字,从口从壬(tǐng,挺出);壬兼表声。楷书将"壬"的撇改作横,写作"呈"。本义是显示,说明。引申为显出,露出,如"呈现"。又引申指恭敬地送上,如"呈报","呈上"。进而引申为公文中上行文的一种,如"辞呈"。

注意:"壬"不要写作"壬(rén)",中间一横的长短不一样。

吴(吳) wú （金）（篆）　金文是会意字,从口从矢(zè,头部侧斜),表示摇晃着头大声说话。一说是歪着头边舞边唱,是"娱"的初文。现在规范为"吴"。本义是大声说话,喧哗。引申为形容词:大,如"乘舲船余上沅兮,齐吴榜以击汰"(《楚辞·九章·涉江》。吴榜:大桨)。借为国名,地名,如"吴国","吴牛喘月"。

吠 fèi （篆）　小篆是会意字,从口,从犬。本义是狗叫,如"鸡鸣狗吠","蜀犬吠日"。吠形吠声:比喻不辨真伪,盲目附和。

呀 yā ya （篆）　小篆是形声字,从口,牙声。**音 yā:**本义是张口的样子。引申为叹词,表示惊异,如"呀,这怎么办?"又引申为象声词,如"'呀'的一声,门响之处走进一个人来"。**音 ya**:助词,表示语气,"啊"之前音节的末尾音素是 a、o、e、i、ü 的读"呀",如"是他呀","快写呀"。

吵 chǎo chāo　后起形声字,从口,少声。**音 chǎo**:本义是喧哗,叫嚷,如"吵闹"。引申为闹矛盾,打嘴仗,如"吵架","争吵"。**音 chāo**:用于"吵吵",指有许多人说话,声音嘈杂。

员(員) yuán yún yùn　（甲）　（金）　（篆）　甲骨文是会意字,下部是一只鼎,上方的圆形表示鼎口是圆的。小篆将"鼎"讹为"贝"。规范简化为"员"。**音 yuán**:本义是圆形。是"圆"的初文。引申指周围,如"我国幅员辽阔"。后来"员"指成员,如"队员","会员"。又指从事某种职业的人,如"演员","服务员"。用作量词,指武将的数量,如"三员大将"。**音 yún**:用于人名,如"伍员"(伍子胥,春秋末期人)。**音 yùn**:用作姓。

吹 chuī　（甲）　（金）　（篆）　甲骨文是会意字,从口从欠(张口打呵欠)。小篆"欠"下部是人(儿),上部三撇表示人呼出的气。本义是撮口用力吐气。引申指空气的流动,如"吹风"。又引申为演奏管乐,如"吹奏","鼓瑟吹笙"。又引申指说大话,如"吹牛","吹嘘"。还引申指事情办不成或交情不存在了,如"这事吹了","我们俩吹了"。

告 gào　（甲）　（金）　（篆）　甲骨文是会意字,从牛从口。小篆规整化。楷书写作"告","牛"一竖往下不出头。本义是向神灵奉献牛羊以祈祷福佑,如"祭告","祷告"。引申指向上汇报,如"报告"。进而引申为请求,如"告饶"。又引申为说给别人,如"告诉"。由此引申为检举,揭发,如"告状","告发","控告"。进而引申为声明,如"告辞"。又引申为宣布或表明某种情况的出现,如"宣告","告罄","告一段落"。

君 jūn　（甲）　（金）　（篆）　甲骨文是会意字,上部的"尹"是手执笔形,表示掌握政策的人;下部从口(表示发号施令)。小篆规整化。本义是封建时代的统治者,如"君王"。引申为古代大夫以上据有土地的各级统治者的通称。又引申为贵族、功臣的封号,如"孟尝君"。又引申为妻子对丈夫的称呼,如"夫君"。还引申为敬称,相当于您,如"落花时节又逢君"(杜甫《江南逢李龟年》),"此是君家果"(刘义庆《世说新语·言语》)。引申作动词,表示主宰,统治,如"君临天下"。君子:古代指有地位的人,引申为有德才的人。

唱 chàng　（篆）　小篆是会意兼形声字。从口从昌(表美言),昌兼表声。本义是领唱,此义原写作"倡"。引申为唱歌,歌唱。唱歌声大,又引申为大声念,高声报,如"唱票","唱名","唱付"。由"唱歌"又引申为名词,指唱词,歌曲,如《边区小唱》。

嚣（囂）xiāo　（金）　（篆）　金文是会意字，从頁（xié，人的头部），从𦣞

（jí，众口喧哗）。小篆文字化。规范简化为"嚣"。本义是喧哗，吵闹，如"喧嚣"，

"叫嚣"。引申为放肆，张狂，如"嚣张"。

口部（16 字）

口 wéi　（金）◯　（篆）口　（隶旁）口　金文是象形字，像环围的形状。是
"围"的初文。小篆字形趋方，像四周包围的形状。隶书偏旁写作"口"。本义是环
绕。后来"口"作了偏旁，"环绕"义加"韦（韦）"造"圍（围）"字来表示。"口"在古
代也同"国"字。

　　"口"作为部首称作"围字部"，习惯上称为"大口框"或"方框部"。在合体字
中作意符，所从字与围墙、围绕、界限、约束等义有关，如"园、困、圃、圈、图围"。

　　楷书中有些字的"口"是其他字符的变形，与"口"义无关，如"回"。

　　注意："口""口"（kǒu）笔画相同且形近，区别是形体大小不同。

囚 qiú　（甲）囚　（金）囚　（篆）囚　甲骨文是会意字，从人被拘禁在口（wéi，
牢笼）中。本义是拘禁，囚禁。引申为被拘禁的人，如"囚犯"，"囚徒"，"阶下囚"。

四 sì　（甲）三　（金）三 川 囚 囚　（古文）只　（篆）四　甲骨文是
指事字，用四横表示数目四，即楷书"三"。可能为了与"三"区别，春秋时假借"四"
字来表示。金文写法多样，其中"囚"像人的鼻孔形状。《说文》古文像人鼻子呼气
的形状。小篆规整化。"四"字的本义是喘息。后假借为数目字，其本义废而不
用。现以"肆"（本义是陈设）为"四"的大写。

团（團）tuán　（篆）團　小篆是形声字，从口（wéi），專（专）声，口有环绕义，
表示圆形。"專"下部是"寸"，故曾将"團"简化为"团"，后"寸"又写作"才"。规范
简化为"团"，"才"是记号。本义是圆形，如"团扇"。引申为圆形物，如"小纸团"，
"蒲团"。进而引申为聚合，如"团圆"，"团结"。再引申为聚合体，如"云团"，"疑
团"。由"聚集"又引申为军队编制单位，现在指营的上一级。又引申指工作或活
动的集体，如"慰问团"，"考察团"。由"圆形"又引申作量词，指成团或成堆的事
物，如"一团烈火"。

因 yīn　（甲）因 因　（金）因 因　（篆）因　甲骨文是象形字，像长方形席子
上仰卧或侧卧着一个人。是"茵"的初文。本义是席子，此义已消亡。席子常供人
坐卧，故引申为依靠，凭借，如"因势利导"，"因人成事"。又引申为依据，如"因地
制宜"。由"依靠"又引申为沿袭，承接，如"因袭"，"因循"，"陈陈相因"。由"凭
借"又引申为缘故，原因，如"病因"，"事出有因"。因为：作介词、连词。

回（迴、廻、囬）huí　（甲）□ 己　（金）⊃　（古文）⊚　（篆）回

甲骨文是象形字，像水流回旋的形状，只是旋转方向不一。金文、《说文》古文比较形象。小篆以大圈套小圈，表示两重回转。"迴、廻"是分化字，"囬"是异体字。规范简化为"回"。本义是旋转，回旋。引申为掉转，如"回头"，"回马枪"。进而引申为转变，改变，如"回心转意"，"碧水东流至此回"（李白《望天门山》。回：长江经天门山折向北）。由"掉转"又引申为返回到原来的地方，如"回家"，"春回大地"。进而引申为退回；再引申为回报，答复，如"回信"，"回话"。由"旋转"又引申作量词，表示次数，如"他去过好几回了"。又用于小说等，一章称为一回。回族，中国少数民族之一。

囝 jiǎn nān　（金）囝　金文是会意字，从囗（wéi，束缚）从子，表示襁褓中的孩子。**音 jiǎn**：本义是儿子，《集韵·狝韵》："囝，闽人呼儿曰囝。"**音 nān**：吴方言词，泛指小孩儿或小动物。此义也同"囡"。

园（園）yuán　（篆）園　小篆是形声字，从囗（wéi，表区域、范围），袁声。规范简化为"园"，"元"表声。本义是有篱笆或围墙环绕的种植果木的地方。古人称种果树的地方为"园"，种菜的地方为"圃"，养禽兽的地方为"囿"（yòu）。后来"园"也指种菜的地方。以后又泛指花园，公园，游乐园。又指古代帝王后妃的墓地，如"园陵"。

围（圍）wéi　（甲）韋 韋 囗止　（金）圍　（篆）圍　（隶）圍　甲骨文是会意字，从囗（城墙）从三止（脚）或双止，表示人绕城护卫，即"韋"（韦）。金文从囗（wéi，环围）从韦，韦兼表声。规范简化为"围"。本义是环绕。引申为包围。汉代起又引申特指打猎的围场。又指古代的长度单位，两臂合抱为一围。

困 kùn　（甲）困　（篆）困　甲骨文是会意字，从囗（wéi，环围）从木，表示木在围中不得出之意。本义是困住。引申为军事上的包围，围困。又引申为处境艰难，如"困境"。进而引申为贫乏，如"贫困"。由"贫乏"又引申为精力疲乏，疲乏想睡，此义后造"睏"（加意符"目"）字表示。规范简化仍为"困"。

　　注意："困"中"木"的末笔捺要写成点。

国（國）guó　（甲）或　（金）或 或 國　（篆）國　甲骨文是会意兼形声字，从囗（kǒu）从戈，以武装保护人口表示邦国；戈兼表声。金文加两道短横为"或"（yù，"域"的古字），表示保卫地区的疆界。周代时"或"被借作无定代词，于是又加意符"囗"（wéi，疆域）造"國"字。"國"曾出现过多种简体字，如"囯""国""囶"。规范简化为"国"，"玉"代替同音的"域"，已不表音表意。本义是有疆界的地区。先秦两汉时特指诸侯封地。因王侯要在封地内建都城，又引申指都城、城邑。后来主要指国家。

　　注意："国""邦""都""邑"的区别见"都"字条。

固 gù （篆）〔固〕　小篆是会意兼形声字,从囗(wéi)从古,囗表示四面闭塞,险要难攻,古表示长久,突出了坚固之意;古兼表声。本义是(地势)险要,如"南有巫山、黔中之限,东有肴、涵之固"(《战国策·秦策一》)。引申为城郭坚固,如"固若金汤"。进而引申为巩固,固定。又引申为固执,顽固。虚化作副词、连词,相当于本来、当然、必定、固然。

囿 yòu （甲）〔囿〕（金）〔囿〕（篆）〔囿〕　甲骨文是会意字,从囗(wéi,围墙)从草木,表示围墙里种有草木以畜养禽兽。金文改为形声字,从囗,有声。本义是古代帝王畜养禽兽的园林,如"园囿"。引申泛指果园,菜园。以后又引申作动词,表示局限,拘泥,即见识不广,如"囿于成见"。假借指事物萃聚之处,如"历观文囿,泛览词林"(萧统《文选序》)。

圃 pǔ （甲）〔圃〕（金）〔圃〕（篆）〔圃〕　甲骨文是象形字,田中有屮(草,此指菜苗)形,即"甫"字。是"圃"的初文。金文从囗(wéi 园子范围)从甫,甫兼表声。本义是种蔬菜的园地。引申指种菜或种菜的人,如"(樊迟)请学为圃,(孔子)曰:'吾不如老圃。'"(《论语·子路》)又引申泛指园子,如"花圃","苗圃"。

圆（圓） yuán （篆）〔圓〕　小篆是会意兼形声字,从囗(wéi,环绕)从員(员,本义是圆形),員兼表声。规范简化为"圆"。本义是圆形。引申为圆满,周全,完备。进而引申为使动词:使……圆满,使……周全,如"圆亲","圆谎","自圆其说"。金属货巾一般为圆形,故又指圆形的货巾,也作"元″,如"银圆(元)″","铜圆(元)″;又用作货币单位,也作"元",如"一圆(元)"。

圈 juàn juān quān （篆）〔圈〕　小篆是会意兼形声字,从囗(wéi,围绕)从卷,表示把周遭围起来;卷兼表声。**音 juàn**:本义是养牲畜的简易建筑,如"羊圈"。引申为动词:把动物关在圈里饲养,如"圈养大熊猫"。**音 juān**:又引申为把禽畜关在圈(juàn)里,如"把羊圈起来"。**音 quān**:由"圈"(juàn)又引申指环形或环形物,如"圆圈","铁圈","花圈"。进而引申为周遭,如"跑了两圈"。又引申为范围,如"势力圈"。再引申为动词,指画圈,圈(围)起来。

山部（14字）

山 shān （甲）Ｍ （金）■ （篆）Ｕ （隶）■ 甲骨文是象形字，像拔地而起的并立的山峰，用三座山峰表示山多。金文填实了山体。小篆把山峰变成三条线，底下保留了山坡的形状。隶书简省了山坡，写作"山"。本义是大山。引申泛指形状像山的物体，如"山墙"，"冰山"。又比喻声音大，如"山呼万岁"。

"山"作为偏旁，在合体字中主要作意符，所从字与山、高等义有关，如"岸、屹、岗、峦、峨"；也作意符兼声符，如"仙"；也作声符，如"讪、灿、舢"。

屿（嶼）yǔ （篆）■ 小篆是形声字，从山，與声。旧读 xǔ。规范简化为"屿"，"与"作声符。本义是小岛。引申为平地小山，如"中央之山宜平，则为坻为屿，若以供吾布席置酒之用也"（袁宏道《嵩游第五》）。

岑 cén （篆）■ 小篆是形声字，从山，今声。本义是小而高的山。引申泛指高，如"岑楼"，"岑寂"（高而静）。

岔 chà 楷书是会意字，从分从山。本义是山脉分歧的地方。引申泛指由主干分出来的（山脉、河流、道路），如"山岔"，"岔流"，"岔路口"。进而引申指时间或空间的不重合，错开，如"把两个会议的时间岔开"。又引申为转移话题，如"打岔"，"岔开话题"。"分岔"易产生偏离，又引申为差错，如"出岔子了"。

岛（島）dǎo （篆）■ 小篆是会意兼形声字，从山从鳥（鸟），表示水中山多是鸟栖息繁殖之地；鳥兼表声。"島"是楷书繁体俗写，省去鸟下面的四点。规范简化为"岛"。本义是海岛。引申泛指被围在湖泊、江河里的陆地，如"湖心岛"。

岸 àn （篆）■ 小篆是会意兼形声字，从山从厈（hǎn），厈兼表声。本作"厈"，从厂（hǎn，山崖），干声。"厈"又音 àn（同岸）。后来再加意符"山"为"岸"。本义是靠江、河、湖、海等水边的高地，如"海岸线"，"江岸"。由"岸高"引申比喻高位，进而引申为高傲，如"傲岸"，"道貌岸然"（岸然：高傲而严肃的样子）。由"水边的高地"又引申为边际，如"见半空中，丫丫叉叉，无边无岸的猴精"（《西游记》第三回）。

岳（嶽）yuè （古文）Ｍ （篆）■ 《说文》古文是会意字，从山从丘（小山),像山上有山,峰峦叠嶂形,表示高山大岭。后来小篆又造"嶽",形声字,从山,狱声。现在规范为"岳"。本义是高大的山,如"东岳泰山"。又称妻父为岳父、岳丈,《辞源》解释说:"旧说有二。一说,晋朝乐广为卫玠妻父,岳丈为乐丈之讹。又说,泰山有丈人峰,妻父称丈人,又叫泰山,再转称岳丈。"于是称妻母为岳母。

炭 tàn （篆）炭　小篆是形声字,从火,屵(àn)声,屵是岸省去了"干"。后来下部讹变为"灰",炭变为从山从灰。本义是木炭,如"伐薪烧炭"。方言也指煤,古代称石炭。又引申比喻灾难,困苦,如"生灵涂炭"(涂:泥沼)。

注意:现代说的煤炭在古代称作石炭、石墨。

峡(峽)xiá　楷书繁体是会意兼形声字,从山从夹(夹),表示两山夹峙;夹兼表声。规范简化为"峡"。本义是两山相夹的水道(多用作地名),如"长江三峡","青铜峡"(在宁夏省)。引申指两山之间,如"峡谷","山峡"。又引申指连接两部分陆地的海域,如"台湾海峡","直布罗陀海峡"。

崖(厓)yá （篆）崖　小篆是会意兼形声字,从山从厓(yá,山边),厓兼表声。本作"厓",从厂(hǎn,山崖),圭声,圭兼表高意。后来厓作了偏旁,就加意符"山"造"崖"字来表示本义。本义是山或高地的边缘,如"山崖","悬崖勒马"。引申为边际,如"崖际"。

崭(嶄、嶃)zhǎn　楷书繁体是形声字,从山,斩(斩)声。本作"嶃",左右结构,后改为上下结构。规范简化为"崭"。本义是山势高峻。引申为高,高出,如"崭露头角"。进而引申为副词,相当于极,如"崭新的衣服"。

崔 cuī （篆）崔　小篆是形声字,从山,隹(zhuī)声。本义是高大,如"崔巍"。

崇 chóng （篆）崇　小篆是会意兼形声字,从山从宗(高大),宗兼表声。本义是山大而高,如"崇山峻岭"。引申为尊敬,重视,即把他人或事物看得很高大,如"尊崇","崇拜"。

嵌 qiàn （篆）嵌　小篆是会意兼形声字,从山从欠(张大口),表示山谷深,甘声。本义是山谷深。引申为深陷,下陷,如"你这等面黄肌瘦,眼嵌缩腮"(佚名《刘千病打独角牛》)。进而引申为动词:使……陷入,镶嵌,如"嵌石","嵌银"。

巾部(7字)

巾 jīn （甲）巾 （金）巾 （篆）巾　甲骨文是象形字,中间是丝绳,两边像垂挂的织物。本义是古代的佩巾。引申指擦抹用的织物,如"手巾","餐巾"。又引申指缠绕、覆盖用的织物,如"围巾","枕巾"。又引申为一种头巾,如"羽扇纶巾","冠巾"。巾帼:指古代妇女头巾或发饰,又代指妇女,如"巾帼英雄"。

"巾"作为偏旁,在合体字中作意符,所从字与布、帛等义有关,如"带、常、幕、帐、敝"。

布 bù （金）布 （篆）布 （隶）布 布　金文是形声字,从巾,父声。小篆规整化。隶书写作"布"。本义是麻织物(古代布帛并称,布为麻织品,帛为丝织品)。引申泛指棉、麻织品。"布"也被直接当做货币交换物品,后成为古代货币的名称,如"泉布","氓之蚩蚩,抱布贸丝"(《诗经·卫风·氓》)。布能铺开,故又引申为展开,分散,传播,如"分布","阴云密布","散布"。进而引申为宣告,陈述,如"宣布","开诚布公"。由"展开"又引申为设置,如"布置","布雷"。还引申指像布的东西,如"塑料布","石棉布"。

帖 tiè tiě tiē （篆）帖　小篆是形声字,从巾,占声。**音 tiè**:本义是写在帛上的标题书签。引申指手写的奏章、书信(石刻称"碑",书疏称"帖")。又引申指石刻、木刻的拓本,书画的摹临范本,如"字帖","碑帖"。**音 tiě**:又引申为官府文书,如"昨夜见军帖,可汗大点兵"(《木兰诗》)。引申泛指写有简短文字的柬帖,如"名帖","请帖","回帖"。**音 tiē**:因"帛"要整理平整,故引申为顺从,服从,如"服帖"。又引申为妥当,稳妥,如"妥帖"。

幅 fú （篆）幅　小篆是形声字,从巾(与布帛有关),畐(fú)声。本义是布帛的宽度,如"宽幅","幅面"。引申泛指宽度,如"幅度","振幅","幅员辽阔"(幅员:领土面积。员:"圆"的初文,指周边)。又引申为布帛的边,进而引申为衣服的边饰,如"不修边幅"。作量词,用于布帛及其制成品、字画、景象(数词多用"一"),如"一幅白布","三幅画","一幅和平的景象","一幅幅动人的情景"。

帽 mào　楷书是形声兼会意字,从巾从冒(帽子),冒兼表声(参看"冒"字条)。本义是戴在头上遮阳、避雨、保暖或起装饰作用的物品。引申泛指形状、用途像帽子的用品,如"笔帽儿","螺丝帽"。

幌 huǎng　楷书是形声字,从巾,晃声。本义是布帘,帐幔。引申指用竹竿挑挂在酒店门外,用来招揽顾客的招子,如"布幌","幌子"。

幔 màn　（篆）幔　小篆是形声字,从巾(织物)从曼(伸长、伸展),曼兼表声。本义是悬挂的大幅织物,如"帐幔","帷幔"。

彳部（21字）

彳 chì （甲）艹 （金）艹 （篆）彳 （隶旁）彳　甲骨文是象形字，十字路口形，即"行"（háng）字。小篆是"行"的省写（省去右旁），表示道路，又表示行走在路上。隶书偏旁写作"彳"。本义是慢步行走，走走停停，如"彳亍"（chì chù）。

　　"彳"作为部首，习惯上称为"双立人"或"双人旁"。在合体字中作意符，所从字与道路、行走、行为等义有关，如"彷徨、徜徉、往、徒、待、街、御、微"。

行 háng xíng （甲）艹 彳 （金）艹 （篆）行 （隶）行　甲骨文是象形字，十字路口的形状。小篆文字化。隶书写作"行"。**音 háng:** 本义是十字路口。引申泛指道路。由条条道路引申为行列，进而引申为行辈，排行。以后又引申为行业、行业机构，如"行行出状元"，"银行"。**音 xíng:** 因"道路"供人行走，故又引申为走，并成为常用义。进而引申为进行，做，如"身体力行"，"举行"。由"行走"又引申作名词，表明品质的举止行动，如"行为"，"品行"（旧读 xìng）。用作副词，相当于将要，如"行将灭亡"，"行年"（指将到的年龄）。

役 yì （甲）彳 （篆）役　甲骨文是会意字，从彳持殳（shū，长柄圆头兵器）打人，即"役"字，表示役使。小篆改"彳"为"彳"（chì，行路），突出了行役义。本义是役使，驱使。引申为服兵役，戍守边疆，如"现役军人"，"退役"。进而引申为战役。又引申为服劳役，进而引申为被役使者，如"仆役"，"差役"。

征（徵） zhēng （甲）① 正 ② 彳 （金）征 （篆）征 徵　甲骨文①是会意字，从止（脚）从口（wéi，城邑），表示向着城邑行进，即"正"字，②加"彳"（chì，道路），成为会意兼形声字，从彳从正，正兼表声。小篆将"口"写作一横。"征"、"徵"本是两个字，"徵"本义是召，征召。规范简化为"征"。本义是远行，如"长征"，"远征军"。引申为征伐，如"南征北战"，"征服"。进而引申为争夺，如"征利"。作为"徵"的简化字，又表示征召，如"征兵"，"征调"。引申为征求，如"征稿"，"征文"。又引申为表露出来的迹象，如"征候"，"特征"。"徵"假借为古代五声音阶"宫、商、角、徵、羽"第四音时，读 zhǐ，不简化。

往 wǎng （甲）彳 （金）往 （篆）往 （隶）往　甲骨文是形声字，上部是止（脚），行走义，下部王表声。金文将"王"讹变为"土"，又另加意符"彳"（chì，行路），以突出前往之意。隶书将"止"简省为短竖，楷书又变成一点。本义是去，到……去。引申为时间上的从前,过去,如"往日","既往不咎"。用作副词,往往,相当于经常,处处。用作介词,表示方向,如"请往东走"。

彼 bǐ （篆）徍　小篆是形声字,从彳(chì,行路),皮声。本义是前往另一处。用作指示代词,表示远指,相当于"那",如"由此及彼"。又用作人称代词,指对方,如"知己知彼"。

径(徑、逕) jìng （篆）徑　小篆是形声兼会意字,从彳(chì,道路),巠(jīng)声,巠兼表竖直之意("巠"像古代织布机的经线,故有竖直义)。"逕"是异体字。规范简化为"径"。本义是小路,如"曲径通幽","花径不曾缘客扫"(杜甫《客至》)。引申泛指道路,如"湖寺西南一径开"(王安石《和惠思岁二日二绝》)。由"小路"又引申为动词:走小路,如"大道甚夷,而民好径"(《老子》第五十三章)。又引申为直径,如"半径"。进而引申为直接前往,如"径直","径奔而来"。

待 dài dāi （金）待 （篆）待　金文是形声字,从彳(chì,行路),寺声。从"彳"表示暂停走路以等待后面的人。音 dài:本义是等候。引申为对待,招待,如"待人接物","款待"。音 dāi:由"等候"又引申为停留,逗留,如"再待一会儿"。

徊 huái　楷书是形声字,从彳(chì,行路),回声。徘徊:叠韵连绵词。参看"徘"字条。

律 lǜ （甲）徖 （篆）律　甲骨文是形声字,从彳(chì,行路),聿(yù)声。小篆规整化。本义是沿着,遵循。引申为法律,进而引申为约束,如"严于律己"。又引申为规律,如"格律","定律","周期律"。又引申为音律,如"韵律","声依永,律和声"(《尚书·舜典》)。又引申为律诗的简称,如"七律","排律"。

很 hěn （篆）很　小篆是会意兼形声字,从彳(chì,行路)从艮(gèn,瞪大眼睛),以瞪大眼睛看路会意路难走;艮兼表声。本义是路难走。引申为副词,相当于非常,甚,如"很累","很喜欢"。

徐 xú （篆）徐　小篆是形声字,从彳(chì,行路),余声。本义是缓步行,如"徐行"。引申为缓慢,慢慢地,如"短长疾徐","清风徐来"。徐徐:缓慢的样子。

徘 pái　楷书是形声字,从彳(chì,行路),非声。徘徊是叠韵连绵词,本义是回旋往返,来回地走。引申为犹豫不定。

徙 xǐ （甲）徏 （金）㞢 （篆）㣨　甲骨文是会意字,从彳(chì,道路)从步,表示在道路上行走。金文将脚形填实。小篆从辵(辶 chuò)从止,义不变。楷书承金文。本义是迁移,如"迁徙"。引申为转移,变化,如"闻义不能徙"(《论语·述而》)。

得 dé děi de （甲）得 （金）得 （篆）得 （隶）得　甲骨文是会意字,

从彳(chì,道路)从又(手)从贝(贝,货币),用在路上手拿贝表示得到了钱财。小篆将"贝"讹变为"見","又"变为"寸"(亦手)。隶变又把"見"变成了"旦"。**音 dé**:本义是获得,如"求之不得"。因"获贝"则喜,引申为得意,如"扬扬自得"。由"能够获得"引申为助动词:能够,可以,如"不得乱动"。**音 děi**:用于口语,表示应该,必须,如"做得好就得(děi)表扬"。**音 de**:用在动词和形容词之后,表示可能、结果或程度,如"打得好","好得很"。

衔(銜、啣) xián （篆）衔　小篆是会意字,从金(勒马口的嚼铁)从行(行路),意指勒在马口中以控制马行走的金属嚼子。"啣"是异体字。规范简化为"衔"。本义是马嚼子。引申指用嘴叼着,如"衔枚"。进而引申为口含着,包含,如"衔远山,吞长江"(范仲淹《岳阳楼记》)。再引申为蕴积于心中,如"衔恨"。由"用嘴叼着"又引申为衔接,如"牛马衔尾"。进而引申为官员职务和级别的名号,如"官衔","军衔"。

街 jiē （篆）街　小篆是形声字,从行(háng,十字路口),圭(guī)声。本义是比较宽阔的十字大道,通常指开设商店的区段。引申泛指街道,如"大街"。进而引申为市集,如"街市"。

循 xún （篆）循　小篆是形声字,从彳(chì,行路),盾声。本义是顺着走,沿着。引申为遵守,依照沿袭,如"遵循","因循守旧","循规蹈矩"。循循善诱:指人教导有方,"循循"是有次序的样子。

微 wēi （金）微 （石鼓文）微 （篆）微　金文是会意字,写作"敚"(wēi),微小之意。石鼓文加"彳"(chì,行路),成为会意兼形声字,从彳从敚,表示隐蔽行踪;"敚"兼表声。本义是小心隐蔽地行走。引申为微行,秘密的,如"微服私访"。又引申为深奥,精微,如"微言大义"。又引申为细小,如"细微","防微杜渐"。又引申指地位卑下,如"低微","人微言轻"。用作副词,相当于略微,稍稍,如"东坡现右足鲁直现左足,各微侧"(魏学洢《核舟记》)。用作量词,指古代极小的度量单位,一寸的百分之一,或一两的百万分之一。

德 dé （甲）德 （金）德 （篆）德　甲骨文是会意字,从彳(chì,行路)或从行,从直(目直视直线),表示看得正行得直。金文改"直"为"十",再加"心",强调心正直为德。小篆规整化。本义是道德,品行,如"公德","德育"。由依照好的道德品行为他人做事,引申为恩惠,如"感恩戴德","感激恩德"。道德、品行是人的内在品质,故又引申为心意,信念,如"同心同德","离心离德"。

徽 huī （篆）徽　小篆是形声字,从糸(mì,与丝线有关),微省声(省去"几")。本义是三股绳,即用三股线合成的绳子。引申特指琴徽(系琴弦的绳),后也指七弦琴琴面十三个指示音节的标识。进而引申为标志,符号,现在多用此义,如"帽徽","国徽"。

彡部(9字)

彡 shān （甲）（篆） 甲骨文是象形字,像胡须毛发形或装饰彩画的笔纹,有三撇至五撇不等,均表示多。小篆是三斜画,以三表示多。本义是须毛或饰画的花纹。

　　"彡"现只作偏旁,习惯上称作"三撇部"。在合体字中多作意符,所从字与胡须毛发、花纹、修饰、声响等义有关,如"髟(biāo,长发)、彪、修、影、彤、彭";也作声符,如"杉、衫"。

形 xíng （篆） （隶） 小篆是形声字,从彡(shān,表示所绘物体的线条花纹),开(jiān,不是"开")声。清朝桂馥《说文解字义证》认为声符"开"应为"井"。隶书写作"形"。本义是形象,形体。引申为形状,如"兵无常势,水无常形"(《孙子兵法·虚实篇》)。又引申为形式,形容。

彤 tóng （金） （篆） 金文是会意字,从丹从彡(shān),丹指朱砂、红色,彡表示文饰、画纹。本义是用红色涂饰器物。引申为赤红色,如"静女其娈,贻我彤管"(《诗经·邶风·静女》)。又引申指红色,如"彤霞"。

须(須、鬚) xū （甲） （金） （篆） 甲骨文是象形字,像人口下长有胡须。金文突出了人面上的毛须。小篆是会意字,从頁(页 xié,人头)从彡(shān,胡须),表示脸上的胡须。本义是胡须。引申指像胡须的东西,如"根须"、"触须"。古代男子以须眉稠秀为美,故又称男子为须眉,如"巾帼不让须眉"。后"须"用于表示"必得"义(如"必须"、"务须"),本义便加意符"髟"(biāo,长发)造"鬚"字来表示。规范简化仍为"须"。

彦(彥) yàn （金） （篆） （隶） 金文是会意兼形声字,从文从弓,表示文武双全;厂(hǎn)声。小篆将"弓"讹为"彡"(shān)。隶书变作"彦"。本义是才德出众的人,如"俊彦"。

彩 cǎi （篆） 小篆是形声字,从彡(shān,绘画的花纹),采声。本义是华美的颜色,如"彩霞"、"彩云"。引申为文采,如"词彩"。又引申为彩色的丝织品,如"张灯结彩"。"彩色丝织品"在古代常用来奖赏给有功人员,故引申为给在某种游戏或赌博中得胜者的东西,如"中彩"、"彩金"。进而引申指称赞,叫好,如"喝彩"。由"颜色"又引申比喻负伤流的血,如"挂彩"。

彭 péng （甲） （金） （篆） 甲骨文是会意字,从彡(shān,鼓声)从壴(zhù),壴在古文字中像架起的鼓形,上部是装饰物,下部是鼓架,中间是鼓面,鼓是圆形的,在甲骨上刀刻不便圆转而刻成准方形。本义是击鼓声。引申为强劲的声音,此义后造"嘭"(加意符"口")字表示。现在主要用作姓。

彰 zhāng （篆） 小篆是会意兼形声字,从章从彡(shān),章有雕琢花纹的意思(参看"章"字条),彡表示饰纹;章兼表声。本义是花纹。引申为显著,明显,如"欲盖弥彰","相得益彰"。用作使动词:显扬,如"表彰","彰善瘅恶"。

影 yǐng 楷书是会意兼形声字,从景从彡(shān),景兼表声。本作"景"(本义是日光),因日光下有影子,故用作"影",此义后造"影"(意符"彡"表示阴影纹)字表示。本义是物的阴影。引申指水、镜等反射物反映出的物体的形象,如"倒影"。进而引申指图像,如"写了武松乡贯年甲,貌相模样,画影图形,出三千贯信赏钱……缉捕"(《水浒传》第三十一回)。由"图像"又引申为摄影,电影,如"合影","影院"。

夕部(7字)

夕 xī （甲）① ② （金） （篆） （隶）   甲骨文是象形字,①半月形,与"月"同字,中间短竖表示月光;②省去一竖,是甲骨文后期的一种写法。小篆减去了"月"( )中间表示"月光"的一画,以无"光"的"夕"表示傍晚。隶书写作"夕"。本义是傍晚,日暮,如"夕阳","夕烟"。引申指夜晚,如"七夕","情人怨遥夜,竟夕起相思"(张九龄《望月怀远》)。因"夕"是白昼之末,故又引申指一年的最后一天,即"除夕"(除:除去,过完)。也引申指每年的最后一季、每季度的最后一月、每月的最后一旬,如"岁之夕","秋之夕","月之夕"。

"夕"作为偏旁,在合体字中多作意符,所从字与黄昏、夜晚等义有关,如:"外、夜、名、梦";也作意符兼声符,如"汐、岁";也作声符,如"矽"。

有些楷体字中的"夕"是其他字符的变形,与"夕"的音义无关,如"舛、岁"。

注意:"夕"的第三画是月弦,故上下方均不出头,不要写成"夂"。

外 wài （金） （篆）   金文是会意字,从夕(夜晚)从卜(占卜)。早上占卜是古代的规矩,如果晚上占卜就属于例外之事。本义指外边,外部,与"内"相对,如"门外","国外"。引申指母亲、姐妹或女儿方面的亲属,如"外公","外甥"。又引申指关系疏远的人,如"外人","见外了"。又引申指表面的,如"外表"。又引申为非正式的,如"外号","外史","外传"。用作动词:使处于……之外、疏远,如"内小人而外君子"(《易·否》。内:此指亲近)。

夙 sù （甲） （金） （篆） （睡虎地简） （隶）   甲骨文是会意字,从夕从丮(jǐ),夕是半月(残月),丮像一个跪着的人伸着双手有所作为的侧面形,合起来表示天未亮就起来干活。金文将"夕"移到左上部。小篆将夕下移并文字化。隶书将"夕"移到下部写作"夙"。本义指天未明就起来做事情。引申为早晨,如"夙兴夜寐"。又引申为早时,早年,如"夙遭闵凶"(李密《陈情表》,夙:早年)。进而引申为向来,平素,旧时,如"夙因","夙愿"。

舛 chuǎn （金） （篆）   金文是会意字,从夊(suī,左脚)从 (kuà,右脚),用两只方向相反的止(脚)表示相违背。小篆文字化。本义是相违背,如"舛令"(违背命令)。引申为错误,差错,如"舛错","乖舛"。又引申为不顺利,如"时运不济,命途多舛"(王勃《滕王阁序》)。

名 míng （甲） （金） （篆）   甲骨文是会意字,从夕(夜晚)从口,表示黑夜遇人,相互看不清面目,用口说出自己的名。古人有名有字,名多用于自称,以示谦卑。本义是人的名字,如"姓名","给孩子起个名儿"。引申为名称,命名,名分,名声,名望,名义等。又引申为讲出,表达,如"不可名状","莫名其妙"。作量词,用于人,如"两名女生","第一名"。

多 duō （甲）🅰 （金）🅱 🅱🅱 （篆）多　甲骨文是会意字,从重夕(夜晚),以两夕相连,昼夜交替,接连不断表示多。(一说,像两块肉的形状,古代祭祀分胙肉,分两块就现出多义。)金文或为左右结构。本义指数量大,与"少"相对,如"人口众多","多才多艺"。引申为多出,胜过,如"买得多了","给多了"。进而引申为过分,如"多嘴","多疑","多此一举"。又引申为增加,如"祝多福多寿"。现代也引申指相差程度大,作补语,如"高多了","强得多"。用在感叹句中,表示程度很高,如"这人多好啊!"

梦(夢) mèng （甲）🅰 （篆）①🄰②🄱　甲骨文是会意字,从爿(床的象形)从人,像一人依床卧眠,字突出了人的眼睛,以似有所视表示做梦之意。小篆有两个字形:①是会意字,在甲文上面加"宀"(mián,房屋)、右下加"夕"(夜晚),字义更明确;②是形声字,从夕,瞢(méng,目不明)省声(省去"目"),写作"夢"。后以"夢"行。楷书"梦"是异体字,从林从夕(月色),以林中月色朦胧表示梦境虚幻模糊。现为规范简化字。本义是睡眠中的幻象,如"美梦成真","噩梦"。引申为做梦,如"梦见","梦笔生花"。进而引申为想象,幻想,如"梦幻","梦想"。

夂(夊)部(7字)

夂(夊) zhǐ （甲）　（金）　（篆）　甲骨文是象形字,像"止"(止,脚)的倒形,即脚跟在上,脚趾在下,表示由远到近。本义是到来,又有后退、下降义。

"夂(夊)"现只作偏旁。旧字典分作两部,在字上部写作"夂"(zhǐ),在下部写作"夊"(suī)。现并为一部,习惯上称上部的为"冬字头""撇又头",下部的为"夏字底""撇又底"。在合体字中作意符,所从字与脚或脚的行动等义有关,如"各、处、麦、夏、复"。

楷书中有些字的"夂"是其他字符的变形,与"夂"义无关,如"冬、务、条、备"。

注意:"夂、夊"与"攵"形近而音义不同,辨析:"夂、夊"是三画;"攵"音 pū,四画(参看"攴(攵)"字条)。

处(處、処) chǔ chù （金）　（篆）　（或体）　（隶）　金文是会意字,像人头戴虎皮冠坐在几(凳)上的形状。小篆为会意字,从夂(zhǐ,脚)从几(几案);或体成形声字,从处,虍(hū)声。隶书分别写作"処""處"。规范简化为"处","卜"作声符。**音 chǔ**:本义是停留,止息,如"日夜不处"。引申为居住,如"上古穴居而野处"(《周易·系辞下》)。又引申为存在,置身,如"设身处地","处心积虑","处世"。又引申指跟别人一起生活,交往,如"融洽相处"。又引申为居,处于,如"处尊居显","养尊处优"。还引申为决定,决断,如"处理"。也引申为惩戒,如"处罚","处决"。**音 chù**:用作名词指地方,方面,如"处所","长处","好处"。又引申指机关或机关、团体、单位里的部门,如"财政处","办事处","筹备处"。

冬 dōng （甲）　（金）　（篆）　（隶）　甲骨文是会意字,用丝绳两端打结头表示终结、终止。金文或加"日",表示"冬"是一年时日的终结。小篆将两端连成一横,并省去"日"下加"仌"(冰),表示寒冷季节。隶书写作"冬"。本义是终结。此义后写作"终"。引申指一年中的最后一季,如"冬季","隆冬","冬眠"。借作拟声词,指敲鼓、敲门等声,多叠用,如"战鼓冬冬"。此义现在写作"咚"。

务(務) wù （篆）　（隶）　小篆是形声兼会意字,从力,敄(wù)声;敄(从攵矛声)兼表勉力之意。隶书写作"務"。规范简化为"务"。本义是专力从事,致力,如"务工","务实","当务之急"。引申为谋求,追求,如"务实","不务虚名"。作名词指所从事的事情,如"事务","任务","特务","不识时务"。用作副词,相当于必须,一定,如"务必","除恶务尽"。

各 gè gě （甲）凶 （金）吕 （篆）咼　甲骨文是会意字,从夂(zhǐ,倒止)从凵(kǎn,坎穴)或从口(洞口),均表示有人到来、进入。音 gè:本义是到达,进入。借用作特指代词,表示每个,自个,彼此不同的,如"各得其所","世界各国"。音 gě:方言又表示特别,与众不同,含贬义,如"他脾气特各","这人真各"。

条(條) tiáo （篆）隣 （隶）條　小篆是形声字,从木,攸(yōu)声。隶书写作"條"。规范简化为"条"。本义是细长的树枝,如"枝条","柳条儿"。引申泛指细长的东西,如"面条儿","铁条","一条小路"。"树枝"是分杈的,故又引申指分项目的,如"条例","条令","条文"。又引申指层次,秩序,如"条理","条贯","有条不紊"。进而引申作量词,用于条形的、分项的,如"一条鱼","两条河","一条新闻"。

　　注意:"条"的上部是"夂",三画,不要写成四画的"夊"。

夏 xià （金）𦥑 （篆）𦥯 （隶）夏　金文是象形字,上部是人头(突出了"目"),中间是人身,两边是手,下部是双脚,像头、身、手、足俱有的高大人形。小篆简省为一足(夂)。隶书再省去两手,写作"夏",上百(shǒu,头)下夂(足)。本义是古代中原地区的部族,也称华夏或诸夏。引申指中国。又引申表示大,扬雄《方言》一:"自关而西,秦晋之间,凡物之壮大者而爱伟之,谓之厦。"常指高大的房屋。此义后写作"厦",现在读 shà。也指夏朝,禹(一说是启)所建立的中国第一个朝代,都城在安邑(今山西夏县北)。由"大"又引申为盛,农历四月至六月是草木茂盛期,故称作夏季、夏天。

丬（爿）部（5字）

丬（爿）**qiáng pán** （甲）⿰ ⿰ （篆）爿 （隶）爿 甲骨文是象形字，像竖起来的一张床的形状，有床腿和床面。是"牀（床）"的初文。小篆则像是"片"的反写，"爿"与"片"是同字。隶书写作"爿"。**音 qiáng**：本义是床。此义后加"木"写作"牀"。**音 pán**：方言中指劈成片的竹木，如"竹爿"，"柴爿"。后用作量词，指商店或工厂的一家，如"一爿商店"。

　　"爿"作为偏旁，习惯上称作"将字旁"，在有些字中简化为"丬"，如"壮、妆、寝"；在有些字中仍写作"爿"，如"戕、奘、臧"。在合体字中多作声符，如"妆、状、将、戕、臧"；也作意符，所从字与床或劈开的竹木等义有关，如"牀（床）、寤寐"。

壮（壯）**zhuàng** （金）壯 （篆）壯 金文是形声字，从士（男子），爿（qiáng）声。规范简化为"壮"。本义是人体高大。引申为强健，有力，如"壮士"，"年轻力壮"。又引申为雄伟，有气魄，如"壮志"，"壮观"，"雄壮"。又引申为增加勇气和力量，如"壮胆"，"以壮行色"。壮族，中国少数民族之一，原作僮。

　　注意："壮"的右边是"士"，作意符，不是"土"。

妆（妝、粧）**zhuāng** （甲）⿰ （金）⿰ （篆）⿰ （隶）妝 甲骨文是形声字，从女，爿（qiáng）声。"粧"是异体字。规范简化为"妆"。本义是打扮，修饰容貌，如"化妆"，"淡妆浓抹"。引申指演员的装饰，如"上妆"，"卸妆"。又引申指出嫁女子的陪送物品，如"嫁妆"，"送妆"。

状（狀）**zhuàng** （篆）狀 小篆是形声字，从犬，爿（qiáng）声。规范简化为"状"。本义是狗的形状。引申泛指形状，如"状貌"，"奇形怪状"。又引申为情况，景况，如"现状"，"病状"。引申用作动词，指陈说，描摹，如"写景状物"，"状语"。又引申为陈述事件或记载事迹的文字，如"行状"，"供状"。进而引申指诉状，如"告状"，"状纸"。又引申为委任、褒奖等文件，凭证，如"委任状"，"奖状"。

将（將）**jiāng jiàng qiāng** （篆）將 小篆是形声字，从寸（手），醤（酱）省声（省去"西"）。规范简化为"将"。**音 jiāng**：本义是扶持，如"挈妇将雏"，"出郭相扶将"（《木兰诗》）。又引申为率领，带领，如"将军"。又特指下象棋时对对方"将"或"帅"的攻击，如"将"。进而引申为用语言刺激，如"将他一下"。由"搀扶"又引

申为保养,如"将息"。用作介词表示拿,持,如"将心比心"。用作副词,相当于就要,又,如"船将起航","将信将疑"。用作助词,放在动词和趋向补语之间,如"走将出去"。**音 jiàng**:作名词,指军衔的一级,在校以上,泛指高级军官,如"将领","将相和"。也指统帅,指挥,如"将百万之众"。**音 qiāng**:表示请,愿,如"将进酒,杯莫停"(李白《将进酒》)。

广部(34字)

广¹ yǎn guǎng （甲）↑（金）①↑②↑③广（篆）广 甲骨文、金文①
是象形字,是↑(宀mián,房屋侧视形)的省形,即甲骨文↑、金文↑去掉了右面墙
之形,表示有屋顶而少墙的宽敞房屋。金文③将屋脊写成一点。**音 yǎn**:本义是简
易的大房屋。一说是靠近山崖而建的房子,疑非。古文同"庵"字。**音 guǎng**:作
"廣"的简化字。

"广"的本义现只作用于偏旁,习惯上称为"广(guǎng)字头"。在合体字中作
意符,所从字与宽畅简易的房屋、建筑物或场所等义有关,如"庑、店、庙、廊、廣
(广)"。因与"厂"(hǎn,岩崖)形近易混,在古文字中常相通用,所以有些从"厂"
的字也有房屋义,如"厨、厦"。

楷书中有些字的"广"是其他字符的变形,与"广"义无关,如"庆、庚、唐、康、
鹿、庸"。

注意:"广"和"廣"(guǎng,简化为"广")在古文字里是两个字。参看"广²
(廣)"字条。

广²(廣) guǎng ān （甲）廣（金）廣（篆）廣 甲骨文是形声字,从宀
(mián,房屋侧视形),黄声。金文改"宀"为"广"(yǎn,简易的大房屋)。小篆从
广。规范简化为"广",与部首"广"形同而音义不同。**音 guǎng**:本义是四周无墙
壁的大屋。引申为广大,广阔。又引申为广泛,推广。空间之"广大"又引申指数
量众多,如"大庭广众"。**音 ān**:是"庵"(小的圆顶草屋)的省写,多用于人名。

"广"(廣)作为偏旁,在合体字中多作声符,如"犷(獷)、矿(礦)、旷(曠)";也
作声符兼意符,如"扩(擴)、旷(曠)"。

庄(莊) zhuāng （篆）莊 小篆是会意兼形声字,从艸(草的初文)从壮(大),
表示草盛大;壮兼表声。俗写作"庄"。现在规范为"庄",会意字,从广(yǎn,房屋)
从土,表示有房屋有土地之意。本义是草盛大。引申指大路,如"康庄大道";引申
转指村庄,庄园。"庄"有"大"义,故又引申指封建贵族所占大量土地,如"田庄";
又引申指规模较大的商店,如"饭庄"、"茶庄"。进而引申为庄家。由"盛大"又引
申为庄重,严肃,如"端庄","庄严","亦庄亦谐"。

庆(慶) qìng （甲）慶（金）慶（篆）慶 甲骨文是会意字,像一头侧面形状
的鹿怀中有一颗心,表示向他人衷心庆贺之意。古人以鹿为吉祥物(后还借"鹿"

谐音表示"禄"），因此将鹿皮作为贵重礼物。小篆从鹿（省形）从心从夂，夂是止（脚）的倒形，表示前往，合起来表示前去庆贺人家的喜事，用鹿皮表示真心。规范简化为"庆"。本义是祝贺，如"庆贺"，"庆功"，"庆祝"。引申为值得庆贺的事，如"喜庆"，"国庆"。

庑（廡）wǔ　（篆）𪎭　小篆是形声字，从广(yǎn)，無（无）声，广与大房屋有关。规范简化为"庑"。本义是高堂下周围的廊屋、厢房。引申泛指房屋。

床（牀）chuáng　（甲）𤣩①　（篆）②牀　（楷）牀　甲骨文是象形字，像床竖起来的形状(甲骨文一般把字形偏宽的字竖起来写)。小篆②加意符"木"为"牀"，表示床是木制的。中古时俗写作"床"，是会意字，从广(yǎn，房屋)从木，表示木床在屋内。现在规范为"床"。本义是供人坐卧的用具。引申泛指某些像床的器具，如"机床"，"矿床"。进而引申指某些含有床义的地面，如"河床"。作量词，用于被褥席毯之类，如"一床被子"。

库（庫）kù　（金）庫　（篆）庫　金文是会意字，从广(yǎn)，从車，广是简易的大房屋，可储藏战车和兵器。规范简化为"库"。本义是储藏战车或兵器的处所。引申泛指储存物品的房屋或地方，如"钱库"，"仓库"。

庇bì　（篆）庇　小篆是形声字，从广(yǎn，大房屋)，比声。本义是遮蔽，掩护，如"安得广厦千万间，大庇天下寒士俱欢颜"(杜甫《茅屋为秋风所破歌》)。引申为庇护，庇荫，庇佑。
　　注意："庇""屁"形近，辨析："庇"从"广"，与房屋有关；"屁"从"尸"，与人有关(参看"屁"字条)。

庐（廬）lú　（篆）廬　小篆是形声字，从广(yǎn，简易的房屋)，盧（卢）声。规范简化为"庐"，声符为"户"。本义是农时在田中寄居的棚舍。引申为简陋居室，如"庐舍"，"结庐在人境"(陶潜《饮酒》之五)。进而引申泛指一般的房舍，如"径造庐访成"(蒲松龄《聊斋志异·促织》)。庐山：山名，在江西省，相传有匡俗兄弟七人结庐于此，又名匡庐。

序xù　（篆）序　小篆是形声字，从广(yǎn，建筑物)，予声。本义是堂屋的东西墙。引申指东西厢房。由于堂与厢房是依次排列的，引申为次第，顺序，进而引申为介绍作品内容、编排的一种文体，即序言，也写作"叙"(汉朝时序在文章后面，后多移在文章前面)。由"序言"又引申为开头，如"序幕"，"序曲"。古代地方学校设在堂的两厢，"序"又引申指地方学校(夏曰校，殷曰序，周曰庠)。

庞（龐）páng　（甲）𪚥𪚥　（篆）龐　甲骨文是会意兼形声字，从广(yǎn，大房屋)从龍(龙，表示大)，龍兼表声。规范简化为"庞"。本义是高大的房屋。引申泛指高大，多，如"庞然大物"。"庞杂"之庞，此义本写作"尨"(máng)。"尨"是多毛犬,从犬从彡(shān),引申为多而杂乱,后被误写作"庞"。"庞"又借指脸盘,脸蛋,"面庞"即面盘、脸盘。

店 diàn （篆）坫 小篆是形声字,从土,占声,本指室内放物的土台子,后引申指商贾放货物的柜台,故俗写作"店",从广(yǎn,简易大房屋),占声,表示商店。本义是商店。引申为旅舍,客店,饭店。集镇上有商店,故有些地方用作集镇的名称,如"李家店","长辛店"。

庙(廟) miào （金）𥉥 （篆）廟 金文、小篆是形声字,从广(yǎn,大房屋),朝声。俗写作"庙",会意字,从广从由,意思是供祭祖宗是为了不忘根由。现在规范为"庙"。本义是供奉祭祀祖先神位的处所,如"宗庙","祖庙"。引申泛指供祭神佛、被神化的人或已故名人的处所,如"城隍庙","关帝庙","孔庙"。设在寺庙里或附近的集市称为"庙会"。

府 fǔ （金）𤔲 （篆）府 金文是会意兼形声字,从宀(mián,房屋)从付从贝,付表示授受文字资料存档之意,兼表声。小篆改"宀"为"广"(yǎn,大房屋),从付。本义是储藏文书的地方,相当于现在的档案馆。引申泛指储藏财物之所。进而引申指乐府,学府。又引申为官署,如"官府"。由"官署"又引申为达官贵人住宅,如"相府","荣国府"。后又指唐朝至清朝的行政区划,如"济南府","府庠"(州府里的学校)。古代又通"腑"。

底 dǐ （金）厎 （诅楚文）庢 （篆）厎 金文是形声兼会意字,从厂(hǎn),氏(dǐ)声,厂指山崖,后讹变为"广"(yǎn,大房屋);氏兼表根底意。本义是物体最下面的部分。引申为根底,基础,如"白底红花"。从上部到下底,就是到了尽头,故引申为尽头,过程的末尾,如"月底","干到底"。

庖 páo （篆）庖 小篆是形声字,从广(yǎn,简易房屋),包声。本义是厨房,如"庖有肥肉,厩有肥马"(《孟子·梁惠王上》)。引申为厨师,如"名庖"(有名的厨师)。

庚 gēng （甲）𩇢 𣅺 （金）𩇢 𩇢 （篆）𩇢 （隶）庚 甲骨文是象形字,像有耳可摇的响铃类乐器。小篆讹变为从两手捧"干"形。楷书写作"庚"。本义是摇动连续发声的响铃。引申为接续,如"长庚"。后假借为天干的第七位。宋元以来又常用以指年龄,如"同庚","贵庚"。

废(廢) fèi （篆）廢 小篆是形声字,从广(yǎn,简易房屋),發(发)声。规范简化为"废"。本义是房屋倒塌。引申为废除,废弃,进而引申为荒废。由"房屋倒塌"又引申泛指倒塌,进而引申为损坏,衰败,如"兴废存亡"。再引申为无用的,如"废物"。"倒塌"则停止使用,故又引申为停止,如"废除","废寝忘食"。由"损坏"又引申指人的肢体损坏,如"残废"。

　　注意:"废"的本义与房屋有关,故从"广"不从"疒"。

度 dù duó （篆）度　小篆是形声字，从又，庶省声（省去"灬"），又是手的侧形，这里表示伸长两臂量长短。**音 duó**：本义是测量，计算。引申为揣测，忖度，如"以小人之心度君子之腹"。**音 dù**：由"计量"引申为计量长短的器具或单位，如"度量衡"。又引申为程度，限度。进而引申为依照计量标准划分的单位，如"温度"。由"程度，限度"又引申为法度，制度。进而引申为气度，风度。由"计量"又引申为量词，相当于次，回，如"几度春秋"。"测量"是由此及彼，故又引申为度过时间（"渡"指渡过空间），如"虚度年华"。

庭 tíng （篆）庭　小篆是会意兼形声字，从广（yǎn，大房屋）从廷，廷像人站在庭中台阶前形，兼表声。"庭"本写作"廷"，后成为"廷"的分化字，并逐步替代了"廷"除了"朝廷"、"宫廷"义之外的其他义项。本义是古代厅堂前的院子，即从门屏到正房前的平地。引申为厅堂。现代又指法庭，如"开庭"，"庭讯"。

注意：现在"朝廷""清廷"的"廷"不能写成"庭"，因为"廷"与朝堂有关。

庠 xiáng （篆）庠　小篆是形声字，从广（yǎn，大房屋），羊声。本义是周时的学校（夏曰校，殷曰序，周曰庠），后来以"庠序"统称古代的学校。旧时的府学、县学称为郡庠、邑庠。

席（蓆） xí （甲）（金）（古文）（篆）席 蓆　甲骨文是象形字，一张席子形，上面有编织的纹路。金文变成会意字，从厂（hǎn，房屋），从巾，表示屋内铺着丝织的席子。《说文》古文表示屋内有席。小篆成为形声字，从巾，庶省声（省去"灬"）。异体字为"蓆"，加"艹"表示席子用草、竹、苇等编成。现在规范为"席"。本义是供人坐卧用的垫子。古人席地而坐，故引申为席位。又引申用作量词，如"一席话"。

座 zuò　楷书是会意兼形声字，从广（yǎn，房屋）从坐，指停坐在房屋内；坐兼表声。本义是坐具。引申为在座的人，如"扪虱倾谈惊四座"（周恩来《送蓬仙兄返里有感》）。进而引申指地位，职位，如"新功未建惭高座"（董必武《偶得一绝句》）。进而引申指旧时对官长的敬称，如"军座"。由"坐具"又引申指承托物体的部件，如"碑座儿"。进而引申指星座，如"大熊星座"。又引申作量词，用于大而固定的物体，如"两座山"，"一座宝塔"。

唐 táng （甲）（金）（篆）（隶）唐　甲骨文是会意兼形声字，从庚（响铃的乐器）从口，表示说话像钟铃一样响；庚兼表声。小篆将铃体讹作两手（廾）捧"干（干）"形。楷书写作"唐"。本义是讲大话。引申为没有根据的话，如"荒唐之言"。由"大话"又引申为广大的样子，如"唐虞"，"唐皇"（气势宏伟盛大）。又引申为冲撞，如"唐突"。用作朝代名，如"唐朝"；又用作姓，相传为唐尧氏之后。

庶 shù （甲）〔图〕（金）〔图图〕（篆）〔图〕（隶）**庶** 甲骨文是会意字，从厂（hǎn，山崖）从口（一口锅）从火，表示山崖下有一口锅，锅底正燃火煮食物。是"煮"的初文。金文或改"厂"为"广"（yǎn，简易房屋）。小篆改"口"为"廿"。本义是煮，音 zhǔ，但本义消亡。烧火煮饭是下人的事，引申泛指百姓，平民，音 shù，如"庶民"。由"百姓"又引申为众多，如"众庶"，"富庶"。烧火煮饭一般在旁侧屋中，故又引申指宗族的旁支（与"嫡"相对），如"庶出"。由"众多"又虚化为副词，表示大概，差不多，如"庶几"。

庵 ān 楷书是形声字，从广（yǎn，简易房屋），奄（yǎn）声。本义是小草屋。引申特指佛寺（多指尼姑住的），如"水月庵"。

庾 yǔ （篆）〔图〕 小篆是形声字，从广（yǎn，敞屋），臾（yú）声。本义是没有顶盖的谷仓。引申泛指谷仓，如"钉头磷磷，多于在庾之粟粒"（杜牧《阿房宫赋》）。

廊 láng （篆）〔图〕 小篆是形声字，从广（yǎn，房屋），郎声。本义是厅堂周围的屋。引申为走廊，即有顶的过道。

康 kāng （甲）〔图〕（金）〔图〕（篆）〔图〕（隶）**康** 甲骨文是会意兼形声字，上部的"庚"像有耳可摇的响铃乐器，四点表示响铃摇动时的乐声；庚兼表声。小篆下面讹变为"米"（一说该字几个小点像糠皮形，庚声，本义是糠）。隶书写作"康"。本义是演奏乐铃。引申为女乐，和乐，如"康乐"。进而引申为健康安宁，即康宁。由"安乐"又引申为富裕，如"小康"。"富裕"之地多有发达的交通，故又引申指四通八达的大路，如"康庄大道"。

庸 yōng （甲）〔图〕（金）〔图〕（篆）〔图〕（隶）**庸** 甲骨文是会意兼形声字，从庚（响铃乐器）从用（使用），用兼表声。本义是大钟。是"镛"的初文。引申为用，该义现在仅保留在成语里，并多用于否定式，如"毋庸讳言"，"无庸细述"。由"用"又引申为受雇用，用作名词，即受雇用者，此义后写作"傭"，规范简化为"佣"。进而引申为形容词，表示平凡，一般，如"庸言庸行"。又引申为不高明的，没有作为，如"庸才"，"平庸"。

赓 gēng （古文）〔图〕 《说文》古文是会意兼形声字，从贝从庚（可摇动连续发声的响铃），表示贝声相续；庚兼表声。本义是连续，继续，多指歌咏吟诵的接续唱和，如"赓咏"（相继咏和）。是"续"的古字，现多用"续"。

廓 kuò 楷书是会意兼形声字，从广（yǎn，敞屋）从郭（外城），郭兼表声。本义是开阔，广大，如"怅寥廓，问苍茫大地，谁主沉浮？"（毛泽东《沁园春·长沙》）引申为扩大，如"狭隘褊小，则廓之以广大"（《荀子·修身》）。由"扩大"又引申为清除，肃清，如"廓清"。又引申为物体的外缘，如"轮廓"，"耳廓"。

廉 lián （篆）廉 小篆是形声兼会意字,从广(yǎn),兼声,广与房屋有关,兼亦表堂屋的两侧之意。本义是厅堂的两侧。堂的侧边有棱角,故引申指人的品行方正,正直,如"廉政","廉洁","廉直"。"廉洁"则不贪钱,故又引申为价低,价格低廉,如"廉价","物美价廉",这是晚起义。

腐 fǔ （篆）腐 小篆是形声字,从肉,府声。本义是朽烂。引申为臭,如"流水不腐"。又引申指腐烂的物体,如"食腐动物"。又引申指思想陈旧过时时,如"迂腐"。"腐"又作豆腐的简称,因为豆腐是将豆子磨烂后加工制成的。

　　注意:"腐"以"府"为声符,故从"广"而不从"疒"。

门（門）部（20 字）

门（門）mén （甲）①**明**②**鼬** （金）**明 門** （篆）**門** （隶）**門** 甲
骨文是象形字，①像古代的两扇门；②像上有横木（门框）的门形。金文大同。小
篆文字化。隶书写作"門"。规范简化为"门"，由草书楷化而来。本义是宅院房舍
的门。引申为家，家族，如"满门"，"杨门女将"，"豪门"。又引申为门第，门派，师
门。门是一种安全设施，故引申为关塞要口，如"玉门"，"虎门"。门是进出的必由
之路，故又引申为抽象的门路，途径，关键，如"不得其门而入"，"窍门"。进而引申
为门类，如"分门别类"。用作量词，如"一门课"，"说门亲事"。

"门"作为偏旁，在合体字中多作意符，所从字与门户等义有关，如"闩、闪、闯、
闸、闺、阀、阅"；也作意符兼声符，如"问、闻"；也作声符，如"们、闷、闽"。

楷书中有些字的"门"是其他字符的变形，与"门"的音义无关，如"闹"的繁体
是"鬧"，从"鬥"（dòu，斗的繁体），简化合并到"门"部。

注意：据古文字，"门"是双扇门，"户"是单扇门。

闩（閂）shuān 楷书繁体是会意字，从门从一（两扇门的横插），像两扇门中横
插着一根木棍或铁棍。规范简化为"闩"。本义是门闩。用作动词：插上门闩，如
"闩上门"。

闪（閃）shǎn （篆）**閃** 小篆是会意字，从人在门中，表示人在门内向外偷看。
规范简化为"闪"。本义是人自门内偷看。引申为偷看。进而引申指人突然显现，
如"躲闪"，"闪身"。再引申指光亮突然闪现，如"雷鸣电闪"。

闭（閉）bì （金）**鼬** （篆）**閇** （隶）**閇** 金文是会意字，从门从十（闩一
类的关门物形），表示关门。小篆、隶书逐渐将"十"形讹变为"才"。规范简化为
"闭"。本义是关门，如"闭门造车"。引申泛指关，如"封闭"。关门就是合拢两扇
门，故引申为合，如"闭嘴"，"闭目塞听"。又引申为结束，如"闭幕"，"闭经"。"关
门"则不能通行，又引申为堵塞不通，如"闭塞"。

问（問）wèn （甲）**明** （金）**門** （篆）**問** 甲骨文是会意兼形声字，从门
从口，表示在门口问询、打听；门兼表声。规范简化为"问"。本义是询问，打听，如
"问事处"，"问路"。引申为审讯，如"审问"，"问案"。进而引申为追究，责问，如
"出了事故，唯你是问"。由"询问"又引申为问候，慰问，如"问安"，"问好"。

闯（闖）chuǎng （篆）闖　小篆是会意字,从马从门,指马出门。规范简化为"闯"。本义是马出门的样子。出门势成脱缰之马,引申为突入,猛冲,如"闯将","闯祸"。又引申为奔走谋生,闯荡,如"闯关东"。又引申为开辟,如"闯一条新路"。

闰（閏）rùn （篆）閏　小篆是会意字,从王在门中。古代举行告朔之礼时,王通常居于明堂,但逢闰月,则居于路寝门。规范简化为"闰"。本义是闰月,历法术语之一。

闲（闲、閒）xián （金）𣚺 （篆）閑 （隶）閑　金文是会意字,从门中有木,表示门栅栏。规范简化为"闲",也作"閒"(本义是缝隙,此义今作"间")的简化字,并承担了"閒"的部分意义。本义是门栅栏。引申为马厩。又由"閒"的"空隙"义引申指时间的空闲。进而引申为闲置不用,如"四海无闲田"(李绅《悯农》)。由"空闲"又引申指无关紧要的,如"闲话","闲书"。

间（閒、間）jiàn jiān （金）閒 （篆）間 （隶）閒　金文是会意字,从门从月,用门中能看到月亮表示门有缝隙。小篆把"月"移入"門"中。**音 jiàn**:本义是缝隙,空隙,如"紧密无间"。引申为空闲(闲),闲(闲)暇。后因"閒"为引申义专用,"缝隙"义又另造"間"字来表示,意符"月"也改为了"日"。规范简化为"间","閒"则简化为"闲"。由"缝隙"又引申为间隔,间断,离间,间谍,私下。"缝隙"狭窄,故引申指狭窄的小路为间道。"缝隙"可以插入东西,故又引申为参与,如"肉食者谋之,又何间焉?"(《左传·庄公十年》)**音 jiān**:"缝隙"在两扇门或者两物之间,故引申为中间,之间。进而引申为时间,期间。"间(jiàn)隔"用以指相互隔开的栋栋房子,引申作量词,如"三间房屋";用以指屋子里隔开的房,则称作房间。

闷（悶）mèn mēn （篆）悶　小篆是形声字,从心,門声。规范简化为"闷"。**音 mèn**:本义是憋闷,烦闷。引申为不透气,如"闷罐子车"。**音 mēn**:盖住,密闭,使不透气,如"闷热","这茶闷会儿再喝"。进而引申为晕,不机灵,如"这孩子有点发闷"。又引申指长久待在某处不动,如"她闷在家里学习"。

闸（閘）zhá （篆）閘　小篆是形声字,从門,甲声。规范简化为"闸"。本义是开闭门,是根据门枢转时轧轧有声而造的字,本读 yā。引申指可以随时启闭的水门(闸),读 zhá。进而引申泛指制动器,如"电闸","车闸"。

闹（鬧、閙）nào （篆）鬧　小篆是会意字,从市从鬥(斗,二人揪斗),表示在市场上的揪斗喧闹。俗写讹变为"閙",从门。规范简化为"闹"。本义是不静,嘈杂。引申指引起冲突,如"他们上街闹事","二人闹矛盾了"。又引申为发泄感情,如"闹情绪"。又指搞,弄,如"闹革命","闹不清楚"。

闺（閨）guī （篆）闺　小篆是会意兼形声字，从門从圭（guī，上圆下方的端玉），指圭形的小门，圭兼表声。规范简化为"闺"。本义是小门。小门多是内室的门，引申为内室，后特指女子居住的内室，如"闺房"。闺女：指女儿，或未嫁女。

闻（聞）wén （甲）①𦕂②𦕈 （篆）聞　甲骨文是会意字，①像一个跪坐的人在扯耳细听，字为了突出听意，画大了耳朵；②再加两点，表示细小的来音。小篆改写为会意兼形声字，从耳在門内，表示从门缝听声；門兼表声。规范简化为"闻"。本义是听见，听到，如"耳闻目睹"，"闻风而动"，"春眠不觉晓，处处闻啼鸟"（孟浩然《春晓》）。引申为听到的事情，如"新闻"，"传闻"。进而引申为闻名，如"不求闻达于诸侯"（诸葛亮《出师表》）。再引申为名誉，声望，如"丑闻"，"默默无闻"。后来指用鼻子嗅气味，如"你闻到了什么气味？"

　　注意："闻"与"听"义近，辨析："闻"指听的结果，"听"指听的行动，如"听而不闻"。

闽（閩）mǐn （篆）閩　小篆是形声字，从虫（蛇），門声。规范简化为"闽"。本义是生活在福建一带和浙江南部的古种族名，该民族以蛇为图腾，故闽字从虫。后也因此称福建为闽。

阀（閥）fá （篆）閥　小篆是形声字，从門，伐声。规范简化为"阀"。古代仕宦人员的大门外分设两根柱子，左曰阀，右曰阅。"阀"记载自己及家族的功绩，"阅"记载自己及家族的经历，故称"阀阅"。本义是古代仕宦人家竖在门外左边自序功状的柱子。引申指世代显贵之家，或有权势有名望之家，如"门阀"（门第阀阅）。进而引申指某一方面有实力、有特殊支配地位的人或集团，如"军阀"，"财阀"，"学阀"。阀门：英语 valve 的音译，也叫活门，如"气阀"，"油阀"。

阅（閱）yuè （篆）閱　小篆是形声字，从門，说（yuè）省声。规范简化为"阅"。本义是在门内一一清点、计算东西。引申为察看。进而引申为检阅，阅读。由"清点、计算"又引申为经历，如"阅历"。又指古代仕宦人家竖在门外右边记载经历的柱子（参看"阀"字条）。

阎（閻、閆）yán （篆）閻　小篆是形声字，从門，臽（xiàn）声。规范简化为"阎"。"閆"是俗写，今仅用作姓。本义是里巷内的门，亦指里巷，如"兴于闾阎"（闾阎：里巷内的门）。阎罗：地狱之王，是梵语 Yamarāja [Yama Raja] 音译"阎魔罗阇"的简称，意译为平等王，或译为缚，即缚罪人。也比喻极凶恶残暴的人，如"活阎王"。

　　注意："阎"的声符是"臽"，不要写成"臽"。

阐（闡）chǎn （篆）闡　小篆是形声字，从門，單（单）声。规范简化为"阐"。本义是开门。引申为开，打开，如"待月阐东扉"（白居易《严十八郎中在郡日改制东南楼》)。进而引申为揭示,说明,如"阐发","阐释"。又引申为发扬,如"阐究"
(研究发扬)。

阔（闊）kuò　（篆）闊　（隶）闊　　小篆是形声字,从门,浯声。隶书写作
"闊","活"表声。规范简化为"阔"。本义是远离,疏远。引申为离散,如"生死契
阔"。又引申为空间的宽,广,大,如"阔叶","广阔","阔步向前"。进而引申为远
离的时间长久,如"阔别"。由"宽广"又引申指手头很宽裕,排场大,奢侈,如"阔
绰","阔人"。

宀部（44字）

宀 mián　（甲）〔图〕　（金）〔图〕　（篆）〔图〕　（隶旁）〔图〕　甲骨文是象形字，像房屋侧视的形状，上面三角形是屋顶，两侧是墙。甲骨卜辞中用作房屋义。隶书偏旁写作"宀"。本义是古代的一种简易房屋。

"宀"现只作偏旁，习惯上称为"宝盖头"。在合体字中作意符，所从字与房屋、家室及覆盖等义有关，如"安、宝、宿、寝"。

楷书中有个别字的"宀"是其他字符的变形，与"宀"义无关，如"它"。

宁（宁、寍）níng nìng　（甲）〔图〕　（金）〔图〕　（篆）①〔图〕②〔图〕　甲骨文是会意字，从宀（mián，房屋）从皿（盛有食物的容器）从丂（kǎo，舒气），表示屋内存有食物，松口气，以示安宁之意。金文加意符"心"，强调内心安宁。小篆①承接金文并规整化。规范简化为"宁"。音níng：本义是安宁，安定。引申为使动用法：使……安宁，如"息事宁人"。又作江苏南京的别称，南京在清代为江宁府治，故称宁。音nìng：由"安宁"又引申为宁愿，宁肯，曾造"寍"字表示（见小篆②）。

它 tā　（甲）〔图〕　（金）〔图〕　（篆）〔图〕　（隶）〔图〕　甲骨文是象形字，像一条首大身弯的蛇。小篆规整化。隶书写作"它"。本义是蛇。后因假借作代词，专指除人之外的事物，相当于别的，其他的，本义造"蛇"（加意符"虫"）字表示。

宇 yǔ　（金）〔图〕　（篆）〔图〕　金文是形声字，从宀（mián，房屋），于声。本义是屋檐。引申泛指房屋，如"庙宇"。进而引申为上下四方整个空间，天下，如"寰宇"，"宇宙"（"宇"指空间，"宙"指时间）。"屋檐"是房屋的外延、轮廓，又因此引申指人的风度、仪容，如"器宇轩昂"。

守 shǒu　（金）〔图〕　（篆）〔图〕　金文是会意字，从宀（mián，房屋）从寸（手），表示把持，防守。本义是防守，如"杀臣，宋莫能守"（《墨子·公输》），"守门员"。引申为看守，如"守夜"，"守护"。又引申为守候，待在一个地方不动，如"守株待兔"，"留守"。进而引申为遵守，如"守纪律"，"守法"。由"防守"又引申为官吏的职责，如"职守"。进而引申为节操，如"操守"。由"职守"又引申为古代官名，如"太守"（郡级最高长官）。

宅 zhái　（甲）〔图〕　（金）〔图〕　（篆）〔图〕　甲骨文是会意兼形声字，从宀（mián，房屋）从乇（zhé，草木向下生根和向上生长形），表示人在住处长期生活和发展；乇兼表声。本义是住所,如"住宅"。引申泛指房舍,如"民宅"。

字 zì （金）![字金文] （篆）![字篆文]　金文是会意兼形声字,以子从宀(mián,房屋)中表示在屋内生育孩子;子兼表声。本义是生子,生育。引申为养育,如"字而幼孩"(柳宗元《种树郭橐驼传》)。又引申为许配,出嫁,如"待字闺中"。由"生子"又引申指文字:起初古代把独体字叫"文",如"水、火",把由"文"滋生出来的合体字(会意字、形声字)叫"字",如"森、炎",后来统称为"文字"。由"文字"又引申指字音,如"咬字清晰","字正腔圆"。又引申指书法作品,如"字画"。由"生育"又引申为名字:先秦时,贵族家庭所生男孩满三个月时,由父亲给他起"名";二十岁时,行成人加冠礼,再依"名"取别名,因别名是由"名"滋生出来的,故称为"字""表字"。

安 ān （甲）![安甲骨文] （金）![安金文] （篆）![安篆文]　甲骨文是会意字,从宀(mián,房屋)从女。远古人穴居山野,极易受到野兽的伤害,后来建造了房屋就安全多了,故"安"以一女静居屋内表示安居之意。本义是安居,安宁。引申为安静,安稳,安全,安定。由"安稳"又引申为安放,安置,进而引申为安装。由"安稳"又引申为徐缓,如"安步当车"。由"安静"又引申为抚慰,安抚;用作使动用法:使……平静,使……安定,如"安民告示","安天下"。"静居屋内"含有处所之意,故又引申作疑问代词,相当于"什么","哪儿",如"(苻)坚曰:'天下大事,孺子安知?'"(《资治通鉴·晋孝武帝太元七年》)"沛公安在"(《史记·项羽本纪》)。进而引申为哪里,怎么,如"燕雀安知鸿鹄之志哉!"(《史记·陈涉世家》)"双兔傍地走,安能辨我是雄雌?"(《木兰诗》)

　　注意:"安装"不写作"按装"。

完 wán （篆）![完篆文]　小篆是形声字,从宀(mián,房屋),元声。本义是房屋修建得完好无缺。引申为完整,完全,完好,如"完璧归赵","覆巢之下无完卵","体无完肤"。又引申为完美无缺,如"人无完人"。"完整、完好"意味着无以复加,终结,故又引申泛指完成,完结,如"完工","完毕"。

宋 sòng （甲）![宋甲骨文] （金）![宋金文] （篆）![宋篆文]　甲骨文是会意字,从木在宀(mián,房屋)中,表示屋室内有床、几等木制家具便于居住。本义是居住。但本义未见经传,只用来表示诸侯国名(如"宋国")、朝代名(如"宋朝")、姓氏。

宏 hóng （篆）![宏篆文] （隶）![宏隶书]　小篆是形声字,从宀(mián,房屋),厷(hóng,又音gōng,"肱"的初文)声。本义是房屋宽大而深。引申为广大,如"宏图","宏观世界"。又引申为声音洪亮,如"声之宏也类有能"(柳宗元《黔之驴》)。

牢 láo （甲）![牢甲骨文]![牢甲骨文]![牢甲骨文] （篆）![牢篆文] （隶）![牢隶书]　甲骨文是会意字,以宀(mián,栏圈)里分别关着牛、马、羊,表示关养牲畜的栏圈。小篆以牛为牲畜代表,并在栏圈入口处再加一道横木以防牲畜跑出。隶书写作"牢"。本义是关牲畜的栏圈,如"亡羊补牢","牢笼"。古代关牲畜的地方也常用来关犯人,故又引申为关人的监牢,后专指监狱,如"牢房","牢狱之灾",而将"关牲畜"处称为圈。因关牲畜关人的牢都要坚固,故又引申指异常坚固,如"牢固","牢靠"。进而引申含有经久义,如"牢记"。由"关牲畜"又引申指祭祀用的牛、羊、猪为牢,如"太牢"(祭品用牲牛、羊、猪各一;后也指牛),"少牢"(指羊、猪各一;后也指羊)。

灾(災)zāi　(甲)　(籀)　(篆)　(隶)　甲骨文是会意字,从宀(mián,房屋)从火,以火烧房子表示火灾,灾难。籀文(大篆)从巛(zāi,水灾)从火,巛是巛(川)加一横,表示河流因被堵造成水灾,与火灾构成会意字,代表所有的灾害。后楷书省作"灾"。规范简化为"灾",用甲骨文字形,但泛指一切灾害。

宝(寶、寳)bǎo　(甲)　(金)　(篆)　甲骨文是会意字,从宀(mián,房屋)从贝从玉,以贝、玉收藏在屋内表示珍宝义。金文加声符"缶",成形声字。"寳"是俗写。规范简化为"宝",会意字,表示家中玉石是宝贝。本义是珍贵的东西,如"珍宝","国宝"。引申为珍贵的,形容词,如"宝刀","宝石"。进而引申为敬称,如"宝地","宝眷"。又用作敬辞,称与皇帝有关的东西,如"宝架","宝座"。

宗zōng　(甲)　(金)　(篆)　甲骨文是会意字,从宀(mián,房屋)从示(祭坛),表示此房屋设有祖先神位。本义是祭祀先人的祖庙、宗庙。引申指祖先,祖宗,如"列祖列宗"。又引申指同祖同宗的人,如"宗族"。进而引申为宗派,宗旨。由"祖庙"又引申作量词,相当于桩、件、批,如"一宗心事","一宗事","大宗货物"。

定dìng　(甲)　(金)　(篆)　(隶)　甲骨文是会意兼形声字,从宀(mián,房屋)从正(前往),表示来到屋内止息;正兼表声。本义是休息。引申为安定,如"气定神闲"。进而用作使动词:使……平定,使……安定,如"一战而定中原","手持三尺定河山"(洪秀全《吟剑诗》)。因"安定"意味着很少动或不变动,故又引申为决定,确定,如"大会定在周末开","此事要马上定下来!"进而引申为规定,如"定量分析","定任务"。虚化为副词,相当于必定,一定,如"她定能考上大学"。用作动词后缀,表示固定,确定,坚定,如"这场球他输定了!""说定了,不反悔","明天我走定了!"

审(審)shěn　(金)　(篆)　金文是会意字,从宀(mián,房屋)从采(biàn,野兽足迹。参看"采"部首)从口(议论),表示房屋里出现了野兽足迹,人们议论纷纷要弄清情况。小篆从宀从番或从采,义同。规范简化为"审","申"表声。本义是详知,如"陛下连降三诏,召臣回朝,未审圣意为何?"(《三国演义》第一百一十五回)引申为详细,周密,如"审慎","审视"。又引申为仔细推究,如"审查","审时度(duó)势"。进而引申为仔细查问,如"审讯","审判"。

宙zhòu　(甲)　(篆)　甲骨文是形声字,从宀(mián,房屋),由声。本义是房梁。引申为天空，如"霜凝碧宙"（王勃《七夕赋》）。进而引申为无限时间的总称，《淮南子·齐俗》："往古来今谓之宙，四方上下谓之宇。"

官 guān （甲）🅱 （金）🅰 （篆）🅱 甲骨文是会意字，从宀（mián，房屋）从𠂤（duī，相连的房屋）。本义是馆舍。此义后来写作"馆"。引申专指官署，官府。进而引申为官职，官位，如"升官"，"辞官归隐"。再引申为官员，官吏，如"百官朝拜"，"官宦之家"。由"官员"又引申为对人的尊称，如"客官"，"官人"。因"官署"的众部门各司其职，又引申比喻为器官，如"五官"，"感官"。

宛 wǎn （篆）🅰 小篆是会意兼形声字，从宀（mián，宫室）从夗（yuàn），夗从夕从卩（卩jié，跪坐之人），表示夜里身体弯曲侧卧；夗兼表声。"宛"的本义是身体侧卧弯曲。引申泛指曲折，弯曲，如"宛延"。用作形容词，表示好像，仿佛，如"宛如"，"音容宛在"。

实（實）shí （篆）🅰 小篆是会意字，从宀（mián）从毌（guàn）从贝（贝），宀是房屋，毌是用绳索穿起来的财物、珍宝，贝指货币，合起来表示屋子装满了珍宝货物和金钱。规范简化为"实"，由草书楷化而来。本义是富，富裕，如"国实民富"。引申为财富，如"聚敛积实"。又引申为满，充满，充实，如"实心儿"，"结实"。进而引申为果实，种子，如"开花结实"，"秀而不实"。"充实"就是不虚，又引申为事实，如"言过其实"。进而引申为真实，实在，如"诚实"，"实心实意"。虚化为副词，相当于实在，确实，如"实无此事"，"实不相瞒"。

宓 mì fú （篆）🅰 小篆是形声字，从宀（mián），必声。宀是房屋，此表安居。音mì：本义是安定，安宁，平静。古通"密"，后"密"行而"宓"专作姓。音fú：用作姓，如"求宓妃之所在"（屈原《离骚》）。

宣 xuān （甲）🅰 （金）🅰 （篆）🅰 甲骨文是会意兼形声字，从宀（mián，房屋）从亘（xuān，云气舒卷自如形），以看似有云气表示宫室之大；亘兼表声。金文、小篆渐繁化。本义是古代帝王的大宫室，如"宣室求贤访逐臣"（李商隐《贾生》）。引申为宽大，如"用而不匮，广而不宣"（《左传·襄公二十九年》）。进而引申为公开说出来，普遍宣传，如"宣示"，"宣誓"，"宣布"。又引申为扩散、疏散阻塞、郁积等，如"宣泄"，"宣导"。

宦 huàn （金）🅰 （篆）🅰 甲骨文是会意字，从宀（mián，房屋）从臣（奴仆），表示家中奴仆。本义是贵族或奴隶主的奴仆。引申为在宫内侍奉的阉人，宦官。进而引申泛指官吏，做官，如"宦途"。再引申为官，官职，如"官宦"，"宦游人"（在外奔走求官者）。

室 shì （甲）🅰 （金）🅰 （篆）🅰 甲骨文是会意兼形声字，从宀（mián，房屋）从至（矢着地形，表示到达），以人到屋中停止表示这是住房；至兼表声。本义是居室,卧室。引申泛指房屋,住宅,如"教室","寝室"。由"住宅"又引申为家,家庭,如"室中更无人,惟有乳下孙"(杜甫《石壕吏》)。由"房屋"又引申为工作场所,如"办公室","接待室"。

注意:古人房屋内部,前边部分叫堂,堂后用墙隔开的中央部分叫室,室的东西两侧叫房,故有"登堂入室"之说。

宫 gōng （甲）　（金）　（篆）　甲骨文是象形字,像穴居时代人住的洞窟,外围像洞门,里面小框像互通的小洞。本义是房屋、住所的通称。秦以后专指帝王居住或处理公事的场所,即宫殿,如"皇宫","故宫"。由"宫殿"又引申指宫刑。由本义又引申指庙宇,如"雍和宫"。如今也指较大的文化活动或娱乐场所,如"少年宫","民族宫"。由"住所"又引申指雌性子宫。又作中国古代五声音阶(宫、商、角、徵、羽)的第一音,相当于简谱的"1"。古代音乐的调式也统称"宫调"。

客 kè （金）　（篆）　金文是会意兼形声字,从宀(mián)从各,宀是房屋,各下部口是穴居洞,上部夂是倒止(参看"止"字条),表示人来到;各兼表声。"客"的本义是来宾,外来的人。引申特指门客,食客。进而引申为有专长者,如"剑客"。出外作客则离家,故又引申指旅居他乡,寄居他乡,如"旅客","万里悲秋常作客"(杜甫《登高》)。由"客人"又引申指顾客,旅客,如"乘客","客满","客车"。

害 hài （金）　（篆）　金文是形声字,从宀(mián,房屋)从口(闹口角),表示家中人以口角相伤害;丰(gài)声。本义是伤害,损害。引申为妨害。由"伤害"又引申指祸害,灾祸,如"灾害","为民除害"。又引申为杀害,谋害,如"她被害死了"。因病使人受到损害甚至死亡,故得病称作"害病"。进而引申指心理上的不适感觉,如"害羞","害怕"。

宽(寬) kuān （篆）　小篆是形声字,从宀(mián,房屋),莧(huán)声。规范简化为"宽",声符换为"苋"(莧 xiàn)。本义是屋子宽大。引申为宽阔,面积大,如"宽广"。进而引申特指横的距离,即宽度。由"宽阔"又引申为宽松,进而引申为宽厚,宽容,如"宽和"。再引申为度量大,如"心宽体胖"。又引申作动词,表示放松,放宽,延伸,如"衣带渐宽","宽心","宽限"。又引申指脱去衣服,如"宽衣解带"。

注意:繁体字"寬"的右下有一点,简化字"宽"则没有一点。这是因为"寬"以"莧"为声符,"莧"原是细角山羊的象形,上部"卝"是羊角向两边分张形,右下角一点是羊的短尾;而"宽"的苋(莧)是一种菜名,从卝,见(見)声,故右下没有一点。

家 jiā jia jie （甲）　（金）①　②　（篆）　甲骨文是会意字,从宀(mián,房屋)从豕(shǐ,一般的猪),因猪的繁殖率高,故古人用以表示家中人丁兴旺的愿望。金文①用一口肥猪形突出字义。小篆承接金文②并文字化。**音 jiā:**

本义是家,指家庭的住所、房子。引申为家庭,如"家有儿女"。又指古代卿大夫的封地(诸侯的封地叫国,大夫的封地叫家)。又引申指民族,如"苗家","傣家"。由"家庭"又引申为学术流派,如"儒家","百家争鸣"。进而引申为某方面的专家,如"科学家","作家"。由"家庭"又引申作量词,用于店铺、商店、工厂等,如"一家杂货店","两家商店","三家工厂"。也作"傢"的简化字,"家伙"、"家具"、"家什"的"家",繁体写作"傢"。音 jia:虚化为助词,作某些名词的后缀,表示属于那一类人,如"老人家","女儿家"。音 jie:作助词,同"价",用在状语与动词或形容词之间,相当于"地",如"整天家忙","震天家响"。

　　注意:"家"与"冢"形近而音义不同,辨析见"冢"字条。

宵 xiāo （金）〔图〕 （篆）〔图〕　金文是形声字,从宀(mián),肖声。宀是房屋,夜晚人的休息处。本义是夜晚,如"通宵达旦","元宵节"。

容 róng （篆）〔图〕　小篆是会意字,从宀(房屋)从谷(山谷),表示房屋与山谷都是中空能容之物。本义是包含,容纳,如"容器","容积","无地自容"。引申指对人度量大,如"容忍","宽容"。又引申为让,允许,如"容让","不容人说话"。又假借表示相貌,仪表,景象,状态,如"容止","容貌","仪容","阵容"。

宰 zǎi （甲）〔图〕 （金）〔图〕 （篆）〔图〕　甲骨文是会意字,从宀(mián,房屋)从辛(刑刀),表示罪奴在屋下杀牲作祭祀准备。本义是从事杀牲的罪奴。引申泛指家奴。转指贵族家中掌管家务的家臣,如"仲由为季氏族宰"(《左传·定公十二年》。仲由:子路)。又引申为主管,如"主宰"。又引申为古代官名,如"县宰","宰相"。由"杀牲"引申作动词指杀牲畜并割肉,如"宰牛","屠宰场"。

寇 kòu （金）①〔图〕②〔图〕 （篆）〔图〕　金文是会意字,①从宀(mián,房屋)从攴(pū,手持棍棒)从突出的人头,表示有人持棒进入室内打人;②在人头上加一短横,成"元"字,强调击打的是头部。本义是施暴,侵犯,如"寇暴"(侵夺劫掠)。引申为进犯,侵略,如"寇边"。又引申指盗匪,侵略者,如"寇贼","日寇"。又引申为仇敌,如"视如寇仇","君之视臣如土芥,则臣视君如寇雠(chóu)"(《孟子·离娄下》)。

　　注意:"寇"从"宀"不从"冖"(帽子)。

寄 jì （篆）〔图〕　小篆是形声字,从宀(mián,庇身的房屋),奇声。本义是托庇,如"寄食门下"(《战国策·齐策》)。引申为托付,委托,如"寄托","寄存"。进而引申为依附,如"寄养"。进而引申为客居,如"寄居","老妻寄异县"(杜甫《自京赴奉先县咏怀五百字》)。由"托付"又引申为托人传送,进而引申为邮寄,如"寄信","寄包裹"。

宿 sù xiǔ xiù （甲）〔图〕 （金）〔图〕 （篆）〔图〕 （隶）〔图〕　甲骨文是会意字,从

宀(mián,房屋)从亻从🔲(席子),表示屋内人睡在席子上。小篆把人和席子(🔲)写作"佰"。隶书又变为"佰",写作"宿"。**音 sù:**本义是夜晚睡觉,如"旦辞爷娘去,暮宿黄河边"(《木兰诗》)。引申为住,居住,如"宿营","风餐露宿"。进而引申为居住的地方,如"宿舍","夜不归宿"。由"夜宿"又引申为隔夜的,如"宿雨"(昨夜的雨)。进而引申指过去的,旧有的,一向有的,如"宿怨","宿疾","宿愿","宿命论"。"一向有的"有长久之意,故又引申指年老的,有名望的人,如"宿将","名宿"。**音 xiǔ:**由"夜宿"又引申指计算夜晚的量词,一夜为一宿,如"三天两宿"。**音 xiù:**由"住宿"又引申为星宿,中国古代天文学家对某些星星的集合体的称呼,分为二十八宿,略同于现代说的星座(分为八十八个星座)。

密 mì (金)🔲 (篆)🔲　小篆是形声字,从山,宓(mì)声。本义是形状像堂屋的山。引申为深,幽深,如"过去又是三间密室,乃杜少卿自己读书之处"(《儒林外史》第三十一回)。进而引申为秘密,如"机密","保密","密电","密探"。由本义又引申指密度大,稠密(指空隙小),如"深山密林","疏密相间"。进而引申指关系近,感情深,如"亲密","密友","过从甚密"。又引申为精细,如"精密"。

寒 hán (金)🔲 (篆)🔲 (隶)🔲　金文是会意字,从宀(mián,房屋)从人从止(脚,表示脚容易冷)从茻(mǎng,众草)从二(bīng,冰,在字下部常常写成两短横),整个字用屋内地面结冰,人身上裹满了草取暖以示寒冷之程度。小篆省去"止"。隶书将"茻"与"人"合为纵横交错的笔画。楷书将冰变为两点。本义是冷,如"寒风","一暴(pù)十寒"。引申为寒冷的季节,如"暑往寒来","岁寒三友"(指松、竹、梅)。人在寒冷时会颤抖,又引申为战栗,害怕,恐惧,如"寒颤","胆寒","寒噤"。因寒冷时贫家少衣,故引申为贫寒,如"寒士"。进而引申指卑微无官爵,如"寒门","寒素"。又引申为谦词,如"寒舍"。

富 fù (甲)🔲 (金)🔲 (篆)🔲　甲骨文是会意兼形声字,从宀(mián,房屋)从畐(fú,酒坛子),以不仅有住有吃,还有酒喝,表示生活富足;畐兼表声。小篆文字化。本义是完备,财物丰饶,如"富裕","富贵"。引申泛指多,如"产品丰富","且喜家中书籍最富"(《镜花缘》第七回)。由"多"又引申指年少,来日方长,如"年富力强"。由"富裕"又引申为使动词:使……富裕,如"富民政策"。

寓(庽) yù (金)🔲 (篆)🔲　金文是形声字,从宀(mián,房屋),禺(yú)声。"庽"是异体字,从广(hǎn,义同"宀")。现在规范为"寓"。本义是寄居,如"她是北方人,寓居厦门","无寓人于我室"(《孟子·离娄下》。寓人:使人寄居)。引申指居住的地方,即寓所,如"客寓","公寓"。又引申为寄托,如"寓意","寓言"。

寞 mò　楷书是形声字,从宀(mián,房屋),莫声。本义是寂静,无声,如"寂寞"。引申为冷落,孤单,如"落寞","索寞"。

寡 guǎ (金)🔲 (篆)🔲　金文是会意字,从宀(mián,房屋)从頁(xié,人头部），以屋里只有一人表示少。小篆加意符"分"，强调了分离意。本义是人少，如"不患寡而患不均"（《论语·季氏》），"某不量敌之众寡"（王安石《答司马谏议书》）。引申泛指少，如"孤陋寡闻"，"优柔寡断"。古代曾"凡无妻无夫通谓寡"（《小尔雅》），后专指亡夫之妇，如"寡妇"，"守寡"。由"少"又引申为缺少，古代君王谦称"寡人"，意思是寡德之人。

察 chá （篆）𡩟　小篆是会意兼形声字，从宀（mián，房屋）从祭（祭祀），表示庙祭必定详察；祭兼表声。本义是详审，细究，如"察能论行"，"小大之狱，虽不能察，必以情"（《左传·庄公十年》）。引申为观察，考察，监察。又引申为细看，如"仰以观于天文，俯以察于地理"（《周易·系辞上》）。又引申为看得清楚，如"明察秋毫"。进而引申为明智，精明，如"水至清则无鱼，人至察则无徒"（东方朔《答客难》）。

蜜 mì （篆）𧖅　小篆是形声字，从虫，宓（mì）声。本义是蜂蜜。引申泛指甜美的东西，如"蜜橘"。又比喻甜美的生活，如"度蜜月"。

辶(辵)部(43字)

辶(辵) chuò (甲)〖卜〗(篆)〖辵〗(楷)〖辵〗

甲骨文是会意字,用止(脚)在行(háng,十字路口)中表示行走在路上。小篆是上彳(chì,"行"的简省)下止的合体部首。隶变后楷书写作"辵"。本义是走路,与"行"(xíng)同义。

"辵"现只作部首,楷书写作"辶",由楷书草化而来,其过程大致为:辵→辵→辶→辶→辶。习惯上称为"走之底"。在合体字中只作意符,所从字与行走、道路等义有关,如"迁、巡、运、追"。

辽(遼) liáo (篆)〖遼〗

小篆是形声字,从辵(辶 chuò,行路),尞(liáo)声。规范简化为"辽","了"表声。本义是远,因到达远处靠行走,故从辶。引申为开阔,如"辽阔"。又用作朝代名。也作中国辽宁省的简称。

边(邊) biān (篆)〖邊〗

小篆是形声字,从辵(辶 chuò,行走),臱(biān)声。规范简化为"边","力"是不表音、义的记号。本义是在山边或边界走。引申为山边、边界,边缘。进而引申为侧,旁边,如"黄河边"。由空间的边缘引申指时间的界限,即终了、尽头,如"无始无边"。由"边缘"又引申指空间方位,如"那边"。"边……边……"连接两个动词,表示两个动作同时进行,如"边走边唱"。

过(過) guò guō (篆)〖過〗

小篆是形声字,从辵(辶 chuò,行走),呙(wāi)声。规范简化为"过","寸"是记号。**音 guò**:本义是走过,经过,如"过河拆桥"。引申指经历了一段空间或时间。进而引申为超越,如"言过其实","过细"。超越正确的界限,便会走向反面,故又引申为失误,错误,如"过失","悔过自新"。由于"经过"使时空成为历史,又引申指已往,如"过去"。又引申为转移,如"过户","过手"。又虚化为助词,用在动词后,表示行为成为过去或趋向,如"吃过饭了","请送过来"。**音 guō**:古代国名,在今山东省掖县稍西北近海处。后用作姓。

达(達) dá (甲)①〖林〗②〖德〗(金)〖達〗(篆)〖達〗(或体)〖㩦〗

甲骨文是会意兼形声字,①从彳(chì,道路)从大(人),表示人走在路上,畅通无阻;大兼表声;②加"止"(脚)以突出行走义。金文在甲文②的基础上,"大"下加一只"羊",成为从辵(辶 chuò)从羍(dá)的会意字"達",表示行走像羔羊般轻捷畅达;羍兼表声。小篆有繁简二体。现在规范用"达"。本义是道路畅通,如"四通八达"。引申为到达,达到(目的),传达,表达。由"畅通"又引申为通晓,明白,如"通权达变"。进而引申为豁达、旷达。"畅通"还引申为得志,如"达则兼善天下"(《孟子·尽心上》)。进而引申指显贵,如"达官贵人"。

迈(邁) mài　(金)　(篆)　(隶)
金文是形声字,从辵(辶 chuò,行路),萬声。隶书写作"邁"。规范简化为"迈"。本义是远行。引申为向前举步,如"迈步","迈进"。由"远行"又引申为时光流逝,如"日征月迈"。进而引申为年老,如"年迈","老迈年高"。

迁(遷) qiān　(金)①②　(篆)　(隶)
金文是会意兼形声字,①从舁(qiān,四只手抬举箱笼等重物,有升高义)从邑(城镇、地区),表示抬举重物到某地;舁兼表声;②省去"邑"而加"辵"(辶 chuò,行路),突出移动义。小篆是会意兼形声字,从辵从�(qiān),𦪀是"舁"下加"巴"(省去"口"的"邑"),有升高义;𦪀兼表声。隶书写作"遷"。规范简化为"迁","千"表声。本义是向高处移动,登移。引申泛指迁移,如"迁居"。进而引申为改变,如"迁就","时过境迁"。又引申为提升,升官,如"升迁","右迁"。"移动"也引申为贬谪,如"迁谪","左迁"。古代以右为尊,所以把升官叫"右迁",降职叫"左迁"。

迅 xùn　(金)　(篆)　(隶)
金文是象形字,像鸟疾飞时不见双翅只见轮廓的形状,是"飛"(飞)的简略形,即"卂"(xùn)字,是"迅"的初文。本义是疾飞。引申为疾速。后来"卂"只作偏旁,"疾速"义就加意符"辵"(辶 chuò,行路)来表示。小篆是会意兼形声字,从辵从卂,卂兼表声。本义是疾速,如"迅速","迅即"。

巡 xún　(篆)
小篆是形声字,从辵(辶 chuò,行路),巛(川 chuān)声。本义是来往察看,如"巡逻","巡视"。引申作量词,用于给在座者斟酒一遍,如"斟酒一巡","酒过三巡"。

进(進) jìn　(甲)　(金)　(篆)　(隶)
甲骨文是会意字,从隹(鸟)从止(脚),用鸟足只能前行不能后退表示前进。金文加意符"彳"(chì,道路),突出行走义。小篆成为从辵(辶 chuò,行路)从隹的会意字。隶书写作"進"。规范简化为"进","井"表声。本义是向前移动。引申为进步,促进。又引申指从外到内,如"进入","进学校"。前进就要超过原先的位置,又引申为超过,如"臣之所好者道也,进乎技矣"(《庄子·养生主》)。

违(違) wéi　(金)　(篆)　(隶)
金文是形声字,从辵(辶 chuò,行路),韋(韦)声。规范简化为"违","韦"表声。本义是离别,如"久违了"(好久没见面)。引申为违背,违反,如"阳奉阴违","违法乱纪"。

还(還) huán hái　(篆)　(隶)
小篆是形声字,从辵(辶 chuò,行路),瞏(huán)声。隶书写作"還"。规范简化为"还","不"是记号。**音 huán:**本义是返回,如"还乡","千里江陵一日还"(李白《早发白帝城》)。引申为恢复,还原,如"返老还童"。又引申为归还,偿还。进而引申为回报,回击,如"还礼","打不还手"。音hái:虚化为副词,表示持续,相当于仍然,如"我还在发烧";表示重复,相当于"再","又",如"你还要做一件事","日长啼鸟去还来"(王安石《春日》);表示程度,相当于更加,如"妹妹比姐姐还漂亮";表示反问,如"你是家长,还不能做主?"表示程度上勉强说得过去,如"他的学习还可以";表示进程,相当于而且,如"他不但会唱,还会跳";表示语气,相当于尚且,如"你还写不好,何况我呢?"

连(連)lián （篆）連 （隶）連連

小篆是会意字,从辵(辶 chuò,行路)从車(车),是人拉车之意。隶书写作"連"。规范简化为"连"。本义是古时人拉的车,即辇(niǎn,两"夫"拉的车)。人拉车时前后相连,故引申为连接,如"藕断丝连","心连心"。又引申为连续不断,如"烽火连三月"(杜甫《春望》)。又引申为连带,连同,如"连说带笑"。又虚化表示强调,与"都"或"也"连用,相当于甚至于,如"连老爷子都没听说过"。又用作军队的编制单位,如"连队"。

近jìn （篆）近

小篆是形声字,从辵(辶 chuò,行路),斤声。本义是空间距离短,与"远"相对,如"这儿离学校近","近视"。引申指人与人之间关系近,如"近亲","平易近人"。由"距离短"又引申指时间间隔短,如"最近几天","近几年来"。又引申指语言浅显,如"言近旨远"。

迎yíng （篆）迎 （隶）迎

小篆是会意兼形声字,从辵(辶 chuò,行路)从卬(áng,仰的古字),表示面对来人之意;卬兼表声。隶书写作"迎"。本义是对着,向着,如"迎面而来","迎头痛击"。引申特指迎接,如"飞雪迎春","迎亲","欢迎"。又引申为迎合。

迟(遲)chí （甲）𢓊 （金）遟 （籀）遲 （篆）遲

甲骨文是形声字,从彳(chì,行路),尼声。金文、《说文》籀文加"止"(脚),突出行路义,犀(xī)声。小篆从辵(辶 chuò),犀声。规范简化为"迟","尺"表声。本义是缓慢行走。引申为形容词:缓慢,如"迟缓"。进而引申为思维慢,不灵敏,如"反应迟钝"。又引申为犹豫不决,如"迟疑"。由"缓慢"又引申为时间晚,如"迟到","迟早要来"。

述shù （金）述 （篆）述 （隶）述

金文是形声字,从辵(辶 chuò,行路),术声。隶书写作"述"。本义是遵循。引申为阐述前人的见解、学说,如"述而不作"(《论语·述而》,指传述先贤圣哲的理论,不再自创新意)。进而引申为陈说,记叙,如"述职","综述","记述"。又引申指叙述的文字,如"述作"(著作),"著述"。

迤yǐ yí （篆）迤

小篆是形声字,从辵(辶 chuò,行路)从也(蛇),楷书写作"迆",表示像蛇一样曲折延伸;也兼表声。后繁化为"迤"。现在规范为"迤"。音yǐ:本义是斜行。迤逦(lǐ):曲折连绵,如"瞿塘迤逦尽"(苏轼《巫山》)。引申为曲曲折折地走,如"(林冲)雪地里踏着碎琼乱玉,迤逦背着北风而行"(《水浒传》第十回)。音yí:逶迤,也表示曲折延续不断(参看"逶"字条)。

选(選) xuǎn （篆）**䢠** （隶）**選**　小篆是形声字,从辵(辶chuò,行路),巽(xùn)声。隶书写作"選"。规范简化为"选","先"表声。本义是遣送,放逐,如"其母曰:'弗去,惧选。'"(《左传·昭公元年》)引申为派遣,如"更选将官"(梁启超《谭嗣同传》)。进而引申为选择。

追 zhuī （甲）①**𨒅**②**𧼨** （金）**𧼪** （篆）**𧺡** （隶）**追**　甲骨文是会意字,①从止(脚)从𠂤,表示持𠂤追击;②加"彳"(chì,道路)突出行路义。小篆从辵(辶chuò,行路)而规整化。《说文》认为"𠂤"是小土堆,音"duī",在"追"中表声,看甲骨文,恐非。本义是追击。引申为追赶,追随,追求。由"追求"又引申为追究,追查。又引申为回溯过去,如"追述","追悼"。又引申指事后补救,如"追认","追肥","往者不可谏,来者犹可追"(《论语·微子》)。

迷 mí （盟书）**𧾷** （篆）**𧼪**　侯马盟书是形声字,从彳(chì,道路)从止(脚),米声。小篆从辵(辶chuò,行路)。本义是迷路,如"指点迷津"。引申为迷惑,分辨不清。进而引申为迷恋,沉醉,如"球迷","戏迷"。再引申为使动词:使人入迷,使人迷惑,如"财迷心窍","景色迷人","迷魂汤"。

逆 nì （甲）①**𣥂**②**𣥂** （金）**𣥂** （篆）**𧼪** （隶）**逆**　甲骨文是形声兼会意字,①从止(脚),屰(nì)声;②加"彳"(chì,道路)突出行路义;屰均兼表倒、反意。"屰"是"大"(大人)的倒写形,"逆"的初文。后引申出的迎接义,加意符"辶"(辶chuò,行路)造"逆"字表示。金文给倒"大"形加了一短横,使字形均衡美观。本义是迎,迎接,与"迎"同源。《说文》:"逆,迎也。关东曰逆,关西曰迎。""迎"与被迎方向相反,引申为相反,如"逆行","逆光"。进而引申为抵触,违背,如"倒行逆施"。再引申为反叛,如"逆贼","逆子"。"迎接"要在客人来之前做准备,又引申为预先推测,如"逆料"。

逊(遜) xùn （篆）**𧼪** （隶）**遜**　小篆是形声兼会意字,从辵(辶chuò,行路)从孙(古音xùn,恭顺,谦让),孙兼表声。隶书写作"遜"。规范简化为"逊"。本义是逃遁,逃避。引申为退让帝位,如"唐尧逊位,虞舜不台"(《史记·太史公自序》。台:怡)。也指退避,辞职,如"逊职"。进而引申指恭顺,谦抑,如"谦逊","出言不逊"。由"退避"又引申为差,不如,如"逊色","稍逊风骚"(毛泽东《沁园春·雪》)。

逝 shì （篆）**𧼪**　小篆是形声字,从辵(辶chuò,行路),折声。本义是前往,去,如"君子可逝也"(《论语·雍也》)。引申为离开,消失,如"稍纵即逝","东隅已逝,桑榆非晚"(王勃《滕王阁序》)。进而引申为死亡(委婉说法),如"早逝","逝世"。

速 sù （篆）𧫼　小篆是形声字,从辵(辶 chuò,行路),束声。本义是快,迅速,如"兵贵神速"。用作名词,指速度,如"时速","车速"。引申为招致,如"谁谓汝无家,何以速我狱?"(《诗经·召南·行露》)进而引申为邀请,如"不速之客"。

　　注意:速以"束"(shù)为声符,不从"朿"(cì)。

逗 dòu （篆）𧺾　小篆是形声字,从辵(辶 chuò,行路),豆声。本义是停留,如"逗留"。引申指文句中的停顿,也作"投""读",现代汉语用逗号","标识。"逗"到了唐代引申出惹弄、撩拨义,如"挑逗","逗乐"。

逐 zhú （甲）𧗲 𧗲 𧗲 𧗲 （金）𧗲 （篆）𧗲　甲骨文均是会意字,上部分别是豕(shǐ,猪)、鹿、犬等,下部均从止(人脚),表示人在追逐动物。金文从"豕",并加"彳"(chì,道路)突出追赶义。小篆将"彳""止"合为"辵"(辶 chuò,行路)。本义是追赶野兽,如"飞土,逐肉"(《弹歌》)。引申为追赶人,多用于对敌人、坏人、叛逆等,如"追亡逐北"。"追逐"的景象是前后奔跑,故又引申为竞争,如"角逐"。由"追赶人"又引申为依次,一个接一个,如"逐步","逐日","逐字逐句"。

逞 chěng （篆）𧺾　小篆是形声字,从辵(辶 chuò,行路),呈声。本义是通,通达。引申为达到目的,今主要用于贬义,如"阴谋得逞"。进而引申为显示,夸耀,如"逞能","逞英雄"。又引申为放纵,如"逞性子","逞凶"。由"通达"又引申为满足,快意,如"逞心"(称心)。

造 zào （金）①𡧱②𧗲 （篆）𧗲 （隶）造　金文是形声字,①从宀(mián,房屋侧视形)从辵(辶 chuò,行路),表示行路到访;告声;②省去"宀"。小篆从辵,告声。隶书写作"造"。本义是到达,到访,如"造访"。引申为达到某种程度或境界,如"登峰造极"。进而引申为达到的成就,如"造诣","深造"。又引申为将某人往某方向教育和培养,如"造就","可造之才"。又引申为制作物品,如"造车","建造","酿造"。

逢 féng （篆）𧺾　小篆是形声字,从辵(辶 chuò,行路),夆(féng)声。本义是遇到,相遇,如"逢年过节","萍水相逢"。引申为迎接,如"逢迎"。

通 tōng tòng （甲）①𧗲②𧗲 （金）𧗲 𧗲 𧗲 （篆）𧗲 （隶）通　甲骨文是形声字,①从彳(chì,道路),用声;②加止(脚),强调行路义。金文或改作"甬"(yǒng)声。小篆从辵(辶 chuò,行路),甬声。音 tōng:本义是通达无堵塞。引申为到达,如"四通八达"。进而引申为沟通,交通,流通,通顺,精通,串通,通报,通常。音 tòng:用作量词,表示某些动作的遍数,如"三通鼓","打了一通"。

逻(邏) luó （篆）𧺾　小篆是形声字,从辵(辶 chuò,行路),羅(罗)声。规范简化为"逻"。本义是巡察,巡逻。逻辑:英文 logic 的音译。

逶 wēi （篆）𧗞　小篆是会意兼形声字,从辵(辶 chuò,行路)从委(曲折),委兼表声。本义是曲折行进,如"望旧邦兮路逶随"(《楚辞·九思·逢尤》),"贾芸随着坠儿逶迤来至怡红院中"(《红楼梦》第二十六回)。引申为宛曲延续不绝,多用以形容山川道路,如"五岭逶迤腾细浪"(毛泽东《七律·长征》)。

逮 dài dǎi （篆）𨑨　小篆是会意兼形声字,从辵(辶 chuò,行路)从隶(dài,赶上。参看"隶"字条),隶兼表声。音 dài:本义是赶上,及,到,如"力所不逮"。引申为捉拿,即逮捕。音 dǎi:用于口语,捉,抓,如"猫逮耗子","逮(dǎi)住窃贼与逮(dài)捕窃贼是两个概念"。

逼 bī （篆）𪟛　小篆是形声字,从辵(辶 chuò,走在路上),畐(bì)声。本义是迫近,接近,如"鸡健进,逐逼之,虫已在爪下矣"(《聊斋志异·促织》)。引申为强迫,胁迫,如"逼迫","逼债"。

遇 yù （篆）𧗠　小篆是形声字,从辵(辶 chuò,行路),禺声。本义是相逢,不期而会,如"不期而遇"。引申为遭受,如"遇刺"(遭到暗杀)。"不期而会"是偶然的,故引申为机会,如"机遇"。又引申指对待,招待,如"待遇","冷遇"(冷淡的待遇),"殊遇"。

遏 è （篆）𧘹　小篆是形声字,从辵(辶 chuò,行路),曷(hé)声。本义是阻止,阻拦,如"怒不可遏","浪遏飞舟"(毛泽东《沁园春·长沙》)。引申为控制,如"遏制不住的激情"。

道 dào （金）𧗢 （篆）𧗿 （隶）道　金文是会意兼形声字,从辵(辶 chuò,行路)从首(代表人),表示人走的道路;首兼表声。本义是人走的道路,如"道听途说","人行道"。引申指途径,方向,如"志同道合"。办事要遵循规律如同行路要遵循路径,故引申指规律,道理,思想,方法,如"生财之道","传道授业解惑"。进而引申为道德,道义,正义,如"得道多助,失道寡助"。又有说话、述说义,如"说长道短","道谢"。道家:先秦时期的思想流派之一,以老子、庄子为代表。道教:东汉张道陵创立的一种宗教,奉老子为教祖。

遍 (徧) biàn　楷书是形声字,从辶(chuò,行路),扁声。"徧"是异体字。现在规范为"遍"。本义是走遍,如"凡永嘉山水,游历殆遍"(沈括《梦溪笔谈·雁荡山》)。引申为普遍,到处,如"漫山遍野"。又引申为量词,指从头到尾经历一次,如"多看几遍"。

遣 qiǎn （甲）𠃊 （金）𢔁 （篆）𧗛　甲骨文是会意字,像双手持弓放入祭器之形,是古代一种祭祀名。金文省去祭器而加辵(辶 chuò,行路)表示发送、释放之意,成为会意兼形声字。本义是释放。引申为打发,使离开,差使,如"派遣","调兵遣将","遣返"。又引申为排解,抒发,如"消遣","吟诗遣怀抱,卧病阅风霜"（董必武《挽续范亭先生》）。

遮 zhē （篆）𧗶

小篆是形声字,从辵（辶 chuò,行路）,庶声。本义是遏止,拦住,如"横遮竖拦","青山遮不住,毕竟东流去"（辛弃疾《菩萨蛮·书江西造口壁》）。引申为掩蔽,如"遮挡光线"。进而引申为掩饰,掩盖,如"遮丑","遮人耳目","遮羞布"。

遵 zūn （篆）𨖍

小篆是形声字,从辵（辶 chuò,行路）,尊声。本义是顺着,沿着,如"遵彼微行"（《国风·豳风·七月》。行:路）。引申为依循,依照,如"遵循","遵守"。

邀 yāo

楷书是形声字,从辶（chuò,行路）,敫（jiǎo）声。本义是迎候,半路拦住,如"则有海童邀路,马衔当蹊"（木华《海赋》）。引申为遮拦,阻截,如"邀击"（在敌人行进途中加以攻击）。进而引申为希求,求取,如"邀功请赏","邀宠"。再引申为招引,约请,如"邀请","特邀代表"。

彐¹(⺕) yòu（甲）✗（金）入（隶）又　彐　甲骨文是象形字，像右手形，用三指代表五指（参看"又"字条）。金文大同。隶书时作偏旁有"又""彐"等不同变形。"彐"不独立成字，在楷书中作偏旁又有"⺕""彐"两种写法。构形不同的原因是，中间有纵向笔画（撇或竖或竖勾）穿过时，为"⺕"，如"尹、聿、争"；没有纵向笔画穿过，则写作"彐"，如"帚、急、雪、丑"（"丑"中虽有纵向笔画，但没有贯穿上下边）。

"彐"（⺕）在合体字中作意符，所从字多与手、手的动作等义有关，如"尹、君、秉、寻、雪、丑"。也做记号，如"当"。

注意：有的"彐"形是"帚"的简化体，如"扫、妇、归"；"当"是"當"的简化体。

现在楷书将"彐"与"⼳(jì)"合为"彐(⺕、⼳)"部，习惯上称为"寻字头""录字头"或"横山头（旁、底）""雪字头（旁、底）"等。参看"彐²(⺕、⼳)"字条。

彐²(⺕、⼳) jì（篆）⼳　小篆是象形字，略像竖着的猪头形状。现只作偏旁。在合体字中作意符时，所从字与猪有关，如"彘(猪)、彖(chǐ,豕)"；也作意符兼声符，如"彝"。

楷书"⼳"的变体有"彐"，如"录(录)"（"彔"是井上辘轳形，不是猪头）。现在规范与"彐"合为"彐(⺕、⼳)"部。

注意：书写"彐""⺕""⼳"时易混，辨析：现代汉字规范，"彐"下是"水"，如"录、绿、禄、剥"，"⼳"下是其他部件，如"彖、缘、彘、彝"。

归(歸) guī（甲）洋（篆）歸　甲骨文是形声字，从帚（扫帚），代表家务事，表示女子嫁到夫家后要做持帚洒扫等家务事；自(duī)声。小篆在右下加意符"止"（脚），表示持帚人行来，即女子出嫁。一说，"帚"是"婦(妇)"的省略。规范简化为"归"，据草书楷化而来。本义是女子出嫁，如"之子于归，宜其室家"（《诗经·周南·桃夭》）。因古代女子出嫁就属于夫家人了，故引申为归属，归附。又引申为归宿，结局，如"殊途同归"，"归根结蒂"。又引申为返回，如"归宁"（女子回娘家看望父母），"归省"（回家探望父母），"归国"。又引申为归还，如"物归原主"。现代也引申指物品或职责上的归属，如"这事归我管。"进而引申为合并，聚集在一起，如"归拢"，"归并"，"归功"，"归咎"。

注意："归"的第一笔是短竖，第二笔是撇，不要写成了"临"左边的短长两竖，短长两竖一般是偏旁"臣"的简化形，如"临(臨)"。

寻（寻） xún 　楷书繁体是会意字，从彐（又）从工从口从寸。彐、寸都是手，工指尺子，口表示探求，合起来表示张开手臂度量长度。规范简化为"寻"。本义是古代的长度单位，八尺为一寻，十六尺为一常，"寻常"合用，指短距离或小面积，引申比喻普通，平常。由长度单位又引申为顺随，沿着，追逐，如"寻着"，"追寻"。进而引申为寻找，如"寻觅"，"寻机"，"寻访"。再引申为探究，追溯，如"寻根"。

灵（靈） líng 　（说文或体）靈 　《说文》或体是形声字，从巫（表示女巫跳舞降神），霝（líng，古同"零"）声。"靈""灵"本二字。"灵"是会意字，从彐（右手）持火表示有一定热度之意，《广韵·清韵》："灵，《字类》云：'小热貌'。"但此字义未见经传，后被人们"同音代替"作了"靈"的俗体字。现在规范作"靈"的简化字。本义是跳舞降神。引申指跳舞降神的女巫。古人认为降神的人能见到鬼神，故引申为神灵，进而引申为灵魂。古人又认为鬼神凛然不可冒犯，又引申指威灵。又认为鬼神有求必应，又引申为灵验，如"心诚则灵"，"灵丹妙药"。由"神灵"又引申指人的聪明，机敏，如"机灵"，"灵慧"。又引申为敏捷的心理活动，如"灵机"，"灵感"，"灵性"。进而引申为活动迅速灵巧，如"灵活"，"灵便"。由"神灵"又引申指与死人有关的事、物，如"英灵"，"灵柩"，"灵位"。

录（录、録、錄） lù 　（甲）　（金）　（篆）　甲骨文是象形字，像井上辘轳的形状，下面的几个点表示水滴。是"辘"的初文。隶变后楷书写作"录"，现在规范为"录"。本义是辘轳。后假借作"録"（本义是金色）的简化字，表示记载，成为常用义。引申为记载言行和事物的册籍，如"语录"，"备忘录"。由"记载"又引申为采纳，收用，如"录取"，"录用"。

帚 zhǒu 　（甲）　（金）　（篆）　甲骨文是象形字，像用一种植物做成的笤帚形，上部是帚毛，下部是帚柄，有的字中间的"冖"是捆扎标志。小篆将笤帚上部讹变为"又"（右手），下部讹变作"巾"，成为会意字。楷书写作"帚"。本义是笤帚，扫帚（sào zhou）。

　　注意："帚"作偏旁时，在有些字中简化为"彐"，如"妇（婦）、扫（掃）、归（歸）"。

彗（篲） huì 　（篆）　小篆是会意字，上部是扫帚形，下部是又（右手），表示用手持帚。后来此义写作"篲"（加意符"竹"），规范简化仍为"彗"。本义是扫帚（旧读 suì）。彗星：俗称扫帚星，该星体绕太阳旋转，通常在背着太阳的一面拖有一条长光尾，呈扫帚形，故称之。

彝 yí 　（甲）　（金）　（篆）　甲骨文是会意字，从廾（gǒng，双手）举鸟（鸡），像以鸟（鸡）献祭的形状。金文在鸟（鸡）的双翼处加"糸"，表示用绳索缚住鸟（鸡）的双翼。小篆变为会意兼形声字，上部变作彑（jì，猪头），中部改为米、系（丝线），下部仍用双手（捧着上述诸物品），反映了祭祀物品和方式的变化；彑兼表声。楷书将双手写作"廾"。本义是以鸟(鸡)献祭。引申指鸟(鸡)形祭器,如"鸡彝","鸟彝"。进而引申为青铜祭器的总称,如"彝器","彝鼎","彝尊"。因祭器是宗庙常器,又引申为常规,常理,如"彝伦","彝常"。又因"鼎"是政权的象征,引申为法度,常典,如"彝章","彝准"。彝族,中国少数民族之一,主要分布于四川、云南和贵州等省。

尸部(15字)

尸（屍）shī （甲）♪ ♪ （金）♪ （篆）① ♪② ♪（隶）♪

甲骨文是象形字，像侧坐的人形，是古代祭祀时代表死者受祭的人。小篆①规整化。隶书写作"尸"。本义是祭祀时代表死者受祭的活人。由于"尸"坐着不动，引申比喻占着职位坐享禄位而不做实事的人，如"尸位素餐"。又引申为人或动物死后的躯体，如"女尸"，"尸横遍野"。此义后写作"屍"（小篆②），规范简化仍为"尸"。

"尸"作为偏旁，在合体字中多作意符，所从字与人体有关，如"尼、尿、尾、履"；也作意符兼声符，如"屎"。

楷书中有些字的"尸"是其他字符的变形，与尸的音义无关，如"屋、层、屡"。

注意："尸""户"形近，辨析："户"上一点是门的转轴（参看"户"字条）。

尼 ní （篆）♪ 小篆是会意字，从尸（面左的侧坐人形）从匕（面右的侧坐人形），像两个人背脊相靠的形状。本义是亲近，亲昵。后因避孔丘字（仲尼）讳而造"昵"字。以后"尼"多用作音译字，如"尼罗河"，"盘尼西林"。尼姑：梵语音译词"比丘尼"的简称，指出家修行的女佛教徒。

层（層）céng （篆）♪ 小篆是形声字，从尸（屋顶形），曾声。规范简化为"层"，据草书楷化而来。本义是多层的房屋。引申泛指重叠，如"层峦叠嶂"。进而引申为重叠起来的东西，如"云层"。再引申指重叠东西的一部分，如"基层"，"表层"，"这段话有两层意思"。用作量词，如"一层楼"，"两层玻璃"。

屁 pì 楷书是形声字，从尸（人），比声。本义是从肛门排出的臭气，如"屁滚尿流"。引申比喻不值一提的小事，如"这点屁事儿"。也用以斥责或否定，如"懂个屁"，"屁话"，"狗屁文章"。又引申指臀部，如"拍马屁"。

注意："屁""庇"形近，辨析："屁"从"尸"，与人有关；"庇"从"广"，与房屋有关（参看"庇"字条）。

尿 niào suī （甲）♪ （篆）♪ （隶）尿 甲骨文是象形字，像一个侧立男人撒尿的形状，三点表示尿液。小篆从尾从水，变为会意字。隶书省作"尿"。音niào：本义是从尿道排出的液体。引申为动词，从尿道排泄液体，如"尿床"。音suī：名词，用于口语，如"孩子尿（niào）尿（suī）了"，"尿脬（pāo）"（膀胱）。

尾 wěi yǐ （甲）♪ ♪（金）♪ （篆）♪ （隶）尾 甲骨文是会意字，从

尸从倒毛,像一个侧立的人在臀部接了一条尾巴状的饰物。**音 wěi**:本义是毛饰尾巴。引申泛指脊椎躯干类动物(鸟兽虫鱼)身体末端突出的部分,如"尾巴","尾椎骨"。又引申指事物的末端部分,如"年尾","有头有尾"。又引申指事情的结束阶段,如"结尾","扫尾工作"。由尾巴的部位又引申为动物的交配,如"交尾"。作量词,用于鱼,如"一尾鱼"。**音 yǐ**:"尾巴"的口语音。

局 jú （篆）同　小篆是会意字,从尺(人的肢体)从口(范围),表示范围有限,肢体无法伸展。本义是弯曲。引申为受限制,如"局促","局限"。进而引申为一部分,如"局部"。再引申为单位名称,如"邮政局","警察局"。又引申指棋盘,如"棋局","残局"。行棋有形势,由"棋局"又引申指形势,事态,如"时局","局面"。又引申指某些聚会,如"饭局","牌局"。作量词,用于某些体育比赛项目中的场次,如"三局两胜","第二局"。

居 jū （金）店 （篆）居　金文是形声字,从尸(人蹲形),古声。是"踞"的初文。本义是蹲。引申为住,如"居住","同居"。进而引申为居住的地方,如"故居","迁居"。也用于某些商铺的名称,如"六必居"(在北京)。由"居住"又引申为处在,处于,如"后来居上","居安思危"。进而引申为任,当,如"居功自傲","自居"。又引申为占据,如"居多"。进而引申为存有,积蓄,如"居心叵测","奇货可居"。由"自居"又引申为停留,如"岁月不居","变动不居"。

届 jiè （篆）届 （隶）届　小篆是会意兼形声字,从尸(人)从由(kuài,土块),以人遇到土块表示行路不便之意;由兼表声。隶书写作"届"。本义指人行路不便。引申为到(时候),如"届时","届期"。又引申作量词,相当于期,次,如"届满","历届","应届毕业生","第六届全国人民代表大会"。

屈 qū （金）屌 （篆）屌 （隶）屈　金文是形声字,从尾,出声。隶书省写作"屈"。本义是短尾。动物尾一般是弯曲的,引申为弯曲,使弯曲,如"屈膝","屈指"。又引申为屈服,使屈服,如"宁死不屈","威武不能屈"。进而引申为委屈,冤屈。由"弯曲"又引申指为人处世的一种态度,如"屈伸有度"。"弯曲"即不直,又引申比喻理不直,即理亏,如"理屈词穷"。

屋 wū （籀文）屋 （古文）壹 （篆）屖　籀文是会意字,从尸(房屋的顶部遮盖物)从厂(房子)从至(来到),表示人来到这里居住。古文上部更有草形覆盖物。小篆从尸从至。本义是半地穴性房屋的顶部遮盖物,如"亟其乘屋"(《诗经·豳风·七月》)。乘屋:上房修理屋顶)。引申泛指房子,如"北屋","茅草屋"。又引申指房间,如"里屋","外屋"。

屎 shǐ （甲）屎 （金）徕 （篆）屬 （隶）屎　甲骨文是象形字,像人排便之状,几个点表示粪便。金文是会意兼形声字,从尸(人)从米,表示粪便由食物变成;尸兼表声。小篆从艹(草)从胃省(省去肉)。隶书从金文。本义是粪便。引申指眼耳鼻的分泌物,如"眼屎","耳屎","鼻屎"。书面语为求文雅而多借用"矢"字,如"千村霹雳人遗矢"(毛泽东《送瘟神》其一)。

屠 tú （篆）屠　　小篆是形声字,从尸,者(zhū,古音)声,尸指人。本义是宰杀牲畜,如"屠宰"。引申为以屠宰为职业的人,即屠夫,如"一屠晚归,担中肉尽,止有剩骨"(《聊斋志异·狼》)。又引申为大量残杀,如"屠杀","屠戮"。

犀 xī （金）犀 （篆）犀 （隶）犀　　金文是形声字,从牛,尾声。本义是犀牛。犀牛皮粗厚,古人常用来制甲,犀牛角质坚硬又可作器物,故引申为坚固,锐利,如"犀舟"(坚固的船只),"刀剑犀利"。

履 lǚ （篆）履　　小篆是会意字,从尸(人)从彳(chì,街道)从夊(倒"止",即脚)从舟(像舟的方鞋)。本义是人穿着鞋行走。引申为踩,踏,如"如履薄冰"。又引申为走过的,经历,如"履历"。进而引申指施行,如"履行","履约"。由本义又引申为鞋,如"削足适履"。

　　注意:"履"不读 fù。

己(已、巳)部(5字)

己 jǐ (甲)　(金)　(篆)　(隶)　甲骨文是象形字,像一条自然弯曲的绳索。隶书写作"己"。本义是绳索。假借为天干中第六位。后也假借用作第一人称的反身代词,即自己,如"知己知彼"。

　　"己"作为偏旁,习惯上称为"开口己"。在合体字中作声符,如"记、纪、起、杞、屺、岂"。

　　楷书中有些字的"己"是其他字符的变形,与"己"义无关,如"改"。

　　注意:"己""已""巳"三字形近易混,辨析:己(jǐ)的左上方不封口,已(yǐ)是半封口,巳(sì)是全封口。

已 yǐ 后起字。本与"巳"同形,是象形字,像未出生的胎儿形(参看"巳"字条)。隶变后在"巳"字左上角留下缺口,分化出"已"。《广韵·止韵》:"已,止也。"本义是停止,结束,如"死而后已","学不可以已"(《荀子·劝学》)。引申表示罢了,如"如此而已","不干则已,干就干好"。又引申为事情完成或时间过去,表示已经,如"情况已清楚","事已至此"。

巳 sì (甲)　(金)　(篆)　(隶)　甲骨文是象形字,像母亲腹中的胎儿。《说文》:"包,象人裹妊,巳在中,象子未成形也。"甲骨文有"巳"与"子"两形,未出生为"巳",已出生为"子"。(《说文》一说像蛇形:"巳为蛇,象形。")本义是胎儿。假借为"地支"的第六位,与"天干"相配,用以纪年、纪月(农历四月)、纪日、纪时(上午九时至十一时)。

改 gǎi (甲)　(金)　(篆)　(隶)　甲骨文是会意字,左边像一个跪着的孩子,右边"攴"(pū)是手持棍棒形,合起来表示用棍棒打的方式教孩子改错。金文大同。小篆将孩子形变为"己"。隶书将"攴"写作"攵"。本义是改变,如"改革","改朝换代"。特指改正,如"改邪归正","有错就改"。引申为修改,如"改妆","修改文章"。

忌 jì (金)　(篆)　金文是形声字,从心,己声。小篆规整化。本义是憎恨,嫉妒,如"猜忌"。引申为害怕,有顾虑,如"肆无忌惮","投鼠忌器"。又引申为认为不合适而禁戒,如"忌讳","忌生冷"。又引申特指忌日。

弓部（13字）

弓 gōng　（甲）ᘒᘓ（金）ᘒᘓ（篆）弓（隶）弓　甲骨文是象形字，像一张弓形，弓背、弓弦、弓梢具备。金文或省去弓弦，只剩弓背、弓梢。小篆省去弓弦而扩大了弓梢部分。隶书写作"弓"。本义是射箭或打弹丸的器械。引申泛指像弓状物，如"琴弓"，"弹棉花弓"。因"弓"形曲，又引申为弯曲，如"弓身"，"弓步"。

　　"弓"作为偏旁，在合体字中多作意符，所从字与弓箭、弓形、弯曲等义有关，如"引（开弓）、张、弛（放松弓弦）、弦、弹（dàn，弹弓）"；也作意符兼声符，如"躬、穹（qióng）"；也作声符，如"芎（xiōng）"。

引 yǐn　（篆）引　小篆是会意字，从弓从丨（gǔn），丨指箭，表示箭在弦上即将射发。本义是开弓。"开弓"要拉弦，引申为牵、拉，如"牵引"，"引车卖浆"。"开弓"使弦伸长，引申为伸长，延长，如"引申"，"引领相望"。"开弓"时箭指前方，故又引申为引导，带领，如"引领"，"引路"。"开弓"时弦往自身方向拉，引申为引来，招引，进而引申为引起。"开弓"时弦往后拉，引申为引退，引避。

弘 hóng　（甲）ᘖ（金）ᘗ（篆）弘　甲骨文、金文是指事字，从弓，中间加上一斜画，表示弓开时振动发出的大声。小篆将斜画讹变为厶（gōng，古文"肱"字），成为从弓、厶声的形声字。本义是弓发出的大声。引申为大，如"弘论"，"弘图"，"弘愿"。进而引申为光大，扩大，如"弘扬"，"恢弘"。现在多用作"宏"。

弛 chí　（篆）弛　小篆是形声字，从弓，也声。本义是放松弓弦，与"张"相对。引申为放松，松懈，如"一张一弛"，"松弛"。又引申为解除，如"弛禁"。又引申为延缓，如"弛缓"。

张（張）zhāng　（篆）張　小篆是形声字，从弓，长（長）声。规范简化为"张"。古人用弓时上弓弦，叫"张"，不用弓时松弦，叫"弛"。本义是安上弓弦，与"弛"相对。引申为拉开弓，张开，打开，扩张。进而引申为放纵，如"张狂妄行"。"张弓"欲发射，又引申为主张。"张弓"则弦紧，引申为紧张，进而引申为慌张，张皇。"张弓"又引申为举目而望，如"东张西望"。又引申为排开，陈设，如"张灯结彩"。用作量词，如"一张弓"。

弧 hú　（篆）弧　小篆是形声字，从弓，狐省声（省去"犭"）。本义是木弓。引申泛指各种弓，如"弧矢之利，以威天下"（《易·系辞下》）。弓是弯的，故又引申指圆周的任意一段,如"弧形","弧线"。

　　注意:"弧""狐""孤"三字音同形近而义异,辨析见"狐"字条。

弦(絃)xián （篆）弦　小篆是会意兼形声字,从弓从玄(亦糸),指弓背两端之间系的绳状物,多用牛筋制成。本义是弓弦。引申指乐器上发声的丝线,即琴弦,此义后也写作"絃",现在规范为"弦"。进而引申指弦乐器,如"管弦乐"。人们以琴瑟比喻夫妻,弦比喻妻子,于是妻亡称为断弦,续娶称为续弦。

弩nǔ （篆）弩　小篆是形声字,从弓,奴声。本义是用机械力量发箭的弓。引申泛指弓,如"弩弓","弩箭","弩炮"(发射石块的弩机)。

弯(彎)wān （篆）彎　小篆是形声字,从弓,䜌(luán)声。规范简化为"弯"。本义是拉开弓,如"弯弓射雕"。弓被拉开则弯曲,故引申指不直,曲折,如"弯路"。又引申为使弯曲,如"把树枝弯作弧形"。又引申指弯曲的东西,如"臂弯"。作量词,用于弯状物,如"一弯新月"。

弱ruò （篆）弱 （隶）弱　小篆是会意字,从两把弓从彡(shān,羽毛形),表示弓的软弱无力。隶书从二弓。本义是弓无力。引申为软弱,虚弱,薄弱,弱小,衰弱。进而引申为年少,如"弱笄"(未成年的少女)。又引申指纤细,柔软,如"弱柳"。

弹(彈)dàn tán （甲）弹 （篆）彈　甲骨文是象形字,像用弓发射弹丸形。小篆为形声字,从弓,單(单)声。规范简化为"弹"。**音 dàn**:本义是弹弓,也指弹丸。现在多指内装爆炸物,有杀伤力之物,如"炮弹""炸弹""投弹"。**音 tán**:用作动词,指用弓弩发射弹丸。因"发射弹丸"具有杀伤力,引申为镇压,如"弹压"。又引申为检举官吏的失职或违法行为,如"弹劾"。由"弹弓发射弹丸"又引申为用手指猛击或者轻敲,如"弹脑壳"。进而引申指用手指弹拨乐器,如"弹钢琴"。由"弹弓"又引申指外力失去后恢复原来形状的性质,如"弹簧","弹性"。

强(強、彊)qiáng qiǎng jiàng （篆）①強②彊　小篆①是形声字,从虫,弘声,楷书写作"強"。现在规范为"强"。**音 qiáng**:本义是米中的小黑虫。后因小篆②"彊"(本义是弓有力)做了其他字的偏旁,故被借用表示"彊"义,如"挽弓当挽强"(杜甫《前出塞》)。引申泛指有力,进而引申为强壮,强大,强盛,刚强,坚强,加强。又引申指程度高,如"好胜心很强"。**音 qiǎng**:由"坚强"又引申为努力,竭力,如"太后不肯,大臣强谏"(《战国策·赵策四》。强谏:竭力劝谏)。由"竭力"又引申为勉强,强迫。**音 jiàng**:由"刚强"引申为坚韧,进而引申为不顺从,固执,如"倔强","强嘴",此义后也写作"犟"。

疆jiāng （甲）①田②畺 （金）①畺②畺③疆 （篆）畺 （或体）疆　甲骨文是会意字,①以两田相连比邻,表示田界。是"疆"的初文;②添加意符

"弓",表示用弓丈量田界。金文①在两"田"上中下加三横线,表示田间界线,突出了田界义;金文②承接甲骨文,亦添加"弓";金文③在弓下加意符"土"。《说文》小篆作"畺",或体作"疆",从土,彊(qiáng)声。现在规范为"疆"。本义是田界,田边。引申为国界,边界,如"边疆","疆界"。进而引申为疆域,疆土。因"边界"是疆土尽头,故又引申为极限,止境,如"万寿无疆"。

子部(12字)

子 zǐ zi （甲）①兒 ②兒 ③孕 （金）兒 子 孕 （篆）子 （隶）子
甲骨文是象形字,像婴儿,主要有两种写法:①较繁,有婴儿胎毛、囟(xìn)门(婴儿头顶骨未合缝处)和两胫;②较简,是露双臂、双腿裹在襁褓中的轮廓形。两写法都突出了婴儿头部比例大于成人的形体特点;③将小孩双臂上举,像要人抱的形状。金文写法多样。小篆承甲文③。隶书写作"子",将双臂拉平成一横。**音 zǐ**:本义是婴儿,如"乃生男子"(《诗经·小雅·斯干》)。引申指儿女,如"子又生孙,孙又生子"(《列子·汤问》)。又特指儿子。又引申指后辈,年轻人,如"子弟"。进而引申泛指人,如"男子","女子","士子"。又用作对男子的尊称或美称,如"孔子","老子"。又引申指老师,如"子墨子"。假借表示古代爵位名,指封爵(公、侯、伯、子、男)的第四等,即"子爵"。由"儿女"又引申指动物的卵或幼崽,如"鸡子","鱼子","子鸡","不入虎穴,焉得虎子"。又引申指植物种子。又引申比喻派生的、从属的,如"子公司","子栏目"。又假借作地支的第一位。**音 zi**:虚化为词缀,如"屋子","盘子"。

　　"子"作为偏旁,在字左时,一横改为提,写作"孑",为了顺写右偏旁第一笔,如"孔、孩"。在合体字中多作意符,所从字与孩子、人、生育等义有关,如"孕、孝、存、季";也作意符兼声符,如"仔、字、籽";也作声符,如"孜"。

孑 jié （篆）孑　小篆是会意字,用"子"(孕)无右臂形表示孤单。本义是无右臂(无左臂是"孓",音 jué)。引申为独,孤单,如"孑然一身","孑立"(孤立)。缺一臂则剩另一臂,因此又引申为残存,如"孑余"(剩余,残余)。孑孓:短小,引申称蚊子的幼虫,俗称"跟头虫"。

孔 kǒng （金）孕 孕 （篆）孕 孔 （隶）孔　金文是指事字,"子"上的指示符号,指出婴儿头部的囟(xìn)门尚未合缝,有小洞。小篆把指示符号变成了"乙"形。本义是洞孔,如"针孔","无孔不入"。引申为通达,如"交通孔道"。虚化作副词,相当于很、甚,如"孔武有力","谗言孔多"。作量词,用于窑洞、油井、石桥等有孔的物体,如"一孔窑洞","两孔高产油井","一孔石桥"。孔方兄:钱的别名,古钱币中多有方孔,故称之。

孕 yùn （甲）孕 （篆）孕　甲骨文是会意字,从人大腹中有子,表示怀胎。小篆把大腹简省为"乃"形,放在"子"上。本义是怀胎,如"孕妇","孕育"。引申为胎儿,如“怀孕”。

孙(孫) sūn (甲) (金) (篆) (隶) 甲骨文是会意字,从子从幺(小把细丝形),以丝的连续不绝表示子孙连绵不绝。金文从子从糸(mì,亦“丝”)。小篆改“糸”为“系”,义不变。规范简化为“孙”,会意字,从子从小,表示孙子比儿子小一辈。本义是儿子的儿子,如“孙子”,也指孙女。引申指孙子同辈的亲属,如“外孙”,“侄孙”。进而引申泛指孙辈以后各代,如“曾孙”,“玄孙”,“八世孙”,“后世子孙”。又引申指再生或滋生的植物,如“稻孙”,“孙竹”。

孜 zī (篆) (隶) 小篆是形声字,从攴(pū),子声,攴是手持棍棒击打之意,在此表示不断敲击,使自己努力不懈。隶书改“攴”为“攵”。常叠用作“孜孜”,本义是勤勉,努力不懈怠,如“孜孜不倦”,“孜孜以求”;也作“孳孳”。

学(學) xué (甲)①②(金) (篆) (隶) 甲骨文是会意兼形声字,①双手摆弄爻(筹算)形,表示学习计算,爻兼表声;②加“宀”(mián,房屋),代表学习的地方。金文加“子”为“學”,表示教儿童学习筹算。规范简化为“学”。本义是学习。引申指学习的集中地,即学校,如“小学”,“中学”。由“学习”又引申为模仿,如“鹦鹉学舌”,“他在学鸡叫”。又引申为学问,学识,如“治学”,“品学兼优”。

孟 mèng (金) (篆) 金文有二说:一说形声字,从子(与人有关),皿声。一说会意兼形声字,小儿初生后先要放入皿中洗,故以子在皿中洗表示第一,开始;皿兼表声。本义是长子,即兄弟姐妹中排行(孟、仲、叔、季)第一,如“孟兄”。引申指每季度的第一个月,如“孟春”,“孟夏”。又引申指匆忙而不及思考,冒冒失失,如“孟浪”。

孤 gū (篆) 小篆是形声字,从子,瓜声。本义是幼而丧父,故从子。引申泛指父母双亡,如“孤儿”。进而引申为孤独,孤单。再引申为少,贫乏,如“孤陋寡闻”。古代又用作王侯自谦之称,意思是少德之人。

注意:“孤”“狐”“弧”三字形音近而义异,辨析见“狐”字条。

孪(孿) luán (篆) 小篆是形声字,从子,䜌(luán)声。规范简化为“孪”。本义是双生,双胞胎,如“孪生姐妹”。

孩 hái (古文) (篆) 《说文》古文是形声字,从子,亥声。本义是小儿笑,如“如婴儿之未孩”(《老子》第二十章)。由笑的发出者引申为幼儿,如“小孩”,“孩童”。进而引申指儿女,如“她有两个孩子”。

孺 rú (篆) 小篆是会意兼形声字,从子从需(幼儿),表示柔弱;需兼表声。本义是幼儿,小孩,如“黄口孺子”,“妇孺”,“俯首甘为孺子牛”(鲁迅《自嘲》)。

女部（29字）

女 nǚ （甲）🖎（金）🖎（篆）🖎（隶）**女** 甲骨文是象形字，像一个温柔女子交臂跪坐（古人席地而坐）的形状。金文、小篆渐失形。隶书逆转九十度写作"女"。本义是未出嫁女子（已出嫁女称"妇"），如"窈窕淑女，君子好逑"（《诗经·周南·关雎》）。引申泛指女性。又引申为女儿，如"生儿育女"，"问女何所思"（《木兰诗》）。又为星宿名，二十八宿之一，有四颗星。"牛女"连用，又指织女星，如"牛女年年渡，何曾风浪生?"（杜甫《天河》）古文又假借为第二人称代词"汝"（rǔ）。

"女"作为偏旁，在合体字中作意符，所从字与女性、婚姻、美好、姓氏和对女性的歧视等义有关，如"妈、安、妻、姓、姜、奴、奸"；也作声符，如"汝"。

奶（嬭）nǎi （金）🖎 楷书是会意兼形声字，从女从乃（乳房，参看"乃"字条），乃兼表声。"嬭"是异体字。现在规范为"奶"。本义是乳房。引申泛指乳汁，如"喂奶"，"牛奶"。又引申作动词，指用乳汁喂，如"奶孩子"。也引申指祖母或老年妇女，如"我的奶奶"，"王奶奶"。

奴 nú （甲）🖎（金）🖎（篆）🖎（隶）**奴** 甲骨文是会意字，从又（手）从女，以手抓女人表示掠夺俘虏为奴。本义是奴隶，如"农奴"，"女奴"。引申为奴婢，奴仆。又引申为旧时男女自称的谦辞，如"何处是英雄，迎奴归故宫"（计有功《唐诗纪事·昭宗》）。宋以后多为年轻女子的自称，如"奴家"。由"奴婢"又引申为对人的骂词、鄙称，如"奴颜媚骨"，"守财奴"。

奸（姦）jiān （篆）①🖎②🖎 小篆①是会意兼形声字，从女从干（狩猎工具），干兼表声。本义是干（gān）犯，冒犯。小篆②是会意字，从三女，本义是私，与"公"相对。后来"奸"通"姦"，并逐渐替代了"姦"。由"私"引申为淫乱，私通，如"通奸"，"奸污"。进而引申为邪恶，如"作奸犯科"。由"私"又引申为虚伪，狡诈，如"奸诈"。又引申指通敌叛国的人，如"汉奸"。

如 rú （甲）🖎（篆）🖎 甲骨文是会意字，从女从口（说教，发号施令）。古代要求女子未嫁时要从父之教，嫁后要从夫之命。本义是顺从，依从，如"如愿"，"如约"。引申为往，去，如"如厕"。"依从"就是照着做，故又引申为像，相似，如"一见如故"，"如同"。又引申为比得上，及，如"百闻不如一见"，"自叹弗如"。作连词，表示假设,如果。也作形容词、副词词缀,如"空空如也","突如其来"。

妄 wàng （金）[金文字形] （篆）[篆文字形] 金文是会意兼形声字,从女(古代歧视女性的反映)从亡(无),表示没有根据的猜想或行动;亡兼表声。本义是荒诞,没有事实根据,如"妄想","妄自尊大","妄图"。引申为胡乱,随意,如"轻举妄动","胆大妄为"。

妇(婦) fù （甲）[甲骨文字形] （金）[金文字形] （篆）[篆文字形] 甲骨文是会意字,从女持帚(zhǒu),表示洒扫、料理家务。小篆规整化。规范简化为"妇"("帚"简为"彐")。本义是已婚女子(未婚称"女"),如"少妇","主妇"。又特指妻子,如"有妇之夫"。又引申为成年女性的通称,如"妇女"。

好 hǎo hào （甲）[甲骨文字形] （金）[金文字形] （篆）[篆文字形] 甲骨文是会意字,从女从子,像女人手抱婴孩的形状,古人认为妇女有子是极好的事情。一说指女子貌美。音**hǎo**:本义是美好。引申泛指一般的美好,优秀,与"坏"相对,如"好人","好风气","好戏连台"。由"美好"又引申为友爱,和睦,如"友好","相好"。又引申为容易,适宜,便于,如"好办","好懂","好用"。用在动词后面,表示完成,完善,如"办好了","作业写好了"。又引申为副词,相当于很,甚,如"好热啊","好快"。音**hào**:由"美好"又引申为动词:喜爱,如"好胜","好高骛远"。又引申为常常,如"这孩子粗心,好丢三落四"。

妓 jì （篆）[篆文字形] 小篆是形声字,从女,支声。本义是古代以歌舞杂技表演为业的女子。后指以卖淫为生的女子,如"妓女","娼妓"。

妙 miào 楷书是会意兼形声字。从女从少,表示美妙,美好;少兼表声。引申为奇巧,神奇,如"神机妙算","妙手回春","妙绝"。又引申为年轻,年少,如"妙龄"。

妖 yāo 楷书是形声字,从女,夭声。本义是女子容貌艳丽(无贬义)。引申指艳丽,妩媚,如"妖娆"(娇艳美好),"妖冶"。又引申指反常怪异的现象或事物,如"天反时为灾,地反物为妖"(《左传·宣公十五年》)。进而引申指神话传说中形状怪异的害人精灵,如"妖怪","妖精"。又引申指邪恶而迷惑人,如"妖术","妖言惑众"。还引申指装束奇特,神态不正派(多指女子),如"妖艳","妖媚"。

妨 fáng （篆）[篆文字形] 小篆是形声字,从女,方声。本义是伤害,损害,如"将妨于国家"(《国语·越语》)。又引申为阻碍,如"妨碍","妨害"。

注意:"妨""防"音同形近而义异,辨析见"防"字条。

妒(妬) dù （篆）[篆文字形] 小篆是形声字,从女,户声。"妬"是异体字。现在规范为"妒"。本义是妇女忌妒丈夫,也指忌妒别的女子的姿色,如"妆成每被秋娘妒"(白居易《琵琶行》)。引申泛指嫉妒比自己强的人,如"嫉贤妒能","无意苦争春,一任群芳妒"(陆游《卜算子·咏梅》)。

妻 qī qì （甲）〔图〕（金）〔图〕（篆）〔图〕（隶）〔图〕　甲骨文是会意字,像用一手(又)或两手梳理女子长发形,表示结发为妻。金文从又(手)梳理长发。小篆上部为盘发插笄形。音 qī:本义是妻子,男子的配偶,如"夫妻"。旧时指男子的嫡配,如"齐人有一妻一妾而处室者"(《孟子·离娄下》)。音 qì:古代又用作动词,指将女嫁人为妻,如"太祖(曹操)以女妻彧(荀彧)长子恽"(《三国志·魏书·荀彧传》)。

姓 xìng （甲）〔图〕（篆）〔图〕　甲骨文是会意兼形声字,从女从生(草木长出土地),表示女生孩子随女姓,蕴涵着生命血缘和家族延续如草一样绵绵不绝;生兼表声。本义是源于同一女性始祖(同一母系氏族)的族属所共有的符号标志,是母系社会的产物,如"姓氏"。引申用作动词:以某字为姓,如"姓张"。百姓:原指众多的氏族,战国后渐指平民。

始 shǐ （金）〔图〕（篆）〔图〕　金文是会意兼形声字,从女从胎省(省去"月"),台(古音 yí)兼表声。本义是女人怀孕之始。引申为开始,最初,如"起始","始终"。

姿 zī （篆）〔图〕　小篆是形声字,从女,次声。本义是形态,身体的样子,如"姿态","舞姿","飒爽英姿"。引申特指容貌,如"姿色","姿容"。

娃 wá （篆）〔图〕　小篆是形声字,从女,圭(guī)声。本义是女子貌美。引申为美女,如"娇娃"。进而引申为少女,如"嬉嬉钓叟莲娃"(柳永《望海潮》)。由"少女"又引申为小孩,如"胖娃娃","老婆生了个男娃"。方言又引申指某些幼小的动物,如"狗娃","猪娃"。

娇(嬌) jiāo （篆）〔图〕　小篆是形声字,从女,乔(乔)声。规范简化为"娇"。本义是柔嫩,美丽可爱,如"娇小玲珑","娇艳","江山如此多娇"。引申为美女,如"金屋藏娇"。又引申指宠爱的,如"娇儿不离膝,畏我复却去"(杜甫《羌村》之二)。进而引申指爱怜过度,如"娇惯","娇宠"。又引申为任性,如"娇气"。

姹 chà 　楷书是形声字,从女,宅声。本义是美女,如"姹女矜容色"(张九龄《剪彩》)。引申泛指艳丽,如"姹紫嫣红"(指花色娇艳)。

娶 qǔ （篆）〔图〕　小篆是会意兼形声字,从女从取(取得),取兼表声。本义是接女子到男家成亲,如"娶亲"。此义较早写作"取"(参看"取"字条)。

婴(嬰) yīng （金）〔图〕（篆）〔图〕　金文是会意字,上部是贝(贝),下部是女,头颈处有一半圆,表示戴的饰物。小篆将上部变为双贝(賏 yīng,颈饰),表示饰物由多贝串成。规范简化为"婴"。本义是女孩用贝串成的颈饰。引申为缠绕,如"婴疾"(得病),"借问子何之? 世网婴我身"(陆机《赴洛道中作》)。因幼儿多戴颈饰,故又引申指不满周岁的小孩,如"婴儿","妇婴"。

婚 hūn （篆）[篆文] 　小篆是会意兼形声字,从女从昏(古时婚礼常在黄昏举行),昏兼表声。本义是男女结为夫妇,如"结婚","婚姻"。

婉 wǎn （篆）[篆文] 　小篆是会意兼形声字,从女从宛(屈曲,参看"宛"字条),宛兼表声。本义是柔顺,顺从。引申为婉转,委婉。又引申为美好,柔美,如"婉丽","婉约"。

媚 mèi （甲）[甲文]（金）[金文]（篆）[篆文] 　甲骨文是会意兼形声字,从女从眉(以目媚人),眉兼表声。小篆规整化。本义是亲爱,喜爱。引申为有意讨人喜欢,如"献媚","谄媚"。又引申为美好,可爱,如"妩媚","春光明媚","回眸一笑百媚生"(白居易《长恨歌》)。

嫉 jí （篆）[篆文] 　小篆是形声字,从女,疾声。本义是忌妒,即怨恨别人比自己好,如"嫉贤妒能"。引申为憎恨,如"嫉恶如仇"。

嫌 xián （篆）[篆文] 　小篆是形声字,从女,兼声。本义是心中疑惑,嫌疑,如"避嫌","涉嫌"。引申为怨恨,如"嫌怨","尽释前嫌"。又引申为讨厌,不满意,如"嫌贫爱富","嫌烦"。

嫁 jià （篆）[篆文] 　小篆是形声兼会意字,从女,家声,家兼表成家(旧时女以男方为家)之意。本义是女子结婚,如"嫁娶"。引申指把祸害、损失等转移到别人身上,如"嫁祸于人","转嫁危机"。又引申指植物的嫁接,即把要繁殖的不同植物的枝或芽接在一起,使其成为另一种植物。

嫣 yān （篆）[篆文] 　小篆是形声字,从女,焉声。本义是女子身材颀长而美丽。引申为笑容美好,如"嫣然一笑"。进而引申指颜色浓艳,如"日斜柳暗花嫣"(冯延巳《三台令》),"姹紫嫣红"。

注意:"焉"本是一种鸟形,后假借为文言虚词,本义已废,下面四点(鸟爪)没有简化为一横。

飞（飛）部（1字）

飞（飛）^{fēi}　（篆）飛　（隶）飛　小篆是象形字,像飞鸟背面的形状:上部像鸟头,头颈的羽毛飞时张开,下部是鸟身和双翅。隶书写作"飛"。规范简化为"飞"。本义是鸟飞。引申指物体在空中飘浮游动,运动快捷,如"飞扬","飞舞"。又引申比喻速度快得如飞,如"飞速","飞跑"。

　　"飞"作为偏旁,在繁体合体字中作意符,如"飜"（翻）。

马(馬)部(18字)

马(馬) mǎ （甲）（金）（篆）（隶）甲骨文是象形字，像马侧视的形状，突出了马的眼、鬃、足和尾等特征。早期金文仍然突出这些特征，后期金文文字化，把马眼和马鬃连成三根斜线。小篆仍保留了马头、长尾和四足之形。隶书写作"馬"。规范简化为"马"。本义是一种头小面长，耳壳直立的大型家畜。引申为大，如"马蜂"（大黄蜂），"马勺"。

　　"马"作为偏旁，在字左时横要写成提，如"骄、骗"。在合体字中多作意符，所从字与马、马的动作或马的同类等义有关，如"驮、骑、驽、骡、驀、腾"；也作声符，如"吗、妈、骂"。

驭(馭) yù （篆）小篆是会意字，从馬从又（手），表示用手控制马匹。小篆与"御"通。规范简化为"驭"。本义是驾驶车马。

驯(馴) xùn （篆）小篆是会意兼形声字，从馬从川（河流），表示把马驯服得如水流一样顺从服帖；川兼表声。规范简化为"驯"。本义是马顺服。引申泛指顺服，如"小羊是很驯服的"。又引申为使动词：使顺从，如"驯养"，"驯狮"。

驰(馳) chí （篆）小篆是形声兼会意字，从馬，也声；"也"是匜的初文，是古代盛水、向盆里倒水的器具，"馳"表示车马奔驰如匜倾水而下之意。规范简化为"驰"。本义是使劲赶马。引申为车马跑得快，如"风驰电掣"，"奔驰"。"跑得快"则跑得远，引申为名声远播，如"驰名"，"驰誉"。又引申指人的思绪心向神往，想得很远，如"神驰"，"驰思遐想"。

驱(驅、敺) qū （金）（古文）（篆）金文、《说文》古文是形声字，从攴（pū，手持棍棒，表示驱使），區（区）声。小篆从馬，區声。规范简化为"驱"。本义是赶马前行。引申泛指赶走，如"驱赶"。又引申为快跑，如"先驱"，"长驱直入"。

驳(駁) bó （甲）（篆）甲骨文是会意字，从馬从爻（yáo），爻是四画交叉，有错综混杂意，用以表示马的毛色杂。规范简化为"驳"。本义是马的毛色不纯，如"斑驳"。引申指成分不纯，称"驳杂"。由"毛色不纯"又引申指人们由看法不同而辩驳，驳斥，反驳。又用为译音字，英语 barge 音译为"驳"，如"驳船"，"驳运"。

驴（驢）lú （篆）𩦉　小篆是形声字，从馬，盧（卢）声。规范简化为"驴"，声旁改为"户"。本义是毛驴，一种似马耳长的家畜。

驶（駛）shǐ　楷书繁体是形声字，从馬，史声。规范简化为"驶"。本义是马走得快。引申泛指速度快，迅速，如"疾驶"，"驶马"（疾驰之马）。又引申为驾驶，行驶，如"汽车驶向远方"。

驷（駟）sì （金）𩤁 （篆）𩣛　金文是会意兼形声字，从馬从四，四兼表声。规范简化为"驷"。本义是同驾一辆车的四匹马，或驾有四马的车。"一言既出，驷马难追"比喻话出难收，要算数。

驹（駒）jū （金）𩢿 （篆）𩧇　金文是形声字，从馬，句声。小篆定为馬左句右。规范简化为"驹"。本义是两岁的幼马。泛指少壮的马，如"良驹"，"千里驹"。又引申指幼马，如"小马驹子"。

驼（駝）tuó　楷书繁体是形声字，从馬，它声。规范简化为"驼"。本义是骆驼，也单用作"驼"，如"明驼"（单峰驼），"驼绒"。驼峰隆起，引申比喻人的背部弯曲，如"驼背"。

骄（驕）jiāo （篆）𩥱　小篆是形声兼会意字，从馬，喬（乔）声，乔有高义，兼表马的壮健高大。规范简化为"骄"。本义是六尺高的马。引申泛指马的高大雄壮。进而引申指马神气高扬，骄逸。再引申比喻人的骄傲、骄横，傲慢。马"骄逸"即为烈马，又引申为猛烈，如"骄阳似火"。

骆（駱）luò （金）𩢳 （篆）𩧉　金文是形声字，从馬，各声。小篆变为左右结构。规范简化为"骆"。本义是鬃、尾均为黑色的白马。现在用于"骆驼"。

骇（駭）hài （篆）𩦱　小篆是形声字，从馬，亥声。规范简化为"骇"。本义是马受惊。引申为惊惧，害怕，惊诧，惊动，如"骇人听闻"，"惊涛骇浪"，"惊世骇俗"。

验（驗、譣）yàn （篆）①𩦺②譣　小篆①是形声字，从馬，僉（qiān）声。规范简化为"验"。本义应是一种马名，但此义未见书证。主要假借作②譣（xiǎn，问），表示问，验证。引申为试验，测验，考验，应验。

骗（騙）piàn　楷书繁体是形声字，从馬，扁声。规范简化为"骗"。本义是偏身跨腿上马（马鞍出现之前无马镫，上马要侧身抬起一条腿）。引申指一条腿抬起跨上去或者跳过去，如"骗腿儿"。后假借作"谝"（piǎn，花言巧语），常用义渐为欺骗，即欺蒙，诈取。

骚（騷）sāo （篆）𩥉　小篆是会意兼形声字，从馬从蚤，表示刷掉马身上的跳蚤;蚤兼表声。段玉裁《说文解字注》:"人曰搔,马曰骚,其意一也。"本义是刷马。由刷动马毛引申为不安定,扰乱,动荡不安,如"骚乱","骚扰","骚动"。由"骚动"又引申指放荡,轻浮,如"骚货"。骚人:因屈原作有《离骚》,故用以称屈原与《楚辞》类作者,也泛指诗人。风骚:指《诗经》和《离骚》,代指古代诗歌或文化;后也指妇女举止轻佻。

骤（驟）zhòu （篆）骤

小篆是会意兼形声字,从馬从聚,以马步密表示马速快;聚兼表声。规范简化为"骤"。本义是马快跑。引申泛指奔跑。又引申为迅疾,如"骤雨初歇"(柳永《雨霖铃》)。进而引申为突然,如"骤视之","天气骤变"。

幺 yāo　（甲）　（金）　（篆）　甲骨文是象形字,像一小束盘起来的丝。是"糸"(mì)的初文。本义是细丝。引申为细小,小。进而引申为排行最末的,如方言中的"幺妹","幺儿"。由"小"又引申用作数词一(最小的整数)的俗称,如"呼幺喝六"。

　　"幺"作为偏旁,在合体字中作意符,所从字与微小、细小等义有关,如"幽、幼、玄";也作声符,如"吆"。

　　楷书中有些字的"幺"是其他字符的变形,与"幺"的音义无关,如"幻"。

　　注意:"幺"不要写成"么"。"么"曾是"幺"的俗体字,现在读 me,作"麽"的简化字。

幼 yòu　（甲）　（金）　（篆）　甲骨文是会意字,上部是力,下部是幺(yāo,小),表示小力。小篆变为左幺右力。本义是力气小。力气小多因年幼,故引申指年纪小,如"幼儿","幼年","年幼无知"。进而引申为小孩儿,如"男女老幼","扶老携幼"。

　　注意:"幼"不要写成"幻"。

巛部（3字）

巛 chuān （甲）（金）（篆）（隶）川 甲骨文是象形字，像河流的形状，两边曲线是岸，中间的几点表示水流。金文将几个点连接为曲线。隶变后楷书写作"川"与"巛"。与"水"字同出一源，后逐步分化成两个字。本义是河流，水道。现已不独立成字，只作偏旁。

"巛"作为偏旁，习惯上称为"三拐儿旁"。在合体字中作意符，所从字与河流有关，如"邕"；也作意符兼声符，如"巡"。

楷书中有极少数字的"巛"是其他字符的变形，与河流义无关，如"巢"。

邕 yōng （金）（篆） 金文是会意字，从巛（chuān，水流）从邑（城镇），指被四面被水环绕的城邑。小篆把"巛"移到"邑"上。本义是被水环绕的城邑。用作地名：广西壮族自治区有邕江，广西南宁别称邕。

巢 cháo （金）（篆）（隶）巢 金文是象形字，像树木上的鸟窝形状。小篆在鸟窝上面增添三短线表示三只雏鸟，以突出鸟窝之意。本义是鸟窝，如"覆巢毁卵"。引申泛指蜂、蚁等动物的窝，如"蜂巢"，"蚁巢"。又用来比喻坏人盘踞藏身之处，如"匪巢"，"倾巢出动"。

王(玉)部(32字)

王 wáng wàng　（甲）★王　（金）王王　（篆）王　（隶）
王玉　甲骨文是象形字，像斧钺的形状，上部是斧柄，下端是斧刃。金文填实了斧刃部分。小篆规整化，将上边两横距离写得较近，以区别三横等距的"王"（玉）。隶书写作"王"，另给表示"玉"的字加一点以区别。**音 wáng**：本义是斧钺。因执行刑杀的斧钺象征着王者的权威，故引申指君王，帝王，如"商纣王"，"周武王"。春秋时诸侯国中楚国最先称王，如"楚成王"，"楚庄王"；战国时列国国君均称王，如"梁惠王"，"齐威王"，"秦惠王"。秦代以后"王"成为封建社会封爵的最高一级，如"诸侯王"，"亲王"，"郡王"。由"君王"又引申泛指首领，如"山大王"，"蜂王"。又引申指同类中最大的，如"花王"。**音 wàng**：用作动词，古代君主称占有(天下)，如"王天下"；又指成就王业，如"保民而王"。

"王"曾是《说文》部首，现与"王(玉)"并为一部。"王"在合体字中多作声符，如"汪、旺、皇、匡"；作意符极少，只有"闰"。

注意：在楷书合体字中，左旁"王"是意符"玉"。

玉(王) yù　（甲）王王　（金）王　（江陵楚简）玉　（篆）王　（隶）
玉　甲骨文是象形字，像用绳子串着几片玉，绳的两端露在外边。金文省去两端绳头，玉也省作三片(三表示多)，三横(片)等距，以区别上面两横距离很近的"王"(王)字。但因两字形近，书写易混，江陵楚简就在"王"字右边加两点以区别。后来汉隶在右下加一点写作"玉"。本义是一种质细、坚硬、温润而有光泽的美石，主要用于雕刻工艺美术品，如"抛砖引玉"。引申比喻为精美的，珍贵的，如"锦衣玉食"。又用于比喻晶莹、洁白或美丽，如"玉颜"，"亭亭玉立"。玉因珍贵又用作敬辞，如"玉体安康"，"玉照"(多指女性)。

"玉"作为偏旁，在字左时，省去一点而第四笔写作提，即"王"，称为"斜玉旁"或"玉旁"，习惯上称作"王字旁"；在字下时仍写作"玉"，如"玺、璧"；在其他部位时有的写作"王"，如"弄"。在合体字中主要作意符，所从字与玉或者似玉物、珍贵、美好等义有关，如"宝、玲、琼、莹、琳琅"；也作意符兼声符，如"钰"；也作声符，如"顼"(xū)。

弄 nòng lòng　（甲）★　（金）王　（篆）★　★甲骨文是会意字，从★(廾 gǒng，双手)从王(玉形)，像双手把玩玉器。**音 nòng**：本义是用手玩弄玉。引申泛指玩弄,如"弄臣"(古代专为帝王狎玩取乐之臣),"绕床弄青梅"(李白《长干行》)。进而引申为戏弄、欺弄、愚弄、捉弄、摆弄。又引申为做某事,如"弄些饭吃","弄假成真"。又引申为演奏乐器,如"银筝夜久殷勤弄"(王涯《秋夜曲》)。又引申指乐曲的一段,如"梅花三弄"。**音 lòng**;方言指小巷,胡同,如"弄堂","里弄"。

玖 jiǔ （篆）玓　小篆是形声字,从玉,久声。本义是质量稍次于玉的黑色美石,如"琼玖"。唐武则天时用作"九"的大写。清代顾炎武《金石文字记》卷三:"凡数字作壹、贰、叁、肆、捌、玖等字,皆武后所改。"

玛(瑪) mǎ　楷书繁体是形声字,从玉,馬声。规范简化为"玛"。本义是一种矿物,即玛瑙,主要成分是二氧化硅,有不同颜色的条带或环纹,质地坚硬耐磨,可做研磨用具、仪表轴承等,也可作贵重的装饰品。

玩 wán （篆）玩　小篆是形声字,从玉,元声。本义是把玩玉。引申为赏玩,进而引申为玩耍。由"玩玉"又引申为欣赏,观赏,体味,如"玩赏","玩味"。进而引申指供玩赏的物品,如"玩好","玩物","古玩","珍玩"。"玩耍"有不严肃义,故又引申为轻视,轻忽,如"玩世不恭","玩忽职守"。

环(環) huán （金）環 （篆）環 （隶）環　金文是形声字,从玉,瞏(huán)声。规范简化为"环",声旁简化为"不",是不表音的记号。本义是中心孔径与边宽相等的圆形玉璧,即玉环。引申泛指圆圈形物,如"耳环","光环"。用作形容词,指环形的,如"(张飞)豹头环眼"。用作动词:环绕,围绕,如"环顾","环城公路"。

现(現) xiàn　楷书繁体是形声字,从玉,見(见)声。规范简化为"现"。本义是玉光。由玉光外射引申为出现,显现,表现,实现。"显现"义原作"见"(xiàn),如"图穷匕首见"(《战国策·燕策》),后写作"现"。"显现"即在眼前,故引申为现行,现在,现场,现实。进而引申为现有的,如"现金","现货"。

玫 méi （篆）玫　小篆是形声字,从玉,文声。后声旁写作"攵"。玫瑰,本义是一种美玉,如"楚人有卖其珠于郑者……缀以珠玉,饰以玫瑰"(《韩非子·外储说左上》)。后来主要指一种植物。

玷 diàn　楷书是形声字,从玉,占声。本义是玉上的瑕斑。斑点有损玉的纯洁,引申为污点,进而引申为缺点,过失。又引申作动词使……有污点,如"玷污"(弄脏),"玷辱"(使蒙受耻辱)。

珀 pò　楷书是形声字,从玉,白声。用于"琥珀"一词。本义是琥珀,由松柏树脂形成的一种化石,有淡黄色、褐色或红褐色,一般透明,可以制作工艺品,也可入药。

珍 zhēn （篆）珍　小篆是形声字,从玉,㐱(zhěn)声。本义指珠玉等珍宝,如

"奇珍异宝"。引申为精美的食品,如"珍馐"。又引申为珍贵的,宝贵的,如"珍稀","珍本","珍禽异兽"。进而引申作动词:珍重、珍惜、珍爱。

玲 líng （篆）玲　小篆是形声字,从玉,令声。本义是玉的声音。玲玲:玉相击的声音,如"玲玲盈耳"。

珊 shān （篆）珊　小篆是形声字,从玉,删(删)省声(省去"刂")。本义是珊瑚。

珠 zhū （篆）珠　小篆是形声字,从玉,朱声。本义是蚌壳内生的珍珠,乳白色或略带黄色,有光泽。引申指像珍珠状的东西,如"水珠儿","滚珠儿"。

班 bān （金）班 （篆）班　金文是会意字,从玨(jué,双玉)从刀,表示用刀分瑞玉。瑞玉是古代的信物,中分为二,当事人各执其半以为凭证。楷书将"刀"写作"刂"。本义是分瑞玉。引申泛指分开,分别,如"挥手自兹去,萧萧班马鸣"(李白《送友人》,班马:离群的马)。由"分开"引申为返回,调回,如"班师回朝"。"分开"使整体变为局部,又引申指分成的不同组织,人群,如"班级","戏班"。又引申指划分时间,如"早班","值班","上班"。进而引申为定时开行的(有别于临时开行的),如"班车","班机"。"班"在古代又通"般",是盘旋、徘徊不进的意思,如"屯如邅如,乘马班如"(《周易·屯》)。

球(毬) qiú （篆）球球　小篆是形声字,从玉,求声。本义是一种美玉。后借作"毬",是古代一种革制球,里面用毛填实,足踢或杖击为戏。现在规范为"球"。引申泛指球状之物,如"篮球","火球"。

琐(瑣) suǒ （篆）瑣　小篆是会意形声兼字,从玉从貟(suǒ)。"貟"从小从贝,指小贝壳相击发出的细碎声;"瑣"是玉相撞发出的细碎声音。貟兼表声。规范简化为"琐"。本义是细碎的玉声。引申泛指细碎,细小,如"琐碎","烦琐"。又引申指门窗上镂刻的连环形的细碎花纹,如"琐窗"。

理 lǐ （篆）理　小篆是形声字,从玉,里声。本义是治玉,即顺着纹路把玉从璞(含玉的石头)里剖析出来,如"理璞得宝"。引申为治理,整理,办理。玉的"纹路"又引申指物质组织的条纹、纹路,如"肌理","地理"。进而引申为抽象的条理,道理,原理。又引申指理科,即研究自然之理的学科。有时特指物理学,如"数理化"。由"治理"又引申指对别人的言行表态,如"理解","理睬"。

琅(瑯) láng （篆）琅　小篆是形声字,从玉,良声。"瑯"是异体字。现在规范为"琅"。本义是一种玉。琅玕(gān):一种珠状的美玉或美石。琅琅:象声词,形容金石相击的声音或响亮的读书声,如"书声琅琅"。

琴 qín （篆）琴 （隶）琴　小篆是象形字"珡",像古代一种拨弦乐器,上部

"珡"(珡)是弦和弦柱,下部是琴身。隶书成为形声字,从珡省形,今声。本义是古弦乐器,即古琴,用梧桐木等制,传说始为五弦,周初增至七弦。后引申泛指某些乐器,如"胡琴","提琴","钢琴","口琴"。琴瑟:琴和瑟是两种乐器名,两乐器同时弹奏,音色谐美,故用来比喻融洽的感情(多用于夫妇),如"琴瑟好合"。

琳 lín （篆）瑞　小篆是形声字,从玉,林声。本义是一种美玉。成语"琳琅满目"中的"琳、琅"均为玉石名,比喻美好珍贵的东西。"琳"常用作女性的名字,包括外国女性的音译名,以表示美好,如"李琳","伊琳娜","卡捷琳娜"。

琢 zhuó zuó （篆）瑒　小篆是形声字,从玉,豖(chù)声。音zhuó:本义是雕治玉石,《论衡·量知》:"骨曰切,象曰瑳(cuō,通"磋"),玉曰琢,石曰磨。"如"玉不琢,不成器"。引申泛指雕刻加工其他物品。又引申为推敲文字,如"琢句"。琢磨:指加工玉石等器物。音zuó:琢磨,用于口语,指思索、研究,如"这事得琢磨琢磨","他爱瞎琢磨"。

琼(瓊) qióng （篆）瓊　小篆是形声字,从玉,夐(xiòng)声。规范简化为"琼","京"表声。本义是一种赤色玉。引申泛指美玉,如"琼瑶"。又引申为精美的,如"琼浆"(美酒)。

斑(斒) bān　楷书是形声字。本作"辬",从文(花纹),辡(biàn)声。后俗写作斑,从文,班省声。现在规范为"斑"。本义是杂色的花纹或斑点。引申指色彩多样,如"斑斓","斑驳陆离"。又引申指头发花白,如"斑白"。

瑟 sè （篆）瑟 （隶）瑟　小篆是形声字,从珡(琴),必声。本义是古代一种拨弦乐器,形似古琴,通常有二十五弦,每弦有柱,柱可以移动以定音。常与琴并称"琴瑟"。瑟瑟:拟声词,形容风声轻微,如"瑟瑟秋风";也形容颤抖,如"瑟瑟发抖";又指碧绿色,如"一道残阳铺水中,半江瑟瑟半江红"(白居易《暮江吟》)。

瑞 ruì （篆）瑞　小篆是形声兼会意字,从玉,耑(zhuān)声。耑("端"的初文)兼表端倪之意。本义是古代玉制的信物、凭证,如"瑞玉"。引申指好的预兆,如"祥瑞","瑞雪兆丰年"。进而引申为吉祥,如"瑞光"(吉祥之光),"瑞星"。

瑰 guī （篆）瑰　小篆是形声字,从玉,鬼声。本义是一种美玉。引申泛指美玉。进而引申为珍奇、珍贵,如"瑰丽"(极其美丽),"瑰宝"(极其珍贵的东西)。玫瑰,参看"玫"字条。

瑜 yú （篆）瑜　小篆是形声字,从玉,俞声。本义是美玉。引申为美玉的光彩,如"瑕不掩瑜"。进而引申比喻人的优点,如"瑕瑜互见"(优缺点并存)。瑜伽:梵语Yoga的音译,意思是结合,是印度教的一种修身方法。

瑕 xiá　（篆）瑕　小篆是形声字，从玉，叚(jiǎ)声。本义是带红色的玉。引申指玉上的斑点，如"白璧微瑕"。进而引申比喻人或事物的不足、缺点，如"瑕不掩瑜"。

璀 cuǐ　（篆）璀　小篆是形声字，从玉，崔声。本义是玉名，《广韵·贿韵》："璀，玉名。"璀璨：玉光，引申形容珠玉等光亮鲜明、灿烂。

璧 bì　（金）璧　（诅楚文）璧　（篆）璧　金文是形声字，从玉，辟声。本义指圆形、扁平、中间有孔的玉器，古代贵族在祭祀、朝聘、丧葬时用作礼器，也用作装饰品。引申泛指美玉，如"和氏璧"，"珠联璧合"。

无(旡)部(2字)

无(無) wú　(甲)　(金)　(篆)　(说文·奇字)

甲骨文是会意字,像人(大)双手分持牛尾或枝条或火把等在舞蹈,即"無"字。是"舞"的初文。金文繁化。"無"后假借表示"没有"。小篆将"舞""無"分开,"舞"义用加"舛"(双脚)来表示;"没有"义用下部中间加"亡"来表示,隶变时又被淘汰。《说文》以"无"作为"無"的异体字。现在"無"规范简化为"无"。"无(無)"的本义是跳舞,乐舞。后假借为没有,如"无功受禄","无能为力"。进而引申为不,如"无论如何","无记名投票"。又引申为不要,如"无失其时"。

"无(無)"作为偏旁,在合体字中主要作声符,如"芜(蕪)、庑(廡)、妩(嫵)、抚(撫)";"無"还作意符兼声符,如"舞"。

作为部首,"无"部所收字现在通用的只有"既",这是因为"既"的右旁"旡(jì)"与"无"形似(音义并无关系)。

注意:有无的"无",甲骨文用"亡"表示,周代金文多借"無"表示。

既 jì　(甲)　(金)　(石鼓文)　(篆)　(隶)　甲骨文是会意字,从皀(guǐ,同"簋",盛食物的高足容器),从旡(jì,人扭头向后张口打饱嗝),表示人食毕。小篆略有讹变。隶书写作"既"。本义是吃完饭,食尽。引申为完,尽,如"言未既"。虚化为副词,相当于已经,如"既成事实","既往不咎"。又用作连词,表示并列关系,如"既好又快";又表示既然,即先提出前提,而后加以推论,如"既来之,则安之"。

韦（韋）部（2字）

韦（韋）^{wéi}（甲）①（金）（篆）（隶）甲

骨文是会意字，①从四止（脚）或三止环绕口（wéi，城邑），表示衞（卫，对防守者而言）或圍（围，对攻城者而言）。是"衞"和"围"的初文。②将三四"止"简省为两个。金文承接甲骨文②。小篆文字化。隶书写作"韋"。规范简化为"韦"。本义是环绕。因"止"在城邑两边，故引申为相隔相背，违离。此义后写作"违"，如"违法"，"违背誓言"。"韦"后来假借表示熟皮，即经过去毛加工制成的柔皮。进而引申指皮绳，如"韦编三绝"。

　　"韦"作为偏旁，在合体字中多做声符，如"违、苇、帏、讳"；也作意符，所从字与围绕、皮革等义有关，如"韩、韧、韬"；也作声符兼意符，如"围，衞（卫）"。

韧（靭、靱）^{rèn}（篆）小篆是形声字，从韋（韦，熟牛皮），刃声。"靭"是异体字。规范简化为"韧"。本义是柔软而结实，不易折断，与"脆"相对，如"柔韧"，"韧性"，"坚韧"。

木（朩）部（43字）

木 mù （甲）🌲 🌲 （金）🌲 （篆）朩 （隶）**木**　甲骨文是象形字，像树木的形状，上部是树枝，中段是树干，下部是树根。小篆将树枝、树根变成曲笔。隶书写作"木"。本义是树，树木，如"庄子行于山中，见大木，枝叶盛茂"（《庄子·山木》）。后也用以通称木本植物。引申为树叶，如"无边落木萧萧下"（杜甫《登高》）。"木"又引申专指木材，木料，如"榆木"，"木制器具"。由"木材"又引申指质朴，如"木讷"。"木"又用以比喻人的呆笨，如"木头木脑"。因"木"多用于引申义，本义便由"树"代替。

　　"木"作为偏旁，在字左时，捺要写作点，如"植、横"；在字中时，有的末笔也写作点，如"困"；在字下时，有的竖要写作竖钩，撇随之写作短撇，末笔相当写作点，即"朩"，如"杂、条（條）、亲、新"。在合体字中主要作意符，所从字与木本植物、木材等义有关，如"未、本、机、束、杏、桌"；也作声符，如"沐"。

　　楷书中有少数字的"木"是其他字符的变形，与木的音义无关，如"杀（殺）"。

未 wèi （甲）🌿 （金）米 （篆）朩　甲骨文是象形字，上部像树木枝叶重叠形，表示繁茂。应是"蔚"的初文。本义是枝叶繁茂。枝叶繁茂则因遮蔽而光线暗，看不清，故引申为否定副词，表示不，如"未知可否"，"未知数"；表示没有，不曾，如"未成年"，"未老先衰"。借作地支第八位；又指十二生肖的羊。

　　注意："未""末"形近易混，辨析见"末"字条。

末 mò （金）朩 （篆）朩　金文是指事字，从木（树的象形），上部短横是指事符号，指示树梢的位置。小篆将指事符号写成长横，表示树梢长。本义是树梢，与"本"（树根）字形成反义，如"本末倒置"，"舍本逐末"。引申指物体的尖端，如"明足以查秋毫之末"（《孟子·梁惠王上》）。又引申为终了（liǎo），最后，跟"始"相对，如"末尾"，"末了（liǎo）"，"期末"。树梢与树根、树干相比，是次要的，故又引申为次要的，微小的，即不重要的部分，如"细枝末节"。由"不重要的"又引申为琐屑，如"粉末"，"茶叶末儿"。又用作传统戏曲里扮演中年男子的角色，如"正末"。

　　注意："未""末"形近易混，辨析："未"是枝叶重叠的形状，枝叶越到上面越少，故用短横；"末"是指事字，指出树梢，用长横起强调作用。

本 běn （金）朩 （篆）朩 （隶）**本**　金文是指事字，在木（树的象形）的下部（树根处）加一圆点（指事符号），指明这是根部。小篆将圆点写成短横。本义是树根,与"末"相对,如"舍本逐末"。引申为草木的茎、干,如"木本植物","草本植物"。由"树根"又引申为事物的根本、基础,如"正本清源","君子务本,本立而道生"(《论语·学而》)。进而引申指最重要的,如"以人为本"。又引申为事物的根据,如"本着政策办事"。进而引申指自己,自己方面的,如"本身","本校","本国"。因"树根"能生枝叶,故又引申为本钱,如"小本生意"。由"基础"又引申指文本,书本,版本,供演出的剧本。作副词,表示事实原先就是那样,如"本来","原本"。

朽 xiǔ （篆）朽　小篆是形声字,从木,丂(kǎo,古音与"朽"近)声。本义是木头腐烂,如"朽木不可雕也"(《论语·公冶长》)。引申泛指腐烂,如"腐朽"。引申为衰老,如"老朽"。又引申为磨灭,如"永垂不朽"。

机(機) jī （篆）機　小篆是形声字,从木,幾(jǐ)声。古代"机""機"是两个字。"机"是桤(qī)木树名,现在规范为"機"的简化字。"機"的本义是古代弩箭上的发射机关。引申指各种发动机关。现成为机器的通称,如"打印机","电机","主机","拖拉机"。又引申为机要。"发射机关"大多构造灵巧,故又引申指技巧,机智,机会,生机。

权(權) quán （篆）權　小篆是形声字,从木,雚(guàn)声。规范简化为"权","又"是记号。本义是黄花木。假借作秤锤,与衡分指秤的锤和杆。由于"权"称轻重,引申为衡量,如"权衡"。秤在衡量轻重时十分敏感,故有灵活、变通义,如"权宜之计","权变"。因"权"在衡量中是一种力,又引申比喻为权力,权势。由"权势"又引申为掌握优势,如"制空权"。进而引申为应享有的权利,如"公民权","选举权"。

杀(殺) shā （甲）杀（金）杀（篆）殺（隶）殺　甲骨文是象形字,像一只野兽被利器击中头部而尾巴垂下的形状。小篆加意符"殳"(shū,手持杖械)以强调击杀义。在古代隶楷中,"杀"与"殺"一直共用,"殺"为正体。现在规范为"杀"。本义是杀死野兽。引申泛指使人和动物失去生命,弄死,如"杀生","枪杀","英勇杀敌"。

朵 duǒ （篆）朵　小篆是象形字,像树木上的枝叶花实下垂形。本义是树木花实下垂的样子。引申为花朵或像花朵的物体,如"云朵","耳朵"。作量词,用于花朵或像花朵状物,如"千万朵花","朵朵白云","几朵浪花"。

杂(雜、襍) zá （篆）雜　小篆是会意兼形声字,从衣(在左上)从集(群鸟聚集树上),表示衣服是五彩相会之处;集兼表声。"襍"是异体字。规范简化为"杂",从会意字,从九(多)从木,表示树木种类多而混杂。本义是五彩相会,即各种颜色相配合。引申为驳杂,混杂,掺杂,错杂,复杂等。

注意:"杂"的"木"旁,竖写作竖钩,撇写作短撇,末笔捺写作点。

杠（槓）gàng　（金）球　（江陵楚简）杠　（篆）杠　金文是形声字,从木,工声。江陵楚简写作左木右工。"槓"是异体字。现在规范为"杠"。本义是床前横木。引申指横放的较粗的竹、木、铁类棍子,门闩,如"竹杠","铁杠","门杠"。进而引申指体育锻炼用的器械,如"单杠","杠铃"。又引申指粗的直线,如"老师把错题都打上了红杠"。

杜　dù　（甲）吐　（金）杜　（篆）杜　甲骨文是形声字,从木,土声。金文作左木右土。本义是一种木本植物,即杜梨,也叫棠梨。后假借表示阻塞(sè)义,如"杜绝","防微杜渐"。

杏　xìng　（篆）杏　小篆是形声字,从木,向省声。本义是杏树的果实。也指杏树。又指杏花,花色白带红,如"杏腮","红杏枝头春意闹"。

杉　shān shā　楷书是形声字,从木,彡(shān)声。**音 shān**:本义是杉树。**音 shā**:义同"杉"(shān),用于"杉木、杉篙"。"杉木"是杉(shān)的木材;"杉篙"(shā gāo)是杉(shān)树一类的树砍掉枝叶后做成的细而长的杆子,用来搭脚手架或撑船。

极（極）jí　（篆）①椏②椏　小篆是形声字,①从木,亟(jí)声。小篆②"极"指架在驴背上载物的木架,从木及声。"極"、"极"原是义不同的两个字,现在"極"规范简化为"极"。"極"的本义是房屋正梁,即脊檩。因处在房屋的最高处,故引申为顶点,尽头,如"极端","登峰造极"。进而引申指地球的南极、北极。用作动词,表示到顶点,竭尽,如"物极必反","极目远眺"。又引申作副词,表示非常,达到最大限度,如"极少数","穷凶极恶"。

李　lǐ　（篆）李　小篆是形声字,从木,子声。本义是一种果树名,即李树,如"李代桃僵"。也指李树的果实李子。行李:古代本指使者,后来指行旅之人出行带的包裹、箱子等。

杨（楊）yáng　（篆）楊　小篆是形声字,从木,昜(yáng)声,昜兼表(枝条)飘扬意(参看"阳"字条)。规范简化为"杨"。本义是一种树名,即杨树,落叶乔木。杨柳:古书中或是杨树与柳树的合称,或指垂柳,如"杨柳岸晓风残月"(柳永《雨霖铃》)。
　　注意:"楊"字不应称"木昜",右旁是"昜"而非"易","易"未简化。

林　lín　（甲）林　（金）林　（篆）林　甲骨文是会意字,用两株树表示树木较多的树林。本义是成片的树木或竹子,如"树林","竹林"。引申指林业,如"农林牧副渔"。

枝　zhī　（篆）枝　小篆是会意兼形声字,从木(树木)从支,支像手持半根竹子的形状,表示枝条;支兼表声。本义是植物主干上分出来的茎条,即枝条。引申为分支。作量词,用于计数带枝的花,如"一枝牡丹","两枝梅花";或用于杆状物,同"支",如"两枝枪","一枝钢笔"。

杳 yǎo （甲）🔣 （篆）🔣　甲骨文是会意字,用日在树下表示太阳已落,天色昏暗。本义是昏暗,幽暗。引申为看不见,不见踪影,如"杳无音信"。又引申为深远不见尽头,如"奇秀深杳"。

枚 méi （甲）🔣 （金）🔣 （篆）🔣　甲骨文是会意字,从木从攴(攵 pū,手持刀斧),表示持刀斧砍伐树木。本义是树干。枚做杖可以驱马,古代又指马鞭。义引申指古代行军时,士卒为防喧哗而口衔的小木棍。作量词,近似于"个",多用于计数形体小的东西,如"两枚硬币","不胜枚举"。

析 xī （甲）🔣 （金）🔣 （篆）🔣　甲骨文是会意字,从木从斤(斧),表示用斧子劈开树木。本义是劈木头。引申泛指分开,离散,如"分崩离析","条分缕析"。进而引申为分析,辨析。

枕 zhěn （篆）🔣　小篆是会意兼形声字,从木从冘(yín),冘是人挑担子的形状,兼表声。本义是枕头。用作动词,指用头枕着东西,如"枕戈待旦"。引申为靠近,如"枕江"(临江)。

标(標) biāo　楷书繁体是形声字,从木,票声。规范简化为"标","票"省作"示"。本义是树木的末梢。引申泛指末梢。又引申为顶端,如"标颠"。又引申为事物的枝节或表面,与"本"相对,如"治标不治本"。假借为"幖"(biāo,帜),表示标志、标记,如"路标","商标","指标","标准"。由"标记"引申作动词,表示做标记,标明,如"标新立异","明码标价"。进而引申为标点,标点符号。

相 xiàng xiāng （甲）🔣 （金）🔣 （篆）🔣　甲骨文是会意字,从目从木(树木),表示用眼省视树木能做什么材料。音 xiàng:本义是察视,观察,如"相马"。引申为占视,即观察人的外表以判断他的将来,如"相面","相术"。进而引申为相貌,星相,真相。察看和判断有助他人的抉择,引申为辅佐,如"吉人天相"。进而引申为辅佐的人,如"宰相","傧相"。现在又指交流电中的一个组成部分。音 xiāng:由"察视"又引申为亲自观看,如"相亲"。由"辅佐"又引申虚化作副词,表示互相,如"教学相长","相得益彰"。又引申为递相,如"世代相传"。又引申为一方对另一方的行为,如"好言相劝","相信"。

栅(柵) zhà shān （篆）🔣　小篆是会意兼形声字,从木从册,表示像编简册一样把竹木编成栅栏;册兼表声。音 zhà:本义是木栅栏。后也指铁条等物编成的栅栏。音 shān:后起音,指栅极,多级电子管中离阴极最近的一个电极,这种零件呈细丝网状或螺旋线状,与栅栏有相似处,故用"栅"来表示,读音仿效"珊、姗"等字音。

柳 liǔ （甲）🔣 （金）🔣 （篆）🔣 甲骨文是形声字，从木，卯声。金文为左右结构。本义是柳树。古代又称杨，杨柳。

树（樹） shù （篆）🔣 小篆是形声兼会意字，从木，尌(shù)声；尌从壴(zhù，竖鼓)从寸(手)，像用手竖立鼓架，这里兼表种植树木之意。规范简化为"树"，"又"是记号。本义是种植，种树。引申为树木。又引申为木本植物的通称，如"树叶"，"沙枣树"。由"种树"又引申为树立，建立，如"独树一帜"，"树雄心，立大志"。

柒 qī 楷书是会意兼形声字，从木从水，七声。本义是漆树。引申为漆汁。"漆"的异体字。后借作"七"的大写。

染 rǎn （篆）🔣 小篆是会意字，从木从水从九，古代染料多取自植物，故从木；染料必须加工成液体，故从水；完成染色要反复多次，故从九。本义是使布丝帛等物着色。引申为沾染，传染，熏染。染指：比喻为获取不该得到的利益而插手。

档（檔） dàng 楷书繁体是形声字，从木，当(当)声。规范简化为"档"。本义是横木的框格，如"框档"。引申指器物上起支撑固定作用的木条或细棍儿，如"床档"，"横档儿"。由"框格"又引申指存放公文案卷的橱架，如"归档"，"存档"。进而引申指分类保存在档里的公文、材料，如"档案"，"查档"。因不同等级的货物存放在不同的橱架内，故引申指货物的等级，如"档次"，"高档商品"。

桥（橋） qiáo （篆）🔣 小篆是会意兼形声字，从木从乔(乔，义高)，表示桥多为木造并高于水面或地面之物；乔兼表声。规范简化为"桥"。本义是桥梁。引申指器物上的横梁，如"鞍桥"。

格 gé gē （金）🔣 （篆）🔣 金文是形声字，从木，各声。**音gé**：本义是树高的样子，又指树木的长枝条。由"树的长枝条"引申为木栅栏，如"连云列战格"（杜甫《潼关吏》）。因栅栏有空格，又引申为格子，如"窗格"。进而引申为格式，规格，表格，格调，风格，人格。又引申为标准，如"及格"（达到标准），"破格"，"出格"。由"栅栏"又引申为阻止，抵御，进而引申为对抗，匹敌，击打，如"格斗"，"格杀勿论"。又引申为推究，如"格物致知"。**音gē**：用作象声词，格格，如"她格格地笑着"。

根 gēn （篆）🔣 小篆是形声字，从木，艮(gèn)声。本义是植物的根。引申指事物的本源或最主要的部分，如"根本"，"根本原因"。又引申指物体的下部、基部，如"舌根"，"墙根"。又引申比喻子孙后代，如"这孩子是王家的根"。作量词，用于计数条形物，如"两根绳索"，"一根钢管"。

桌 zhuō　楷书是会意兼形声字,从木从卓省(省去"十"),卓兼表声。木写作"卓","卓"有高而直立,古代也用"卓"表示"桌",后加意符"木"造"桌"字。本义是桌子。作量词,用于计数按桌论的饭菜或者坐满一桌的人数,如"四桌酒菜","八桌人"。

桨(槳) jiǎng　楷书繁体是形声字,从木,将(將)声。规范简化为"桨"。本义是划船的工具,即船桨。

桑 sāng　(甲)🌳　(篆)🌳　甲骨文是象形字,像桑树的形状,下面是树根,上面突出其枝繁叶茂。小篆把枝叶讹变成三个"又",并与树的主干"木"分离。本义是桑树。也指桑叶。

彬 bīn　(篆)🌳　小篆是形声字,从彡(shān,文采),林声。常连用为"彬彬",意思是文质兼备,如"文质彬彬,然后君子"(《论语·雍也》)。现主要用来形容人的行为文雅有礼,如"彬彬有礼"。

梁(樑) liáng　(金)🌳　(侯马盟书)🌳　(篆)🌳　金文是形声字,从水,刅(chuāng、chuàng)声。侯马盟书加意符"木",表示在水上造木桥。小篆规整化。本义是桥梁。引申指鱼梁(古时为捕鱼而筑在水中的堰)。又引申为屋梁,如"上梁","大梁"。为了区别,桥梁义加意符"木"造"樑"字来表示。规范简化仍为"梁"。由于桥梁隆起,又引申指隆起的条形物,如"鼻梁","脊梁","山梁"。

注意:①"梁"与"粱"形近易混,辨析:"粱"的本义是优良品种的谷子,故下部从"米"(参看"粱"字条)。②"梁"右上的"刅"(音 chuāng 或 chuàng)是会意字,从刀从两点,表示用刀劈物为二,是古文"创"(創、刅、刱)字,在"梁、粱"字中作声符。

棱(稜) léng lēng líng　(篆)🌳　小篆是形声字,从木,夌(líng)声。"稜"是异体字。音 léng:本义是有四角的方木头。引申泛指物体的边棱,物体表面呈条状凸起的部分,如"棱角","冰棱","石棱"。音 lēng:不棱登,常作某些形容词后缀,表示状态,如"花不棱登"。音 líng:穆棱,地名,在黑龙江省。

注意:"模棱""威棱"中的"棱"不写作"楞"(参看"楞"字条)。

森 sēn　(甲)①🌳②🌳　(篆)🌳　甲骨文是会意字,从三木(树),①左右结构,②上下结构,均表示树木很多。小篆是上下结构。本义是树木繁密。引申泛指众多,深密,如"林林森森"。又引申比喻严整肃穆,(防备)严密,如"森严","戒备森严"。树繁密则树下阴暗,故又引申为阴暗,如"阴森森"。

棉 mián　楷书是形声兼会意字,从木,绵(丝绵)省声兼表意。是"绵"的分化字。本义是木棉,也叫红棉、攀枝花、英雄树。后主要指棉花。引申指像棉花的絮状物,如"石棉"。

楞 léng　楷书是会意字,从四方木。本义是有四角的木头。曾是"棱"字的俗写,表示边棱。现在规范为"棱"。在"瓦楞""瓦楞纸"中仍习惯用"楞"。也常作译音用字,如《楞严》《楞伽》(均为佛经名)。用作姓氏。也用作地名:"色楞格"(蒙古国省名)。

支部(2 字)

支 zhī （甲） （篆） （隶）**支**　甲骨文是会意字,像又(手)持(树枝)的形状,突出了枝条之意。小篆改为手持半根竹枝。隶书写作"支"。本义是树木、竹子的枝条。此义后写作"枝"。引申指人或动物的肢体,此义后写作"肢"。由"枝条"又引申为分支,支出,支持,支付,干支。用作量词,多指分支或条状的事物,如"一支曲子","一支钢笔"。

　　"支"作为偏旁,在合体字中作声符,如"吱、技";也作意符兼声符,所从字与枝条、分支等义有关,如"枝、肢、岐、翅";也作意符,表示持棍儿敲打,如"鼓"。

翅 chì （篆）　小篆是会意兼形声字,从羽从支(飞行物的肢体),支兼表声。俗写作"翅",羽在右。现在规范为"翅"。本义是鸟类或昆虫的飞行器官,即翅膀。引申为鱼类的鳍,如"鱼翅"。

犬(犭)部(24字)

犬(犭) quǎn　(甲)〔字形〕　(金)①〔字形〕②〔字形〕　(篆)〔字形〕　(隶)

〔字形〕　　甲骨文是象形字,像一只瘦腹长尾直立的狗的侧形(甲骨文常把一些象形字竖写)。金文①形象性强;②犬形简化。小篆文字化。隶书写作"犬"。本义是大狗。古代狗犬并称时,大为犬,小为狗。后来犬、狗通名。

　　"犬"作为偏旁,在字左时多写作"犭",称作"反犬旁";写作"犬"则捺要写成点,如"飙(biāo,暴风)"。在合体字中多作意符,所从字与狗、动物、打猎等义有关,如"伏、状(犬形)、默、狼、猎、臭、突、獒";"犬"作声符,如"畎(quǎn,田间水沟)","犭"不作声符。

犯 fàn　(篆)〔字形〕　　小篆是形声字,从犬,已(hàn)声。本义是侵犯,如"人不犯我,我不犯人"。引申为触犯,冒犯,违犯。进而引申为侵害,危害,如"秋毫无犯"。又引申为犯罪,进而引申为罪犯,犯人。又指发生,发作,如"犯错误","犯愁","犯病"。

犷(獷) guǎng　(篆)〔字形〕　　小篆是形声字,从犬,廣(广)声。规范简化为"犷"。本义是犬猛恶,强悍。引申为粗野,如"粗犷","犷悍"(粗野强悍)。"粗犷"本是贬义词,现多用为褒义,形容豪放,如"歌声粗犷"。

　　注意:"犷"不读 kuàng,声符是"广(廣)"。

狂 kuáng　(甲)〔字形〕　(古钵)〔字形〕　(篆)〔字形〕　(隶)〔字形〕　　甲骨文是形声字,从犬,㞷(huáng)声。古钵为左犬右㞷。楷书写作"狂",从犭,王声。本义是狗发疯,如"狂犬"。引申指人发疯,精神失常,如"狂人"。进而引申为狂妄,轻狂。又引申为放纵,纵情地,如"狂放","狂欢"。又引申指猛烈,如"狂风","狂飙"。

犹(猶) yóu　(甲)〔字形〕　(金)〔字形〕　(篆)〔字形〕　(隶)〔字形〕　　甲骨文是形声字,从犬,酋声,指一种似猴的猿类动物。金文为"酋"声,左右偏旁易位。小篆承金文。规范简化为"犹","尤"表声。本义是一种猿类动物。因似猴,引申为动词:如同,和……一样,如"虽死犹生","过犹不及"。虚化为副词,相当于还,尚且,如"记忆犹新"。犹豫:指迟疑不决。

狈(狽) bèi　(甲)〔字形〕　(金)〔字形〕　　甲骨文是形声字,从犬,貝(贝)声。规范简化为"狈"。本义是传说中的一种狼属动物,狼的军师,前腿很短,行走时必须趴在狼身上。狼狈为奸:比喻彼此勾结干坏事。狼狈:形容一个人困苦或受窘的样子。

狄 dí （金）①**狄**②**狄**（篆）**狄**　金文①是形声字,从犬,亦声;②将"亦"讹变为"火"。本义是我国古代北方的少数民族名,字从犬是狭隘的民族观念所致。

狙 jū （篆）**狙**　小篆是形声字,从犬,且(jū)声。本义是古书上说的一种猴子。猴类性狡黠,引申为狡猾,如"狙猾"(像猴子般的狡猾)。又引申指暗中窥伺,突然行动,如"狙刺","狙击"。

狎 xiá （篆）**狎**　小篆是形声字,从犬,甲声。本义是驯犬。犬喜与主人亲近、嬉戏,故引申为亲近,接近,如"狎鸥轻白浪"(杜甫《倚仗》)。进而引申指亲近而态度不庄重,如"狎昵","狎客"(嫖客),"狎妓"(玩弄妓女)。

狐 hú （甲）**狐**（金）**狐**（篆）**狐**　甲骨文是形声字,从犬,亡声。金文将"亡"改到右边。小篆将"亡"误作"瓜"。本义是狐狸。俗传狐狸狡猾多疑,善于迷惑人,引申比喻为多疑,或迷惑人,如"狐疑","狐媚"。也比喻品行不端者或坏人,如"狐朋狗友","狐朋狗党"。

　　注意:"狐""弧""孤"三字音同形近而义异,辨析:三字因义异而意符不同:"狐"属兽类,故从"犭";"弧"在古代指射箭的弓,故从"弓";"孤"指失去父母的孩子,故从子。

狗 gǒu （篆）**狗**　小篆是形声字,从犬,句(勾 gōu)声。本义是小犬。后成为狗、犬的通称。走狗(走:跑):古代指猎犬,后来比喻被人豢养驱使的爪牙。

狞（獰）níng　楷书繁体是形声字,从犭,宁(寜)声。规范简化为"狞"。本义是野兽凶恶,如"狞视","狰狞"。

狭（陜）xiá （篆）**陜**　小篆是会意兼形声字,从阜(左"阝",表示山)从夹(夹,"大"的两边是"人"),表示山间狭隘;夹兼表声。俗写作"峡"(峽)。由于"陜"与"陕"(陝,"大"的两边是"入")形近易混,故借狭(同狎)来表示狭隘义。规范简化为"狭"。本义是狭隘,狭窄。引申指胸怀不宽广,如"心地狭窄"。

独（獨）dú （篆）**獨**　小篆是形声字,从犬,蜀声。犬性好斗,独而不群,故从犬。规范简化为"独",声符省作"虫"。本义是单独,一个,如"独唱","独生子女"。特指年老无子者,如"鳏寡孤独"。

狰 zhēng　楷书是形声字,从犭(泛指兽类),争声。本义是古代传说中的怪兽名。一说指似豹的兽,据《山海经·西山经》记载,该兽"其状如赤豹,五尾一角,其音如击石"。一说指飞狐,《广韵·静韵》:"兽如狐,有翼。"狰狞:联绵词,指面目凶恶。

狡 jiǎo （篆）〔图〕　小篆是形声字,从犬,交声。本义是少壮的狗。引申为狡猾,狡诈,如"狡兔三窟"。又引申为狂暴,凶猛,如"于是女娲炼五色石以补苍天……狡虫死,颛民生"(《淮南子·冥览》)。

狱(獄) yù （金）〔图〕 （篆）〔图〕　金文是会意字,从狀(yín,两犬相争咬)从言,表示说话像二犬相斗一样,即争讼。规范简化为"狱"。本义是诉讼,官司。引申为诉讼案件,如"大小之狱,虽不能察,必以情"(《左传·庄公十年》)。汉代开始指监牢,监狱在商代叫羑里,周代叫圄圉。

狠 hěn （篆）〔图〕　小篆是会意兼形声字,从犬从艮(gèn,怒目而视),艮兼表声。本义是犬争斗。引申为凶狠,狠毒。进而引申为用大力量,严厉地,如"狠抓教育","狠狠打击"。

哭 kū （篆）〔图〕　小篆是会意字,从吅(xuān,惊呼,喧哗)从犬。本义是犬哀号。引申指人因悲伤或过分激动而流泪,有时还发出声音,如"哭诉","哭泣"(轻声哭)。

猜 cāi （篆）〔图〕　小篆是形声字,从犬,青声。犬多疑猜忌,不喜群居,共处则相互撕咬,故从犬。本义是忌恨。引申为怀疑,不信任,如"猜疑"。进而引申为有戒心,如"两小无猜"。又引申为推想,推测,如"猜谜","猜测","猜拳行令"。

猫(貓) māo máo （篆）〔图〕　小篆是形声字,从豸,苗声,豸本像猫科动物形,后在有的字中省作"犭"。现在规范为"猫"。音 māo:本义是一种能捕鼠的哺乳动物。方言又指躲藏,如"猫在家里不出来","躲猫猫"。音 máo:猫腰,同"毛腰",指弯腰。

猛 měng （篆）〔图〕　小篆是形声字,从犬,孟声。本义是健壮的犬。引申为健壮。进而引申为凶猛,如"猛兽"。又引申为勇猛,威猛。由"凶猛"又引申为猛烈。作副词,相当于突然,如"猛地站了起来"。

献(獻) xiàn （甲）〔图〕 （金）〔图〕 （篆）〔图〕　甲骨文是会意字,从犬从鬲(lì,像鼎的烹饪器),或从虎从鬲,即"鬳"(yàn),表示祭祀时,将犬或虎肉用鬲煮熟后敬献给神祖。金文加"犬"。小篆文字化。俗简作"献",形声字,从犬南声。规范简化为"献"。本义是向神祖敬献祭牲。引申为进献,贡献。由"进献"又引申指表现给人看,如"献技","献丑","献殷勤"。又引申指有价值的图书、文物等,如"文献"。

獒 áo （篆）〔图〕　小篆是形声字,从犬,敖声。《尔雅·释畜》:"狗四尺为獒。"本义是一种体大善斗的猛犬,可作猎狗。藏獒:今西藏一种体大的良种犬。

歹(歺)部(8字)

歹(歺)dǎi　(甲)①**歺**②**歺**　(金)**肖**　(篆)**片**　(隶)**歹 歺**　甲骨文是象形字,①上部像骨头的裂纹,下部像已剔除肉的残骨,是"冎"(guǎ,"骨"的初文)去掉"冂"形;②三个小点表示从残骨剔落的碎肉。隶书多写作"歹",或仿小篆写作"歺"。现在规范为"歹"。原读è,现读dǎi。本义是剔去肉的残骨。残骨象征着灾难和死亡,故引申表示恶,与"好"相对,如"不知好歹","为非作歹"。好歹:也表示危险,无论如何,如"万一有个好歹,就惨了","好歹你得去一趟"。

"歹"作为偏旁,在合体字中多作意符,所从字与死亡、杀戮、祸殃等义有关,如"死、歼、殆、残、殇、殓"。"歺"与"又"(手)合体为"**叡**"(cán,穿凿义),作意符,如"鑿",作声符,如"餐、粲"。

楷书中有些字的"歹"是其他字符的变形,与"歹"义无关,如"列、夙"。

列liè　(篆)**肪**　小篆是形声字,从刀,**歺**(liè)声,隶变后"**歺**"规范为"歹",写作"列"。本义是分割,分解。分割后有些物品呈条状,引申为行(háng)列,位次,如"前列","上官大夫与之(屈原)同列"(《史记·屈原列传》)。由安排"位次"又引申为布置,摆出,如"排列","陈列"。因"排列"需要分门别类,又引申为归类,类,如"列为重点","不在此列"。由"成行列"又引申为各,如"列位","列祖列宗"。又引申为众多,如"列强","列国"。引申作量词,用于成行列的,如"一列火车","一列队伍"。

死sǐ　(甲)①**肖**②**肖**　(金)**肖**　(篆)**肌**　(隶)**死**　甲骨文是会意字,①是一人垂首跪拜残骨(歺è)的形状,②是侧人垂首对残骨的形状,均表示人死。金文、小篆逐渐文字化。隶书将"歺"写作"歹","人"写作"匕",合体为"死"。本义是生命终止,即死亡。引申为不灵活,如"死板","死心眼儿"。进而引申为不畅通,不流通,如"死路","死水"。"死亡"是客观规律,故又引申为不可调和的,如"死对头"。由"生命终止"又引申为始终,态度坚决,如"语不惊人死不休"。又引申为拼死,拼命,如"死战","死守"。又引申作形容词,表示达到极点,如"笑死人了","讨厌死了"。

残(殘)cán　(篆)**餍**　(隶)**殘**　小篆是会意兼形声字,从歺(è,残骨,与死亡有关)从戋(jiān,两戈相交,表撕杀),戋兼表声。隶书写作"殘"。规范简化为"残"。本义是伤害,杀害,如"摧残","项王所过无不残灭者"(《史记·淮阴侯列传》)。引申为凶恶,暴戾,如"残暴","残忍"。由"伤害"又引申指伤害的结果,即不完整,如"残缺不全","残废"。又引申为受到伤害后的剩余部分,如"残余","苟延残喘"。

殃 yāng （甲）米米米（金）米（篆）米（隶）殃　甲骨文是象形字,像大(人)脖颈上戴枷形,即"央"字,是"殃"的初文。本义是残害。因枷锁在脖子中央,引申为中央,并成为主要用法。小篆成会意兼形声字,从歺(è,残骨,此表灾难)从央,央兼表声。隶书写作"殃"。本义是灾祸。引申为残害,如"遭殃","祸国殃民"。

殊 shū （篆）殊（隶）殊　小篆是形声字,从歺(è,残骨),朱声。隶书写作"殊"。本义是斩首,杀死,指首身分离,如"殊死"。引申为断绝。由"分离"又引申为不同,差异,如"殊途同归","悬殊"。由"不同"又引申为特别的,如"特殊","殊荣"。进而虚化为程度副词,相当于极,很,甚,如"殊可钦佩","殊为不便","殊佳"。

殉 xùn　楷书是形声字,从歹(è,残骨,此表死亡),旬声。本义是以人陪葬,即殉葬。引申指为了某种理想或目的而献身,如"殉情","以身殉国"。

殖 zhí shi （篆）殖（隶）殖　小篆是形声字,从歺(è,残骨),直声。隶书写作"殖"。**音 zhí:**本义是脂膏久放而变质、腐败。物"变质腐败"则细菌滋生,故引申为生育,生长,如"繁殖","殖民"。作殖民主义的简称,如"反帝反殖斗争"。**音shi:**骨殖,指尸骨。

车(车、車)部(17字)

车(车、車)chē jū （甲）（金）（篆）車　甲骨文是象形字,或为车厢、车轴、车轮等俱全的车形,或简化。小篆写作"車"。规范简化为"车"。**音 chē:**本义是陆地上有轮子的交通工具,如"马车","火车"。引申泛指用轮轴来转动的器具,如"纺车","风车","车床"。也引申指机器,如"车间","试车"。又引申指用车床切削工件,如"车零件","车圆"。用作动词,指用水车取水,如"车水"。古时也指牙床,如"辅车相依,唇亡齿寒"(《左传·僖公五年》)。作量词,用于计算一车所载的容量单位,如"三车粮食","一车水"。**音 jū:**中国象棋棋子之一。

　　"车"作为偏旁,在字左时写作"车",末笔横要变为提,笔顺改为横—竖折—竖—提,如"较、辆"。在合体字中多作意符,所从字与车、车轮等义有关,如"辆、转、载、库";也作声符,如"砗"(chē)。

轧(軋)yà zhá gá （篆）　小篆是形声字,从車(车),乚(乚 yà)声。规范简化为"轧"。**音 yà:**本义是辗,滚压,如"轧平","轧棉花","轧场"。引申指排挤,如"倾轧"。**音 zhá:**指把钢坯压成一定形状的钢材,如"轧钢","轧轨"。**音 gá:**方言,挤,如"人轧人"。又指核对,结算,如"账轧不平","轧账"。

轨(軌)guǐ （金）（篆）　金文是形声字,从車(车),九声。规范简化为"轨"。本义是车轴的两头。引申指轨距,即车两轮间的距离,如"车同轨,书同文字"(《史记·秦始皇本纪》)。又引申为车轮碾压的痕迹,车辙,如"轨辙"。又特指专供火车、电车等行驶的有轨的道路,如"轨道","铁轨"。进而指事物运行的一定路线,如"轨迹"。因轨有定制,又引申比喻法则、制度、秩序,如"常轨","正轨","越轨"。

　　注意:"轨"的右偏旁是"九",作声符,不能写作"丸"。

轩(軒)xuān （篆）　小篆是形声字,从車(车),干声。本义是前顶较高带有帷幕的车(前低后高叫"轾"),古代供大夫以上者乘坐。引申泛指车,如"朱轩绣轴"(江淹《别赋》)。由"轩车前高"又引申为高大,高举,飞扬,如"轩昂"(高大雄伟、气概不凡),"轩秀"(挺拔秀出),"轩眉"(即扬眉),"轩然大波"。因车厢像小室,又引申指有窗的长廊或小屋子,如"项脊轩","书轩"。进而引申指窗户,如"开轩面场圃"(孟浩然《过故人庄》)。轩辕:我国古代传说中黄帝的名字。

轰（轟）hōng （篆）轟 小篆是会意字，从三車（车）。规范简化为"轰"，两个"又"是简化符号。本义是很多车行驶时发出的声音。引申泛指巨大的声响，如"轰响"，"轰动"。又引申指炮、炸弹、雷等的冲击，如"轰炸"，"炮轰"。由"冲击"又引申指驱逐，赶走，如"轰走"。由"巨大声响"又引申形容气魄雄伟，声势浩大，如"轰轰烈烈"。

转（轉）zhuǎn zhuàn zhuǎi （篆）轉 小篆是形声字，从車（车），專（专）声。规范简化为"转"。音zhuǎn：本义是用车运输。引申为回还，如"回转"。进而引申指改换方向或情势，如"转身"，"情况好转"。由"用车运"又引申指把一方的物品、信件、意见等传给另一方，如"转达"，"转发"，"转播"。又引申指迁移，如"转移"，"转业"。音zhuàn：由"回还"又引申指绕圈，如"转圈"，"转来转去"。又用作量词，指绕一圈为一转。音zhuǎi：用于口语，指为显示有学问而说些文言词语，如"转文"，"说大白话好吗？不要转"。

斩（斬）zhǎn （篆）斬 小篆是会意字，从車（车）从斤（斧）。规范简化为"斩"。《说文》认为"车"表示取法车裂意，"斤"用斧钺断头。恐非。本义是伐木造车，即《诗经·魏风·伐檀》所写"坎坎伐轮兮""坎坎伐辐兮"之意。引申为砍断，如"斩草除根"，"斩钉截铁"。由"伐木"又引申特指砍头，如"斩首"。进而引申比喻为做，干，如"先斩后奏"。

轮（輪）lún （篆）輪 小篆是形声兼会意字，从車（车），侖（仑）声；侖兼表车辐按照一定的次序、条理分布于车轮之意。规范简化为"轮"。本义是车轮。引申泛指像车轮的东西，如"年轮"，"齿轮"。"轮"有外圈，故又引申为外围，边沿，如"轮廓"，"耳轮"。因"车轮转动"，故又引申为依次更替，如"轮班"，"轮训"。古代车轮高大，故又引申指高大的（建筑物），如"美轮美奂"（奂：众多）。用于佛教用语"轮回"，指众生都要依照自己行为的善恶，在天、人等六道之中生死交替，像车轮旋转不停。作量词，多用于日、月等圆形物，或循环的事物、动作，如"一轮红日"，"又一轮的复习开始了"。

注意："美轮美奂"的"轮"不要写成"仑"，"仑"指条理，次序。

软（軟、輭）ruǎn 楷书"輭"是形声字，从車（车），耎（ruǎn，软、弱）声。后俗体写作"軟"。规范简化为"软"。本义是载运灵柩的车。后"软"的基本义为柔软，与"硬"相对。引申为柔和，如"吴侬软语"，"软风"。又引申为懦弱，如"软弱无能"，"欺软怕硬"。又引申指没有力气，如"两腿发软"，"笑软了"。又引申指容易被感动或动摇，如"心软"，"耳朵软"。又引申指和平地进行而不用强硬手段，如"软磨"（mó），"软禁"，"软硬不吃"。

轿（轎）jiào 楷书繁体是会意兼形声字，从車从喬（乔，此表高起），喬兼表声。规范简化为"轿"。本义是古代走山道的一种小车。引申指人抬着走的交通工具，如"花轿","八抬大轿"。又引申指旧时车厢外套着帷子的载人骡车、马车。现在也指供人乘坐的、有固定车顶的汽车,如"轿车","小轿"。

较(較) jiào　楷书繁体是形声字,从車(车),交声。规范简化为"较"。本义是古代车厢两旁可凭倚的木板。由车的"两较"引申为比较,较量,如"长短相较","计较"。用作副词,相当于略,微,如"成绩较佳"。

辅(輔) fǔ (金)𝖆 (篆)𝖆　金文是形声字,从車(车),甫声。规范简化为"辅"。本义是绑在车轮外用来夹毂的两条直木。因这种直木能增强车辐的承载力,故引申为佐助,帮助,如"辅佐","辅导"。又引申指辅佐的人,如"夫将者,国之辅也"(《孙子兵法·谋攻》)。又引申为守护,护卫,如"城阙辅三秦"(王勃《送杜少府之任蜀州》)。

辆(輛) liàng　楷书繁体是会意兼形声字,从車(车)从兩(两,两车轮),兩兼表声。规范简化为"辆"。本义是量词,用于车,如"三辆卡车","五辆坦克"。引申泛指车子,如"车辆"。

辈(輩) bèi (篆)𝖆　小篆是形声字,从車(车),非声。规范简化为"辈"。本义是车百辆,亦指分行成列的战车。引申指等级,类别,如"马有上中下辈"(《史记·孙膑列传》),"仰天大笑出门去,我辈岂是蓬蒿人"(李白《南陵别儿童入京》)。又引申为家族的世代,泛指人际的一种先后次第,如"辈分","长(zhǎng)辈","前辈"。还引申指人活着的时间,毕生,如"我这一辈子"。

输(輸) shū (篆)𝖆　小篆从車(车),俞声。规范简化为"输"。本义是运送,如"运输","输出"。引申为交出,捐献,如"捐输"。因交出则无,又引申为负,失败,如"棋输一着","大败亏输"。

辑(輯) jí (篆)𝖆　小篆是形声字,从車,咠(qì)声。规范简化为"辑"。本义是车厢。引申为聚集,搜集,特指聚集材料编书,如"辑录","编辑"。也指整套书籍、资料的各个部分,如"丛书第一辑","新闻简报第二辑"。

辖(轄) xiá (篆)𝖆　小篆是形声字,从車,害声。规范简化为"辖"。本义是横穿车轴末端使轮子不脱落的插栓。因辖是控制车轮的,故引申为管理,管治,如"管辖","辖区","直辖"。

牙部（4字）

牙 yá （金）（篆）（隶）牙　金文是象形字，像上下两颗凹凸不平的臼齿（大牙）相交错形。小篆文字化。隶书写作"牙"。本义是臼齿，大牙。引申泛指牙齿，如"门牙"，"虎牙"。又引申特指象牙，如"牙雕"。

"牙"作为偏旁，在合体字中多作声符，如"讶、呀、蚜"；也作意符兼声符，如"伢、芽"。

注意：1."牙"与"齿"义近，辨析："齿"本义是门牙，"唇亡齿寒"不能说成"唇亡牙寒"。2."牙牙学语"中的"牙牙"是拟声词，形容婴儿学说话的声音，音 yá yá，不读 yāyā，也不要误写作"呀呀"或"丫丫"。

邪 xié yá yé （篆）邪　小篆是形声字，从邑（右阝），牙声，邑与地名或行政区域有关。**音 yá**：本义指地名琅邪郡，后"邪"被其他义所专用，就写作了"琊"。**音 xié**：古书多借作"衺"（从衣牙声，本义是大襟斜掩，引申为歪斜不正），后"邪"主要用来表示"不正歪斜"义，多指邪恶，如"邪说"，"歪门邪道"。**音 yé**：用作语气词，表示疑问，如"此画果真邪？"（薛福成《观巴黎油画记》）此义后用"耶"表示。

注意："邪"与"斜"的区别："邪"指人品不正，"斜"指物体不正。

鸦 (鸦、雅) yā （篆）雅　小篆是形声字，从佳（zhuī，鸟），牙声。本义是鸦科部分种类的通称，常见的有乌鸦、寒鸦、白颈鸦等。后来"雅"假借表示乐器名称、乐歌、文雅等义，本义又造"鸦"字表示。规范简化为"鸦"。本义是乌鸦。因其全身亮黑，引申比喻为黑色，如"鸦青"。又专指腹部白色的鸦类，《小尔雅·广鸟》："纯黑而反哺者谓之乌，小而腹下白不反哺者谓之鸦。"

雅 yǎ yā （篆）雅　小篆是形声字，从佳（zhuī，鸟），牙声。**音 yā**：本义是鸦科部分种类的通称，此义后写作"鸦"。**音 yǎ**："雅"后来假借作表示乐器名称、乐歌、《诗经》大雅、小雅等义。"雅乐"用于朝廷，引申为规范，正确，如"雅言"。古人认为"雅言"是规范化的语言，不庸俗、不粗鲁，故引申为高尚的，美好的，如"雅兴"，"高雅"。进而引申为敬称，如"雅号"（多用于尊称他人的名字），"雅教"（称对方的指教）。

戈部（22字）

戈 gē （甲）🔠 （金）🔠 （篆）🔠 （隶）🔠 甲骨文是象形字，像古代用青铜或铁制成的一种兵器，上平，一长横像横刃，中间一竖是长柄。隶书写作"戈"。本义是兵器的一种。引申泛指兵器，如"倒（dǎo）戈"，"枕戈待旦"。由"兵器"引申为战争、战事，如"偃武息戈"，"化干戈为玉帛"。

"戈"作为偏旁，在合体字中作意符，所从字与兵器、战事等义有关，如"戍、战、戏、武、威、戮"。

戊 wù （甲）🔠 （金）🔠 （篆）🔠 甲骨文是象形字，像斧钺之形。本义是斧子。假借作天干的第五位。也用作顺序第五的代称。

戎 róng （甲）🔠 （金）🔠 （篆）🔠 甲骨文是会意字，从戈（兵器）从十，十是铠甲的"甲"。本义是古代兵器的总称，弓、殳（shū）、矛、戈、戟为古代五戎。引申指军队，士兵，如"伏戎于莽"（《易经·同人》）。又引申为军事，征伐，如"兵戎"，"投笔从戎"，"万里赴戎机，关山度若飞"（《木兰诗》）。古代也泛指我国西部少数民族，如"西戎"，"戎狄"。

戌 xū （甲）🔠 （金）🔠 （篆）🔠 甲骨文是象形字，像宽刃、长柄的大斧，与戊、戊、戚形制近似。本义是一种宽刃的兵器。后假借为地支的第十一位。

戍 shù （甲）🔠 （金）🔠 （篆）🔠 （隶）🔠 甲骨文是会意字，像人（士兵）负戈（兵器）之形。隶书"人"和"戈"逐渐相接，楷书将"人"的一捺变成一点。本义是防守边疆，如"戍卒"，"戍客望边色，思归多苦颜"（李白《关山月》）。引申泛指军队驻守，驻防，如"三男邺城戍"（杜甫《石壕吏》），"戍边"。

成 chéng （甲）①🔠②🔠 （金）🔠 （篆）🔠 （隶）🔠 甲文是形声字，①从戊（一种大斧，表示军事），丁声（"◯"是钉帽的俯视形。参看"丁"字条）；②从戊从丨，"丨"疑是"丁"的讹变。小篆从戊（斧钺），丁声。楷书为了书写方便和美观，将"丁"写成"丁"。本义是成盟，和解，如"秦晋为成"（《左传·成公十一年》。成：和解）。引申为完成，实现，如"一事无成"。进而引申为成功，与"败"相对，如"成败在此一举"，"功败垂成"。又引申指使事情完成，成全，如"成人之美"。又引为变成，成为，如"玉不琢不成器"，"积土成山"。又引申为事物发展到一定的形态或状况，如"成形"，"成人"，"自学成才"。作名词，指事情完成的结果，如"成绩"，"成就"。由"完成"进而引申为已定的，定形的，如"成语"，"成见"。再引申为可以，能行，如"这样做成吗？"

划（劃）huà huá　（篆）**劃**　"划"和"劃"原为两个不同的字。音huà：本写作"劃"，小篆是会意兼形声字，从畫（划分）从刀，畫兼表声。规范简化为"划"。本义是用利器将东西割开，分开，如"划分"，"划清界限"。引申为分拨，如"划款"，"划账"。划分须事先设想，故又引申为设计，筹谋，如"计划"，"筹划"。又引申为合算（读huá），如"划算"，"划不来"。音huá：本写作"划"，从刀，戈声，《广韵》读guò，本义是镰，一种农具。又表示用桨拨水前进，如"划舟"，"划桨"。现在"劃""划"两字合为一形。

戒　jiè　（甲）**戒**　（金）**戒**　（篆）**戒**　（隶）**戒**　甲骨文是会意字，从戈从廾（gǒng，双手），以两手持戈表示警惕、戒备之意。隶书将双手连在一起写成"廾"。本义是警戒。引申为思想上防备不犯错误，如"戒骄戒躁"。又引申为有所警觉而革除不良习惯，如"戒烟"。后又指佛教约束教徒的条规，如"清规戒律"。引申泛指禁止做的事，如"戒条"。又引申指戒指，如"钻戒"。

我　wǒ　（甲）**我**　（金）**我**　（篆）**我**　甲骨文是象形字，像用来行刑杀人或肢解牲畜的大斧，斧口有锯齿。小篆稍讹，但还保留戈形。本义是一种大斧。假借用作第一人称代词，自称，如"我你他"。引申指自己一方，如"敌进我退"。

或　huò　（甲）**或**　（金）**或**　（篆）**或**　甲骨文是会意字，从口（wéi，围，表城郭）从戈，表示以戈卫国。金文在"口"下加"一"表示疆界或土地。本义是邦国，疆域（yù）。是"国"的古字。古时"或""国""域"三字同源。借作无定代词，相当于有的，有人，如"人固有一死，或重于泰山，或轻于鸿毛"（司马迁《报任安书》）。又假借为副词，表示推测，估计，不确定，如"列车八点或可抵达广州"，"或许"，"或多或少"。也作连词，表示选择，如"或走或留"，"或同意或反对"。

咸（鹹）xián　（甲）**咸**　（金）**咸**　（篆）**咸**　甲骨文是会意字，从戌（xū）从口。戌是长柄大斧，口代表人头，合起来表示大斧砍人头。古代与"灭"通。本义是灭绝活口，斩尽杀绝。引申为普遍，如"小赐不咸，独恭不优。不咸，民不归也；不优，神弗福也"（《国语·鲁语上》）。作副词表示范围，相当于皆，都，全部，如"村中闻有此人，咸来问讯"（陶渊明《桃花源记》）。又指咸淡之咸，此义本写作"鹹"，规范简化为"咸"。

威　wēi　（金）**威**　（篆）**威**　金文是会意字，从女从戌（xū，武器），表示家中女性主宰。《说文·女部》："威，姑也。……汉律曰：'妇告威姑。'"威姑即婆婆。一说，戌是兵器，女即人，人拿着兵器显出威风凛凛的样子。本义是婆婆。引申为尊严，威严，如"威势"，"不怒而威"。进而引申为权势，威力，如"威加海内兮归故乡"（刘邦《大风歌》）。又引申为凭借力量或势力，如"威胁"，"威慑"。

战（戰）zhàn　（金）①戰②戰　（篆）戰　金文是会意字,①从戈从兽,表示用戈搏击野兽;②从戈从單,單是古代狩猎工具。小篆从金文②。《说文》认为"从戈,單声"。规范简化为"战","占"表声。本义是用武器搏击野兽。引申为战斗、战争。进而引申泛指斗争,争胜负,比高下,如"战胜困难","舌战","中国男篮迎战美国男篮"。又引申指恐惧,发抖,通"颤",如"打寒战","胆战心惊"。

栽zāi　（金）栽　（篆）栽　金文是形声字,从木,𢦒（zāi）声。本义是筑墙时树立在墙两侧的长板。由"树立"引申为种植草木,如"花木成畦手自栽"（王安石《书湖阴先生壁》）,"栽培"。作名词指可移植的幼苗,如"桃栽","树栽子"。由"种植"又引申为安上,插上,如"栽绒","栽赃"。栽种、安插则要一端朝下,故又引申为跌,跌倒,如"栽倒","栽了一跤"。进而引申比喻为失败或出丑,如"栽跟头","我栽在他的手里了!"

载（載）zài zǎi　（金）載　（篆）載　小篆是形声字,从车,𢦒（zāi）声。规范简化为"载"。音 zài:本义是乘坐,如"陆行载车,水行载舟"（《史记·河渠书》）,"搭载"。引申为用交通工具装运,如"载货","载重"。又引申为承载,负担,如"水则载舟,水则覆舟"（《荀子·王制》）。由"满载"又引申为充满,如"怨声载道","风雨载途"。载……载……:用在动词间,表示又,乃,如"载歌载舞"。又假借为"才",表示初始,如"春日载阳"（《诗经·豳风·七月》）。音 zǎi:四季流转成岁,故又引申表示年,如"一年半载"。由"车船载物"又引申为写在书报上,如"记载","登载"。

戚（慼）qī　（金）戚　（篆）戚　金文是形声字,从戈,尗（shū）声。小篆从戉（yuè,大斧）。戈、戉都是古代兵器。本义是古代兵器名,是斧的一种,如"执干戚舞"（《韩非子·五蠹》）。假借表示忧愁,悲伤,如"休戚相关"（休:喜乐）,此义后写作"慽、慼",规范简化仍写作"戚"。又假借为亲近,如"戚疏"（亲疏）。后专指因婚姻联成的关系,如"亲戚","外戚"。

戛jiá　（篆）戛　小篆是会意字,从戈从百（shǒu,"首"的省略写法）,表示以戈击头。本义是古代一种杀头的兵器,一说是戟,一说是长矛,如"立戈迤戛"（张衡《东京赋》）。引申为敲击,如"戛击鸣球"（《尚书·益稷》。戛击:轻轻敲击;球:此指磬,一种石制的敲击乐器,远古时曾被称为"石"和"鸣球"）。用作象声词,形容鸟鸣声,如"轩然将飞,戛然欲鸣"（白居易《画雕赞》）。又形容声音突然止住,如"戛然而止"。

裁cái　（篆）裁　小篆是形声字,从衣,𢦒（zāi）声。本义是为制衣服而剪、割衣料。引申为衡量,判断,如"裁决","裁夺"。又引申为安排取舍,如"独出心裁"。由"裁剪"再引申为削减,如"裁军","裁员"。又引申为控制,节制,抑止,如"独裁","制裁"。由"剪割衣料"引申为杀,如"跪而自裁"（《汉书·贾谊传》）。衣服式样是剪裁结果,故又引申为其他事物的样式、风格,如"体裁"。裁剪衣服要切开布帛,故又引申为切开,如"裁纸","对裁"。

戡 kān （篆）𢧀　小篆是形声字,从戈,甚声。本义是刺杀。引申为用武力平定,如"戡乱"。

截 jié　楷书是形声字,从戈(zāi,表示割),雀省声(省去"小")。本义是割断,如"截肢","截断"。引申为半路拦阻,夺取,如"围追堵截","截击"。由"割断"又引申为终止,如"截止","截至"。又引申指整齐,如"截然分开"。作量词表示"段",如"一截铅笔","她说了半截话"。

戮（勠）lù　（篆）𢽳　小篆是形声字,从戈,翏(liù)声,本义是斩,杀,如"屠戮"。引申为陈尸示众,如"三奸同罪,请杀其生者而戮其死者"(《国语·晋语》)。又通"勠",表示并力,合力,用作"戮力",如"与诸侯戮力同心"(《国语·齐语》),"将戮力而攻秦"(《史记·项羽本纪》)。

戴 dài　（篆）戴　小篆是形声字,从异,戈(zāi)声。"异"的甲文"𢧀"像人双手戴帽或举物于头。本义是头戴着。引申为加在面、颈、手等处,如"戴眼镜","戴项链","戴手套"。又引申为头顶着,如"披星戴月","不共戴天"。由"将物举于头"又引申为尊奉,推崇,拥护,如"爱戴","拥戴","感恩戴德"。

比部(3字)

比 bǐ （甲）＞＞ （金）＞＞ （篆）ⅲ （隶）**比** 甲骨文是会意字,以二人相并表示并肩而行。隶书写作"比"。本义是并列。引申为挨着,紧靠,相连接,如"比肩继踵","比比皆是"。进而引申为近,如"天涯若比邻"(王勃《送杜少府之任蜀州》)。由"二人"又引申为比较,对比,比方,比拟。

"比"作为偏旁,在合体字中多作声符,如"庇、屁、砒";作意符,所从字与并列、接近等义有关,如"皆、毖";也作意符兼声符,如"妣、毗"。

毕（畢）bì （甲）甲 （金）畢 （篆）畢 甲骨文是象形字,像古时捕猎鸟兽鼠类用的长柄网,上边是网,下边是长柄。金文上部加"田",突出田猎义,成会意字。规范简化为"毕",形声字,从十(长柄网省形),比声。本义是古时田猎用的长柄网。引申为动词:用网捕捉,如"鸳鸯于飞,毕之罗之"(《诗经·小雅·鸳鸯》)。由"捕捉住"又引申为完结,结束,如"完毕","毕业"。用作副词,相当于全部,都,如"毕备"。

毙（獘、斃）bì （篆）①獘 ②斃 小篆①是形声字,从犬,敝声,指犬倒下。引申为死,由此产生了小篆②"斃",从死,敝声。现在规范为"毙",比声。本义是仆倒,倒下去,如"多行不义必自毙"。引申为死,如"毙命"。进而引申为打死,枪杀,如"毙敌","枪毙"。

瓦部（2 字）

瓦 wǎ wà （篆）🜚 （隶）瓦　　小篆是象形字，像上下相扣合的瓦片，中间一横像隆起的瓦脊。楷书将一横写作点。**音 wǎ**：本义是一种用泥土烧成的铺屋顶的建筑材料，即屋瓦。古代瓦多用陶土烧制成，故引申总称古代陶制品，如"瓦罐"，"黄钟毁弃，瓦釜雷鸣"（《楚辞·卜居》。瓦釜：陶制饭锅，此喻无才无德者）。**音 wà**：用作动词：把瓦片盖在屋顶上，如"瓦瓦（wǎ）"。

　　"瓦"作为偏旁，在合体字中多做意符，所从字与陶器有关，如"瓷、瓮、瓯"；也作声符，如"佤"（wǎ）。

瓶（缾）píng （篆）缾 （或体）瓶　　小篆是形声字，从缶（fǒu，陶制器皿），并声。《说文》或体从瓦，并声。现在规范为"瓶"。本义是比缶小的陶制容器，用于汲水或盛酒食。引申泛指腹大颈细口小的容器，旧时多用瓷或玻璃制成，如"酒瓶"，"瓶瓶罐罐"。

止部(7字)

止 zhǐ （甲）① ②（金）（篆）（隶）止 趾

甲骨文是象形字,像人脚的轮廓形,①是左脚形,②是右脚形,脚趾均以三表示五个。是"趾"(古代指"脚")的初文。金文文字化。隶书写作"止"。楷书将左脚写作"止",右脚写作"少",作偏旁多用"止"。本义是人脚。脚用来走路,引申为到达,进而引申为站住,停止,如"一狼得骨止,一狼仍从"(《聊斋志异·狼》),"学无止境"。又用作使动词:使……停止,如"止血","止痛"。进而引申为截止,如"有效期至九月一日止"。虚化为副词,相当于仅,只,如"不止一次"。

　　"止"作为偏旁,在字左时,底横要写成提,如"歧、武"。在合体字中多作意符,所从字与脚、脚的动作等义有关,如"企、走、涩、歷(历)";也作意符兼声符,如"趾、址";也作声符,如"芷、扯、齿"。

正 zhèng zhēng （甲）① ② ③（金）正（篆）（隶）正　甲骨文是会意字,①从双脚从囗(围 wéi,表城邑)表示直对着城邑行进;②简省为或左或右的一只脚;③将"囗"填实。是"征"的初文。金文从止(左脚),上部写成一横。音 zhèng:本义是直对着城邑行进。引申为正中,不偏斜,如"正午","正面","正东"。由"正中"引申指位置居中间(跟"侧、偏"相对),如"正房"。又引申为基本的、主要的(与"副"相对),如"正本","正文","正校长"。"正面"又引申为相对的一面,如"正反面","正负数","正极"。"不偏斜"又引申为合乎规范,如"正楷","正派","正规"。又引申指行为上的公正,正直,端正。"合乎规范"又引申为纯正不杂,如"正黄","颜色不正","味儿正"。又引申为使动词:使……正,如"正一正领带","正襟危坐"。进而引申指改正错误,如"纠正","正音"。由本义又引申指动作在进行中,如"正在"。音 zhēng:正月,农历每年的第一个月。正旦,农历正月初一日。

此 cǐ （甲）（金）（篆）（隶）此　甲骨文是会意字,从止(脚)从亻(人),表示人站立之处。隶书写作"此",右旁"匕"是"亻"的反写形式。本义是人所止之处,此义已消亡。引申为近指的代词(跟"彼"相对),相当于这,这个,如"此人","此起彼伏"。又引申作代词,表示此时或此地,如"晚会到此结束","由此往东"。又引申表示这样,如"长此以往","何至于此"。

　　注意:"此"右旁"匕"不写作"七"(huà)。

步 bù （甲）🦶🦶 （金）🦶🦶 （篆）🦶 甲骨文是会意字,像前左后右的双止
(脚)交替行走形。古代将左右脚各走动一次称作一步。金文或将脚形填实。小
篆规整化。楷书写作"步",上部是"止"(左脚),下部是反止"𣥂"(右脚)。本义是
行走,如"步入会场","安步当车"。引申指行走时两脚间的距离,脚步,如"步伐",
"跑步","寸步难行"。由"行走"又引申比喻追随、跟随,如"步人后尘"。又引申
指事情向前发展所达到的某种程度、境地,多为贬义,如"地步","他竟然走到了这
一步"。

　　注意:①楷书"步"的下部不是"少",而是"少",是将反止"𣥂"的短竖和长横连
成了一撇。"步"共为七画,不能多加一点写成"𣥴"。②现在所称的"步"(迈出一
只脚),古代叫"跬"(kuǐ),也叫半步,如"不积跬步,无以至千里"(荀子《劝学》)。

歧 qí 楷书是会意兼形声字,从止(脚,此表行路)从支(分支),支兼表声。本义是
岔路,如"大道以多歧亡羊"(《列子·说符》),"歧途"(比喻偏离了正途的错误道
路)。引申为不一致,不相同,如"歧异","分歧","歧视"。

肯（冎） kěn （金）🦴 （篆）🦴 （隶）冎 金文是会意字,从止(此表附
着)从肉,表示紧附在骨节间的筋肉。小篆、隶书都从肉从骨省(省去"骨"的上半
部)。楷书写作"冎"和"肯"。现在规范为"肯"。本义是紧附在骨节间的筋肉,如
"深中肯綮(qìng,骨肉结合处,比喻要害、关键之处)","中肯"(中其要害)。由
"紧附着"引申为赞同,许可,如"首肯"。进而引申为助动词,表示愿意,如"她不肯
来","三岁贯汝,莫我肯顾"(《诗经·魏风·硕鼠》)。

整 zhěng （篆）🦴 小篆是会意兼形声字,从攴(pū)从束从正,攴本指手持棍儿
轻击,这里表示用手操作,束是用绳索捆缚木柴,正指合乎规范,合起来表示用手将
捆束物整理齐整;正兼表声。隶书将"攴"写作"攵",义同。本义是整理使整齐,如
"整顿","整饬"。引申为整齐。进而引申为全部的,完全无缺,无零头,如"完整",
"整套设备","一千元整"。由"整理"又引申为整修,整治,整人(使其吃苦头)。
又引申为办理,做,如"这个差事不好整","她整了一桌菜"。

攴(攵)部(14字)

攴(攵) pū （甲）𣥂 𣥂 𣥂 𣥂 （金）攴 （篆）攴 （隶旁）攵　甲骨文是会意字，像又(手)持棍、槌或带权棍形。是"撲"(扑)的初文。金文是手持带权棍形。小篆将权棍写成"卜"。《说文》认为"攴"是形声字，从又卜声，看甲骨文，不确。隶书偏旁多写成"攵"。本义是手持棍棒轻轻击打。

"攴"现只作偏旁，且只作右旁。楷体有"攴、攵"两种写法，绝大多数写作"攵"，习惯上称为"反文旁"。在合体字中作意符，所从字与击打、拍打、操作、劳动等义有关，如"敲、寇、改、牧、敌、敢"。

注意："攵"与"夂、夊"形近而音义异，辨析见"夂"字条。

收 shōu （篆）𢾶 （隶）收　小篆是会意兼形声字，从攴(pū，手持棍械)从丩(jiū，扭住)，表示持械拘捕犯人；丩兼表声。本义是捕，逮捕，如"收捕"，"收监"。引申为收集，聚集，如"收藏"，"收拢"。进而引申为收取，收容，收获。又引申为结束，如"收工"，"收场"。

政 zhèng （甲）𤕟 （金）政 （篆）政 （隶）政　甲骨文是会意兼形声字，从攴(pū，手持棍械)从正，表示采取措施使之正确；正兼表声。隶书写作"政"。本义是匡正，使正确。引申为治理，如"善政者"。进而引申为政治，政事。再引申为政权，政策，政令。又引申指家庭或团体的事务，如"家政"，"国政"。古代通"征"，指赋税，徭役，如"苛政猛于虎"(《礼记·檀弓下》)。

故 gù （金）故 （篆）故 （隶）故　金文是会意兼形声字，从攴(pū，持械操作)从古，表示前人所做的事情；古兼表声。"古"与"故"是古今字，甲骨文只有"古"。本义是过去发生的事情。引申指事情的缘故。又引申为旧的东西，原来的，如"故地重游"，"故态萌发"。进而引申指旧的、过去的事物、人，如"温故知新"，"一见如故"。又特指意外或不幸的事变，如"事故"，"变故"。用作副词，相当于故意，仍然，如"明知故犯"。用作连词，表示所以，因此。

效 (俲、効) xiào （甲）𣂆 （金）𣂆 （篆）效 （隶）效　甲骨文是形声字，从攴(pū)，交声。"攴"有手持棍做事之意，此表模仿。隶书写作"攵"。本义是模仿，如"效法"，"效尤"，此义又写作"俲"。引申为尽力，献出，如"效力"，"效命"，此义又写作"効"。"俲、効"现在规范为"效"。由"尽力"又引申为仿效的结果,功效,如"效果","见效","高效"。

教 jiào jiāo （甲）𣁐 （金）𣁐 （篆）𣁐 （隶）教　甲骨文是会意兼形声字,从攴(pū,手持棍棒)从子,表示持棍棒督教小儿学习,爻(yáo)声。楷书写作"教",左旁"孝"会意为棍棒之下出孝子,兼表声。**音 jiào**:本义是教导。引申泛指教育,训诲,如"请教","因材施教","管教"。进而引申为学说或学派,如"儒教"。再引申为宗教,如"佛教","伊斯兰教"。**音 jiāo**:由"教导"又引申指传授知识和技能,如"教课","教技术"。又引申为使,令,如"不教胡马度阴山"(王昌龄《出塞》)。

救 jiù （金）𣁐 （篆）𣁐　金文是形声字,从攴(pū,手持棍),求声。小篆规整化。本义是制止,禁止,如"救火","救祸"(消除祸乱)。消除危难也是援救他人,又引申为救助,救护。进而引申为治疗,如"急救","救病"。

敏 mǐn （甲）𣁐 𣁐 （金）𣁐 （篆）𣁐　甲骨文是会意兼形声字,从又(手)从每(头戴盛饰的妇女),以用手给妇女整理发饰表示动作快捷麻利;每兼表声。小篆从攴(pū),表示手持工具操作。隶书写作"夊"。本义是动作快,如"敏捷","灵敏"。引申为脑子反应快,机智,聪明,如"敏锐","聪敏"。又引申为勤勉,努力,如"敏而好学,不耻下问"(《论语·公冶长》)。

敛(斂) liǎn （篆）𣁐　小篆是形声字,从攴(pū,手持棍),僉(金 qiān)声。规范简化为"敛"。本义是收集,聚集,如"敛钱"。引申为收获,如"自种自敛"。再引申为收束,约束,如"收敛","敛容"。又引申为征收(赋税),如"横征暴敛"。

敝 bì （甲）𣁐 （金）𣁐 （篆）𣁐　甲骨文是会意兼形声字,从攴(pū,手持棍械击打)从㡀(bì),㡀是破衣服,从巾(上古指"布",此指"衣服"),上下几点是灰尘和脏物,故"敝"字像手持木棍扑打破巾的形状;㡀兼表声。本义是衣服破败,如"敝衣"。引申为破败,破旧,如"敝屣","敝帚自珍"。进而引申为衰败,如"凋敝"。又引申为对自己或己方的谦称,如"敝姓","敝人"。

注意:"敝"与"巾"有关,因此中间的长竖不能写成两个短竖。

敬 jìng （甲）𣁐 （金）①𣁐②𣁐 （篆）𣁐 𣁐 （隶）敬　甲骨文是会意字,从卩(跪坐的人)头上有羊角,表示牧羊人。金文①加"口"写作"茍"(jì,不是"艹"头的"苟"),表示牧羊人吆喝羊群,是"敬"的初文;金文②再加"攴"(pū,手持棍),表示严肃认真地管理羊群。小篆承金文并规整化。隶书写作"敬",改"攴"为"夊"。本义是严肃,慎重,如"居处恭,执事敬,与人忠"(《论语·子路》)。引申为尊重,敬重,如"肃然起敬","相敬如宾"。进而引申为有礼貌地奉上,如"敬茶","敬杯酒"。

敞 chǎng （篆）𣁐　小篆是形声兼会意字,从攴(pū,手持工具操作)从尚(高),

尚兼表声。本义是将高起的土地筑成用来远望的平台。引申泛指宽阔,没有遮拦,如"宽敞"。进而引申为动词:敞开,打开,露出,如"敞开大门","敞开心扉"。

敲 qiāo （篆）敲　小篆是形声字,从攴(pū,手持棍儿击打),高声。本义是击打物体使之发出响声,如"敲锣","推敲","敲山震虎"。引申为从旁帮腔助势,如"敲边鼓"。又引申为用威胁、欺骗等手段索取财物,如"敲诈","敲竹杠"。

敷 fū　楷书是会意兼形声字,从攵(pū,持工具操作)从尃(fū),尃兼表声。本作"尃",尃从甫(甲骨文作甫,像田中有菜苗形)从寸(手),表示在苗圃用手布种幼苗,后演变为"尃"。本义是铺开。引申为给予,进而引申为足够,如"入不敷出"。由"铺开"又引申为涂上,搽,如"敷药","敷粉"。

日(冃、曰)部(32字)

日 rì　（甲）〇　〇　（金）⊙　〇　（篆）日　（隶）日　甲骨文是象形字,先画作"〇",是摹写的太阳形,后来加一点表示太阳有黑点以区别于空心圆;因甲骨文刀刻不便,有些"日"字写得不圆,一点也易写成短横。金文写得较圆,像太阳。小篆文字化。隶书写作"日",完全脱离了象形。本义是太阳,如"日食"、"夸父逐日"。引申为白天,如"夜以继日"。进而引申指某一天,如"生日"、"纪念日"。又引申为每天,如"日新月异"、"日积月累"。又引申为时候,如"夏日"、"往日"、"来日方长"。又引申指光阴,如"日月如梭"。

"日"作为偏旁,在合体字中多作意符,所从字与太阳、时日、光线明暗等义有关,如"旦、阳、昔、昂、春、是、暗";也作声符,如"捏、涅"。

有些原从"曰""冃"(mào,帽子)的楷体字因形近现也归入"日"部,如"曹、冒、冕"。

冃 mào　（篆）冃　小篆是象形字,像古代的简易帽子形,两边是下覆的布巾,二横是缝合的边饰。本义是帽子。后作了偏旁,本义造"冒"(加意符"目")字表示,再后来又造"帽"(加"巾")字表示(参看"冒""帽"字条)。

"冃"现只作偏旁,在合体字中作意符,所从字与帽子、蒙覆等义有关,如"冒、最、冕"。

注意:楷书"冃"的中间两横与左右两边的竖笔均不相接。

曰 yuē　（甲）曰　（金）曰　（篆）曰　（隶）曰　甲骨文是指事字,从 ⊔(口),短横是指事符号,表示口里说出的话。隶书将短横改成了横折,字体也写得扁平。楷书写作"曰"。本义是说,道,如"子曰"、"对曰"。引申为叫做,称为,如"崔氏二小生,曰恕己,曰奉壹"(柳宗元《小石潭记》)。古文又用作语气助词,如"我东曰归,我心西悲"(《诗经·豳风·东山》)。

"曰"在合体字中多作意符,所从字与口、说等义有关,如"沓(tà,说话多得如水流)、昌、曷、曹(古代指诉讼的原告和被告)、智";也作声符,如"汩"。

有些字典、词典将"曰""日"分为两部。

注意:"曰""日"形近,但宽窄不同;"曰"在合体字中不作左偏旁,在其他位置时应根据字义辨析。

旦 dàn　（甲）旦　（金）旦　旦　（篆）旦　甲骨文是会意字,上面是日,下面像太阳升出海面时在海面上的倒影。金文将日影填实。小篆将日影写作一横。本义是天明,如"通宵达旦"。引申为白天,明亮。由"天明"又引申为天,日,如"元旦"。"旦"是每天的开头,故"元旦"引申指农历的每月初一,又指新年的第一天。借指中国传统戏曲中的女角,如"正旦","老旦"。

早 zǎo （金）🖼 （篆）🖼 （隶）早　金文是会意字,从日,从十,十是"甲"的本字,"甲"是十天干之首,甲"日"就是刚出来的太阳,表示早晨。小篆下面写成"甲"。隶书承接金文。本义是早晨。引申为初时,时间在先的,如"早期","早秋","早熟"。又引申指很久以前,如"早年"。用作副词,相当于早已,如"她早出国了"。

旭 xù （篆）旭　小篆是形声字,从日,九声。本义是早晨太阳初出的样子。

旱 hàn （篆）旱　小篆是形声字,从日,干声。本义是久晴不雨或雨水太少(与"涝"相对),如"干旱"。引申为非水田的,非水中的,如"旱田","旱獭","旱船"。又引申指陆地交通,如"旱路"。

时(時) shí （甲）🖼 （金）🖼 （石鼓文）🖼 （篆）🖼　甲骨文是会意兼形声字,从日,从之(行走),以太阳在空中运行的位置来确定四季,是古人测日记时的内容之一;之兼表声。石鼓文将声符改为"寺",成为从日、寺声的形声字。小篆承接石鼓文。宋元以来俗写作"时",从日从寸,会"一寸光阴一寸金"之意。规范简化为"时"。本义是季节,时令。引申为时间,时候,时常,时代,小时。

昔 xī （甲）🖼🖼 （金）🖼 （篆）昔　甲骨文是会意字,从日,曲线像泛滥的洪水,合起来表示从前有过洪水泛滥的日子。金文大同。小篆上部形体讹变。本义是从前,如"往昔","抚今追昔"。

昆 kūn （金）🖼 （篆）🖼 （隶）昆　金文是会意字,从日,从比(二人并肩),表示两人在日光下并肩共行。本义是共同。引申为众多,群,如"昆虫"。由"两人"又引申为兄弟,"昆"指兄,如"昆仲"(对别人兄弟的称呼)。又引申为后嗣,子孙,如"后昆"。

昌 chāng （篆）🖼　小篆是会意字,从日(日光)从曰(开口说话),表示说的话是光明正大的善言。本义是美好、正当的言辞,如"昌言"。从"日"有日光义,引申为光明,如"昌晖"。进而引申为兴盛,兴旺,如"昌盛","昌隆"。

昂 áng （篆）🖼　小篆是会意兼形声字,从日(天空)从卬(仰),表示头向上仰着;卬兼表声(参看"卬"字条)。本义是仰着头,如"昂首阔步"。引申为高涨,如"激昂"。

昏 hūn （甲）🖼 （篆）🖼　甲骨文是会意字,从日从氏(dǐ)省(省去一点),氏通

"低",下的意思,合起来表示太阳低下西沉。本义是黄昏。引申为天色昏暗,光线模糊。进而引申指人的眼睛昏花,头昏昏沉沉,昏迷。古代婚礼多在黄昏举行,是远古抢婚的遗风,故结婚也称作"昏",如"燕尔新昏,如兄如弟"(《诗经·邶风·谷风》)。此义后写作"婚"(加意符"女")。

昧 mèi　(金)○(篆)○　金文是会意兼形声字,从日从未,以日未出之时表示昏暗不明;未兼表声。小篆改为左右结构。本义是昏暗不明。引申指人的心中不明,如"昏昧","愚昧"。又引申为掩蔽,隐瞒,如"拾金不昧"。又引申为违背,如"昧良心"。由"昏昧"又引申为冒犯,如"冒昧"。

是 shì　(金)○(篆)○　金文是会意字,从日从正("正"上的"一"与"止"距离较远),日下的短竖表示端直,合起来表示太阳在天空正中。小篆从日从正,字形清楚。本义是日在正中。引申为正,正确,对(与"非"相对),如"是非功过","实事求是","你说得极是"。古代假借为指示代词:这,此,如"是可忍,孰不可忍"。由"正确"引申表示肯定判断,如"此必是豫让也"(《史记·刺客列传》)。进而引申为应答词,如"是,马上做!"汉朝时"是"开始用作系词。

显 (顯) xiǎn　(金)○○(篆)○(隶)○　金文是会意字,左上是日左下是丝(丝),右旁是页(页 xié,人头),合起来是在日光下人瞪大眼睛查看细丝之形(丝是细小纤维,日光下才能"显"而易见)。小篆规整化。规范简化为"显"。本义是显著,明显。引申为显示,显露。由"显露"又引申为显赫,显达,显贵。"显"又用作敬辞,称先人,如"显考","显妣"。

冒 mào mò　(金)○(篆)○(隶)○　金文是会意字,从月(mào,帽子)在目上,表示帽子戴在头上。小篆将"月"两边往下写长。隶书仍为上下结构。**音 mào**:本义是帽子,此义后写作"帽"(加"巾")。帽子顶在头上,故引申为顶着,冒着,如"顶风冒雪","冒着敌人的炮火","冒险"。由"顶着"又引申为冲犯,触犯,如"冒犯"。进而引申为向上升,透出,如"冒烟","冒尖"。由"冒犯"又引申指轻率,如"冒昧","冒失"。**音 mò**:冒顿(dú),西汉初匈奴的一个单于名。

　　注意:"冒"上部"月",中间两横是帽子的装饰,不与左右竖边相接,不要写成"曰"。

映 yìng　(篆)○　小篆是形声字,从日,央声。本义是照耀,如"辉映","映照"。引申指因光线照射而显出物体的形象,如"反映","倒映","映衬"。

昨 zuó　(篆)○　小篆是形声字,从日,乍声。本义是今天的前一天,即昨天。泛指往日,过去,如"觉今是而昨非"(陶潜《归去来兮辞》)。

昭 zhāo　(篆)○　小篆是形声字,从日,召声。本义是日光明亮。引申为清楚,明白,如"昭然若揭","以其昏昏,使人昭昭"(《孟子·尽心下》)。用作使动词:

使……明显,显著,如"罪恶昭彰","昭雪"。

晓(曉)xiǎo　(篆)曉　小篆是形声字,从日,尧(尧)声。规范简化为"晓"。本义是天刚亮,如"拂晓","破晓"。天亮则能看清事物,故引申指明白,知道,如"知晓","家喻户晓"。用作使动词:使知道,告知,如"揭晓","晓之以理,动之以情"。

晕(暈)yùn yūn　(甲)⊙　(篆)暈　甲骨文是会意字,用日周围的短线表示日晕。小篆改为会意兼形声字,从日从军(古代用战车围成的环形军阵),表示光环环绕太阳;军兼表声。音yùn:本义是日、月周围出现的光圈,如"日晕","月晕"。日晕、月晕模糊不清,故引申表示人的眩晕,眼晕,晕车(据《普通话异读词审音表》)。音yūn:进而引申为头晕,晕厥。

冕miǎn　(甲)　(金)宀宂　(篆)　(隶)冕　甲骨文是象形字,像人戴着以羊角为饰的帽子(古代酋长常用羊角作头饰),即"免"字。是"冕"的初文。金文简化。小篆为会意兼形声字,从冃(mào,帽子形)从免,免兼表声。本义是古代大夫以上的贵族戴的礼冠,相传始于黄帝。后专用于帝王的礼帽,即皇冠,如"加冕"。

注意:"冕"下部是"免",表音,不要写成"兔"。

晚wǎn　(篆)晚　小篆是形声字,从日,免声。本义是太阳落时,如"晚霞"。引申为傍晚,夜晚。进而引申指时间将近终了,如"晚年","晚秋"。又引申为后来的,如"晚生","晚辈"。

暂(暫)zàn　(篆)暫　小篆是形声字,从日(表示时间),斩(斩)声。规范简化为"暂"。本义是短时间,与"久"相对,如"短暂"。引申作副词,指在短时间内,即暂时,如"暂定","暂且","暂行"。又引申为顿时,如"如听仙乐耳暂明"(白居易《琵琶行》)。

暑shǔ　(篆)暑　小篆是会意兼形声字,从日从者("煮"的初文,表示热),者兼表声。本义是炎热(与"寒"相对)。引申为炎热的天,如"寒暑易节","暑期"。

最zuì　(篆)最　小篆是会意字,从冃(mào,帽子)从取,表示冒犯对方并取走对方的帽子,从而取得军功最多之意。徐锴《说文系传·冃部》:"军功上曰最,下曰殿。"楷书将"冃"写为"曰"。本义是冒犯而取之。引申指古代考核军功或政绩时最上者,如"苹以吏最拜长安令"(《新唐书·薛苹传》)。进而引申指居于首要地位的人或事物,如"河东旧族,柳氏名门最"(汤显祖《牡丹亭·言怀》)。由"首要地位"引申为副词,相当于极,尤其,如"最好","最初","最爱"。也指在同类事物中居首位的,没有能比得上的,如"中华之最","世界之最"。

晶 jīng （甲）口口口 晶 （篆）晶 甲骨文是会意字,用三个小日表示天空闪烁的群星。是"星"的初文。本义是星星。后分化为"星"和"晶"。"晶"专用来形容星光。引申为光亮,如"晶莹","亮晶晶","天高日晶"(欧阳修《秋声赋》)。也因此作为"水晶"的简称。

景 jǐng （篆）景 小篆是会意兼形声字,从日(日光)从京(表高义),表示日光高照;京兼表声。本义是日光,如"春和景明","日出天而耀景"(江淹《别赋》)。草木山川因日光照射而明亮可见,故引申称为景物,景色,风景,景致。"日光"与影子有关,古代又用作影(yǐng),此义后来晋人加意符"彡"(shān,画饰的花纹,此表示阴影纹)写作"影"。"景"有高大义,又引申为仰慕,仰望,如"景仰","景慕"。

普 pǔ （篆）普 小篆是会意字,从日从竝(并),表示日被云遮没有光线,远近各地日色皆同。本义是日色相同。因各处光线相同,引申为普遍,全面,如"阳光普照","普查"。

暖(煖、煗) nuǎn （篆）煖 小篆是形声字,从火,爰(yuán)声。"暖""煗"(从火耎 ruǎn 声)是异体字。现在规范为"暖",从日,爰声。本义是温暖(与"冷"相对)。作使动词:使……温暖,如"暖暖身子","温暖人心"。

暗 àn （篆）暗 小篆是形声字,从日,音声。本义是日无光。引申指不明亮,光线不足,如"昏暗","暗室"。进而引申指深幽,如"幽暗"。又引申指隐藏不露,秘不作声,如"暗访","暗暗发誓"。由"不明亮"又引申为抽象意义,指人糊涂,昏昧,如"偏听则暗"。

贝(貝)部(15字)

贝(貝)bèi （甲）〔甲骨文字形〕 （金）〔金文字形〕 （篆）〔篆文字形〕 （隶）**貝** 甲骨文是象形字,像海贝的形状。金文像海贝两背隆起成拱形,腹下分开露出肉形。小篆文字化。隶书写作"貝"。规范简化为"贝"。本义是海贝。引申泛指贝壳。上古时人们曾用贝作货币,故也作货币的代名词,如"古者货贝为宝龟,周而有泉,至秦废贝行钱"(许慎《说文解字·贝部》)。意思是:古代以贝壳为货币,以龟甲为珍宝;到了周朝有了泉币(即钱币);到秦朝最终废止了贝币流通钱币)。也用作译音字,如"贝多芬","贝鲁特"。

　　"贝"作为偏旁,在合体字中多作意符,所从字与钱财货宝、贸易等义有关,如"财、费、贷、贿、资、贩";也作声符,如"狈、呗"。

　　楷书中有些字的"贝"是"鼎"旁讹变而成,与"贝"的音义无关,如"贞、则"。

则(則)zé （金）〔金文字形〕 （篆）〔篆文字形〕 金文是会意字,从刀从鼎,表示制鼎时按规范刻画鼎纹。因古文字的"鼎"与"贝"形似,小篆将"鼎"讹作"贝"。规范简化为"则"。本义是规范,标准,如"以身作则"。因"规范、标准"常要形成文字,让大家遵照行事,故引申为规章,规程,如"规则","总则","细则"。又引申指效法,如"则先烈之言行"。作量词指成文的条数,如"一则新闻"。作副词用于判断句,表示肯定,如"此则余之罪也"。作连词表示因果、转折、承接等关系,如"兼听则明","今则不然","铃声响起,则学生安静下来"。

财(財)cái （篆）〔篆文字形〕 小篆是形声字,从贝(貝,表钱财),才声。规范简化为"财"。本义是金钱和物资的总称,如"财产","财富","财经","财贸"。

责(責)zé （甲）〔甲骨文字形〕 （金）〔金文字形〕 （篆）〔篆文字形〕 （隶）**責** 甲骨文是会意兼形声字,从贝(貝)从朿(cì,树木的芒刺),朿兼表声。隶书将"朿"写成三横一竖,字为"責"。规范简化为"责"。本义是用锐器刺取贝中肉吃。引申为索求,索取,如"每责一头,辄倾数家之产"(《聊斋志异·促织》)。进而引申为要求(做成某事),如"责令","求全责备"。"索求"时常要批判对方,故又引申为批评,质问,如"责备","指责","责问"。又引申为名词,指责任,如"负责","职责","责无旁贷"。又引申指被索取或被借去的而应归还的财物,读zhài,此义后写作"债"(加意符"亻")。

贤(賢)xián （甲）〔甲骨文字形〕 （金）〔金文字形〕 （篆）〔篆文字形〕 （隶）**賢** 甲骨文是会意兼

形声字,从臣(奴隶俯首时竖目形)从又(手),像用手抠人眼珠,本是奴隶主摧残奴隶的写照,当时却认为是贤能;臣兼表声。读音 qiān。金文加意符"贝",表示多财为贤能。小篆同金文,均是会意兼形声字,从贝从臤,臤兼表声。隶书写作"賢"。规范简化为"贤"。本义是多财。引申为有才能,德行好,如"贤明","贤达"。又引申为良,美善,如"贤慧","贤淑"。还引申为胜过,甚于,如"师不必贤于弟子"(韩愈《师说》)。旧时也用于敬称,如"贤弟","贤侄"。

败(敗)bài (甲) (金) (篆) (隶) 甲骨文是会意字,左旁从鼎(象征国家)或从贝(贝,表示财物),右旁从攴(pū,手持棍棒击打),表示毁坏鼎或贝。金文增大双贝。小篆仍作一贝。隶书将"攴"写作"攵"(参看"攴"字条)。规范简化为"败"。本义是毁坏,例如"背盟败约"。引申为抽象意义的破坏,如"败坏名誉","道德败坏"。国家被破坏,财物遭抢掠,常因战争失利,故又引申为失败,打败仗。由"毁坏"又引申为破旧,如"金玉其外,败絮其中"(刘基《卖柑者言》)。进而引申为凋残,衰落,如"枯枝败叶"。

贬(貶)biǎn (篆) 小篆是形声字,从贝(贝,表钱财),乏声。规范简化为"贬"。本义是减损,降低,如"贬价","贬值"。引申为降职,如"贬谪","贬职"。由"降低"引申为对某事物给予低的评价,与"褒"相对,如"贬低","贬义","褒贬"。

贮(貯)zhù (甲)① ② (金) (篆) 甲骨文是会意兼形声字,①从贝(贝,表财物)在宁(古读 zhù,柜橱)中,表示贮藏;宁兼表声。②贝移宁下。金文同甲骨文②。小篆是左右结构。隶变后楷书写作"貯"。规范简化为"贮",原右旁"宁"为避免与"宁"的简化字混淆而写作"亍"。本义是积存,囤积,如"贮存","贮藏","贮积"。

贪(貪)tān (篆) 小篆是形声字,从贝(贝,表钱财),今声。本义是爱恋财物,不择手段地求取财物,与"廉"相对,如"贪婪"。引申为纳贿受贿,如"贪污","贪赃枉法"。又引申指无节制地爱好,如"贪杯","贪心","贪得无厌","贪玩"。又引申为深深的依恋,如"贪恋","贪生怕死"。

贫(貧)pín (篆) 小篆是会意兼形声字,从贝(贝,钱财)从分,表示财物因分配而减少;分兼表声。规范简化为"贫"。本义是财物分散匮乏,与"富"相对,如"贫穷"(古代缺乏财物叫"贫",不得志而受困叫"穷")。引申泛指缺少,匮乏,如"贫油","贫血"。后口语也用于表示说话絮烦可厌,如"要贫嘴"。

贵(貴)guì (篆) (隶) 小篆是形声字,从贝(贝),臾(kuì,古"蒉"字)声。隶书写作"貴"。规范简化为"贵"。本义是价格高,与"贱"相对,如"昂贵"。引申为社会地位高,如"贵族","显贵"。进而虚化为表敬词,如"贵姓","贵校","贵客"。由"价格高"又引申为价值高,特别好,如"珍贵","春雨贵如油"。

又引申为某种情况的可贵,如"人贵有自知之明"。又引申为值得看重,重视,如"可贵","贵精不贵多"。

贷(貸) dài （篆）償

小篆是形声字,从贝(表钱财),代声。规范简化为"贷"。本义是施予,给予。引申为借出钱财,如"贷借"。也指借入,如"贷赊"。进而引申为名词,指银行或其他信用机构向借款人所作的需支付利息的借款,即贷款。由"施与"又引申为饶恕,宽恕,如"严惩不贷"。又引申指推卸责任,开脱,如"责无旁贷"。

贼(賊) zéi （金）賊 （篆）賊 （篆）賊

金文是会意字,从刀从戈从贝(贝),以刀、戈毁贝表示毁坏义。小篆将刀移到了中间。《说文》认为从戈,则声,恐非。规范简化为"贼"。本义是破坏,毁坏。引申为杀害,如"贼民之主,不忠"(《左传·宣公二年》)。进而引申为危害国家和人民的人,如"奸贼","卖国贼","独夫民贼"。由"危害人民的人"又引申为强盗,偷窃财物者,如"盗贼","窃贼"。由"强盗"又引申形容邪恶的,不正派的,如"贼头贼脑"。进而引申为狡猾,如"此人很贼"。

注意:"贼"与"盗"的古义与今义基本相反,上古时,贼指伤害或伤害人者,盗指偷窃或偷窃者。

赏(賞) shǎng （金）賞 （篆）賞

金文是会意兼形声字,从贝(贝,表钱财)从尚(尊重),尚兼表声。规范简化为"赏"。本义是用钱财奖赐有功德的人,如"奖赏"。引申为赏赐的东西,如"领赏"。"赏赐"是一种肯定,故又引申为赞扬,如"赞赏"。又引申为因爱好、喜欢而观看,如"赏花","赏析","鉴赏"。由"奖赏"又引申用作敬词,如"赏光","赏脸"。古同"尚",表示尊重。

赞(贊、賛、讚) zàn （篆）贊

小篆是会意字,从贝(贝,表财礼)从兟(shēn,二人在前并进引导),指带着礼品去谒见时,有两个导宾前行引见主人。"賛"是异体字。规范简化为"赞"。本义是谒见,进见。携礼谒见有导宾前引,故引申为引导,如"赞引","赞谕(引导教谕)"。又引申为辅佐,帮助,如"赞助","赞成"。又引申为主持礼仪,如"赞礼"。进而引申为夸奖,称扬,如"赞扬","赞歌"。又指一种以赞美为主的文体,如《白杨礼赞》。此二义曾写作"讚"(加意符"言"),现在规范统作"赞"。

水（氵、氺）部（66 字）

水（氵、氺）shuǐ （甲）〔甲骨文〕 （金）〔金文〕 （篆）〔篆文〕 （隶）水　甲骨文是象形字，像水流动形，一长画是弯曲的水脉，几个长点是流水（一说像水滴，一说像旋涡）。隶书写作"水"。本义是一种无色、无味、无臭的液体，如"冰，水为之而寒于水"（《荀子·劝学》）。特指河流，如"在水之湄"（《诗经·秦风·蒹葭》），"汉水"。引申为江、河、湖、海、洋等的通称，如"万水千山"，"水陆交通"。又引申指像水一样的液态物，如"墨水"，"铁水"。因水无色无味，故又引申比喻淡薄，如"几杯水酒"。由水的流动又引申比喻不专一，如"水性杨花"。也引申指游泳，如"他不会水"。

"水"作为偏旁，在字左时写作"氵"，称为"三点水"；在字上时仍写作"水"，如"沓"；在字下时有些不变形，如"泉、浆"，有些写作"氺"，如"泰、漆"。在合体字中作意符，所从字与水流、液体等义有关，如"汛、洪、泵、淼"。

楷书中有些字的"氺"是其他字符的变形，与"水"义无关，如"暴、录、隶、求"。

汁 zhī （篆）〔篆文〕　小篆是形声字，从水，十声。本义是含有某种物质的液体，如"橘子汁"，"胆汁"。

汉（漢）hàn （篆）〔篆文〕　小篆是形声字，从水，难（難）省声（省去"隹"）。规范简化为"汉"，"又"是简化符号。本义是水名，即汉水（今称汉江）。引申比喻指银河，如"星汉灿烂"。又作朝代名：汉高祖刘邦曾封于汉中（得名于汉水）为汉王，打败项羽而建国号汉（公元前 206 年—公元 220 年），共历 24 帝，统治 406 年；也指五代之一，刘知远所建立（公元 947 年—950 年），史称后汉。由"汉朝"又特指汉族、汉人。又引申指相关汉族文化，如"汉语"，"汉字"，"汉服"。古代少数民族称汉族男子为汉子，遂成为一般男子的通称，如"好汉"，"老汉"。也引申指丈夫（多见于方言），如"银花说：'是你们不摸内情，俺那个汉不是坏人。'"（赵树理《福贵》）

污（汙、汚、洿）wū （篆）〔篆文〕　小篆是形声字，从水，亏（yú）声。"汙、汚、洿"是异体字。现在规范为"污"。本义是浊水停积不流。引申为肮脏，不干净，如"污浊"，"污秽"。又引申为不廉洁，不正派，如"贪污"，"贪官污吏"。引申作动词：弄脏，沾染，如"玷污"，"污辱"，"污染"。

江 jiāng （金）〔金文〕 （篆）〔篆文〕　金文是形声字，从水，工声。本义是长江（上古时河流的共名称"水"),如"洋洋兮若江河"(《列子·汤问》)。引申为大河的通称,如"江山如画","独钓寒江雪"(柳宗元《江雪》)。

汲 jí （篆）𣸑　小篆是会意兼形声字,从水从及(用手抓),及兼表声。本义是指从井里打水,如"汲水","汲引"。由打水的动作引申为牵引,引导,如"汲善"(引人向善)。由"汲引"又引申比喻为提拔、引荐人才,如"汲引忘疲,奖提不倦"(骆宾王《上兖州刺史启》)。汲汲:书面语中指心情急切,努力追求,如"汲汲于名利"。

池 chí （隶）池　隶书是形声字,从氵(水),也声。本义是积存水的大坑,如"池塘生春草"(谢灵运《登池上楼》),"天池"。引申指护城河,如"城池","城门失火,殃及池鱼"(杜弼《檄梁文》)。又引申指形状像池塘的地方,如"乐池","舞池"。

汤（湯）tāng shāng 　（金）𣸞　（篆）𤄷　金文是形声兼会意字,从水,易(yáng)声;"易"古同"阳",这里兼表热意。规范简化为"汤"。**音 tāng:**本义是热水,如"赴汤蹈火","扬汤止沸"。又特指温泉,如"汤泉"。又引申指煮食物所得的汁液,如"米汤","参汤"。也带指汁液的菜食,如"鸡汤","菜汤"。**音 shāng:**用于"汤汤",表示水大而急,如"浩浩汤汤"。

　　注意:"湯"右旁是"昜"而非"易","昜"未简化。

汪 wāng （金）注　（篆）𤀭　金文是形声字,从水,㞷(huáng)声。楷书写作"汪","王"表声。本义是水势深广,如"汪洋"。一说本义是池,小水坑。用作名词也指水停积的地方,如"水汪"。用作动词指液体聚集在一个地方,如"地上汪着水","锅底里汪着油"。作量词,用于液体,如"一汪水"。

沐 mù （篆）沐　小篆是形声字,从水,木声。本义是洗头发,如"栉风沐雨"(比喻奔波辛苦),"新沐者必弹冠"(《史记·屈原贾生列传》)。引申泛指洗浴,如"斋戒沐浴"(《孟子·离娄下》)。又引申比喻受润泽,受恩惠,蒙受,如"共沐恩波凤池上"(贾至《早朝大明宫》)。

沛 pèi （篆）𣳈　（隶）沛　小篆是形声字,从水,巿(fú)声。本义是古水名,今不详,约在今辽宁省内。引申指水草丛生的沼泽地,如"大陷于沛泽之中"(《公羊传·僖公四年》)。又引申为水势湍急的样子,如"民归之,由水之就下,沛然谁能御之"(《孟子·梁惠王上》)。引申泛指盛,大,如"焚沛泽,逐禽兽"(《管子·揆度》)。又引申为丰盛,充足,如"精力充沛"。

　　注意:"沛"右旁"巿'是四画,不是五画的"巿"。

沙 shā shà （金）𣲐　（篆）𣲷　金文是会意字,从水从少,少即"小",像沙粒的形状(参看"少"字条),合起来表示水边或水中有沙粒。小篆规整化。**音 shā:**本义是细碎的石粒,如"沙石","沙尘"。引申指水边或水中沙地,如"沙滩","沙洲"。进而引申指沙漠。也引申指像沙子样细碎松散的物质,如"豆沙"。还引指声音不清脆,不响亮,如"沙哑"。**音 shà**:方言,作动词,指通过摇动使某种东西里的杂物集中,以便清除,如"把米里的秕子沙一沙"。

　　注意:"沙"的第四笔是竖,不是竖钩。

汽 qì　(篆)〔图〕　小篆是会意兼形声字,从水从气,气兼表声。本义是水干涸。引申指液体或某些固体受热变成的气体,如"汽化"。也特指水蒸气,如"汽船","汽笛"。

沃 wò　(篆)〔图〕　(隶)**沃**　小篆是形声字,从水,芺(ǎo)声。隶书写作"沃"。本义是灌溉,浇水,如"沃灌","如汤沃雪"(比喻问题极易解决。汤:热水)。有水灌溉则土地滋润,地力充足,故又引申为土地肥,如"沃土","沃野"。

泛(汎、氾) fàn　(篆)〔图〕　小篆是形声字,从水,乏声。"汎、氾"是异体字。现在规范为"泛"。本义是漂浮,如"泛舟"。由"到处漂浮"引申为普遍,如"广泛"。又引申为一般地,如"泛泛而谈","泛泛之交"。漂浮即在水上,又引申为浮浅,如"空泛","泛辞"(浮泛不切实的话)。又引申为浮出,透出,如"泛出红晕"。由"漂浮"又引申指大水漫流,如"泛滥成灾","黄泛区"。

没 mò méi　(篆)〔图〕　(隶)**没**　小篆是会意兼形声字,从水从殳(mò),"殳"上部是"@"("回"的古字),即渊水,旋涡,下面是"又"(手),表示隐于水中用手取物;殳兼表声。楷书写作"没",已看不出原意。**音 mò**:本义是沉没,潜于水中,如"其子没于渊"(《庄子·列御寇》),"梦为鱼而没于渊"(《庄子·大宗师》)。引申泛指隐藏消失,如"埋没","出没"。由"沉没"又引申为终,尽,如"没世","没齿"。由"隐没"的反面引申为盖过,高出,如"没顶","浅草才能没马蹄"(白居易《钱塘湖春行》)。**音 méi**:由"消失不见"又引申为不具有,不存在,如"没钱","屋里没人"。又引申为不及,不够,如"汽车没火车快"。作副词,相当于不曾,未,如"他没去","任务没完成"。

　　注意:"没"的右上偏旁不是"几",没有钩。

沉 chén　本写作"沈",因"尤"与"冗"形近,隶变中讹作"沉"(参看"沈"字条)。本义是没入水中,如"沉没","打捞沉船"。引申为陷入,如"沉溺"。又引申为降落,如"地基下沉"。又引申为深,如"沉思","沉睡不起"。又引申为重,如"沉重","箱子很沉"。

沈(瀋) chén shěn　(甲)〔图〕　(金)〔图〕　(篆)〔图〕　(隶)**沈 沈**　甲骨文是会意字,像牛羊被沉入河中。古人迷信,认为洪水灾害是河神(或尊称为河伯)作祟,故将牛羊等沉入水中为祭,以祈免祸。金文是形声字,从水,尤(yín)声(一说会意字,像带枷的人被沉的形状)。小篆文字化。因"尤"与"冗"形近,隶变中讹作"沉"。**音 chén**:本义是没入水中,沉没,同"沉",与"浮"相对,如"泛泛杨舟,载沈载浮"(《诗经·小雅·菁菁者莪》)。**音 shěn**:作西周诸侯国名和姓时写作"沈"(shěn)。后"瀋"也简化为"沈"。

沓 tà dá (篆) 小篆是会意字,从水从曰(yuē,说),表示话语繁多如水流滔滔。**音 tà**:本义是话语多而无休止。引申为多,重复,如"纷至沓来","杂沓"。**音 dá**:作量词,用于叠起来的纸张或其他薄的东西,如"一沓纸"。

泰 tài (篆) (隶) 小篆是会意兼形声字,从廾(gǒng,两手捧物)从水从大(正面人形),像用手撩水洗浴的样子;大兼表声。一说是形声字,从廾从水,表示滑;大声。隶书将"大"和"廾"合为"𡗗"。本义是洗浴。洗浴时水流使皮肤光滑,全身舒泰,故引申为通畅,亨通,显达,如"否(pǐ)极泰来","天地交泰"。又引申为平安,安宁,如"国泰民安","泰然自若"。又引申为宽裕,如"用财欲泰"。进而引申为骄纵,奢侈,如"泰侈"。再引申为极,最,如"泰古二皇"(《淮南子·原道》)。泰山:五岳中的东岳,在山东省中部。也转称岳父。

浅(淺) qiǎn (篆) 小篆是形声字,从水,戔(jiān)声。规范简化为"浅"。本义是水不深。引申为从表面到底部、从外面到里面的距离小,与"深"相对,如"浅海","屋子的进深浅"。又引申为不久,时间短,如"年代浅"。又引申为见识学问不深,如"浅薄","浅见"。还引申指颜色淡薄,如"浅蓝色","妆罢低声问夫婿:'画眉深浅入时无?'"(朱庆馀《近试上张水部》)

法 fǎ (金) (篆) (或体) (隶) 金文是会意字,即"灋"字,从水从廌(zhì)从去。水表示法律、法度应公平如水;廌是神话传说中的一种神兽,据说它能辨别曲直,审理案件时它能用角去抵触理曲的人或物;去表示除去理曲者。小篆规整化,《说文》或体简化为从水从去。本义是刑法。引申为法律,法令,如"宪法","法规","守法"。法律、法令是人们行动的准则,故引申为标准,规范,如"法式","法帖"。由"按照标准做"又引申为仿效,如"效法"。又引申为方法,办法,做法。

泄(洩) xiè (篆) 小篆是形声字,从水,世声。"洩"是异体字。现在规范为"泄"。本义是古水名(古音 yì),安徽省六安地区的汲河。基本义指液体或气体排出,如"泄洪","泄气"。引申为透露,如"泄露","泄密"。又引申为尽量发出(感情、情绪等),如"泄愤","发泄"。

河 hé (甲) (古匋) (篆) 甲骨文是形声字,从水,何(荷)声。古陶和小篆简为从水,可声。本义是黄河,我国第二大河,发源于青海省,流入渤海,如"河西","河套","洋洋兮若江河"(《列子·汤问》)。引申为水道的通称,如"河谷","淮河"。又特指银河,如"河汉"。

泪(淚) lèi 楷书繁体是形声字,从水,戾(lì)声。俗简作"泪",现在规范为"泪",会意字,从水从目,表示眼中流出的水。本义是眼泪。作动词也指流泪,如

"泪翟子之悲,恸朱公之哭"(孔稚圭《北山移文》)。也比喻像眼泪的东西,如"蜡炬成灰泪始干"(李商隐《无题》)。

泅 qiú　(篆)泅　小篆是形声字,从水,囚声。本义是游泳,如"泅渡","泅水"。

沿 yán　(篆)沿　小篆是形声字,从水,㕣(yǎn)声。楷书写作"沿"。本义是顺水而下。引申为顺着,如"沿海","沿途"。进而引申为因袭相传,如"沿革","沿习"。又引申为边,如"边沿","河沿儿"。

泡 pào pāo　(篆)泡　小篆是形声兼会意字,从水包声,包兼表鼓起之意。楷书写作"泡"。**音 pào**:本义是气体在液体内鼓起的球状体,如"水泡","泡沫"。(《说文》认为本义是古水名,音 pāo。)引申比喻虚幻的东西,如"泡影"。又引申为像泡的东西,如"燎泡","电灯泡儿"。又引申为用液体浸物品,如"泡茶","泡衣服"。还用来指故意拖延消磨时间,如"泡病号"。**音 pāo**:指鼓起而松软的东西,如"肿眼泡","豆腐泡儿"。又引申为虚而松软,不坚硬,如"泡桐"。用作量词,用于屎和尿,同"脬",如"拉泡屎"。

治 zhì　(篆)治　小篆是形声字,从水,台(yí)声。本义是古水名,在山东省境内。基本义是治理水,如"禹之治水,水之道也"(《孟子·告子下》)。引申泛指整治,管理,处理,如"治理","治国安邦","统治"。又引申为惩办,处罚,如"治罪","处治"。又引申为医疗,如"治疗"。也指从事研究,如"治学"。也引申指社会安定,太平,如"治世","天下大治"。

浆(漿) jiāng jiàng　(篆)漿　小篆是形声字,从水,将省声(省去"寸")。楷书繁化为"漿"。规范简化为"浆"。**音 jiāng**:本义是古代一种微酸的饮料。古代也特指酒。后引申泛指比较浓的液体,如"豆浆","泥浆"。又引申为用粉浆或米汤等浸润纱、布、衣服等物,如"浆洗"。**音 jiàng**:又同"糨",指糨糊,用面粉等做成的可以粘贴东西的物品。

洄 huí　(篆)洄　小篆是会意兼形声字,从水从回(旋涡),回兼表声。楷书写作"洄"。本义是回旋的水道,如"溯洄从之,道阻且长"(《诗经·秦风·蒹葭》)。引申为逆流而上,如"洄沿"(逆流而上,顺流而下)。又引申为水回旋而流,如"洄潭"。还引申指回旋的水,如"管弦声沸兴方来,池面波溶返照洄"(陆采《怀香记》)。

洗 xǐ xiǎn　(甲)洗　(篆)洗　甲骨文是会意字,从止(足)从水(水形),来表示脚在水中洗。小篆是形声字,从水,先声。**音 xǐ**:本义是洗脚,王充《论衡·讥日》:"洗,去足垢;盥,去手垢;浴,去身垢。"引申泛指用水去掉污垢,如"洗涮","洗涤"。作名词,指古时盥洗的器皿,如"笔洗"。由"除去污垢"又引申为昭雪冤枉,如"洗雪","洗冤"。又引申为像水洗一样抢光,杀尽,如"洗劫","洗城"。又引申为照相的显影定影,如"冲洗","洗印"。又引申为掺合整理,如"洗牌"。**音 xiǎn**:用于姓,同"冼"。

活 huó　(篆)🈂　(隶)活　小篆是形声字,从水,𦧈(guò)声。隶书写作"活","𦧈"隶变楷化为"舌"。本义是水流声(读 guō)。引申为生存的,有生命的,与"死"相对(读 huó),如"活体","活检"。又引申指救活,使人活,如"活人无数"。又引申为活的状态下的,如"活埋"。又引申为活动的,不固定的,如"活塞","活扣"。又引申为生动,活泼,如"活力"。还引申为谋生的手段,工作,及生产品,如"找活儿干","活计","出活儿"。又引申比喻逼真的,如"活灵活现"。

派 pài　(篆)🈂　小篆是会意兼形声字,从水(河流)从𠂢(pài,水的支流),𠂢兼表声。本义是水的支流。引申泛指一个系统的分支,如"流派","派生"。又引申为派别,指政党、学术、宗教内部因主张、立场、见解不同而形成的分支,如"党派","学派"。由"水的支流"又引申为分配,指定,如"委派"。又引申为风度,气质,如"正派"。作量词,用于景色、声音、语言,如"一派风光","一派胡言"。

洽 qià　(篆)🈂　小篆是会意兼形声字,从水,合(融合),合兼表声。本义是沾润,浸润,如"洽濡","洽润"。引申为两相融合,和谐,如"融洽"。又引申为广博,周遍,如"博识洽闻"。又引申指和人联系,如"洽谈","接洽","面洽"。

济(濟) jǐ jì　(篆)🈂　小篆是形声字,从水,齐(齊)声。规范简化为"济"。**音 jǐ**:本义是古水名,即济水,发源于今河南省,流经山东省入渤海。济济:众多的样子,如"人才济济","济济一堂"。**音 jì**:由"水名"引申为渡过水流,如"同舟共济"。又引申为帮助、救助使渡过困境,如"救济","济民"。又引申为补益(多用于否定),如"无济于事","假公济私"。又引申为成就,如"共济大业"。

洋 yáng　(篆)🈂　小篆是形声字,从水,羊声。本义是古水名,在今山东省境内。古代常连用表示盛大,广大,众多,丰盛,如"洋洋大观","洋洋洒洒","洋洋兮若江河"(《列子·汤问》)。又引申指比海更大的水域,如"太平洋","四大洋"。进而引申为外国的,外国来的,如"洋人","洋为中用"。由"外国的"再引申为现代化的(区别于"土"),如"洋设备","土洋结合"。又指银元,如"一个大洋"。

浑(渾) hún　(篆)🈂　(隶)渾　小篆是形声字,从水,軍(军)声。隶书写作"渾"。规范简化为"浑"。本义是大水翻涌声。引申为混浊,如"浑水"。又引申为混同,如"浑同","浑杂"。又引申为全,整个,如"浑然不觉","浑身上下"。还引申为纯,无杂质,如"浑花","浑然天成"。由"混浊不清"又引申为糊涂,如"浑浑噩噩"。

津 jīn　(甲)🈂　(金)🈂　(篆)🈂　(隶)津　甲骨文是会意字,从舟从人撑篙,表示撑船渡河。金文下部从舟,上部是淮水的"淮"(泛指河流),表示船停泊在河旁,准备渡河。小篆成形声字,从水,聿(jīn)声。隶书写作"津"。本义是撑船渡水。引申用作名词指渡口,如"问津","津梁"。后用"问津"比喻引导门径。又引申泛指水陆要冲之地,如"要津"。由"渡水"之水引申为唾液,如"津液","生津止渴"。进而引申为汗,如"遍体生津"。津津:形容有兴味,有兴趣,如"津津有味"。"津"又是中国天津市的简称。

酒 jiǔ （篆）🈁 （隶）🈁　　小篆是会意兼形声字,从水(酒水)从酉(yǒu,酒坛),酉兼表声。隶书写作"酒"。本义是酒,一种用粮食或水果酿成的含乙醇的饮料。

　　注意:"酒"偏旁"酉"中间一横指坛内的酒水,写时不要遗漏。

涉 shè （甲）🈁 🈁 （金）🈁 （篆）🈁　　甲骨文是会意字,从水从步(前后两脚)。小篆文字化。楷书写作"涉"。本义是趟水过河,如"跋山涉水"。引申为乘船渡水,如"楚人有涉江者,其剑自舟中坠于水"(《吕氏春秋·察今》)。又引申为经历,如"涉历"。进而引申比喻阅览,如"涉猎"。"淌水过河"即进入水中,故又引申为进入,到,如"涉险","涉足"。"过河"是此岸到彼岸,故又引申为牵连,如"涉及","涉嫌"。

涂(塗) tú （甲）🈁 （篆）🈁 （隶）🈁　　甲骨文是形声字,从水,余声。隶书写作"涂"。本义是古水名,涂水,在今云南省境内。也指道路,此义后写作"途"。路途有土,故也表示泥土,此义后写作"塗"(加意符"土"),规范简化仍为"涂",如"生灵涂炭"(形容人民处于极端困苦的境地)。由"泥土"进而引申为海滩,如"滩涂"。又引申为使颜色或油漆等附着在上面,如"涂饰","涂抹"。由"涂饰"又引申为乱写,如"涂鸦"。还引申为用笔抹上或抹去,如"涂改","涂窜"。

浴 yù （甲）🈁 （篆）🈁 （隶）🈁　　甲骨文是会意字,从人在皿中,几个小点是溅出的水,表示人在洗澡。小篆是形声字,从水,谷(yù)声。本义是洗澡。沐浴:古代"沐"指洗头发,"浴"指洗澡,连用指洗澡,引申比喻受润泽,如"沐浴阳光"。

浮 fú （篆）🈁 （隶）🈁　　小篆是形声字,从水,孚声。隶书写作"浮"。本义是漂在水面或液体表面。引申为飘在空中,如"浮云"。又引申为虚浮,不切实际,如"浮华","浮夸"。还引申为浮躁。由"漂在面上"又引申为超出,超过,如"人浮于事"。又引申为表面的,如"浮浅"。

流 liú （篆）🈁 （隶）🈁 🈁　　小篆是会意字,左边水,右边㐬(tū),上部"𠫓"是胎儿𠫓(子)的倒形(头下脚上),川是大水,㐬表示胎儿随羊水突然娩出,合起来表示河水流动。隶书写作"流"。本义是水流动。引申泛指液体的流动,如"流血","流汗"。又引申指似水可移的物体,如"电流","气流"。还引申比喻像水一样流动不定,如"流浪","流沙"。进而引申为传播,扩散,如"流行","流言"。也指放逐,如"流放"。由"水的流动"又引申为流畅。还指河流。河流有不同的支派,故又引申为流派,品级,如"三教九流"。

注意:"云"上是点不是横,不能写作"云";"㐬"与"㐬(huāng)"也不同,"㐬"从川亡声,指水广。

浸 jìn （篆）🔣 （隶）🔣 🔣 小篆是形声字,从水,寝省声。隶书又省去"宀"写作"浸"。本义是(液体)逐渐渗入。引申泛指逐渐,渐渐,如"浸染","浸润"。

涩(澀、澁) sè （篆）🔣 （隶）🔣 小篆是会意字,四止(脚)两两相抵,表示不滑。隶变时或将上边的"止"写成"刃"为"澀",或减去一"止"为"澁"。后又加"水"写作"澀""澁",成形声兼会意字,从水从歰(歮),歰(歮)兼表声。规范简化为"涩"。本义是不光滑,如"轮轴发涩"。引申为味不甘滑,如"生涩","苦涩"。还引申为说话迟钝,如"涩讷"。也引申指文笔生硬,难读难懂,如"晦涩","艰涩"。

渊(淵) yuān （甲）🔣 （金）🔣 （篆）🔣 （隶）🔣 甲骨文是会意字,外框像水潭,内部是"水"字,表示回水。金文加意符"水",突出了字义。小篆文字化。隶书写作"淵"。规范简化为"渊"。本义是打旋涡的水。引申为深水,深潭,如"深渊"。又引申为深,深邃,如"学识渊博"(学识深而广)。

淫 yín （篆）🔣 （隶）🔣 小篆是形声字,从水,㸒声。本义是久雨不停。引申为过多,过分,如"淫辞","淫威"。又引申为渐浸,浸渍,如"浸淫"。又引申为迷惑,如"富贵不能淫"。还引申指在男女关系上态度或行为不正当,如"淫荡","淫秽"。

渔(漁) yú （甲）🔣 （金）🔣 （篆）🔣 （隶）🔣 甲骨文是会意字兼形声字,从水从鱼(魚),魚兼表声。小篆文字化。隶书写作"漁"。规范简化为"渔"。本义是捕鱼。引申指用不正当的手段夺取,如"从中渔利"。

淡 dàn （篆）🔣 （隶）🔣 小篆是形声字,从水,炎声。隶书写作"淡"。本义是味淡,味道不够浓。引申泛指稀薄,如"天高云淡"。又引申指颜色浅淡,如"浓妆淡抹"。又引申为冷淡,不热情。还引申为不看重名利,如"淡泊名利"。进而引申为没有意味、无关紧要的,如"扯淡"。也引申指生意不兴旺,如"淡季"。

深 shēn （隶）🔣 隶书是会意兼形声字,从氵从穼(shēn),穼从穴从木,用木棍探测洞穴深浅表示幽深,与"氵"合体会水深之意;穼兼表声。楷书将"穼"省作"罙"而写作"深"。本义是从水面到水底部的距离大,与"浅"相对。引申指从上到下或从外到内的距离大,如"深渊","深山","深宅大院"。又引申指从表面到底部的距离,如"深度","深浅"。又引申指时间久,如"深夜","深秋"。还泛指程度深,如"深思","深知","深交"。又指颜色浓,如"深色","深红色"。

湿(濕、溼) shī （甲）〔金〕〔篆〕① ② 〔隶〕　甲骨文是会意字,右边是架子上晾的两把丝,左边是滴下的水。金文在下加"土",表示地面湿了。小篆有两形:①承金文;②上加"日",表示在太阳下晒丝。后楷书写作"濕""溼"。规范简化为"湿"。本义是潮湿,与"干"相对。

渴 kě （篆）　篆是形声字,从水,曷(hé)声。本义是水干涸,读 jié,是"竭"的初文。引申为想喝水,如"口渴"。又引申比喻迫切,如"渴望","渴求"。

滑 huá （篆）〔隶〕　小篆是形声字,从水,骨声。隶书写作"滑"。本义是滑溜,光滑,不滞涩。引申为滑动,滑过。又引申为流利,婉转,如"滑熟"(熟练,惯熟)。又引申为狡诈,不老实,如"油滑","偷奸耍滑"。也引申指狡猾的人,如"滑头"。

游(遊) yóu （甲）（金）（篆）〔隶〕　甲骨文是会意字,从㫃(yǎn,旗帜)从子,即"斿"字,像一个孩子手执旌旗的形状,旌旗的垂饰在随风飘动。金文是会意兼形声字,从水从斿(yóu,飘动),斿兼表声。隶书写作"游"。本义是旗帜飘动的垂饰。后指在水中行动,如"游泳","游鱼"。引申为流动,不固定,如"游行","游牧","游资"。也引申指河流的一段,如"上游"。"遊"与"游"原是意义相通的两个字,"遊"是形声字,从辶(辵 chuò,行走),斿声,多用作陆上活动,表示游览,观赏,如"春游","旅游"。还指有目的旅行(求学、求官),如"交游","游学"。"遊"现在规范为"游"。

滥(濫) làn （篆）　小篆是形声字,从水,监(監)声。规范简化为"滥"。本义是泉水涌出。引申为大水漫出,如"泛滥"。又引申为蔓延,如"火滥炎而不灭"(《淮南子·览冥篇》)。又引申为不加选择,不加节制,如"宁缺勿滥","粗制滥造"。还引申为浮泛、虚妄,不合实际,如"滥言","滥竽充数"。

滚 gǔn　楷书是形声字,从氵,衮声。"衮"是形声字,从衣,公声,是古代君王的礼服。"衮"是异体字。"滚"的本义是大水奔流的样子,如"不尽长江滚滚来"(杜甫《登高》)。引申为急速流泄,如"屁滚尿流","尽把船尾屑子拔了,水都滚入船里来"(《水浒全传》第五十五回)。进而引申为走开,离开(多表示斥责),如"快滚开!""滚!"由"大水奔流"又引申为旋转着移动,翻转,如"滚雪球","打滚"。进而引申特指液体温度达到沸点以上而翻腾,如"壶里的水滚了","滚烫的水"。由"大水奔流"又引申比喻如大水般连续不断的样子,如"麦浪滚滚","雷声滚滚"。

溢 yì （甲）（金）（篆）① ②　甲骨文是会意字,以水高出器皿表示水漫出。金文大同。小篆①将水横放于皿上,溢出义更直观(参看"益"

字条）。后意义分化："益"表增加,水多溢出义意写作"溢"（另加意符"水"）（小篆②）,从水从益,益兼表声。本义是水满流出,如"洋溢","江水四溢","充溢"。引申为超出,过度,如"溢美之词"。

漾 yàng （篆）𣿙　小篆是会意兼形声字,从水从羕(yàng,水流长),羕兼表声。本义是古水名,即指嘉陵江上源的西汉水。又作"羕"的分化字,表示水流悠长。引申为水面微微动荡,如"荡漾","湖面漾起了波纹"。又引申指液体溢出,如"漾出","漾奶"。

演 yǎn （篆）𤀵 （隶）演　小篆是形声字,从水,寅(yín)声。隶书写作"演"。本义是水长流,如"南国风光当世少,西陵演浪过江难"(李白《代佳人寄翁参枢先辈》)。引申为扩大,推演,如"党等文不能演义,武不能死君"(《后汉书·周党传》)。进而引申为阐发,敷陈,如"演说",《三国演义》。由"推演"又引申为不断变化,如"演变","演化"。由"敷陈"又引申为把技艺当众表现出来,如"表演","演播"。又引申为按照程式练习和计算,如"演算","演练","演习"。

漏 lòu （篆）𣹢　小篆是形声兼会意字,从水,屚(lòu)声,屚兼表屋漏之意(屚:从雨在尸下,尸指屋子)。本义是屋顶漏水。引申泛指物体由缝隙或孔中滴下,如"壶漏了"。又引申为泄露,泄密,如"漏信","走漏"。又引申为遗漏,疏忽,如"挂一漏万"。还引申为逃脱,如"漏网之鱼"。也是漏壶的简称,漏壶是古代滴水计时的仪器,如"漏断人初静"(苏轼《卜算子》)。

潮 cháo （金）𣵱 （篆）𤳹　金文是会意字,左边中间是日,上下是草,表示日出草间;右旁是水,合起来表示潮随日出而涨。小篆与金文偏旁相反。隶书写作"潮",形声字,从水,朝声。本义是江河流向大海。引申为海水因受月球和太阳的引力而定时涨落的现象,白昼的叫"潮",夜间的叫"汐",如"涨潮","潮汛"。引申为湿,如"潮湿","返潮"。又引申比喻像潮水般汹涌起伏,如"心潮澎湃","新潮"。

濒(瀕) bīn （金）𤇾 （篆）𤅡　金文是会意字,从涉从頁(页,人头),表示人在水边以涉水为苦而蹙眉。小篆将水置于上下止(足)之间。规范简化为"濒"。本义是水边。此义后写作"滨"。引申为动词:靠近水边,如"濒海"。又泛指临近,接近,如"濒近","濒危"。

澡 zǎo （篆）𤀭 （隶）澡　小篆是形声字,从水,喿(zào)声。隶书写作"澡"。本义是洗手。引申为洗全身,即洗澡。

灌 guàn （篆）𤁛 （隶）灌　小篆是形声字,从水,雚(guàn)声。隶书写作"灌"。本义是水名,指灌水。借水名表示浇地,如"灌溉","排灌"。引申泛指注入,如"灌输","灌浆","灌肠","鞋里灌进沙子了"。又引申特指录音,如"灌录"。

见(見)部(3字)

见（見）jiàn xiàn　（甲）牙　篙　（金）牙　（篆）見　（隶）見　甲骨文是会
意字,睁着大眼的立人或坐人,表示看见。小篆将"目"竖写并规整化。隶书写作
"見"。规范简化为"见"。**音 jiàn:**本义是看见,看到。引申为会见,召见。人的见
闻产生了知识,故又引申为见解,见识,如"高见","真知灼见"。又引申为知道,如
"何以见得"。**音 xiàn:**被看见,显现,如"图穷匕见","风吹草低见牛羊"(《敕勒
歌》)。因"被看见"即当时发生事,故又引申为现在,现成的,此类义项后用"现"字
表示(参看"现"字条)。

　　"见"作为偏旁,在合体字中多作意符,所从字与看、看到等义有关,如"观、视、
靓、觑";也作声符,如"现、砚、舰"。

览（覽）lǎn　（篆）覽　小篆是会意兼形声字,从见(见)从监(监,用水照影),
表示低头从水盆里观看自己;监兼表声。规范简化为"览"。本义是观看,如"游
览","展览"。后特指阅读,如"阅览","浏览"。

觉（覺）jué jiào　（篆）覺　小篆是会意兼形声字,从见(见)从學(明悟)省(省
去"子"),學兼表声。规范简化为"觉"。**音 jué:**本义是睡醒了。引申指思想上的
醒悟,明白,如"觉醒","先知先觉"。又引申为名词,指感觉,知觉,如"触觉","视
觉"。**音 jiào:**指睡眠,如"睡觉"。

牛(牛、牜)部(9字)

牛(牛、牜)niú　（甲）**ψ**　（金）**ψ**　（篆）**半**　（隶）**牛**　甲骨文是象形字，像牛头正面的形状，突出一双弯曲而粗长的角，中间一竖表示牛面，两斜线表示牛耳。金文将两斜线改为短横。小篆改为长横。隶书写作"牛"。本义是牛，一种大型哺乳动物。因牛的脾性执拗，故引申比喻人的性格执拗或高傲，如"他那个牛脾气"，"你真牛气"。是十二生肖之一。

"牛"作为偏旁，在字左时写作"牜"，末笔横要变为提，笔顺为撇、横、竖、提，如"牡、特"；在字上部时写作"牛"，第三笔是竖且不往下横出头，如"告"。在合体字中作意符，所从字与牛或兽类等义有关，如"牢、牺、牲、犁、犀"。

牝 pìn　（甲）**伴 羚 乳 箕 鳘**　（篆）**牝**　（隶）**牝**　甲骨文是会意兼形声字，匕(bǐ)是雌性符号(参看"匕"字条)，与牛、羊、豕、马、虎等字构字，表示这些是雌性动物；匕兼表声。后统一用"牛"代表，写作"牝"。本义是雌性兽类。引申为雌性的鸟兽，如"牝鸡司晨"(母鸡报晓，比喻女人专权)。

牡 mǔ　（甲）**牡 牡 牡 鹿**　（金）**牡 牡**　（篆）**牡**　甲骨文是会意字，丄是雄性动物生殖器的形状(参看"士"字条)，与牛、羊、鹿、马等字构字，表示这些是雄性动物。金文将丄写作"土"或"士"。小篆，成形声字，"土"表声符。本义是雄性的兽类。引申为雄性的禽兽，植物的雄株，雄性的。如今用于"牡丹""牡蛎"等词中。

注意："牡"右偏旁是"土"，起声符作用，不能写成"士"。

牧 mù　（甲）**牧 牧**　（金）**牧**　（篆）**牧**　甲骨文是会意字，从牛(或羊)从攴(攵 pū，手持棍棒)，表示手拿棍棒放牧牛羊。金文以牛代表牲畜。本义是放牧牲畜。引申为畜牧业的简称，如"农、林、牧、副、渔"。由"放牧"又引申为管理，统治，管理者，统治者，如"牧万人"，"州牧"(古代州官)。

物 wù　（甲）**物**　（篆）**物**　甲骨文是会意兼形声字，从牛从勿(杂色)，勿兼表声。本义是杂色牛。"杂色"有众多义，故引申为万事万物，如"物以类聚"。又引申指客观存在的物体，如"物我皆忘"，"接人待物"。进而引申为哲学概念的物质，与"心"相对，如"物质是第一性的"。又引申指物产，如"地大物博"。又特指文章或说话的实际内容，如"言之有物"。

牲 shēng （甲）🐂 （金）🐂 🐂 （篆）🐂　甲骨文是会意兼形声字,左旁是捆绑着的羊,右旁是生(表完整),合起来表示祭祀用完整的牛羊;生兼表声。金文用牛代表羊。本义是古代祭祀用的完整的牛羊。引申泛指祭祀和食用的牛、羊、豕、马、犬、鸡等家畜。现在指牛、马、骡、驴等家畜,如"牲口","牲畜"。

特 tè （篆）🐂　小篆是形声字,从牛,寺声。本义是公牛。引申泛指牛,雄性牲畜。又引申为单个,单独,进而引申为杰出,独特,如"特立独行","百夫之特"(《诗经·秦风·黄鸟》)。又引申为特殊,特别,如"奇特"。引申虚化为副词,相当于特地;又用作仅,只,如"不特如此"。

牺（犠）xī （篆）🐂　小篆是形声字,从牛(代家畜),羲(xī)声。规范简化为"牺","西"表声。本义是祭祀用的毛色纯一的牲畜,如"牺牛","牺牲"。"牺牲"今指为正义的目的而献出生命;又指放弃或损害一方的利益,如"他牺牲休息时间打扫教室卫生"。

犁（犂）lí　楷书是形声字,从牛,利声。"犂"是异体字。现在规范为"犁"。本义是耕地。引申指耕地用具,包括现在用的畜力或机器牵引耕作,如"铁犁"。

手(扌)部(50字)

手(扌)shǒu 　(金)〔图〕　(篆)〔图〕　(隶)**手**　金文是象形字,像人的手,向上的分支表示五个手指头,下部是手臂。小篆使笔画结构均衡。隶书写作"手"。本义是人的手,即腕以下的指掌部分。引申为手持着,如"人手一册"。又引申指人体上肢,如"手脑并用"。又引申为手艺,亲手,如"手书","手植"。进而引申为专精某一技艺或专司某业的人,如"能手","棋手","神枪手"。再引申作量词,如"为大家露一手"。

　　"手"作为偏旁,楷书有几种写法:在字左时,多数简作"扌",称作"提手旁",如"扎、扣";少数的,或在上部时,"手"的竖钩变成"丿",如"拜、掰、看";作字底时,多数不变,如"拿、掌",少数简作"龵",如"举、奉"。在合体字中作意符,所从字与手、手臂或其动作等义有关,如"指、托、拉、捧、拳"。

　　"手"是金文的写法,甲骨文写作"又",故"手""又"部相通。

打dǎ dá 　(篆)〔图〕　小篆是会意兼形声字,从手从丁(钉子),用钉钉子表示击打、敲打之意;丁兼表声。**音 dǎ**:本义是击打,敲打。引申为殴打,攻打。宋代以后,"打"用来表示许多动作,如"打鱼,打牌,打井,打雷,打针,打气,打首饰,打算盘,打水,打印,打底稿,打官腔,打官司,打岔,打交道,打球,打枪,打扫,打扮,打扰,打行李,打电报,打定主意"。用作介词,相当于"从、自",如"打那以后","打东边来了个人"。**音 dá**:用作量词,是英语 dozen 音译的省略,十二个为一打。

扔rēng 　(甲)〔图〕〔图〕　(篆)〔图〕　甲骨文是会意字,像用手牵引东西的形状。小篆演变为形声字,从手,乃声。本义是牵引,拉。反方向的牵引就会使之远离,故引申为抛掷,投掷,如"扔手榴弹","扔球"。进而引申为丢弃,舍弃,如"饭馊了,扔了吧!""她早就把这事扔到脑后了"。

扛gāng káng 　(篆)〔图〕　小篆是形声字,从手,工声。**音 gāng**:本义是用两手举(重物),如"力能扛鼎","扛鼎之作"。引申指两人或多人共抬一物,如"四人把他扛到驴背上"。**音 káng**:用肩膀担物,如"扛着行李","扛枪打仗"。

托(託)tuō 　(甲)〔图〕　(篆)〔图〕〔图〕　甲骨文是象形字,一横表示地面,横的上部像破土而出的草茎叶,下部像地面下的草根。即"乇"(zhé)字。本义是草叶。草依托土地而生长,故引申为寄托,音 tuō,此义小篆写作"託"(加意符"言")(讬)

来表示。"托"是后起字,会意兼形声,从手从乇,乇兼表声,规范简化作了"託"的简化字,兼代了"讬"所有的义项,如"托付","托儿所"。本义是用手推物,"拓"的异体字。引申为用手掌承受物体,如"托起"。进而引申为托福,衬托,委托,推托。用作名词,指承受物体的座子,如"枪托儿"。

扩(擴)kuò
楷书繁体是会意字兼形声,从扌从廣(广),廣指宽阔,用手使之宽阔即扩大;廣兼表声。规范简化为"扩"。本义是张大,扩大,如"扩展","扩军"。

扫(掃)sǎo sào　(隶)掃
隶书是会意字,从手从帚(zhǒu),用手持帚表示洒扫。规范简化为"扫"("帚"简化为"⺕")。音 sǎo:本义是用扫帚除去尘土、污秽,如"扫地","大扫除"。引申为清除,消灭,如"扫盲","扫平敌军"。又引申像扫地一样快速横移过去,如"扫描","扫射","扫一眼"。音 sào:扫除的用具,如"扫帚","扫把"。

扬(揚)yáng　(篆)揚　(隶)扬
小篆是形声字,从手,易(yáng)声。规范简化为"扬"。本义是高举,如"扬鞭","扬臂"。引申为上升,飞起,如"扬尘","飞扬"。进而引申为出众,如"其貌不扬"。又引申指精神、情绪的高涨,如"斗志昂扬","趾高气扬"。又引申为彰明,传播,如"耀武扬威","宣扬"。进而引申为称赞,如"表扬","颂扬"。

注意:"揚"右旁是"易",而非"易","易"没有简化。

找 zhǎo
楷书是会意字,从扌从戈。本是"划"的异体字。本义是划船。后用以表示寻找、寻觅,如"找朋友","找书","找事做"。引申为退还超过的,补齐不足的,如"找零钱"。

批 pī
楷书是形声字,从扌,比声。本义是反手击打,如"批颊"(打耳光)。引申泛指打,攻击,如"批亢捣虚"(亢:喉咙,喻要害;捣:冲击)。进而引申为分析,评判,如"批评","批判"。再引申指批示,如"批准","审批"。作量词,用于人或物,如"一批人","大批货物"。

折 zhé shé zhē　(甲)扚　(金)斯　(篆)①扸 ②扸　(隶)折　甲
骨文是会意字,从斤(曲柄横刃锛斧)从断草,表示用斤砍断了草木。金文大同。小篆有两个字形,①承金文,②将断草叠放而讹变为屮(手),从手从斤,表示手持斧弄断东西。隶书写作"折"。音 zhé:本义是折断,如"骨折"。折断东西,往往容易先使之弯曲,故引申为弯曲,如"曲折","转折"。树折断则死,故引申为死亡,如"夭折"。由"折断"又引申指抽象意义的减损,损失,如"折寿","损兵折将"。又引申为折扣,如"五折","不折不扣"。又引申为挫败,如"挫折"。又作"摺"的简化字,指折叠、纸做的折叠状物,如"存折","折扇"。又指汉字笔画名之一,即"横、竖、撇、点、折"之"折"。音 shé:表示折断,损失,是口语单用时的读音,如"胳膊折了”,“折本生意”。音 zhē:口语,指翻转,如“折跟头”,“瞎折腾”。

注意:“折”“拆”形近易混,辨析见“拆”字条。

抓 zhuā　楷书是会意兼形声字,从扌从爪,爪兼表声。本写作“爪”(动词“挠”义),后引申为名词,专指鸟兽的脚爪,其“挠”义造“抓”字(加意符“扌”)表示。“抓”是会意兼形声字,从扌从爪,爪兼表声。本义是挠,搔。引申为用手或爪取物,如“抓住绳子”。进而引申为捉拿,逮住,如“抓小偷”。又引申为把握住,如“抓住机遇”。又引申为特别重视,着力进行,如“狠抓教育”,“狠抓落实”。又引申为买,如“抓药”。

扮 bàn　(篆)　小篆是形声字,从手,分声。本读 fěn,本义是握。后俗以装饰为打扮,读 bàn。引申为妆扮,扮演,如“扮相俊美”,“男扮女装”。又引申为装出(一种表情),如“扮鬼脸”。

抑 yì　(甲)　(金)　(篆)　(隶)　甲骨文是会意字,从爫(手)从卩(jié,人跪坐的形状),表示用手强按使人跪下。即“印”字。后来“印”主要表示印章、玺印等义,小篆就用反“印”或再加意符“手”表示“按”义,读 yì。隶书、楷书时讹变作“抑”。本义是按,向下压。引申为压制,控制,如“抑强扶弱”。进而引申为(声音)低,如“抑扬顿挫”。

投 tóu　(篆)　小篆是会意兼形声字,从手从殳(shū,古兵器),表示手拿兵器投掷;殳兼表声。本义是抛掷,如“投弹”,“投篮”。引申为抛入,扔进去,如“抱起大石投入河中”。又引申为跳入,参加,如“投河”,“投身革命”。又引申为送入,如“投票”,“投资”。又引申为寄送,如“投递”,“投稿”。由“抛掷”又引申为抛弃,抛掉,如“投笔从戎”。向对方抛掷引申为前去依靠,如“投奔”,“投靠”,“走投无路”。由“投入”“投靠”又引申为双方相合,如“情投意合”,“投其所好”。

护(護) hù　(篆)　小篆是形声字,从言,蒦(huó)声,表示用言监视、监督。规范简化为“护”,从扌,户声,变成用手保卫。本义是保卫,保护。引申为爱护,袒护。

报(報) bào　(甲)　(金)　(篆)　(隶)　甲骨文是会意字,左旁(niè)像手械类的刑具,后楷书写作“幸”;右旁(fǔ),从又(手)从(卩 jié,屈膝跪着的人),像手按一人下跪表示制服之意,后楷书写作“𠬝”。合起来“報”就是给一个跪着的人加上刑具,表示判决罪人之意。金文、小篆将“又”移到右下方。后草书楷化写作“报”,现在规范为“报”,手代表作判决。本义是按律判决罪人。引申为报应。判决罪人要上报,故又引申为报告,进而引申为答复,回复,如《报任安书》。再引申为回报,报答,报恩,报酬,报复,报仇。古代地方长官在京城设邸(原为住所,后成办事机构),邸中传抄诏令奏章等报告给地方,称为“邸

报",后引申指现在的报纸、杂志,如"日报","学报"。

抒 shū （篆)抒　小篆是形声字,从手,予声。本义是(从容器里)舀出。引申为从内向外地表达感情、思想,如"抒怀","各抒己见"。

拔 bá （篆)拔　小篆是形声字,从手,犮(bá,犬腿被绳所绊而跑动不便)声。现在规范为"拔"。本义是擢,连根拽出,如"拔草","拔牙","拔剑"。引申为吸出,如"拔火罐","拔毒"。又引申为挑选,选取,如"选拔","提拔"。进而引申为高出,超过,如"拔地而起","海拔","出类拔萃"。再引申为挺起,如"挺拔"。由"连根拔掉"又引申比喻军事上的攻克,如"拔掉了敌人的据点"。"拔出"即移动,又引申为动摇,改变,如"坚忍不拔"。

拣（揀）jiǎn （篆)束 （草书)东　小篆本作"柬",是会意字,从束(扎束)从八(分别),表示从书简中挑拣(参看"柬"字条)。楷书是会意兼形声字,从扌从柬,柬兼表声。草书楷化后规范简化为"拣"。本义是挑选,选择,如"挑肥拣瘦"。又同"捡",如"拣吉日"。

　　注意:"拣"右旁有表音作用,故不写作"东"。

拐 guǎi　本是形声字,从手,咼(guǎ)声。隶书、楷书将声旁讹变为"另"。现在规范为"拐"。本义是拐杖,拐棍。拄拐杖者除老年人外多是瘸、跛者,故引申为瘸、跛,如"铁拐李","他一拐一拐地走了"。拐杖上端弯曲,引申出转弯义,如"拐弯","拐过墙角"。又引申为欺诈,诱骗,如"拐骗","拐卖"。数字7的写法有转折,故在某些场合读作"拐"。

拖 tuō　本作"拕",形声字,从手,它声。俗写作"拖",现在规范为"拖"。本义是曳,牵引,如"拖拉机"。引申为下垂,如"峨大冠,拖长绅者"(刘基《卖柑者言》)。又引申为拖累,拖延,拖欠。

拆 chāi cā　楷书是会意兼形声字,从扌从斥(拓宽),表示用手分开东西之意;斥兼表声。**音 chāi**:本义是用手分开。引申为拆除,拆毁,拆散。**音 cā**:方言:排泄(大小便),如"拆烂污"(比喻不负责任,把事情弄得难以收拾)。

　　注意:"拆""折"形近易混,辨析:"拆"与排斥、拓宽有关,故右边是"斥";"折"是折断之意,故右边用"斤"(斧头)表示砍断。

拂 fú （篆)拂　小篆是形声字,从手,弗声。本义是掸除灰尘,如"拂拭"。引申为掠过,轻轻擦过,如"春风拂面"。又引申为接近,如"拂晓"。又引申为甩动,挥动,如"拂袖而去"。又引申为违背,逆,如"不忍拂其意"。由"掸除灰尘"又引申为掸灰尘的工具,如"拂尘"。

拨（撥）bō （篆)拨　小篆是形声字,从手,發(发,古音 bō)声。规范简化为

"拨"。本义是除去,去掉。引申为治理,如"拨乱反正"。进而引申为使东西移动或分开,如"拨开门闩","拨云见月"。再引申为分给,调配,如"拨款","调拨"。由"拨开"又引申为弹拨乐器弦索,如"转轴拨弦三两声"(白居易《琵琶行》)。也指弹拨弦乐器的用具,如"曲终收拨当心画"(白居易《琵琶行》)。

拜 bài （篆）拜 （隶）拜　小篆是会意字,从双手从下,即左边和右边上部都是"手",右下部的"丁"是"下"字,用双手向下表示下拜。隶书将"丁"(下)并入右边的"手"下而写成"拜"。本义是下拜,古人表示敬意的一种礼节。行礼时跪地、低头,下与腰平,两手至地。引申泛指行礼祝贺,如"拜年","拜寿"。又引申为拜谢,拜见。又引申为敬辞,表恭敬,如"拜读","拜托","拜访","王冕道:'不敢拜问尊官尊姓大名?'"(吴敬梓《儒林外史》第一回)又引申为尊崇,敬奉,如"崇拜","拜服"。

挂(掛)guà （篆）挂　小篆是形声字,从手,圭声。俗写作"掛"。现在规范为"挂"。本义是涂画,涂抹,如"在施釉时,需要分几次挂釉"。由"涂抹"引申为悬挂,成为常用义。进而引申为钩住,如"衣服被钉子挂住了"。再引申为心里牵挂,如"挂念"。由"悬挂"又引申为量词,用于成串的东西,如"一挂鞭炮"。

　　注意:"挂"右旁"圭"是上下两个"土"。

持 chí （金）①寺②寺 （篆）持　本作"寺"。金文是形声字,①从又(手),止声;②从寸(亦手)。本是手持义,后引申主要指官署、佛教庙宇和近侍内臣。小篆是会意兼形声字,从手从寺,寺兼表声。本义是握,拿着,如"持笔","持枪"。引申为抽象意义的掌握,掌管,料理,如"主持","把持","勤俭持家"。又引申为支持,保持。由"各持一端、保持不变"又引申为对抗,对立,如"争持","僵持","相持不下"。

拾 shí （篆）拾　小篆是会意兼形声字,从手从合,用手聚合表示捡起东西,合兼表声。本义是捡起来,如"拾金不昧"。引申为整理,整顿,如"收拾房间","拾掇","收拾残局"。又借作数目"十"的大写。

挖(空)wā （篆）空　小篆是形声字,从穴,乙声,楷书写作"空"。本义指洞穴空阔幽深。引申为掘,此义后写作"挖",会意兼形声字,从扌从空,空兼表声。本义是掘,如"深挖洞"。引申为掏取,如"挖耳朵"。又引申比为拆台,如"挖墙脚"(不能写成"挖墙角")。又引申指用尖酸刻薄的话讥笑人,如"挖苦"。方言指用指甲抓,如"她把他的脸挖了几条指痕"。

拯 zhěng （甲）拯 （篆）拯　甲骨文是会意字,像用双手拉人出陷坑形。即"丞"字。本义是拯救(参看"丞"字条)。"丞"多用于官名后,又造"拯"字表示本义,会意兼形声,从扌从丞,丞兼表声。

拳 quán （篆）拳　小篆是会意兼形声字,从手从类(juàn,蜷曲),表示指掌弯曲握紧成拳;类兼表声。本义是拳头。引申为拳术,如"打拳","拳脚"。"拳拳"是叠音词,与字的本义无关,是诚恳、深切的样子,如"拳拳报国心"。

捐 juān （篆）捐　小篆是形声字,从手,肙(yuàn)声。本义是舍弃,抛弃,如"为国捐躯"。引申为拿出钱财帮助,如"捐款","捐赠","捐助"。进而引申指旧时税收的一种名称,如"苛捐杂税"。

损(損) sǔn （篆）損　小篆是形声字,从手,員(员)声。规范简化为"损"。本义是减少,如"损兵折将"。引申为损失,损坏,损伤,损害。现代方言也指用语言贬低、讽刺他人,如"你别损人了"。也指刻薄,恶毒,如"这话太损了!""他这一招真损啊!"

捧 pěng　楷书是会意兼形声字,从手从奉(双手捧着),奉兼表声。本作"奉"(参看"奉"字条)。本义是两手托住,如"捧起酒杯"。由"两手向上托"引申为奉承,吹捧,代人吹嘘,如"捧场","捧到了天上"(比喻吹捧过分)。作量词,用于双手所能捧的量,如"一捧枣儿"。

捷 jié （篆）① 疌 ② 捷　小篆①是会意字,从又(手)从止(脚)从屮(小草),表示拔草时手脚麻利敏捷,即"疌"(jié,动作迅捷)字。小篆②加"手"旁,成会意兼形声字,从手从疌,疌兼表声。本义是动作迅速敏捷。引申为抄近路,近便的,如"捷径","便捷"。进而引申为迅速取得,战胜,如"捷足先登","捷报"。

排 pái pǎi （篆）排　小篆是形声兼会意字,从手,非声,非,甲骨文写作𪜶,像鸟双翅展开的形状,在此处表示相对排列之意。**音 pái:**本义是推,如"排山倒海"。引申为排除,排解,如"力排众议","排忧解难"。又引申为排斥,排挤。又引申为打,如"排球"(得名于双方将球推来打去)。又引申指排列,如"排队","排比"。进而引申指排列而成的行列,成为名词,如"后排同学","前排就座的有……"。又引申指军队的编制,如"一连三排"。又引申指竹排,木排,如"放排"。作量词,用于成排的东西,如"两排树","一排桌子"。**音 pǎi:**用于"排子车"。

推 tuī （篆）推 （隶）推　小篆是形声字,从手,隹(zhuī)声。本义是手向外用力使物体移动。引申为排除,去掉,如"推陈出新"。由"推移"又引申为使扩展,如"推行","推销"。由"向一定的方向推移"引申为抽象意义的推测,推断。由"向上推移"引申为抽象意义的推举,推选。

授 shòu （篆）授　小篆是会意兼形声字,从手从受,受兼表声。本作"受",表示给予和接受(参看"受"字条)。后为了区别字义,造"授"字表示"给予"义。由"给予"引申为授予(名誉、官职、爵位等)。又引申为传授(知识),教,如"授课",

"讲授"。

掬 jū （金）🔲（篆）🔲（隶）**掬**　金文是会意字，从勹（手）从米，表示用手捧米，"勹"在此处是手臂的讹变（参看"勹"字条）。后来匊（jū）主要用作偏旁，就另造"掬"（加意符"扌"）字，成为会意兼形声字，从扌从匊，匊兼表声。本义是用手捧米。引申指用双手捧着散碎物，用双手捧着（东西），如"掬水"，"笑容可掬"（形容笑容明显）。

接 jiē （篆）🔲　小篆是形声字，从手，妾声。本义是两手接触。引申泛指连接。进而引申为交接，接待，迎接，接受，接替，接近。

探 tàn （隶）**探 探**　隶书是会意兼形声字，从手从㇈（shēn），㇈从穴从木，用木棍探测洞穴深浅表示幽深；合起来表示伸手进去摸取远处的东西；㇈兼表声。隶书或写作"探"（"㇈"省作"罙"）。现在规范为"探"。本义是用手拿取远处的东西，摸取，如"探囊取物"。引申为试图发现，如"探测"，"探路"，"探险"。进而引申指不知详情而去看望，如"探病"，"探亲"，"探监"。由"摸取"又引申为暗中调查或暗中调查的人，如"侦探"，"探子"。"摸取"须伸手，又引申向前伸出，如"探头"，"探出身子"。

掰 bāi　楷书是会意字，从分从双手。是"分擘"之"擘"的口语音。本义是用双手把东西分开或折断，如"掰开"，"一分钱掰成两半花"。

注意："掰"左旁的第四笔是撇。

插 chā （篆）①🔲②🔲　小篆是会意字，①从臼从干（杵），像用杵在臼中舂去麦皮，即"臿"（chā）字。引申为舂捣。又引申为插入，此义小篆②写作"插"，形声兼会意字，从手，臿声，臿兼表插入意。本义是插入，刺入。引申为加入到中间，如"插话"，"插班"，"插队落户"。

援 yuán （甲）🔲🔲（金）🔲（篆）🔲　甲骨文是会意字，像爫或又（人手）拿一根棍伸到下边人的手（又）中，慢慢拉他上来的情景，即"爰"字。本义是拉，引。后"爰"假借作虚词，小篆就再造"援"（加意符"手"）字表示本义，如"攀援"。引申为援助，救助。由"牵引"又引申为引用，如"援用"，"援古证今"。

搀（攙）chān （篆）🔲　小篆是形声字，从手，毚（chán）声。规范简化为"搀"。本义是刺，插入。引申为混入，掺杂，如"搀兑"，"搀和"，此义现在同"掺"。后来的常用义是用手扶人，如"搀扶"。

注意："搀"的右上部是声旁"免"，表 an 音，不要多加一点写成"兔"。

搏 bó （篆）🔲　小篆是形声字，从手，尃（fū）声。本义是捕捉，《说文·手部》："搏，索持也。"如"睹一蝉，方得美荫而忘其身，螳螂执翳而搏之"（《庄子·山木》）。

翳:yì,掩蔽物)。引申为拾取,抓取,如“铄金百镒,盗跖不搏”(《史记·李斯列传》)。“捕捉”常遭对方的顽抗,故又引申为激烈的对打,如“搏斗”,“肉搏”。由“对打”又引申为拍击,如“弹筝搏髀”(《史记·李斯列传》)。又引申为跳动,如“脉搏”。

注意:①“搏”右边是“尃”,不是“专”(zhuān)和“專”(zhuān);“尃”上部是“甫”,但是第三画横折钩要改写为横折。②“搏”与“博”音同而形义不同,“博”从“十”,表示多、齐全(参看“博”字条)。

播 bō　(篆)　小篆是形声字,从手,番(bō)声。本义是布撒种子,即播种。引申为传布,传扬,如“播音”,“名播天下”。进而引申为扬弃,如“播弃”(抛弃,背弃)。由“撒种”又引申为分散,进而引申为迁徙,流亡,如“播迁”,“播越”(到处流亡)。

操 cāo　(篆)　小篆是形声字,从手,喿(zào)声。本义是拿着,握持,如“操刀手”,“同室操戈”,“稳操胜券”。引申为操纵。又引申为掌握,运用,如“操生杀大权”,“操方言”。进而引申为从事,做,如“操持”,“重操旧业”,“操办”。进而引申为操练,如“操兵买马”,“操千曲而后晓声”(刘勰《文心雕龙·知音》)。由“操练”又引申指编排了一系列动作的体育活动,如“体操”,“做操”。由“握持”又引申为抽象的把握和坚持好的思想、品质、精神,如“操守”,“情操”,“冰心雪操”。

注意:“操、澡、噪、臊、燥、躁、藻”等七字形音均近易混。辨析:都用“喿”(zào)表声,因部首异而义不同:操的本义是握持,拿着,故从“扌”;澡的本义是洗手,故从“水”;噪的本义是群鸟鸣叫,故从“口”;臊的本义是猪油味,故从肉(月);燥的本义是干燥,缺乏水分,故从“火”;躁的本义是性急,故从“⻊”;藻的本义是水草,故从“艹”。

攀 pān　(篆)　小篆是形声字,从手,樊声。现在规范为“攀”。本义是用双手抓住某物向上爬。引申为攀附,如“攀亲”。

气部(7字)

气(氣)qì　（甲）三　（金）气　（篆）气氣　甲骨文是象形字,像天空中的云层。金文像云气蒸腾上升之形。与"云"同源。小篆大同。与"氣"(xī)原是两个字。"氣"从米,气声,本义是送人粮食、饲料。后来"气"做了偏旁,就借"氣"来表示云气。规范简化仍作"气"。本义是云气,如"天高气爽"。引申泛指气体,如"氧气","天然气"。又引申为空气,如"气压","气流"。又引申为自然现象,如"气候","气象"。又引申为气息,如"喘气","咽气"。又引申为气味,如"香气"。又引申为精神状态,如"气冲云霄","勇气"。进而引申为发怒,使生气,如"气愤","气恼","真气人"。再引申为欺压,如"受气"。由"精神状态"又引申指人的作风和习气,如"书生气","傲气"。又引申为中医术语,如"元气","湿气"。

"气"作为偏旁,在合体字中作意符,所从字与气体元素义有关,如"氢、氧、氯";也作意符兼声符,如"汽、忾"。

氛 fēn　（篆）氛　小篆是形声字,从气,分声。本义是古时迷信说法,指预示吉凶的云气,多指凶气。引申为周围的情景,情调,如"气氛","氛围"。

氢(氫)qīng　楷书繁体是形声字,从气,輕(轻)省声(省去"车")。规范简化为"氢"。本义是(目前所知道的)最轻的无色、无味的非金属元素,通常条件下为气体,又称氢气。氢在工业上用途很广。

氨 ān　楷书是形声字,从气,安声。本义是一种无色,有剧臭的无机化合物,又称氨气。可制人造冰,亦可制硝酸、肥料和炸药,医药上用来做兴奋剂。

氧 yǎng　楷书是形声字,从气,羊声。本义是一种非金属元素,无色,无味,是人和动植物呼吸所必需的气体。

氮 dàn　楷书是形声字,从气,炎声。本义是一种气体元素,无色,无味,化学性质不活泼,是植物营养的重要成分之一,又称氮气。

氯 lǜ　楷书是形声字,从气,录声。本义是一种气体元素,味臭有毒,可用来消毒、漂白,在工业上用途很广,通称氯气。

毛部(3字)

毛 máo （金）（篆）（隶）毛　金文是象形字,像人和兽类体毛的形状。隶书写作"毛"。本义是人和兽类身上的毛发,如"皮之不存,毛将焉附"。上古时,毛专指人和兽的体毛,羽专指禽类的体毛,后来毛兼指禽类的羽毛,如"鸟毛","鸭毛"。引申指动植物表皮上的丝状物,如"绒毛"。进而引申为像毛的东西,如"衣服发霉长毛了"。因毛细小轻微,故又引申为细小,如"毛毛雨","毛细血管"。又引申为小,如"毛孩子"。进而引申指钱的面值小,如"一毛钱"。又引申为粗略,如"毛算"。又引申为不是纯净的,如"毛重"。又引申为粗糙,没有加工的,如"毛坯","毛样"。又引申指做事不细心,如"毛手毛脚"。还引申为害怕,如"心里发毛"。

　　"毛"作为偏旁,在合体字中多作意符,所从字与毛、发、毛织品等义有关,如"尾、笔、毫、毡、氅、毽";也作意符兼声符,如"牦、髦";也作声符,如"耗、耄"。

毡(氈、氊) zhān （篆）　小篆是形声字,从毛,亶(dǎn)声。规范简化为"毡","占"表声。本义是用兽毛加工而成的片状物,即毛毡。

毯 tǎn　楷书是会意兼形声字,从毛从炎(表温暖),炎兼表声。本义是铺在床上、地上或挂在墙上的较厚的毛织品,如"毛毯","地毯","壁毯"。引申泛指一些类似的棉织品、棉毛混织品、纤维材料织品,如"线毯"。

长(镸、長)部(2字)

长(镸、長) cháng zhǎng　（甲）　（金）　（篆）

（隶）**長**　甲骨文是象形字，像一个拄杖老人披着长发的侧立之形。小篆文字化，下部"匕"是拐杖的变形。隶书写作"長"。规范简化为"长"。**音 cháng**：本义是头发长。引申指长短的"长"。又引申为长久，永远，如"长相知"。又引申为优点，专精的技能，如"特长"，"专长"，"各有所长"。也引申指对某事做得特别好，如"她长于炒菜"，"擅长"。**音 zhǎng**：由头发长引申指年纪大，与"幼"相对，如"长者"。又引申为排行第一的，如"长子"。又指辈分大，如"长辈"。又引申指长官，首领，如"首长"，"酋长"。又引申为生长，成长。

　　"长"作为偏旁，在有些字中写作"镸"，如"套、肆"。在合体字中多作声符，如"伥、张、账"；也作声符，所从字与头发长、增大等义有关，如"髟、套、肆"；也作意符兼声符，如"胀"。

　　注意："长"是四画，笔顺是撇—横—竖提—捺，不要写成五画。

肆 sì　（篆）**肆**　（隶）**肆**　小篆是形声字，从镸（长 cháng），隶（dài）声。隶书写作"肆"。本义是陈设，如"或肆或将"（《诗经·小雅·楚茨》）。引申为陈列物品的店铺，如"书肆"，"茶肆"，"酒肆"。又引申为放纵，任意行事，如"放肆"，"肆虐"，"肆无忌惮"。古时处死罪犯后陈尸示众也叫"肆"，如"凡杀人者，踣（bó）诸市，肆之三日"（《周礼·秋官·掌戮》）。也借作"四"的大写。

　　注意："肆""肆"形近，辨析："肆"从聿，左边吴（古文"矢"）表声。

片部(3字)

片 pián piān （甲） （篆）片 甲骨文是象形字,像古文字"木"的竖剖半部分,表示树木被劈开而成的木片。小篆定为右半部分。**音 piàn**:本义是分开,剖开。引申指两方中的一方,如"其中一片"。进而引申指扁而薄之物,如"纸片","竹片"。又引申作动词,指把东西削成薄而扁的形状,如"片肉"。进而引申指划分为小的区域或大的范围,如"片区","一片欢腾"。由此再引申为少,短,零星,部分,如"只言片语","片刻","片断","片面"。作量词,用于成片之物,如"一片树叶"。**音 piān**:用于"相片儿""影片儿"等,指有图像,甚至有声音的薄而平的物品。

"片"作为偏旁,在合体字中多作意符,所从字与剖开、薄而扁等义有关,如"牍、版、牌"。

版 bǎn （篆）版 小篆是形声字,从片(表薄的木片),反声。本义是筑墙用的夹板。引申为写字用的木片,即简牍。又引申为印刷用的底板,如"制版","排版"。进而引申为与印刷有关的,如"出版","再版"。又引申为报纸的一面,如"头版"。又引申为照相的底片,如"底版"。

牌 pái 楷书是形声字,从片(表片状物),卑声。本义是作标志用的片状物,如"门牌","路牌","招牌"。引申为商标,如"中华牌香烟"。牌有标示作用,故又引申为词曲调名,如"词牌","曲牌"。又引申为片状娱乐用品,如"纸牌","麻将牌"。

斤部(5字)

斤 jīn　（甲）❮ ❯（金）斤（篆）斤（隶）斤　甲骨文是象形字,像曲柄横刃的锛斧形。金文、小篆字形逐渐规整化。隶书写作"斤"。本义是斫木的曲柄横刃锛斧,如"运斤成风"。引申为砍削,砍杀,如"斤削"(砍削),"斤正"(请人修改诗文的敬辞)。借作量词,中国市制重量单位,现代 1 斤等于 500 克或约 1.1023 磅。

　　"斤"作为偏旁,在合体字中多作意符,所从字与斧子有关,如"折、兵、斩、析、斧、断、新";也作声符,如"近、芹、欣、昕"。

　　楷书中有些字的"斤"是其他字符的变形,与"斤"的音义无关,如"斥"。

欣 xīn　（篆）欣　小篆是形声字,从欠(人张口出气),斤声。本义是喜悦,快乐,如"欣喜","欣慰","欣赏"。欣欣:叠音词,喜乐的样子,引申为草木茂盛的样子,"欣欣向荣"是用草木生长茂盛比喻事业蓬勃兴旺。

所 suǒ　（金）所（篆）所　金文是会意字,从斤(斧子)从户(单扇门),用斧子放在门边表示此处是木工的住所。小篆文字化。本义是住所,处所,如"各得其所","乐土乐土,爰得我所"(《诗经·魏风·硕鼠》)。引申指某些机关或机构办事的地方,如"派出所","招待所","指挥所"。因"处所"含有数量义,又引申作量词,用于建筑物,如"一所房子","两所医院","三所学校"。虚化为助词,放在动词前,表示动作行为涉及的对象,如"各尽所能","所见所闻";与"为""被"相结合,表示被动,如"为人所笑","被深情所打动"。

斯 sī　（金）斯（篆）斯　金文是会意兼形声字,从斤(斧子)从其(簸箕),表示用斧子破开竹木制作簸箕;其兼表声。本义是劈开,剖开。引申为撕开,此义后加意符"手"写作"撕"。假借为指示代词,表示这,这样,如"逝者如斯夫"(《论语·子罕》),"斯文"。

新 xīn　（甲）①新 ②新（金）新（篆）新　甲骨文是形声字,①从斤,辛声;②从斤(斧子)从木,辛(左上)声;二字均表示用斧砍伐柴薪之意。金文、小篆承接甲骨文②。现在规范为"新",从斤,亲声。本义是砍伐树木。引申指柴薪,是"薪"的初文。古人钻木取火不便,为延续火种,不同季节用不同种类的柴木,故引申为新火（又称"改火"）。进而引申指刚出现的，刚经历到的，初始的，与"旧""老"相对，如"温故知新"，"新颖"，"新产品"。再引申为改变旧的，使变新，如"面目一新"，"万象更新"。特指结婚或结婚不久的，如"新娘子"，"新郎"。又引申虚化为副词，相当于"刚，刚才"，如"新买的笔记本"，"新来乍到"。因"新"后多用来表示引申义，柴薪义便造"薪"（加意符"艹"）字表示。

爪（爫）部（10 字）

爪（爫）zhǎo zhuǎ　（甲）　（金）①　②　（篆）爪　（隶）

甲骨文是象形字，像人手抓物的形状。金文①承接甲骨文，②画出又（手）指尖上的指甲。小篆承接甲骨文而规整化。隶书写作"爪"。**音 zhǎo**：本义是手爪。引申为抓取，如"爪其肤，以验其（树）生枯"（柳宗元《种树郭橐驼传》）。此义后写作"抓"（加意符"扌"）。又引申指人的指甲，趾甲。进而引申指鸟兽的脚爪，如"张牙舞爪"，"鹰爪"。**音 zhuǎ**：口语读音，指鸟兽的脚趾，如"爪子"，"猫爪"。

　　"爪"作为偏旁，在字上部时写作"爫"。在合体字中主要作意符，所从字与人手及其动作等义有关，如"采、受、爬、舀、爰、盥"；也作意符兼声符，如"抓"；也作声符，如"笊"（zhào，笊篱）。

　　楷书中有个别字的"爫"是其他字符的变形，与"爫"的音义无关，如"爱"。

　　注意："爪""瓜"形近易混，辨析："爪"的第三笔是竖，表示手指；"瓜"的第三、四笔表示蔓藤中的瓜形。

孚 fú　（甲）　（金）　（篆）　甲骨文是会意字，从爪（覆手形）从子（孩子），是手抓孩子的形状。是"俘"的初文。在原始时代，战胜者常杀掉战败方的所有成年男子，只俘虏妇女和孩子。"孚"就是以手抓住孩子表示抓获俘虏。本义是手抓俘虏。孩子是赤诚的，故引申为诚信。进而引申为使动用法：使人信服，如"小信未孚，神弗福也"（《左传·庄公十年》），"深孚众望"。古时又通"孵"。因"孚"被引申义所专用，本义就造"俘"（加意符"亻"）字表示。

　　注意："深孚众望"不可写成"深负众望"。

妥 tuǒ　（甲）　（金）　甲骨文是会意字，从爪从跪坐女，表示用手安抚女子安坐。与"安"同义。本义是安坐。引申为安稳，安定。进而引申为合适，如"妥当"，"妥善"。又引申为完备，如"谈妥"，"办妥"。"安定"义后写作"绥"。

爬 pá　楷书是形声字，从爪（覆手形），巴声。本义是搔抓，如"明霞碧落杳梦寐，玉女有爪羞搔爬"（赵执信《平度州道中望东北诸山》），"爬痒"，"爬梳"（梳理，整理）。引申为手脚着地前行，如"爬行"，"爬虫"。又引申指用手脚攀缘而上，与"攀"同义，如"爬山"，"爬竿"。

采 cǎi cài　（甲）　（金）　（篆）　甲骨文是会意字，从爪从木，像手在树上采摘果实或叶子。**音 cǎi**:本义是摘取,如“采桑”,“采摘”。引申为开采,采取,采纳,采访。又引申为收集,如“采风”,“采诗”。古代染色多取自植物,故又引申指颜色。此义后加意符“彡”(shān)写作“彩”,如“彩色”,“色彩”。进而引申指文章的文采和辞藻。由“颜色”又引申指神色,如“丰采”,“兴高采烈”。**音 cài**:由“采摘果实或叶子”又引申为古代卿大夫的封地,如“采邑”。

注意:“采”“釆”(biàn)形近易混,辨析:“采”八画;“釆”是象形字,像兽的足掌形,七画(参看“釆”字条)。

觅(覔)mì　(金)　金文是会意字,左上是爪(手),右边是見,人睁大眼睛看东西形,合起来表示用手和眼去寻找。规范简化为“觅”。本义是寻找,求索,如“寻觅”,“觅食”。

受 shòu　(甲)　(金)　(篆)　甲骨文是会意兼形声字,从爪从舟从又(手),表示一人用手把舟推给另一人;舟兼表声。小篆将舟形简化为冂形。本义是给予和接受。后为了分化字义,“接受”义用“受”字表示,“给予”义造“授”字(加意符“扌”)表示,如“男女授受不亲,礼也”(《孟子·离娄上》)。由“接受”引申为承受,如“受力均匀”。进而引申为遭受,如“受灾”,“受批评”。再引申为忍受,如“受罪”,“受不了”。“接受”含有合意才接受之义,故又引申为适合,如“受看”(看着舒服),“你的话很受听”(受听:听着入耳)。

爰 yuán　(甲)　　(金)　(篆)　甲骨文是会意字,像上边的人手(从爫或又)拿一根棍伸到下边人的手(又)中,慢慢拉他上来的情景。是“援”的初文。金文加箭头以示拉引的趋向。小篆中间讹变为“于”。本义是拉,引。引申为缓慢,舒缓,如“有兔爰爰,雉离于罗”(《诗经·王风·兔爰》)。假借作虚词,表示于是,如“乐土乐土,爰得我所”(《诗经·魏风·硕鼠》)。也借作句首语气词,如“爰居爰处,爰丧其马”(《诗经·邶风·击鼓》)。因“爰”被借义所专用,本义便造“援”字(加意符“扌”)表示;“缓慢”义加意符“纟”造“缓”字表示。

舀 yǎo　(篆)　小篆是会意字,从爪(覆手形)从臼(中部下凹的舂米器具),表示用手从臼里舀取。古人把谷物放进臼里加工好后,用手从臼里取出来。本义是舀取。引申泛指用瓢、勺取物(多指液体),如“舀水”。

注意:“舀”“臽”形近易混,辨析:两字下部都是“臼”,但“舀”上部是“爫”(爪),表示伸手进入臼中取东西;“臽”上部是“人”的变形,表示人坠入陷坑里。合体字中,以“舀”为声符的字读 -ao韵,如“慆、滔、韬、稻、蹈”;以“臽”为声符的字读 -an或 -a 韵,如“谄、陷、萏、啗、阎、馅、焰、掐”。

奚 xī　(金)　(篆)　金文是会意字,左上边是爪(覆手形),中间的“系”是发辫,下边是大(大人),合起来像手牵扼罪隶发辫。本义是奴隶,如“奚隶”(男女奴隶),“女酒三十人,奚三百人”(《周礼·天官·冢宰》)。又指古代北方的少数民

族,如"夜来山下哭,应是送降奚"(王建《塞上》)。假借为疑问代词:何,如"奚不去也?"又作状语:怎么,为何,如"或谓孔子曰:'子奚不为政?'"(《论语·为政》)奚落:用尖刻的话数说别人的短处,使人难堪;讥笑嘲弄,如"她被奚落了一顿"。

父部(6字)

父 fù fǔ （甲）𣓀 𣓀 （金）𣓀 （篆）𣓀 （隶）父 甲骨文是会意字，像男子手(又)持石斧劳动的形状，最初部落里成年男子用石斧来分配猎物，后来成了家长(父)的象征。隶书写作"父"。**音 fù**:本义是父亲。引申为对男性长辈的尊称，如"祖父"，"伯父"，"岳父"，"父老"。**音 fǔ**:又引申为对有才德的男子的美称，通"甫"，如"尼父"，"尚父"。又用来通称从事某种行业的人或老年男子，如"渔父"，"田父"。夸父:中国古代神话中的巨人。

　　"父"作为偏旁，在合体字中作意符，所从字与男性长辈有关，如"爷、爸、爹"；也作意符兼声符，如"斧"；也作声符，如"釜"。

爷（爺）yé 楷书繁体是形声字，从父，耶声。规范简化为"爷"，"卩"(jié)表声。本义是父亲，如"爷娘闻女来"(《木兰辞》)。后来称祖父。又引申为对长辈或年长男子的敬称，如"李大爷"，"张爷爷"。旧时对主人、官僚、财主、神灵的尊称，如"县太爷"，"老爷"，"少爷"，"佛爷"，"财神爷"。

斧 fǔ （甲）𣓀 （金）𣓀 （篆）𣓀 甲骨文是形声兼会意字，右上是斤(斧子，参看"斤"字条)，左边父是声符兼表手持斧之意。金文、小篆"父"在"斤"上。本义是斧子，用来砍东西，古代也用作兵器，如"斧钺"。引申为动词，用斧劈、砍或破开，如"斧其门"。后引申为请人修正文句的敬辞，如"斧正"。

爸 bà 楷书是形声字，从父，巴声。本义是父亲，口语中常叠用为"爸爸"。方言中也指叔父。

釜 fǔ （金）𣓀 （篆）鬴 （或体）釜 金文是形声字，从缶(瓦器)，父声。小篆有二体:鬴(fǔ)，从鬲(lì，烹饪炊具)，甫声;《说文》或体从金，父声。楷书简省了"金"的前两笔为"釜"。本义是古代的蒸煮炊器，如同现在的锅，如"破釜沉舟"，"豆在釜中泣"(曹植《七步诗》)。也指中国春秋战国时的量器。

爹 diē 楷书是形声字，从父，多声。本义是父亲，多用于广大农村的口语中。也用于对男性长者的尊称，如"胡老爹"。

月（月）部（40字）

月（月） yuè （甲）① ② （金）① ② （偏旁） （篆）① ② （隶）① ② 肉　甲骨文是象形字，有两个字形：①是"月"字，象半月形。本义是月亮。引申为月份。又引申为一月一次的，按月的，如"月刊"，"月薪"。又引申为形状像月亮的，圆的，如"月饼"，"月琴"。②是"肉"字，像切下的一块食用牲肉。金文②（偏旁）多出一道瘦肉的纹路。小篆"月""肉"形近易混，隶书为区别，在二字单用时分别写作"月""肉"，作偏旁时"肉"写作"月"。本义是肉。引申为果实中可吃的部分，如"桂圆肉"。

"月"（yuè）与"肉"的古文字形近，楷书中作偏旁又多同形，于是有些字典将其同归为一个部首，称为"肉月旁"。"月"在合体字下部时，第一笔撇"丿"写作竖"丨"，如"有、肩、臂、能"。

"月"作为偏旁，表示"月亮"义多在字右，极少数在左旁，所从字与月相、光亮、时间等义有关，如"朝、明、朗、望、朦胧"；也作声符（yuè），如"钥、刖"。表示"肉"义则在字左和字上下部（"胡"字例外），所从字与肉体有关，如"有、肌、肠、肾、背、炙、祭"；也作意符兼声符，如"育"。

楷书中有些字的"月"是其他字符的变形，与月亮、肉的音义无关，如"青、朋、前、胜、服、朕、朦"。

有 yǒu （金） （篆）　金文是会意字，从又（手）持肉，表示手中有物。本义是具有，与"无"相对，如"三人行，必有我师焉"（《论语·述而》）。引申为所属，如"他有一本书"。又引申为存在，如"有关"，"有案可查"。又引申为发生，出现，如"有病"，"有事"。又引申为估量或比较，如"水有多深？"还表示大，多，如"有气魄"，"有学问"。用在某些动词前面表示客气，如"有劳"，"有请"。也表示无定指，与"某"相近，如"有一天"。

肌 jī （篆）　小篆是形声字，从月（肉），几声。本义是肌肉。引申为皮肤，如"肌肤"。

肋 lèi lē （篆）　小篆是形声字，从月（肉），力声。**音 lèi**：本义是肋骨。引申指胸部的两侧，如"两肋插刀"。**音 lē**：方言，肋脦（de），指衣裳不整洁，不利落。

肘 zhǒu （篆）　小篆是会意字，从月（肉）从寸（腕下"寸口"部位），表示从寸口至肘为一节。本义是上下臂相接处向外凸起的部位,如"捉襟见肘"。用作动词:以肘触人,如"肘之"。

肴(餚)yáo（篆）肴　小篆是形声字,从月(肉),爻(yáo)声。"餚"是异体字,现在规范为"肴"。本义是做熟的鱼肉等荤菜,如"肴馔","菜肴"。

肺fèi（篆）肺　小篆是形声字,从月(肉),市(fú)声。本义是人和某些高级动物的呼吸器官,如"肺结核"。引申指人的内心,如"肺腑之言"。

　　注意:"肺"右旁"市"共四画,中间一竖上下贯通,不是五画的"市"(shì)。

肿(腫)zhǒng（篆）腫　小篆是形声字,从月(肉),重声。规范简化为"肿","中"表声。本义是毒疮。引申泛指皮肉浮胀,如"浮肿","肿瘤"。

胀(脹)zhàng　楷书是会意兼形声字,从月(肉)从长(长,表示张大),长兼表声。是"张"的分化字。规范简化为"胀"。本义是体内充塞不舒服的感觉,如"腹胀","头昏脑胀"。引申为体积变大,如"膨胀","热胀冷缩"。又引申为数量增加,如"通货膨胀"。

朋péng（甲）王王王（金）兹（篆）多（隶）羽　甲骨文是象形字,像两串贝(或玉)连在一起。隶书写作"朋"。本义是古代货币单位,古代以贝壳为货币,五贝为一串,两串为一朋,如"既见君子,锡我百朋"(《诗经·小雅·菁菁者莪》。锡:通"赐")。由相连的两串贝,引申为彼此友好的人,如"朋友","至爱亲朋"。进而引申为同类,伦比,如"硕大无朋"。又引申为聚集,结合,如"聚戏朋游"。又引申为勾结,如"朋党","朋比为奸"。

股gǔ（篆）股　小篆是形声字,从月(肉),殳(shū)声。本义是大腿,自胯至膝盖的部分,如"悬梁刺股"。股是身体的一部分,引申指事物的分支或一部分,如"股份","股东","股票"。用于"股肱",引申比喻辅助得力的人;作动词也表示辅助,如"受命武帝,股肱汉国"(《汉书·路温舒传》)。用作数学名词:勾股定理,指不等腰三角形中构成直角的较长的边。作量词,指成条的,如"一股水";指气味,如"一股怪味";指力气,如"合成一股劲";指成批的,如"一股土匪"。

肥féi（篆）肥　小篆是会意字,从月(肉)从卪(卩jié,表不多),意为脂肪多,则肉少。本义是脂肪多,如"肥胖","肥硕"。引申为土质含养分多的,如"肥沃","肥美"。用作使动,使肥沃,如"肥田"。又引申指能增加田地养分的东西,如"肥料","肥力"。由肥胖又引申指衣服鞋袜等宽大,如"这衣服有些肥大"。

服fú fù（甲）服服（金）服（篆）服（隶）服　甲骨文是会意字,从凡(盘)从卪(跪着的人)从又(手),像一只手控制着一个人,使其持盘操作,劳动。金文将"凡"讹变为"舟"。小篆从舟从𠬝(fú),𠬝兼表声。隶书将"舟"讹变为"月",写作"服"。**音 fú:**本义是服从,顺服,如"甲兵不劳而天下服"(《荀子·王制》)。引申为佩服,信服,如"心悦诚服","心里不服"。又引申为从事,担任,承受(劳役或刑罚),如"服务","服兵役","服刑"。又引申为习惯,适应,如"不服水土"。又借用为衣服,服装,如"余幼好此奇服兮"(《楚辞·九章·涉江》),"军服"。引申为动词:穿,穿戴,如"朝服衣冠,窥镜"(《战国策·齐策一》),"服丧"。也借作吞服(药物),如"服药"。**音 fù:**由"服药"引申作量词,中药一剂为一服,如"吃服药就好了"。

胁(脅、脇) xié　(篆)🀄　(隶)脅　小篆是形声字,从月(肉),劦(xié)声。隶书写作"脅"。"脇"是异体字。规范简化为"胁"。本义是人体从腋下到肋骨尽处的部分,如"胁下"。因夹持时要用胁部,故引申指挟制,逼迫,恐吓,如"胁迫","威胁","胁持"。又通翕(xī),指收敛,如"胁肩谄笑"。

育(毓) yù　(甲)①🀄　②🀄　(金)🀄🀄　(篆)育🀄　甲骨文是会意字,①从女,右下是倒子("子"字颠倒),合起来像妇女产子形;②从每(带头饰的妇女),倒子下有三点,像产子时血水下滴形,成"毓"字。金文大同。小篆分化为义同形异的"育""毓"二字。"育"从𠫓(tū,倒子)从月(肉,母体),表示子从肉体产出;月兼表声。本义是生育,生养,如"育龄","节育"。引申为养活,如"哺育","培育","抚育"。又引申为教育,培养,如"德育","教书育人"。"毓"用于书面语,如"钟灵毓秀"。也用于人名。

注意:"育、毓"的"𠫓",起笔是"、",不是"云"字的短横。

胡(鬍) hú　(陶文)胡　(古钵)🀄　(篆)胡　战国秦咸阳陶文是形声字,从月(肉),古声。本义是兽脖子下的垂肉,如"狼跋其胡"(《诗经·豳风·狼跋》)。兽胡多长着长毛,故引申指人的胡须。此义后造"鬍"字表示,又规范简化为"胡"。中国古代称北边的或西域的民族为"胡",如"胡人","胡服","胡越"。引申泛指外国或外族的,如"胡椒","胡瓜","胡琴"。借作文言疑问代词,表示为什么,何故,如"胡取禾三百廛兮?"(《诗经·魏风·伐檀》)"田园将芜,胡不归?"(陶潜《归去来兮辞》)又用作副词,相当于乱,无道理,如"胡闹","胡言乱语"。

背 bèi bēi　(篆)背　小篆是会意兼形声字,从月(肉)从北(人相背),北兼表声。**音 bèi:**本义是脊背。引申为某些物体的反面或后部,如"背面","刀背","墨透纸背"。又引申为用背部对着,与"向"相对,如"背光","人心向背"。又引申为朝相反的方向,如"背道而驰"。进而引申为避开,离开,如"背井离乡"。由"用背对着"又引申为违背,违反,如"言沛公不敢背项王也"(《史记·项羽本纪》),"背约"。又引申为背诵,如"背课文"。**音 bēi:**由"脊背"又引申作动词,指人用背驮(tuó)东西,负担,如"背负","背着包"。

胚(肧) pēi　楷书是形声字,从月(肉),丕(pī)声。"肧"是异体字。规范为

"胚"。本义是妇女怀胎一月。《说文》称怀孕一月为胚,三月为胎。引申泛指初期发育的生物体,如"胚芽","胚胎"。又引申指毛坯,半成品,如"钢胚"。

胧(朧)lóng (篆)朧
小篆是形声字,从月,龍(龙)声。规范简化为"胧"。一般不独用。用作"朦胧",指月不明。引申为模糊不清。

胆(膽)dǎn (篆)膽
小篆是形声字,从月(肉),詹声。规范简化为"胆",且表声。本义是胆囊,如"卧薪尝胆","胆结石"。引申为胆量,勇气,如"壮胆","胆魄"。又引申为像胆的,装在器物内部而中空的东西,如"球胆","瓶胆"。

胜(勝)shèng (篆)勝
小篆是形声字,从力,朕(zhèn)声。"勝""胜"本是两个字,"胜"从月,生声,原表臭气,通"腥",后成为"勝"的规范简化字。本义是能够承担,禁得起,旧读 shēng,如"胜任","不胜其烦"。引申为尽,旧读 shēng,如"不胜感激","美不胜收"。由"胜任"又引申为胜利,如"百战百胜"。进而引申为超过,占优势,如"胜似","以少胜多"。又引申为雅的,优美的,如"胜地","胜景","名胜古迹"。

胞 bāo (篆)胞
小篆是会意兼形声字,从月(肉)从包,包兼表声。本义是包裹胎儿的膜和胎盘,即胞衣。引申为同一父母所生的,如"同胞","胞兄"。又引申为同一祖国的人,如"港澳同胞"。

胖 pán pàng (篆)胖
小篆是会意兼形声字,从月(肉)从半(分牛),半兼表声。音 pán:本义是古代祭祀时用的半边牲肉,此义现已不用。也表示安泰舒适之意,如"心宽体胖"。音 pàng:引申指人体内含脂肪多,如"胖子","肥胖"。

脉(脈)mài mò (篆)脈
小篆是会意字,从月(肉)从辰(pài,水的支流),表示血脉流动。规范简化为"脉",会意字,"永"表示长(cháng)。音 mài:本义是分布在人和动物周身内的血管,如"脉络","静脉"。引申指动脉的跳动,如"脉搏","脉象","诊脉"。又引申指像血脉那样连贯而自成系统的东西,如"山脉","叶脉","一脉相承"。还引申为重要的,如"命脉"。音 mò:借用表示"眽",指眉目含情而不语,如"温情脉脉"。

胎 tāi (篆)胎
小篆是形声字,从月(肉),台声。本义是怀孕三月的胎儿。引申泛指人和其他哺乳动物母体内的幼体,如"胚胎","胎教"。又引申为怀孕或生育的次数,如"二胎","生过四胎"。又引申为事情的开始,根源,如"祸胎"。又引申比喻器物的粗坯,如"泥胎","铜胎"。也引申指衬在衣服、被褥面子和里子之间的东西,如"棉花胎"。还指车轮胎。

脂 zhī (篆)脂
小篆是形声字,从月(肉),旨声。本义是有角动物(牛羊)所含的油脂。引申泛指动物或植物种子内的油脂,如"脂肪","脂膏"。又引申特指胭脂,如"脂粉"。

脏(臟、髒)^{zàng zāng} 楷书简体是形声字,从月(肉),庄声。**音 zàng**:繁体写作"臟",从月(肉)从藏、藏兼表声。本义是五脏(中医学以心、肝、脾、肺、肾为五脏)。后成为身体内部器官的总称,如"内脏"。**音 zāng**:繁体写作"髒",从骨,葬声。本义是不干净。现"臟、髒"均规范简化为"脏"。

胶(膠)^{jiāo}　(篆)膠　小篆是形声字,从月(肉),翏(liù)声,规范简化为"胶","交"表声。本义是用动物的皮或角等熬成的黏性物质,如"胶原","阿(ē)胶"。引申泛指有黏性的物质,如"乳胶","橡胶","万能胶"。进而引申指黏合,如"胶着(zhuó)","胶柱鼓瑟"。

脊^{jǐ}　(篆)脊　小篆是会意字,上面像脊骨,下从肉,合起来表示人和动物背上中间的骨头。本义是脊柱,也叫梁骨。引申指物体中间高起像脊柱的部分,如"山脊","屋脊","书脊"。又引申为条理,如"有伦有脊"。

朗^{lǎng}　(篆)朗　(隶)**朗**　小篆是形声字,从月,良声。本义是明亮,光线充足,如"明朗","晴朗","朗朗乾坤"。引申指声音清楚、响亮,如"朗读","朗诵","笑语朗朗"。

脸(臉)^{liǎn}　楷书繁体是形声字,从月(肉),佥(金 qiān)声。规范简化为"脸"。本义是两颊上部颧骨部分(整个面部用"面"),如"笑从双脸生"(晏殊《破阵子》)。引申扩大指整个面部,如"洗脸","脸部表情"。又引申为体面,面子,颜面,如"脸面","丢脸","赏脸"。还引申为某些物体的前部,如"鞋脸儿","门脸儿"。

脱^{tuō}　(篆)脱　小篆是形声字,从月(肉),兑(duì)声。本义是肌肉消减,即消瘦。引申为骨肉剥离,如"左膝以下筋骨尽脱矣"(方苞《左忠毅公逸事》)。进而引申泛指离开,掉落,如,"脱险","脱产","脱发"。又引申为取下,除去,如"脱帽","脱脂","脱胎换骨"。又引申为遗漏,如"脱漏","脱误"。脱离了则不受约束,故又引申为轻慢,如"脱略"(放任,不拘束),"脱易"(轻率,不讲究礼貌),"轻脱"(轻率,不持重,放荡)。又用作副词,相当于或许,如"脱有不测"。

期^{qī jī}　(金)①其　②其　(篆)期　金文是形声字,①从日,其声,上下结构;②从月,其声,左右结构,从日、月都与时间有关。小篆从金文②。**音 qī**:本义是规定的时间,或一段时间,如"定期","限期","学期"。引申为约会,约定,如"不期而遇"。又引申为盼望,希望,如"期望","期冀","期盼"。作量词,用于刊物或其他分期的事物,如"新一期刊物","第五期培训班"。**音 jī**:异体字写作"朞",指一周年,一整月,如"期年","期月"。

朝 zhāo cháo　（甲）❁　（金）❁　（篆）❁　（隶）朝　甲骨文是会意字，从日从月从草，像太阳已出草丛而月亮未落之景。金文改"月"为"水"，小篆改为"舟"。隶书承甲骨文为"朝"。**音 zhāo**：本义是早晨，如"朝阳"，"朝晖"。引申为一整天，一日，如"今朝"，"明朝"。**音 cháo**：因古代臣子在早晨拜见君王，故又引申为朝见，朝拜。也引申指宗教教徒的参拜，如"朝拜"，"朝圣"。由"朝见"又引申为朝廷，即古代君主听政的地方。进而引申指朝代，如"唐朝"，"改朝换代"。也指一代君主统治的时期，如"乾隆朝"，"两朝开济老臣心"（杜甫《蜀相》。两朝：蜀先主刘备，后主刘禅）。也用作姓。由朝拜时君臣相向又引申为向着，对着，如"坐北朝南"，"朝（cháo）老师面朝（cháo）着朝（zhāo）霞朗诵起诗歌"。

腊（臘）là xī　（篆）①❁②❁　小篆是形声字。"腊"和"臘"本是两个字，①腊（音 xī），从月（肉），昔声，原指干肉；②臘，从月（肉），鼠（liè）声。后"臘"也规范简化为"腊"，两字合一。**音 là**：本义是年终祭祀众神。古代农历十二月祭祀，故此月份称腊月。腊祭之日就称为腊日。后来腊日一般指农历十二月初八日。又引申指冬天（腊月）腌制后风干或熏干的肉，如"腊味"，"腊鱼"，"腊鸭"。**音 xī**：干肉，如"布千匹，腊五百斤"（晋书《谢安传》）。引申为做成干肉，如"然得而腊之以为饵，可以已大风、挛踠、瘘、疠，去死肌，杀三虫"（柳宗元《捕蛇者说》）。

腰 yāo　（篆）❁　小篆是象形字"要"，中间像人形，两旁以两手叉腰表示腰部。此义后写作"腰"，会意兼形声字，从月（肉）从要，要兼表义。本义是人的腰部。引申指裤腰。又引申为事物的中段，中间，如"半山腰"，"树腰"。又指肾脏，俗称腰子。

腹 fù　（篆）❁　小篆是形声字，从月（肉），复声。本义是肚子，如"腹部"。引申为前面，与"背"相对，如"腹背受敌"。又引申指内心，如"腹案"，"腹诽"。腹地：比喻内部或中部地区。心腹：比喻要害处，如"心腹大患"；也比喻最亲信的人，如"心腹之人"。

腾（騰）téng　（篆）❁　（隶）騰　小篆是形声字，从马，朕（zhèn）声。规范简化为"腾"。本义是传递文书。一说指雄马。传递文书则使马奔驰，引申为奔跑，如"奔腾"。进而引申为跳跃，如"腾跃"，"腾越"。再引申指上升，如"腾飞"，"飞黄腾达"。作词尾，用在动词后面表示动作的反复连续（读轻声），如"翻腾"，"折腾"，"倒腾"。

膜 mó　（篆）❁　小篆是形声字，从月（肉），莫声。本义是肌肉之间的薄膜。引申泛指生物体内像薄皮的组织，如"耳膜"，"苇膜"，"黏膜"。又引申泛指像膜的东西，如"塑料薄膜儿"。膜拜：一种礼节，双手合掌举到额头，长跪而拜，表示虔诚的敬意，如"顶礼膜拜"。

膀（髈） páng bǎng pāng （篆）髈

小篆是形声字，从月（肉），旁声。"髈"是异体字。**音 páng**：本义是两胁（参看"胁"字条）。也表示膀胱。**音 bǎng**：由"两胁"引申为肩膀，如"臂膀"，"膀阔腰圆"。又引申指鸟类和昆虫的飞行器官，如"翅膀"。**音 pāng**：因肩膀肉厚突起，又引申为浮肿，如"他的脸有点膀"。

氏部（1字）

氏 shì zhī　（甲）（金）（篆）（隶）　甲骨文是象形字，像种子发芽时长长的根扎在泥土里。小篆文字化，但仍强调了长"根"。隶书写作"氏"。与"氏"同源，氐（氐）是指事字，"氏"下加指事符号意为根柢。音 shì：本义是根本，根源。上古时候有姓、氏之分。姓为母系部落的称号，氏是姓的分支，用以表明子孙血脉之根源。由此引申指古代贵族表示宗族系统的称号，《通志·氏族略序》："三代之前，姓氏分而为二。男子称氏，妇人称姓。氏所以别贵贱。贵者有氏，贱者有名无氏。"进而引申为远古传说中人物名，国名，国号，朝代等，如"伏羲氏"，"神农氏"，"夏后氏"。又引申为古代少数民族支系的称号，如鲜卑族的"慕容氏"，"拓跋氏"，"宇文氏"。旧时也用于称呼已婚妇女，如"陈氏"，"李陈氏"（前加夫姓）。音 zhī：月氏：汉代西域国名。

　　"氏"作为偏旁，在构字中作声符，如"舐、纸、芪"。

欠部(8字)

欠 qiàn （甲） （金） （篆） （隶）欠　甲骨文是象形字,像人跪坐着张大口打呵欠的形状。小篆上部改为像人呼出的气的形状。隶书写作"欠"。本义是呵欠。由于打哈欠时常常张臂伸腰,故引申为身体向上伸展,如"欠身"。哈欠多是因精神不足,故引申为缺少,不够,如"身体欠佳","此事还欠火候"。又引申指没有归还他人的钱物,如"欠账","亏欠"。

　　"欠"作为偏旁,在合体字中作意符,所以字与人张口的动作、感情表露等义有关,如"欺、吹、歉";也作声符,如"砍、坎、芡、软"。

欧(歐) ōu （篆）　小篆是形声字,从欠(与口有关),區(区 ōu)声。规范简化为"欧"。本义是呕吐。"呕"是异体字。后分化,"呕"表示本义,"欧"则用于音译字和复姓,如"欧洲","欧罗巴","欧阳"。

欲 yù （篆）　小篆是形声字,从欠(表不足),谷(yù)声,表示因不足而生欲。本义是欲望,如"无欲则刚"。引申为贪婪,如"利欲熏心"。又引申指淫邪,如"欲火"。又引申为想要,如"畅所欲言","欲盖弥彰"。又引申为将要,如"摇摇欲坠","漫卷诗书喜欲狂"(杜甫《闻官军收河南河北》)。

款(欵、歀) kuǎn （古钵） （篆） （隶）款　古钵是会意字,从欠(张口出气)从木从示(祭台神主),即"款"字,表示燃柴祭天虔诚祈福之意。小篆将"木"讹变为"出"。隶书又写作"士",楷书写作"士"。"歀"是异体字。现在规范为"款"。本义是虔诚祈福。引申为诚恳,恳切,如"款款之心"。又引申为热情招待,如"款待","款留"。又引申为缓慢,如"款款而行"。又指钟鼎器皿上铸刻的花纹或文字,如"款识(zhì)"。进而引申指书画上的题名,如"上款","落款"。又引申为条目,如"条款"。又引申为规格,样子,如"款式"。又指钱币,如"钱款","现款"。

欺 qī （篆）　小篆是形声字,从欠(表示说话),其声。本义是蒙骗,如"欺骗","欺世盗名"。引申为欺负,欺侮,如"欺人太甚","欺软怕硬"。

歇 xiē （篆）　小篆是形声字,从欠(张口喘气),曷(hé)声。本义是休息,如"歇息"。进而引申为睡觉,如"歇了一夜"。又引申为停止,如"潇潇雨歇"。

歌（謌）gē （金）訶 （篆）𣤶　金文是形声字，从言，可声。小篆从欠（张口出气），哥声。现在规范为"歌"。本义是咏唱，如"歌唱"。引申作名词，指能唱的诗或曲，如"民歌"，"歌谱"。又引申指旧诗的一种体裁，如《长恨歌》《茅屋为秋风所破歌》。

歉 qiàn （篆）𣤶　小篆是形声字，从欠（表不足），兼声。本义是庄稼收成不好，如"歉收"。引申泛指缺乏，不足，如"歉绌"。又引申为自感对人有所亏欠，对不住人，如"抱歉"，"致歉"。

风(風)部(3字)

风(風) fēng （篆）（隶）　小篆是形声字,从虫(古时动物的通称),凡声。隶书写作"風"。规范简化为"风"。本义是空气流动的现象。引申为能流动传播,影响广大的事物,多指礼节,习俗,如"风习","风物","风尚"。又引申为态度,举止,如"作风","风度"。还引申指消息,传闻,如"风声","风传"。也引申指民歌,民谣,如"采风","国风"(《诗经》中十五个地区的民歌)。

　　"风"作为偏旁,在构字中作意符,所从字与风有关,如"飒、飓、飙、飘";也作声符,如"枫、疯"。

飒(颯) sà （篆）　小篆是形声字,从風,立声。规范简化为"飒"。本义指风声,如"飒飒西风满院栽"(黄巢《题菊花》)。引申为衰落,如"庭草飒以萎黄"(陆倕《思田赋》)。飒爽:神采飞扬、豪迈矫健的样子,如"英姿飒爽"。

飘(飄 、飆) piāo （篆）　小篆是形声字,从風,票声。"飆"是异体字。规范简化为"飘"。本义是旋风,暴风,如"故飘风不终朝,骤雨不终日"(《老子》第二十三章)。引申为飘动,飞扬,如"雪花飘舞","仙乐风飘处处闻"(白居易《长恨歌》)。又引申为流离,浮荡,如"飘泊","飘洒"。

殳部(7字)

殳 shū （甲）🐾🐾 （金）🐾 （篆）🐾 （隶）殳　甲骨文是会意字,左上部是竹、木制成的八棱无刃的长柄兵器,右下部是又(手),合起来表示手持长柄兵器。金文成上下结构。隶书写作"殳"。本义是手执兵器。引申为古代兵器名,如"伯也执殳,为王前驱"(《诗经·卫风·伯兮》)。

　　"殳"现主要作偏旁,习惯上称为"几又旁",但上部不是"几"。在合体字中多作意符,表示手持武器或工具用力击、杀、敲等义,如"投、役、殴、杀(杀)、殷、磬",与"又、手、攴(攵)"等部首相通;也作声符,如"股、疫("殳"是"役"省声)"。

　　注意:1."殳"的第二笔无钩,不要写成"几"。2."殳""寻"形近易混,辨析:"寻"上部是"又"(手)变形(参看"段"字条)。

殴(毆)ōu （金）🐾 （篆）🐾　金文是形声字,从攴(pū,手持棍儿击打)、區(ōu)声。小篆改"攴"为"殳"(chū,手持兵器击打),意思不变。规范简化为"殴"。本义是用捶杖击打物。引申泛指击打,打人,如"殴打","斗殴"。

段 duàn （金）🐾 （篆）段　金文是会意字,右下方是殳(shū,手持杖械击打),左上方是厂(hǎn,岩崖),两点是敲下的石块,合起来表示手持锤在山崖上敲取石块。本义是锤击。锤击岩崖,则使岩石成片段,故引申为截断,分段。进而引申为事物或者时间的一节,如"段落","阶段","地段","一段话","一段时间"。后本义用"锻"(加意符"金")字表示。

殷 yīn yǐn yān （甲）🐾🐾 （金）🐾 （篆）🐾　甲骨文是会意字,从身(大腹者)从殳(手持器械),表示手持医疗器械给一个腹大病重者治疗。金文是手持针刺人治疗状,人身则反转为"𣎴"。小篆右边作"殳"。音 yīn:本义是医疗。因腹大病重,十分痛苦,引申为大、盛,如"乐之盛称殷"(《说文》)。进而引申为众多,如"殷众"。再引申为富裕,如"民殷国富","殷饶"。又引申为深,深切,如"殷切","情意甚殷"。进而引申为热情而周到,如"殷勤的服务员"。作朝代名,指商代迁都于殷(今河南省安阳市小屯)后改用的称号:殷朝。音 yǐn:象声词,形容雷声,如"雷声殷殷"。音 yān:赤黑色,如"殷红"(带黑的红色)。

毁 huǐ （篆）🐾　小篆是形声字,从土,毇(huǐ,在臼中舂米使其精)省声(省去

"米"），本指瓦器缺损，故从"土"。后改"土"为"工"。本义是瓦器缺损。引申为损坏，破坏，废除，如"毁坏"，"毁灭"，"毁约"。进而引申为诽谤，如"诋毁"，"毁誉参半"。

殿 diàn （篆）殿　小篆是会意兼形声字，从殳（shū，持杖击打）从屁（tún，同"臀"），表示击打臀部声；屁兼表声。隶书写作"殿"。本义是击打臀部声。引申为末后，最后，如"殿后"（部队运动时位于最后）。又引申为镇抚，镇守，如"殿邦"（安邦定国）。假借为高大的房屋，后专指供奉神佛或帝王受朝理事的大厅，如"大雄宝殿"，"金銮殿"。

毅 yì　楷书是会意兼形声字，从豙（yì，豕怒而毛竖起形）从殳（shū，手持武器），表示果敢坚决地击杀狂怒的猪；豙兼表声。本义是坚决，不动摇，如"毅然"，"刚毅"，"诚毅"。

文部(4字)

文 wén （甲）〄 〄 〄 〄   （金）〄 〄 〄 〄   （篆）〄

（隶）**文**　甲骨文、金文是象形字，像正面站立的大人形，大多胸部绘有"X、V、心、·"等花纹，是古人纹身的写照；有的简省了花纹。是"纹"的初文。隶书写作"文"。本义是纹身，如"越人断发文身"（《庄子·逍遥游》）。引申泛指花纹，纹理。此义后写作"纹"。因"花纹"有装饰义，故又引申为文饰，如"文过饰非"。汉字最初是描画物体的形象，也是一种线条交错的花纹，故引申指象形字，如"甲骨文"。进而引申为文字组成的文辞，文章，文献。由"花纹"又引申为量词，主要用于铜钱，铜钱面上铸有文字，故称一枚为一文，如"分文不取"，"一文不值"。

　　"文"作为偏旁，在字左或字中时，捺写成点，如"刘、闵"。在合体字中作意符，所从字与花纹、彩饰等义有关，如"斌、斐、斑、斓"；也作意符兼声符，如"纹、雯、虔"；也作声符，如"汶、旻、紊"；还作记号，多用于简化字，如"刘、齐、斋"。

刘（劉）liú　楷书繁体是会意字，从卯（双刀并立形）从金（金属）从刀（兵器），表示砍杀物。规范简化为"刘"，"文"是记号。本义是斧钺一类的兵器。现在主要用作姓。《说文》为避刘姓皇帝之讳而未收"劉"字，收"鎦"。

吝 lìn　（甲）〄　（篆）〄　甲骨文是形声字，从口，文声。小篆规整化。本义是悔恨，遗憾。引申为舍不得，如"吝啬"。

斓（斕）lán　楷书繁体是形声字，从文（文彩），阑（lán）声。规范简化为"斓"。本义是色不纯，即颜色驳杂，灿烂多彩，常作"斑斓"。

方(夫)部(10字)

方 fāng　（甲）① ② （金）① ② （篆） （隶）

甲骨文①金文①均是象形字,像古代农具耒,短横是柄首横木,长横"▭"是足踏处,下部是木叉。甲骨文②和金文②省去短横。隶书写作"方"。本义是耒耜。后假借表示方形。引申指面积,即方圆。继而引申为地方,方向,方位,远方,方法。由"方形"又引申为正直,如"方正"。由"方法"又引申为处方,药方。虚化为副词,相当于正在,将要,刚刚。

　　"方"作为偏旁,在合体字中多作声符,如"防、访、芳、房";也作意符兼声符,所从字与方形、并排、边旁等义有关,如"仿、放、彷、旁"。

　　现在"方"部的字多是从"夫"(夕 yǎn)取义的(参看"夫"条)。

夫(夕) yǎn　（甲） （金） （篆） （隶旁）　甲骨文是象形字,像飘动的旗帜形,│是旗杆,乀是飘动的旗帜。是"旗"的初文。小篆文字化。隶书偏旁写作夕,楷书偏旁写作夕。本义是旗帜飘动,也指旗上的飘带。后来夫只作偏旁。曾是《说文》部首,现归"方"部。在合体字中作意符,所从字与旗帜有关,如"旗、施、游、旖旎"。

放 fàng　（金） （篆）　金文是会意兼形声字,从方(远方)从攴(pū,手执棍棒),表示驱逐、流放远方;方兼表声。本义是驱逐,流放。引申指在一定的时间停止,如"放学","放假"。进而引申为解除约束,使自由,如"释放","放行"。由"流放"又引申为发出,如"放出香味","放枪"。也引申为搁置,如"此事先放一放","安放"。

施 shī　（篆） （隶）　小篆是会意兼形声字,从夫(夕 yǎn,旗帜)从也(蛇),表示旗帜像蛇一样飘动,也兼表声。本义是旗帜飘动的样子。引申为铺开,铺陈,设置,施展,实施,施加。进而引申为给予,恩惠,如"施礼","施恩"。由"飘动"引申为弯弯曲曲。进而引申为逶迤斜行,如"早起,施从良人之所之"(《孟子·离娄下》)。"施"此义古读 yí)。"施"被引申义专用后,本义便造"旖旎"(yǐ nǐ)二字表示(参看"旎"字条)。

旅 lǚ　（甲） （金） （篆） （隶）　甲骨文是会意字,从夫

(疒 yǎn,旗帜)从从或众(均表人多),以多人集合旗下表示军旅。隶书"从"变形。本义是上古军队的编制单位,一般以五百人为一旅。引申为军队,如"劲旅","军旅"。由"军队"引申为共同,如"旅进旅退"。因军队行军常驻扎在外,又引申为出行在外,如"旅行","旅居"。又引申为寄居,如"羁旅"(寄居在外)。进而引申为出行之人,如"行旅","旅馆"。

族 zú　(甲)① ② (金) (篆)　甲骨文是会意字,①从从(疒 yǎn,旗帜)从二矢(表箭多),表示旗帜下聚集矢来杀敌;②简化为一矢。本义是攒聚。引申为众多。古代氏族部落大多以弓箭为武器,同一家族或氏族就是一个战斗单位,故又引申指宗族,家族,氏族。进而指种族,民族。由"宗族"划分又引申为种类,品类,如"上班族","万物百族"。

旎 nǐ　楷书是形声字,从从(疒 yǎn,旗帜),尼声。"旖旎",叠韵连绵词(参看"旖"字条)。

旋 xuán xuàn　(甲) (金) (篆)　甲骨文是会意字,从从(疒 yǎn,旗帜)从足或从止(脚),表示人足随着指挥旗而转动。金文从止。小篆从足。隶变后楷书从疋(shū,同足)。音 xuán:本义是足周旋,如"士不旋踵"(旋踵:转足,即退缩)。引申泛指转动,如"盘旋","回旋"。又引申为返回,归来,如"旋里","凯旋"。因"旋踵"用时极短,故引申为不久,随即,如"旋即"(立刻)。音 xuàn:打转转,回旋的,如"旋风"。进而引申为回旋着切削,如"旋床","旋果皮"。

旗 qí　(篆)　小篆是形声字,从从(疒 yǎn,旗帜),其声。本义是旗帜。本写作从,后因从只作偏旁,本义便造"旗"(加声符"其")字表示。现也指内蒙古自治区的行政区划单位,相当于县。

旖 yǐ　(篆)　小篆是形声字,从从(疒 yǎn,旗帜),奇声。旖旎,叠韵连绵词。本义是旌旗随风飘动的样子。引申为柔和美丽,如"风光旖旎"。

火(灬)部(37字)

火(灬) huǒ （甲）① ② （金） （篆） 甲骨文是象形字，①火焰升腾的形状，②加两点表示火星。小篆文字化。本义是燃烧的光焰。引申比喻火样的颜色，即红色，如"火鸡"，"火树银花"。又引申比喻紧急，如"火速"，"十万火急"。由"燃烧发热"又引申比喻人的脾气暴躁、易怒，如"发火"，"火气"。由火的热烈、升腾又引申为兴隆，旺盛，如"生意红火"。中医也指引起发炎、红肿、烦躁等症状的病因，如"上火"。

　　"火"作为偏旁，在字左时捺写作点，如"灯、炒"；在字下时写作"灬"，习惯上称为"四点底"。作意符，所从字与火、光、热等义有关，如"灰、灿、炊、灵、然"；"火"也作意符兼声符，如"伙"；也作声符，如"钬"。"灬"不作声符。

　　楷书中有些字的"灬"是其他字符的变形，与"火"的音义无关，如"燕"。"黑"及所从字"墨、默、黛"等均归"黑"部。

灭(滅) miè （篆） 小篆是形声字兼会意字，从水，威(miè)声，威兼表熄灭之意("威"是"滅"的初文)。规范简化为"灭"，成会意字，从一(代表某物)从火，表示用一物覆压使"火"灭。本义指火熄灭。引申为完，尽，使不存在，如"消灭"，"磨灭"。也引申指被水漫过而消失不露，如"灭顶之灾"。又引申为消失，隐没，如"自生自灭"。

灰 huī （篆） 小篆是会意字，从火从又(手)，表示火已熄灭，余烬可以手拿。本义是物体燃烧后留下的残存物，如"炉灰"，"烟灰"。由于灰烬不能再发光热，引申比喻志气消沉，心情沮丧，如"心灰意懒"，"灰心丧气"。由"灰烬"又引申为尘土，污垢，如"灰尘"。又引申为像火灰一样的颜色，灰色，如"面如死灰"。也指石灰，如"抹灰"。

灸 jiǔ （篆） 小篆是会意兼形声字，从火从久(用艾条灼体)，久兼表声。本义是用艾条熏烤身体的某一部位，是中医的一种疗法，如"艾灸"，"针灸"。原写作"久"(参看"久"字条)，"久"表长久义后，本义便造"灸"(加意符"火")字表示。

灿(燦) càn （篆） 小篆是形声兼会意字，从火，粲(càn)声，粲本指上等白米，这里兼表鲜明之意。规范简化为"灿"，山表声。本义是鲜明，耀眼，如"灿若晨星"，"灿烂"，"金灿灿的麦子"。

灼 zhuó （篆）烮 （隶）灼

小篆是形声字，从火，勺声。本义是烧，烤，如"灼热"，"灼伤"。引申为鲜明，明亮，如"桃花灼灼"，"灼眼"（明亮耀眼）。又引申为明白，透彻，如"真知灼见"。

炒 chǎo

楷书是形声字，从火，少声。本义是把东西放在热锅里翻动弄熟。引申为金融活动中的倒手交易，如"炒买炒卖"，"炒股票"。

炊 chuī （篆）烮

小篆是形声字，从火，吹省声（省去"口"）。本义是烧火做饭，如"炊烟"，"巧妇难为无米之炊"。

炕 kàng （篆）炕

小篆是形声字，从火，亢声。本义是烘烤，烘干，如"把湿褥子炕干"。现代也指火炕，北方用土坯或砖砌的当床铺的长方形台，下面有洞，连通烟道，可以烧火取暖，如"炕头"，"炕席"。

注意："炕""坑"形音近而义异，区别在左旁意符不同。

炎 yán （甲）炎 炎 （金）炎 （篆）炎

甲骨文是会意字，从二火重叠，像火焰升腾的形状。本义是火苗上腾。此义后写作"燄"，规范为"焰"。引申为酷热，如"烈日炎炎"，"炎暑"。又指身体某部位有红肿热痛的一种症状，如"炎症"，"肺炎"。又指炎帝，我国传说中的上古帝王，如"炎黄子孙"。

点（點） diǎn （篆）點

小篆是形声字，从黑，占声。规范简化为"点"，从灬，占声。本义是细小的黑色斑痕，如"墨点儿"，"污点"。引申为液体的一滴，如"雨点"。进而引申作量词，指少量，如"一点小事"。由"斑点"又引申为汉字笔形之一"丶"。作动词：用笔点，如"画龙点睛"。进而引申为评点，圈点文章。又引申为一落即起的动作，如"点头"，"蜻蜓点水"。又引申为使滴下，如"点眼药水"。又引申为一个个核对，如"点名"。又引申为指定，如"可汗大点兵"（《木兰诗》），"点播"。又引申为地点或起点的标志，如"终点"，"冰点"。又引申为事物的方面或部分，如"优点"，"重点"。用作量词，表示更点，小时，如"一点钟"。进而引申为规定的时间，如"误点"，"正点到达"。还引申指糕饼类的食品，如"甜点"，"早点"。

炼（煉、鍊） liàn （篆）煉

小篆是形声字，从火，柬声。"鍊"是异体字。规范简化为"炼"。本义是冶炼，即用火烧制或加热等方法使物质纯净、坚韧、浓缩，如"炼钢"，"炼焦"，"炼油"。引申为锻炼身体和意志，如"炼身体"，"炼思想"。又引申为推敲，斟酌字句，如"炼字"，"炼句"。

注意："炼"右旁经草书楷化后写作"东"，不是"东"。

炸 zhá zhà

楷书是会意兼形声字，从火从乍（表猛然），乍兼表声。**音 zhá**：本义是把食物放在滚沸的油锅中煎熟，如"炸油条"，"炸麻花"。**音 zhà**：引申为物体突然破裂，如"爆炸"，"炸弹"。又引申为用炸药、炸弹爆破，如"炸碉堡"。又引申比喻突然发怒,如"他一听就炸了"。又引申指因受惊而四处逃散,如"人群炸了窝"。

炮(砲、礮) páo bāo pào　(篆)煏　小篆是会意兼形声字,从火从包,包兼表声。音 páo:本义是古代的一种烹饪方法,指将泥包裹的带毛肉放在火上烧烤(与后来枪炮的"炮"同形)。引申泛指烧烤食物,如"炮食"。进而引申指在铁锅里烘炒中药材,如"炮制"。再引申比喻编造制订,如"炮制反动文件"。音 bāo:一种烹调方法,在旺火上急炒,如"葱炮羊肉"。也指把物品放在器物上烘烤或焙,如"把湿衣服搁在热炕上炮干"。音 pào:原写作"礮",指古代战争时一种用机械发射石块的兵器,俗体作"砲"。后因用砲发射火药,改写作"炮"。现在规范为"炮"。引申指重型武器的一类,如"迫击炮","火箭炮"。也引申指炮竹,如"花炮","鞭炮"。

　　注意:"炮制"的"炮"不读"pào",也不要写成"泡"。

炫(衒) xuàn　(篆)①煏②衒　小篆①是形声字,从火,玄声。本义是火光照耀。引申泛指强光耀眼,如"炫目"(光彩夺目)。又引申为显示,夸耀,如"炫耀"。小篆②"衒"是形声字,从行(道路),玄声。本义是沿街叫卖。引申为夸耀,自夸,与"炫"的引申义重合。后本义消失,成"炫"的异体字。现在规范为"炫"。

烂(爛) làn　(篆)爛　小篆是形声字,从火,蘭(lán,兰)声。楷书繁体省去"艹"。规范简化为"烂","兰"表声。本义是因过熟而变得松软,如"烂糊","煮烂"。引申为腐烂,溃烂。又引申为破碎,如"破烂","烂纸"。又引申为程度很深,如"烂熟"。煮食需要火,故又引申为明亮,有光芒,如"明星有烂"(《诗经·郑风·女曰鸡鸣》),"灿烂"。

热(熱) rè　(篆)熱　(隶)熱　小篆是形声字,从火,埶(yì)声。隶书写作"熱"。规范简化为"热",由草书楷化而来。本义是温度高,与"冷"相对。引申作动词:加热,如"热饭"。由"温度高"又引申为情意深,如"热情","热爱"。又引申为旺,盛,如"热潮","热火朝天"。又引申为羡慕,如"眼热"。又引申为受人欢迎的,风行的,如"热门","旅游热"。也指物理学上的名词,指物质燃烧或物质不规则运动放出的一种能,如"热能","热辐射"。

烈 liè　(篆)烮　(隶)烈烈　小篆是形声字,从火,列声。隶书写作"烈"。本义是火势猛,如"烈火"。引申为猛,厉害,如"烈日","烈性","剧烈"。又引申为含有高浓度酒精的,食物味道浓的,如"烈酒","浓烈"。又引申为气势盛大,如"轰轰烈烈"。又引申为刚直,有高贵品格,为正义而死难的,如"刚烈","烈士"。

烘 hōng　(篆)煉　小篆是形声字,从火,共声。本义是烧。引申为用火烤干或烤热,如"烘烤","烘焙"。烘烤是在火的旁边,故又引申为衬托,陪衬,即从侧面点染以突出主体,如"烘托","烘云托月"。

烦（煩）fán　（篆）煩　小篆是会意字，从火从頁（页 xié，人的头部），表示头脑发热得如火一般。规范简化为"烦"。本义是发烧头痛。引申为烦躁，烦闷。烦躁多因事杂，故又引申为麻烦，烦杂。进而引申为动词：使……厌烦，如"他真烦人"。进而引申为烦劳。虚化为敬辞，表示请、托，如"烦你去一趟"。

烧（燒）shāo　（篆）燒　小篆是形声字，从火，堯（尧，yáo）声。规范简化为"烧"。本义是使物体着火，如"燃烧"。引申为加热使物体起变化，如"烧砖"，"烧炭"。又引申为烘烤，如"烧灼"，"烧鹅"。又引申指一种烹调方法，如"红烧丸子"。又引申为体温升高，如"他发烧了"。

烟（煙、菸）yān　（篆）煙　（或体）烟　小篆是形声字，从火，垔（yīn）声；《说文》或体写作"烟"，从火，因声，因兼表凭借（火）之意。现在规范为"烟"。本义是物质燃烧时产生的气体，如"冒烟"，"硝烟"。引申为像烟的云气，雾气，如"烟霞"，"烟花三月"。"烟"也作"菸"（表烟草义时读 yān）的简化字，特指烟草及制成品，如"烟草"，"烟卷"。还特指清代传入的鸦片，如"烟土"，"虎门销烟"。

烙lào luò　（篆）烙　小篆是形声字，从火，各声。音 luò：本义是烧灼，特指用金属器物烧灼。炮（páo）烙：古代的一种酷刑。音 lào：指用高温的金属器物熨烫，使物平整或留下印记，如"烙铁"，"烙衣服"，"烙印"。又引申指把食物放在锅里翻动烤熟，如"烙饼"。

焚fén　（甲）① 焚 焚 ② 焚　（金）焚　（篆）燓　（隶）焚　甲骨文是会意字，①从火从草或从林，表示火烧草木（古人打猎时烧林以驱赶野兽）；②加双手（持火烧林），说明"焚"是人的行为。金文从火从林。小篆从火从樊（fán，林木相交）。隶书写作"焚"。本义是用火烧山林草木，如"焚林而田"（《韩非子·难一》。田：打猎）。引申泛指烧，如"焚毁"，"焚香"。

焦jiāo　（甲）焦　（金）焦　（篆）焦　（或体）焦　（隶）焦　甲骨文是会意字，从鸟从火，表示在火上烧烤鸟雀。小篆繁化为从火从雔（zá，群鸟）；《说文》或体又简作从火从隹（zhuī，鸟）。隶书写作"焦"。本义是物体经火烧后变黄变黑、发脆，如"烧焦"，"焦土"。引申为黄黑色，如"心悲则面焦"。又引申为酥、脆，如"焦脆"，"焦枣"。又引申为焦炭或烧后结成块状的炭渣，如"炼焦"，"结焦"。又引申为非常干燥，如"焦枯"，"焦渴"。还引申比喻内心烦躁，着急，如"焦虑"，"焦心"。

然rán　（金）然　（篆）然　金文是会意兼形声字，从火从肰（rán，犬肉），以火烧烤狗肉表示燃烧；肰兼表声。隶书写作"然"。本义是燃烧，如"若火之始然"（《孟子·公孙丑上》）。假借为代词，指上文所说的情况，相当于这样，那样，如此，如"河东凶亦然"（《孟子·梁惠王上》），"不尽然"；又表示是的，对的，认为对的，如"不以为然"，"沛公然其计，从之"（《史记·汉高祖本纪》）。作连词，表示转折，多用于书面,如"然而","然不自意能先入关破秦"(《史记·项羽本纪》)。作词尾,用于副词、形容词后,表示状态,相当于"……的样子",如"茫然","突然"。"然"被引申义专用后,本义造"燃"(加意符"火")字表示。

煦 xù　(篆)煦　小篆是会意兼形声字,从火从昫(xù,从日句声,温暖义),昫兼表声。本义是热,温暖,如"和煦的春风"。

照 zhào　(金)照　(篆)照　(隶)照　金文是形声字,左旁是手持火把的形状,右旁召声。小篆是会意兼形声字,从火(火产生光)从昭(日光明亮),昭兼表声。本义是光明照耀,如"照射"。用作名词指日光,如"夕照"。又引申为反射影像,如"照镜子","照映"。进而引申为拍照,摄影。用作名词指照片,画像。由"照耀"又引申为查对,如"对照","比照"。进而引申为知晓,如"心照不宣"。用作动词:使……知晓,如"知照","照会"。由"比照"又引申为依照,按照。又引申为依据的凭证,如"牌照","执照"。由"映照"又引申为看顾,照料。又引申为对着,向着,如"照这个方向走"。引申作副词,指按一定标准做,如"照办"。

煎 jiān　(篆)煎　(隶)煎　小篆是形声字,从火,前声。本义是一种烹饪方法,指把食物放在少量热油里,使表面变焦黄,如"煎鱼","煎饼"。引申为把东西放在水里煮,如"煎药"。煎熬:比喻焦虑,痛苦,受折磨。作量词,用于中药煎汁的次数,如"头煎","二煎"。

熬 áo āo　(金)熬　(篆)熬　金文是形声字,从火,敖(áo)声。小篆规整化。楷书写作"熬"。音 áo:本义是用文火长时间煮或煎干,如"熬药","熬汤"。引申为忍受,强撑,如"终于熬到头了","熬夜"。音 āo:指一种烹调方法,把菜放在水里煮,如"熬白菜"。

熙 xī　(篆)熙　(隶)熙　小篆是形声字,从火,巸(yí)声。隶书写作"熙"。本义是用火烤干。引申指光明,如"熙天曜日"。作动词:兴盛,如"熙隆"。又引申为和乐,如"熙怡","众人熙和"。古文又通"嬉",如嬉戏,如"臣不敢以死为熙"(《淮南子·人间》)。熙熙攘攘:指人来人往,喧闹纷杂的样子。

　　注意:"熙"左上是"巸"(yí,下巴)不是"臣"。

熏 xūn xùn　(金)熏　(篆)熏　金文是会意字,上部"屮"(chè)像火烟冒出的形状,中部像烘炉,两点表烟气,下部是火焰,合起来表示烟气蒸腾。小篆下部再加"火",从屮从黑。隶书将"屮"讹变成"千",写作"熏"。本义是火烟向上冒出。引申为用火烟熏炙食品,如"熏鱼","熏肉"。又引申为气味刺人,如"臭味熏人"。又引申指熏风(和暖的南风或东南风)。又引申指长期接触而受到影响,如"熏陶"。音 xùn:方言,指(煤气)使人窒息中毒,如"别让煤气熏着"。

熔 róng　楷书是形声字,从火,容声。本义是用高温使固体物质受热变成液体,如

"熔化","熔点"。

燕 yàn yān 　（甲）🐦 🐦 （篆）🐦 （隶）**燕** 甲骨文是象形字，像燕子
形。小篆上部是头、嘴，"口"是身体，两旁是翅膀，下部是尾巴（不是"火"）。隶书
写作"燕"。**音 yàn**：本义是鸟名，燕子。假借为"宴"，表示设宴，宴饮，如"燕享"，
"燕乐之钟磬"（《仪礼·燕礼》）。引申表示安乐，安闲，如"燕乐"，"燕安"。**音**
yān：周代诸侯国名，在今河北省北部至辽宁省西部一带，后被秦灭。

燎 liáo liǎo 　（篆）🔥 小篆是会意兼形声字，从火从寮，寮的甲骨文"🔥"，像古
代烧柴祭天的形状，此表燃烧兼表声。**音 liáo**：本义是放火延烧，如"星火燎原"。
音 liǎo：又引申为因接近火而烧焦（多用于毛发），如"燎羊毛"，"烟熏火燎"。

燥 zào 　（篆）🔥 小篆是形声字，从火，喿（zào）声。本义是干，缺少水分，如
"燥裂"，"燥热"。

爆 bào 　（篆）🔥 小篆是形声字，从火，暴声。本义是火迸（bèng）散，爆裂。引
申泛指猛然破裂或迸出，如"爆炸"，"爆破"。进而引申为突然出现或发生，如"爆
冷门"，"爆发"。又引申为鼓涨，饱绽，如"青筋爆出"。

斗部(4字)

斗¹ dǒu （甲）　（金）　（篆）　（隶）**斗**　甲骨文是象形字，像一把盛酒的长柄大勺。小篆将 ㄅ(勺)改为二斜画，失去勺子的形状。隶书将二斜画改为两点，写作"斗"。本义是长柄盛酒器。引申为量粮食的量器，如"车载斗量"。进而引申为量器单位，十升为一斗，十斗为一石(dàn)。又引申为像斗的器物，如"烟斗"、"漏斗"、"熨斗"。又引申形容小的东西大，如"斗胆包天"；或形容大的东西小，如"斗室"、"斗城"。北斗七星的排列形似斗勺，故又引申指北斗星，如"斗转星移"。现在也规范作"鬥"的简化字。

　　"斗"作为偏旁，在合体字中作意符，所从字与酒器、量器等义有关，如"料、斛、魁"；也作声符，如"抖、蚪"。

斗²(鬥、閗、鬭)dòu （甲）　（篆）　甲骨文是象形字，像两个人头发怒张举手相殴的形状。小篆文字化，但仍见出两人弯腰曲臂，奋力搏斗的形状。楷书写作"鬥"。"閗、鬭"是异体字，现在与"鬥"均借"斗"(dǒu)为简体字。本义是争斗，搏斗。引申为比赛，如"斗智斗力"，"争奇斗妍"。又引申为批判，揭露，如"斗恶霸"，"批斗"。又引申指为了一定的目标而努力，如"奋斗"。

斜 xié （篆）　小篆是形声字，从斗，余声。本义是用斗舀出，倾出。引申为不正，如"倾斜"，"斜坡"。又引申作动词：向偏离正中或正前方的方向移动，如"太阳西斜"。

斟 zhēn （篆）　小篆是形声字，从斗，甚声。本义是用斗勺舀取。引申泛指往杯子或碗里倒酒或茶，如"斟酒"，"自斟自饮"。斟酒需掌握分寸，酌量，恰好，故又引申为仔细考虑，加以取舍，如"反复斟酌"，"字斟句酌"。

户部(8字)

户(戶) hù （甲）⊟ （篆）⼾ （隶）⼾ 甲骨文是象形字,像单扇门的形状(单扇称户,双扇称门),門(门)字的一半。隶书写作"戶"。现在规范为"户",起笔是点。本义是单扇门。引申为门,如"户枢不蠹","夜不闭户"。也引申指窗户。门户之内是人家,故又引申为住户,如"家家户户","户口"。进而引申指从事某种职业的人家或人,如"猎户","个体户"。由"住户"又引申为门第,如"门当户对"。又引申为与某种机构建立正式财务往来关系的个人或团体,如"账户","开户"。

　　"户"作为偏旁,在合体字中作意符,所从字与门户有关,如"房、所、扇";也作声符,如"沪、护、炉、雇"。

　　楷书中有些字的"户"是其他字符的变形,与户的音义无关,如"肩"。

　　注意:"户"不要写成"尸"(参看"尸"字条)。

启(啟、啓) qǐ （甲）①⼾ ②⿰⼾口 ③⿰⼾口 （金）①⼾支 ②⿰⼾支 （篆）启 啟 甲骨文是会意字,①从户(单扇门)从又(手),表示用手开门;②从户从口,表示把门开了一个口;③将前两形合并。金文①从甲骨文③,②改"又"为"支"(pū,手持棍),即"啓"字。小篆有二形。楷书有"启、啓、啟"三形。规范简化为"启"。本义是开门。引申泛指打开,如"启封","某某启"(信封用语)。进而引申为开始,如"启行","启用"。又引申为开导,教导,如"启发","启示","启蒙"。又引申为陈述,如"启齿","启禀","启事"。

肩 jiān （古钵）肩 （篆）⿱⼾月 肩 古钵(銔)是会意字,下部是月(肉),其他部分是肩膀连臂膊的形状。本义是肩膀,即人臂和躯干相连的部分。引申指四足动物前腿的根部,如"羊肩"。因挑担用肩,又引申为动词:担负,如"身肩重任"。

房 fáng （篆）⿸⼾方 小篆是形声字,从户,方声。古代边室皆用单扇门,故从户。本义是正室两旁的房间。引申泛指房屋,如"书房","库房"。家族的分支住在不同处,故又引申指家族的分支,如"大房","长房","远房"。因古时妻住正室,妾住侧室,故又引申指妻妾,如"正房","偏房"。由"房屋"又引申指形状和作用像房屋的东西,如"蜂房","心房"。

扁 biǎn piān （金）⿸⼾册 （篆）扁 金文是会意字,从户从册,册是用竹简编的书,这里取写字义。音biǎn:本义是在门户上题字。引申指挂在门上或墙上题字的长方形牌子,此义后写作"匾"。因牌匾体薄,故又引申指物体的平而薄,如"扁豆","扁担"。又引申为故意看低,如"把人看扁了"。音 piān:"扁"(biǎn)的东西侧看显得窄小,故又引申为狭小,如"一叶扁舟"。

扇 shàn shān　(篆)扇　小篆是会意字,从户从羽(鸟翅膀),表示门户像鸟的羽翼一样开合。音 shàn:本义是竹或芦苇做的门。引申泛指形状像门或片状的隔挡物,如"窗扇","隔扇"。又引申指摇动生风的用具,如"扇子","电扇"。引申作量词,用于扁平物,如"一扇门","两扇窗户","一扇磨盘"。音 shān:作动词:摇动扇子或片状物体使空气流动,如"扇(shān)扇(shàn)子","扇凉"。

扉 fēi　(篆)扉　小篆是形声字,从户,非声。本义是门扇,如"柴扉"。引申指书刊封面后印着书名、著者等项的一页,如"扉页","扉画"。

雇(僱) gù　(甲)雇　(篆)雇　甲骨文是形声字,从隹(zhuī,鸟),户声。近代也作"僱"。规范简化为"雇"。本义是一种候鸟,即九雇(hù)。假借表示出钱让人为自己做事,成为常用义,如"雇用临时工","雇请厨师"。也指受雇者,如"雇农","雇员"。由"出钱雇人"又引申为出钱租赁交通工具,如"雇车","雇船"。

心（忄、㣺）部（59字）

心（忄、㣺）^{xīn}　（甲）　（金）　（篆）　（隶）

甲骨文是象形字，像心脏的形状。小篆规整化。隶书写作"心"。本义是心脏。古人认为思想由心产生，故引申指思想，情感，如"心思"，"谈心"。心脏在人体之中，故又引申为中央，中心，如"手心"，"湖心"，"核心"。

　　"心"作为偏旁，在字左写作"忄"，称为"竖心旁"，如"忆、怀"；在下部少数变形为"㣺"，称为"竖心底"，如"恭、慕"。在合体字中多作意符，所从字与心理活动、思想意识、情绪情感等义有关，如"情、性、念、怒、闷、添"；也作声符，如"芯、沁"。

忆（憶）^{yì}　楷书繁体是形声字，从忄，意声。规范简化为"忆"，"乙"表声。本义是回想，想念，如"回忆"，"追忆"。引申为记得，记住，如"记忆犹新"。

忙^{máng}　楷书是形声字，从忄，亡声。本义是内心慌急不安，如"出门看伙伴，伙伴皆惊忙"（《木兰诗》），"不慌不忙"。引申为行动急迫，紧张地做，如"匆忙"，"他在忙工作"。又引申为事情多，没空闲，如"忙碌"，"我很忙"。

忘^{wàng}　（金）　（篆）　（隶）　金文是会意兼形声字，从心从亡（失去），表示心有所失；亡兼表声。本义是不记得，如"忘记"，"过目不忘"。引申为遗失，遗漏，如"不愆不忘，率由旧章"（《诗经·大雅·假乐》。译文：不犯错，不遗失，遵循先祖的典章）。由"遗失"又引申为抛弃，如"贫贱之交不可忘"。又引申为不顾，如"忘我地工作"，"公而忘私"。

忍^{rěn}　（金）　（篆）　（隶）　金文是会意兼形声字，从心从刃，用心能容利刀表示容忍之意；刃兼表声。本义是忍耐，容忍，如"忍辱负重"，"忍让"。引申为抑制，克制，如"忍俊不禁"。进而引申为狠心，如"残忍"，"忍心"。在古诗词里，"忍"有时受到字数、节奏的限制，表达的是"不忍""岂忍"义，如"柔情似水，佳期如梦，忍顾鹊桥归路！"（秦观《鹊桥仙》）"忍看朋辈成新鬼"（鲁迅《为了忘却的记念》）。

怀（懷）^{huái}　（金）　（篆）　（隶）　金文是会意字，从衣中有罒（dà，眼流泪），即"褱（huái）"字，表示内心深藏着因思念而流泪的真情。小篆加意符"心"，成会意兼形声字，褱表意兼表声。规范简化为"怀"，会意字，"不"表示心里不忘。本义是思念,如"怀念","怀旧"。古人认为思念由心而生,故引申指胸部、胸前,如"怀抱"。进而引申为怀揣,包藏,如"怀瑾握瑜","怀胎"。又引申指胸怀,如"虚怀若谷","心怀叵测"。又引申为心意,心情,如"心怀","正中下怀"。进而引申为心里存有,如"怀恨"。由"怀念"又引申为安抚,如"怀柔","怀远以德"。

忧（憂）yōu （篆）🅰 小篆是会意字,上部頁(头,代表面部)与心合体,表示心中的忧愁反映在脸上,下部从夊(倒"止",表示慢行),以行得慢表示忧之深。规范简化为"忧",形声字,从忄,尤声。本义是发愁,担心,如"忧愤","忧虑"。引申为使人发愁的事,如"忧患","高枕无忧"。又引申特指父母的丧事,如"丁忧"。

快 kuài （篆）🅰 小篆是形声字,从忄,夬(guài)声。本义是高兴,喜悦,如"快乐","先睹为快"。引申为称心,如意,如"乘龙快婿","称心快意"。又引申为豪爽,爽直,如"爽快","心直口快"。又引申为动作迅速,与"慢"相对,如"快马加鞭","快捷"。又引申为赶紧,从速,如"快回家吧!"又引申为锋利,如"刀很快","快刀斩乱麻"。也引申为灵敏,敏捷,如"反应很快","眼明手快"。虚化为副词,相当于将要,如"快下课了"。

态（態）tài （篆）🅰 小篆是会意字,从心从能,表示内心活动必能反映到外表,即形态。规范简化为"态",形声字,从心,太声。本义是姿态,形态,如"千姿百态"。引申为状态,情况,如"事态","态势"。

忠 zhōng （金）🅰 （篆）🅰 金文是形声字,从心,中声。本义是尽心竭力,赤诚而认真,如"忠诚","忠于职守"。古代又特指忠于君主,如"忠孝不能两全"。

念 niàn （金）🅰 （篆）🅰 金文是形声字,从心,今声。本义是惦记,常常想起,如"思念","念念不忘"。引申为思考,考虑,如"顾吾念之"(《史记·廉颇蔺相如列传》)。进而引申为想法,心思,如"杂念","一念之差","万念俱灰"。由"思念"又引申为怜悯,可怜,如"念吾一身,飘然旷野"(《乐府诗集·横吹曲辞·陇头流水歌辞》),"念窦娥身首不完全"(关汉卿《窦娥冤》)。因思念常会在口中提起、叙说,故又引申为说,读,诵读,如"念叨","念书","念经"。"念"也用作"廿"(二十)的大写,如"辛未三月念六夜四鼓,意洞手书"(林觉民《与妻书》。念六夜四鼓:二十六日夜四更)。

忿 fèn （篆）🅰 小篆是形声字,从心,分声。本义是急躁,暴躁。引申为愤怒,怨恨,如"不忿","忿忿不平"。

忽 hū （金）🅰 （篆）🅰 金文是形声兼会意字,从心,勿声,勿兼表不(注意)之意。本义是不注意,不重视,如"忽视","疏忽","玩忽职守"。引申为渺茫,辽远的样子,如"平原忽兮路超远"(屈原《九歌·国殇》)。"忽"又有迅速义,如"日月忽其不淹兮"(屈原《离骚》。淹：停留)。虚化为副词，相当于很快，突然，没有料到的，如"忽然"，"忽冷忽热"，"忽闻水上琵琶声"(白居易《琵琶行》)。又指古代极小的长度单位，十忽为一丝，十丝为一毫。用以比喻细小的事物，如"夫祸患常积于忽微"(欧阳修《五代史·伶官传序》。忽微：极言细微)，"微忽其微"。

怖 bù　(篆)帲　小篆是形声字，从心，布声。本义是惶恐，惧怕，如"恐怖"。引申为恐吓，如"依托鬼神，诈怖愚民"(《后汉书·第五伦传》)。

性 xìng　(篆)忹　(隶)性　小篆是会意兼形声字，从忄从生，生兼表声。本义指人与生俱来的特质，如"人性"，"习性"。引申泛指事物本身具有的性质，如"药性"，"属性"，"性能"。又引申为生命，如"性命"。又引申为性格，脾气，如"性情"，"使性"。又引申为性别，如"男性"，"雄性"。又引申为有关生物生殖的，如"性感"，"性欲"。

怕 pà　(篆)帕　小篆是形声字，从忄，白声。原读作 bó，本义是恬淡无为，此义后写作"泊"。中古起又读 pà，假借表示畏惧，恐惧，如"害怕"，"粉身碎骨全不怕，要留清白在人间"(于谦《石灰吟》)。引申为担心，估计，猜想，如"恐怕"，"怕他太累了"，"怕是不来了"。

怜(憐) lián　(篆)憐　小篆是形声字，从忄，粦声。与"伶"原是两个字。"怜"本表示聪明，机灵，读 líng，此义后借"伶"表示。南北朝时，"怜"成了"憐"的俗字，现在规范为简化字。本义是哀怜，同情，如"怜悯"，"怜恤"。"同情"出自慈善之心，故又引申为爱，如"怜香惜玉"，"怜爱"，"可怜九月初三夜，露似真珠月似弓"(白居易《暮江吟》)。

怪(恠) guài　(篆)帅　(隶)怪　小篆是形声字，从忄，圣(kū，古方言字)声。"恠"是异体字。现在规范为"怪"。本义是奇异的，不常见的，如"怪事"，"怪模怪样"。引申作名词指奇怪的事物，如"见怪不怪"(前一个"怪")，"子不语怪、力、乱、神"(《论语·述而》)。又特指妖怪。引申作动词指奇怪，惊奇，如"大惊小怪"，"少见多怪"。由本义又引申为责怪，如"怪罪"，"错怪"。作副词，相当于很，非常，兼表语气，如"怪可怜的"，"怪不好意思的"。

注意："怪"右旁不是"圣"(shèng，繁体作"聖"，简化后同形)。

急 jí　(篆)帤　(隶)急　小篆是形声字，从心，及声。隶书的"及"变形。本义是焦躁，没有耐心，如"着急"，"焦急"。引申为迫切，要紧，如"急件"，"当务之急"。又引申为速度快，与"缓"相对，如"急速"，"急流"。

怒 nù　(篆)帥　(隶)怒　小篆是形声字，从心，奴声。本义是生气，气愤，如"怒骂"，"恼怒"。引申为气势强盛，旺盛，如"怒火"，"北风怒号"，"鲜花怒放"。

怠 dài　（篆）[篆]　（隶）[隶]　小篆是形声字，从心，台声。本义是轻慢，不恭敬，如"怠慢"。引申为懒惰，松懈，如"兵民怠而国弱"（《商君书·弱民》），"懈怠"。进而引申为疲倦，如"怠而后游于清池"（《汉书·司马相如传》），"倦怠"。

恢 huī　（篆）[篆]　小篆是形声字，从忄，灰声。本义是(心志)宽宏，如"恢然如天地之苞万物"（《荀子·非十二子》）。苞：通"包"）。引申泛指宏大，宽广，如"天网恢恢，疏而不漏"（《老子》第七十三章）。进而引申作动词：扩大，发扬，如"恢弘志士之气"（诸葛亮《出师表》）。恢复：本指扩大还原，后指失而复得，或回复原状，如"恢复失地"，"恢复健康"。

恬 tián　（篆）[篆]　小篆是形声字，从忄，甜省声(省去"甘")。本义是安静，安和，如"恬静"，"恬适"。引申为安然，坦然，满不在乎，如"恬然"，"恬不为意"，"恬不知耻"。

恰 qià　（篆）[篆]　小篆是会意兼形声字，从忄从合(相合)，合兼表声。本义是适当，合适，如"恰当"，"恰如其分"。引申为刚巧，正好，如"恰巧碰到他"，"恰似一江春水向东流"（李煜《虞美人》）。

恨 hèn　（篆）[篆]　小篆是会意兼形声字，从忄从艮(gèn，瞪眼)，艮兼表声。本义是遗憾，后悔，如"遗恨"，"抱恨终生"。引申为仇恨，怨恨，如"深仇大恨"，"长者虽有问，役夫敢申恨?"（杜甫《兵车行》）

恭 gōng　（甲）[甲]　（金）[金]　（篆）[篆]　（隶）[隶]　甲骨文是会意字，以双手捧龙表示供奉、恭敬。小篆是形声字，从心，共声。隶书写作"恭"。本义是肃敬，谦逊而有礼貌，如"毕恭毕敬"，"洗耳恭听"，"夫子温良恭俭让以得之"（《论语·学而》）。虚化为副词，表敬语，如"恭候"，"恭祝"。

恶(惡、噁) è wù ě　（篆）[篆]　（隶）[隶]　小篆是形声字，从心，亞(亚)声。规范简化为"恶"。音è：本义是极坏的行为，罪过，与"善"相对，如"罪恶"，"无恶不作"。引申为不好的，如"恶果"，"恶劣"。又引申为凶狠，如"凶恶"，"恶霸"。音wù：坏的行为令人厌恶，憎恨，故又引申为讨厌，憎恶，如"深恶痛绝"，"可恶"。音ě：用于"恶心"，表示要呕吐的感觉或使人厌恶。此义本写作"噁"，规范简化为"恶"。

恩 ēn　（篆）[篆]　小篆是形声字，从心，因声。本义是好处，德惠，如"恩惠"，"忘恩负义"。引申为感谢，如"千恩万谢"。由"恩惠"又引申为情爱，如"夫妻恩爱"。

悟 wù　（篆）[篆]　小篆是形声字，从忄，吾声。本义是理解，明白，如"领悟"。引申为觉醒，醒悟，如"执迷不悟"，"恍然大悟"。古又通"寤"(睡醒)，如"适有卧厌不悟者”（王充《论衡·问孔》。厌：做恶梦）。

悄 qiǎo qiāo　（篆）　小篆是形声字，从忄，肖声。**音 qiǎo**：本义是忧愁的样子，如“悄然落泪”，“忧心悄悄”（《诗经·邶风·柏舟》）。后引申为寂静，如“悄然无声”，“悄寂”。**音 qiāo**：用作“悄悄”，指没有声音或声音很低，不声不响地，如“静悄悄”，“悄悄地告诉我”，“他悄悄离开了”。引申为私底下说的，如“女孩子们爱说悄悄话”。

悍 hàn　（篆）　小篆是形声字，从忄，旱声。本义是勇敢，勇猛，如“强悍”，“精悍”。转为贬义，引申为凶暴，蛮横，如“悍然”，“凶悍”。

悔 huǐ　（篆）　（隶）　小篆是形声字，从忄，每声。本义是对自己做错的事感到懊恼，如“后悔”，“悔恨”，“悔过”。

悬（懸） xuán　楷书繁体是会意兼形声字，从心从縣（县，本义是悬挂，后假借表示行政区域），縣兼表声。规范简化为“悬”。本义是吊挂，如“悬吊”，“悬梯”。引申为没有着落，没有结束，如“悬案”，“悬而未决”。又引申为系连，关联，如“命悬一线”。由“关联”进而引申为牵挂，如“悬心”。由“吊挂”又引申为距离远，差别大，如“悬殊”。又引申为危险，如“好悬啊！”

患 huàn　（篆）　（隶）　小篆是形声字，从心，串声。本义是忧虑，担忧，如“患得患失”，“忧患”。引申为名词，指忧虑的事情，即灾祸，如“祸患”，“患难”。又引申为得病，如“患病”，“患者”。

悠 yōu　（篆）　（隶）　小篆是形声字，从心，攸（yōu）声。本义是忧思，如“悠哉悠哉，辗转反侧”（《诗经·周南·关雎》）。引申为遥远，长久，如“悠久”，“悠悠岁月”。进而引申为在空中摇荡，如“悠荡”，“晃悠”。又引申为闲适，闲散，如“悠闲自在”，“采菊东篱下，悠然见南山”（陶潜《饮酒》之五）。又引申为众多，如“悠悠万事”。也引申为控制，稳住，如“悠着点儿！”

情 qíng　（篆）　小篆是形声字，从忄，青声。本义是感情，如“豪情”，“深情”。引申特指爱情，如“情书”，“谈情说爱”。情爱植根于人的求偶性欲，故又引申指性欲，如“春情”，“情欲”。进而引申指动物的性欲，如“发情”。由本义又引申指人情道理，如“通情达理”，“合情合理”。又引申为私人间的情面，如“说情”，“徇情枉法”。也引申指状况，如“实情”，“国情”，“酌情办理”。

惜 xī　（篆）　小篆是形声字，从忄，昔声。本义是哀痛，哀伤，如“惜余年老而日衰兮”（贾谊《惜誓》）。引申为爱，重视，不轻易丢弃，如“惜阴”，“顾惜”，“惜墨如金”。又引申为舍不得，如“吝惜”，“依依惜别”。

惭（慚、慙） cán　（篆）　小篆是形声字，从心，斬声，即“慙”字。“慚”是

异体字。规范简化为"惭"。本义是羞愧,如"惭愧","羞惭","富者有惭色"(彭端淑《为学》)。

悼 dào （篆）憛

小篆是形声字,从忄,卓声。本义是恐惧,如"敌人之悼惧惮恐"(《吕氏春秋·论威》)。引申为悲伤,如"静言思之,躬自悼矣"(《诗经·卫风·氓》。躬自:自己)。又引申特指追念死者,如"哀悼","追悼","悼念"。悼亡:悼念亡妻,也指死了妻子(不要混同于一般的悼念死者)。

注意:"悼""掉"形音近而义异,区别在意符不同。

惕 tì （篆）惕

小篆是形声字,从忄,易声。本义是小心,戒惧,如"警惕","无日不惕,岂敢忘职?"(《左传·襄公二十二年》)

注意:"惕"右旁是"易",不要写"易"(yáng)成"惕"。

惟 wéi （篆）惟

小篆是形声字,从忄,隹(zhuī)声。本义是思考,思念,如"惟度","惟念","吾惟之,竖子固不足遣"(《汉书·张良传》)。借用作副词,相当于仅仅,只,如"惟独","惟恐","惟命是从",此义现多写作"唯"。作文言助词,常用在句首、句中,如"惟妙惟肖","非知之艰,行之惟艰"(《尚书·说命中》),此义也写作"维""唯"。

注意:"惟""唯""维"三字音同形近易混,辨析:"惟"的本义是思考,"唯"的本义是应答,"维"的本义是大绳索。三字本义不同,但在"思"义上,"惟""维"通用;在"只"义上,"惟""唯"通用。在语气词上,三字通用。

惊（驚）jīng （篆）驚

小篆是形声字,从馬(马),敬声。规范简化为"惊",从忄,京声。本义是马因害怕而不受控制地狂奔,如"马惊了"。引申泛指害怕或精神受了突然刺激而紧张不安,如"惊恐","惊慌"。进而引申为出人意料的感觉,如"惊奇","惊喜"。又引申为因外界的刺激而内心感受到震动,如"惊心动魄","恨别鸟惊心"(杜甫《春望》)。又引申为惊动,如"打草惊蛇"。又引申为使动词:使……震动,如"惊天动地"。进而引申为滚动,起,如"波澜不惊"。

悴（顇）cuì （篆）悴

小篆是形声字,从忄,卒声。"顇"是异体字。本义是忧伤,悲伤,如"人力雕残,百姓愁悴"(《晋书·凉武昭王李玄盛传》)。引申为面色黄瘦,枯萎,如"憔悴","悴容"。

惨（慘）cǎn （篆）慘

小篆是形声字,从忄,参(参 cān)声。规范简化为"惨"。本义是狠毒,凶恶,如"惨无人道","惨毒"。引申为程度严重,如"惨败","损失惨重"。又引申指因残酷事实而引发的悲痛、忧伤的感受,如"凄惨","悲惨"。又指颜色暗淡,无光彩,如"惨白"(苍白),"天惨惨而无色"(王粲《登楼赋》)。

惯（慣）guàn

楷书繁体是会意兼形声字,从忄从貫(贯,此表相沿成习),貫兼表声。规范简化为"惯"。本义是习以为常、积久成性的,如"惯例","司空见惯"。引申为纵容,放任,如"惯纵","娇惯"。

惹 rě （篆）蠶　小篆是形声字,从心,若声。本义是烦乱。因"烦乱"多来自外界的侵扰,故引申为招引,逗引,如"惹事生非","惹人笑话"。进而引申为触动,冒犯,如"这人不好惹"。又引申为沾染,染上,如"时时勤拂拭,勿使惹尘埃"(慧能《六祖坛经·自序品》)。

惠 huì （金）蠶 （篆）蠶　金文是形声字,从心,叀(zhuān)声。一说是会意字,从心从叀(古"专"字),表示专心且谨慎。本义是仁爱,如"安民则惠"(《尚书·皋陶谟》。安民:使人民安定),"故民流溺而弗救,非惠君也"(《盐铁论·忧边》)。流溺:指处于苦难中。惠君:仁爱的君主)。仁爱必体现于行动,故又引申作动词:施恩,给人以好处,如"互利互惠","平等互惠"。引申作名词,指恩惠,好处,如"实惠","小惠未遍,民弗从也"(《左传·庄公十年》)。由"仁爱"又引申为温顺,柔和,如"贤惠","惠风和畅"(王羲之《兰亭集序》)。由"仁爱"又虚化为表敬副词,表示把对方的行动当作恩惠,如"惠顾","惠临","惠赠"。古时又通"慧",表示聪明。

惑 huò （篆）蠶　小篆是形声字,从心,或声。本义是迷乱,糊涂不清,如"疑惑","四十而不惑"。引申为疑难,如"师者,所以传道授业解惑也"(韩愈《师说》)。又引申为欺骗,使人迷惑,如"蛊惑","造谣惑众"。

悲 bēi （古钵）蠶 （篆）蠶 （隶）悲　古钵是形声字,从心,非声。本义是哀痛,伤心,与"喜"相对,如"悲痛","悲喜交集"。引申为怜悯,同情,如"悲天悯人","大慈大悲"。进而引申为慨叹,叹息,如"余于仆碑,又以悲夫古书之不存"(王安石《游褒禅山记》)。

惩（懲） chéng （篆）蠶　小篆是形声字,从心,徵(zhēng)声。规范简化为"惩","征"表声。本义是警戒,如"惩前毖后"。引申为责罚,处罚,如"惩处","惩治"。

愤（憤） fèn （篆）蠶　小篆是形声字,从忄,賁(贲 bēn)声。规范简化为"愤"。本义是憋闷,郁结于心,如"不愤不启,不悱不发"(《论语·述而》)。引申为因不满而情绪激动,如"愤怒","泄愤"。发愤:自己感觉不足,努力地做。

慌 huāng huang　楷书是形声字,从忄,荒声。**音 huāng:**本义是恐惧,不安,如"惊慌","心慌意乱"。引申指行动忙乱,不沉着,如"慌张","慌乱"。**音 huang:**作补语,表示难以忍受,如"闷得慌"。

　　注意:"慌"右旁"荒",中间是声符"亡",写时不要多加一点。

惰 duò （篆）𢜫（或体）惰　小篆是形声字，从忄，隋(duò)声，即"𢜫"字；《说文》或体从忄，隋省声。现在规范为"惰"。本义是对事轻慢不恭敬。引申为懒，如"懒惰"，"惰性心理"。进而引申为不宜变化的，如"惰性气体"，"惰性金属"。

愧 kuì （篆）愧　小篆是形声字，从忄，鬼声。本义是羞惭，如"问心无愧"，"自愧不如"。

慨 kǎi （篆）慨（隶）慨　小篆是形声字，从忄，既声。隶书写作"慨"。本义是愤激，如"愤慨"。引申为叹息，叹气，如"慨叹"，"感慨"。又引申为豪爽，不吝啬，如"慷慨"，"慨然"。

愈（瘉、癒）yù （金）𢜫（篆）瘉　金文是形声字，从心，俞声。小篆从疒，俞声。"癒"是异体字。规范简化为"愈"。本义是病好了，如"痊愈"，"病愈"。引申为胜过，如"近邻愈远亲"，"美愈西施"（柳宗元《吊屈原文》）。虚化为副词，相当于更，越，如"愈加"（越发），"余闻而愈悲"（柳宗元《捕蛇者说》）。用于"愈……愈"相当于"越……越"，如"愈演愈烈"。

意 yì （篆）意（隶）意　小篆是会意兼形声字，从心从音，表示根据语言声音即能了解其人的心意；音兼表声。隶书写作"意"。本义是心思，如"意思"，"词不达意"。引申为心愿，愿望，如"中意"，"好心好意"，"称心如意"。又引申为估计，料想，如"意想不到"，"意外"。因"心思"常影响情感，流露于外表，故又引申指神情，神态，如"与君离别意，同是宦游人"（王勃《送杜少府之任蜀州》），"目似瞑，意暇甚"《聊斋志异·狼》。

愿（願）yuàn （篆）愿　小篆是形声字，从心，原声。与"願"本是两个字。"願"从页(头部)，原声，本义是大头，也表示欲望，愿望。规范简化为"愿"，二字合一字。本义是谨慎，老实。用作"願"的简化字，又表示愿望，心愿，如"事与愿违"，"如愿以偿"。引申作动词：乐意，想要，如"宁愿"，"愿意"。又引申指迷信的人对神佛许下的酬谢，如"愿心"，"还愿"。

慢 màn （篆）慢　小篆是形声字，从忄，曼声。本义是怠惰，懈怠，如"君子宽而不慢"（荀子《不苟》。宽：宽厚）。引申为态度冷淡，不重视，不恭敬，如"怠慢"，"轻慢"，"傲慢"。怠惰者往往行动不迅速，故又引申为迟缓（一说通"趖"，指走得不快），与"快"相对，如"缓慢"，"慢跑"。

毋(母)部(4字)

毋 wú （甲）☒ （金）①☒ ②☒ （篆）☒ （隶）☒ 甲骨文是象形字，像一个两手交叠跪坐的妇女(参看"女"字条)，两点表示乳房，与"母"同字。金文①同甲骨文。后假借表示禁止，于是金文②、小篆将"母"字中间两点改为一横，分化出"毋"字，成会意字，从女从一(表示禁止)。隶书写作"毋"。本义是阻拦，禁止。引申为不要，不可，如"宁缺毋滥"。又引申为不必，不用，无须，如"毋庸置疑"。又引申为不如，宁可，如"毋宁"(也作"无宁")。

"毋"与"母"同为一个部首。"毋"在合体字中作意符，所从字与品行不端有关，如"毐"(ǎi，从士从毋，指品行不端正的人)。

有些楷体字因形同或形似而归入"毋(母)"部，与"毋(母)"义无关，如"贯、毒"。

母 mǔ （甲）☒ （金）☒ （篆）☒ （隶）☒ 甲骨文是象形字，像一个两手交叠跪坐的妇女(参看"女"字条)，两点表示乳房。小篆文字化。本义是母亲。引申泛指女性长辈，如"祖母"，"伯母"。由"女性"又引申指雌性动物，如"母鸡"。母亲有养育能力，故又引申为最初的或能产生、滋养其他事物的，如"母校"，"酒母"。

"母"作为偏旁，在合体字中多作声符，如"姆、拇、鉧"；也作声符兼意符，所从字与母亲等年长妇女义有关，如"每、拇、姆"；也作意符，如"姐"(jiě，方言：母亲)。

贯(貫) guàn （甲）☒ ☒ ☒ （金）☒ ☒ ☒ （篆）☒ （隶）☒ 甲骨文是象形字，像棍或绳索穿过物体中孔形，即"毌"(guàn)字。金文或像绳穿双贝(古时贝曾作货币和高档饰品)。小篆是会意兼形声字，从毌从贝，毌兼表声。规范简化为"贯"。本义是穿钱贝的绳索，即钱串，如"京师之钱累巨万，贯朽而不可校"(《史记·平准书》。校：数)。钱串满了，称作"贯盈"，故有"恶贯满盈"、"罪恶贯盈"之成语。由"线穿钱贝"引申作动词：贯穿，贯通。进而引申为抽象意义的贯通，即通晓，如"学贯中西"，"融会贯通"。又引申指世代居住的地方，如"籍贯"、"乡贯"。用作量词，旧时一千文(钱)为一贯，如"十五贯"，"万贯家产"。

注意："贯"上部"毌"是四笔，其笔顺和笔意是：竖折、横折(两笔构成物体形)、竖(物体的孔)、长横(穿过物体的绳)。

毒 dú （篆）☒ （隶）☒ 小篆是形声字，从屮(chè，草木初生)，毐(ǎi)声。

隶书写作"毒"。本义是毒草。引申为有害的物质,如"毒品","毒气"。又引申指用毒物使人或动物死亡,如"毒杀","毒死"。进而引申为残酷,凶狠,如"狠毒","心狠手毒"。又引申指对思想意识有害的东西,如"封建余毒"。

示(礻)部(15字)

示(礻) shì　(甲)①　②　(篆)　(隶)

甲骨文是象形字,①像祭祀用的供桌或祭台,上面可放置祭品;②加短横或加小点表示祭撒之物。古人认为神能给人们带来祸福,故常祭祀天神、地祇和先祖,以求显示神灵,指示凶吉。小篆将下面的点变成两长笔。本义是神主祭台。引申为上天显示的某种征象,垂示凶吉。又引申泛指把事物拿出来或指出来使别人知道,如"国之利器不可以示人"(《老子》第三十六章),"显示","指示"。

　　"示"作为偏旁,在字左时写作"礻",如"祝、福"。在合体字中主要作意符,所从字与鬼神、祭祀、宗庙、礼仪、祈福等义有关,如"祥、祀、社、祈、祭";也作意符兼声符,如"视";也作声符,如"祁、奈"。

　　楷书中有少数字的"示"是其他字符的变形,与"示"的音义无关,如"票"。

礼(禮) lǐ　(甲)　(金)　(篆)禮　(隶)礼　甲骨文是象形字,像豆(高脚盘)上呈放着玉串的形状,表示把最贵重的东西奉献给神灵,即"豊(lǐ)"字。小篆是会意兼形声字,示表祭祀,豊表礼器兼表声。"礼"是异体字,现在规范为"礼"。本义是举行仪礼,祭神求福。引申为社会共同遵守的仪式,如"婚礼","典礼"。又引申为表示尊敬的态度、言行,如"礼貌","敬礼"。还引申为礼物,如"一份大礼","献礼"。

社 shè　(甲)　(诅楚文)社　(篆)社　甲骨文是象形字,像土块的形状,与"土"字同形。诅楚文加意符"示",表示与祭祀有关,成会意字。本义是土地之神。引申指祭祀土地神,祈祷丰收的日子,如"社日"(祭祀土神的节日,分为春秋两次),"箫鼓追随春社近"(陆游《游山西村》。春社:春分前后的社日)。也引申指祭祀土地神的活动,如"社戏"(祭祀土地神所演出的戏),"社火"(节日里举行的集体游艺活动)。进而引申指祭祀土地神的地方,如"社庙","社宫","社鼠城狐"。由"祭祀的地方"又引申指古代地方区域,二十五家或方六里为"社"。进而引申指某种共同工作或生活的集体性组织或机构,如"结社","合作社","新华社"。社稷:本指土地神与五谷神。我国古代以农业为立国之本,诸侯帝王都祭祀社稷以祈求丰年。立国者必立社稷,后来"社稷"就成为国家的代称。

视(視) shì　(甲)　(篆)視　甲骨文是会意兼形声字,从示(显示)从目,示兼表声。小篆改"目"为"見",规范简化为"视"。本义是看,如"注视","视野"。

引申为观察,察看,如"视察","巡视"。又引申为看待,对待,如"重视","等闲视之"。

注意:"视""见"义近,都有看的意思。辨析:"视"指看的动作,"见"表看的结果,如"视而不见"。

祈 qí （篆）祈　小篆是形声字,从示(神),斤声。本义是向上天或神灵祷告求福,如"祈祷","祈年"。引申为请求,希望,如"祈求","敬祈赐教"。

祖 zǔ （甲）① ② （金）祖 （篆）祖　甲骨文①是象形字,像祭祀用的礼器;一说像祖先牌位的形状;另一说像男性生殖器形。是"俎""祖"的初文。②加意符"示",表示与祭祀、宗庙有关,成会意兼形声字,且表意兼表声。金文从甲骨文②。本义是供奉和祭祀祖先的宗庙,如"左祖右社"。引申指父母的上一辈,如"祖父","外祖母"。进而引申为先代,如"祖宗","祖制"。先祖是人的开始,故又引申为起始,初始,如"浮游乎万物之祖"(《庄子·山木》)。还引申指事业或学派的创始人,如"祖师","开山鼻祖"。

神 shén （甲） （金）示 （篆）禑 （隶）神　甲骨文是象形字,与表示闪电的"申"同字。金文加意符"示",表示上天垂象,成会意兼形声字,申表意兼表声。小篆文字化。隶书写作"神"。本义是天神。引申泛指鬼神,神灵。又引申为精神,如"凝神","劳神"。由"天神"又引申为奇异的,不可思议的,如"神奇","神效"。

祝 zhù （甲） （金）禂 （篆）祝　甲骨文是会意字,从示(表神主),右旁像一人跪在神主前张口祷告的形状。本义是祭祀时主持祷告的人,即庙祝。引申用作动词,表示祷告,向鬼神求福,如"祭祀必祝"(《战国策·赵策》),"望空代祝"(《聊斋志异·促织》)。进而引申表示美好祝愿,如"祝寿","祝你健康"。

祠 cí （甲）祠 （金）祠 （篆）祠　甲骨文是会意兼形声字,从示(祭祀)从司(掌握,主持),司兼表声。本义是春祭,祭祀的名称(春曰祠,夏曰禴,秋曰尝,冬曰蒸)。引申作动词:祭祀,如"祠求","祠后土"(《汉书·元帝纪》。后土:土地神)。又引申指供奉鬼神、祖先或先贤的庙堂,如"宗祠","祠堂","武侯祠"。

祟 suì （篆）祟　小篆是会意兼形声字,从示(与鬼神有关)从出,会意鬼魅出来作怪;出(古音 chuī)兼表声。本义是鬼神制造的灾祸。引申指行动诡密,不正当,如"鬼鬼祟祟","作祟"(暗中做坏事)。

注意:"祟""崇"形近易混,辨析:"祟"上部是"出";"崇"上部是山,宗声,指山岭高大。

祥 xiáng （甲）祥 （篆）祥　甲骨文是形声字,从示(表神所示的征兆),羊声。小篆文字化。本义是有关凶吉的征兆,如"是何祥也,吉凶焉在?"(《左传·僖公十六年》)。何祥也：是吉的预兆，还是凶的预兆？)引申指吉兆。由吉兆又引申为吉利，如"祥瑞"，"弃德不祥"(《左传·僖公三年》)。进而引申为和善，友善，如"慈祥"，"面容祥和"。

祭 jì zhài　(金)　(篆)　金文是会意字，左上部是月(牲肉)，右上部是又(手)，下部是示(祭桌)，表示以手持肉献于祭桌上祭祀神灵。**音 jì**：本义是供奉鬼神或祖先，如"祭神"，"祭祖"。引申指对死者表示追悼、敬意的仪式，如"公祭"，"祭奠"。由"祭祀"又引申指施放法宝，如《封神演义》写了众多神魔祭宝斗法的故事"。**音 zhài**：用作姓。

禁 jìn jīn　(篆)　小篆是形声字，从示(与祸福凶吉有关)，林声。**音 jìn**：本义是避忌，忌讳，如"禁忌"。"避忌"则不许去做，故引申为禁止，制止，如"禁烟"，"禁赌"。又引申指法令或习俗不允许的事，如"令行禁止"，"犯禁"。又引申指把人关起来禁止行动，如"囚禁"，"监禁"。旧时也指帝王的住处，如"紫禁城"，"禁中"。进而引申为不能进入的地方，如"禁地"。**音 jīn**：指承受，耐久，如"禁受"，"弱不禁风"，"禁穿耐用"。进而引申为忍，如"情不自禁"。

禄(祿) lù　(篆)　小篆是形声兼会意字，从示，录声，录的甲骨文像辘轳汲水之形，此兼表福泽之意。现在规范为"禄"。本义是福气，福运，如"儿已薄禄相"(《玉台新咏·古诗为焦仲卿妻作》)。引申为古代官吏的俸给，如"俸禄"，"禄蠹"(窃食官俸的蛀虫，喻指贪求官位俸禄的人)。

福 fú　(甲)　(金)　(篆)　甲骨文是会意兼形声字，从示(表神主)从畐(fú，酒坛)，表示以酒祭神，祈求幸福；畐兼表声。本义是保佑，赐福，如"必受其福"(《礼记·祭统》。福：佑)，"小信未孚，神弗福也"(《左传·庄公十年》)，"福佑"。引申用作名词：幸福，福分，与"祸"相对，如"祸兮福之所倚，福兮祸之所伏"(《老子》第五十八章)。进而引申指好事，幸运的事，如"福无双降，祸不单行"。与"闽"同用作福建省的简称，如"福橘"。

甘部(2字)

甘 gān　（甲）目　（金）目　（篆）目　（隶）甘　甲骨文是指事字，从口，短横是指事符号，表示含有甜美的食物。是"甜"的初文。隶书写作"甘"。本义是甜，如"甘泉"，"甘苦"。引申为味美，如"食不甘味"。进而引申为美好，如"久旱逢甘露"。由于人们喜爱美好的事物，故又引申为乐意，情愿，如"甘愿"，"不甘落后"。

　　"甘"作为偏旁，在构字中多作声符，如"邯、柑、泔"；也作意符，所从字与甜、美味等义有关，如"某、香、甜"；也作意符兼声符，如"酣"。

某 mǒu　（金）　（篆）　金文是会意字，从木从甘，表示树上结有梅子。梅子酸甜，故从甘。本义是酸梅。后假借作代词，主要指代不确定者，如"赵某"，"某人某日"；或指代不明说出的已知者，如"某氏"，"某领导"，"某部门"。也指代自己，如"臣某"，"某启"，"我张某……"。

石部（19字）

石 shí dàn 　（甲）⌷　（金）⌷　（篆）⌷　（隶）⌷　甲骨文是象形字，像厂（hǎn，山崖）下⌷（石块）的形状。隶书写作"石"。**音 shí**：本义是山石。引申泛指一般的石头，如"鹅卵石"，"砂石"。又引申指石刻，如"金石"。石头坚硬，故又引申指硬，坚固，如"坚如磐石"。石头被敲击能发出声音，因此古人选择石料制成磬类乐器，使成为"金、石、土、革、丝、木、匏、竹"八音之一。在古代又借作量词：容量单位，一石为十斗；重量单位，"三十斤为钧，四钧为石"（《汉书·律历志》，即一石等于一百二十斤）。**音 dàn**：现在作容量单位，一石为十斗，此义在古书中仍读 shí（《汉语正音词典》）。

　　"石"作为偏旁，在合体字中多作意符，所从字与石头、石制品、坚硬等义有关，如"矿、码、碑、泵、硬"；也作声符，如"拓、妬、硕"。

研 yán yàn 　（篆）⌷　（隶）⌷　小篆是形声字，从石，开（jiān，又读 qiān）声。隶变后楷书改"开"为"开"写作"研"。**音 yán**：本义是细磨，如"研磨"，"研药"，"研墨"。因"细磨"是一个逐步加工的过程，故引申指抽象意义的反复分析琢磨，逐步深入探求，如"研究"，"钻研"。**音 yàn**：由"细磨"又引申指研墨的文具，古代通"砚"（yàn），如"大丈夫……安能久事笔研间乎？"（《后汉书·班超传》）

砚 yàn 　楷书是形声字，从石，见声。本写作"研"，后写作"砚"（参看"研"字条）。本义是砚台，研墨的文具，如"笔墨纸砚"。引申指制作砚台，如"其壁曰龙壁，其下多秀石，可砚"（柳宗元《柳州山水近治可游者记》）。旧时同学间常共用笔砚，又引申指同学关系，如"砚兄"，"同砚"（同学），"砚友"。

砍 kǎn 　楷书是形声字，从石，欠声。本义是用刀斧等用力剁、劈，如"砍柴"，"砍伐"。

砸 zá 　楷书是形声字，从石，匝（zā）声。本义是用力击、捣，如"砸烂"，"砸核桃"。引申为打坏，打破，如"杯子砸了"。方言用于比喻事情办失败了，如"事情办砸了"，"戏演砸了"。

础（礎）chǔ 　（篆）⌷　小篆是形声字，从石，楚声。规范简化为"础"，"出"表声。本义是垫在房柱底下的石墩，如"础石"，"月润而风，础润而雨"。引申指事物的根基，如"基础知识"。

破 pò （篆）𥒦　小篆是形声字,从石,皮声。本义是石头碎裂,不完整。引申泛指损坏,破碎,如"衣服破了"。进而引申为残破的,如"国破山河在"(杜甫《春望》)。又引申为不好的,如"那人是个破货"。由"损坏"又引申作动词:使……破损,如"破坏","破釜沉舟","钟子期死,伯牙破琴绝弦"(《吕氏春秋·本味》)。又引申指军事上的攻克,打败敌人,如"攻破堡垒","大破敌军"。又引申指超出原限制,如"破例","破格"。又引申为使真相显露,揭穿,如"破案","一语道破"。又引申指把整的换成零的,如"把这十元破成零钱"。又引申为花费,耗费,如"破费","破财"。

硕(碩) shuò　（金）碩 （篆）𥐻　金文是形声字,从頁(页 xié,人头部),石声。小篆规整化。规范简化为"硕"。本义是头大。引申泛指大,如"硕鼠","丰硕","硕果"。硕士:当今主要指比学士学位高一级的学位,古代则指贤能博学之士,如"当今内自京师,外至岩野,宿师硕士,杰立相望"(曾巩《与杜相公书》)。

硬 yìng　楷书是形声字,从石,更声。本义是石头坚硬,与"软"相对。引申指性格刚强,意志坚定,如"硬骨头","说话强硬"。进而引申为不可改变的,如"硬性规定"。又引申为执拗地,固执地,如"她硬是要去","他硬不承认"。又引申为勉强,如"硬撑着","生拉硬扯"。

确(確) què　（篆）𥕲　小篆是会意兼形声字,从石从角(表坚硬),角兼表声。"确""確"本是两个字。"確"原写作"碻""塙"(本义是坚固,刚强)。规范简化为"确"。本义是土地多石而贫瘠。引申为坚硬。又引申为真实,可靠,如"确实","确凿"。又引申为坚定,固定,如"确信","确定"。

碑 bēi　（篆）𥓓　小篆是形声字,从石,卑声。本义是竖石。引申为刻有文字或图画,竖立起来作为纪念物或标记的建筑,多用石制,如"墓碑","里程碑"。进而引申指碑文,文体的一种,如"碑拓(tà)"。

碎 suì　（篆）𥖄　小篆是形声字,从石,卒声。本义是完整的东西破裂成小片、小块或渣,如"破碎","杯子摔碎了"。引申为零星,不完整,如"碎屑","琐碎"。又引申比喻说话絮叨,如"碎嘴","闲言碎语"。

碰(拼) pèng　楷书初写作"拼",从手,并声。后俗作"碰",形声兼会意字,从石从並(并 bìng,表相并),並兼表声。现在规范为"碰"。本义是相触或相撞,如"轻轻碰了一下","头被碰破了"。引申为相遇,如"碰面"。又引申为试探,如"碰碰运气"。

碗(盌、椀) wǎn　（篆）𥂙　小篆是会意兼形声字,从皿从夗(wān),皿表示碗属于器皿,夗表圆曲(碗多是圆形);夗兼表声。"椀""碗"是异体字,都是会意兼形声字,"椀"从木表示木制,"碗"从石表示石制或陶制如石;宛(wǎn)表弯曲意,兼表声。现在规范为"碗"。本义是一种口大底小的圆形敞口食器。引申指像碗的东西,如"轴碗儿"。又作量词,用于以碗计量,如"一大碗粥","三碗小米"。

碌 lù liù （篆)𥖅 小篆是形声字,从石,录声。音 lù:一般叠用作"碌碌",本义是石头多的样子。石头多则普通而杂乱,引申为平凡,平庸无能,繁忙,如"庸碌","碌碌无为","忙碌"。又引申指事物繁杂,辛辛苦苦的样子,如"劳碌","碌碌半生"。音 liù:碌碡(liù zhóu),联绵词,一种农具名,也叫石磙,用于碾谷、平场地。

碧 bì （篆)碧 小篆是会意兼形声字,从珀从石,会意像琥珀一样的青绿色的玉石;珀兼表声。本义是青绿色玉石,如"碧玉"。引申为青绿色,如"碧草","金碧辉煌","碧水东流至此回"(李白《望天门山》)。

磕 kē （篆)𥕐 小篆是形声字,从石,盍(hé)声。本义是象声词,石头撞击声。引申为撞击,如"磕碰","碗磕破了","磕头"。

磊 lěi （篆)𥔻 小篆是会意字,从三石,"三"表示多。本义是众石累积的样子,如"磊磊"。引申指众多而错杂的样子,如"磊落"。"磊落"又因错落分明而引申比喻心地光明坦白,如"光明磊落"。由"众石累积"又引申为高大巍峨,如"磊嵬"。

碾 niǎn 楷书是形声字,从石,展声。本义是用于磙压或研磨的工具,即碾子。引申作动词,指碾轧,研磨,如"碾米","碾碎盐粒"。

龙（龍）部（3字）

龙（龍）lóng　（甲）**竹**　**爰**（金）**爰**（篆）**龍**（隶）**龍**　甲骨文是象形字，像一条头尾腹背完整的龙的形状。小篆繁化，并将龙的身首分开。隶书写作"龍"。规范简化为"龙"，由草书楷化而来。本义是我国古代传说的一种能兴风作雨的神异动物，是华夏民族的图腾。引申指封建君王，如"龙颜大悦"，"龙体欠安"。也引申指君王所用之物，如"龙袍"。又引申比喻英雄才俊，如"诸葛孔明者，卧龙也"（《三国志·蜀志·诸葛亮传》）。又引申指像龙的东西，如"龙卷风"，"火龙"，"车水马龙"。又引申指一些大型爬行动物，如"恐龙"。又用作十二生肖之一。

　　"龙"作为偏旁，在合体字中多作声符，如"拢、垄、聋、龚"；也作意符，所从字与龙、大等义有关，如"龛、庞"。

垄（壠、壟）lǒng　（篆）**壠**　小篆是形声字，从土，龍（龙）声。"壟"是异体字。规范简化为"垄"。本义是坟冢。引申泛指高丘，高坡，如"封比干之丘垄"（《楚辞·东方朔·七谏沉江》）。又引申为田埂，农作物的行（háng），如"田垄"，"垄沟"。又引申为像垄的东西，如"瓦垄"。垄断：原指独立的高地，如"必求垄断而登之，以左右望而网市利"（《孟子·公孙丑下》）。译文：必定会找集市的高地登上去，左右张望以寻求能获取高利的货物进行交易）。引申为独占，把持，如"垄断行业"。

聋（聾）lóng　（甲）**螁**（金）**龍**（篆）**聾**　甲骨文是形声字，从耳，龍（龙）声。小篆为上下结构。规范简化为"聋"。本义是听觉丧失，如"聋哑人"。引申为愚昧，不明事理，如"振聋发聩"（比喻唤醒糊涂麻木的人）。

业部（1字）

业（業）yè （金）🀇 （篆）🀇 （隶）業 金文是象形字，从丵（zhuó，锯齿状）从巾（像装饰板）。隶书写作"業"。规范简化为"业"。本义是古代乐器架上刻有锯齿的大木板，用以悬挂钟、磬等。大板上刻锯齿要谨慎，故引申为谨慎，如"兢兢业业"。后假借表示书册的夹板，引申为学习的功课、知识，如"学业"，"授业"，"毕业"。进而引申为工作，事务，事业，如"业务"，"职业"，"专业"，"农业"。再引申为财产，如"产业"，"业主"。作副词，相当于已经，如"业已"。

"业"作为偏旁，在合体字中作声符，如"邺"。

目部（16字）

目 mù （甲）[图] [图] [图] （金）[图] （篆）[图] （隶）[图]
甲骨文是象形字，像人眼睛的形状，有的突出了眼珠。小篆将眼形竖写，眼珠线条变为中间两横。本义是人眼睛，如"目瞪口呆"，"举目远眺"。引申为亲眼（看见），如"目睹"，"目击"。又引申为网眼，如"纲举目张"（纲：提网的总绳）。又引申为题目（题：额头），头目。进而引申为条目，目录。由"眼睛"又引申作动词：看，如"令人侧目"，"一目了然"。

　　"目"作为偏旁，在字上或中间时，有的写作"罒"，如"蜀、德"。在合体字中作意符，所从字与眼睛、眼的动作等义有关，如"盯、眠、見（见）、頁（页）、泪、相、直、德、瞥"；也作声符，如"苜、钼"。

盲 máng （篆）[图] 小篆是形声兼会意字，从目，亡声，亡兼表无目之意。本义是眼瞎，失明。引申指不能辨认某种事物，如"色盲"，"文盲"。

盼 pàn （篆）[图] 小篆是会意兼形声字，从目从分，分兼表声。本义是眼睛白黑分明，如"美目盼兮"（《诗经·卫风·硕人》）。引申为看，如"左顾右盼"，"顾盼生姿"。进而引申为企望，如"切盼"。

眨 zhǎ （篆）[图] 小篆是形声字，从目，乏声。本义是眨眼，即眼睛快速地一闭一开。

看 kàn kān 楷书是会意字，从手（手）在目上，表示远望。音 kàn：本义是远望。引申为使视线接触人或物，如"看着我的眼睛"，"看书"，"看戏"。进而引申为看待，如"刮目相看"。又引申为估量，如"看来此事不好办"。由"远望"又引申为探望，访问，如"看望病人"，"看朋友"。音 kān：由"视线接触"又引申为守护照料，如"看门人"，"看管机器"。又引申为监视，看押，如"看犯人"。

眉 méi （甲）[图] [图] （金）[图] （篆）[图] 甲骨文是象形字，像眼睛上的眉毛形。小篆文字化。本义是眉毛。引申指书页上方的空白，如"书眉"，"眉批"。

眼 yǎn （篆）[图] 小篆是会意兼形声字，从目从艮（gèn，怒目而视），艮兼表声。本义是瞪视，如"以牙还牙，以眼还眼"。引申为眼珠。进而引申为眼睛。再引申为洞,孔,如"泉眼","针眼"。又引申指关键之处,如"节骨眼儿"。作量词,用于井、窑洞,如"两眼机井","一眼窑洞"。

眷 juàn　(篆)**眷**　小篆是形声字,从目,龹(juàn)声。本义是回头看。引申为爱恋,思念,如"眷念","眷顾"。又引申为亲属,如"眷属","亲眷"。

督 dū　(篆)**督**　小篆是形声字,从目,叔声。本义是察视。引申为督责,督导,监督,督促。进而引申指古代将官名称,如"都督","总督"。

睛 jīng　楷书是形声字,从目,青声。本义是眼珠,如"画龙点睛","目不转睛"。引申为眼睛,如"那行者睁睛看处,真个的背在身上"(《西游记》第三十八回)。

睹(覩) dǔ　(篆)**睹**　(古文)**覩**　小篆是形声字,从目,者(zhū,古音)声。"覩"是异体字。现在规范为"睹"。本义是见,看见,如"耳闻目睹","睹物思人"。

睦 mù　(篆)**睦**　小篆是形声字,从目,坴(lù)声。本义是目顺。由彼此看着顺眼引申为亲近,亲和,如"和睦","睦邻"。

睡 shuì　(篆)**睡**　小篆是形声兼会意字,从目,垂声,垂兼表坐着睡觉时眼皮下垂之意。本义是坐着打瞌睡。后引申为躺着睡觉。

瞎 xiā　楷书是会意兼形声字,从目从害,表示眼睛受到伤害则失明;害兼表声。本义是一目失明。引申为双目失明,失去视力,如"瞎子"。进而引申为不识字,如"睁眼瞎"。又引申指盲目地,没有根据地乱说,如"瞎说","瞎扯"。

瞭 liǎo liào　楷书是形声字,从目,寮(liáo)声。音 liǎo:本义是眼珠明亮。引申为明了,清晰,此义后用同音替代法简化为"了",如"明了","了如指掌"。音 liào:由"眼珠明亮"又引申指向远处看,字不简化,如"瞭望"。

　　注意:"瞭"字现仅用于"远望"义,其他义都用"了"。

瞩 zhǔ　楷书是会意兼形声字,从目从属(归属),表示目光归到某一点;属兼表声。本义是注视,如"瞩目","高瞻远瞩"。

田部（10字）

田 tián　（甲）田曲曲　（金）田田　（篆）田　（隶）田　甲骨文是象形字，像围猎时的区划，或像阡陌纵横的田地，其中的田块多少不等。金文写作四块。隶书写作"田"。本义是田猎，打猎。此义后写作"畋"。又指耕种的土地，如"四海无闲田，农夫犹饿死"（李绅《悯农二首》之一）。引申作动词：耕种土地，此义后写作"佃"。体育中有些项目如跳远、跳高、铅球，因在一定的场地里比赛，故称"田赛"。

　　"田"作为偏旁，在合体字中多作意符，所从字与田猎、田地、农业生产等义有关，如"亩、男、界、畔、畦"；也作意符兼声符，如"佃、畋、甸"；也作声符，如"钿"。

　　楷书中有些字的"田"是其他字形的变形，与"田"的音义无关，如"思、胃、畏、冀"。

男 nán　（甲）畇　（金）甽　（篆）畧　（隶）男　甲骨文是会意字，从田从力（lěi，古代农具"耒"形，也是"力"字），表示耕作于田中。小篆下部写作"力"。隶书写作"男"。农耕主要是男子的事，故本义是男子。引申为男性，如"男友"，"男老师"。进而引申为儿子，如"长男"，"一男附书至，二男新战死"（杜甫《石壕吏》）。又指古代五等爵位（公、侯、伯、子、男）的第五等，即男爵。

畏 wèi　（甲）畁畁畁　（金）畁（古文）畁　（篆）畁　（隶）畏　甲骨文是象形字，像人头戴鬼面具，手执刀或仗或树枝，表示使人惧怕。《说文》古文是鬼头虎爪形，也表示可怕。小篆的刀爪变形，形义关系不明显了。隶书写作"畏"。本义是害怕，如"畏惧"，"望而生畏"。引申为敬服，佩服，如"敬畏"，"后生可畏"。

胃 wèi　（金）胃　（篆）胃　（隶）胃　金文是象形字，上部像胃的形状，小点表示所吃的食物，下部是肉。小篆规整化，上部从囟（胃形），下部从月（肉）。隶书将上部讹变作"田"。本义是人或动物的主要消化器官。古文也通"谓"。又指星宿名，二十八宿之一。

界 jiè　（篆）畍　（隶）界　小篆是形声兼会意字，从田（地域）从介（间隔），介兼表声。隶书写作上下结构。本义是边垂，边境。引申指一定的限度或范围，如"境界"，"租界"。进而引申指某一特殊的境域，如"神仙下界"。由"一定的限度或范围"又引申为职业、工作或性别等相同的一些社会成员的总体,如"新闻界","各界"。

思 sī （篆）😖 （隶）😖　小篆是会意字,从心从囟(xìn,脑门),古人认为心脑合作产生思想。隶书将"囟"讹变为"田"。本义是考虑,动脑筋,如"思索","思维"。由考虑的过程引申为思路,如"构思"。又引申为想念,挂念,如"思念","低头思故乡"(李白《静夜思》)。又引申为心情,如"思绪","愁思"。

畜 chù xù （甲）😖 （金）😖 （篆）畜　甲骨文是会意字,上部是糸(mì),即绳索,表示牵引,下面像喘气的牛鼻的形状。牛鼻被绳索牵着,表明是已被人类驯养的家畜。金文下部讹变为"田"。小篆上部又讹变为"玄"。音chù:本义是家畜,古代以马牛羊鸡犬豕为六畜,如"牲畜","六畜兴旺"。音xù:引申作动词:饲养,蓄养,如"畜产","畜牧"。又引申为积储,积聚,此义后写作"蓄",如"积蓄"。

略 （畧）lüè （篆）略　小篆是形声字,从田,各声。"畧"是异体字。现在规范为"略"。本义是经营土地,划定疆界。引申为巡视,巡行,如"略阵"(巡视阵地)。进而引申指进入异域抢劫,夺取(多指土地),通"掠",如"侵略","略取"。由"经营土地"又引申为谋划,计谋,如"策略","方略","雄才大略"。又引申为概要,梗概,如"史略","要略"。进而引申为简单(与"详"相对),如"大略","简略"。也引申为稍微,一点点,如"略微","略有所闻"。

累 （纍、絫）léi lěi lèi （篆）①纍 ②絫　小篆有两形,均是会意兼形声字,①从糸(mì)从畾(léi),畾有雷声连续之义,合起来表示丝线连缀拧成的绳索;②从糸从厽(lěi),厽指垒土块成墙,合起来表示堆积;畾、厽兼表声。楷书分别写作"纍""絫"。均规范简化为"累"。音léi:本义是丝绳,如"累绁"(绑罪犯的绳索)。引申为捆绑,拘系,如"累囚"。又引申指连缀成串,如"硕果累累"。又引申为多余,如"累赘"。"绳索"义后写作"缧"。音lěi:表示重叠,堆积,如"日积月累"。引申为增加,如"累进"。音lèi:事物积累多了就成了负担,故引申为连累,拖累。进而引申为疲乏,如"劳累"。

畸 jī （篆）畸　小篆是形声字,从田,奇声。本义是残田,即零散的不规则的田地。引申为不规则,不正常的,如"畸形","畸变"。"不规则"则有所偏倚,又引申为偏,斜,如"畸轻畸重"。由"残田"又引申为零星,剩余,如"畸数","畸零"。

罒部(8字)

罒 wǎng （甲）〖图〗〖图〗 （金）〖图〗 （篆）〖图〗 （或体）①〖图〗②〖图〗 甲骨文是象形字,像一张捕鱼捉鸟兽的网。金文简化。小篆写作"网";小篆或体①加声旁"亡"写作"罔",②再加意符"糸"写作"網"。规范简化仍为"网"。本义是用绳线等编织成的捕猎器具,如"渔网","罗网"(详参"网"字条)。

"罒"是"网"作偏旁时在字上部的写法,如"罗、罪",习惯上称为"罗字头""扁四头"。另有"六、门"等写法,如"罕、冈(冈)"。在字右则仍写作"网"或"罔",如"蜩、辋"。

"罒"在合体字中多作意符,所从字与网、网的作用或罪罚等义有关,如"罢、署、罩、罚";也作意符兼声符,如"網(网)、辋";也作声符,如"罡、冈(冈)、惘"。

楷书中有些字的"罒"是其他字符的变形,与"网"的音义无关,如"蜀、罴"。

罗 (羅) luó （甲）〖图〗 （篆）〖图〗 （隶）**羅 羅** 甲骨文是会意字,从网从隹(zhuī,鸟),表示用网捕鸟。小篆加意符"糸",表示是丝织网。隶书写作"羅"。规范简化为"罗","夕"是记号。本义是以网捕鸟,如"门可罗雀"。作名词也指捕鸟的网,如"罗网"。引申为招请,搜求,囊括,如"罗致","网罗","包罗万象"。由"布下罗网"又引申为排列,分布,如"星罗棋布","鹰犬罗后"(马中锡《中山狼传》)。又引申为轻软有纹眼的丝织品,如"罗绮","罗扇"。由"罗网"又引申指密孔筛子,如"铜丝罗"。进而引申为用罗筛东西,如"罗面"。作量词,用于商业,十二打为一罗。

罚 (罰、罸) fá （金）〖图〗 （篆）〖图〗 金文是会意字,从刀从詈(lì,骂人),表示持刀骂人,虽未用刀伤人,也应受罚。古时犯罪重者为刑,轻者为罚。"罸"是异体字。规范简化为"罚"。本义是过错,罪过。引申为惩治,处分,如"责罚","赏罚分明"。

置 zhì （篆）〖图〗 小篆是形声兼会意字,从网(法网),直声,直兼表搁放之意。本义是赦免,释放。由"释放"引申为放弃,不过问,如"漠然置之","弃置"。又引申为摆,放,搁,如"放置","置身","置若罔闻"。进而引申为设立,装设,如"设置","装置","布置"。又引申为购买,如"添置","购置"。

罪 (辠) zuì （篆）〖图〗 小篆本是形声字,从网,非声。本义是捕鱼网。犯罪的

"罪"本写作"辠",从自(鼻子)从辛(刑刀),表示罪人皱着鼻子,感到痛苦忧伤;一说是割鼻子的一种刑法。据说秦始皇因"辠"形像"皇"字而改作"罪",成会意字,指为非作歹者应受法网(罒)制裁。本义是作恶或犯法的行为,如"罪恶","罪行"。引申为过失,错误,如"归罪于人"。又引申为刑法,如"畏罪","请罪"。受惩罚是痛苦的,故又引申为苦难,痛苦,如"受罪"。

罩 zhào （篆）　小篆是形声字,从网,卓声。本义是捕鱼的竹笼。引申指覆盖物体的东西,如"灯罩","口罩"。又引申作动词:覆盖,套在外面,如"笼罩","罩衣"。又引申为养家禽的竹笼子,如"鸡罩"。

蜀 shǔ （甲）（金）（篆）（隶）　甲骨文是象形字,像大眼蜷身的幼虫形。金文为强化字义,在下部再加"虫"旁。本义是蛾蝶类的幼虫,也指蚕。四川成都一带自古桑蚕业发达,于是"蜀"渐成为这一地区的族名、国名、郡名,如"蜀国","蜀地","蜀郡"。也作四川省的别称。后本义造"蠋"(zhú,再加意符"虫")字表示。

羁（羈、羇）jī （篆）　小篆是会意字,从网从革(皮革)从绊着腿的马。楷书繁体将马的腿绊省略为"羈"。"羇"是异体字。规范简化为"羁"。本义是马笼头,如"白马饰金羁"(曹植《白马篇》)。因马笼头是束缚马的,故引申为拘束,如"羁绊","落拓不羁"。进而引申为拘禁,如"羁管","羁押"。由"马被束缚"又引申指停留外地,难以返乡,如"羁旅"。

皿部(13字)

皿 mǐn （甲）V̌ V̌ （金）V̌ （篆）Ⅲ （隶）皿 甲骨文是象形字,像带底座的饮食容器的形状。小篆突出了底座部分。隶书写作"皿"。本义是器皿。引申泛指碗、碟、杯、盘之类的饮食用具。

"皿"作为偏旁,在合体字中处字底;多作意符,所从字与器皿有关,如"盂、盆、盅、监";也作声符,如"盂"。

盂 yú （甲）盂 （金）盂 （篆）盂 甲骨文是形声字,从皿,于声。本义是一种盛液体的敞口器皿。引申指盛饭的食器,如"钵(bō)盂"(和尚用的饭碗)。

盆 pén （金）盆 （篆）盆 金文是形声字,从皿,分声。本义是一种口大底小,比盘深的圆形盛器,如"脸盆","大木盆","花盆"。引申指盆状物,如"盆地"。引申作量词,如"一盆花"。

盈 yíng （甲）盈 （篆）盈 甲骨文是会意字,从皿从人从水,以人在大盆中洗浴而水溢出表示容器满。小篆将盆里人形讹变为"夃"(gǔ)。夃是"贾"(gǔ,做买卖)的初文,与皿合起来表示买卖得利多而使器皿满。本义是容器满。引申泛指充满,如"丰盈","车马盈门","恶贯满盈"。进而引申为有余,多余,超过,如"盈利","盈余"。

盐(鹽) yán （篆）鹽 小篆是形声字,从卤(卤 lǔ),"卤"是盐的初文(参看"卤"字条),后加声符"监"为"鹽"。规范简化为"盐"。本义是食盐。

监(監) jiān jiàn （甲）監 （金）監 （篆）監 甲骨文是会意字,像一人睁大眼睛(目)对着皿里的水(短横)照看面容。小篆改"目"为"臣"(竖眼),并成上下结构。规范简化为"监",左上两竖代表"臣",右上是横写的"人","、"指水。**音 jiān**:本义是用器皿里的水照视影像。引申为监视,监督,进而引申为监护,监禁、监牢、监管、监管者。**音 jiàn**:由"监视"又引申为古代官府或官的名称,如"钦天监","国子监","太监"(本是官名,因多由宦官担任,后用以称宦官)。由"照视"又引申为借鉴,进而引申为照视影像的器具。随着铜镜的产生,此义造"鑑"(加意符"釒")字表示,规范简化为"鉴"(参看"鉴"字条)。

益 yì （甲）🌿 （金）🔱 （篆）益 甲骨文是会意字,以水高出器皿表示水溢出。金文皿上的短横表示水,"八"形表示水将漫出。小篆"水"字横在皿上,溢出义更直观。是"溢"的初文。本义是水漫出器皿。水溢出器皿多因加水过多,故引申为增加,增长,如"延年益寿","益智玩具"。进而引申为增益。再引申为利益,好处(跟"害"相对),如"公益","受益匪浅"。再引申为有利的,如"益鸟","良师益友"。虚化作副词,相当于更加,越发,如"精益求精","多多益善"。"益"专用于引申义后,本义造"溢"(再加意符"氵")字表示。

盛 chéng shèng （甲）🌿 （金）盛 （篆）盛 甲骨文是形声字,左旁皿像盛满谷物形,几个点表示溢出的谷粒;右旁斧钺形是"成",作声符。金文将"成"移到皿上。**音 chéng**:本义是祭祀时将谷物放在祭器里。引申泛指将其他东西放入容器中,如"盛饭","盛水"。进而引申为容纳,如"这山洞能盛很多人"。**音 shèng**:容器盛放谷物,盛满则充实,故引申为充实,兴盛,兴旺,如"鼎盛","旺盛","繁荣昌盛"。进而引申为隆重,如"盛宴","盛会"。又引申为多,如"枝叶茂盛"。又引申指丰富,如"盛馔"。又引申为深厚,如"盛情"。由"丰富"又引申为华美,如"盛装"。用作副词,指程度深,极,如"盛夏","盛誉","盛怒"。用作姓。

蛊(蠱) gǔ （甲）🌿🌿 （篆）蠱 甲骨文是会意字,从虫从皿。古代传说取百余毒虫放于器皿中,使其互相咬食,最后剩下不死的叫蛊,最毒,可放在食物里毒害人。小篆用三虫表示虫多。规范简化为"蛊"。本义是害人的毒虫。引申指毒害,使人迷乱,如"蛊惑人心"。又引申指害人的邪术,如"蛊道"。

盒 hé 楷书是会意兼形声字,从皿从合,盒大多有盖,盖上盖子即与下相合,故从合;合兼表声。本义是盘盖。引申泛指底盖相合的盛物器皿,如"墨盒","饭盒"。又引申作量词,如"一盒烟","一盒饭"。

盗(盜) dào （篆）盜 （隶）盜 小篆是会意字,从次(xián)从皿,次从水从欠(人张口),表示人张大嘴流涎水,是"涎"的初文。"盜"用某人看到他家器皿而流口涎表示欲偷窃之意。俗写省作"盗"。现在规范为"盗"。本义是偷窃。引申指偷窃者,如"盗贼";进而引申为抢劫钱财的人,如"强盗"。又引申指采取不正当手段获取利益,如"欺世盗名"。

注意:"盗""贼"的古义与今义基本相反,辨析见"贼"字条。

盟 méng （甲）🌿 （金）盟 （篆）盟 （隶）盟 甲骨文是会意字,上部囧(jiǒng)是窗口通明义,引申表神明,与下部皿会意为,古代诸侯结盟时,要杀牲歃血,盛酒于器皿,向神发誓,金文加音符"月",突出了神明意。后演变为"盟",成会意兼形声字,从皿从明(结盟时昭告神明),明兼表声。本义是古代诸侯结盟,在神前约誓。引申为盟约,盟誓。

盥 guàn　（甲）　　　（金）　　　（篆）　　　甲骨文是会意字,从一只爪(手)在器皿里洗。金文像洗手图,上部是双爪,中间有水浇下,下部有皿接水。本义是洗手。引申泛指洗手洗脸,如"盥洗"。现代"盥"是构词成分,如"盥洗","盥漱室"。

生部(2字)

生 shēng　（甲）①Ψ　②Ψ　（金）Ψ Ψ　（篆）Ψ　（隶）**生**　甲骨文是会意字，①从一（土地）从屮（草），草木从土地长出的形状；②从土从屮。金文或改圆点为横。隶书写作"生"。本义是草木从土地上长出，如"野火烧不尽，春风吹又生"（白居易《赋得古原草送别》）。引申为生育，出生，如"生孩子"，"诞生"。又引申为生发，产生，如"生财"，"惹事生非"。又引申为活的，有活力的，如"生物"，"生机"。又引申为天生的，如"生而知之"。用作名词指生命，有生命的东西，如"众生"，"舍生取义"。进而引申指整个生活阶段，如"一生"，"今生"。由"生长"又引申为正在生长的，未成熟的，如"生瓜"。又引申指未经烧煮或未烧煮熟的，如"生水"，"生饭"。许多未烧煮熟的食物比较硬，故引申为生硬。由"未熟"又引申指不熟悉的，不常见的，如"生疏"，"陌生"。又引申指勉强，如"生拉硬扯"，"生搬硬套"。由"生长"又引申指年轻人，如"后生"。进而引申指读书人，如"书生"。又引申指学习的人，如"学生"，"师生"。再引申指有学问或有专业知识者，如"儒生"，"医生"。又特指传统戏剧里扮演男子的角色，如"小生"，"武生"。

　　"生"作为偏旁，在合体字中作意符，所从字与出生、生长等义有关，如"产（产）、甦、甤"；也作意符兼声符，如"性、姓、牲、甥"；也作声符，如"青、星、胜"。

甥 shēng　（篆）甥　小篆是会意兼形声字，从生从男，表示姊妹生的男孩；生兼表声。本义是姐妹的儿子，即外甥，生的女孩叫外甥女。古代还指外孙或女婿。

矢部(7 字)

矢 shǐ （甲）🏹 （金）🏹🏹 （篆）🏹 （隶）**矢** 甲骨文是象形字,像箭的
形状。小篆文字化。隶书写作"矢"。本义是木制的箭。先秦称木制的为矢,竹制
的为箭,秦汉后逐渐混同。引申为古代投壶(一种娱乐活动)用的筹,如"主人奉
矢"(《礼记·投壶》)。又假借作"誓",表示发誓,如"矢志不渝","矢口否认"。又
通"屎",以"矢"代"屎"是为求词雅,如"(廉颇)顷之,三遗矢矣"(《史记·廉颇蔺
相如列传》)。

　　"矢"作为偏旁,在字左或中间时,捺写成点,如"肄、彘"。在合体字中主要作
意符,有些字与箭、直等义有关,如"医、族、矫";又因古人量短物时用箭(量长物时
用弓),故有些字与短小义有关,如"短、矮、矬";也作意符兼声符,如"知";也作声
符,如"雉、疑"。

　　楷书中个别字的"矢"是其他字符的变形,与"矢"的音义无关,如"矩"。

知 zhī （篆）🏹 小篆是会意兼形声字,从口从矢,以说话吐词如飞矢表示对所
说内容很熟悉;矢兼表声。本义是熟悉,理解,了解,如"知己知彼","知难而进",
"温故知新"。引申用作使动词:使……知道,如"通知","知照","知会"。人之间
的知晓是相互的,故又引申指彼此了解而情谊深厚的人,如"知音","故知"。由
"知道对象"又引申为学识,学问,如"知识","求知","两小儿笑曰:'孰为汝多知
乎?'"(《列子·汤问》)。为:谓,说)由"了解知晓"又引申为主管,如"知县","知
府"。也指聪明,智慧,古音读 zhì,如"则知明而行无过矣"(《荀子·劝学》)。此义
后写作"智"(加表示言辞的"曰"yuē)。

矩(榘)jǔ （金）🏹🏹 （篆）🏹🏹 金文是会意字,像一人(大或夫)手
持工尺之形。后来"大、夫"被讹变为"矢",写作"矩",又简作"巨"(参看"巨"字
条)。"巨"假借表示巨大义后,"矩"加"木"写作"榘"。现在规范为"矩"。本义是
画直角或方形的工具,如"矩尺"。引申为法则,规则,如"循规蹈矩"。

短 duǎn （篆）🏹 小篆是形声字,从矢(古人量短物时常用箭),豆声。本义是
空间或时间的距离小,与"长"相对,如"短兵相接","短途","短暂"。引申指缺
少,不足,如"白头搔更短"(杜甫《春望》),"短斤缺两"。又引申为浅薄,如"短
见"。由长短的"短"又引申为缺陷,过失,如"短处","护短"。

矮 ǎi （篆）🏹 小篆是形声字,从矢(用箭度量),委声。身长如矢,故为"矮"。

本义是身材短，如"矮子"，"矮个儿"。引申为不高，低，如"桌子太矮"，"矮墙"。又引申为地位低，如"矮人一等"。

雉 zhì （甲）🏹 （篆）雉　甲骨文是会意兼形声字，从矢（shǐ，箭）从佳（zhuī，鸟），表示用箭射取野鸡；矢兼表声。本义是野鸡，有些地方叫山鸡，据说有十四种。雄雉尾长，羽毛华丽；雌雉尾较短，淡黄褐色。善走，不能久飞。借作量词，古代计算城墙面积的单位，长三丈、高一丈为一雉，如"都城过百雉，国之害也"（《左传·隐公元年》）。

疑 yí （甲）🏃 （金） （篆） （隶）疑　甲骨文是会意字，像人挂杖站在街口（丁）仰望天色、犹豫不行。金文加意符"止（脚）"和声符"牛"。小篆则为形声字，从子、止、匕，矢声。徐锴认为：从子表示幼子多惑；止是停止，表示迷路不知所从；匕是比，表示反复比拟，不能肯定。隶书写作"疑"。本义是迷惑，犹豫不行。引申为不信，猜忌，如"疑惑"，"疑心"。又引申为不能解决的，不能断定的，如"疑案"，"疑难"。又引申为好像，如"山重水覆疑无路"（陆游《游山西村》）。

禾部(24字)

禾 hé　(甲) 𣎵 𣎵　(金) 禾　(篆) 𥝋　(隶) 禾　甲骨文是象形字,像一株禾谷,上像穗与叶,下像茎与根。隶书写作"禾"。本义是谷子,古代称粟,脱壳后叫小米。引申泛指庄稼,如"锄禾日当午,汗滴禾下土"(李绅《悯农》),"六月禾未秀,官家已修仓"(聂夷中《田家》)。

　　"禾"作为偏旁,在合体字中多作意符,所从字与农作物有关,如"利、秀、秆、季、秋、秧";也作声符,如"和、稣"。

利 lì　(甲) 𥝜　(篆) 𥝤　(隶) 利　甲骨文是会意字,从刀从禾,表示用镰刀收割禾(庄稼)。本义是收割禾。引申为刀口锋利,与"钝"相对,如"利器","利刃"。刀锋利则切割快,由此引申为爽快,敏捷,如"利落"。进而引申比喻语言尖锐,如"谈锋锐利","子贡利口巧辞"(《史记·仲尼弟子列传》)。又引申为顺利,如"大吉大利","成败利钝"。进而引申为胜利。"胜利"就是赢得了益处,故再引申为利益,好处,与"害""弊"相对,如"利害","兴利除弊"。由"利益"又引申为"对……有利",如"毫不利己,专门利人"。又特指财利和私利,如"见利忘义","利令智昏"。又引申指利润,如"赢利","利息","一本万利"。

秃 tū　(篆) 𥤗　(隶) 秃　小篆是会意字,下部是儿(人),上部是禾穗下垂,弯曲处圆转光润,秃头与之相似。楷化后,"儿"演变为"几"。本义是人的头顶无发,如"秃子","秃顶"。引申指人没戴帽子,如"秃着头"。又引申指鸟兽的头或尾没长毛,如"秃鹫","秃尾巴"。又引申比喻山无树木,树木无枝叶或无顶梢,如"荒山秃岭","半死梧桐秃"(白居易《和梦游春诗一百韵》)。还引申指物体磨去尖端部分后的状态,如"秃笔","秃针"。又引申为不圆满,不周全,如"文章写得有点秃"。

秀 xiù　(石鼓文) 𥬠　(篆) 𥝌　(隶) 秀　石鼓文是会意字,上为禾,下像禾穗摇曳(穗因子实而下)。小篆下部写作"乃"。本义是谷物抽穗扬花,如"秀穗","秀而不实","六月禾未秀,官家已修仓"(聂夷中《田家》)。引申泛指草木抽穗开花,如"兰有秀兮菊有芳"(刘彻《秋风辞》)。草木开花说明长势好,故又引申为茂盛,如"佳木秀而繁阴"(欧阳修《醉翁亭记》)。草木开花常给人雅丽之感,故又引申指美而不俗,清丽美好,如"山清水秀","秀丽"。抽穗开花则会挺出,高出,故又引申为优异的,出众,如"优秀","后起之秀","故木秀于林,风必摧之"(李康《运命论》)。

秆(稈) gǎn （篆）[篆字] （或体）[篆字] 小篆是形声字,从禾,旱声。《说文》或体是会意兼形声字,从禾从干,干兼表声。现在规范为"秆"。本义是庄稼的茎,如"麦秆儿","麻秆儿"。

和(龢、咊) hè hé huó huò huo hú （甲）[甲字] （金）①[金字] ②[金字] （古钵）[古钵字] （篆）[篆字][篆字] 甲骨文是形声字,从龠(yuè,用竹管编联成的乐器),禾声。金文①从甲骨文;②写作"咊",从口,禾声。古钵(鉥)写作"和"。小篆有"龢""咊"二形。"龢"本指音乐和谐,"和"指口相应,后古籍中混用。现在规范为"和","龢"为异体字。**音 hè**:本义是音声相和,如"曲高和寡","一唱一和"。又特指依照别人诗词的题材或体裁作诗词,如"和诗"。**音 hé**:引申为音乐声音谐调,如"和声"。又引申指与人相安,融洽,如"和睦","和谐"。又引申为温和,和顺,如"和煦","和风","和颜悦色"。又引申为和解,如"讲和","和约","和亲"。还引申指连带,如"和盘托出","和衣而卧"。还引申为调和,调治。又引申作连词表示并列,如"老师和学生"。用作介词相当于跟、向、对,如"我去和他说"。**音 huó**:由"调和"又引申为在粉状物中加液体搅拌或揉弄,使粘在一起,如"和面","和泥巴"。**音 huò**:又引申为掺进,混杂,加水搅拌使变稀,如"面里和点儿糖","她把大米、小米和在一起蒸米饭","和稀泥"。作量词,用于洗东西换水的次数或者一服中药煎的次数,如"菜要多洗两和才干净","二和药"。**音 huo**:用作轻声,如"暖和","软和"。**音 hú**:假借,指打麻将、斗纸牌时某一方的牌合乎规定要求而获胜,如"和了"。

季 jì （甲）[甲字][甲字] （金）[金字] （篆）[篆字] 甲骨文是会意字,从子从禾。本义是幼禾,即还没有长成的禾苗。引申为同辈人中年纪最小的,如"伯、仲、叔、季","季弟"(最小的弟弟),"季父"。又引申指一个朝代或一个季节的末期,如"季世","季春","汉季失权柄,董卓乱天常"(蔡琰《悲愤诗》)。又引申指一年的四分之一,如"四季","季度"。也引申指一段时间,如"季节","雨季"。

秒 miǎo （篆）[篆字] 小篆是会意兼形声字,从禾从少(表细小),少兼表声。本义是谷穗上的芒刺,即禾芒。引申为细微,微小,如"秒忽"(喻细微)。又引申作量词,计算时间的单位,一分钟的六十分之一,如"秒表","秒针"。又作计算圆周的单位,六十秒为一分,六十分为一度。

种(種、種) zhòng zhǒng chóng （篆）①[篆字] ②[篆字] 小篆是形声字,有两形:①"種",从禾童声,种植之意,也通"種";②"種",从禾重声,指早种晚熟的禾类。均规范简化为"种",从禾,中声。**音 zhòng**:本义是种植。引申为注射疫苗,如"种牛痘"。**音 zhǒng**:由"种植"引申作名词,指植物的种子。又引申泛指生物繁殖传代的物质,如"种禽","撒种","配种"。又引申指具有共同起源和共同遗传特征的人群,如"人种","种族"。还引申为类别,如"特种部队","各种各样"。也引申为胆量,骨气,如"有种","孬种"。作量词,指类别,式样,如"两种人","两种水果","三种办法"。用作姓。**音 chóng**:用作姓。

秋(烁、鞦)qiū　(甲)① ② (籀文) (篆) (隶)

甲骨文①是象形字,像蟋蟀形,借蟋蟀鸣秋表示秋天;②在蟋蟀下加"火",成会意字,一说表示秋天收割后用火烧害虫和杂草,以备来年耕种,是上古人刀耕火种的生产方式的反映;一说表示秋天禾谷成熟,好似火灼一样。籀文又在左旁加"禾",突出秋天庄稼成熟之意,蟋蟀则讹变为"龟"形。小篆写作"烁"。隶书写作"秋"。本义是收成,庄稼成熟。引申为庄稼成熟的季节,即秋天,秋季。一年一秋,故也引申为一年,如"千秋万代","一日不见,如三秋兮"(《诗经·王风·采葛》)。又引申为某个时期(多指不好的),如"多事之秋","此诚危急存亡之秋也"(诸葛亮《出师表》)。"秋千"规范作"鞦韆"的简化字。

科 kē　(篆)

小篆是会意兼形声字,从禾从斗,表示用斗量禾;禾兼表声。本义是衡量。由于"衡量"可分别谷子的等级品类,故引申为品类,等级。又引申为动植物的分类单位,如"猫科","豆科"。又引申为机关内部组织的划分,如"财务科","行政科"。也引申为学术或专业的类别,如"科目","学科","文科","外科"。也引申指古代分科考选文武官吏后备人员的制度,如"科举","登科"。由"衡量"又引申为衡量的标准,法规,如"作奸犯科"。又引申为依法规处罚,如"科处(chǔ)","科以罚金"。也作戏剧中的专用名称,指演员的动作情态,如"做笑科","科白"。

乘 chéng shèng　(甲) (金) (篆) (隶)

甲骨文是会意字,从大(人)在木上,表示人登上了树木。金文或在人腿上加双"止"(脚),突出了登升意。小篆将双脚与树枝连为一体。**音 chéng**:本义是登,登上。引申为坐,骑,驾驭,如"乘车","乘船","乘马"。进而引申为凭借,趁着,如"乘机","乘势","乘风破浪"。又指佛教的教派或教法,如"大乘","小乘","上乘","下乘"。假借指算术中的乘法,如"乘积","三乘三等于九"。**音 shèng**:用作量词,指古代四匹马拉的兵车,相当于辆,如"千乘之国","万乘之君"。

　　注意:"乘"比"乖"多的两画是"木"的撇捺。

租 zū　(篆)

小篆是形声字,从禾,且(jū)声。古时以谷物交地租,故从"禾"。本义是田赋,田税,如"租税"。也泛指税收。引申为花钱借用,如"租房","租借"。又引申为把房屋、土地、器物等有偿借别人使用,如"出租","租让"。进而引申指出租所收取的钱或实物,如"房租","地租"。

积(積)jī　(篆)

小篆是形声字,从禾,责声。规范简化为"积","只"表声。本义是聚集谷物。引申泛指聚集,积累,如"堆积","积少成多"。引申作名词:积聚起来的东西,如"一日之积"。又引申为积久渐成的,习惯的,如"积怨",

"积弊","积习"。也引申指数学上乘法运算的得数,如"乘积","体积"。中医也指积久渐成的内脏疾患,如"食积","气积"。积极:日语借词,表示向上的,热心的,如"积极分子","积极性"。

秧 yāng （篆）🈺　小篆是形声字,从禾,央声。本义是水稻的幼苗,如"稻秧","插秧"。引申泛指植物的幼苗,如"树秧","菜秧"。又引申指某些植物的茎,如"瓜秧","拉秧"。也引申指某些初生的饲养动物,如"鱼秧","猪秧"。

称(稱) chēng chèng chèn　（甲）🈺🈺（金）🈺（篆）🈺（隶）稱　甲骨文是会意字,用爪(手)提鱼表示用手掂量东西,即"爯"(chēng)字。小篆从禾从爯(称量),表示称禾谷类农作物;爯兼表声。规范简化为"称"。音 chēng:本义是称量物品轻重。引申为举,如"称乱"(举兵作乱),"称觞祝寿"。又引申为抽象意义的推举,荐举,如"称贤"(举用贤能)。进而引申为赞扬,如"称道","称许"。由"称道"又引申为述说,如"声称","称病"。又引申为叫,叫做,如"自称","称呼"。又引申为称谓,名号,如"名称","简称","称号"。也用作姓。音 chèng:由"称量"引申为称量物品的器具,此义后也写作"秤"。音 chèn:由"称量"又引申为适合,相当,如"称心","对称","称(chēng)岳红是很称(chèn)职的班长,同学们称(chēng)赞她心中有一杆公平的称(chèng)"。

移 yí （篆）🈺　小篆是形声字,从禾,多声。本义是挪动秧苗。(徐灏注:"戴氏侗曰:'移,移秧也。凡种稻必先苗之而移之,迁移之义取焉,别作。'灏按:禾苗茂密乃移种之。")引申为挪动,如"移动","迁移"。进而引申指改变,变化,如"贫贱不能移","潜移默化"。

稍 shāo shào　（篆）🈺　小篆是会意兼形声字,从禾从肖(细小),肖兼表声。音 shāo:本义是禾的末端。引申泛指事物的末端,枝叶,如"月上柳稍头"(欧阳修《生查子》),此义后写作"梢"。又引申为副词,相当于略微,如"稍微","稍许"。音 shào:稍息,军事或体操的口令,命令队伍由立正变为休息姿势。

程 chéng （篆）🈺　小篆是形声字,从禾,呈声,农产品是古代度量的主要物品,故从禾。本义是度量衡的总称,《荀子·致仕》:"程者,物之准也。"(准:标准)引申用作动词:衡量,品评,如"计日程功","程量","武帝即招英俊,程其器能"(《汉书·东方朔传》。器能:才能)。又引申指规矩,法式,如"程式","章程","规程"。也引申指道路的段落,如"里程","启程","前程"。还引申指进展,限度,如"进程","日程","过程"。

税 shuì （篆）🈺　小篆是形声字,从禾,兑(duì)声,古代早期交纳的税是收获的粮食,故从禾。本义是田赋。引申泛指赋税,如"纳税"。

稿 gǎo （篆）🈺　小篆是形声字,从禾,高声。"稾"是异体字。现在规范为

"稿"。本义是谷类植物未经处理的秆(经去皮处理的为"秸")。引申指文字、图画的草底,如"草稿"。也指写成的文章、著作,如"诗稿","文稿","书稿"。

稻 dào （甲）<甲骨文> （金）①<金文> ②<金文> （篆）<篆> 甲骨文是会意字,像把稻米放进容器去舂之形状。金文①加意符"爪",表示用手从容器中取出舂好的米;②加意符"禾"。小篆承金文②,从禾从舀(yǎo),舀兼表声。本义是一年生草本植物,五谷之一,子实称稻谷,去壳后称大米,有水稻、旱稻之分,通常指水稻。

稼 jià （篆）<篆> 小篆是会意兼形声字,从禾从家(表家事),家兼表声。本义是种植五谷,亦泛指农业劳动,如"稼穑","耕稼"。引申为谷物。进而引申泛指庄稼。

穗 suì （篆）<篆> 小篆是形声字,从禾,惠声。本义是禾本植物聚生在茎顶部的花和果实,如"麦穗","谷穗"。引申为用丝线、布条或纸条等扎成的,像穗状的装饰品,如"灯笼穗儿"。用作量词,如"一穗玉米"。

白部（6字）

白 bái （甲）白 （金）白 （篆）白 （隶）白 甲骨文是象形字，像一粒白色的稻米。小篆讹变而文字化。本义是白米粒。引申为白色。进而引申为纯洁，如"洁白"，"清白"。由"纯洁"又引申为空的，没有加其他东西的，如"空白卷"，"白水"。进而引申为没有效果的，如"白忙"，"白说"。也引申指不付代价的，如"白吃白喝"，"白给"。由"白色"又引申为明亮，如"白天"，"白昼"，"白日依山尽"（王之涣《登鹳雀楼》）。进而引申为清楚，明白，如"真相大白"，"不白之冤"。由"清楚"又引申为陈述，表明，如"表白"，"辩白"。

　　"白"作为偏旁，在合体字中作意符，所从字与白色、光亮、说话等义有关，如"的、皎、皓、皆"；也作声符，如"帛、伯、拍、魄"。

　　楷书中有些字的"白"是其他字符的变形，与"白"的音义无关，如"泉"。

百 bǎi （甲）百 （金）百 （诅楚文）百 （篆）百 （隶）百 甲骨文是指事字，以白为声，在上部加一横表示一百。隶书写作"百"。本义是数目，十的倍数。引申为概数，表示众多，各种，所有的，如"百货公司"，"百花齐放"，"百发百中"。旧读 bó。

的 dì dí de （篆）旳 （隶）旳 的 小篆是形声字，从日（表光亮），勺声，写作"旳"。俗写作"的"，从白（亦表光亮），勺声，意思不变。规范为"的"。**音 dì**：本义是鲜明、明亮，如"朱唇的其若丹"（宋玉《神女赋》）。假借为"豹"（dì，箭靶），如"中（zhòng）的"，"有的放矢"。由"箭靶"又引申为目的。**音 dí**：箭是否射中箭靶，明显可见，故又引申作副词，相当于确定，必定，如"的确"。**音 de**：作结构助词，用在定语和中心语之间，如"我的祖国"，"蓝蓝的天"；也用于组成"的"字结构，如"大的"，"她爱吃辣的"；也用在陈述句末尾，表示肯定语气，如"你是对的"。

皆 jiē （金）皆 （篆）皆 金文是会意字，从比（二人）从曰（说），表示众口一词。小篆变"曰"为"白"（亦说）。本义是一同，一并。引申为全，都，如"皆大欢喜"，"人人皆知"。

皇 huáng （金）皇 （篆）皇 （隶）皇 金文是象形字，像灯盏形，上有三支向上的灯焰，中间是灯碗，一点是灯油，下部是灯座。是"煌"的初文。小篆讹变为从自从王，已不象形。隶书写作"皇"。本义是灯火辉煌。引申为大，如"皇皇巨著"，"皇道"，"堂而皇之"。又引申为君主，如"秦始皇"，"皇后"。

泉 quán　（甲）①   ② （篆） （隶）　　甲骨文是象形字，①像水从山崖洞穴中涓涓流出形；②将流水变为一线如注。小篆规整化。隶书演变为"白水"，已看不出原形。本义是从洞穴中流出的水，即泉水，源头。引申为地下水，如"温泉"，"甘泉"。因泉水从地下流出，古人因此指人死后的所在地，如"黄泉"。因钱币流通如泉水，古代又用以称呼钱币，如"泉布"。

瓜部(3字)

瓜 guā （金）冋（篆）冋（隶）瓜　金文是象形字,像藤蔓上结着一个大瓜。隶书写作"瓜"。本义是蔓生植物所结的果实,如"冬瓜","西瓜"。引申指形状像瓜的东西,如"脑瓜儿"。瓜葛:由瓜蔓相连比喻互相牵连的关系。

　　"瓜"作为偏旁,在合体字中作意符,所从字与瓜果、果实等义有关,如"瓣、瓠、瓢、瓤";作声符,多为 u 声,如"孤、菰、狐、弧","呱呱(gū gū)落地",也作 ua 声,如"呱呱(guā guā)叫"。

瓢 piáo （篆）瓢　小篆是形声字,从瓜,票声。本义是舀水或取东西的工具,多用葫芦或木头制成,如"箪瓢陋巷"。

瓤 ráng　楷书是形声字,从瓜,襄(xiāng)声。本义是瓜、果等内部包着种子的部分,如"西瓜瓤儿","沙瓤"。引申泛指某些皮里或壳里包着的东西,如"信瓤儿"。

鸟(鳥)部(17字)

鸟(鳥)niǎo　(甲)🦜🦜🦜　(金)🦜　(篆)🦜　(隶)烏　甲骨文是象形字,像一只突出了鸟头、尖喙、细爪和翅膀的鸟形。小篆规整化,但仍像鸟。隶书写作"鳥",鸟爪写作四点。规范简化为"鸟"。本义是鸟,飞禽的总称。《说文》认为"鸟"指长尾禽,"隹"是短尾鸟,不确(辨析参看"隹"字条)。

"鸟"作为偏旁,在字上时常省去底横,如"凫(fú,野鸭)、岛";在字左时,底横变作提,如"鸵"。在合体字中多作意符,所从字与禽类有关,如"鸡、鸾、枭、鸿、鹰";也作声符,如"袅(niǎo)、岛"。

注意:简化字"鸟"比"乌"多的一点是鸟眼珠。乌鸦浑身黑色,眼睛不明显,故不加点。

鸠(鳩)jiū　(篆)🦜　小篆是形声字,从鸟,九声。规范简化为"鸠"。本义是外形像鸽子一类的鸟。泛称鸠鸽科的鸟。

鸥(鷗)ōu　(篆)🦜　小篆是形声字,从鸟,區(区ōu)声。规范简化为"鸥",左区右鸟。本义是水鸟名,如"海鸥","鸥鹭"。

鸨(鴇)bǎo　(篆)🦜　小篆是形声字,从鸟,乇(bǎo)声。规范简化为"鸨"。本义是鸟类的一种,比雁略大,头小颈长尾短,背有黄褐色和黑色斑纹,善走不善飞,能涉水。古人认为鸨喜淫,能与它鸟相合,故称"鸨合"。引申指开妓院的女人,即鸨母。

鸭(鴨)yā　(篆)🦜　小篆是形声字,从鸟,甲声。规范简化为"鸭"。本义是鸭子,善游泳,通常指家鸭。

鸯(鴦)yāng　(篆)🦜　小篆是形声字,从鸟,央声。规范简化为"鸯"。参看"鸳"字条。

鸵(鴕)tuó　楷书繁体从鸟,它(tuō)声。规范简化为"鸵"。本义是鸵鸟,是现代鸟类中最大的鸟,高两米多,腿长善跑,不能飞,主要生活在非洲草原和沙漠地带。

鸳(鴛)yuān　(篆)🦜　小篆一说是形声字,从鸟,夗(yuàn)声。一说是会意兼形声字,从鸟从夗,夗从夕(夜)从㔾(卩 jié,人跪坐形),表示人夜晚侧卧弯曲而睡,古人认为鸳鸯交颈而眠,故从夗;夗兼表声。规范简化为"鸳"。本义是鸳鸯,亚洲一种亮斑冠鸭,比鸭小,栖息于池沼上,雄鸟有彩色羽毛,雌鸟羽毛苍褐色。雌雄常成双生活在一起,故引申比喻夫妻。又引申指成偶的东西,如"鸳鸯剑"。简称为"鸳",如"鸳侣"(配偶,夫妻)。

鸽(鴿)gē (篆)🐦 小篆是形声字,从鸟,合声。规范简化为"鸽"。本义是鸽属鸟的通称。常用作和平的象征,如"和平鸽"。

鹃(鵑)juān 楷书繁体是形声字,从鸟,肙(yuàn)声。规范简化为"鹃"。本义是杜鹃,又名郭公、杜宇、布谷、子规。又指杜鹃花。

鹅(鵝、鵞、䳘)é (篆)🐦 小篆是形声字,从鸟,我声,左鸟右我。楷书繁体为左我右鸟,"鵞"是异体字。规范简化为"鹅"。本义是一种家禽名,头大,颈长,喙扁阔,尾短,羽毛为白色或黑色。鹅毛因轻而用来比喻薄礼,如"千里送鹅毛,礼轻情意重";又因其白而轻比喻雪大,如"鹅毛大雪"。

鹉(鵡)wǔ 楷书繁体是形声字,从鸟,武声。规范简化为"鹉"。参看"鹦"字条。

鹊(鵲)què 楷书繁体是形声字,从鸟,昔声。规范简化为"鹊"。本义是喜鹊,相传以鹊噪为喜兆,故名之。简称鹊。

鹏(鵬)péng (篆)🐦 小篆是形声字,从鸟,朋声。规范简化为"鹏"。本义是大鹏,古代传说中最大的一种鸟,由鲲变化而成。鹏飞得很高且路程极远,引申比喻人的前程远大,如"鹏程万里","鹏举"(鹏鸟高飞,比喻奋发直上)。

鹤(鶴)hè (篆)🐦 小篆是会意兼形声字,从鸟从隺(hè),隺从隹(zhuī,鸟)从冂(jiōng,远界),表示鸟往高远处飞;隺兼表声。规范简化为"鹤"。本义是水鸟名,白鹤;也泛称鹤科的各种水鸟,羽毛有白色、灰色或灰黑色。因鹤多为白色,故引申指白色事物,如"童颜鹤发"。

鹦(鸚)yīng (篆)🐦 小篆是形声字,从鸟,婴声。规范简化为"鹦"。本义是鹦鹉,俗称鹦哥。鹦鹉经训练后能模仿人说话,故用"鹦鹉学舌"来比喻那些人云亦云、无所创新的人。

鹳(鸛、鶴)guàn (甲)①🐦②🐦 (金)🐦 (篆)🐦 甲骨文是象形字,①像大眼睛的鹳鸟形,眼睛上面是两只耳朵,下面是鸟身、鸟爪;甲骨文②、金文上部是耳朵和眼睛,下部是"隹"。小篆文字化。楷书写作"雚",上部变为"艹"形。本义是形状像鹤的一种水鸟,嘴长而直,羽毛灰色、白色或黑色,生活在水边,捕食鱼虾。此义后造"鹳"(加意符"鳥")字表示。规范简化为"鹳"。

注意:"雚"现在只作构字偏旁,多作声符,如"灌、罐、獾、歡(欢)";也作声符兼意符,如"觀(观)"。

疒部（14字）

疒 nè chuáng　（甲）① ② 　（篆）　甲骨文是象形字，①横看像人生病卧床形， 横看为 ；②在人旁加几个点代表汗或血。小篆简化，将人省为一横。楷书写作"疒"，床形简作"丬"，人形变作"亠"。音 nè 或 chuáng。本义是倚，靠着。也指生病，是"病"的初文。

　　"疒"现只作偏旁，习惯上称为"病字旁"。在合体字中作意符，所从字与疾病、痛苦等义有关，如"疮、疯、疫、疼、疲"。

疟（瘧）nüè　楷书繁体是会意兼形声字，从疒从虐（虎残害人，参看"虐"字条），表示疾病侵害人如虎一般；虐兼表声。规范简化为"疟"。本义是一种病名，即疟疾，也叫冷热病，症状为周期性发冷发热。

疗（療）liáo　（或体）　《说文》或体是形声字，从疒（与疾病有关），尞（liáo）声。规范简化为"疗"，"了"（liǎo）表声。本义是医治，如"疗程"，"疗养"。

疮（瘡）chuāng　楷书繁体是形声字，从疒（与疾病有关），倉声。规范简化为"疮"。本义是伤口，外伤，此义在古代也写作"创"。引申指皮肤上肿烂溃疡的病，如"疮毒"，"疮疖"。又引申比喻伤痛，痛苦，如"上感九庙焚，下悯万人疮"（杜甫《壮游》）。

疯（瘋）fēng　楷书繁体是形声字，从疒（与疾病有关），風声。规范简化为"疯"。本义是偏头痛，古代多称为头疯病、偏头风。引申为神经错乱，精神失常，如"疯子"，"疯狂"。进而引申比喻没有节制、没有约束地玩耍，如"这几天他在外面玩疯了"，"他跟儿子疯了一会儿"。又引申比喻言语狂妄，如"疯言疯语"。又引申比喻农作物生长旺盛而不结果实，如"疯长"，"疯枝"。

疫 yì　（篆）　（隶）　小篆是形声字，从疒（与疾病有关），役省声（省去彳）。本义是流行性急性传染病，如"瘟疫"，"防疫"。

疤 bā　楷书是形声字，从疒（与疾病有关），巴声。本义是伤口或疮疖等平复后留下的痕迹，如"伤疤"，"疮疤"。引申指器物上像疤的痕迹，如"杯子有块疤"。

病 bìng　（篆）　（隶）　小篆是形声字，从疒（人卧床），丙声。本义是重病(古时称重病为"病",小病叫"疾"),如"扁鹊复见,曰:'君之病在肌肤,不治将益深。'"(《韩非子·喻老》)引申泛指疾病,如"病症","病愈"。又引申指缺点,错误,弊端,如"语病","通病","弊病"。还引申为不满,指责,如"诟病","为世所病"。

疾 jí （甲）✦ （金）① ✦② ✦ （篆）✦ （隶）✦　甲骨文、金文①是会意字,从大(人)从矢,表示人腋下受箭伤。金文②、小篆变为会意兼形声字,从疒从矢,表示卧床养箭伤;矢兼表声。本义是箭矢所致外伤。引申为小病,如"扁鹊曰:'君有疾在腠(còu)理,不治将恐深。'"(《韩非子·喻老》)进而引申泛指疾病,如"残疾","积劳成疾"。由"疾病"又引申为痛苦,如"百姓疾苦"。进而引申为忧患,如"疾痛惨怛"。又引申为痛恨,憎恶,如"疾恶如仇","痛心疾首"。由"矢的速度"又引申为快,迅疾,与"徐"相对,如"疾风暴雨","疾驰"。

疲 pí （篆）✦　小篆是形声字,从疒,皮声,人疲倦时如得病,故从疒。本义是身体困倦,劳累,如"疲乏","筋疲力尽"。引申为懈怠,不起劲,如"疲塌"。用于"疲软",指人疲乏无力,不能振作;又指市场销售不旺盛。

疼 téng　楷书是形声字,从疒,冬声。本义是湿病,痹病。引申指因疾病、创伤或某种刺激引起的难受的感觉,如"疼痛","头疼"。身有疼痛则加意照顾,又引申为喜爱,爱惜,如"疼爱","心疼"。

痕 hén （篆）✦　小篆是形声字,从疒,艮(gèn)声。本义是伤口痊愈后留下的疤,如"痕印","伤痕"。引申泛指物体或事情留下的痕迹,如"泪痕","裂痕","苔痕上阶绿"(刘禹锡《陋室铭》)。

痛 tòng （篆）✦ （隶）✦　小篆是形声字,从疒,甬(yǒng)声。本义是疾病、创伤或某种刺激等引起的难受的感觉,如"疼痛","头痛"。引申指精神上的悲伤,如"悲痛","痛不欲生"。又引申为尽情地,深切地,彻底地,如"痛击","痛恨","痛快"。

瘦 shòu　楷书是形声字,从疒(与疾病有关),叟声。本义是肌肉不丰满,与"胖""肥"相对,如"瘦弱","瘦肉"。引申指土地贫瘠,不肥沃,如"瘦田"。又引申指衣服鞋袜等窄小,如"裤子瘦了"。又引申为书法用语,指字体的笔迹细而有力,如"书贵瘦硬"。

立部(11字)

立 lì （甲）大 （金）大 （篆）大 （隶）立 甲骨文是会意字,从大(正面人形)从一(地面),像一人正面站立在地上。小篆文字化。隶书写作"立"。本义是站在地上不动。引申为竖起来,如"立竿见影","把伞立在墙角"。又引申为站得住脚,如"自立","独立"。进而引申为设立,建立,如"立法","立功"。又引申表示君主即位,如"庄襄王卒,子政立,是为秦始皇帝"(《史记·秦本纪》)。由"站立"又引申作时间副词,相当于马上,即刻,如"立刻","立等可取","放下屠刀,立地成佛"。

　　"立"作为偏旁,在字左时,底横写作提,如"端、竑"。在合体字中作意符,所从字与站立有关,如"站、竖、端";也作声符,如"粒、泣、垃"。

　　楷书中有些字的"立"是其他字符的变形,与"立"的音义无关,如"产、亲、姜、音、竞、彦"。

产 (產) chǎn （金）𠂂 （篆）產 金文是形声字,从生,彦省声(省去"彡")。规范简化为"产"。本义是指人或动物生育,如"妇产科","鳄鱼产卵"。引申为出产(于某地),如"产粮区"。进而引申为出产的东西,如"土产","特产"。由"生育"又引申为创造财富,如"生产","产量"。还引申为财产,产业,如"家产","遗产"。

竖 (竖、豎) shù （篆）豎 小篆是会意字,从臤(qiān,牢固)从豆(古时一种立式食器)。俗写作"竖"。规范简化为"竖"。本义是直立。引申指立起(物体),如"把画框竖起来"。又引申指纵向,从上到下、从前到后(与"横"相对),如"竖着裁剪布料"。又引申指汉字笔画的一种:"丨(竖)"。

亲 (親) qīn qìng （金）𣄼 （篆）親 金文是形声字,从见,辛声,小篆改为橠声。(橠从木辛声,"榛"的本字)。俗写作"親",橠少一横。规范简化用其声旁,写作"亲"。**音 qīn**:本义是关系好,感情深,如"亲密","亲近"。因父母最亲近,故引申指父母,如"双亲大人"。进而引申为有血缘关系的人,如"亲戚","亲属"。又引申为婚姻,如"亲事","结亲"。由"亲近"又引申为本人直接做,如"事必躬亲","亲自"。**音 qìng**:两家儿女婚配形成的亲戚关系,即亲家。

站 zhàn 楷书是形声字,从立,占声。本义是直立不动。引申为停留,如"站住"

又引申指为乘客上下车或货物装卸而设的停车的地方,如"车站","终点站"。又引申指某些业务机构,如"粮站","观测站"。

竞（競）jìng　（甲）🔣　（金）🔣　（篆）🔣　甲骨文是会意字,从二辛从二人,表示两个头上刻有"辛"（刑刀）标志的奴隶在比赛。古代贵族常为取乐强迫奴隶们角斗。金文变"人"为"兄",意思不变。规范简化为"竞"。本义为争逐比赛,如"竞赛","竞选"。引申为争着(做事),如"竞相支援"。

竟jìng　（甲）🔣　（金）🔣　（篆）🔣　甲骨文是会意字,从音从儿(人),表示演奏的乐曲终止了。本义是乐曲终止。引申泛指结束,完毕,如"未竟的事业","神龟虽寿,犹有竟时"(曹操《龟虽寿》)。又引申为自始至终,整个,如"汗流竟体","情人怨遥夜,竟夕起相思"(张九龄《望月怀远》)。由"终止"又引申为边境,指国土的终止地,此义后写作"境"(加意符"土")。又引申作副词,相当于终于,终究,如"有志者事竟成"。某些"终止"的结果出人意料,故引申为竟然,居然,如"他竟敢骗人!"

注意:"竟""竞"形近音同而义异,辨析:"竟"是"音、儿"合体,"竞"是"辛(省形)、兄"合体。

童tóng　（金）🔣　（篆）🔣　金文是会意兼形声字,从辛(刑刀)从目,东声,以刑刀刺眼表示是奴隶。小篆讹变为从辛,重省声。本义是男奴隶(女奴隶叫"妾")。引申为未成年的奴仆,如"家童","书童"。进而引申泛指小孩儿,如"儿童","童叟无欺"。又引申指未曾经历过性行为的,如"童男童女","童贞"。由于古时孩童不蓄发,故又引申形容不长草木的山(此义只用在"山"前),如"童山"。

竣jùn　（篆）🔣　小篆是形声字,从立,夋(qūn)声。本义是退立,退伏(退缩隐藏)。引申为事情完毕,如"竣工"。

靖jìng　（篆）🔣　小篆是形声字,从立,青声。本义是安静地站立着。引申为平安,安定,如"安靖"。进而引申为使安定,平定,如"靖乱","靖边"。

端duān　（篆）🔣　小篆是形声字,从立,耑(duān)声。本义是直,正,不歪斜,如"端坐"。引申指人的品德正直,正派,如"端正","品行不端"。又引申为平举着拿,如"把水端平"。"端"又指东西的一头,此义《说文》作"耑",小篆为🔣,上部像长出的幼芽,下部像地下扎的根,中间一横代表地面,表示植物刚从地中长出的顶芽,引申为开端,两端,此义后假借"端"表示。进而引申为事情的开始,征兆,头绪,原委,如"良好开端","端兆","无端"。还引申为项目,种类,如"变化多端"。

穴部(12字)

穴 xué （金）〔图〕（篆）〔图〕（隶）〔图〕　金文是象形字,像上古人居住的土室或岩洞,两个"口"形是岩洞里的石褶(一说指住室的窗户)。楷书写作"穴"。本义是土室,岩洞,如"上古穴居而野处"(《周易·系辞下》)。引申为动物的巢,如"虎穴","蚁穴"。进而引申为坏人盘踞或藏匿的地方,如"匪穴"。又引申特指墓穴,如"死则同穴"。由"岩洞"又引申为洞孔,窟窿,如"穴隙","空穴来风"。也引申指人体上可针灸的部位,多为神经末梢密集或较粗的神经干经过处,如"穴位","穴道"。作动词:挖凿,如"穴室枢户"(穿室破户)。

　　"穴"作为偏旁,处字的上部,习惯上称为"穴宝盖"。在合体字中多作意符,所从字与孔洞、洞穴、房屋等义有关,如"空、穿、窗、窟窿";也作声符,如"茓(xué)"。

究 jiū （篆）〔图〕　小篆是形声字,从穴,表示空间有极限,故能穷尽;九声。本义是穷尽,如"靡届靡究"(《诗经·大雅·荡》。意思是无穷无尽。靡:无)。引申为推求,钻研,如"研究","探究"。进而引申为追查,如"违法必究"。又引申为副词,相当于到底,毕竟,如"终究","究竟"。

穷（窮）qióng （隶）〔图〕　隶书是会意兼形声字,从穴(表示空间有限制)从躬(身体),意为屈身洞穴中,处境很窘困;躬兼表声。规范简化为"穷",会意字,从力在穴下,有劲使不出。本义是极限,如"穷形尽相","穷兵黩武"。引申作动词:到尽头,完结,如"山穷水尽","理屈词穷"。进而引申为寻究到极限,如"穷理尽性","穷源溯流"。又引申指达到极点,如"穷究","穷凶极恶"。由穷尽而走投无路,又引申为阻塞不通,与"通"相对,如"穷途末路"。进而引申为窘困不得志,没有出路,与"达"相对,如"穷则独善其身,达则兼济天下"(《孟子·尽心上》)。后又引申指缺乏衣食钱财,生活贫困,如"贫穷","穷困"。

空 kōng kòng （金）〔图〕（篆）〔图〕　金文是形声字,从穴,工声。本义是窟窿,孔,古音也读 kǒng。**音 kōng:**引申为空虚,没有内容,如"空无一物","空泛"。也引申为无,没有,如"人财两空"。又作佛教用语,佛教认为世界一切皆空,故称佛教、佛家为空门,如"遁入空门"。由"空虚"又引申为离开地面的,天空,如"空气","空中楼阁"。由"空洞"又引申作副词,指没有结果的,白白地,如"空跑了一趟","空悲切"。**音 kòng:**又引申为使空缺,腾出来,如"空两个格","空出一间房子"。又引申为机会,闲暇,如"抽空"。也引申指闲置,没被利用的空间和地方,如"这两天没空"，"空白"，"空地"。还引申指亏欠，如"亏空"。

帘（簾）lián （篆）簾　小篆是形声字，从竹，廉声。本义是用竹、苇或布等做的遮蔽门窗的悬挂物，如"门簾"，"垂簾"。"簾"与"帘"本是义不同的两个字。"帘"是会意字，从巾（与织物有关）从穴（与屋室有关），本义是旧时酒店茶馆招徕顾客的旗帜，如"酒帘"。现在"簾"规范简化为"帘"，两个字形合为一，如"门帘"，"垂帘"。

突tū （甲）𥤮𥤯 （篆）𥤵 （隶）突　甲骨文是会意字，从穴从犬。隶书写作"突"。本义是犬从洞穴中猛然窜出。引申为忽然，猝然，如"突然"，"突变"。又引申为猛冲，冲撞，如"突破"，"狼奔豕突"。由"犬冲出洞"又引申为冲破，如"突围"。又引申指超出，高出周围的，如"峰峦突起"，"突破纪录"。因烟囱高于周围，故称"灶突"，如"曲突徙薪"。

穿chuān （篆）穿　小篆是会意字，从牙从穴，古人以为老鼠是用牙齿穿洞的，故以牙在穴中表示穿通之意。本义是贯通，穿破，如"穿透"，"穿凿"。引申为通过，连通（孔、隙或空地），如"穿越"，"穿针引线"。又引申指用绳线把东西串联起来，如"穿项链"，"穿成一串"。又引申指穿衣服，穿鞋。

窃（竊）qiè （篆）竊　小篆字形，《说文·米部》认为是形声字，从穴从米，表示米从穴出，即被偷盗；廿、禼（xiè，虫）是声符。后人多认为是形声兼会意字，禼兼表虫在穴中偷米吃之意。楷书繁体写作"竊"。规范简化为"窃"，形声字，从穴，切声。本义是偷盗，如"偷窃"，"盗窃案"。引申为偷偷地，暗中，如"窃笑"，"窃听"。又引申指用不合法、不合理的手段取得，如"窃国"，"窃夺"。因"偷窃"是个人私下的活动，故旧时又用作表示个人意见的谦辞，如"窃以为"，"窃谓不可"。

　　注意："窃""窍"形近，辨析：均为形声字，"窃"以"切"表声，"窍"以"巧"表声。

窄zhǎi　楷书是形声字，从穴，乍声。本义是空间狭小，横的距离小（与"宽"相对），如"房间窄小"，"冤家路窄"。引申指范围不宽广，如"知识面窄"，"思路窄"，"专业窄"。又引申指心胸不开朗，气量小，如"心眼窄"。又引申形容生活不富裕，如"日子过得挺窄"，"窄巴"。

窜（竄）cuàn （篆）竄　小篆是会意字，从鼠在穴中，表示隐匿。规范简化为"窜"，"串"表声。本义是隐藏，躲藏。引申指逃跑，逃亡（用于敌匪、野兽等），如"窜逃"，"流窜"，"抱头鼠窜"。由"隐藏"又引申指放逐，如"窜逐"。也引申指改易文字，如"窜改文章"，"窜定"（删补改定），"点窜"（删减涂改）。

窝（窩）wō　楷书繁体是形声字，从穴，咼（guō）声。规范简化为"窝"，"呙"（wō）表声。本义是栖身的地穴。引申泛指禽、兽、虫的巢穴，如"鸟窝"，"狼窝"。进而引申指坏人聚居处，如"土匪窝"，"贼窝"。又引申指临时搭成的简陋小屋，如

"窝棚","窝铺"。又引申指洼陷的地方,如"酒窝儿","山窝"。又引申指弄弯,使曲折,如"把铁丝窝过来"。还引申指郁结不畅,如"窝火","窝风"。

窗（窓、窻、牎）chuāng　（古文）〔图〕　（篆）〔图〕　（或体）窻　《说文》古文是象形字,像屋顶上开的天窗,用来透光和出烟,即"囱"（古音 chuāng）字。后来"囱"专表示烟囱（cōng）,就另造"窗"（加意符"穴"）字,会意兼形声字,囱表意兼表声。"窓""窻""牎"是异体字。现在规范为"窗"。本义是天窗。后泛指窗户。

疋(疋)部(3字)

疋(疋) shū　（甲）　（金）　（古钵）　（篆）　甲骨文是象形字，像小腿至脚趾的部分。小篆文字化。本义是足、脚。古文字"疋""足"同字。后假借为"疏"，表示疏记。又通"雅"，表示正。

　　"疋"现只作偏旁。在字左时写作"疋"，如"疏、疎"。在合体字中作意符，所从字与足有关，如"疑"；也作声符兼意符，如"疏"；也作声符，如"楚、胥"。

疏 shū　（篆）　小篆是会意兼形声字，从㐬(tū)从疋(shū,足)，㐬上部是胎儿(子)的倒形(头下脚上)，下部是"川"，合起来表示胎儿随羊水突然娩出，即通畅；疋指破包足动，兼表声。本义是使畅通，如"疏通"。引申为分散，如"疏散"。由此引申为空隙大，稀，如"稀疏"。进而引申指人的关系不熟悉、不亲近，如"生疏"，"疏远"。又引申指做事不细密，如"疏漏"，"粗疏"。又引申为分条记录或陈述，如"数疏光过失"(《汉书·苏武传》。颜师古注"疏，谓条录之")。由此用作名词，指大臣给皇帝的奏章，如《论积贮疏》。还指对古书旧注做的进一步阐释，如"注疏"，"义疏"。

楚 chǔ　（甲）　（金）　（篆）　（隶）　甲骨文是形声字，从林，足声。楷书改"足"为"疋"(同足)。本义是荆，一种矮小丛生的木本植物。古代楚国因此称为"荆"。因楚枝干坚韧，可用做打人刑仗，故又引申为刑杖。由"刑杖"又引申作动词：打，如"棰楚之下，何求而不得？"(《汉书·路温舒传》)进而引申为痛苦，如"苦楚"，"凄楚"。也特指湖北省。楚楚：丛生茂盛的样子，如"楚楚者茨"(《诗经·小雅·楚茨》)；也指鲜明、整齐的样子，如"衣冠楚楚"；又形容女子的娇弱，如"楚楚可怜"。

皮部(3字)

皮 pí （金）（篆）（隶）金文是会意字,像一只手在剥取一只死兽皮形,是悬挂的兽形(上部是兽头,一竖是兽身兽尾),右边的是被揭起的皮,右下是又(手)。小篆文字化。隶书写作"皮"。本义是用手剥取兽皮。引申指动物的皮肤和植物表面的一层组织,如"羊皮","树皮","果皮"。又引申泛指包在物体外面的表层,如"书皮","封皮"。又引申指像皮样的薄片形物质,如"铁皮","粉皮"。由"剥取兽皮"又引申指加工过的兽皮,如"皮革"。进而引申为用兽皮制成的产品,如"皮鞋","皮衣"。因皮有韧性,故又引申指有韧性的橡胶制成品,如"皮球","皮筋"。又引申指松脆的物质变韧了,如"这麻花皮了"。又引申指人不听话,对批评指责无所谓,如"这小孩儿真皮"。

　　"皮"作为偏旁,在合体字中作意符,所从字与皮肤等义有关,如"皱、皴";也作意符兼声符,如"披、帔";也作声符,如"坡、被、彼、疲、破、陂"。

皱（皺）zhòu 楷书是形声字,从皮,刍(彳chú)声。规范简化为"皱"。本义是因皮肤松弛而起的纹路,如"皱纹"。引申指皮肤收缩,如"皱眉头"。又引申泛指物体表面不平整的褶痕,如"皱褶"。

颇（頗）pō （篆）小篆是形声字,从頁(页 xié,人头),皮声。规范简化为"颇"。本义是头偏。引申泛指不正。进而引申为偏斜,不公正,如"循绳墨而不颇"(《楚辞·离骚》),"失之偏颇"。又引申用作副词,表示程度浅,相当于稍稍、略微,如"他颇识几字","颇通诸子百家之书"(《史记·屈原贾生列传》)。又表示程度深,相当于很、甚,如"问题颇多","颇不以为然"。现多使用程度深义。

癶部(3字)

癶 bō　(甲旁)🐾　(篆)𗀃　甲骨文偏旁是会意字,像右脚(ᘉ)和左脚(ᘈ)相背分张形,表示行走不顺。小篆从止从屮(右脚),《说文》认为"足刺(là)癶也",即罗圈腿。本义是行走不顺。

"癶"现只作偏旁。在合体字中作意符,所从字与行走有关,如"登、癹(bō,用脚踏草)、發(发)"。

楷书中有个别字的"癶"是其他字符的变形,与"癶"的音义无关,如"癸"。

注意:"癶""祭"上部偏旁易混,辨析:"祭"上部是又(手)执月(肉)的合体。

登 dēng　(甲)①𗀄②𗀅　(篆)𗀆　甲骨文①是会意字,从癶(bō,行走)从豆(古代一种盛食物的器皿)从𠬞(廾 gǒng,双手),表示双足升阶双手捧豆敬献神祇;②是简体,省去"𠬞",义不变。小篆从甲骨文简体。本义是双足升阶敬献神祇。引申泛指登上,升高,如"登高望远"。庄稼长到某个高度就开始成熟,故又引申指庄稼成熟,收获,如"五谷丰登"。由"登上"又引申为登录于上,登载,如"登科"(考中进士),"刊登","登记"。用作副词,相当于立即、马上,如"登时"。登录:现特指进入要访问的互联网网站。

凳 dèng　楷书是会意兼形声字,从几(jī)从登,几是古人席地而坐时倚靠的器具,与凳形略似;登表稍高之意,兼表声。本义是有腿无靠背的坐具,如"竹凳","长条凳"。

矛部(2字)

矛 máo （金）ᕉ（篆）ᕉ（隶）**矛 矛**　金文是象形字,像古代的长矛,上部是矛头,一长画是矛柄,中间的半环用以固系红缨。小篆繁化。隶书写作"矛"。本义是一种直刺兵器。

"矛"作为偏旁,在合体字中多作声符,如"茅、袤、蟊";也作意符,所从字与矛有关,如"矜、矞"。

注意:"矛""予"形近而音义不同,辨析:"矛"多一撇。

柔 róu （篆）ᕉ　小篆是形声字,从木,矛声。本义是树木可曲可直。引申为软,不硬,如"柔软","柔嫩"。又引申为软弱,与"刚"相对,如"柔弱","刚柔相济"。由"软"又引申为温和,如"柔顺","柔情"。又引申作使动词:使……变软,如"柔麻"。用作动词:安抚,抚恤,如"怀柔"。

耒部(3字)

耒 lěi （甲）🐾（金）🖌️ （篆）素（隶）耒　甲骨文是象形字,像古代的一种原始木犁,形如木叉,上有曲柄,下面是犁头(后用金属制成)。金文或在左上加又(手),表示手持曲木柄。小篆上部将手形变为三斜横,下部变为木。隶变后楷书写作"耒"。本义是古代的一种翻土农具。引申泛指犁,如"因释其耒而守株,冀复得兔"(《韩非子·五蠹》)。

　　"耒"作为偏旁,处在字左时,末笔的捺写成点,如"耙,耦"。在合体字中多作意符,所从字与农具、耕作等义有关,如"耗、耜、耘、耧";也作声符,如"诔"。

　　注意:"耒"与"来"形近而音、义异,"耒"是六画,"来"是七画。

耕 gēng （篆）耕　小篆是会意兼形声字,从耒(lěi,翻土农具)从井(井田,土地),表示耕田;井兼表声。本义是用犁翻地,如"耕种","耕耘"。引申泛指从事农业生产劳动,如"农耕","男耕女织"。又引申比喻致力于某种工作、事业,如"笔耕","舌耕"。

耗(秏) hào （篆）秏（隶）耗　小篆是形声字,从禾,毛声。俗写作"耗",从耒(与耕作有关),毛声。现在规范为"耗"。本义是一种稻类农作物。后来又指庄稼亏损、歉收。引申泛指亏损,消费,如"耗损","耗资"。进而引申为消磨,如"耗时间"。又表示音信,消息,如"噩耗","音耗"。老鼠耗损粮食,故北方称其为耗子。

老(耂)部(3字)

老(耂)lǎo （甲）〔字形〕 （金）〔字形〕 （篆）〔字形〕 （隶）**老老** 甲骨
文是象形字,像一个偻背长发的老人拄杖而行。金文将手杖变为"匕"形。隶书写
作"老"。本义是老人。引申为年岁大,如"他已经老了"。进而引申为历时长久、
陈旧,如"老房子","老问题","老脑筋"。又指小,排行在末了,如"老儿子"。虚
化为词头,用于称呼人、排行次序、某些动物名,如"老张","老大","老虎","老
鼠"。

"老"作为偏旁,在有些字中省作"耂",如"考、孝"。在合体字中多作意符,所
从字与年纪大有关,如"耆、耄、耋";也作意符兼声符,如"姥";也作声符,如"佬、
铑"。

考(攷)kǎo （甲）〔字形〕 （金）〔字形〕 （篆）〔字形〕 （隶）**孝孝** 甲骨文是
象形字,像一个偻背老人拄杖而行,与"老"同形同义。金文将手杖变成"丂"形。
小篆承金文并整齐化。本义是老人。引申为年老,如"富贵寿考"。也指去世的父
亲,如"如丧考妣"。因"拄杖而行"犹如敲地,故引申为敲击,敲打,如"金石有声,
不考不鸣"(《庄子·天地》),此义也曾写作"攷",从攵(攴 pū,手持棍击打)丂
(kǎo)声。现在规范为"考"。"考"又假借表示考察,如"考其行事","姓名已不可
考"。引申为考核,考试,如"考出好成绩"。又引申为推求,研究,如"思考","考
古"。

孝 xiào （甲）〔字形〕 （金）〔字形〕 （篆）〔字形〕 （隶）**孝** 甲骨文是会意字,从老省(省去
"匕")从子,以孩子搀扶或背负老人而行表示孝意。金文上部"老"字稍繁化。现
在规范为"孝"。本义是孝敬父母,孝顺,如"孝子","尽孝心"。引申为有关居丧之
事,如"守孝","吊孝"。进而引申为丧服,如"披麻戴孝"。

耳部（13字）

耳 ěr （甲） （金） （篆） （隶） 甲骨文是象形字，像人的一只耳朵形。小篆文字化。隶书写作"耳"。本义是耳朵。引申指像耳形之物，如"木耳"、"银耳"。又引申为像双耳分列两旁之物，如"耳房"、"鼎耳"。假借为文言语气词，相当于而已、罢了，如"虎因喜，计之曰：'技止此耳。'"（柳宗元《三戒·黔之驴》）又表示肯定，如"且壮士不死则已，死即举大名耳"（《史记·陈涉世家》）。

"耳"作为偏旁，在字左时，第六画的横写成提，以顺写右偏旁第一笔，如"取、聪"。在合体字中多作意符，所从字与耳朵、听觉等义有关，如"聋、耻、聋、聪"；也作声符，如"洱、珥、饵"。

取 qǔ （甲） （金） （篆） 甲骨文是会意字，从耳从又（手），表示用手割取耳朵（古人捕获野兽或战俘后割取左耳以计功）。本义是割取左耳。引申为用手拿，如"取书"、"领取"。进而引申为捕取，如"取彼狐狸，为公子裘"（《诗经·豳风·七月》）。又引申指凭借强力侵夺，攻占，如"取而代之"。又引申为提取，如"青，取之于蓝而青于蓝"（《荀子·劝学》）。"娶妻"即"取女"，古代又通"娶"。由"用手拿"又引申为抽象意义的取得，招致，如"取乐"、"自取灭亡"。取的东西可按需选用，故又引申为选用，采用，如"取长补短"、"吸取"。

耻（恥）chǐ （篆） （隶） 小篆是形声字，从心（表内心羞愧），耳声。汉代俗写作"耻"，成会意字，从耳（闻过）从止（停止），表示闻过以为可耻而停止过错。本义是羞耻，可耻的事，如"知耻"。引申为耻辱，如"奇耻大辱"、"国耻"。

耿 gěng （甲） （金） （篆） 甲骨文是会意字，从耳从烛火，表示耳红面亦红。小篆右部简省为"火"。本义是面红耳赤。因"耿"与火有关，故引申为光明，明亮，如"耿耿星河"。由"光明"又引申为清白正直，如"耿介"、"耿直"。耿耿：形容忠诚，如"忠心耿耿"；又形容心事难以排解，如"耿耿于怀"。

耽（躭）dān （篆） 小篆是形声字，从耳，尤（yín）声。"躭"是异体字。现在规范为"耽"。本义是耳大垂肩，如"夸父耽耳，在其北方"（《淮南子·地形训》）。通"酖"（本义是嗜酒），表示沉溺，迷恋，如"耽于幻想"、"武帝怠政事而耽于色"（《晋书·胡奋传》）。引申为停留，滞留，进而引申为迟缓，如"耽搁"，

"耽误"。

聂（聶）niè （篆）🔳 小篆是会意字，从三耳，表示附耳小语时需要充分发挥听力的作用。规范简化为"聂"，"又"是记号。本义是附耳小声说话，此义后写作"嗫"。"聂"现在主要用作姓。

耸（聳）sǒng （篆）🔳 小篆是形声字，从耳，從（从）声。楷书繁体变为上下结构。规范简化为"耸"。本义是耳聋。古代通"崇"，表示矗立，高起，如"耸立"，"高耸"。引申为向上抬起，如"耸肩"。又通"悚"，表示惊惧，惊恐，如"危言耸听"。

注意："耸""茸"形近，辨析："耸"上部"从"是声符，"茸"上部"艹"是意符，表示"茸"的本义指草初生时纤细柔软的样子。

职（職）zhí （篆）🔳 小篆是形声字，从耳，戠（zhī）声。规范简化为"职"，"只"表声。本义是识，记，记要善于听，故从"耳"，此义后由"识"表示。引申为主管，掌管，如"职掌"。又引申为职务，分内应做的事，如"职权"，"职业"，"尽职"。又引申为职位，执行事务时应处的地位，如"职工"，"职员"，"任职"。旧时公文中用作谦称，如"职等奉命"。

聊 liáo （篆）🔳 小篆是形声字，从耳，卯（mǎo）声。本义是耳鸣。听声辨音依靠耳朵，故引申为依赖，寄托，如"民不聊生"，"百无聊赖"。"无聊"本指无所依托，后指没有兴趣，没有意义。因依赖他人非久长之法，故又引申作副词，相当于姑且，略，如"聊以自慰"，"聊胜于无"。口语也指闲谈，如"聊天"。

联（聯）lián （篆）🔳 小篆是会意字，从耳从絲（丝），表示以绳贯穿鼎爵之器耳。规范简化为"联"。本义是连缀。引申为相互结合，如"联合"，"联盟"。又引申指对偶的语句，如"对联"，"挽联"。

注意："联""连"音同义近，组词易混。辨析："联"用于横向的并列结合，如"联名"，"联网"，"联邦"，"联合国"；"连"用于纵向的前后承接，如"连日"，"连锁"，"连理""连续剧"。但因二字混用已久，有些写法（如"蝉联"本应写作"蝉连"）已约定俗成，不便纠正了。

聘 pìn （篆）🔳 小篆是形声字，从耳，甹（pīng）声。本义是访问，探问，因访问要了解情况或求教，必须多听，故从耳。引申为问候，如"我戍未定，靡使归聘"（《诗经·小雅·采薇》）。进而引申为请人担任职务，如"聘请"，"聘书"。再引申指旧俗订婚时男家向女家下定礼，如"行聘"，"聘礼"。

聚 jù （篆）🔳 小篆是会意兼形声字，下部是三人，表示人多，上部是取，表示招取多人会集一起；取兼表声。隶变后楷书将三人写作乑（yín），即将中间的人写作一短撇和一长竖（同"亻"），左边的人写作两撇，右边的人分写作撇、捺。本义是多人会合,集合,如"聚集","聚会"。引申指人居住的村落,如"一年而所居成聚,二年成邑,三年成都"(《史记·五帝纪》)。又引申泛指积累,会集,如"积聚","聚沙成塔"。

注意:"釆"的第二笔是竖,不是竖勾或弧笔。

聪(聰) cōng （篆）聰 小篆是形声字,从耳,恖(cōng,古"匆"字)声。规范简化为"聪","总"表声。本义是听觉,如"失聪"。引申为听清楚,如"目不能两视而明,耳不能两听而聪"(《荀子·劝学》)。又引申为听觉灵敏,如"耳聪目明"。进而引申为心思灵敏,悟性好,如"聪明","聪慧"。

臣部(2字)

臣 chén （甲）$自$ （金）$自$ （篆）$臣$ 　甲骨文是象形字，像"目"（$目$）的竖写形，是人俯首看人时竖着的眼睛。"人首俯则目竖"（郭沫若《甲骨文字研究》）。小篆文字化。本义是人低头屈服。古时战俘多沦为奴隶，男性为臣，女性为妾，故借指男奴隶，又指战俘。又因官吏地位低于君主，故引申指官吏，如"君明臣忠"。进而引申指国君所统属的民众，如"臣民"。又引申为古代官吏对帝王的自称，如"臣本布衣"（诸葛亮《出师表》）。

　　"臣"作为偏旁，在合体字中作意符，所从字与俯首、臣隶等义有关，如"卧、宦、臧"。

卧（卧）wò　（篆）$卧$ 　小篆是会意字，从人从臣（人俯首竖目形），表示人伏倒休息之意。俗写作"卧"。现在规范为"卧"。本义是伏身休息，如"隐几而卧"。引申为趴伏，如"卧倒"。又引申为躺，如"卧薪尝胆"。又引申指睡眠的地方，如"这套房一厅两卧"，"火车硬卧车厢"。进而引申指隐居，如"卿累违朝旨，高卧东山"（《晋书·谢安传》）。

覀(西、襾)部(7字)

覀(襾) yà （篆）覀　小篆是指事字,从冂(表覆盖)从凵(表示从下覆盖上去),上部的"一"表示再加覆盖物,意思是反复包裹。本义是覆盖,包裹。

现只作偏旁,统作"覀",习惯上称作"西字头"。作意符,所从字与覆盖有关,如"覆";也作声符,如"贾"。

楷书中有些字的"覀"是其他字符的变形,与"覀"的音义无关,如"要、栗、票、粟"。

西 xī （甲）囟囟 （金）囟 （石鼓文）囟 （篆）囟 （隶）西　甲骨文是象形字,像鸟巢的形状。石鼓文添加鸟头,表示鸟入巢中。小篆像长尾鸟卧于鸟巢的形状,段玉裁注:"下像巢,上像鸟……上下皆非字也,故不曰会意,而曰象形。"隶书写作"西"。本义是栖息,此义后写作"栖"(异体为"棲")。由日落而鸟入巢,引申指太阳落下的西方,与"东"相对,如"日落西山","西半球"。古代主位在东,宾位在西,故引申指住或坐在西面的,如"西宾","西宫"(借指妃嫔),"西席"。由方向又引申为西天,如"一命归西"。又引申指西洋,如"学贯中西","西餐","西医"。又引申表示到处,零散,如"东游西逛","东一个,西一个"。又引申作动词,表示西行,如"寡人之从君而西也"(《左传·僖公十五年》)。

"西"作为偏旁归入"覀"部,在合体字中多作声符,如"牺、硒、茜、粞、舾";也作声符兼意符,如"栖"。

要 yāo yào （篆）要 （隶）要　小篆是会意字,像人双手叉腰的形状。隶书写作"要"。**音 yāo**:本义是腰,人躯体中部,即人体胯上胁下部分。引申为事物的中间部分。以上意义后来写作"腰",如"半山腰"。引申为半路拦截,截取,如"乃遣兵数百于东界上要之"(《后汉书·班超传》)。进而引申为以强力威胁,如"要挟"。由"截取"又引申为强求,如"要求"。进而引申为请求,此义后写作"邀",如"邀请"。**音 yào**:腰是人体的主要部分,故引申为主要内容,如"摘要","纪要"。进而引申为重大,关键,如"重要","要点"。又引申为希望,想,如"若要人不知,除非己莫为"。进而引申为希望得到,如"想要台电脑"。又引申为索取,如"要账"。又引申为应该,应当,如"要努力工作"。又引申为对事物发展趋势的推论,如"要下雨了"。又引申表示比较,如"这件衣服要好些"。又引申为连词,相当于如果,如"这次要不去,就没机会了"。

栗(慄) lì （甲）栗 （金）栗 （篆）栗 （隶）栗　甲骨文是象形字,像结着带刺果实的栗子树。小篆将果实误作卤。隶书写作"栗"。本义是栗子树。引申为栗树果实,如"栗子","板栗"。假借表示因寒冷或恐惧而浑身发抖,如"战栗","不寒而栗"。此义后来加义符"忄"写作"慄"。规范简化仍为"栗"。

　　注意:"栗""粟"形近而音义异,区别在下部意符"木"与"米"。

贾(贾) gǔ jiǎ　(篆)贾　　小篆是形声字,从貝,襾(yà)声。规范简化为"贾"。

音 gǔ:本义是做买卖。引申指做买卖的人,如"商贾","行商坐贾"。又引申为卖,如"余勇可贾"。又引申为买,如"每岁贾马"(《左传·昭公二十九年》)。进而引申为招致,如"直言贾祸"。由买、卖引申为价格,价钱,此读 jià,后写作"價",规范简化为"价"。**音 jiǎ:**用作姓。

粟 sù　(甲)粟　(篆)粟　(隶)**粟 粟**　　甲骨文是象形字,像成熟的谷穗下垂形,几点表示米粒。小篆成为会意字,从卤(tiáo,谷穗下垂)从米(果实)。隶书将"卤"讹变为"西",写作"粟"。本义是谷子,去壳后称小米。引申泛指谷类,粮食,如"臣闻地广者粟多"(李斯《谏逐客书》)。又引申指细小的事物,如"沧海一粟"。

覆 fù　(篆)覆　　小篆是形声字,从襾(yà,表覆盖),復声。本义是翻转,如"天翻地覆"。引申为灭亡,如"覆没","覆灭"。又引申为倾倒,如"覆水难收"。又引申为遮盖,如"覆盖"。

而部（3字）

而 ér （金）**而**（篆）**而**（隶）**而**　金文是象形字，像人胡须的形状，上面一横表示鼻端，下面是垂须。小篆规整化。隶书写作"而"。本义是胡须。此义罕用，后来通行的是假借义。古代假借为代词，相当于你或你的，如"夫差，而忘越王之杀而父乎？"（《左传·定公十四年》）又假借为连词，表示并列、承接、假设、因果、转折、修饰等关系，如"多而杂"，"取而代之"，"而且"，"似是而非"，"侃侃而谈"。

"而"作为偏旁，在合体字中作意符，所从字与胡须有关，如"耍"；也作意符兼声符，如"耐"；也作声符，如"鸸、鲕（鱼苗）"。

楷书中有些字的"而"是其他字符的变形，与"而"的音义无关，如"需、端"。

耐 nài （篆）**耐**　小篆是会意字，从而（胡须）从寸（手），指古代剔除胡须的轻刑；而兼表声。《说文》本写作"耏"，从而从彡（shān），"耐"是异体字。现在规范为"耐"。本义是执行刑法。后假借为"能"，表示禁得起，受得住，如"忍耐"，"耐用"。又引申为抑制，如"耐着性子"。

耍 shuǎ　楷书是会意字，从而（胡须）从女，表示女扮男装作戏。本义是玩，游戏，如"玩耍"，"戏耍"。词义加重，引申为捉弄，戏弄，如"耍弄"，"耍人"。由本义又引申为表演，如"耍把戏"，"耍猴"。又引申为施展，使用，如"耍滑"，"耍威风"，"耍手腕"（比喻使用不正当的手法）。

页(頁)部(22 字)

页(頁) yè　（甲）𦣻　（金）𦣻　（篆）𦣻　（隶）**頁**　甲骨文是象形字，像一个头部突出，头发和眼睛清晰可见的跪坐之人。金文进一步突出了头发和目。小篆演变为上从𦣻(shǒu，头)，下从人。隶书写作"頁"。规范简化为"页"。本义是人头，旧读 xié。后假借作书页之"页"，音 yè。用作量词，表示书册的一张，或每张纸的一面。

　　"页"的本义已不单独使用，只作意符用在合体字中，所从字与人的头部有关，如"顶、项、颅、额、颈、题、颧"。

顶(頂) dǐng　（篆）𩠐　小篆是形声字，从頁(xié，头)，丁声。规范简化为"顶"。本义是人头的最上端，即头顶。引申为物的最上部，如"屋顶"，"山顶"。又引申为用头支撑，如"顶球"，"顶碗"。进而引申为从下面向上拱起，如"幼芽把土顶起来了"。再引申为用头撞击，如"牛顶他了!""他把球顶进了球门!"由"顶部"又引申为量词，用于有上盖的东西，如"一顶帽子"。又引申为副词，表示最高程度，相当于"最"，"极"，如"顶好"，"顶多"。

顷(頃) qīng qǐng　（篆）𩒆　小篆是会意字，从匕(bǐ，人歪头形)从頁(xié，头)，表示人头歪斜。规范简化为"顷"。**音 qīng**：本义是头不正，头歪斜。引申泛指倾斜，此义后造"倾"(加意符"亻")字表示。**音 qǐng**：一歪头时间短，引申为时间短(与"久"相对)，如"顷刻间"。又假借作土地面积单位，一顷等于一百亩，如"良田万顷"，"碧波万顷"。

顺(順) shùn　（金）𩒻　（篆）𩒻　金文是会意兼形声字，从见(見)从川(江河)，像一个人低头俯视着顺流而下的河水，表示沿着同一方向；川兼表声。小篆改"見"为"頁"(xié，头)，以江河水顺流而下，表示人脑的思路像水一样顺着流。规范简化为"顺"。本义是沿着同一方向，如"顺流而下"，"顺风"。引申为顺从，顺应。"顺从"则不对抗，又引申为协调，如"风调雨顺"。进而引申为如意，如"顺心"。又引申为随，趁便，如"顺手关灯"，"顺口而出"。由"顺应"又引申为顺理，合理，如"名不正则言不顺，言不顺则事不成"(《论语·子路》)。

顽(頑) wán　（篆）𩒋　小篆是形声字，从頁(xié，头)，元声。规范简化为

"顽"。本义指未经剖析加工的木材的头。引申比喻人的头脑如难劈开的木头一样愚钝无知,愚妄,如"愚顽","冥顽不灵"。进而引申为顽固,又引申为顽强。再引申为不易制伏的,如"顽敌","顽症"。由于"顽固""愚钝"多因训导、教化不足,故又引申指人的顽劣不逊。进而引申指嬉戏不受约束,如"顽皮","老顽童"。

顾(顧)gù （篆）顧　小篆是形声字,从页(xié,头),雇声。规范简化为"顾"。本义是回头看,如"过夏首而西浮兮,顾龙门而不见"(《楚辞·九章·哀郢》)。引申为转头看,看,如"瞻前顾后","王顾左右而言他"(《孟子·梁惠王下》)。由"回头看"又引申为眷顾,顾念,考虑,如"奋不顾身"。进而引申为关心,照顾。特指专程探望,拜访人,如"三顾茅庐"。用于商界,因到商店购物是对店主的一种照顾,故敬称买主为顾客、顾主。"回头看"有改换方向的意思,故虚化作副词,表示转折,相当于反而,却,如"人之立志,顾不如蜀鄙之僧哉?"(彭端淑《为学》)

顿(頓)dùn （篆）頓　小篆是形声兼会意字,从页(xié,头),屯声,屯是草抑屈难伸之状,以此表示人叩头时的弯身下跪。规范简化为"顿"。本义是叩头,磕头,如"顿首"。引申为跺脚,如"牵衣顿足拦道哭"(杜甫《兵车行》)。"叩头"是一下一下的,有间歇,故又引申为停顿,如"顿号"。又引申为安置,如"整顿"。叩头下跪,弯身不畅,又引申为困顿,劳顿。由"叩头一下"引申为量词的"一次",如"一顿饭","他被暴打了一顿"。叩头时停顿间歇的时间短,又引申用作副词,相当于立刻,如"顿时","顿觉"。

颂(頌)sòng （金）頌（籀）頌 （篆）頌　金文是形声字,从頁(xié,头),公声;一说从頁,容声。规范简化为"颂"。本义是容貌,仪容,此义读 róng,后写作"容"。由修饰容貌引申为赞扬,歌颂,此义读 sòng,如"歌功颂德","颂词"。进而引申指古代占卜的卦辞和《诗经》六义之一的"颂"(统治者祭祀时配有舞乐的歌辞)。再引申指以颂扬为目的的诗文,如汉朝扬雄有《赵充国颂》,现代有《祖国颂》。

预(預)yù （篆）預　小篆是形声字,从頁(xié,头),予声。规范简化为"预"。本义是预先,事先,如"预祝成功"。引申为事先的,如"大学预科"。又引申为参预(也作"参与"),干预。古文中与"豫"通用,表"安乐"义。

颅(顱)lú （篆）顱　小篆是形声字,从頁(xié,头),盧(卢)声。规范简化为"颅"。本义是头盖骨,也叫脑盖骨,如"颅骨","头颅"。引申指头。

领(領)lǐng （篆）領　小篆是形声字,从頁(xié,头),令声。规范简化为"领"。本义是脖子,包括前面的"颈"和后面的"项",如"引领而望"。引申指衣服护着脖子的部分,即衣领。挂衣服要提衣领,引申为要领,要点,如"提纲挈领","纲领"。又引申为带领,率领,如"领导"。进而引申为统属,管辖,领有,如"领主","领土","领海"。由"领有"又引申为领取,领受,领会。由"衣领"又引申为量词,用于衣服、席、箔等,如"一领大衣","竹席一领"。

颈(頸)jǐng gěng　（篆）頸　小篆是形声兼会意字,从頁(xié,头),巠(jīng)声,巠表表竖直之意("巠"像古代织布机的经线,故有竖直义)。规范简化为"颈"。**音 jǐng**:本义是脖子的前部,如"刎颈之交"。引申泛指脖子,如"长颈鹿","延颈企踵"。进而引申指器物像颈或部位相当于颈的部分,如"瓶颈"。又用于比喻律诗的第三联,颈联,即第五、六两句,一般要求对仗。**音 gěng**:口语,"脖颈子",亦叫"脖颈儿""脖梗子",指脖子的后部。

颊(頰)jiá　（籀）頰　（篆）頰　《说文》籀文(大篆)是会意兼形声字,从頁(xié,头)从夹(表两侧),夹兼表声。规范简化为"颊"。本义是脸颊,指脸的两侧从眼到下颌部分,俗称脸蛋儿,如"面颊"。

颖(潁)yǐng　（篆）潁　小篆是形声字,从水,顷声。规范简化为"颖"。本义是河水名,颖河,发源于河南省登封县嵩山西南,由安徽省寿县西北正阳关入淮河,是淮河最大的支流。

注意:"颖""颖"音同形近易混,辨析见"颖"字条。

颓(頹、穨)tuí　（篆）穨　小篆是形声字,从秃,贵(贵)声。俗写作"頹",成会意字,从頁(xié,头)从秃。规范简化为"颓"。本义是头秃。假借作"穨"(tuí),表示下坠。引申为坍塌,如"断壁颓垣"。进而引申为衰败,如"衰颓","颓败"。由"衰败"又引申指人的精神,即萎靡,如"颓废","颓风败俗"。

颔(頷)hàn　（篆）頷　小篆是形声字,从頁(xié,头),含声。规范简化为"颔"。本义是下巴,如"燕颔虎颈"。用于比喻律诗的第二联,颔联,即三、四两句,一般要求对仗。由"下巴"引申为点头,如"微微颔首"。

颖(穎)yǐng　（篆）穎　小篆是形声字,从禾,顷声。规范简化为"颖"。本义是禾穗的末端,也指穗。今植物学上指禾本科植物小穗基部的二枚苞片。引申指草木的嫩芽,如"细雨发春颖"(苏轼《云龙山观烧得云字》)。由"禾穗的末端"引申指锥子的尖,也指某些细长物体的尖端,如"脱颖而出","短颖羊毫"。物体尖端因其突出,又引申为才能出众,聪明,如"聪颖","颖悟","颖脱"(锋芒全部露出)。

注意:"颖""颖"音同形近而义异,辨析:"颖"与禾穗有关,故从"禾";"颖"指颖河,故从"水"。

颗(顆)kē　（篆）顆　小篆是会意兼形声字,从頁(xié,头)从果(小而圆),果兼表声。规范简化为"颗"。本义是小头。引申指小而圆的东西,如"颗粒"。后主要作量词,用于圆形或粒状物,如"日啖荔枝三百颗,不辞长作岭南人"(苏轼《惠州一绝》),"春种一粒粟,秋收万颗子"(李绅《悯农》诗之一)。

注意:"颗""棵"的区别:"棵"多用于植物,故从"木"。

题（題）^{tí}（篆）𩑶　小篆是形声字,从頁(xié,头),是声。规范简化为"题"。本义是额头。额头和眼睛在面部的上方,故引申称文字之前的部分为题目,标题。用作动词:题名;引申泛指题写,如"题诗","题额"(题写匾额)。

颜（顏、顔）^{yán}（金）𩠐（篆）顏　金文是形声字,从頁(xié,头),彦声。规范简化为"颜"。本义指两眉之间,即印堂。引申指额头,如"高祖为人,隆准而龙颜"(《史记·高祖本纪》)。面部常表现出人的表情、气色,故"颜"又引申指面容,脸色,如"容颜","和颜悦色"。进而引申指脸面,面子,如"无颜于世","厚颜无耻"。由"脸色"又引申为色彩,如"颜料","五颜六色"。

颠（顛）^{diān}（篆）顛　小篆是形声字,从頁(xié,头),真声。规范简化为"颠"。本义是头顶,如"华颠"(头顶上黑白发相间)。引申指高而直立之物的顶,如"塔颠","山颠"(此义后写作"山巅")。"颠"为最上,倒下则成最下,故引申为跌落,倒下来,如"颠覆"(原意是跌倒),"颠扑不破"。进而引申为倒置,错乱,如"颠倒","颠三倒四"。又引申为上下震动,如"颠簸"。又引申指生活不安定,如"颠沛流离"。又引申为跳着跑,如"连跑带颠"。

颤（顫）^{chàn zhàn}（篆）顫　小篆是形声字,从頁(xié,头),亶(dǎn)声。规范简化为"颤"。**音 chàn**:本义是头摇动不定。引申指身体及其他部位的颤抖,物体振动,如"发颤","颤动"。**音 zhàn**:指发抖,同"战",如"颤栗"(也写作"战栗")。

至部(3字)

至 zhì （甲）🔯 （金）🔯 （篆）🔯 （隶）**至 至** 甲骨文是指事字,用矢飞落在眼前地上(底部一横)表示到来。隶书将下部箭头与一横合成"土",上部箭尾连成一横。本义是到,到达,如"自始至终","一男附书至,二男新战死"(杜甫《石壕吏》)。引申为达到极点,如"至爱","至高无上"。又引申为最好的,如"至理名言"。虚化作副词,相当于极、很,如"至诚","高兴之至"。用作连词,表示至于,引出另一个话题或事情,如"至于迟到这件事,就不再批评了。"

　　"至"作为偏旁,在合体字中作意符,所从字与到来、达到之义有关,如"到、屋、臻、臺(台)";也作意符兼声符,如"郅、致、室";也作声符,如"侄、桎、室"。

致（緻）zhì （篆）🔯 小篆是会意兼形声字,从至(到达)从夂(zhǐ),夂是"攵"(卩,人右脚)的倒形,在此强调送到;至兼表声。后"夂"讹变为"攵"(pū)写作"致"。本义是送到,送达。引申为给予,向对方表示情意,如"致电","致欢迎词","致敬"。用作使动词:使……到来,招致,如"致病","劳动致富"。进而引申指集中精力和意志于某个方面,如"专心致志","致力于"。由"达到"又引申为目标,志向,如"毫无二致"。进而引申为兴致,情致。又引申为推究,详审,如"致知在格物"。进而引申为细密,精细,如"细致","精致",此义后写作"緻"(加意符"糸"),规范简化仍为"致"。用作连词,表示以致,如"致使","连日大雪,以致成灾。"

臻 zhēn （篆）🔯 小篆是形声字,从至,秦声。本义是至,达到,如"日臻完善","渐臻佳境"。

虍 hū （篆）^[图] 小篆是象形字"^[图]"（虎）的省形,是以虎牙、虎纹为特征的虎头部分(参看"虎"字条)。不独立成字,只作偏旁。在合体字中作意符,所从字与虎类动物有关,如"虔、虐、戏(戏)";也作意符兼声符,如"虏";也作声符,如"虚、虑"。

虎 hǔ hù （甲）①^[图] ^[图]②^[图] ^[图] （金）^[图] （篆）^[图] （隶）^[图] 甲骨文①是象形字,像头大口巨、纹身利爪的老虎侧形(甲骨文常把比较宽的象形字竖写);②字形有所简化。小篆像虎蹲踞形。隶变后楷书写作"虎"。**音 hǔ**:本义是老虎。引申比喻勇猛威武,如"虎将","虎威"。又引申比喻残酷凶猛,如"虎视眈眈","虎狼之心"。又引申指伤害物类之虫,如"壁虎"。**音 hù**:虎不拉(hù·bulǎ),方言,鸟名,即伯劳。

　　"虎"作为偏旁,在合体字中作意符,所从字与虎类动物有关,如"彪、虓、虢(号)、虢";也作意符兼声符,如"唬";也作声符,如"琥"。

　　注意:"虎"在字左对右旁作半包围时,"几"的横折弯钩要拉长,如"彪"。

虏 (虜) lǔ （篆）^[图] 小篆是会意兼形声字,从力(强力)从毌(guàn,贯穿)从虍(hū,虎),表示如虎般力劫东西;虍兼表声。规范简化为"虏"。本义是抢劫,掠夺。引申为俘获,进而引申为战俘,如"俘虏"。"虏"专用于引申义后,本义又造"掳"(加意符"扌")字表示。

虐 nüè （篆）^[图] （隶）^[图] 小篆是会意字,从虍(hū)从爪从人,以老虎用口、反爪伤人表示残害之意。隶书省略"人",意不变。本义是残害,残暴,如"虐杀","暴虐"。引申为虐待,如"虐囚"。又引申指行为举止过分,如"横行肆虐"。又引申为灾害,如"乱虐并生"。

　　注意:"虐"下部"^[图]"是反爪形,不要写成"^[图]"(爪)。

虑 (慮) lǜ （篆）^[图] 小篆是形声字,从思,虍(hū)声。规范简化为"虑"。本义是思考,如"考虑","深思熟虑"。引申为担忧,如"忧虑","顾虑"。

虚 xū （篆）^[图] 小篆是形声字,从丘(土山),虍(hū)声。隶变后楷书写作"虚","丘"讹变为"业"。是"墟"的初文。本义是(古人穴居之)大土丘。引申为废墟,如"虚土","虚空"。由穴居之所,又引申为住所,处所,集市,如"虚里","虚落","虚所"。以上义后写作"墟"。由废墟无人又引申为空着,如"虚席以待","空虚"。由"空着"又引申为不足,如"盈虚"。又引申为虚假,如"虚伪","虚构","虚张声势"。又引申为谦虚,如"虚心","虚怀若谷"。又引申为虚弱,如"气血两虚"。又引申指怯懦,如"心虚"。还引申作副词,相当于徒劳,如"不虚此行","虚度年华"。

彪 biāo （金）🐅 （篆）🦖 金文是会意字,从虎从彡(shān,花纹)。小篆文字化。楷书写作"彪"。本义是虎身上的斑纹。引申为文采鲜明,如"彪炳青史"。又引申指老虎,用来比喻魁梧高大之人,如"彪悍","彪形大汉"。又假借表示量词"标",表示群、队,如"一彪人马"。

虫部（17 字）

虫（蟲）chóng　（甲）　（金）　（篆）　（隶）　甲骨文是象形字，像一条头部是三角形的毒蛇。隶书写作"虫"。本义是毒蛇，音 huǐ，是"虺"（huǐ）的初文。蟲（chóng）是会意字，从三虫，是古代所有动物的总称。《说文》："有足谓之蟲，无足谓之豸"，如"蛟虫死"（《吕氏春秋·览冥》）。方言也称老虎为"大虫"。现专指昆虫，如"害虫"，"益虫"。汉代时"虫"已作为"蟲"的简体使用，规范简化为"虫"。

　　"虫"作为偏旁，在合体字中作意符，所从字与昆虫、小动物、蛇等义有关，如"蚁、蚕、蚌、蛙、蟹、蝙、蟒"；也作声符，如"融"。

虹hóng jiàng　（甲）　（石鼓文）　（篆）　甲骨文是象形字，像雨后长虹。古人认为虹像蛇形，故在两端各加了一个蛇头。石鼓文变为形声字，从虫，工声。**音 hóng**：本义是雨后天空出现的彩色圆弧，颜色鲜艳的叫"虹"，颜色较淡的叫"霓"。因虹形似桥，故比喻为桥，如"断虹"，"长虹卧波"。**音 jiàng**：口语单用，义同本义。

虾（蝦）há xiā　（篆）　小篆是形声字，从虫，叚（jiǎ）声。规范简化为"虾"，"下"表声。**音 há**：本义是青蛙和蟾蜍的统称，即虾蟆，现写作"蛤蟆"。**音 xiā**：指一种生活在水中，头上有须，身上有壳的节肢动物，如"对虾"，"虾米"。虾兵蟹将：神话中指龙王的兵将，也比喻那些不中用的兵将。

蚂（螞）mǎ mà　楷书繁体是形声字，从虫，馬声。规范简化为"蚂"。不单用，只作合成词语素。**音 mǎ**：本义是虫名，用于"蚂蚁"，"蚂蝗"。**音 mà**：用于"蚂蚱"，也叫蝗虫。

蚤zǎo　（甲）　（篆）　甲骨文是会意字，从虫从又（手），表示虫咬令人用手指搔抓。小篆从虫，叉（古文字"爪"）声。本义是啮人跳蚤，俗称跳蚤。古代也假借为"早"，如"蚤起，施（yí）从良人之所之"（《孟子·离娄下》）。

蚊wén　（金）　（篆）　金文是会意兼形声字，从虫从文（花纹），文兼表声。本义是蚊子，一种栖息于水中的孑孓的成虫，会飞，雌性吸人畜血液，能传染疾病。

蛇 shé （甲） （金） （篆）① ② 甲骨文是象形字,像一条首大身弯的蛇。小篆①是"它"字;②加"虫"为"蛇"(参看"它"字条)。本义是蛇,一种身细长,体有鳞,无四肢的爬行动物。引申比喻形状和性质像蛇的东西,如"蛇管","蛇心佛口"。

蛾 é （篆） 小篆是形声字,从虫,我声。本义是蚂蚁,音yǐ。假借表示蚕蛾,即蚕蜕变为蝶类的有翅成虫,音é。蚕蛾有圆弧状弯曲的触角,故比喻女子长而弯的双眉,如"蛾眉"(同"娥眉")。由"蛾眉"代指美女,如"宛转蛾眉马前死"(白居易《长恨歌》)。

蜂（螽） fēng 楷书繁体是形声字,从蚰(kūn,昆虫),逢声。俗体写作"蜂",从虫,夆(féng)声。现在规范为"蜂"。本义是群居的、会蜇人的有毒飞虫。特指蜜蜂。因蜜蜂群居,故比喻为众多,成群地,如"蜂拥","蜂起"。

蛹 yǒng （篆） 小篆是形声字,从虫,甬声。本义是蚕或某些昆虫从幼虫变为成虫的过渡形态,如"蚕蛹"。

蜻 qīng （篆） 小篆是形声字,从虫,青声。本义是蟋蟀,也叫蜻蛚。后指"蜻蜓",一种腰身细长,长有两对透明翅膀,生活在水边,捕食蚊子等小飞虫的益虫,如"海上之人有好蜻者,每居海上,从蜻游……"(《吕氏春秋·精喻》)。现不单用,只作合成词语素。

蜘 zhī 楷书是形声字,从虫,知声。不单用,只作合成词语素。本义是蜘蛛,一种能结网捕食昆虫的节肢动物。

蝉（蟬） chán （篆） 小篆是形声字,从虫,單(单)声。规范简化为"蝉"。本义是蝉科动物的统称,种类很多,也称知了(liǎo)。雄蝉腹面的发声器能不断发出尖锐的声音,故用来比喻连续不断,如"蝉联"(现多指连任某个职务或继续保持某种称号)。蝉的幼虫变为成虫时蜕下的壳叫蝉蜕,可入药,也用来比喻人得到解脱。蝉纱:古代一种薄如蝉翼的丝织品。

蝶（蜨） dié （篆） 小篆是形声字,从虫,疌(jié)声。俗写作"蝶","枼"(yè)表声。现在规范为"蝶"。本义是蝴蝶,一种喜食花蜜的大翅膀、细腰身的昆虫。种类很多,如"粉蝶","黄蝶","凤蝶"。

蝴 hú 楷书是形声字,从虫,胡声。不单用。蝴蝶:本写作"胡蝶",后加虫旁以示昆虫类(参看"蝶"字条)。

蝗 huáng （篆） 小篆是形声字,从虫,皇声。本义是一种害虫,即蝗虫,又称蚂蚱。此虫躯体大多细长,绿色或黄褐色,咀嚼式口器,后足强壮,适于弹跳,有翅,多数善飞,常成群飞翔,毁坏庄稼。

蠢 chǔn （篆）蠢 小篆是形声兼会意字,从蚰(kūn,昆虫),春声,春兼表意。本义是春天复苏的昆虫慢慢爬动。引申为笨拙,如"蠢笨"。又引申为愚昧无知,如"愚蠢"。

肉部(1字)

肉 ròu （甲）⊃夕 （金）夕 （篆）⟮ （隶）月田肉 甲骨文是象形字,像切下的一块肉形。金文的斜线表示肉的纹理。本义是人或动物身体上紧挨着皮肤的软组织,如"肌肉","剜肉补疮"。引申指蔬菜瓜果中间可食的部分,如"果肉","笋肉"。进而引申指蔬菜瓜果不脆不酥的部分,如"肉瓤西瓜"。方言也用来形容人的性子慢,行动迟缓,不干脆,如"他这人做事太肉了"。

　　"肉"作为偏旁,依据小篆字形,楷书多写作"月",与"月(亮)"旁同形,故月旁称作"月肉旁"(参考"月"字条)。少数写作"肉"。在合体字中作意符,所从字与肉有关,如"腐、脔(luán,切成小片的肉)"。

缶部（4字）

缶 fǒu （甲）🔼 （金）🔼 （篆）🔼 （隶）🔼 甲骨文是会意字，从午（"杵"的初文）从∪（器皿形），表示在器皿中捣黏土制作陶瓦器。小篆规整化。隶书写作"缶"。本义是用来盛酒、水等的大腹小口的陶瓦器。兼作古代一种打击乐器，如"击瓮叩缶"（李斯《谏逐客书》）。

　　"缶"作为偏旁，在合体字中多作意符，所从字与陶、瓦器等义有关，如"陶、窑、罄、罐"；也作声符，如"寶（宝）"。

缸 gāng （篆）🔼 小篆是形声字，从缶（fǒu，瓦器），工声。本义是长颈腹大口小，能容十升的陶制容器。引申泛指口大底小或筒状的陶瓷、搪瓷、玻璃等器皿，如"水缸"，"茶缸"。进而引申为像缸的器物，如"汽缸"，"烟灰缸"。

缺 quē （篆）🔼 小篆是会意兼形声字，从缶（fǒu，瓦器）从夬（guài，不完整），夬兼表声。本义是器具破损，如"缺口"，"桌子缺了一个角"。引申为不足，如"缺少"，"缺钙"。又引申为不完整，如"缺陷"。又引申为该到而未到，如"缺席"，"缺勤"。又引申为职位的空额，如"肥缺"，"补缺"。

罐 guàn （篆）🔼 小篆是形声字，从缶（fǒu，瓦器），雚（guàn）声。本义是圆筒状的陶制器皿。引申泛指筒状的搪瓷、玻璃、金属等器皿，如"铁罐"，"储物罐"。进而引申为罐状的东西，如"闷罐车"，"罐头"。

舌部(7字)

舌 shé （甲）舌 （金）甾 （篆）舌 （隶）舌　甲骨文是象形字,像蛇类动物口吐舌信形。金文加小点,表示口中津液或食物。小篆从甲骨文。隶书写作"舌"。本义是舌头。引申像舌一样的东西,如"火舌","鸭舌帽"。由"舌头"又引申为言辞,如"舌战群儒","唇枪舌剑"。

　　"舌"作为偏旁,在合体字中作意符,所从字与舌头、言辞等义有关,如"甜、舐、辞"。

乱（亂） luàn （金）①甾②甾（篆）①甾②甾（隶）亂　金文是会意字,①上部是爪,下部是又(手),中间是幺(丝),合起来像上下两只手整理乱丝形。即"矞"(luán)字;②加"丨"形,像理出的丝线头。小篆规整化。隶书写作"亂"。俗写作"乱"。规范简化为"乱"。本义是理丝。引申为无序,如"混乱"。又引申为动荡,不安定,如"动乱","暴乱"。无秩序则需改变,故又引申为治理,如"予有乱臣十人,同心同德"(《尚书·泰誓中》。乱臣:善于治理之臣)。无秩序又引申为混淆,如"以假乱真"。用作副词,相当于任意,随便,如"乱说","乱动"。

刮（颳） guā （篆）甾　小篆是形声字,从刀,昏(guā,同"舌")声。后改"昏"为"舌"。本义是用刀削物体,如"刮皮"。引申为搜敛财物,如"搜刮"。又引申为擦拭,如"士别三日当刮目相看"。又引申为风吹,此义后造形声字"颳"表示,规范简化仍为"刮"。

敌（敵） dí （篆）甾　小篆是形声字,从攴(pū,手持棍械),啇(chì)声。楷书繁体写作"敵","攵"即"攴",商(dì)声。规范简化为"敌","舌"旁保留了"商"下的"古",一撇代替了其他笔画。本义是仇敌,如"敌我双方","敌后武装"。引申为抵挡,抵抗,如"寡不敌众","所向无敌"。又引申为相当,同等,如"匹敌","势均力敌"。

甜 tián （篆）甾　小篆是会意字,从甘从舌,意为尝到甘味。本义是像糖或蜜一样的味道。引申泛指美好,如"甜言蜜语","甜甜的歌儿"。又引申指感觉愉快,舒服,如"睡得香甜"。

辞（辭） cí （金）①甾②甾（篆）甾　金文是会意字,①左边像上下两只手在整理乱丝,表示治理(参看"乱"字条),右边是司,表示掌管;②改"司"为"舌"和"辛"(表刑罪),突出争辩、诉讼之意。小篆承金文②写作"辭",从𤔲(luán,治,理)从辛,表示治理罪过。规范简化为"辞"。本义是讼辞,口供。引申指言辞,文辞,如"《诗》者不以文害辞"(《孟子·万章上》)。此义后写作"词"。又指一种语用方式,如"修辞"。特指古代的一种文体,如"楚辞",《归去来兮辞》。又引申用作动词:不接受,如"推辞"。由此引申为辞职,辞退。又引申为告别,如"辞行"。

舔 tiǎn

楷书是形声字,从舌,忝(tiǎn)声。本义是用舌取物,如"舔净饭碗","别的狼们第一口撕尽了它的皮……血痕也顷刻舔尽"(鲁迅《故事新编·铸剑》)。引申为以舌擦拭,如"舔伤口","舔嘴唇"。

竹(⺮)部(47字)

竹(⺮) zhú （甲）🖼 （金）🖼 （篆）🖼 （隶）🖼 甲骨文是象形字，像下垂的两片竹叶。金文、小篆均像竹茎与下垂的竹叶的形状。隶书写作"竹"。本义是竹子。古代曾以竹简为书写材料，故引申指竹简，如"罄竹难书"（罄：用尽）。因箫笛类管乐器用竹制成，又引申指古代八音（金、石、土、革、丝、木、匏、竹）之一，如"缓歌慢舞凝丝竹"（白居易《长恨歌》），"宴酣之乐，非丝竹"（欧阳修《醉翁亭记》）。

　　"竹"作为偏旁，在字上时写作"⺮"。在合体字中多作意符，所从字与竹子、竹器、乐器、记载文字之物等义有关，如"竿、笔、笼、笙、笠、簿、籍"；作声符兼意符，如"筑"；也作声符，如"竺、笃"。

竿 gān （篆）🖼 小篆是形声字，从竹，干声。本义是竹子的主干，竹棍，如"竹竿"，"揭竿为旗"。因鱼竿用竹制，又特指钓鱼竿，如"投竿东海，旦旦而钓，期年不得鱼"（《庄子·外物》）。又引申指竹简，如"竿牍"（书札）。又引申用作量词，竹子一根为一竿，如"一径野花香袭体，数竿幽竹绿依依"（《西游记》第十一回）。

笔(筆) bǐ （甲）🖼 （金）🖼 🖼 （篆）🖼 （隶）🖼 甲骨文是象形字，像手握一支笔状，笔下端的三叉表示乍开的笔毛，即"聿"（yù）字，"笔"的初文。金文或在笔毛处多添一横。小篆加"竹"头，表示笔杆由竹制成。秦地人读 bǐ。隶书写作"筆"。规范简化为"笔"，从竹从毛，表示笔由竹管加兽毛制成。本义是写字画图的工具，如"毛笔"，"铅笔"。引申为动词：写，书写，如"亲笔"，"笔谈"，"笔误"。进而引申指（写字、画画、作文的）笔法、技巧，如"文笔"，"败笔"，"伏笔"，"笔力"。由"书写"又引申指组成汉字的笔画，一画为一笔，如"起笔"，"笔顺"，"'云'字共四笔"。进而引申作量词，账册上的一条内容称作一笔，故作为款项、债务的计量词，如"几笔款项"，"他欠的那笔债该还了"，"一笔糊涂账"。

笑 xiào （篆）🖼 此字曾长期写作"咲"，从竹从犬，字理不明。唐朝李阳冰删改过的《说文》本解析为会意字，从竹从夭，"竹得风，其体夭屈如人之笑"（竹子被风一吹，形体变弯曲，如同人笑弯了腰）。《字林》则认为是形声字："笑，喜也，从竹，从夭声。竹为乐器，君子乐然后笑。"本义是露出愉快的表情，发出欢喜的声音，如"笑容"，"谈笑风生"，"乐然后笑"（《论语·宪问》）。引申为讥讽、嘲笑，如"笑柄"，"五十步笑百步"，"吾长见笑于大方之家"（《庄子·秋水》）。

笫 zǐ （篆）𥬛　小篆是形声字，从竹，宋(zǐ)声。本义是用竹篾编织的席子、垫子（一说指用竹条编成的床板）。引申泛指床，如"床笫"。

注意："笫""第"形近易混，区分在声符；"床笫"不作"床第"。

笋（筍）sǔn （篆）𥱧　小篆是形声字，从竹，旬声。"笋"是俗写异体字，从竹，尹声。现在规范为"笋"。本义是竹的嫩芽，可做菜吃，也叫竹笋。由"嫩芽"引申为幼嫩的，如"笋鸡"，"笋鸭"。

笆 bā　楷书是形声字，从竹，巴声。本义是一种长有刺的竹子，即棘竹。引申指竹条、柳条编成的器物或障蔽物，如"笆篓"，"篱笆"。

笨 bèn （篆）𥬗　小篆是形声字，从竹，本声。本义是竹子的内层，又叫竹黄。后假借表示不灵巧，如"笨手笨脚"，"嘴笨"。由此引申为不聪明，如"笨头笨脑"，"愚笨"。又引申为粗大沉重，如"笨重"。

笼（籠）lóng lǒng （篆）籠　小篆是形声字，从竹，龍声。规范简化为"笼"。

音 lóng：本义是竹制的盛土器具。引申泛指盛东西的竹制笼子，如"青丝为笼系，桂枝为笼钩"（《陌上桑》）。又引申指蓄养牲畜、鸟虫等竹制盛物器，如"兔笼"，"鸟笼"，"蝈蝈笼"。进而引申指囚禁犯人的地方，如"牢笼"。也引申指罩物器，如"灯笼"，"蒸笼"。**音 lǒng**：由"罩物器"引申作动词，指遮盖，罩住，如"烟雨笼罩了整个山村"，"烟笼寒水月笼沙"（杜牧《泊秦淮》）。笼罩住物体，则使物体与外界隔开，故又引申为统，包罗，如"笼天下盐铁诸利，以排富商大贾"（《盐铁论·轻重》）。

笛 dí （篆）𥰭　小篆是形声字，从竹，由声。本义是笛子，竹制管乐器，笛管有数孔，因横着吹，也叫横笛。引申指响声尖锐的发音器，如"汽笛"，"警笛"。

笙 shēng （篆）𥴩　小篆是形声字，从竹，生声。本义是一种管乐器，由若干根长短不同的竹制簧管构成，用口吹奏，如"我有嘉宾，鼓瑟吹笙"（《诗经·小雅·鹿鸣》）。笙歌：书面语中原指用笙伴奏唱歌，后泛指奏乐唱歌，如"笙歌达旦"。

符 fú （篆）符 （隶）苻　小篆是会意兼形声字，从竹（与竹子有关）从付（交付），付兼表声。本义是一种凭信，又叫符节，用金、玉、铜、竹、木制成，是古代朝廷用来传达命令，调兵遣将的令牌。发号者与受命者各执一半，以验真伪。因信符两半相合才能起作用，故引申为吻合，合乎，如"符合"，"言行相符"。由"凭信"又引申为道士所画的一种声称能驱使鬼神、给人带来祸福的图形或线条，如"护身符"，"画了一张符"。又引申为代表事物的标记，如"符号"，"音符"，"意符"。

第 dì （甲）𣏟 （金）𣏟 （篆）𥳑 （隶）第　甲骨文是象形字，像用皮条有序地一圈圈缠绕一根带分权的木桩的形状，表示有次序地排列，即次第。即

"弟"字。本义是次序。因后来引申指同父母长幼间的次第顺序,男子晚生为弟,本义就造"第"(加意符"竹")字表示,成会意兼形声字。引申为等级,如"博士教之,功多者为上第,功少者为中第,不勤者为下第"(《新唐书·百官志三》)。进而引申指古代科举考试是否合格,如"及第","落第"。又引申指古代按一定级别为王公贵族修建的宅院,如"宅第","府第","门第"。又虚化作表示序数的词头,如"第一","第二名"。

　　注意:"第""第"(zǐ)形近易混,辨析参看"第"字条。

笤 tiáo　楷书是形声字,从竹,召声。不单用,用作"笤帚",指用细竹枝、高粱穗或棕毛等扎成的扫地用具。

筐 kuāng　(篆)筐　小篆是会意兼形声字,从竹从匚(方形器物),匚兼表声。本义是盛东西的方形竹器,如"维筐及筥(jǔ)"(《诗经·召南·采苹》。毛传:"方曰筐,圆曰筥")。引申泛指用其他物编制的盛物器,如"柳条筐","塑料筐"。

等 děng　(篆)等　小篆是会意字,从竹(书简)从寺,寺指古代官员办公处(参看"寺"字条),是简册杂积之地,合起来表示在官署里整理竹简使之齐整。本义是齐整书简。引申为相同,一样,如"相等","等式","对等","等价交换"。又引申为级别,如"天有十日,人有十等"(《左转·昭公七年》),"等级","三等舱"。唐以后又用作动词:待,候,如"等一会儿","等候"。又用作连词,表示等到某个阶段或某种程度,如"等我写完作业了再去"。又虚化为助词,用在人称代词或指人的名词后,表示复数,如"我等一行人前往台湾"。又表示列举不尽或列举煞尾,如"苹果、葡萄、橘子、等等","深圳、珠海、汕头、厦门等四个最早的经济特区"。

筑(築) zhù　(篆)筑　小篆是会意兼形声字,从竹(竹尺)从巩(gǒng,手持),表示手持竹尺(敲击出乐曲);竹兼表声。即"筑"字。本义是古代弦乐器,旧读zhú,像琴,有十三根弦,如"高渐离击筑"(《战国策·燕策》)。"築""筑"原是两个字。"築"是形声字,从木,筑声。本义是夯土的杵(chǔ),如"官作自有程,举築谐汝声"(陈琳《饮马长城窟行》)。规范简化为"筑",两字合为一字。引申表示建造,修盖,如"建筑","筑路","构筑"。

策(筴、筞) cè　(篆)策　(隶)策　小篆是会意兼形声字,从竹,从束(cì,木上芒刺),束兼表声。即"策"字。"筴、筞"是异体字。现在规范为"策"。本义是竹制的马鞭,如"振长策而御宇内"(贾谊《过秦论》)。引申作动词:鞭打,驱使,如"策马扬鞭","乘坚策肥"。进而引申为督促,激励,如"策动","策勉"。因"策"为竹制,又引申指拐杖,如"扶策而行","杖策"。又引申指竹筹,古代计数用的工具,如"筹策"。又引申指古代考试的一种方法,皇帝选贤考试,先将有关政事、经义的问题写在简上,称作"策",此策试活动叫做"策问",应试者回答,叫"对策"。后来"策问"发展成一种文体。因对策需要智慧,进而引申为计谋,谋略,如

"计策","献策","策略"。又引申为筹划,谋划,如"策划","策应"。假借为"册"表示成编的竹简,如"简策"。

筛(篩)shāi
楷书繁体是形声字,从竹,師(师)声。规范简化为"筛"。本义是筛子,一种用竹条编成的有孔的器具,用来漏下细的,留下粗的。引申用作动词:筛东西,如"筛选","筛沙子"。又引申指斟酒,热酒,如"鲁智深道:'休问多少,大碗只顾筛来。'"(《水浒全传·第四回》)"两个老婆子蹲在外面火盆上筛酒"(《红楼梦·六十三回》)。

筒(筩)tǒng　(篆)筩
小篆是形声字,从竹,同声。本义是竹制乐器洞箫,旧读dòng。后借用作"筩"(tǒng)表示粗大的竹管。现在规范为"筒"。引申泛指管状器物,如"笔筒","烟筒"。又引申指衣服等的筒状部分,如"袖筒","袜筒"。用作动词:插入(筒状物中),如"把手筒到袖子里"。

筏fá
楷书是形声字,从竹,伐声。本义是用竹、木等编扎成的水上交通工具,如"竹筏"。引申泛指用其他材料成的小型水上交通工具,如"橡皮筏","羊皮筏"。

答(荅)dá dā　(篆)荅　(隶)荅
小篆是形声字,从艸(艹 cǎo),合声,即"荅"字,本义是小豆。"答"从竹,合声,本义是箇(nà),系船的竹索。"荅、答"现在规范为"答"。音dá:假借表示应对,如"对答","回答"。引申指回报别人给自己的恩惠,如"答谢","报答"。又引申指对问题的解答或运算的结果,如"答案"。音dā:引申为应允,同意,如"答应","她不愿答(dā)理他,对他的问话也就答(dá)非所问了。"

筋jīn　(篆)筋
小篆是会意字,从肉从力从竹。古人认为竹多筋,故从竹。本义是附着在骨头上的韧带,如"牛蹄筋","抽筋剥皮"。引申泛指肌肉,如"筋骨","筋疲力尽"。又专指可以看见的皮下静脉管,如"青筋暴露"。又引申泛指像筋的东西,如"钢筋","橡皮筋儿"。

筝(筝)zhēng
楷书是形声字,从竹(与乐器有关),争声。本义是古代竹制拨弦乐器,战国时已流行于秦地,故又称"秦筝"。后来易竹以木,唐宋时为十三弦,近代为十六弦,现增至二十五弦。传统演奏手法用右手,现发展为双手。也叫古筝。

筹(籌)chóu　(篆)籌
小篆是形声字,从竹,壽(寿)声。规范简化为"筹"。本义是古代投壶所用的竹签(计数用具)。引申泛指筹码,如"酒筹","觥筹交错"。因"筹码"用于计数,故又引申作动词,指谋划,如"筹谋","筹措"。又引申作名词,指计策,计谋,如"运筹帷幄","一筹莫展"。

简(簡)jiǎn
楷书繁体是形声字,从竹,間(间)声。规范简化为"简"。本义是古代写字的狭长形竹片(写字的木片叫"札"或"牍"),如"竹简","简册","简牍"。

引申泛指书籍,如"呻吟槁简,诵死人之语,则有司不似文学"(《盐铁论·大论》)。槁简:破旧的简册)。古代书信多写在竹片上,故又引申特指书信,如"书简","信简","札简"。又因在竹简上书写易,内容要简约,故又引申为简单,如"简略","简体","简编","删繁就简"。

签(簽、籤) qiān (篆)𥲅　小篆是形声字,从竹,籤(xiān)声。后借用"簽"字表示,从竹,僉(qiān)声。规范简化为"签"。本义是尖细的竹片。引申泛指带有标志(刻有文字、符号等)的片状物,如"书签","标签"。由书写符号或文字又引申用作动词,指署名,如"签字","签名"。进而引申为提出简单的要点或意见,如"签发","签呈"。又引申为粗粗的缝合,如"签裤边"。又指竹子或木材削成的有尖的小细棍,如"牙签儿"。

筷 kuài　楷书是形声字,从竹,快声。本义是筷子,多用竹、木制成,是成双的夹取食物的细长棍儿,如"竹筷","碗筷"。古代也叫箸(zhù)。

箍 gū　楷书是会意字,从竹从手从匝(环绕)。本义是用竹篾或金属条等束紧物体,如"箍桶","箍钢筋"。引申作名词:紧束物体的圈,如"铁箍","桶箍","红袖箍儿"。

箕 jī (甲)◁ (金)𠀠 (篆)𥫶　甲骨文是象形字,象簸箕的形状,中间的"乂"形表示用竹篾、柳条等编织成。金文在下加意符"丌"(jī,放置簸箕的基座)写作"其"。后"其"假借表示第三人称,小篆另加意符"竹"造"箕"字,成会意兼形声字,其表意兼表声。本义是一种扬米去糠的器具,即簸箕。引申指形如簸箕的盛垃圾、运石土的器具,如"撮箕","畚(běn)箕"。又引申指二十八星宿之一,《尔雅·释天》:"箕斗之间,汉津也。"又引申指形如簸箕的指纹,如"斗箕"。

算(祘) suàn (篆)𥱬　小篆是会意字,从竹(表算筹,古时计数用的竹制筹码)从具(所有数字齐备),表示用算筹计算。"祘"是异体字,用二"示"表示看得清楚才能计算准确。现在规范为"算"。本义是计算数目,如"算账","珠算","算术"。引申为谋划,计谋,如"打算","盘算","妙算"。进而引申为估计,推测,如"算卦","推算"。又引申为谋害,如"算计"。又引申为当做,如"就算他错了,你也不该计较"。又引申为作数,有效力,如"说话算数"。进而引申为作罢,完结,后边一般加"了",如"算了吧,今天不去了","这事就算了"。又引申指总算,如"你总算来了"。又通"筭"(suàn),古代计算用的、长六寸的筹码,如"一人执算以从之"(《仪礼·乡射礼》)。

箩(籮) luó　楷书繁体是会意兼形声字,从竹从罗(罗网),罗兼表声。规范简化为"箩","罗"表声。本义是竹子编的盛器,多方底圆口。引申指筛箩,一种专供筛粉状物质或过滤流质的器具,如"用箩筛一遍"。又引申用作动词:用箩筛,如"箩面"。

管 guǎn （篆）管　小篆是形声字，从竹，官声。本义是一种竹制的类似笛子的吹奏乐器，如"管弦呕哑"（杜牧《阿房宫赋》）。引申泛指圆柱形细长中空之物，如"水管"，"笔管"，"血管"。进而引申指中空或中间有其他东西的物体，如"铜管乐"，"电子管"。古代钥匙为管状，故又引申指钥匙，如"郑人使我掌其北门之管"（《左传·僖公三十二年》）。由钥匙的作用引申为约束，如"管束"，"看管"。进而引申为统辖，如"管辖范围"。由此引申为掌握，主领，负责，如"掌管"，"主管"，"管吃管住"。再引申为保证，如"包管他满意"，"这药很管用"。又引申为关涉，如"去不去，管我什么事?"虚化为介词，相当于把，向，如"我们管他叫大个子"，"儿子管老子要钱，天经地义"。由"管状物"又引申指毛笔，如"能手握双管，一时齐下，一为生枝，一为枯干"（邵若虚《图画见闻录》）。又引申作量词，如"两管牙膏"。

注意："管""菅"（jiān）形近易混，辨析："菅"是一种茅，故从"艹"。

箫（簫）xiāo　（篆）簫　小篆是形声字，从竹，肅声。规范简化为"箫"。本义是古代的一种竹制管乐器。由一组长短不等的竹管按音律编排而成的是排箫，由一根竹管制成的叫洞箫，如"箫管弦歌"（《周礼·小师》），"秦地吹箫女，湘波鼓瑟妃"（韩愈《梁国惠康公主挽歌》）。

箱 xiāng　（篆）箱　小篆是形声字，从竹，相声。本义是指车内供人乘坐或放置物品的空间，即大车车厢。引申指箱子，放置东西的方形器具，上有盖，如"衣箱"，"书箱"。进而引申泛指像箱子的东西，如"信箱"，"风箱"，"冰箱"。作量词，用于计量装箱之物，如"两箱酒"。因"箱"后专指盛东西的箱子，本义便由"厢"字表示，如"车厢"。

篓（簍）lǒu　（篆）簍　小篆是形声字，从竹，婁声。规范简化为"篓"。本义是用竹篾、柳条等编成的圆形盛物器具，如"竹篓"，"背篓"。

箭 jiàn　（篆）箭　小篆是形声字，从竹，前声。本义是箭竹，竹子的一种，如"箭笋"，"箭筹八十"（《仪礼·乡射礼》）。引申指搭在弓弩上发射的武器，古代多用竹制，现代一般用金属或塑料等材料制成。

篇 piān　（篆）篇　小篆是形声字，从竹，扁声。本义是书简。古代文章著于竹简，用绳或皮条将诗文的首尾完整地编连在一起称为篇，由此引申指首尾完整的诗或文，如"篇章"，"篇目"，"这篇写得不错"。也引申指成部著作的一个组成部分，如《荀子·劝学篇》。又引申作量词，用于文章、纸张、书页（一篇为两页），如"一篇稿件"，"三篇文章"，"小明的作文就写了一篇纸"。

篮（籃）lán　（篆）籃　小篆是形声字，从竹，監（监）声。规范简化为"篮"。本义是竹笼。引申泛指用竹条、藤条、柳条、塑料等编成的带提梁的小筐子，如"篮子"，"菜篮"，"花篮"。又引申特指篮球架上带网的铁圈，如"篮筐"，"投篮"。

注意:"篮""蓝"音同形近而义异,辨析:"蓝"从"艹",指可以提取染料的一种植物,即蓼蓝,后来指蓝色。

篡 cuàn （篆）𥴑 （隶）篡　小篆是形声字,从厶（私 sī,秘密非法）,算声。隶书写作"篡"。本义是非法夺取。引申特指臣子夺取君位,如"篡权","篡位"。又引申指以私意歪曲,如"篡改","篡易"。

篷 péng　楷书是形声字,从竹,逢声。本义是遮蔽风雨和阳光的器具,用竹木、苇席、帆布等制成,如"帐篷","雨篷","乌篷船"。

篙 gāo （篆）𥬶　小篆是形声字,从竹,高声。本义是用竹竿或木杆做的撑船工具,如"长篙","船篙"。

篱（籬）lí　楷书繁体是形声字,从竹,離声。规范简化为"篱"。本义是篱笆,用竹、苇、树枝等编成的障蔽,如"竹篱茅舍","采菊东篱下,悠然见南山"(陶潜《饮酒》之五)。

簇 cù　楷书是形声字,从竹,族声。本义是丛生的小竹。由"丛生"引申为聚集,如"簇拥","簇生"。进而引申作名词:聚集而成的团、堆,如"花团锦簇"。又引申为量词,用于成团成堆的,相当于丛,如"桃花一簇开无主"(杜甫《江畔独步寻花记》),"一簇红霞"。由"聚集"又引申作副词,相当于全,很,如"簇新"。

簸 bǒ bò （篆）𥸯　小篆是形声字,从箕（簸箕）,皮声。音 bǒ:本义是双手拿簸箕上下颠动,以扬去谷米中的糠秕尘垢等杂物,如"簸小米","簸一簸芝麻"。引申泛指颠动,如"颠簸"。音 bò:簸箕(ji),扬米去糠或清除垃圾的工具。

簿 bù　楷书是形声字,从竹(用竹制成),溥(pǔ)声。本义是记事记账的册子,如"账簿","簿册","簿子"。引申指记录审问材料或罪人供词的文状,案卷,如"对簿公堂"。又引申指书写用的本子,如"作文簿","练习簿"。

籍 jí （篆）籍　小篆是形声字,从竹,耤(jí)声。本义是登记的名册,户口册,因古代写在竹片上,故从竹,如"户籍"(登记户口的名册),"籍口"(户口)。引申作动词:登记,如"籍吏民,封府库"(《史记·项羽本纪》)。由于中国人习惯于世世代代居住某地,户籍一直不变,故引申指出生地或祖居地,如"籍贯","祖籍"。由"户籍"又引申泛指各种登记隶属关系的名册,如"学籍","国籍","党籍"。由"登记名册"又引申泛指书,书册,如"书籍","典籍","古籍"。

臼部(2字)

臼 jiù （甲）①②（金）（篆）（隶） 甲骨文是象形字，①像凹形舂米器具，古人曾掘地为臼，后逐渐用木、石制作；②中间四划表示米粒。金文承甲文②。隶书写作“臼”。本义是中部下凹的舂米器具，如“石臼”。引申泛指捣物的容器，如“药臼”，“蒜臼”。又引申比喻臼状物，如“臼齿”，“脱臼”。

“臼”作为偏旁，在合体字中作意符，所从字与舂捣、坑等义有关，如“臽(xiàn)、舀、臿(chā)、舂”；也作声符，如“舅、舊(旧)、桕”。

舅 jiù （篆） 小篆是形声字，从男，臼声。楷书成上下结构。本义是母亲的兄弟，如“舅父”，“舅舅”，“舅母”。也指妻子的兄弟，如“妻舅”，“小舅子”。古代也称妻子的父亲，即岳父。又称丈夫的父亲，即公公，如“昔者吾舅死于虎”（《礼记·檀弓下》），“待晓堂前拜舅姑”（朱庆馀《近试上张水部》。舅姑：公婆）。

自部(3字)

自 zì （甲）ᄊ ᄉ （金） 自 （篆） 自 （篆） 自　甲骨文是象形字,像人的鼻子形,上部一道是鼻梁,下端是两个鼻孔,中部的两横是鼻上两眼间的横纹。是"鼻"的初文。金文、小篆逐渐将下端的鼻孔连在一起。隶书写作"自"。本义是鼻子。中国人称自己时习惯用手指自己的鼻子,故引申为第一人称,即自己。进而引申为亲自。因"鼻头"是动物出生时最先出来的部位,故引申为开始,"故法者,王之本也;刑者,爱之自也"(《韩非子·心度》)。又引申为本来,自然,如"自当如此","公道自在人心"。又虚化为介词,相当于从,如"自古至今","有朋自远方来,不亦乐乎?"(《论语·学而》)后因"自"被引申义所专用,本义便造"鼻"(加声旁"畀")字表示。

　　"自"作为偏旁,在合体字中多作意符,所从字与鼻子、自己等义有关,如"臭、息、咱";也作声符,如"垍(jì)、洎(jì)"。

臭 xiù chòu （甲）ᨇ （篆）臭　甲骨文是会意字,从犬从自(鼻子),用犬的鼻子灵表示嗅闻。**音 xiù**:本义是嗅,闻。"嗅"是辨别气味,引申为气味,如"空气是无色无臭的气体"。进而引申为香气,如"同心之言,其臭如兰"(《易·系辞上》)。**音 chòu**:由"气味"又引申指秽恶难闻的气味,如"臭气熏天"。进而引申为不好的,惹人厌恶的,如"臭架子","臭名昭著","臭味相投"。又引申为狠狠地,如"臭骂了一顿"。"臭"被引申义所专用后,本义造"嗅"(加意符"口")字表示。

息 xī （金）ᨇ （篆）息　金文是会意兼形声字,从自(鼻子)从心,古人认为喘气是心与鼻子的活动;自兼表声。本义是喘气,呼吸,如"息息相通"。引申为气息,即呼吸时进出的气,如"鼻息","一息尚存"。进而引申为叹气,如"长太息以掩涕兮,哀民生之多艰"(《楚辞·离骚》)。因"呼吸"有间歇,又引申为歇息,休息,如"作息时间表","安息"。又引申为停止,如"君子自强不息","请息怒","偃旗息鼓"。进而引申为消灭,如"息火",此义后写作"熄"。用作使动词:使……安宁,如"息事宁人"。因"气息"是有生命的标志,又引申为生长,滋长,繁殖,如"息肉","休养生息"(生息:人口繁殖)。由"生长"又引申为儿子,如"子息"。由"滋长"引申为利息,如"月息"。由"生息"又引申为表示一消一长的消息,如"与时消息"(《易·丰》)。事物的消长、动静是最重要的信息,故又引申指音信,如"消息"。

血部(1字)

血 xuè xiě （甲） （古匋） （篆） （隶） 甲骨文是指事字,从皿,中间圆点表示血。古匋、小篆将圆点变作一横。隶书写作"血"。**音 xuè**:本义是用以祭祀的牲畜的血,如"血祭"。引申泛指血液。又引申为有血统关系的,如"血缘","血脉相连"。又引申为像血一样的红色,如"血色"。又引申比喻热烈,刚强,如"血性","血气方刚"。**音 xiě**:多用于口语,如"出血了","血淋淋","鸭血"。

"血"作为偏旁,在合体字中作意符,所从字与血液有关,如"衅";也作声符,如"恤、洫"。

舟部（11字）

舟 zhōu （甲）**月** （金）**月** （篆）**月** （隶）**舟**　甲骨文是象形字，像小船的形状。小篆上部加一斜线表示缆绳。隶书写作"舟"。本义是小船，如"泛舟"，"龙舟赛"。

　　"舟"作为偏旁，在字左时，横笔右端与折笔相接，不出头，如"舱、船"。在合体字中多作意符，所从字与船、航行等义有关，如"舰、航、艘"；也作记号，如"盘（盤）"。

舰（艦）jiàn　楷书繁体是形声字，从舟，监声。规范简化为"舰"，"见"表声。本义是大型战船，如"舰艇"，"航空母舰"。

舱（艙）cāng　楷书繁体是会意兼形声字，从舟从倉（仓房），倉兼表声。规范简化为"舱"。本义是船上居人置物的部位，如"船舱"。现在也指飞行器载人或装货的空间，如"客舱"，"货舱"。

般 bān （甲）**股** （金）①**股** ②**舟殳** （篆）**般**　甲骨文是会意字，从舟从又（手）持篙，表示撑船、运输。金文②从舟从殳（shū，手持兵仗），意思不变。本义是撑船搬运。"运输"来回往返是有数的，故引申作量词：种、类，如"百般刁难"，"十八般武器"。又虚化作虚词，相当于"样、一样"，如"如此这般"，"金子般的心"。

航 háng （篆）**航**　小篆是形声字，从方（两船相并），亢声。后写作"航"。本义是方舟，即并连的两条船。也指船，《方言》卷九："舟，自关而东或谓之航"，如"慈航普渡"。引申作动词：行船，如"航行"。又引申泛指在海上或空中行驶，如"航海"，"航空"。

舶 bó　楷书是形声字，从舟，白声。本义是大船，如"船舶"。引申指经水路进口的货物，如"舶来品"。

船（舩、舡）chuán （篆）**船**　小篆是形声字，从舟，铅省（省去"钅"）声。"舩""舡"是异体字。本义是水上主要运输工具的总称，如"轮船"，"渔船"，"拖船"。今又指空中交通工具，如"宇宙飞船"。

舷 xián　楷书是形声字，从舟，玄声。本义是船的两侧。从船尾向船首看时，左侧叫"左舷",右侧叫"右舷"。现在也指飞机的两侧。

注意:"舷"不要读成 xuán。

舵 duò　楷书是形声字,从舟,它声。本义是船上控制航向的装置,多装在船尾,如"见风使舵"。现也指飞机等交通工具控制方向的装置,如"升降舵","方向舵"。

艇 tǐng　(篆)**䑝**　小篆是形声字,从舟,廷声。本义是较为轻便的小舟,如"汽艇","游艇"。现在也称某些战船,如"炮艇","登陆艇"。

艘 sōu　楷书是形声字,从舟,叟声。本义是各种船的总称。引申作量词,用于船只,如"一艘炮艇","三艘货轮"。

色部(2字)

色 sè shǎi （篆）🔹 （隶）🔹 小篆是会意字,上从立人,下从卩（卩 jié,跪人）,表示跪者仰看立者的脸色。隶书写作"色"。**音 sè**:本义是脸色,神情,如"和颜悦色","谈虎色变"。脸有不同神情,故引申为颜色,如"五色","白色"。进而引申为景色,景象,如"春色","夜色"。又引申特指妇女美貌,如"女色","好色"。进而引申指情欲,性欲,如"色欲"。**音 shǎi**:用于一些口语中,指颜色,如"掉色儿","落（lào）色儿"。

　　"色"作为偏旁,在合体字中作意符,所从字与颜色有关,如"艳";也作声符,如"铯（sè）"。

艳（艷、豔）yàn （篆）🔹 小篆是形声字,从豐（丰,表丰满）,盍（盍 hé）声。楷书写作"豔"。"艷"是俗写,会意字,从豐（丰）从色（色彩）,表示丰满而有色彩。规范简化为"艳"。本义是美丽而丰满。引申为鲜艳,艳丽。进而引申为照耀,如"艳射"（光彩炫耀）,"双歌声断宝杯空,妆光艳瑶席"（张先《好事近》）。又引申为欣羡,如"艳羡","艳称"。因"艳丽"常与美女有关,故又引申指男女情爱,如"艳诗","艳情"。

衣（衤）部（12字）

衣（衤） yī yì （甲）𧙕 （金）𧘇 𧘇 （篆）𧘇 （隶）**衣** 甲骨文是象形字，像一件有衣领、衣袖、衣襟的古代上衣。隶书写作"衣"。**音 yī**：本义是上衣（古代的"衣"指上衣，下衣叫"裳"）。引申泛指衣服。又引申指包在物体表层的外罩，如"糖衣"、"炮衣"。**音 yì**：作动词：穿，如"衣锦还乡"。

　　"衣"作为偏旁，在字左写作"衤"，如"袄、袜"；在有些字中拆开分作上下部，如"衰、褒、衮"。在合体字中主要作意符，所从字与衣服、衣被、穿着等义有关，如"补、初、袜、装、衷、裹"；也作声符，如"依、铱"。

　　注意：偏旁"衤"（五画）与"礻"（四画）形近易混，辨析："礻"即"示"，作偏旁表示祭祀、鬼神和精神等义〔参看"示（礻）"字条〕。

补（補） bǔ （篆）𧙃 小篆是形声字，从衣，甫声。规范简化为"补"，"卜"表声。本义是把破裂的衣服补缀完整。引申泛指修补破损物，如"补锅"、"亡羊补牢"。"补缀完整"是针对破损、不完整物而言，故又引申为补充，填充，如"补选"、"补习"、"候补"。由"补缀"破损物使之完好，又引申为益处，用处，如"于事无补"。又引申为补养，滋补。

初 chū （甲）𧚍 （金）𧚍 （篆）𧚍 甲骨文是会意字，从刀从衣，表示用刀裁剪是做衣服的第一步。本义是制衣之始。引申泛指一般的起始，开端，如"起初"、"初学"、"初试身手"。又引申为第一个，第一次，如"初伏"、"初恋"。又引申为最低等的，如"初级"、"初等"。又引申为原来的，如"当初"、"初衷"、"和好如初"。农历的每月前十天称"初"，如"初一"、"初六"。虚化为副词，相当于刚刚，才，如"初出茅庐"、"红日初升"。

衬（襯） chèn 楷书繁体是会意兼形声字，从衣从亲（qīn，亲近），亲兼表声。规范简化为"衬"，成形声字，"寸"表声。本义是内衣。引申为衬在里面的，如"衬布"、"衬裙"。又引申为在里面或下面再加上一层，如"衬上一张纸"、"衬垫"。又引申指搭配上别的东西，如"衬托"、"陪衬"、"映衬"。

衫 shān （篆）𧛙 小篆是形声字，从衣，彡（shān）声。本义是古代短袖的单衣。引申泛指单衣，如"衬衫"、"汗衫"。

袒 tǎn （篆）𧙱 小篆是形声字，从衣，旦声。本义是衣缝裂开（读作 zhàn），此义后写作"绽"。假借为"但"（本义是"裸露"，音 tǎn），表示脱去或敞开上衣，露出身体的一部分，如"袒胸露臂"。引申为支持，保护，如"偏袒"，"袒护"。

袖（褎）xiù　（篆）袖　褎　小篆是形声字，从衣，由声。"褎"是异体字，从衣，敓（suì）声。现在规范为"袖"。本义是衣袖，即衣服套在胳膊上的部分，如"袖管"，"袖套"。引申作动词：使……藏在袖子里，如"袖手旁观"（袖手：把手藏在袖子里，表示不过问），"袖刃"。

被bèi pī　（篆）被　小篆是形声字，从衣，皮声。音 bèi：本义是小被子（大被为衾）。引申泛指被子，如"棉被"，"被褥"。引申为覆盖，如"被覆"，"植被"。进而引申为施及，如"泽被后世"。又引申为遭遇，蒙受，如"被难"，"被以不慈之伪名"（屈原《楚辞·哀郢》）。由"蒙受"虚化作介词，用于被动句，表示主语是被动者，如"衣服被雨淋湿了"，"敌人被我们打垮了"。作助词，用在动词前表示被动的动作，但不点明施动者，如"被压迫民族"，"被打击对象"。音 pī：古时又同"披"，表示披挂，如"被发文身"，"被坚执锐"。

装（裝）zhuāng　（篆）裝　小篆是形声字，从衣，壮声。规范简化为"装"。本义是包裹，行囊。引申泛指衣服，服装，如"夏装"，"行装"，"便装"。进而引申为修饰，打扮，点缀，如"化装"，"卸装"，"装饰"。由"装扮"又引申为假作，故意做作，如"装相"，"装模做样"。由"服装"又引申为裹束整备行装，进而引申为装载。再引申为安装，如"装置"，"装卸"。

　　注意："装"的右上方是"士"，不是"土"。

裕yù　（篆）裕　小篆是形声字，从衣，谷（yù）声。本义是衣物充足。《说文》："裕，衣物饶也。"引申泛指一般的富足，宽绰，如"富裕"，"宽裕"。引申作动词：使……富足，如"富国裕民"。

褐hè　（篆）褐　小篆是形声字，从衣，曷声。本义是用粗麻织成的袜子。引申指粗布或粗布衣服，如"无衣无褐，何以卒岁"（《诗经·豳风·七月》）。古时贫贱的人多穿褐衣，故又引申为卑贱的人，如"褐夫"，"释褐"（脱去平民的衣服，担任官职）。又表示黄黑色。

褪tuì tùn　楷书是会意兼形声字，从衤从退，退兼表声。音 tuì：本义是（衣服、羽毛）脱落，脱去，如"小鸡褪毛了"。引申为颜色变淡，如"褪色（shǎi）"。音 tùn：退缩身体的某个部分，使套着的衣服脱离，如"褪套儿"，"把袖子褪下来"。北方方言指藏在衣袖里，如"褪着手"。

羊（𦍌、⺶）部（12字）

羊（𦍌、⺶）yáng （甲）🐏🐏 （金）🐏🐏 （篆）羊 （隶）羊　甲
骨文是象形字，像羊头正面的形状，突出了弯曲的双角。小篆文字化。隶书写作
"羊"。本义是一种反刍类哺乳动物名，羊类的通称。古代又通"祥"（xiáng）。
　　"羊"作为偏旁，在字上时多写作"𦍌"，一竖不穿底，如"美、羔、羹"，仍写作
"羊"的是"善、羴"；在字左写作"⺶"，一竖变为竖撇，如"羞、羌、翔"。在合体字中
作意符，所从字与羊有关，如"羔、善、群"；也作意符兼声符，如"羌、祥"；也作声符，
如"姜、洋、氧、详"。
　　楷书中有些字的"羊"是其他字符的变形，与羊的音义无关，如"盖"。

养（養）yǎng （甲）🐑🐑 （金）🐑 （篆）養　甲骨文是会意字，像手持棍牧
羊，与"牧"（牧牛）同义。小篆变为形声字，从食，羊声，以食物喂突出"养"义。规
范简化为"养"。本义是饲养动物，如"养殖"，"养猪"。引申为抚育，供给生活品，
如"供养"，"养育"，"赡养"。又引申为生育，如"生养"，"家家养男当门户"（张籍
《筑城曲》）。又引申为保养，调养，使身心得到休息和滋补，如"养病"，"养性"，
"养精蓄锐"。因"饲养"有驯化义，故又引申为教育，训练，如"培养"，"教养"。用
于贬义指任其发展，纵容，如"姑息养奸"，"养痈为患"。用于植物指培植，如"养
花"。还引申指非血亲抚养的，如"养子"。

美 měi （甲）🐏🐏 （金）美 （篆）美　甲骨文是会意字，像大（人）头上戴有
翎羽或羊角的饰物，表示漂亮美观。小篆从羊从大，《说文·羊部》认为指味美：
"美，甘也，从羊从大。"疑非。楷书写作"美"，上部是"𦍌"。本义是形貌好看，如
"美人"，"美景"。引申指味美，如"美食"。又引申泛指好，善，如"美德"，"审美"，
"精美"。进而引申为称赞，夸赞，如"赞美"，"美言"，"美誉"。又引申为高兴，得
意，如"美滋滋"。用作使动：使……美、好看，如"美容"，"美发"。又指美洲，如"北
美"，"南美"。还指美国，如"美元"，"美籍华人"。

姜（薑）jiāng （甲）🐏 （金）🐏 （篆）姜　甲骨文是象形字，像头戴羊
角等饰物的女人。小篆变为形声字，从女，羊声。本义是姓。也规范作"薑"的简
化字。薑，从艹，畺(jiāng)声，多年生草本植物，根茎肥大，色黄褐，有辣味，可以调
味或入药，如"生姜"，"姜汤"。

羞 xiū （甲）🐑 （金）羊 （篆）羞　甲骨文是会意字，以又（手）持羊，表

示进献。金文或用双手,进献义更明。小篆是会意兼形声字,从羊从丑(亦手),丑兼表声。本义是进献,如"羞玉芝以疗饥"(张衡《思玄赋》)。引申泛指美味食品,如"玉盘珍羞直(值)万钱"(李白《行路难》),此义后写作"馐",如"珍馐"。有些进献是被迫的,故又引申为感到耻辱,如"羞耻","羞与为伍"。进而引申为难为情,害臊,如"害羞","羞愧"。又引申为使……难为情,如"羞人","你别羞我"。

羔 gāo （篆）羔 （隶）羔　小篆是会意字,从羊从火,表示用火烤羊。隶书写作"羔","火"变形为"灬"。本义是用火烤羊,此义已不用。烤羊多用小羊,故引申指小羊,如"羊羔","羔儿皮"。引申泛指动物的幼崽儿,如"鹿羔儿"。

恙 yàng （甲）（篆）恙　甲骨文是形声字,从心,羊声。本义是忧愁,担忧,如"公瑾别来无恙?"(《三国演义》第四十五回)由"担心"引申指灾难,如"岁亦无恙耶?"(《战国策·齐策》)又引申为疾病,如"偶染微恙"。

盖(蓋) gài （金）（篆）（隶）蓋　金文是会意兼形声字,从艸(草)从盍(hé,覆盖),盍兼表声。小篆作"蓋",盍(hé)声。隶书写作"蓋"。俗写作"盖"。规范简化为"盖"。本义是用芦苇或茅草等编织的覆盖物。引申泛指有遮蔽作用之物,如"锅盖","膝盖"。又引申特指车篷或伞,如"华盖","雨盖"。又引申作动词:由上往下遮掩,如"覆盖","遮盖"。进而引申指加在上面,如"盖章","盖戳"。又引申指建房子,如"盖楼"。还引申为压倒,超过,如"盖世无双","力拔山兮气盖世"(《史记·项羽本纪》)。也是方言虚词,作发语词,连词,副词等,常用来表示原因、推测或判断,如"乃悟前狼假寐,盖以诱敌"(《聊斋志异·狼》),"盖余所至,比好游者尚不能十一"(王安石《游褒禅山记》),"屈平之作《离骚》,盖自怨生也"(《史记·屈原贾生列传》)。

善 shàn （金）（篆）（或体）（隶）善　金文是会意字,从羊(吉祥、美好)从誩(jìng,争言),用二言表示多说吉言为好、为善。《说文》或体简化为一言。隶书写作"善"。本义是吉祥,美好,如"善举","善良","尽善尽美"。引申指好的行为,品质,如"行善","惩恶扬善"。又引申指做好,处理好,使之善,如"善始善终","独善其身"。进而引申指擅长,长于,如"善于","能歌善舞"。由"擅长"再引申指容易,易于,如"善变","善忘","多愁善感"。作形容词指友好,和好,如"友善","和善"。由"美好"又引申表示赞叹,如"善哉!峨峨兮若泰山!"(《列子·汤问》)作副词,相当于好好地,如"善待","善罢甘休"。还引申指熟悉,如"面善"。

注意:"善"上部"羊"的一竖与下面两点一横在构形上搭配协调,故一竖穿过第三横,不写作"羊"。

翔 xiáng （篆）翔　小篆是形声字,从羽,羊声。本义是伸开翅膀盘旋地飞,如"滑翔","翱翔"。又通"详",如"翔实"(详细而确实)。

群（羣）qún （篆）羣 （隶）君羊 羣　小篆是形声字,从羊,君声。隶书有"群""羣"二形。现在规范为"群"。本义是羊群。引申泛指聚集在一起的人或物,如"人群","狼群","楼群"。又引申指众多的,如"群山","群居"。又引申指众人,如"群情激愤","群策群力"。作量词,用于成群的人或物,如"一群孩子","一群鸟"。

羹 gēng （篆）羹　小篆是会意字,从羔从美,表示肉味鲜美。本义是带汁的肉或菜,如"采葵持作羹"(《汉乐府·十五从军征》)。现在指用蒸、煮等方法做成的糊状食品,如"甜羹","鸡蛋羹"。

米部(16字)

米 mǐ （甲）⺌ （楚简）朵 （篆）米　甲骨文是象形字,上下几点像米粒的形状,中间一横表示筛米的筛子(以区别沙粒的形状,参看"小"字条);楚简将中间的笔画讹变为"十"字形。本义是小米。引申泛指去皮后的谷物和其他植物的子实,如"高粱米","花生米"。特指稻米。又引申指小粒的食品,如"虾米"。借作国际长度单位(法 mètre),代号 m,旧称公尺,一米是三市尺。

　　"米"作为偏旁,在字左、中间和某些字的上面时,捺要写成点,如"料、粥、粤、类"。在合体字中多作意符,所从字与谷类、粮食等义有关,如"粉、粱、糕、糯";也作声符,如"咪、迷、麋"。

　　注意:"米"字中间是竖,无勾。

类(類) lèi （篆）類　小篆是会意兼形声字,从犬从頪(lèi,不易分辨),以犬的种类相似不易分辨表示同类之意;頪兼表声。规范简化为"类"。本义是种类,如"人类","类别","分类"。同类事物有相似之处,引申为相似,近似,好像,如"类似","画虎不成反类犬"。

　　注意:繁体"類"的左下是"犬",简化字"类"下面是"大"。

籽 zǐ　楷书是会意兼形声字,从米从子,子兼表声。本义是某些植物的种子,如"籽实"(同"子实"),"瓜籽儿","棉籽儿"。

粉 fěn （篆）粉　小篆是形声字,从米,分声。本义是化妆用的细粉,如"脂粉","涂脂抹粉"。引申泛指细末,如"面粉","花粉","药粉"。又引申指用豆粉或面粉等做成的食品,如"粉丝","凉粉"。又引申作动词:使……破碎,成为粉末,如"粉碎","粉身碎骨"。又引申为用涂料抹刷,如"粉刷"。又引申为美化装饰表面,掩盖污点或缺点,如"粉饰太平"。也指浅红色,如"粉红色"。还指白色的或带粉末的,如"粉墙","粉蝶","粉笔"。

料 liào （金）料 （篆）料　金文是会意字,从斗(一种带柄的量器)从米,表示用斗量米。本义是称量。引申为估量,猜想,如"料想","预料"。由度量又引申为处理,照管,如"料理","照料"。由"量米"喂牲口又引申为供人畜饮食或提供植物营养的物品,如"饲料","饮料","肥料"。又引申为可供制造其他东西的物质,即材料,如"燃料","原料","史料"。作量词,用于中药处方上所规定的剂量,如"配一料药"。

粗 cū （篆）**粗**　小篆是形声字,从米,且声。本义是糙米。引申为不精细,粗糙,如"产品粗糙","粗制滥造","去粗取精"。又引申为疏忽,不细心,不周密,如"粗心","粗疏"。由"粗糙"又引申为粗大,如"粗壮","粗重"。也引申指声音大,如"粗门大嗓"。由"粗疏"又引申为性格鲁莽,如"粗鲁","粗暴"。由"糙米"又引申指粗粮(一般指稻米、小麦以外的粮食)。由"不精细"又引申为略微,如"粗具规模""粗通德语"。

粒 lì （篆）**粒**　小篆是形声字,从米,立声。本义是米粒,谷粒。引申指成颗粒的东西,细小的固体,如"盐粒","沙粒"。作量词,用于颗粒状的东西,如"一粒珍珠","春种一粒粟,秋收万颗子"(李绅《悯农》其二)。

粪(**糞**) fèn （甲）①**𥝢**②**𥟬**（篆）**𥟱**（隶）**粪**　甲骨文①是会意字,像一手持扫帚,另一手持簸箕扫除粪土的形状,几点代表脏物、垃圾;②双手(廾 gǒng)持簸箕抛弃脏物的形状。小篆将几点讹变为"采"(biàn)。隶书改"采"为"米",仍指脏物,手持箕形分别变为"共"和"田",即"糞"字。俗写作"粪",规范简化为"粪"。本义是扫除(脏物)。引申特指粪便。

注意:"粪"在先秦作名词用时,指秽土,即垃圾,经常"粪土"连用,如"粪土之墙不可圬也"(《论语·公冶长》),圬(wū):粉刷,涂抹)。

粮(**糧**) liáng （篆）**糧**　小篆是形声字,从米,量声。"粮"是异体字,"良"表声。规范简化为"粮"。本义是出行所带干粮。引申泛指粮食,如"五谷杂粮"。

粱 liáng （篆）**𥹆**　小篆是形声字,从米,梁省声(省去"木")。本义是优良品种的谷子。引申泛指细粮或指精美的食物,如"膏粱","粱肉"。用于"高粱",指一种粮食作物。

注意:"粱""梁"音同形近易混,辨析见"梁"字条。

精 jīng （篆）**精**　小篆是形声字,从米,青声。本义是经过挑选的上等细米,如"食不厌精"(《论语·乡党》)。"精米"的杂质很少,故引申指精华、纯粹的部分,如"酒精","精英"。进而引申为最好,完美,如"精益求精","精彩","精美"。由"精米"又引申为细密的,与"粗"相对,如"精密","精确"。又引申为专一,深入,如"精通","精严"。又引申为精气,古人认为这是万物借以繁衍生殖的部分。进而引申为精神,精力,如"聚精会神","无精打采"。由"精神"又引申指精灵,神怪,如"妖精"。进而引申为聪明,如"精明"。虚化为副词,相当于很,极,如"精瘦","输得精光"。

粹 cuì （篆）**粹**　小篆是形声字,从米,卒声。本义是精米。"精米"的杂质很少,故引申泛指纯净,不含杂质的,如"纯粹","粹而不杂"。进而引申为精华,如"精粹""国粹""文粹"。

糊 hú hù hū　楷书是形声字,从米,胡声。音 hú:本义是用黏性物黏合东西,如"裱糊""糊风筝"。由"黏性物"引申为粥样食品,如"玉米面糊糊"。此义也写作"餬"。用粥充饥又引申指勉强维持生活,如"养家糊口"。又同"煳",指食物、衣物等经火变焦发黑。音 hù:引申指像粥样的东西,如"面糊""芝麻糊"。又引申为欺骗,蒙混,敷衍,如"糊弄人"。音 hū:由"黏合"又引申指用较浓稠的糊状物填塞或涂抹,如"糊墙缝""用泥把窟窿糊上了"。

糙 cāo　楷书是形声字,从米,造声。本义是脱壳后未舂的米,或舂得不精细的米,如"糙米"。引申为不细致,不光滑,如"粗糙""毛糙"。

糟 zāo　(篆)**糟**　小篆是形声字,从米(与制酒有关),曹声。本义是造酒剩下的渣子,如"酒糟""糟粕"(酒渣子,引申比喻粗劣或无价值的东西)。引申指未去渣的酒。又引申为用酒或酒糟腌制食品,如"糟鱼""糟蛋"。因"酒糟"来源于粮食的发酵腐烂,故又引申为腐烂,腐朽,如"木头糟了""糟朽"。进而引申为情况变坏,如"糟糕""事情办糟了"。引申作动词:作践,损害,如"糟蹋""糟践"。用于"糟糠",指酒糟、糠皮等粗劣食物,也比喻贫穷时共患难的妻子,如"贫贱之知不可忘,糟糠之妻不下堂"(《后汉书·宋弘传》)。

糠(穅) kāng　楷书是形声字,从米,康声。"穅"是异体字。现在规范为"糠"。本义是稻、谷等子实脱下的皮或壳,如"稻糠""麦糠"。引申为发空,质地变得松而不实,如"糠心儿""萝卜心儿糠了"。

聿(聿)部(2字)

聿 yù （甲）（金）（篆）（隶）甲骨文是象形字,像又(手)持笔的形状。小篆下面加一横。隶书写作"聿"。本义是毛笔,此义后写作"筆(笔)"。作文言助词,用于句首或句中,无义,如"蟋蟀在堂,岁聿其莫"(《诗经·唐风·蟋蟀》)。现在一般用作人名。

"聿"作为偏旁,在合体字中多作意符,所从字与执笔书写或执杖等义有关,如"建、肇";也作声符,如"律";也作记号,如"肆"。

肃(肅) sù （金）（篆）（隶）金文是会意字,从聿(niè,手持杖)从㶚(渊),以持杖探测深渊,表示人战战兢兢,谨慎小心。小篆从聿(同"聿")从㶚。隶书写作"肅"。规范简化为肃。本义是敬畏,恭敬,如"肃立","肃然"。引申指严正,庄重,如"严肃","肃穆","整肃"。又引申指整顿,清除,如"肃反","肃清"。又引申指清静,安静,如"肃静","肃听","林寒涧肃"(郦道元《水经注·三峡》)。又引申指衰落,萎缩,如"草木皆肃","肃杀"。

艮部（4字）

艮 gèn gěn （甲）（金文偏旁）（篆）（隶）　甲骨文是会意字，像人扭头向后怒目而视的形状，表示恨、狠之意。金文偏旁义比较明显。小篆规整化，并又加意符"彳、忄、犭"分化为"很、恨、狠"三字。**音 gèn**：本义是人扭头怒目而视。后假借作八卦之一，代表山。**音 gěn**：由"怒目而视"引申指性子直，说话生硬，如"他说的话太艮了"。现代方言也用来称食物坚韧而不松脆，如"艮萝卜"。

"艮"（gèn）作为偏旁，在合体字中多作意符兼声符，所从字与怒目而视、张目远望等义有关，如"狠、限、很、跟、眼"；也作声符，如"根、银、恳"。

注意："艮"末笔是捺，"食"末笔是点，不要混淆。

良 liáng （甲）（金）（篆）（隶）　甲骨文是象形字，像穴居时代的穴室，中间是穴室顶，上下是进出的走廊。金文加走廊台阶。小篆下面改为有离开义的"亡"字，加以表示走廊。本义是穴室。穴室是当时人们生活的主要地方，往往设施良好，故引申为良好。进而引申为善良，优良。由"优良"引申为副词，表示程度深，相当于特别、很，如"良久"，"用心良苦"。

垦（墾）kěn （篆）　小篆是形声字，从土，狠（kěn）声。楷书繁体改作貇（kěn）表声。规范简化为"垦"，艮表声。本义是耕地。引申为开荒，如"垦荒"。

恳（懇）kěn （篆）　小篆是形声字，从心，狠（kěn）声。楷书繁体改作貇（kěn）表声。规范简化为"恳"，艮表声。本义是真诚，诚信，如"诚恳"，"恳切"。

羽部（10 字）

羽 yǔ （甲）① 𦏀 ② 𦑣 （金）𦏀 𦑣 （篆）羽 （隶）**羽** 甲骨文是象形字，像鸟翅上长而扁的毛，有①②两形。小篆承甲骨文②。隶书写作"羽"。本义是鸟翅上长而扁的毛。引申泛指羽毛，如"羽绒"。又引申指鸟或昆虫的翅膀，如"振羽高飞"。也指古代五声音阶（宫、商、角、徵、羽）的第五音，相当于简谱6。作量词，用于鸟（多用于鸽子）的数量，如"500 羽信鸽"。

　　"羽"作为偏旁，在字上时，横折钩写成横折，如"翠、翼"。在合体字中多作意符，所从字与羽毛、鸟飞等义有关，如"翅、翘、翩、翻"；也作声符，如"诩、栩"。

翁 wēng （篆）翁 小篆是形声字，从羽，公声。本义是鸟脖子上的毛。假借表示公，指父亲，如"家祭无忘告乃翁"（陆游《示儿》）。引申指丈夫的父亲或妻子的父亲，如"翁姑"（公婆），"翁婿"。又泛指老年男子，如"老翁"，"渔翁"。

翎 líng （篆）翎 小篆是形声字，从羽，令声。本义是鸟翅和尾上的长羽毛，如"雁翎"，"孔雀翎"。引申指清代官帽上用孔雀毛等做的表示品级的装饰品，如"花翎"。

翌 yì 楷书是形声字，从羽，立声。本义同"翊"（yì），飞翔的样子。假借表示"昱"（明天），次于当天的，如"翌日"；进而表示次于当年的，如"翌年"。

翘（翹）qiáo qiào （篆）翘 小篆是形声兼会意字，从羽，尧（尧）声，尧兼表高之意。规范简化为"翘"。**音 qiáo**：本义是鸟尾上的长羽毛。鸟长尾经常翘得很高，故引申为举起，抬起，如"翘首"，"翘望"，"翘足引领"。由"翘得高"又引申为特出，如"翘才"，"翘楚"（喻杰出的人才）。**音 qiào**：由"翘得高"又引申指一端向上仰起，如"翘尾巴"，"板凳翘起来了"。

翠 cuì （篆）翠 小篆是形声字，从羽，卒声。本义指翠鸟，一种青绿色的雌鸟，也叫翡翠鸟。引申指青绿色，如"翠微"，"苍松翠柏"。又引申指翡翠，一种碧绿而透明的玉。

翩 piān （篆）翩 小篆是形声字，从羽，扁声。本义是疾飞的样子，如"翩彼飞鸮"（《诗经·鲁颂·泮水》。鸮：xiāo，猫头鹰）。引申为轻快，飘忽，如"翩跹"，"翩翩"，"翩若惊鸿，婉若游龙"（曹植《洛神赋》）。"翩翩"又形容（舞姿）轻快优美，如

"舞姿翩翩"；又形容举止洒脱、大方得体，如"风度翩翩"。

翼 yì （篆）翼　小篆是形声字，从羽，異(yì)声。本义指翅膀，如"翼翅"，"比翼双飞"。引申指左右两侧中的一侧，如"左翼"，"侧翼"。翅膀在两侧，故又引申指从旁进行帮助、辅佐，如"翼助"。也指星名，二十八宿之一。

翻（飜）fān （篆）翻　小篆是形声字，从羽，番声。"飜"是异体字。现在规范为"翻"。本义是鸟飞。引申指翻卷，翻腾，如"风掣红旗冻不翻"(岑参《白雪歌送武判官归京》)。又引申为歪倒，反转，如"翻滚"，"推翻"，"翻云覆雨"。进而引申为变动，改变，如"翻修"，"翻案"。又引申为爬过，超过，如"翻山越岭"，"翻过墙头"。又引申指语言的改变，即翻译。由"翻转"又引申为数量成倍的增加，如"产量翻番"。还引申指翻找，如"翻箱倒柜"。

耀（燿）yào （篆）耀　小篆为形声字，从火，翟(dí)声。"耀"是俗体，改"火"旁为"光"。现在规范为"耀"。本义是光线强烈地照射，如"照耀"，"耀眼"，"闪耀"。引申为光芒，光辉，如"光耀夺目"，"日星隐耀，山岳潜形"(范仲淹《岳阳楼记》)。又引申为显扬，显示，如"夸耀"，"耀武扬威"。进而引申为光荣，如"荣耀"，"光宗耀祖"。

糸（纟、糸）部（51 字）

糸（糸、纟）mì　（甲）① ② （金） （篆） （隶）**糸** 甲骨文是象形字，①像小把的细丝绞在一起的形状，②两端有束丝的头。隶书写作"糸"。本义是细蚕丝。

"糸"现只作偏旁，在字左时繁体写作"糸"，规范简化为"纟"，称作"绞丝旁"；在字下写作"糸"。在合体字中作意符，所从字与蚕丝、线、纺织、颜色等义有关，如"纤、织、绸、紧、索、绿、紫"。

系（係、繫）xì jì　（甲） （金） （篆） （隶）**系** 甲骨文是会意字，从爪（手）从二丝，像手提两束丝。小篆成一束，"爪"变"丿"（表示牵引）。楷书写作"系"。"系"与"係"（本义是用绳索缚住人的颈部）、"繫"（本义是粗劣的絮，后指结、扣）原是义异的三个字，都规范简化为"系"。**音 xì**：本义是悬挂。引申为联结，拴，如"联系"，"系马绳"。进而引申为牵挂，如"系念"，"系恋"。又引申为有联属关系的，如"派系"，"直系"，"水系"。又引申指高等学校按学科分的教学单位，如"中文系"，"数学系"。也引申指某些学科中分类的名称，如"汉藏（zàng）语系"。又表示判断，相当于"是"，如"确系实情"。**音 jì**：表示结，扣，如"系鞋带"，"系纽扣"。

纠（糾）jiū　（篆） （隶）**糾** 小篆是会意兼形声字，从糸（mì）从丩（jiū，纠缠），丩兼表声。规范简化为"纠"。本义是绞合的绳子。因绳子是缠绕而成，故引申为缠绕，如"纠缠"，"纠纷"。又引申为集结，如"纠集"，"纠合"。由"绳子"又引申指依照一定的准绳去衡量、矫正，如"纠谬"，"纠错"。

红（紅）hóng gōng　（篆）**紅** 小篆是形声字，从糸（mì，与颜色有关），工声。规范简化为"红"。**音 hóng**：本义是浅赤色的帛。后指大红色，如"红旗"，"红枣"。因女性多喜用红色装束，故引申指女性，如"红妆"，"红颜"。又引申为喜庆，如"红媒"，"红白喜事"。还引申指得宠，出名，如"红人"，"走红"。又引申指象征革命的，进步的，如"红色政权"，"又红又专"。**音 gōng**：又通"工"，指妇女刺绣、纺织等针线活，如"女红"。

纤（纖、縴）xiān qiàn　"纤"繁体有二，义异。**音 xiān**："纖"，形声字，从糸（mì，细丝，表微小），韱（xiān）声。规范简化为"纤"，"千"表声。本义是细小，如

"纤尘","纤维","光纤"。**音 qiàn**："縴",形声兼会意字,从糸从牵(牵),牵兼表声。也规范简化为"纤"。本义是牵牲口的绳子。也指拉船绳,如"纤夫","拉纤"。

约(約) yuē yāo （篆）〔约篆〕（隶）约

小篆是形声字,从糸(mì,细丝,有缠束作用),勺声。规范简化为"约"。**音 yuē**：本义是缠束,捆缚。引申用于抽象意义指拘束,限制,如"约束","约法","制约"。由"约束"又引申为简要,如"简约"。又引申为大略,如"约计","约略"。由"限制"又引申为节俭,如"节约","俭约"。又引申为约会,约定。由"约束"又引申为定约,如"契约"。作名词指盟约,条约。**音 yāo**：指用秤称轻重,如"约一约这块肉有多重"。

级(級) jí （篆）〔级篆〕

小篆是形声字,从糸(mì),及声。规范简化为"级"。本义是丝的优劣等级。引申泛指等级,特指官阶爵位的品级,如"上下级","级别","级差"。又引申为层,层次,如"石级","拾级而上"。进而引申指学校里学生所在学年的分段,如"年级","级任"。作量词,用于台阶的层次,如"十级台阶"。

纪(紀) jì jǐ （篆）〔纪篆〕

小篆是形声字,从糸(mì),己声。规范简化为"纪"。**音 jì**：本义是一把丝线开头的一段,用来缠缚约束。引申为开端,头绪,如"乱其纪"(事情乱了端绪)。由"丝的头绪"又引申为纲领,纲纪,如"道者,万物之始,是非之纪也"(《韩非子·主道》)。由"束丝"又引申为法度,制度,如"纪律","违法乱纪"。作量词,用于记年的单位,十二年为一纪,如"既历三纪"(《尚书·毕命》)。三纪:三十六年);一百年为一世纪,如"二十一世纪"。假借为"记",指记载,如"纪年","纪行(xíng)","纪传(zhuàn)体"。**音 jǐ**：用作姓。

纫(紉) rèn （篆）〔纫篆〕

小篆是形声字,从糸(mì),刃声。规范简化为"纫"。本义是单股的绳。引申为穿针引线,如"纫针"。进而引申为缝缀,如"纫辑"(喻修补),"缝纫"。

纬(緯) wěi （篆）〔纬篆〕

小篆是形声字,从糸(mì),韦声。规范简化为"纬"。本义是织物的横丝,纬纱,与"经"相对。引申指地理学上假定的沿地球表面跟赤道平行的线,在赤道以北的叫北纬,以南的叫南纬。由"织物的横丝"又引申为组织,如"纬文"(安排组织文章)。又引申为治理,如"经天纬地"(治理天下)。

纯(純) chún （篆）〔纯篆〕

小篆是形声字,从糸,屯声。规范简化为"纯"。本义是蚕丝。由于刚抽出的蚕丝颜色比较单纯,故引申为同一颜色的丝织品,或同一颜色。又引申为专一,不含杂质的,如"纯净","纯钢","单纯"。进而引申指人品朴实无华,如"纯朴","纯真","纯厚"。还引申为精通,熟练,如"纯熟","功夫不纯"。由"单纯"又虚化为副词,相当于全,都,如"纯属虚构"。

纲(綱) gāng （篆）〔纲篆〕

小篆是形声字,从糸(mì),冈(gāng)声。规范简化为"纲"。本义是提网的总绳,如"纲举目张","善张网者引其纲"(《韩非子·外储说右下》)。引申为事物的总要,关键部分,如"大纲","纲领","纲目","纲要"。又引申为国家法度,如"纲条"(法纪),"国纲"。也指唐、宋时成批运输的货物或组织,如"盐纲","生辰纲","十船为纲,每纲三百人"(《新唐书·食货志》)。古人将网的纲目关系用于书籍的编制,分为大纲与细目,如《本草纲目》。后来也用于生物学的分类单位之一,在"门"下,"目"上。如"鸟纲","叶子单植物纲"。

纳(納) nà （篆）納

小篆是形声字,从糸(mì),内声。规范简化为"纳"。本义是丝被水浸湿,如"衣纳纳而掩露"(刘向《九叹·逢纷》)。通"内",表示收藏,放入,如"藏污纳垢","出纳"。引申为接收,如"采纳","笑纳"。一方是接收,另一方就是交出,缴付,故又引申为交纳,如"纳税"。又通"衲",表示补缀,现在指密密地缝,如"纳鞋底"。

纵(縱) zòng （篆）縱

小篆是形声字,从糸(mì),從(cóng)声。规范简化为"纵","从"表声。本义是织布时松开机杼的动作,即松缓,放开。引申为放走,如"纵虎归山","七擒七纵"。由"放松"又引申为放任,不加拘束,如"纵情歌唱","放纵"。又引申为猛然向上或向前跳起,如"纵身"。由于杼是按经线来回移动,故又表示竖,直,南北的方向,与"横"相对,如"排成纵队","纵横千里"。虚化为连词表示让步,如"纵使","纵然"。

纷(紛) fēn （篆）紛

小篆是形声字,从糸(mì),分声。规范简化为"纷"。本义是扎束马尾的丝麻织套子。引申指旌旗上的飘带。又引申为众多,如"纷争","纷至沓来"。进而引申为多而杂乱,如"纷繁","纷乱","纷扰"。

纸(紙) zhǐ （篆）紙

小篆是形声字,从糸(mì),氏声。丝絮是古人造纸的主要原料,故从"糸"。规范简化为"纸"。本义是纸张。用作量词,如"一纸空文"。

纽(紐) niǔ （篆）紐

小篆是会意兼形声字,从糸(mì,与丝有关)从丑(用手扭),丑兼表声。规范简化为"纽"。本义是打活结,缠束。由于"纽"起系结作用,故引申比喻控制事物的关键,如"纽带","电纽","枢纽"。又引申指器物上可以提起或系挂的部分,如"秤纽"。还引申指纽扣。

素 sù （篆）素

小篆是会意字,从糸(mì,丝类织品)从巫(垂),表示丝织物光滑垂顺。本义是没有染色的白而细密的生帛,如"十三能织素"(《古诗为焦仲卿妻作》)。引申指本色,白色,如"素丝","红装素裹"。又引申指颜色单纯,不艳丽,如"素雅"。由"本色"又引申为本来的,如"素质","素养"。进而引申指带根本性的物质或构成事物的基本成分,如"元素","毒素","维生素"。由"本色"又引申为质朴,不加修饰的,如"朴素","爱素好古"。由"质朴"又引申指非肉类的食品,与"荤"相对,如"素食","持斋把素"。作副词表示平素,向来,如"我行我素","素昧平生","训练有素"。由"白色"又引申为空的,白白地,如"尸位素餐"。

索 suǒ （甲）① ② （金） （篆） 甲骨文是会意字,①像两手搓大绳的形状;②加上房子,表示在屋内搓绳。小篆从宋(草盛)从糸,表示用草的茎叶搓成大绳子。楷书写作"索"。本义是搓绳索。古代将大绳称作索,小的称作绳,如"宵尔索绹"(《诗经·豳风·七月》。绹:绳)。引申泛指各种绳索或链条,如"索道","钢索","绞索"。搓绳索要扭合,故又引申为寻找,探求,如"搜索","探索","索引"。进而引申为要,取,如"索求","索取","勒索"。又引申为孤单,如"离群索居"。又表示尽,完结,如"兴味索然","索然寡味"。

紧(緊) jǐn （篆） 小篆是会意字,从臤(qiān,牢固)从糸(mì,细丝)。规范简化为"紧"。本义是拉紧丝线。引申为密切相合,与"松"相对,如"扎紧","拧紧","捆紧"。又引申为靠得很近,如"紧挨着","紧邻"。引申作动词,指紧缩,收束,如"紧一下弦","紧身"。又引申为事情紧密连接,时间急,没空闲,如"紧凑","加紧","时间紧"。又引申为情势紧迫,严重,如"风声紧","紧要关头"。还引申为不宽裕,如"紧俏","紧缺"。

线(綫、線) xiàn （篆） （古文） 小篆是形声字,从糸(mì),戔(jiān)声。《说文》古文从糸,泉声。规范简化为"线"。本义是用麻、丝加工成的细缕,如"丝线","线绳"。引申泛指像线的东西,如"电线","金线"。又引申比喻像线的东西,如"光线","视线","航线"。又引申为贯穿事物发展的脉络,如"线索","内线"。又引申为几何学上指一个点任意移动所构成的图形,如"直线","曲线","线条"。还引申为边缘交界处,如"防线","边境线"。作量词,用于抽象事物,数量于"一",比喻极小的,如"一线生机","一线光明"。

练(練) liàn （篆） 小篆是形声字,从糸(mì,与丝有关),柬声。规范简化为"练",由草书楷化而来。本义是把生丝或织品煮得柔软而洁白。引申指白色的熟绢,如"素练","江平如练"。由"煮丝"又引申为反复学习和操作,如"练习","练兵"。进而引申为经验多,精熟,如"老练","熟练"。

注意:"练"的右旁不是"东"。

组(組) zǔ （金） （篆） 金文是形声字,从糸(mì,与丝有关),且(jǔ)声。规范简化为"组"。本义指古时多用于佩印或佩玉的宽丝带,如"组缨"(系冠的丝带),"系颈以组"(《汉书·高帝纪》)。引申作动词指编织带子,如"素丝组之"(《诗经·鄘风·干旄》。素:白色)。由"编织"又引申为结合,构成,如"组成","组阁","改组"。进而引申为由若干人员结合成的单位,如"工作组","学习小组"。还引申指合成一组的,如"组件","组诗"。作量词,用于成组的事物,如"一组照片"。

细(細) xì （篆） （隶） 小篆是形声字,从糸(mì),囟(xìn)声。隶书将"囟"讹变为"田"。规范简化为"细"。本义是微小的丝。引申泛指直径小的或颗粒小的，与"粗"相对，如"细眉"，"细腰"，"细沙"。又引申指声音轻微，如"细声细气"。又引申为精致的，如"细瓷"，"细活儿"。又引申为周密详尽，如"仔细"，"细致"，"细密"。又引申为细小的，不重要的，如"细微"，"细枝末节"。

终（終）zhōng　（甲）〔图〕（金）〔图〕〔图〕（篆）〔图〕　甲骨文是象形字，像一根丝绳的两头各打一个结。金文将丝绳结头变成了两个小黑点或短横。小篆则变成了形声字，从糸（mì），冬声。规范简化为"终"。本义是把丝绳绷紧，扎紧，末端打结。引申为终了，结束，与"始"相对，如"年终"，"终点"，"终审"。又引申为从开始到末了，如"终年"，"终生"，"饱食终日"。又引申为生命的结束，如"临终"，"送终"。还引申为到底，总归，如"终将成功"。

绊（絆）bàn　（篆）〔图〕　小篆是形声字，从糸（mì，绳索），半声。规范简化为"绊"。本义是栓系马足的绳索（一说是马缰绳）。引申为牵制，约束，如"羁绊"，"何用浮名绊此身"（杜甫《曲江二首》其一）。又引申为前行时被东西挡住或缠住，如"绊脚"，"绊倒"。又引申比喻阴谋，圈套，如"暗地里使绊儿"。

绎（繹）yì　（篆）〔图〕　小篆是形声字，从糸（mì，丝），睪（yì）声。规范简化为"绎"。本义是抽丝。引申为引出头绪，寻求，推究，如"演绎"，"寻绎"。又引申为一个接一个地，连续不断，如"络绎不绝"。

经（經）jīng　（金）①〔图〕②〔图〕（篆）〔图〕　金文①是象形字，像古代织布机，上部三竖是织布机上的纵向丝，下部是织布机的脚架。金文②是会意兼形声字，从糸（mì）从巠，巠兼表义。小篆从金文②。规范简化为"经"。本义是织布机上的纵线，与"纬"相对，如"经纱"，"经纶"。引申指南北纵贯的道路，如"国中九经九纬"（《考工记·匠人营国》）。又引申指地理学上的经度，如"东经"，"西经"。又引申为中医指人体内较大的脉络，如"通经活血"，"经络"。由于纺织先要确定经线的位置后才能穿插纬线，"经"又引申为恒常不变的，正常的，如"经常"，"经费"，"荒诞不经"。又引申为历来被尊奉为准则典常的著作，如"经典"，《诗经》，"佛经"，"经传"。由"经典"又引申指某学科的专门著作，如《茶经》，《山海经》。由"准则"又引申为治理，管理，如"经理"，"经营"。由于经线是纬线必须通过的地方，故又引申为经过，经历。

　　注意：因"巠"（巠）是织布机上的纵线，所以以"巠"为意符的字，多有"直"义，如"经、颈、径、茎、胫、痉"。

结（結）jié jiē　（篆）〔图〕　小篆是形声字，从糸（mì），吉声。规范简化为"结"。
音jié：本义是用绳子打结，如"结绳而治"。引申为编织，如"结网"，"结绳"，"结扎"。引申指系成的扣儿，如"蝴蝶结"，"领结"。又引申指像结的东西，如"喉结"。"结"是系绳动作完成的成果，故又引申为结果，结束，如"结局"，"结账"，"总结"。还引申为组织在一起，如"结盟"，"结社"。进而引申为聚合，如"团结"，"凝结"。

也引申为构建,如"结构"。**音 jiē**:由"系绾成结"又引申为长出(果实或种子),如"开花结果","结子"。

绘（繪）huì （篆）繪

小篆是会意兼形声字,从糸(mì,表各种彩线)从會(会,会集),會兼表声。规范简化为"绘"。本义是五彩的刺绣,如"彩绘","锦绘"。因绘画杂用五色,故又引申指绘画。又引申为描写,形容,如"描绘","绘声绘色"。

给（給）jǐ gěi （篆）給

小篆是会意兼形声字,从糸(mì,丝帛)从合(聚合),合兼表声。规范简化为"给"。**音 jǐ**:本义是纺织中加线使足。引申为衣食丰足,充裕,如"家给户足"。进而引申为使丰足,供应,如"供给","给养","自给自足"。**音 gěi**:由"供给"又引申为付出,交予,如"给予","送给","献给"。又引申指使对方遭受,如"给他一顿打"。虚化为介词,表示被,让,替,为,如"给火烧了","给拉走了","给他开门"。也表示向,对,如"给大家说说"。

络（絡）luò lào （篆）絡

小篆是形声字,从糸(mì),各声。规范简化为"络"。**音 luò**:本义是粗丝绵。引申指把丝缠绕在络(lào)子上。进而引申为缠绕,如"青树翠蔓,蒙络摇缀"(柳宗元《小石潭记》)。又引申为连接,如"络绎不绝","联络"。又引申比喻为控制,拉拢,如"笼络"。又引申用作名词指结成的网状物,如"络头"(马笼头),"经络","网络"。**音 lào**:络子,指线绳编成的小网袋,可以装物;又指绕线绕纱的工具。

绝（絕）jué （甲）AA （金） （篆）絕 （隶）絕

甲骨文是指事字,像二束悬丝,中间的横画均表示从中间截断。金文变为会意字,像刀(刀)断两束丝之形,更直观。小篆改为一糸一刀,右下加"卩"(卩jié,跪坐着的人),表示人用刀断丝。规范简化为"绝"。本义是把丝束截断,如"不绝如缕"。引申泛指割断,切断,如"断绝","络绎不绝","绝长续短"。由"断绝"又引申为消失,停止,如"绝种","绝情","绝迹"。线缕的断绝处也就是尽头,又引申为尽,穷尽,如"绝境","妙绝","绝技"。也引申为完全,绝对,一般表示否定,如"绝不可能","绝无此意","绝非偶然"。作副词,相当于极,最,一定,如"绝少","绝顶","绝对"。绝句:诗体名,四句,是截取了律诗(八句)的一半而成,故也称"截句""断句"。

绞（絞）jiǎo （篆）絞

小篆是会意字,从交(人形)从糸(mì,绳索)。规范简化为"绞"。本义是用两根绳子交叉套在脖子上把人勒死,是古代一种死刑,如"绞刑","绞杀"。引申指把两根以上的条状物拧在一起,如"绞钢丝绳","两手绞在一块"。进而引申为缠绕,如"绞缠","绞结"。又引申为拧,挤压,如"绞干毛巾","绞痛","绞心"。

统（統）tǒng （篆）統

小篆是形声字,从糸(mì,与丝有关),充声。规范简化为"统"。本义是丝的头绪。引申为事物的联系关系,如"系统","血统","传统"。

由于丝的头绪总领全丝,故又引申为总括,如"统计","统共","统筹","统购统销"。又引申为总领,管辖,治理,如"总统","统帅","统治"。

絮 xù （篆）絮　小篆是形声字,从糸(mì),如声。本义是粗丝绵。引申为像丝絮一样的东西,如"柳絮","花絮"。又引申为弹制的棉花胎,如"棉絮","被絮"。引申作动词,指在衣物里铺棉花,如"絮被子","絮棉袄"。由"丝絮"的缠绞又引申为说话连续不断,重复啰唆,如"絮叨""絮烦"。

绥（綏）suí （篆）綏　小篆是会意字,从糸(mì,绳索)从妥(妥当,平安)。规范简化为"绥"。本义是车上供人登车时拉手的绳索,如"升车,必正立执绥"(《论语·乡党》)。因手拉绳索而稳妥,引申为平安,安定,如"顺颂时绥"(书信用语)。又引申为安,安抚,如"绥抚","绥远","绥靖"。

继（繼）jì （金）繼 （篆）繼　金文是会意字,从刀从两股糸(mì),是金文"绝"(絕)的反写。"绝"是断丝,将断丝续起即为"继"。小篆再加"糸"作意符,突出续丝义。规范简化为"继"。本义是连续不断。引申为继承,接着,如"继往开来","前仆后继"。

绩（績）jì （篆）績 （隶）績　小篆是形声字,从糸(mì,此指"麻"),责声。规范简化为"绩"。本义是把麻搓捻成线或绳,如"纺绩","绩麻","八月载绩"(《诗经·豳风·七月》)。纺绩则会不断增长,故引申为承继,如"绩绍"(继承业绩)。纺绩则有成果,故又引申为成果,功业,如"业绩","成绩","战绩"。

绪（緒）xù （篆）緒 （隶）緒　小篆是形声字,从糸(mì),者声。规范简化为"绪"。本义是丝头。引申为头绪,开端,如"端绪","绪论","绪言"。又引申指前人未完成的事业,功业,如"绪功","绪业"。由"丝头"又引申为丝,如"早缫而绪"(柳宗元《种树郭橐驼传》)。由"丝"又引申为连绵不断的情思,如"情绪","思绪","都门帐饮无绪"(柳永《雨霖铃》)。丝有开端就有末端,由"末端"又引申为剩余,残余,如"绪余","绪风"。

绰（綽）chuò chāo （金）綽 （或体）繛 （隶）綽　金文是形声字,从素(本色的丝绸),卓声,即"繛"字。《说文》或体从糸(mì),卓声。规范简化为"绰"。**音chuò**:本义是宽缓,宽裕,如"宽绰(chuo)","绰绰有余"。引申为姿态舒展,柔媚,如"风姿绰约","柔情绰态"。**音chāo**:指抓取,如"绰起一根棍子"。

维（維）wéi （金）維 （篆）維　金文是形声字,从糸(mì),隹(zhuī)声。本义是系物的大绳,如"天柱折,地维绝"(《淮南子·天文训》)。引申为系,联结,如"絷之维之"(《诗经·小雅·白驹》)。絷之维之:绊着它,栓着它)。由"系"又引申为保持,保全,如"维持","维护","维修","维生素"。由"系物的大绳"又引申为几何学及空间理论的基本概念,构成空间的每一个因素(如长、宽、高)叫做一维。

直线是一维的,平面是二维的,普通空间是三维的。又虚化作副词、介词、连词,相当于只、仅、以、于、与等。又作语气词,用在句首和句中,如"维新","时维九月,序属三秋"(王勃《滕王阁序》)。

绿 (綠、緑) lǜ lù （篆）絲

小篆是形声字,从糸(mì,表示与颜色有关),彔声。颜色不是实体,须依附于有颜色的事物(如丝织品),才能表示出来,故从"糸"。楷书繁体写作"綠"。规范简化为"绿"。**音 lǜ**:本义是绿色,如"绿叶","绿树成荫"。引申指绿色植物,如"千里莺啼绿映红"(杜牧《江南春》)。又引申为使动用法:"使……变绿",如"春风又绿江南岸"(王安石《泊船瓜洲》)。如今又引申指纯天然的、符合环保要求的,如"绿色食品"。**音 lù**:用于"绿林、绿营、鸭绿江"等词语中。

缀 (綴) zhuì （篆）綴

小篆是会意字,从糸(mì)从叕(zhuó,交叉连结),表示丝线交错缝合。规范简化为"缀"。本义是缝合,如"补缀"。引申为连接,如"连缀","缀文"。又引申为挂,装饰,如"点缀"。还引申为附加的部分,如"后缀"。

缄 (緘) jiān （篆）緘

小篆是形声字,从糸(mì,绳索),咸声。规范简化为"缄"。本义是捆箱箧的绳索。引申指封口,闭口,如"缄口","缄默"。又引申特指为书信封口,常用在信封上寄信者的姓后,如"马缄","厦门陈缄"。由"封信口"又引申为书信,信函,如"信缄","缄扎"。

缓 (緩) huǎn （篆）緩

小篆是形声字,从糸(mì,缠绕扎束),爰(yuán)声。规范简化为"缓"。本义是宽松,舒缓,如"缓带"(放宽衣带)。宽松则不紧,故又引申为行动迟、慢,与"急"相对。如"缓慢","迟缓"。又引申为推迟,延缓,如"缓期","刻不容缓"。又引申为松弛,不紧张,如"缓和","缓冲","缓解"。又引申为恢复,如"缓气","缓苗"。

缔 (締) dì （篆）締

小篆是形声字,从糸(mì,丝线),帝声。规范简化为"缔"。本义是结解不开,即结合得很牢。引申为结合,订立,如"缔约","缔结"。又引申为结构,建造,如"缔造"。又引申为约束,限制,如"取缔"(明令取消或禁止)。

编 (編) biān （甲）卌 （篆）編

甲骨文是会意字,从册从糸(mì,丝绳)。小篆变为形声字,从糸,扁声。规范简化为"编"。本义是古代用来穿联竹简的皮条或绳子,如"韦编三绝"。引申为顺次排列,如"编年","编队","编码"。又引申为编结,编织。又引申为一部著作的一部分,如"上编","下编"。还引申为编辑,如"编写","编印"。也引申为创作,如"编剧","编导"。进而引申为捏造,如"编瞎话"。

缘 (緣) yuán （篆）緣

小篆是形声字,从糸(mì,与衣物有关),彖(tuàn)声。

规范简化为"缘"。本义是古时衣服的边饰。引申为边沿，如"地缘"，"缘海"，"杯缘"。又引申作动词，指沿着，顺着，如"缘法"（沿袭旧法），"缘木求鱼"。又引申为因缘，缘分。进而引申为因由，原因，如"无缘无故"，"缘由"。作介词，表示因为，如"白发三千丈，缘愁似个长"（李白《秋浦歌》），"只缘身在此山中"（苏轼《题西林壁》）。

缚（縛）fù（篆）縛

小篆是形声字，从糸（mì，与绳索有关），尃（fū）声。规范简化为"缚"。本义是捆绑，如"绑缚"。引申为约束，限制，如"束缚"，"作茧自缚"。

缩（縮）suō sù（篆）縮

小篆是形声字，从糸（mì，与绳索有关），宿声。音suō：本义是用绳子捆束。引申为收缩，卷缩，如"龟缩"。又引申为由大变小，或由长变短，或由多变少，如"压缩"，"缩写"，"节衣缩食"。又引申为后退，如"退缩"。音sù：指"缩砂密"，多年生草本植物，根茎横走，种子可入药，叫"砂仁"。

麦(麥)部(2字)

麦(麥) mài （甲）🖎 （金）🖎 （篆）🖎 （隶）🖎 甲骨文是形声字，下部的夂是倒止(脚)，表行走，上部是來(来)，表声。楷书繁体写作"麥"。规范简化为"麦"。本义是到来。甲骨文时假借表示"麦"义，又把本义是麦的"来"字表示"到来"义，两个字义互换至今。

　　"麦"作为偏旁，在字左时末笔的捺写成点，如"麸"。在合体字中作意符，所从字与小麦、食物等义有关，如"麸、麺(面)"。

麸(麩) fū （篆）🖎 小篆为形声字，从麥(麦)，夫声。规范简化为"麸"。本义是小麦磨面过箩后剩下的麦皮与碎屑，亦称"麸皮"。

走部(8字)

走 zǒu （甲）🖾（金）🖾（篆）🖾（隶）🖾 🖾　甲骨文是象形字,像一个大人甩开双臂奔跑的形状。金文加意符"止"(脚)以突出脚的跑动,成为会意字。小篆又将人头前倾,使奔跑义更形象。隶书将"大"的双腿形连成一横变成"土"。本义是跑,如"走狗"(本指跑得快的猎狗),"走马观花","奔走相告"。引申为逃跑,如"逃走","老翁逾墙走"(杜甫《石壕吏》),"兽见之(虎)皆走"(《战国策·楚策》)。明代以后,"跑"义逐渐转向"步行"义,如"你还是带我去走走罢"(《西游记》第二十七回)。引申为往来,如"走亲戚","走街串巷"。又引申为往来运送,如"走私"。又引申为离开,如"她刚走"。又引申为泄露,如"走漏消息","说走了嘴"。由"行走"又引申为移动,如"走棋","手表不走了"。又引申为改变或失去,如"走味了"。

　　"走"作为偏旁,在合体字中主要作意符,所从字与跑、行走及其动作或姿态等义有关,如"赴、起、超、趋";也作声符,如"陡"。

　　注意:"走"在古代指"跑",现在的"走"在古代叫"行"。

赴 fù （篆）🖾　小篆是形声字,从走,卜声。本义是奔向,前往,如"万里赴戎机"(《木兰辞》),"赴京上访"。引申专指奔走报丧,如"赴告"(春秋时各诸侯国将天子及诸侯丧事、祸福告于人),此义后写作"讣"。

赵(趙) zhào （金）🖾（篆）🖾　金文是形声字,从走,肖声。小篆文字化。规范简化为"赵","乂"是记号。本义是快步走,跳跃。后来借为周朝的诸侯国名。周穆王封造父于赵,故址在今山西省赵城县境,并因此作为姓。后世为晋卿,战国初与魏、韩三家分晋,成为七雄之一,地域为今河北南部和西部、山西中部和北部一带,后被秦国所灭。"赵"现在指河北南部。赵客:古代燕赵多侠士,故指侠义之士。

赳 jiū （篆）🖾　小篆是形声字,从走,丩(jiū)声。本义是武勇的样子,如"赳赳武夫"(《诗经·周南·兔罝》)。引申指威武的样子,如"雄赳赳","(周)亚夫赳赳,载于汉策"(《后汉书·庞参传》)。

赶(趕) gǎn （篆）🖾　小篆是形声字,从走,干声。本义是兽类翘着尾巴奔跑(读作 qián)。后规范作"趕"的简化字,表示追逐、赶上。引申为抽象意义的追逐,如"学先进,赶先进"。因"追逐"者在被追者的后面,又引申为驱赶。要追上前面的必须加速,故又引申为加快进行,如"赶任务","赶时间"。"追赶"是有目标有目的的行为,故又引申为到目的地去做事,如"赶集","进京赶考"。由"追上"又引申为遇到,碰上,如"他来时正赶上发大水","赶上了好日子"。虚化为介词,表示等到某个时候,如"赶明儿再说"。

起 qǐ （篆）　小篆是会意兼形声字,从走(跑)从巳(sì,起),《玉篇·巳部》:"巳,起也",古人席地而坐时,要跑动须先站立;巳兼表声。楷书变为形声字,从走,己(jǐ)声。本义是由坐而立。后来也指由躺而坐。引申为起床,起来。"由坐而立"是跑动之始,又引申为起点,起头,起始。又引申为兴起,如"起义"。又引申为长出,如"身上起了痱子"。进而引申为把东西拔出、取出,如"起锚","起货","起出钉子"。由"起立"又引申为发生,如"起火了",进而引申为发动,如"起兵"。用在动词后,表示(从、由……)开始,如"从头学起","从何说起"。

注意:现在规范"起"的声符是"己",不要写成"巳"或"已"。

越 yuè （篆）　小篆是形声字,从走,戉(yuè)声。本义是空间的渡过,跨过,如"翻山越岭","越陌度阡,枉用相存"(曹操《短歌行》)。引申为跃过,如"越墙而过","越级升迁"。又引申为劫夺,如"越货"(抢劫财物)。又引申为超过(某些范围),如"越俎代庖"。进而引申为情绪激昂,如"激越"。虚化为副词,相当于更加,如"她越发显得娇媚了";现在多连用。越……越……:指随着条件的变化而更加……,如"人民生活越来越好","脑子越用越灵"。由"空间的渡过"又引申指时间的度过,如"越冬作物"。越国:周代诸侯国名,姒(sì)姓,地域在今浙江省东部,春秋末越王勾践灭吴,领土扩展到江苏、山东,称为霸主。战国时被楚所灭。

注意:"越"的声符是"戉",不要写成"戊"(wù)或"戌"(xū)。

趁 chèn （篆）　小篆是形声字,从走,㐱(zhěn)声。本义是行走困难的样子,古文献中多表示为"追逐"义,如"也知渔父趁鱼急,翻著春衫不裹头"(杨万里《过百家渡四绝句》其一)。引申为赴,趋,如"趁墟"(赶集),"青箬裹盐归峒客,绿荷包饭趁虚人"(柳宗元《柳州峒氓》。虚:墟,集市)。进而引申为乘便,利用时机,如"趁早","趁虚而入"。

赤部(3字)

赤 chì （甲） （金） （篆） （隶） 甲骨文是会意字,从大（人）从火,像是人被火映得红红的。一说"大火"为赤。隶书将上部的"大"讹变为"土",写作"赤"。本义是火的颜色,浅红色,如"赤血","赤字"。引申泛指红色。进而引申象征革命,如"赤化","赤卫军"。由火烧的后果,引申为空,一无所有,如"赤贫","赤手空拳","赤地千里"。进而引申指裸露,如"赤膊上阵","赤脚"。又引申为抽象意义的真诚,纯真,如"赤诚","赤忱","赤胆忠心"。由"纯真"又引申为赤子(纯洁无瑕的初生婴儿,古代亦指百姓)。

　　"赤"作为偏旁,在合体字中作意符,所从字与火盛、火红等义有关,如"赧(nǎn,脸红)、赫、赭";也作声符,如"赦、郝"。

赦 shè （金） （篆） 金文是形声字,从攴(攵 pū,手持棍械击打),亦声。小篆改为赤声。本义是弃置。引申为释放,宽免人的罪过,如"赦免","十恶不赦"。

赫 hè （篆） 小篆是会意字,从二赤(火红色)。本义是火势很盛的样子。引申为明亮,如"光辉不赫"。又引申为显著,盛大,如"显赫","赫赫有名"。由"火盛"又引申为发怒,如"赫咤","赫怒"。

豆部(1字)

豆 dòu （甲）① 🔸🔸 ② 🔸 （金）🔸 （篆）🔸　甲骨文是象形字,像高脚盘的器皿,②在器皿上加盖。本义是古代一种盛食物的食器,如"一箪食,一豆羹,得之则生,弗得则死"(《孟子·告子上》)。后假借为豆类植物的总称,如"黄豆","绿豆","种豆南山下,草盛豆苗稀"(陶渊明《归园田居》其三)。引申指像豆的东西,如"土豆儿","花生豆儿"。

　　"豆"作为偏旁,在合体字中作意符,所从字与食器、豆类及像豆的东西有关,如"䜴、豉、登、豐(丰)、豌";也作声符兼意符,如"痘、頭(头)";也作声符,如"逗、剅(lóu)"。

酉部（17字）

酉 yǒu （甲）　（金）　（篆）　（隶）　甲骨文是象形字，像尖底酒坛的形状，上部是坛盖，下部是坛身，中间一横表示坛内的酒水。金文的酒坛尖底趋平。隶书写作"酉"。本义是盛酒的器具。因酒坛代表酒，故古代也多用以表示"酒"，此义后写作"酒"（加意符"氵"）。"酉"后假借作十二地支的第十位。

　　"酉"作为偏旁，在合体字中多作意符，所从字与酒器、酒、经过发酵而制成的食物或化学物等义有关，如"酋（陈酒）、配、尊、酌、醒、酿、醋、酱、醇、醛、醴"；也作意符兼声符，如"酒"。

　　注意："酉"中下部的横代表酒水，写时如缺少则成为"西"字。

酌 zhuó （金）　（篆）　金文是会意兼形声字，从酉（酒）从勺，表示用勺舀酒；勺兼表声。本义是将酒用勺舀到杯中劝人饮。引申为斟酒喝，如"对酌"，"自斟自酌"。又引申为舀水喝，如"酌贪泉而觉爽"（王勃《滕王阁序》）。喝酒要酌量而取，故又引申指在决定取舍前要反复考虑，如"酌量"，"斟酌"，"酌情处理"。

配 pèi （甲）　（金）　（篆）　（隶）　甲骨文是会意字，从酉（酒坛）从卩（jié，曲膝跪坐的人），表示人跪坐在酒坛旁边调配酒。小篆将"卩"讹变为"己"，成为形声字，从酉，妃省声（省去"女"）。本义是用不同的酒配制而成的颜色，此义已亡。引申为婚配，配偶。因"婚配"是两性结合，又引申为配合。进而引申为搭配，分配，发配。

酝（醞）yùn （篆）　小篆是形声字，从酉（酒），昷（wēn）声。规范简化为"酝"，"云"表声。本义是酿酒，如"春酝夏成"。酝酿：造酒的发酵过程，比喻作准备工作，事先考虑、磋商。

酗 xù 　楷书是会意字，从酉（酒）从凶，表示酒醉逞凶。本义是没节制地饮酒而使言行至乱。

　　注意："酗"不读 xiōng，右旁"凶"不作声符。

酣 hān （篆）　小篆是会意兼形声字，从酉（酒）从甘（香甜），表示酒喝得畅快，心里甘甜；甘兼表声。本义是酒喝得很畅快。引申泛指尽兴，畅快，如"酣畅"。

又引申指睡眠恬适酣畅,如"酣睡"。又引申比喻激烈,如"酣战"(长时间地相持激战)。又比喻浓盛,如"荷花落日红酣"(王安石《题西太一宫壁》)。

酥 sū　楷书是形声字,从西(酿制),稣(sū)省声(省去"鱼")。本义是酪类,即酥油,从牛、羊乳中提制的脂肪。引伸指用面粉、油、糖等制成的一种松脆的点心,如"桃酥"。进而引申泛指松脆,松软,如"酥糖"。又引申比喻人的肢体无力,发软,如"骨软筋酥","酥麻"。

酬(醻、酧) chóu　(篆)① 醻 ② 酬　小篆是形声字,①从西(酒),壽(寿)声,②从西,州声。唐代俗体又写作"酧",从西,守声。现在规范为"酬"。本义是客人给主人敬酒后,主人再次向客人敬酒,如"酬宾","酬酢"(宾主相互敬酒。酢zuò:客还敬主人)。引申为报答,又特指以财相报,如"酬谢"。进而引申为报酬,如"按劳取酬"。由"酬酢"又引申泛指交际往来,如"应酬","酬答"。又引申指诗文相赠答,如"酬对","唱酬"。"敬酒"总希望对方接受,故又引申为实现愿望,如"壮志难酬"。

酱(醬) jiàng　(篆)醬　小篆是会意兼形声字,从肉从西(酒),表示用酒调和肉酱;爿(qiáng)声。楷书繁体作"醬",从西,将(将)声。规范简化为"酱","将"省去"寸"。本义是肉酱。引申泛指将豆、麦发酵后,加上盐做成的糊状调味品,如"面酱","黄酱"。进而引申指像酱的糊状食品,如"果酱","辣椒酱"。又引申作动词:用酱或酱油腌卤,如"酱菜"。进而引申作形容词:用酱或酱油腌制的或炖煮的,如"酱萝卜","酱肉"。

醛 jiào　楷书是形声字,从西(酒),教省声(省去"攵")。本义是酒醛。引申为发酵。
　　注意:"醛"不读"孝"(xiào)。

酷 kù　(篆)酷　小篆是形声字,从西(酒),告声。本义是酒味浓厚。引申指香气浓烈。因"浓烈"有猛烈义,故引申指残暴,苛刻,如"残酷","酷刑","酷评"(苛刻的评论)。由"味浓"又引申虚化为副词,表示程度深,相当于极,很,如"酷爱体育","酷暑","酷似"。

酿(釀) niàng　(篆)釀　小篆是形声字,从西(酒),襄声。规范简化为"酿","良"表声。本义是造酒,即酿酒。引申指酿造的酒,如"佳酿"。又引申泛指利用发酵作用制造蜜、醋、酱等,如"酿蜜","酿造厂"。又引申比喻逐渐形成,如"酿成祸乱"。
　　注意:"酿(釀)"不读"良"(liáng)、"攘"(rǎng)。

酸 suān　(籀文)酸 (篆)酸　籀文(大篆)是形声字,从西(酒),夋(jùn)声。醋同酒一样是发酵制品,故从"西"。小篆改为夋(qūn)声。本义是醋。引申指像醋的酸味,如"酸梅汤"。进而引申形容身子微痛而无力的感觉,如"身子酸痛"。又引申指悲痛,伤心,如"鼻子发酸","辛酸"。旧时又用以讥讽人的迂腐或贫寒,如"酸秀才","寒酸相"。

醋 cù （篆）醋　小篆是形声字,从酉,错省声(省去"钅"),酉与发酵有关。本义是一种酸的液体调料,多用米或高粱等发酵制成,如"白醋","陈醋"。引申比喻嫉妒,多指在男女关系上,如"醋意","争风吃醋"。

醇 chún （篆）醇　小篆是会意兼形声字,从酉(酒)从臺(chún,味道醇厚),臺兼表声。后俗写作"醇",古代"享""亨"同字,故以"享"作声符。现在规范为"醇"。本义是没有掺水的纯酒,酒味浓厚。引申为纯,不杂,进而引申指抽象意义的纯粹。又通"淳",表示朴实,如"黎民醇厚"。又指有机化合物的一大类,是含有羟基的烃化合物,如"乙醇"(酒精),"胆固醇"。

醉 zuì （篆）醉　小篆是会意兼形声字,从酉(酒)从卒(终止),表示酒喝到自己的酒量为止;卒兼表声。本义是饮酒适量。后指饮酒过量,神志不清,如"醉鬼"。由"酒醉神志不清"又引申为糊涂,如"众人皆醉我独醒"(《楚辞·渔夫》)。又引申为沉迷,极端爱好,如"陶醉","他醉心于武术"。也指用酒浸制的食品,如"醉枣儿"。

醒 xǐng （篆）醒　小篆是形声字,从酉(酒),星声。本义是酒醉后恢复常态,即酒醒。引申指从麻醉、昏迷状态中恢复常态,如"她醒过来了"。又引申为睡后醒来。进而引申为清醒,醒悟,觉醒。再引申指明显,清楚,如"醒目","文意醒豁"。

辰部（2字）

辰 chén （甲）甲 舟 闪 （金）蜃 （篆）辰 （隶）辰　甲骨文是象形字，是商代农人将蛤蚌壳穿孔后缚于拇指上，用于掐取禾穗的镰形农具的样子。蟹壳本是圆弧形，因甲骨文用刀刻写，不便转折，故写得方折。金文在蛤镰下加又（手）和止（脚），突出了动作，成为会意字。小篆文字化。隶书写作"辰"。本义是农具。因农历三月是"阳气动，雷电振"（《说文解字·辰部》）的农时，故引申为振动，震。假借为十二地支第五位，又指十二时辰之一的"辰时"，即上午七点到九点。引申为日子，时刻，如"诞辰"，"时辰"。古人推算时日与日、月、星有关，故假借指"北辰"（北极星）。又引申泛指众星，如"星辰"。

　　"辰"作为偏旁，在合体字中作意符，所从字与农事、时日、震动等义有关，如"農(农)、蓐、辱"；也作意符兼声符，如"振、赈"；也作声符，如"唇、娠、晨、震、蜃"。

辱 rǔ （甲）辱 （金）辱 （篆）辱　甲骨文是会意字，从辰（蛤蚌壳制作的农具）从又（手），表示使用农具耕作。小篆从辰从寸（亦手）。本义是耕作。古人重农耕，失耕则戮之，故引申为耻辱，如"奇耻大辱"。进而引申为动词：侮辱，如"我见相如，必辱之"（《史记·廉颇蔺相如列传》）。又引申为使动词：使……受到羞辱，如"丧权辱国"，"不辱使命"。又引申为谦辞，表示屈尊对方，如"辱临"，"辱承指教"。后因"辱"被引申义所专用，耕作义便造"耨"（nòu）字表示。

里部(3字)

里¹ （金） （篆） （隶）　金文是会意字,从田从土,田有区分界限之意。小篆规整化。隶书写作"里"。本义是人生活的地方,如"乡里","故里"。引申为城镇街巷,如"街坊里巷","里弄"。又引申为古代户籍管理的一级组织,先秦以二十五家为一里。又引申用作长度单位,如"一华里"(半公里)。后又作了"裹(裡)"的简化字,表示"里外"之"里"(参看"里²"字条)。

　　"里"作为偏旁,在合体字中多作声符,如"哩、理、厘、鲤";也作意符,所从字与乡里有关,如"野";也作意符兼声符,如"浬"。

里²（裹、裡） （金） （篆）　金文是形声字,从衣,里声。小篆变为上下结构。楷书写作"裹"。"裡"是异体字。规范简化为"里"。本义是衣物内层,如"衣服里子","被里"。引申为与外相对,如"里面","里应外合"。又引申指在一定的界限以内,如"城里","那里"。

野（埜）yě （甲） （金） （篆）　甲骨文是会意字,从林从土,表示长满草木的土地。小篆为形声字,从里(居民聚居地,与郊外相对),予声。现在"埜"为异体字,规范为"野"。本义是郊外,郊野,如"沃野千里"。引申为一定的范围,如"视野"。郊野是农民劳作生活之地,故又引申为民间的,不执政的,如"下野","在野"。又引申为野生的,如"野菜","野兽"。又引申为放纵,不受约束,如"野性","野心"。

足(𧾷)部(9字)

足(𧾷) zú （甲）𤴔 （金）𤴔 （篆）𤴔 （隶）足 足 甲骨文是会意字,从囗(表膝盖)从𣥂(止,即脚),表示膝盖以下包括脚的部分(甲骨文中"足""正"二字同形,只能从文义上区分)。小篆文字化。隶书写作"足"。本义是人的小腿。后转指脚,即踝骨以下部分,如"足迹","手舞足蹈"。引申指动物行走的器官,如"画蛇添足"。又引申指支撑器物的腿脚,如"鼎足"。由于从头到足是人完整的躯体,故又引申为完备,充分,够量,如"足月","足智多谋","充足","足额"。进而引申为值得,够得上,如"足以自豪","不足为凭"。

　　"足"作为偏旁,在字左时,撇和捺要改作竖和提,即"𧾷",如"踏、跪"。在合体字中主要作意符,所从字与腿脚、腿脚的动作等义有关,如"跳、踩、整、跫(qióng,脚步声)";也作意符兼声符,如"捉";也作声符,如"促、龊(chuò)"。

距 jù （篆）距 小篆是形声字,从足,巨声。本义是雄鸡脚爪后部突出像脚趾的部分。鸡距与鸡爪方向相反,故引申为离开,距离。进而引申指两者在空间或时间上相隔,如"两地相距甚远","距今已有三百年了"。再引申指两者相隔的长度,如"行距","去学校有不短的距离"。

趾 zhǐ 楷书是会意兼形声字,从足从止(脚),止兼表声。本义是脚,如"趾高气昂"。也指脚指头。本写作"止"(参看"止"字条),后因"止"主要用于引申义,本义便造"趾"字表示。

践(踐) jiàn （篆）踐 小篆是形声字,从足,戔(戈 jiān)声。规范简化为"践"。本义是踏,踩,如"践踏","糟践"。引申为摧残,如"践踏他人的尊严"。又引申为履行,实行,如"实践","践言"。

跌 diē （篆）跌 小篆是会意兼形声字,从足从失,表示失足即跌倒;失兼表声。本义是摔倒。引申为下降,低落,如"跌落山下","跌价"。

跑 páo pǎo 楷书是形声字,从足,包声。**音 páo**:本义是兽用前足刨地,杭州"虎跑泉"即取此义。**音 pǎo**:引申为疾走奔跑。进而引申指为某项事务而奔忙,如"跑生意","跑关系"。

　　注意:古代称"跑"为"走",称"走"为"行"。

路 lù　（篆）蹈　小篆是会意兼形声字，从足从各（到达），表示人足走过的途径；各兼表声。本义是道路，如"公路"，"路途"。引申为路线，如"三路公共汽车"。又引申为思想和行动的途径，如"思路"，"路线"。又引申指种类，如"不是一路人"，"两路货"。进而引申为等次，如"二三路角色"。作量词，用于队伍的行列，如"三路纵队"。

跟 gēn　（篆）䟓　小篆是形声字，从足，艮（gèn）声。本义是脚后跟。引申为追随于后，如"跟上队伍"，"警察一直跟着他"。又引申为物体的底部或后部，如"崖跟"（山崖底部），"跟底"（底部），"鞋跟"。虚化为介词，相当于"同"，如"我跟您一起走"；又相当于"向"，如"快跟妈说说"。进而发展为连词，相当于"同、和"，如"她跟他可好了"，"这些是篮球跟排球"。

躁 zào　（篆）䠶　小篆是会意兼形声字，从走从喿（zào，群鸟在树上鸣叫），表示人急躁时常来回走动、叫喊；喿兼表声。俗写作"躁"，改"走"旁为"足"。现在规范为"躁"。本义是性情急，不冷静，如"性子躁"，"急躁"，"不骄不躁"。引申指浮躁，不专一，如"蟹六跪而二螯……用心躁也"（《荀子·劝学》）。

注意："操、澡、噪、臊、燥、躁、藻"七字形近音近易混，辨析及"喿"的解析参看"操"字条。

邑(阝右)部(15 字)

邑(阝右)yì （甲）𠕁 （金）𠕁 （篆）𠕁 甲骨文是会意字,从口(围 wéi,疆域)从阝(jié,跪着的人),表示人群居住的地方。金文人形的腿部简化趋直。小篆文字化。本义是人群聚居的地方。引申泛指一般的城镇,进而特指古代的封地,国都。

"邑"作为偏旁,在字右时隶楷多写作"阝",称作"右邑",习惯上称为"右耳旁""右耳刀"。作意符,所从字与地域、地名、城郭、古代诸侯的封国等义有关,如"邦、邕、扈、郡、都、郭、邯郸、鄙"。右"阝"不作声符,"邑"作声符,如"悒、挹、浥"。

邦bāng （金）𡍼 （篆）𡍼 （隶）**邦** 金文是形声字,从邑(右阝,城邑),丰声。隶书写作"邦"。本义是古代诸侯的封国,如"百姓昭明,协和万邦"(《尚书·尧典》)。又泛指国家,如"邻邦""友邦""邦联"。

注意:"邦""国""都""邑"义近,辨析见"都"字条。

邢xíng （篆）𨙨 小篆是形声字,从邑(右阝,与诸侯封国有关),开(jiān)声。隶书写作"邢"。本指周朝一诸侯国名,姬姓,周公第四子受封于此,故地在今河北省邢台市境内,公元前 635 年被卫国所灭。用作地名,邢台市,在今河北省。又用作姓。

那nà nèi nā （篆）𨙮 小篆是形声字,从邑(右阝,与地名或行政区域有关),冄(冉 rǎn)声。本写作"那",后省作"那"。本义是西夷国名,古音读 nuó。音 nà:假借作指示代词,多为远指,与"这"相对,如"那人来了","那所学校"。有时不表示远指,如"那件事你我心里都很清楚"。曾假借作疑问代词,音 nǎ,此义后写作"哪"(加意符"口")。音 nèi:口语音,如"那些年","那个"。音 nā:用作姓。

邮(郵)yóu （篆）𡍼 小篆是会意字,从邑(右阝,城镇)从垂(边境、边陲),指从边远地区传递文书到城邑所经过的驿站。"邮""郵"原是音近而义异的两个字,"邮"从邑由声,本指汉朝长安(今陕西西安)高陵县亭名(或乡名)。因此字不常用,故被借作"郵"的简化字。规范简化为"邮"。本义是古代供传递文书的人食宿、更换车马的驿站。引申指递送函件的人。又引申为递送,如"邮递","邮寄"。又引申指与邮务有关的,如"邮局","邮票"。

邱qiū （篆）𨙨 小篆是形声字,从邑(右阝,表地域、地名),丘声。本义是地名用字。古代有人以地名为氏，故又用作姓氏。也表示"丘"的小土山、土堆等义。古时有以"邱"代替"丘"字的，是为避孔丘讳。

邻（鄰）lín （篆）𨛭　小篆是形声字，从邑（右阝，表居民区），粦(lín)声。规范简化为"邻"，从阝，令声。本义是周代的一种居民组织单位，"五家为邻，五邻为里"（《周礼·地官·遂人》）。引申指住处接近的人家，如"邻居"，"邻里"。又引申指邻近的，接近的，如"邻国"，"邻县"，"邻座"。

　　注意："邻"虽以"令"（lìng）为声符，却是前鼻音 lín。

邸　dǐ （篆）𨜞　小篆是形声字，从邑（右阝，与处所有关），氏(dǐ)声。本义是古代诸侯、郡守等为朝见天子而在京城设的住所。引申泛指高级官员的住所或办事的处所，如"官邸"，"府邸"，"邸第"。又引申指旅舍，如"客邸"，"邸店"。

郊　jiāo （篆）𨛜　小篆是形声兼会意字，从邑（右阝，与城郭、地域有关），交声；交兼表交界之意。本义是古代都城以外、百里以内的地方（周朝把距离国都五十里的地方称近郊，百里的地方称远郊）。引申泛指城外，野外，如"郊外"，"荒郊野外"。

郑（鄭）zhèng （甲）𠦪 𠨞 （金）𠨞 （篆）𨟇　甲骨文是会意字，是将盛酒的酒坛放置在平台上（底部一横），表示隆重祭奠之意。是"奠"的初文，当时与"鄭(郑)"通用。金文将平台改为几案，更突出隆重之意。小篆加邑（右阝，表示邦域、地名）写作"鄭"，成为形声字，从邑，奠声，用以表示国名，即鄭国。规范简化为"郑"，左边取"奠"的轮廓。本义是隆重祭奠。引申为隆重，慎重，如"郑重其事"。又指周朝诸侯国名，郑国，姬姓，西周时封地在今陕西省华县西北，东周初随平王东迁至今河南省新郑市一带，公元前 375 年被韩国所灭。用作地名，郑州市，今河南省省会。又用作姓。

郎　láng làng （篆）𨜨　小篆是形声字，从邑（右阝，表城郭、行政区域），良声。**音 láng**：本义指春秋时鲁国某地名，故址在今山东鱼台县东。后来通"廊"，指古代帝王的侍从官，取义在廊殿下的近侍之臣，有侍郎、中郎、郎中等，通称为"郎"。汉魏以后又成为对青年男子的称呼，如"(周)瑜时年二十四，吴中皆呼为周郎"（《三国志·吴书·周瑜传》）。引申称青年女子为女郎，如"同行十二年，不知木兰是女郎"（《木兰诗》）。旧时也用于对从事某种职业者的称呼，如"货郎"，"牛郎"。**音 làng**：屎壳郎，"蜣螂"的俗称。

郡　jùn （金）𨛷 （篆）𨞂　金文是形声字，从邑（右阝，表行政区域），君声。本义是古代的行政区域，春秋以前比县小，战国以后大于县。秦朝设立郡、县两级行政区划，初定为三十六郡，后增至四十余郡。

都　dū dōu （金）𨛕 （篆）𨜑　金文是形声字，从邑（右阝，城镇），者(zhū，古音)声。**音 dū**：本义是大城市，如"都市"。古时又特指有先君宗庙的城邑。引申为首都，如"国都"，"明王奉若天道，建邦设都"（《尚书·说命中》）。都邑是人、物汇聚之处，引申为聚集，如"都江"。进而引申为总，总汇。**音 dōu**(旧读 dū)：由"总"又引申作副词，相当于皆，全，表示总括，如"大家都是好心"。又表示已经，如"都半夜了，还不回来"。

　　注意：周朝时各诸侯国称国都为"国"，现在的国称"邦"，有先君宗庙的城邑叫"都"，没有的叫"邑"。

部 bù　（篆）郒　（隶）**部**　小篆是形声字，从邑（右阝，表地域、地名），音(pǒu)声。本义是汉代时地名，地域约在今甘肃省天水、清水、秦安、两当、礼县、徽县一带。引申为古代划分出的地方行政区，进而引申泛指分出的一部分，部门，如"部落"，"部队"，"局部"，"财政部"，"门市部"。又引申为门类，类别，如"四部全书"。作动词，表示统领，管辖，如"所部"，"汉王部五诸侯兵，凡五十六万人"（《史记·项羽本纪》）。引申为安排，布置，如"部署"（通常用于上对下）。作量词，用于书籍、影片等，如"一部巨著"，"两部电视剧"；也用于机器或车辆，如"两部机器"，"五部汽车"。

鄙 bǐ　（甲）啚　（金）啚　（篆）鄙　甲骨文、金文是会意字，上部"囗"(围 wéi)表示范围，下部像有顶盖的分仓的粮库[是"廪"中的"㐭"(lǐn)，合起来是"啚"(bǐ)，表示郊野收藏谷物的地方]。小篆加表示地域的意符"邑"（右阝）为"鄙"，成为会意兼形声字。本义是郊野收藏谷物的地方。引申指都邑四周的土地，进而引申为边邑，边远的地方，如"边鄙"，"蜀之鄙，有二僧"（彭端淑《为学一首示子侄》）。因边远地区大多闭塞落后，故引申为见识少，如"鄙陋"，"肉食者鄙，未能远谋"（《左传·庄公十年》）。"鄙人"原指边鄙之人，引申为鄙陋之人，见识短浅者。进而引申为谦词，如"鄙人"，"鄙见"。因"鄙陋"者易被人轻视，看不起，故又引申为轻蔑，如"鄙视"，"鄙夷"。

身部(6 字)

身 shēn　(甲)① 〔图〕② 〔图〕　(金) 〔图〕　(篆) 〔图〕　(隶) 〔图〕　甲骨文是象形字，①像侧立的孕妇的形状，腹中有子；②将腹中子简化为一点。金文加一横，表示横以上是身子，以下是腿。隶书写作"身"。本义是妊娠，甲骨卜辞有"妇好(人名)身"，意思是妇好有孕。引申泛指人或动物的身体。又引申指物体的主体部分，如"船身"，"树身"。又引申为自己，亲自，如"以身作则"，"身临其境"。进而引申为自己的生命，如"奋不顾身"。由"自己"又引申指自己的品德，如"修身养性"。由"身体"又引申为身份，地位，如"身败名裂"。用作量词，用于衣服，如"一身戎装"。

　　"身"作为偏旁，在字左或字中间时，为了与右旁协调，末笔的撇不从右边出头，如"躺、谢"。在合体字中作意符，所从字与身体有关，如"躬、躯、躲"。

　　注意："身"第六笔横是肚子部分，故不能往右边出头。

射 shè　(甲) 〔图〕　(金) 〔图〕　(篆)① 〔图〕② 〔图〕　(隶) 〔图〕　甲骨文是会意字，从弓从矢，是箭在弓上准备发射形。金文加又(手)，突出了开弓射箭之意。小篆讹变为①从身从矢、②从身从寸(亦手)，会意从身边引弓发射出。隶书写作"射"。本义是射箭，如"射人先射马，擒贼先擒王"(杜甫《前出塞》其六)。引申为用压力、推力或弹力送出枪炮子弹、液体或其他物体，如"发射"，"喷射"，"注射"，"射门"。又引申为放出光、热，如"光芒四射"，"反射"。又引申为中伤他人，如"影射"。"射"在古代又指六艺(礼、乐、射、御、书、数)之一，是有关弓箭制作规范和使用技能的训练。

躬(躳) gōng　(篆)① 〔图〕② 〔图〕　小篆①是会意字，从身从吕(像人脊柱)；②是会意兼形声字，从身从弓，弓表曲身，兼表声。现在规范为"躬"。本义是身体，如"卑躬屈膝"，"鞠躬"。又表示弯腰，如"躬身下拜"。由"身体"又引申为亲自，如"事必躬亲"，"反躬自问"。

躯(軀) qū　(篆) 〔图〕　小篆是形声字，从身，區声。规范简化为"躯"。本义是身体，如"为国捐躯"，"躯体"。

躲 duǒ　楷书是形声字，从身，朵声。本义是隐藏，如"躲藏"。引申为避开，如"躲闪"，"躲债"。

躺 tǎng　楷书是形声字，从身，尚声。本义是身体平卧，如"躺下睡觉"。引申指其他物体平放或倒下，如"被台风刮倒的树横躺在路上"，"把车子先放躺下"。

采部(4字)

采 biàn （甲）米 （金）米 （篆）米 甲骨文、金文是象形字，像野兽的足掌印形。是"番"的初文。本义是兽的足掌印。引申为兽足。狩猎时辨别野兽常凭兽的足迹，故又引申为辨别，分别，成为"辨"的初文。后来"采"只作偏旁，"兽足"义便另造"番、蹯"来表示，"辨别"义则借"辨"来表示。

　　"采"作为偏旁，在字左时，末笔的捺要写成点，如"释、釉"。在合体字中主要作意符，所从字与兽足、辨识等义有关，如"審(审)、悉、释、釉"；也作意符兼声符，如"番"。

　　注意："采""采"(cǎi)形近易混，辨析：前者七画，后者八画，"采"是会意字，从爫从木(参看"采"字条)。

悉 xī （篆）悉 小篆是会意字，从采(biàn，辨别)从心，表示用心辨识兽爪印。本义是详细，周全。引申为详细了解，知道，如"熟悉"，"获悉"。又引申为详尽叙说，全部，如"书不能悉意"，"悉数(shǔ)"(一一列举)。用作副词，相当于全、都，如"悉如外人"，"悉备"(齐备)，"悉听尊便"。

番 fán fān pān （金）番 （篆）番 金文是会意字，从采(biàn，野兽的足掌印形)从田。对"田"的意符作用，一说，表示兽类常把足掌印留在田地里；另一说，表示在田猎中辨别野兽足迹。**音 fán**：本义是兽足掌印。引申指兽足。后"番"多用于他义，"兽足"义造"蹯"字表示。**音 fān**：兽行走依次留下足掌印，故引申为代换，更替，如"番代"(轮流更换)，"轮番"。进而引申为量词，表示次，回，如"几番风雨"；又表示倍，如"翻番"，"翻了一番"。又指旧时对西方边境各少数民族和外国的称呼。**音 pān**：番禺，区名，在广东省广州市。

释(釋) shì （篆）釋 小篆是会意兼形声字，从采(biàn，辨别、分析)从睪(yì，目视)，表示分解；睪兼表声。规范简化为"释"。本义是解说，阐释，如"释义"。引申为消除，消散，如"冰释"，"释疑"。进而引申为放开，放下，如"爱不释手"。再引申为释放。因释迦牟尼是佛教创始人，"释"又特指佛教，如"释氏"，"释教"。

谷部(3字)

谷¹ gǔ yù （甲）谷 （金）谷 （篆）䜲 （隶）谷 甲骨文是会意字,上部像刚从山泉中断断续续流出的泉水,下部像山口。小篆文字化。隶书写作"谷"。**音 gǔ**:本义是两山之间的水流。引申指两山之间狭长而有出口的夹道,如"山谷","河谷"。山谷多险境,故又引申比喻困境,如"进退维谷"。现又规范作"穀"的简化字(参看"谷²"字条)。**音 yù**:土谷浑:我国古代西北少数民族,属鲜卑慕容氏的一支,唐高宗龙朔三年(公元663年)被吐蕃吞并。

"谷"作为偏旁,在合体字中多作声符,如"俗",但以 ü 音为多,如"欲、裕、浴";作意符,所从字与山谷、盛纳等义有关,如"豁、容";也作声符兼意符,如"峪"。

谷²（穀）gǔ （篆）䅭 小篆是形声兼会意字,从禾,㱿(què)声,㱿兼表谷物有壳之意。规范简化为"谷"。本义是谷类作物。引申为庄稼和粮食的总称,如"五谷杂粮"。

豁 huò huō huá （篆）䁀 小篆是形声字,从谷,害声。现在规范为"豁"。**音 huò**:本义是开阔的山谷。引申为开通,敞亮,如"豁然开朗","豁亮"。又引申为大度,如"豁达"。又引申为免除,如"豁免"。**音 huō**:又引申为舍弃,如"豁出性命"。开阔的山谷似两山间之缺口,故又引申指残缺、裂开,如"豁口"。又引申为动词,如"豁开一条口子"。**音 huá**:猜拳,饮酒时的一种游戏,如"豁拳",也作"划拳"。

豸部(4字)

豸 zhì （甲） （金） （篆）　甲骨文是象形字，像大口利齿、长脊长尾的猫、豹的形状。本义是长脊兽。引申为像蚯蚓之类无脚的虫子。古时"有足谓之虫，无足谓之豸"（《尔雅·释虫》），"虫豸"连用，是虫子的通称，如"打虫豸，好不好？"（鲁迅《呐喊·阿Q正传》）

　　"豸"作为偏旁，在合体字中多作意符，所从字与食肉兽有关，如"豹豺、貂、貉"；作声符少，如"貌"。

豺 chái （篆）　小篆是形声字，从豸（zhì，与野兽有关），才声。本义是野兽名，俗名"豺狗"，形似犬而凶猛如狼。

豹 bào （篆）　小篆是形声字，从豸（zhì，与野兽有关），勺声。本义是野兽名，豹类的通称，像虎而比虎略小，性凶猛。

貌 （皃） mào （古文） （篆） （或体）　古文是象形字，是一个突出了束发和脸面的人形。小篆规整化，即"皃"字，"貌"的初文。《说文》或体另加声旁"豸"（豸省声），写作"貌"，成形声字。本义是面容，如"相貌"，"容貌"。引申为样子，神态，如"礼貌"，"道貌岸然"。又引申为外表，表面，如"貌似"，"貌合神离"，"貌若甚戚者"（柳宗元《捕蛇者说》）。又引申比喻事物的外观，如"山区新貌"。

　　注意："貌"右旁是"皃"，七画，不是八画的"皃"。

角部(3字)

角 jiǎo jué （甲）〔甲骨文字形〕 （金）〔金文字形〕 （篆）〔篆文字形〕 （隶）〔隶书字形〕 甲骨文是象形字,像兽角形。小篆文字化。隶书把中间的角纹写作"土",现在楷书规范角纹为"丰"形,与"用"字中间同形。**音 jiǎo**:本义是动物的角,如"羊角","牛角","犄角"。引申为像角的东西,如"菱角","豆角","皂角"。又引申指几何学中从一点引出两条直线所夹的形状,如"直角","角度","角钢"。又引申指物体边沿相接的地方,如"角落","桌子角","拐弯抹角"。又用作中国货币单位,一元的十分之一,如"一角钱"。也是星宿名,二十八宿之一。**音 jué**:兽角有防身和进攻的功用,故又引申为较量,竞争,如"角力","角斗","角逐"。演员同台合作与竞技,故也引申指演员或演员在戏剧中所扮演的人物,如"名角","角色"。也指古代五音之一(宫、商、角、徵、羽)。由"像角的"又引申指古代一种酒器。

　　"角"作为偏旁,在合体字中作意符,所从字与兽角或兽角形状等义有关,如"触、解、觞、觚、觥";也作声符,如"确、斛、桷"。

触(觸) chù （篆）〔篆文字形〕 小篆是形声字,从角,蜀声。"触"是异体字,"虫"旁是"蜀"的笔画简省。规范简化为"触"。本义是以角撞物,抵,如"抵触"。引申泛指碰着,如"触摸","触礁","触电","一触即发"。又引申为遇着,如"触目惊心","触景生情","触类旁通"。又引申为因某种刺激而引起的感情变化,如"感触","忽有所触"。

解 jiě jiè xiè （甲）〔甲骨文字形〕 （金）〔金文字形〕 （篆）〔篆文字形〕 甲骨文是会意字,下部是牛,上部中间是牛角,两边是手,合起来表示分解牛。金文将双手改为"刀"(刂)。小篆从刀从牛从角,以用刀剖取牛角表示分解牲体。**音 jiě**:本义是分解牛体。引申泛指剖开,分开,如"分解","土崩瓦解"。进而引申为消散,融化,如"东风解冻","溶解"。由"分解牛体"又引申为把束缚着、系着的东西打开,如"解开","解扣子","解放"。进而引申为除去,废除,停止,如"解惑","解围","解聘"。由"分解"又引申为分析,说明,如"解释","解析","解说"。又引申为知晓,明白,如"了解","令人不解"。也引申为调和,处理,如"解决","和解","调解"。**音 jiè**:指押送财物或犯人,如"解差"。**音 xiè**:用作"解数",指手段,本领,如"浑身解数"。用作地名,解池,山西省一湖名。

言(讠)部(29字)

言(讠)yán （甲）凸 凸 凸 （金）凸 凸 （篆）凸 （隶）言 甲骨文是会意字，下从口，上部字符有多种解释：一说像舌头，表示张口伸舌讲话；一说像箫形，以口吹箫表示乐音（"言"与"音"同源）；一说是辛（刑刀）字，以口吐刑刀表示奴隶主的言语决定着奴隶的生死。金文是"口"出"辛"的形状。小篆规整化。隶书写作"言"。本义是说，讲，古时"直言曰言，论难曰语"（《说文解字》。论难：辩论），如"知无不言，言无不尽"。引申为说出的一句话，如"一言为定"，"只言片语"。又引申指一个字，如"七言绝句"。还引申指著作，如"焚百家之言，以愚黔首"（贾谊《过秦论》）。

　　"言"作为偏旁，在字左时，因草书楷化而规范简化为"讠"，笔形提起是为了顺写右偏旁第一笔，如"讨、评"。在合体字中多作意符，所从字与说话、作诗文等义有关，如"讨、访、诗、词、语、誓、譬"；也作声符，如"喭"。

计(計)jì （篆）計 小篆是会意字，从言从十（数字），表示以言计数。规范简化为"计"。本义为核算，计算，如"会计"。引申为打算，如"设计"，"从长计议"。又引申为主意，策略，如"他很有心计"，"计谋"。又引申为考虑，如"不计名利"。还指计算、测量的仪器，如"温度计"。

订(訂)dìng （篆）訂 小篆是形声字，从言，丁声。规范简化为"订"。本义是评议，评定。此义现已不用。引申为改正，校正，如"修订"，"订正"。又引申指研究商讨而确定下来，如"订计划"，"订合同"。又引申指预定，约定，如"订婚"，"订货"。还引申指装订，如"订书机"。

认(認)rèn 楷书繁体是形声字，从言，忍声，所认事物要通过言语表达，故从言。规范简化为"认"，"人"表声。本义为识别，辨明，如"认清是非"。引申为同意，如"认同"，"公认"。又引申为承认，如"认错"，"认罪"。又引申指对人或事作出判断，如"认为"。又引申指跟没有关系的人建立某种关系，如"认干娘"。

讨(討)tǎo （篆）討 小篆是会意字，从言从寸，寸有法度义，合起来表示以辞伐罪。规范简化为"讨"。本义是用言论和法度进行整治。引申为历数罪状，如"声讨"。仅声讨还不能解决问题，进而引申为出兵攻打，如"讨伐"，"关东有义士，兴兵讨群凶"（曹操《蒿里行》）。由此再引申指招惹，如"自讨苦吃"，"讨厌"。由

"用言论整治"又引申为交换意见,如"研讨","商讨"。由"交换"又引申为索取,如"讨饭","讨债","讨好"。进而引申为娶,如"讨老婆"。

让(讓) ràng　(篆)䜑　小篆是形声字,从言,襄声。规范简化为"让","上"表声。本义是责备,如"二世使人让章邯"(《史记·项羽本纪》),此义现已不用。从受责者不予辩驳引申为不争,进而引申为把方便或好处留给别人,如"退让","谦让","礼让"。进而引申为避开,如"让路","让开"。又引申为请人接受招待,如"让茶","让酒"。又引申为把财物或权利转移给别人,如"转让","让位"。又引申为亚于,逊色,如"巾帼不让须眉"。还引申为容许,使,如"不让他去"。虚化为介词,表被动,如"衣服让雨淋湿了";跟"给"连用,强调被动,如"她让我给气跑了","孩子让狗给咬了"。

训(訓) xùn　(金)𧮫　(篆)𧮫　金文是会意兼形声字,上部是川(河流),下部是言,表示言教必顺其理,如川顺流而下;川兼表声。小篆变为左言右川。规范简化为"训"。本义是教导,教诲。引申为解释,如"训诂"(阐释古文词义)。又引申为准则,如"遗训"。又引申为告诫,责备,如"训话","训斥"。还引申为有目的、有计划地采取一定措施进行练习,如"训练"。

讯(訊) xùn　(甲)𦥑　(金)𨔷　(篆)訊　甲骨文是会意字,从口从跪人从系(绳索),表示审问被绳索反绑着的俘虏或奴隶。金文加人足。小篆改为形声字,从言,卂(xùn)声。规范简化为"讯"。本义是审讯。引申指西周时对俘虏的称谓,如"执讯获丑"(《诗经·小雅·出车》。意思是"生擒俘虏割敌耳")。又引申泛指询问。进而引申为音信,消息,如"音讯","新华社讯"。

记(記) jì　(金)記　(篆)記　金文是形声字,从言,己声,表示记录说的事。规范简化为"记"。本义是记录。引申为把印象保存在脑子里,如"记忆","记住","不要忘记"。进而引申为标志,符号,如"印记","记号"。"记录"又引申为写下来的文字,如"日记"。进而引申指一种以叙事为主的文体,如"游记","陶渊明的《桃花源记》","范仲淹的《岳阳楼记》"。

许(許) xǔ　(金)許　(篆)許　金文是会意兼形声字,从言,从午(捣杵),午兼表声(上古"午"与"许"读音相近),意思是春米时呼喊的劳动号子。规范简化为"许"。本义是劳动号子(此义读 hǔ),如"伐木许许"(《诗经·小雅·伐木》)。由号子声的交相呼应,引申为应允,答应,如"允许","许可"。由此引申为给予,如"以身相许"。进而引申为期望,如"期许"。由"应允"又引申为称赞,赞同,如"赞许"。又引申为大约,大概,如"少许"。还引申作代词,表示如此,这样,如"许多","或许","如许"。

讽(諷) fěng　(篆)諷　小篆是形声字,从言,風声。规范简化为"讽"。本义是朗读,背诵,如"日讽千字"(王充《论衡·自纪》)。引申为含蓄委婉地劝告,指责,如"借古讽今"。又引申为讥刺,如"嘲讽","讽刺"。

设(設) shè (篆)𧬤　小篆是会意字,从言从殳(shū),殳是手持八棱无刃的长柄兵器,表示驱使人去做事,从言则表示以言支使人,故"设"是人的有意安排。规范简化为"设"。本义是布置,安排,如"陈设","设防"。引申为制定,建立,如"建设","设立"。又引申为筹划,考虑,如"设计","想方设法"。又引申为动词,表示假定,如"设 x = y","不堪设想"。用作连词,表假如关系,如"假设"。

访(訪) fǎng (篆)訪　小篆是形声字,从言,方声。规范简化为"访"。本义是咨询,征求意见,如"访问"。引申为调查,探寻,寻查,如"查访","寻访"。又引申为探望,如"拜访"。

证(証、證) zhèng （篆)証 證　小篆是形声字。"証"与"證"本是两个字。"証"从言,正声,指以正言相谏,此义现已不用。"證"从言,登声,以言证明之意。后来俗写为"証"。规范简化为"证"。本义是证明,证实。引申用作名词,如"证据","证人"。

评(評) píng　楷书繁体是会意兼形声字,从言从平,表示用一定的标准衡量;平兼表声。规范简化为"评"。本义是议论,判定是非优劣,如"评论","评选"。引申指议论的话,评论的意见,如"评语","时评"。

诉(訴) sù （篆)訴　小篆是形声字,从言,斥(hǎn)省声。后俗写"斥"为"斥",成"訴"。规范简化为"诉"。本义是说出来让别人听,如"告诉","诉说"。引申为倾吐,如"诉衷情","诉苦"。又引申为控告,告状,如"控诉","上诉"。

词(詞) cí （篆)詞　小篆是会意兼形声字,从言从司(发表意见),司兼表声。规范简化为"词"。本义是口语或书面语中的言词、词句。引申指语言的构成材料,如"词类","实词","虚词"。又指一种格律化的长短句诗体,有词牌,可配乐歌唱,如"唐宋词"。

　　注意:"词"与"辞"在"言词"义上是同义词,如"言词"与"言辞","文词"与"文辞",均可通用。汉代以前一般只用"辞",以后逐渐以"词"代"辞"。

试(試) shì （篆)試　小篆是形声字,从言,式声。规范简化为"试"。本义是使用。使用初期带有尝试性,引申为非正式地从事(某种活动),如"尝试","试用","试探"。尝试的过程就是考察的过程,故引申指考核的方式,如"考试"。进而引申为考试的题目,如"试题","试卷"。

诗(詩) shī （篆)詩　小篆是形声字,从言,寺声。规范简化为"诗"。本义是一种用有节奏、有韵律的精练语言,集中地反映生活、抒发感情的文学体裁。古代又特指《诗经》,如"诗三百","诗曰"。

诚（誠）chéng　（篆）**䛊**　小篆是形声字，从言，成声。诚信首先体现在言语上，故从言。规范简化为"诚"。本义是真心实意，如"诚恳"，"真诚"。引申作副词，相当于实在，的确，如"诚然"，"诚惶诚恐"。

诞（誕）dàn　（金）**䛐**　（篆）**䛐**　金文是形声字，从言，延声。规范简化为"诞"。本义是说大话，如"先生得无诞之乎？何以言太子可生也"（《史记·扁鹊仓公列传》）。引申为荒唐的，欺诈的，如"荒诞"，"怪诞"。假借作生育，出生，如"诞生"，"诞辰"。进而指生日，如"寿诞"，"华诞"。

询（詢）xún　（篆）**詢**　小篆是形声字，从言，旬声。规范简化为"询"。本义是征求意见，请教，如"询问"，"咨询"。引申为了解，查问，查考，如"询查"。

誊（謄）téng　（篆）**謄**　小篆是形声字，从言，朕（zhèn）声。规范简化为"誊"。本义为抄写，转录书面的内容，如"誊写"，"誊清"。

誉（譽）yù　（篆）**譽**　小篆是形声字，从言，與（yù）声。规范简化为"誉"。本义是称赞，赞美。引申为名声，美名，如"荣誉"，"信誉"，"沽名钓誉"。

语（語）yǔ yù　（金）**語**　（篆）**語**　金文是形声字，从言，吾声。规范简化为"语"。音yǔ：本义是交谈，议论，如"食不言，寝不语"（《论语·乡党》），"旦日，卒中往往语"（《史记·陈涉世家》）。引申为说，如"不言不语"，"千言万语"。进而引申为说的话，如"花言巧语"，"语重心长"。由此再引申指语言，如"汉语"，"书面语"，"语法"。又引申为成语，谚语。又引申为诗文或谈话中的字词或句子，如"语不惊人死不休"，"一语破的"。由"说的话"又引申指代替语言表示意思的动作或方式，如"手语"，"旗语"，"灯语"。音yù：告诉，如"此中人语云：'不足为外人道也。'"（陶潜《桃花源记》）

说（說）shuō shuì yuè　（篆）**說**　小篆是会意兼形声字，从言从兑（说），兑兼表声。规范简化为"说"。音shuō：本义是陈述，讲述。引申为解释，如"说明"，"一说就明白"。又引申为议论，评论，如"众说纷纭"。又引申为观点，主张，如"著书立说"。又引申指一种叙事兼议论的文体，如"韩愈的《师说》"，"柳宗元的《捕蛇者说》"。又引申为告诉，如"这事我不能说"。又引申为责备，批评，如"我狠狠地说了他一顿"。又引申指介绍，说合，如"说亲"，"说媒"。还指曲艺的一种表现手段，如"说相声"，"说白"。音shuì：劝说，说服别人，如"游说"，"说客"。音yuè：古代同"悦"，高兴，如"秦王不说"（《战国策·魏策四》），"学而时习之，不亦说乎？"（《论语·学而》）

誓shì　（篆）**誓**　小篆是形声字，从言，折声。本义是古代告诫、约束将士的言辞。引申为动词，表示决心按照约束、要求去做，如"发誓"，"宣誓"，"信誓旦旦"。

进而引申为表示决心的言词,如"誓言","誓词"。

警 jǐng （篆）警　小篆是会意兼形声字,从言从敬,敬有谨慎、严肃义;敬兼表声。
本义是告诫,如"警告","惩一警百"。引申指注意可能发生的危险,如"警卫","警
戒"。进而引申指敏锐,如"警惕","机警"。又引申为紧急危险的情况、消息,如
"报警","火警"。又用作警察的简称,如"交警","片儿警"。

譬 pì （篆）譬　小篆是形声字,从言,辟声。本义是比喻,即用打比方的方法说
明事理,使人容易明白,如"譬如","譬喻"。引申指用作比方或比喻的事物,如"设
譬","取譬"。

辛部(9字)

辛 xīn （甲）<甲骨文字形> （金）<金文字形> （篆）<篆书字形> 甲骨文是象形字,像一把上似圆柄,下似尖刀的古代刑具。小篆文字化。本义是古代用来在奴隶或罪犯脸上刺字或实施其他肉刑的刑刀。引申指有罪。又引申指味道像辣椒、葱蒜一样刺激,如"辛辣"。进而引申指劳苦,如"辛苦","艰辛"。由"劳苦"又引申为痛苦,悲伤,如"辛酸"。假借作天干第八位。

　　"辛"作为偏旁,在字左时,竖改为竖撇,如"辩、辣"。在合体字中作意符,所从字与刑罪、劳苦、辛辣等义有关,如"宰、辜、辟、辣";也作声符,如"新、莘、锌"。

辜 gū （篆）<篆书字形> 小篆是形声字,从辛(刑刀),古声。本义是罪行,罪过,如"无辜","死有余辜"。引申为亏负,违背,如"辜负"。

辟¹ bì （甲）①<甲骨文字形> ②<甲骨文字形> （金）<金文字形> （篆）<篆书字形> （隶）<隶书字形> 甲骨文是会意字,①从卪(jié,跪着的人)从辛(刑刀),表示曲膝而跪的人正在受刑;②加意符"口",表示执法者口述判决。隶书写作"辟",从尸(同卪)从口从辛。本义是法律,法度。因古时法律由君王掌控,又引申为君主,如"复辟"。假借作闢(pì),表示打开,如"开辟"(参看辟²字条)。

辟²(闢) pì （金）<金文字形> （篆）<篆书字形> 金文是会意字,上部是門(门),下部是廾(廾 gǒng,双手),表示用双手打开门。小篆变为形声字,从門,辟声。规范简化与复辟之"辟"合并为"辟"。本义是打开,开启,如"开辟"。引申为开拓,如"另辟蹊径"。又引申为驳斥,如"辟谣"。又引申为透彻,如"精辟","透辟"。

辣 là 楷书是形声字,从辛,剌省声(省去刂)。本义是葱、姜、蒜、辣椒的刺激性味道,如"辛辣","酸甜苦辣咸"。引申为凶狠刻毒,如"阴险毒辣","心狠手辣"。又用作动词,如"辣得冒汗"。

　　注意:"辣"的右旁是"束"不是"束"(cì)。

辨 biàn （篆）<篆书字形> 小篆是形声字,从刂(刀),辡(biàn)声。本义是剖分,区别,如"辨别","明辨是非"。

辩(辯) biàn （篆）<篆书字形> 小篆是会意兼形声字,从言从辡(biàn),辡从二辛(罪人），表示罪人相互争讼、争辩，为自己辩护；中间加"言"，表示治理，处理狱讼；辡兼表声。本义是治理，如"主齐盟者，谁能辩焉？"（《左传·昭公元年》）引申指提出某种理由来解释、说明是非曲直，如"争辩"，"辩论"。

辫（辮）^{biàn}　（篆）辮　小篆是形声兼会意字，从糸，辡（biàn）声，辡兼表两边之意。规范简化为"辫"。本义是交织，编结。引申为编成的辫子。进而泛指像辫子的东西，如"蒜辫"。又引申比喻为把柄，如"他就爱抓别人的辫子"。

瓣^{bàn}　（篆）瓣　小篆是形声兼会意字，从瓜，辡（biàn）声，辡兼表两分之意。本义是瓜类的子。引申泛指植物的种子、果实分开的块状物，如"豆瓣儿"，"橘子瓣儿"。又引申指组成花冠的各片，如"花瓣儿"。用作量词，如"一瓣儿蒜"。

青部(2 字)

青 qīng　（金）青　（篆）青　金文是会意兼形声字,从生(植物初生)从丹(表颜色),生兼表声。本义是像植物样的绿色,深绿色,如"青草","青山绿水","草色入帘青"(刘禹锡《陋室铭》)。引申作名词,指绿草或没有成熟的庄稼,如"踏青","青黄不接"。又引申比喻年轻,如"青年","青春","青工"。上古也指蓝色,如"青云直上","青取之于蓝而青于蓝"(《荀子·劝学》)。"青"又指黑色,如"皂青","青衣","朝如青丝暮成雪"(李白《将进酒》)。

　　"青"作为偏旁,在合体字中多作声符,如"请、情、精、睛、靓";也作意符,所从字与颜色义有关,如"静、靛"。

静(靜) jìng　（金）静　靜（篆）靜　金文是形声字,从青(表颜色),争(争)声。规范简化为"静"。本义是丹青之色搭配得当,鲜艳明丽,即美丽。假借作"竫"(jìng,安、静),表示停止的,与"动"相对,如"静态","风平浪静"。引申指无声的,如"寂静","肃静"。又引申指安详,闲雅,如"静心","从容淡静"。用作使动词:使……安静,使……平静,如"请同学们静一静","你先静下心来想想"。

車 部(5字)

車 ᵍàn 《辞海》新立的部首,习惯上称为"朝字旁",但应该是"乾"(gàn)的简省写法(参看"乾"字条)。有些字典、词典未设作部首。

乾 ᵍàn (金)🔣 (篆)🔣 金文是会意兼形声字,中间是旦(日出地平线),上下是㫃(yǎn,旗帜飘动的形状),合起来表示太阳初升闪耀如同旗帜飘动;㫃兼表声。小篆规整化。本义是日出时光芒四射之状。

　　"乾"现只作偏旁,在有些字中省写作"車"。在合体字中作声符,如"乾(qián)、斡(wò)、翰、韩"。

乾 ᵠⁱán ᵍān (篆)🔣 小篆是形声字,从乙,表示植物弯曲着向地面长出,乾(gàn)声。**音 qián**:本义是向上长出,冒出。假借为八卦之一,代表天,与坤(代表地)相对,如"乾坤"。"乾"在古代又代表君主、男性、父、夫等,《周易·说卦》:"乾为天,为圜,为君,为父,为玉,为金,为寒,为冰,为大赤,为良马……"**音 gān**:假借为与"湿"相对的"乾",即燥。此义规范简化为"干"。引申为枯竭,空虚,如"外强中干"("干"义参看"干²"字条)。

韩 (韓) ʰán (篆)🔣 小篆是形声字,从韦(韦),乾(gàn)声,韦是"围"的古字,表示围绕(参看"围"字条)。俗体写作"韓"("乾"省声)。规范简化为"韩"。本义是井边的围栏。亦是古国名,西周时的诸侯国,在今山西省河津东北部,春秋时被晋所灭。也指战国七雄之一,后为秦所灭。还指韩国,位于亚洲朝鲜半岛南部。

翰 ʰàn (篆)🔣 小篆是形声字,从羽,乾(gàn)声。本义是山鸡的一种,有红色毛,即锦鸡。引申为长而坚硬的羽毛,如"理翮(hé)振翰"。古人书写曾用羽毛做笔,故也转指毛笔,如"挥翰","翰墨"。又引申指文辞和书信等,如"书翰","文翰","翰藻"。

雨部(12字)

雨 yǔ yù　(甲)①川②雨雨雨　(金)雨　(篆)雨　甲骨文是象形字,①像从天空降雨之形,小点像水滴;②加一横表示天,雨或雨表示云层。小篆规整化。**音yǔ**:本义是空气中的水蒸气遇冷凝结落下的水滴,如"雨滴","山雨欲来风满楼"(许浑《咸阳城东楼》)。**音yù**:书面语用作动词指降雨,如"云青青兮欲雨"(李白《梦游天姥吟留别》)。引申指像雨一样落下来,如"雨粟","雨雪霏霏"(《诗经·小雅·采薇》)。

"雨"作为偏旁,在合体字中作意符,所从字与下雨及其他天文气象义有关,如"雷、零、需、震、露"。

雪 xuě　(甲)雨雨　(篆)雪　(隶)雪　甲骨文是会意字,从雨(云层)或从雨(雨)从羽,表示飞雪如羽毛。小篆加扫帚"彗"和"又"(手)为"彗"(huì,手拿扫帚),成会意兼形声字,表示手拿扫帚扫雪;彗兼表声。隶书简作"雪"。本义是天空中降落的白色结晶体,多为六角形。引申比喻东西的洁白,如"雪白"。由雪的纯洁又引申指洗去不白之冤,如"雪耻","雪恨"。

雷(靁)léi　(甲)雷　(金)雷　(篆)雷　(隶)雷　甲骨文是会意字,中间曲线像闪电,两边的"田"表示滚滚雷声。金文在上部加"雨",雷声加到四个,突出雷的巨大响声。小篆稍简。隶书简化为"雷"。本义是云层放电时发出的巨响,如"打雷","春雷"。引申为带响声的爆炸性武器,如"地雷","水雷"。又引申为声威,如"雷霆万钧"。由闪电的速度快比喻行动迅速,如"雷厉风行"。雷同:由打雷时不同物体同时发出回响,喻指不该相同而相同。雷池:比喻一定的界限。

零 líng　(篆)零　小篆是形声字,从雨,令声。本义是零星的雨。又表示落下,本写作"霝",下部的"品"像大雨点。后统一作"零",如"我来自东,零雨其濛"(《诗经·豳风·东山》)。引申指掉落,流泪,如"感激涕零"。又引申为(草木)凋落,如"花瓣凋零","惟草木之零落兮"(屈原《离骚》)。由"零星的雨"又引申指细碎散乱、不整齐,如"零碎","零食"。由"零碎"又引申指数的零头,如"一百零五元"。又作整数"0"的大写。

雾(霧、雺、靀)wù　楷书繁体是形声字,从雨,孜(wù)声。"雺""靀"是异体字。规范简化为"雾","务"表声。本义是接近地面空气中的如云烟状的水蒸气,如"云雾"。引申指像雾的东西,如"雾剂","烟雾"。

雹 báo （古文）𩅞 （篆）𩅞　　古文是会意字,从雨,下部像凝结的冰粒。小篆变为形声字,从雨,包声。本义是空中水蒸气遇冷结成的冰粒或小冰块,即冰雹。

需 xū （甲）𩓣 （金）𩂉 （篆）需　　甲骨文是会意字,从大(人)被雨水淋得全身滴水之形。金文从雨在大上,意思更明确。小篆将"大"讹作"而"。本义是濡湿。人遇雨则止步,等待雨停,故引申为等待。进而引申为需要,如"需求","按需分配"。由此引申为需要的东西,如"军需"。旧时也把军队中办理军需业务的人称为"军需"。

震 zhèn （篆）震　　小篆是形声字,从雨,辰声。雷响往往雨来,故从雨。本义是疾雷,霹雳。引申为雷声,如"冬雷震震"(《汉乐府·上邪》)。又引申指疾雷使物体振动,如"震霆"。进而引申指巨大的力量使物体剧烈颤动,如"震天动地","地震"。又引申指震慑,如"威震四海"。又引申指情绪特别激动或惊恐,如"震怒","震惊"。

霍 huò （甲）𩂇 𩂇 （金）①𩃉 ②𩃉 （篆）霍 （隶）霍　　甲骨文是会意字,从雨从佳(zhuī,鸟)或三佳,表示鸟在雨中奋力飞。金文②为二佳,即"靃"字。隶书写作"霍"。本义是鸟在雨中疾飞的声音。引申为快,迅速,如"霍闪"(闪电),"霍然病愈"。进而引申指任意、快速地花钱,如"挥霍"。由本义又引申为象声词,如"磨刀霍霍向猪羊"(《木兰诗》)。

霜 shuāng （篆）霜　　小篆是形声字,从雨,相声。本义是在气温降到摄氏零度以下时,近地面空气中水汽凝结成的白色结晶。引申指像霜一样的白色,如"两鬓如霜"。又引申指泛着白光、锋利,如"风刀霜剑","十年磨一剑,霜刃未曾试"(贾岛《剑客》)。

霞 xiá （篆）霞　　小篆是形声字,从雨,叚(jiǎ)声。本义是早晚因受日光斜射而呈现的彩色云气,如"云蒸霞蔚","彩霞"。

　　注意:"霞"下部是声符"叚",不是"段"。

露 lù lòu （篆）露　　小篆是形声字,从雨,路声。音lù:本义是靠近地面的水蒸气因夜间遇冷而凝结成的小水珠,如"露水"。引申指加了果汁的饮料,如"果子露";也指加了香料的化妆水,如"花露水"。又引申为显出,冒出,如"露骨"。又指暴露于外,如"露天","泄露"。音lòu:显出,冒出。多用于口语,如"露脸","露出马脚"。

非部(2字)

非 fēi （甲）排 羽（金）非 （篆）非 飛（隶）非 甲骨文是象
形字,是鸟双翅相背展开飞翔时的形状。是"飛"(飞)的初文。小篆另增鸟首等其
他部分写作飛(参看"飛"字条)。隶书写作"非"。本义是鸟飞。鸟飞翔时双翅展
开而相背,因此引申为违背,不合于,如"非礼勿视","非法"。进而引申指与正确
的相背,与"是"相对,即不对的、错误的,邪恶,如"是非不分","大是大非","为非
作歹"。虚化为副词,表示否定判断,如"非敌即友"。跟"不"呼应,"非……不可"
是双重否定式,表示一定要,如"要拿世界冠军,非下苦功不可"。"非"也表示一定
要,如"我非要玩嘛!"

　　"非"作为偏旁,在合体字中多作声符,如"菲、绯、悲、辈"。作意符,所从字与
飞、分、相背等义有关,如"罪、靠、靡";也作意符兼声符,如"诽、排、蜚"。

靠 kào （篆）靠 小篆是形声字,从非(相违背),告声。本义是相背。二物相背
也经常是相倚的,故引申为倚着,接近,如"靠墙站着","靠边站"。进而引申为依
靠,如"靠山"。又引申为信得过,如"忠厚可靠的人"。

齿(齒)部(4字)

齿(齒) chǐ （甲）▢▢ ▢▢ （金）▢ （篆）▢ （隶）齒 甲骨文是象形字，像上下门牙的形状。金文加声符"止"，成形声字。隶书写作"齒"。规范简化为"齿"。本义是门牙。引申指牙齿。牛、马幼小时每年长出一颗牙齿，人们根据牙齿数可算出它们的年岁，也因此指人的年龄，如"同官同齿"。又引申指排列像齿状之物，如"锯齿"，"齿轮"。

"齿"作为偏旁，在合体字中作意符，所从字与牙齿、年龄等义有关，如"龄、龈、啮、龋"。

注意："齿"与"牙"的本义不同，"牙"的本义是臼齿，即大牙，因此，"唇齿相依""唇亡齿寒"不能说成"唇牙相依""唇亡牙寒"。

龄(齡) líng （篆）龄 小篆是形声字，从齿(齒，与年龄有关)，令声。规范简化为"龄"。本义是年岁，年龄。引申指年限，年数，如"工龄"，"教龄"。

龈(齦) kěn yín （篆）龈 小篆是形声字，从齿(齒)，艮(gèn)声。规范简化为"龈"。音 kěn：本义是咬啮，后写作"啃"。音 yín：假借为"斦"(yín)，指牙根上的肉，现在主要指牙龈，通称牙床。

龋(齲) qǔ （篆）龋 小篆是会意兼形声字，从齿(齒)从禹(虫义)，表示虫牙意；禹兼表声。规范简化为"龋"。本义是蛀牙，俗称虫牙。

黾(黽)部(2字)

黾(黽) měng mǐn miǎn　（甲）　（金）　（篆）　（隶）　甲
骨文是象形字，像蛙的形状。小篆突出了蛙的大眼睛和大腹。隶书写作"黽"。规
范简化为"黾"，从口从电。**音 měng**：本义是一种蛙。**音 mǐn**：蛙鸣时鼓腹，引申为
努力，勉力，如"黾勉"（勤勉努力）。**音 miǎn**：古代同"渑"。

　　"黾"作为偏旁，在合体字中作意符，所从字与蛙类、水生爬行动物等义有关，
如"鼋、鼍"；也作声符，如"渑、绳、蝇"。

鼋(黿) yuán　（篆）　小篆是形声字，从黽，元声。规范简化为"鼋"。本义
是鳖，即鼋鱼，俗称癞头鼋，是一种生活在水中的爬行动物，外形像龟，背甲暗绿色，
近圆形，长有许多小疙瘩。

佳部（8字）

佳 zhuī （甲）（金）（篆）（隶）甲骨文是象形字，像一只鸟的形状，字形突出了鸟头、尖喙、细爪和翅膀。金文减省了鸟爪。隶书写作"隹"。本义是鸟。《说文》认为"隹"是短尾鸟，"鸟"指长尾禽，不确。"隹"与"鸟"在古文字中本为一字，因书写有繁简不同而形体稍有区别，甲骨文、金文写成简体，则完全同形同义，无长尾短尾之分。作偏旁也与"鸟"几无区别，如"雄"的尾长仍从"隹"，"鹭"的尾短却从"鸟"，"雕"本从"鸟"后从"隹"，"鸡"的繁体有"雞"、"鶏"两形。

"隹"现只作偏旁。在合体字中作意符，所从字与鸟有关，如"雀、集、雁、雇、翟"；也作声符，如"堆、推、谁、维、崔、锥"。

注意："隹""住""佳"三字形近，辨析："隹"字第三笔是点，四横代表鸟翅膀的翎毛；"住"字从亻，主声，右旁是三横；"佳"字从亻，圭（guī）声，圭兼表意，"圭"的楷体是上下两个"土"字（参看"佳"字条）。

隼 sǔn （金）（古文）（篆）金文是会意字，从隹（zhuī，鸟）从人，表示人架猎鹰。《说文》古文把鹰爪与人合为"十"。小篆又变为从隹从一。隶变后楷书写作"隼"。本义指猛禽，隼科各种类的通称，旧时又称鹘（hú），是一种小而凶猛、飞行速度最快的鸟，善于袭击其他鸟类。我国有小隼、游隼、燕隼、灰背隼、红脚隼、红隼等，驯熟后，可以助人捕鸟兔。

隽（雋）juàn jùn （篆）小篆是会意字，从隹（zhuī，鸟）从弓，表示用弓射肥鸟。俗体写作"隽"。现在规范为"隽"。**音 juàn：**本义是鸟肉肥美。引申泛指滋味甜美，如"吟哦口垂涎，嚼味有余隽"（黄庭坚《奉和王世弼》）。由"美味"又引申指诗文或言语的意味深长，如"隽语"（意味深远的语句），"隽永"（意味深长，引人入胜）。**音 jùn：**通"俊"，本义是优秀，才智出众，如"隽楚"（杰出），"隽彦"。

雄 xióng （篆）小篆是形声兼会意字，从隹（zhuī，鸟），厷（gōng，大臂）声，厷兼表有力之意。本义是公鸟。引申泛指雄性的动植物，如"雄蜂"，"雄蕊"。进而引申指男性，阳性。再引申为强有力的，如"雄师"，"雄辩"，"决出雌雄"。再引申指宏伟，有气魄的，如"雄伟"，"雄心壮志"。又引申为强有力的人或国家，如"雄壮"，"英雄"，"战国七雄"。

集 jí （甲）（金）①②（篆）①②（隶）甲骨文

是会意字,从隹(zhuī,鸟)从木(树),像鸟栖息在树上。金文①同甲骨文,②写作"雧",从雥(zá,三个隹表示多)从木,表示群鸟聚止在树上。小篆同金文。现在规范为"集"。本义是鸟栖止在树上。后引申为群鸟聚于树上。进而引申为聚集,集合,集中。又引申指诗文等作品汇编在一起,如"诗集","经、史、子、集"。由"聚集"又引申为集市或市镇,如"赶集","薛家集"。

雏(鶵、鶵) chú　(篆) 小篆是形声字,从隹(zhuī,鸟),刍声。楷书繁体有的从"鸟"。现在规范为"雏"。本义是小鸡。引申为幼禽,如"雏鹰","雏燕","育雏"。进而引申指幼小的(多指鸟类),如"雏女","雏虎","雏笋","雏形"。

雌 cí　(金) (篆) 金文是形声字,下部从隹(zhuī,鸟),上部是此,表声。小篆改为左右结构。本义是母鸟。引申泛指雌性的动植物,如"雌狮","雌蕊"。进而引申指女性,阴性。

雕(鵰、彫、琱) diāo　(籀) (篆) 籀文是形声字,从鸟,周声。小篆从隹(zhuī,鸟),周声。本义是大型猛禽,通称"老雕",也叫"鹫",如"弯弓射大雕"。引申比喻凶猛,奸猾,如"座山雕"。通"彫",表示用彩画装饰。通"琱"(diāo),治玉。假借作刻画,如"雕版","雕塑","雕梁画栋"。古代也通"凋"。

阜(阝左)部(33字)

阜(阝左)fù　(甲)　(金)　(篆)　(隶)

(隶旁)　甲骨文都是象形字,像人在土山高坡边上挖的脚窝(台阶)的形状。小篆规整化。隶书完全脱离了象形,作偏旁开始作"阝"。本义是土山。引申泛指山,如"阜积"(堆积如山),"阜陵","山阜"。由"山"的高大又引申为高、大、盛、多,如"物阜民丰"(阜:物资多),"阜康"(富庶安康),"民殷财阜"(阜:丰厚)。

　　"阜"作为偏旁,在字左时楷书写成"阝",称作"左阜",习惯上称为"左耳旁""左耳刀"。在合体字中多作意符,所从字与山、阶梯等义有关,如"阶、阳、隐、险、陵、降";也作声符兼意符,如"埠"。

队(隊)duì　(甲)　(金)　(篆)　甲骨文是会意字,左旁是阜(阝),右旁是头朝下的子(孩子)或人,表示人从山上坠下之意。即"队"字,是"坠"的初文。金文改"人"为"豕"(猪)。小篆在豕上加两点,变为从阜、豩(suì)声的形声字。规范简化为"队"。本义是坠落,音 zhuì。汉代时,渐借用作队伍的"队"。古代"队"的编制一般为一百人。引申指有组织的集体或行列,如"军队","生产队","排队"。用作量词,指行列,如"一队士兵"。

阵(陣)zhèn　楷书繁体是会意字,从阝(大土山)从车(车)。规范简化为"阵"。本写作"陳"(陈),"陈"有陈列义,引申指古代军队山前排列战车以布阵。后又因车战而改"东"为"车",分化出专用的"阵"字。本义是军队交战时的战斗行列。引申为军队的布局,如"阵法"。又引申为阵地,战场,如"阵前","阵亡","临阵逃脱"。用作量词,指事情或动作经过的时间段落,如"一阵掌声","香风阵阵"。

阳(陽)yáng　(甲)①　②　(金)　(篆)　甲骨文是会意字,①上部是日,下部是树枝,表示太阳升起高过了树枝;②加阜(山)旁,表示山南向阳的一面。金文增添三笔代表阳光,成会意兼形声字,从阜从昜(yáng),昜兼声。宋元以来俗写作"阳",现在规范简化为"阳",成会意字,从阝从日。本义是山的南面、水的北面,如"贵阳"(在贵山之南),洛阳(在洛河之北)。引申为向阳之处,如"阳坡"。又引申为日光,日。由"向阳之处"又引申为明亮,如"乍阴乍阳"。进而引申为外露,凸出的,表面的,如"阳文图章","阳奉阴违"。由"阳"又引申指中国古代哲学概念(与"阴"相对),进而引申为男性,活人世界,如"阳性",

"阳间"。

阶（阶、堦）jiē　（篆）𨸏　（隶）階　小篆是形声字,从阜,皆声,阜像土山边上登高的脚窝(台阶)的形状。隶书写作"階"。"堦"是异体字,从土。规范简化为"阶","介"表声。本义是台阶。台阶是由低到高,一级一级的,故引申称官的品级为官阶。

阴（陰）yīn　（金）① 𨸏 ② 𩅞 ③ 𨺉　（石鼓文）陰　（篆）陰　（隶）陰　金文是形声字,①从阜(山),今声;金文②在声旁"今"下加"酉"为"畣"(yǎn);③改"今"为"金"。石鼓文在"今"下加"云"为"侌"(yīn),合体为"陰",表示云遮蔽了山,今声。规范简化为"阴",是会意字,从阝(阜)从月,表示山冈背阳的部分。本义是阴暗,如"阴天"。引申指山的北面、水的南面,如"华阴"(在华山之北)、"淮阴"(在淮河之南),"阴麓"(山的北麓)。进而引申为背面,日光照不到的地方,如"阴影","阴干"(放在背阳处吹干)。再引申指暗藏的,凹进的,不显露的,不光明正大的,如"阴文图章","阴沟","阳奉阴违"。又引申指暗中策划做坏事,如"阴谋"。由"背面"又引申指中国古代的哲学概念(与"阳"相对),如"阴阳调和"。进而引申指女性,如"阴性"。又引申指鬼神地狱,如"阴间"。由"阴暗"又引申为月亮,如"阴历"。

防　fáng　（篆）防　小篆是形声字,从阜,方声,阜是土山,从阜既表示用土筑堤,也表示堤坝如土山高而结实。本义是堤坝。堤坝是防水的,引申为防备,防御,防守,防范。用作名词指要塞,如"关防"。

　　注意:"防""妨"音同形近而义异,辨析:"防"本指挡水的堤坝,用土夯筑而成,故从阜(左阝);"妨"表伤害义,旧时代污蔑妇女是红颜祸水,误国伤人,故从女。

际（際）jì　（篆）際　小篆是形声字,从阜,祭声,阜指土山,这里表"墙"义。规范简化为"际",声旁"祭"减省为"示"。本义是两墙相合的缝隙。引申泛指交界处,如"冬春之际"。进而引申为先后交接的时候,也指某个特定的时候,如"明清之际","新婚之际","正当革命胜利之际"。再引申为遭遇(多指好的),如"际遇不凡"。又引申指适逢其时,正当,如"际此盛会"。由"两墙之交"又引申指彼此之间,如"人际关系"。

陆（陸）lù liù　（篆）陸　（隶）陸　小篆是形声兼会意字,从阜(山),坴(lù)声,"坴"下从土,上部圥(lù)声,大土块之意,《尔雅·释地》:"大野曰平,广平曰原,高平曰陆。"隶书写作"陸"。规范简化为"陆"。音 lù:本义是高平地。引申为大陆,陆地。"陆离"是联绵词,指色彩绚丽繁杂,成语有"光怪陆离"。音 liù:用作"六"的大写形式。

阿　ē ā　（金）阿　（篆）阿　金文是形声字,从阜(山),可声,楷书写作"阿"。

音ē:本义是大土山,如"访风景于崇阿"(王勃《滕王阁序》)。引申为山的弯曲处,如"秦始皇帝葬于骊山之阿"(《汉书·刘向传》)。进而引申泛指弯曲处。由"弯曲"引申指人的屈从迎合,如"阿谀奉承","刚直不阿"。用作译音字,如"阿弥陀佛"。**音ā:**用于名词词头,盛行于魏晋以后,如"阿斗","阿妈","阿姨","阿哥"。用作译音字,如"阿拉伯","阿司匹林"。

陈(陳) chén (篆)🅑 小篆是形声字,从阜(大土山)从木,申声。楷书繁体写作"陳",规范简化为"陈"。陈是古地名,即宛丘,在今河南淮阳县,从阜表示其地为丘。"陈"又是古国名,春秋时陈国,在今河南省淮阳一带。后用作姓氏。作朝代名是南朝之一,公元557年陈霸先代梁称帝,国号陈,建都建康(今江苏南京),历五帝,公元589年被隋所灭。"陈"作动词的基本义是排列,如"陈列","陈设"。引申指语言运用上的陈述,陈说。由"陈列"又引申为陈放长久而旧,与"新"相对,如"陈旧","陈陈相因","推陈出新"。"陈列"又引申指古代军队交战时布列车战,读zhèn,后写作"阵"。

阻 zǔ (篆)🅑 小篆是形声字,从阜(山),且(jū)声,从阜表示山地险要。本义是险要的地方,如"艰难险阻"。引申指道路崎岖难走,如"溯洄从之,道阻且长"(《诗经·秦风·蒹葭》)。用作动词,表示阻碍,阻挡,阻止。

附(坿) fù (篆)🅑 小篆是形声字,从阜(土山),付声。坿是异体字。本义是小土山。古音bù,也写作"部娄"。假借表示依傍,依附。引申为归附,附属,附带。"依附"则很接近,又引申为靠近,距离近,如"附近","附耳"(贴近他人的耳朵低声说话)。

坠(墜) zhuì (金)🅑 (篆)🅑 金文是形声字,从土(右下方),队(队)声,从土表示坠落到地上。规范简化为"坠"。本义是落下,如"坠崖","摇摇欲坠","天花乱坠"。引申为垂挂,如"坠吊"。由"垂挂"又引申指下垂的东西,如"耳坠","扇坠"。

陌 mò 楷书是形声字,从阝(阜,与山野地形有关),百声。本义是田间小路(南北为阡,东西为陌)。引申泛指道路,如"忽见陌头杨柳色"(王昌龄《闺怨》)。"陌路"指路上碰到不相识的人,也作"陌路人"。"陌生"则指生疏,不熟悉,如"陌生人"。

降 jiàng xiáng (甲)🅑 (金)🅑 (篆)🅑 甲骨文是会意兼形声字,从阜(大土山)从夅(xiáng),夅像一前一后向下走的两个倒止(脚),是"步"的倒文;夅兼表声。**音jiàng:**本义是从高处往下走,与"陟"相对。引申为降落。进而引申为降生,降低。**音xiáng:**从对抗变为屈服,就是降低一等,即降服、投降。引申为投降的人,如"招降纳叛"。

限 xiàn （金）**𥆨** （篆）**𨺓** 金文是会意兼形声字，从阜（阝左，大土山）从艮（gèn），艮的上部是一只大眼睛，下部是面朝右侧立的人形，与"阜"合体表示一个人瞪大眼睛回头看，但视线被山所阻碍；艮兼表声。小篆将眼睛写成"目"。楷书的"目"与"人"已看不出了。本义是阻隔。引申为限制，限定，如"工程限期完成"，"作文不限字数"。进而引申为界限，限度，极限。

陡（阧）dǒu 楷书是形声字，从阝（阜，山陵），走声。"阧"是异体字，"斗"作声符。现在规范为"陡"。本义是坡度大，山势陡峭，如"陡壁"。"陡峭"是突然升高，引申为突然，如"陡变"。

陛 bì （篆）**𨻳** 小篆是形声兼会意字，从阜（土山台阶），坒（bì）声。坒兼表台阶相比连之意。本义是升到高处的阶梯。特指帝王宫殿的台阶。"陛下"是对帝王的尊称。

陟 zhì （甲）**𣥕** （金）**𣥒** （篆）**𨼝** 甲骨文是会意字，从阜（山）从步，步是两只"止"（脚）前后向上，与"阜"合体表示登山。本义是登高，与"降"相对。引申为晋升，如"陟罚臧否，不宜异同"（诸葛亮《前出师表》）。

陨（隕）yǔn （篆）**𨻛** 小篆是形声字，从阜（高山），员（yún）声。规范简化为"陨"。本义是从高处坠落，如"陨石"，"陨落"。引申为毁坏，如"陨圮"（倒塌崩坏）。

除 chú （石鼓文）**𨜒** （篆）**𨽡** 石鼓文是形声字，从阜（阝左，土山台阶），余声。本义是宫殿的台阶。引申泛指台阶，阶梯，如"洒扫庭除"。上台阶必须一级一级地更替进行，故引申为离去，去除，清除，如"除恶务尽"，"兴利除弊"。进而引申指数学计算方法之一，除法。由"去除"又引申为不计算在内，如"除了"，"除……之外"，"曾经沧海难为水，除却巫山不是云"（元稹《离思五首》之四）。汉代称去旧职，任新职为除，后来授官也称除，如"除臣洗马"（李密《陈情表》），"予除右丞相兼枢密使"（文天祥《〈指南录〉后序》）。

险（險）xiǎn （篆）**𨽭** 小篆是形声字，从阜（阝左，与山势高低有关），佥（金qiān）声。规范简化为"险"。本义是地势高低不平，难以通过，如"天险"，"险阻"，"险要"。引申为险恶，危险。又引申比喻人心阴险。因"险恶"之地有遭到不幸的可能，故又引申为副词，相当于几乎，差一点（遭到不幸的事），如"险些忘了"，"险遭不测"。

院 yuàn （篆）**𨼊** 小篆是形声字，从阜（与土山、建筑有关），完声。本义是围墙。引申指包括围墙房屋在内的庭院、院子。因庭院大多宽敞，故引申指旧时的官署、寺庙，如"都察院"，"寺院"。沿用至今也称一些机构或公共场所、院校，如"国务院"，"医院"，"师范学院"。

陵 líng （甲）① ② （金） （篆） （隶） 甲骨文是会意字，①左边从阜(土山)，右边是大(人)的一只脚在山下，一只脚登上了山坡；②从大从阜，表示人已登上半山坡。金文从阜，左边是坴(lù，大土块)的省形"坴"与人的合体，表人登山之意。小篆将"坴"下的"人"改作"夂"("止"的倒文)，即"夌"(líng)，成形声兼会意字，夌表示用脚上山，兼表声。"陵"的本义是登，登山，升。引申为凌驾，超越，进而引申为侵凌，欺凌。古代因"陵""凌"音同形近，在升上、超出、侵逼等义上通用，后"凌"为正字。由"登山"又引申为"大土山"，如"殽有二陵焉"(《左传·僖公三十二年》)。古代帝王坟墓隆起如山，故称陵墓，如"陵寝"，"十三陵"。引申泛指坟墓，如"陵墓"，"陵园"。今称革命烈士墓地为烈士陵园，是表崇敬意。由"大土山"又引申为山头，如"山无陵，江水为竭"(《乐府诗集·上邪》)。

陶 táo （金） （篆） （隶） 金文是象形字，写作"匋"(táo)，像一个人俯身用一把杵制作瓦器之形。本义是瓦器。小篆加意符"阜"(土山)为"陶"，成为会意兼形声字，表示从土山取陶土制作陶器之意，匋兼表声。本义是陶器。引申为制作陶器，如"万室之国，一人陶，则可乎?"(《孟子·告子下》)进而引申比喻培养，教育，如"陶冶"，"熏陶"。假借表示喜悦，如"陶然"，"乐陶陶"。"陶"又指两重的山丘，名陶丘，后成为地名专称，在今山东省定陶县。

陷 xiàn （甲） （篆） 甲骨文是会意字，从人从臼，像人落入陷阱的形状，即"臽"(xiàn)字。后来陷阱多用于捕兽，小篆加意符"阜"(山)为"陷"，表示捕兽的陷阱多挖于山上，成会意兼形声字。本义是坠入，掉入，如"陷入泥沼"。引申为名词，陷阱。进而引申为陷害，攻陷，陷落。再引申为击穿，如"吾楯之坚，莫能陷也"(《韩非子·难一》。楯：通"盾")。"坑穴"又引申为过失，缺陷。

注意："陷"右旁"臽"与"舀"形近，"臽""舀"两偏旁辨析参看"舀"字条。

陪 péi （篆） 小篆是形声字，从阜(土山)，咅(pǒu)声。本义是重叠的土堆。引申为伴随，陪伴，如"陪客"，"陪都"。由"伴随"又引申为辅助，如"陪审"。

隆 lóng （篆） （隶） 小篆是形声字，《说文》归入"生"部："从生，降声。"根据古文字及早期隶书，应当是从土降(古音)声，降兼表意：右上部的"夅"是两只倒止(脚)，下面是"土"，表示脚登在隆起的山地上。楷书的右旁为三字符共九笔：夂、一、生。本义是高地。引申为凸起，如"隆起"。由"高地凸起"又引申为兴盛，盛大，如"隆重"。"高地"是因土石堆得深且厚而成，故又引申为丰厚，如"隆遇"(优厚的待遇)。由"高地"又引申为程度深，如"隆冬"。

隔 gé （篆） 小篆是形声兼会意字，从阜，鬲(gé)声。阜是山，有阻隔作用；鬲是古代鼎类烹饪炊具，本音lì(参看"鬲"字条)，因三足分立，引申为分隔，阻隔，又音 gé。后来"鬲"专作偏旁,分隔义造"隔"字表示。本义是阻隔,遮断。引申为距离、时间的间隔,如"相隔很远","隔阂","隔三差五"。

隙 xì （篆）𨻶

小篆是形声兼会意字,从阜,𡭴(xì)声,阜是土山,这里代表土墙;𡭴的中间是"日",上下两个"小"表示游尘,合起来表示土墙缝中射进日光,照见无数的细微游尘。本义是墙相交处的裂缝。引申泛称孔穴,缝隙。进而引申为空间和时间上空闲,如,"隙地"(空地),"农隙"。又引申为漏洞,空子,机会,如"无隙可乘","乘隙而入"。又引申比喻感情的裂痕,如"嫌隙"。

障 zhàng （篆）𮥈

小篆是形声字,从阜(大土山,表示阻隔),章声。本义是阻隔,如"障蔽"。引申为用以遮挡之物,如"障碍","屏障","路障"。

隧 suì

楷书是形声兼会意字,从阝(阜,山陵),遂声,遂兼表通道之意。本义是墓道。引申泛指在山岭、河流及地面以下穿凿挖成的路,即隧道。

金(钅)部(11字)

金(钅、金) jīn (金)① ② ③ (篆) (隶) 金文①是象形字,像两块铜锭;②演变为形声字,从二(两块金属锭)从土,表示金属生于土,今(字右上)声;③为了匀称,将两点分在"土"的两旁。本义是铜或青铜。特指钟鼎,如"金文"。引申泛指金属,如"五金"。又指金属器物,如"鸣金收兵"。后特指黄金。黄金在古代用作货币,故引申指货币,如"现金","奖金"。也指五行之一,《尚书·洪范》:"五行:一曰水,二曰火,三曰木,四曰金,五曰土。"

　　"金"作为偏旁,在字左时写作"釒",规范简化为"钅",第二画是短横,不是点;第五画写成竖提以顺写右偏旁第一笔,如"钗、锄"。在合体字中多作意符,所从字与固体金属元素、金属加工、金钱等义有关,如"钞、银、锻、鉴、錾(zàn,凿子)、鑫";也作声符,如"钦、鋈、锦"。

针(針、鍼) zhēn (篆) 小篆是形声字,从金,咸声。本写作"箴",从竹是因为当初用的是竹针。有了金属针后改写作"鍼"。俗又省写作"針",成为会意字,从金从十(像穿了线的针的形状)。规范简化为"针"。本义是缝衣的用具。又指医疗用具,即针灸所用的针。引申泛指针状物,如"避雷针"。

钉(釘) dīng dìng (甲) (金)① ② (古钵) (篆) 本写作"丁"(参看"丁"字条)。甲骨文是象形字,像从顶端俯视的钉帽的形状。金文①是俯视的钉帽的形状,②古钵(铢)是侧视的钉体的形状。小篆加意符"金",表明是金属钉子,丁兼表声。规范简化为"钉"。**音 dīng**:本义是钉子。引申泛指钉状物,如"铆钉","竹钉"。**音 dìng**:用作动词,指把钉子或楔子打入其他物体,如"钉箱子","钉本子"。

钝(鈍) dùn (篆) 小篆是形声子,从金,屯声。规范简化为"钝"。本义是不锋利,如"刀钝了"。刀剑钝则切割费时费力,故引申为迟钝,笨拙,如"愚钝"。

钦(欽) qīn (篆) 小篆是形声字,从欠(打呵欠),金声。规范简化为"钦"。本义是打呵欠的样子,但此义古籍不见用。常用义是钦敬,仰慕。引申指古代对皇帝亲自所做事情的敬称,如"钦定","钦差大臣"。

鉴(鑒、鑑、鉴) jiàn (甲) (金)① ② ③ (篆)

（隶）**鑒**　甲骨文是会意字，是跪着的人俯对器皿里的水，睁大眼睛照看面容的形状。金文①将大眼睛的人迁到皿上部，成上下结构。②在器皿上部再加一短横表示水，成"監"（监）字；后来有了青铜镜。③就增加"金"旁写作"鑑"，成会意兼形声字。隶书写作"鑒"。规范简化为"鉴"。本义是古代盛水的青铜大盆。后指铜镜，如"宝鉴"，"以铜为鉴，可正衣冠"（《新唐书·魏徵传》）。由"铜镜"引申为动词：照，如"冰清可鉴"，"光可鉴人"。进而引申为仔细看，审察，如"鉴别"，"鉴定"，"鉴赏"，"望领导明鉴"。由"照"又引申为可以使人警戒或引为教训的事，如"对他的错误我们要引以为鉴"，"前车之鉴"。"鉴"作旧时书信的套语，用在书信开头称呼之后，表示请对方认真地看信，如"慧鉴"，"钧鉴"，"台鉴"，"大鉴"，"明鉴"。后因"鉴"主要用于引申义，照形器物又造"镜"字表示。

铭（銘）míng　（金）**銘**　（篆）**銘**　金文是形声字，从金（与钟鼎器物有关），名声。规范简化为"铭"。本义是在金属器物上刻或铸文字，后来也指在石碑、器物上铸刻文字。在金石器上铸刻的文字很难磨灭掉，故引申比喻感受深刻，难以忘怀，如"铭刻在心"，"铭记"。又引申为名词，指刻铸在器物上用以称述生平功德或鉴戒的文字，如"墓志铭"，"座右铭"。此写法后成为一种文体，如《陋室铭》。

银（銀）yín　（篆）**銀**　小篆是形声字，从金，艮（gèn）声。规范简化为"银"。本义是一种白色金属，质软而有光泽，在空气中不易氧化，古代多用以制造货币。引申为钱，货币，如"银票"。又引申指像银子的颜色，如"银白色"，"银河"。

銮（鑾）luán　（篆）**鑾**　小篆是会意兼形声字，从金（金属质料）从鸞（luán），鸞是鷥（鸾）的省写，表示銮铃声如鸾鸣，鸞兼表声。规范简化为"銮"。本义是古代君王车驾上用的仪铃。引申代指皇帝的车架，如"銮驾"，"銮舆"。进而引申代称帝王，如"迎銮"。

锦（錦）jǐn　（篆）**錦**　小篆是形声兼会意字，从帛，金声，金兼表色彩之意。规范简化为"锦"。"帛"（bó）是会意兼形声字，从白从巾（织品），白兼表声，本指未染的白色丝织品，引申泛指丝织物。"锦"的本义是有彩色花纹的丝织品，如"锦缎"，"锦上添花"。引申指色彩艳丽，如"锦霞"，"锦绣"。

鑫xīn　楷书是会意字，从三金，三表示多，金多表示兴旺。本义是财富兴旺，多用于商店字号及人名。

鱼（魚）部（10字）

鱼（魚）yú　（甲）🐟　（金）🐟　（篆）🐟　（隶）**魚**　甲骨文是象形字，像一条头、身、鳍、尾俱全的鱼的形状。金文繁化。小篆文字化。隶书写作"魚"，鱼尾变四点。规范简化为"鱼"。本义是水生脊椎动物，如"鲫鱼"，"鲨鱼"。引申指某些像鱼类的水栖动物，如"鲵鱼"，"鳄鱼"，"鲸鱼"。

　　"鱼"作为偏旁，在字左时，末笔的横变作提以顺写右偏旁第一笔，如"鲫、鱿"。在合体字中多作意符，所从字与鱼名、鱼的器官、状貌等义有关，如"鲤、鳄、鳖、鳍、鲁、鲜"；也作意符兼声符，如"渔"。

鲁（魯）lǔ　（甲）🐟　（金）🐟　（篆）🐟　（隶）**魯**　甲骨文是会意字，从鱼从口，表示鱼味道美。金文在"口"中加短横变为"甘"，强调了鱼味醇厚可口。小篆将"甘"讹变为"白"。隶书写作"魯"，下部仍作"日"。规范简化为"鲁"。本义是鱼味醇美。由"醇厚"引申为愚钝，莽撞，如"鲁拙"，"鲁莽"。鲁国（今山东南部一带）：周代诸侯国名。又作山东省的别称。

鲜（鮮）xiān xiǎn　（金）①🐟　②🐟　（篆）**鮮**　金文①是形声字，从鱼，鱻(shān)省（省略二羊）声；一说是会意字，从鱼从羊，羊表鲜美之意。②为左右结构。规范简化为"鲜"。**音 xiān**：本义是一种鱼。引申泛指活的鱼、虾类水产，如"海鲜"。进而引申泛指刚收获的海鲜、蔬菜、肉蛋等，如"时鲜"。又引申泛指刚加工好的、味儿美的食物，如"新鲜食品"。进而引申为新的，不陈旧的，如"鲜花"，"鲜血"。再引申为亮丽，明艳，如"鲜红"，"鲜艳"，"鲜明"。**音 xiǎn**：表示少，本作"尟"，后假借"鲜"表示，如"鲜为人知"，"寡廉鲜耻"。又用于古代北方少数民族名：鲜卑。

鲤（鯉）lǐ　（篆）**鯉**　小篆是形声字，从鱼，里声。规范简化为"鲤"。本义是鲤鱼，一种淡水鱼。代指书信，家书。古时装信的木函，分上下两块，刻为鲤鱼的形状，书信夹在里面，或将写信的绢结成双鲤鱼形，故又称"鲤素"。

鲫（鯽）jì　（篆）**鯽**　小篆是形声字，从鱼，即声。规范简化为"鲫"。本义是鲫鱼，一种淡水鱼。

鲸（鯨）jīng　（篆）**鯨**　小篆是会意兼形声字，从鱼从京（表示大），京兼表声。规范简化为"鲸"。本义指海里一种哺乳动物，形体巨大，像鱼，俗称"鲸鱼"。

鳄（鰐）è　楷书是形声字，从鱼，咢（è）声。规范简化为"鳄"。本义指一种在淡水中生活，生性凶猛的爬行动物，俗称"鳄鱼"。

鳍（鰭）qí　楷书是形声字，从鱼，耆（qí）声。规范简化为"鳍"。本义是鱼类和其他水生脊椎动物的运动器官，分为背鳍、胸鳍、腹鳍、臀鳍、尾鳍。

鳖（鱉）biē　楷书是形声字，从鱼，敝（bì）声。规范简化为"鳖"。本义是一种爬行动物，形状像龟，俗称"甲鱼""团鱼""王八"。

鳞（鱗）lín　（篆）鱗　小篆是形声字，从鱼，粦（lín）声。规范简化为"鳞"。本义是鱼鳞，鱼身上片状的角质护体物。引申泛指鱼类、爬行类和少数哺乳类动物身上片状的角质护体物，如"鳞片"。由鳞的形状进而引申比喻事物的点滴、片段，如"东鳞西爪"。又引申指像鱼鳞一样密集或排列，如"遍体鳞伤"，"鳞次栉比"。由"鱼鳞"又引申指鱼类，如"沙鸥翔集，锦鳞游泳"（范仲淹《岳阳楼记》）。

隶部(1字)

隶（隸、隷）｜（甲）🦫（金）🦫（篆）隶 隸　甲骨文是会意字，从又（手）持兽尾，表示追及、捕获，即"隶"字，读音 dài。此义后写作"逮"。"隶"规范为"隸"的简化字。"隸"是形声字，从隶，柰（nài）声，古代奴隶多是战争中捉来的俘虏，故从隶。"隷"是异体字。本义是古代奴隶的一个等级。引申泛指奴隶。奴隶附属于奴隶主，故又引申作动词：附属，属于，如"隶属"，"直隶"。也引申指古代的衙役，如"隶卒"，"皂隶"。也指汉字的一种书体，如"隶书"，"古隶"。

　　"隶"作为偏旁，在合体字中作意符，所从字与捕捉有关，如"隸、隷"；也作声符兼意符，如"逮"；也作声符，如"棣"。

革部(7字)

革 gé jí （金）🎋 （篆）革　金文是象形字,像一张去了毛的完整兽皮,上部是张着口的头,中间是身,下部是尾。小篆规整化。**音 gé:**本义是去了毛的兽皮,"有毛曰皮,无毛曰革"。鼓以革蒙面,因此古代称"革"为八音(金、石、土、革、丝、木、匏、竹)之一。将皮制成革有改变义,故引申为改变,如"变革","改革","革命"。进而引申为除去,如"革职"。**音 jí:**假借作"亟"(jí),现用作书面语,表示急,病危,如"病革"。

　　"革"作为偏旁,在合体字中多作意符,所从字与皮革有关,如"勒、鞠、鞭、靶"。

勒 lè lēi （金）🏺 （石鼓）𩎟 （篆）勒　金文是会意兼形声字,从革(皮革)从力,力兼表声。**音 lè:**本义是用力处理皮革。因马笼头是皮革所制,故引申为带有嚼口的马笼头。又引申为收紧缰绳,不让马前进,如"悬崖勒马"。进而引申为强制,如"勒令","勒逼"。由刮制皮革引申为雕,刻,如"勒石","勒碑"。**音 lēi:**用绳子使劲拉紧,如"勒紧点"。

靴 (鞾) xuē （篆）鞾　小篆是形声字,从革(与皮革有关),華声。现在规范为"靴"。本义是高筒的鞋,如"皮靴","雨靴"。

靶 bǎ （篆）靶　小篆是形声字,从革,巴声。本义是射击的目标,如"打靶","靶心"。引申比喻他人攻击的对象,如"你成了活靶子"。

鞋 (鞵) xié （篆）鞵　小篆是形声字,从革(与皮革有关),奚声。俗写作"鞋"。现在规范为"鞋",从革,圭声。本义是鞋子,如"皮鞋","拖鞋"。

鞍 ān （篆）𩌌　小篆是会意兼形声字,从革从安(安稳),安兼表声。"鞌"是异体字。现在规范为"鞍"。本义是为了稳定,安放在牲畜背上承载物品或供人骑坐的皮革器具,如"马鞍"。又作地名用字,如"鞍山","马鞍山"。

鞠 jū （篆）鞠　小篆是形声兼会意字,从革,匊(jū)声,匊(手捧米)兼表抟曲之意。本义是古代玩耍的一种皮球。因怀孕腹部似鞠,故引申为"养育",如"鞠养","父兮生我,母兮鞠我"(《诗经·小雅·蓼莪》)。又引申为弯曲,如"鞠躬","但愿老死花酒间,不愿鞠躬车马前"(唐寅《桃花庵歌》)。

面部(2字)

面¹(靣)ᵐⁱᵃⁿ (甲) (篆) (隶) 甲骨文是会意字,外围的菱形框像人面部的轮廓,中间突出了"目",合起来表示人的面部。小篆改"目"为"百"(首的省形),外围轮廓仍像脸形。隶书写作"面",将外围的轮廓降到长横下面。"靣"是异体字。现在规范为"面",也规范作"麵""麪"的简化字。本义是脸,即整个面庞(古代"脸"本指两颊,后来渐与"面"同义)。引申为面向,如"面山而居"。"面"是头部表层,故又引申为表面,如"地面"。又引申为方面,如"独当一面"。进而引申为方位词,如"上面","外面"。作量词,用于有面的扁平物体,如"一面镜子","两面旗子","三面鼓";又用于会见次数,如"见过两面","一面之交"。

"面"作为偏旁,在合体字中作意符,所从字与脸面有关,如"靥、靦";也作意符兼声符,如"偭、緬";也作声符,如"缅、湎"。

面²(麵、麪)ᵐⁱᵃⁿ 楷书繁体是形声字,从麥(麦),面或丏(miǎn)声。规范简化为"面"。本义是粮食磨成的粉,如"面粉"。引申泛指粉末,如"辣椒面儿"。

骨部(2 字)

骨 gǔ gū （甲）（楚简）（篆）（隶）骨　甲骨文是象形字，像几根骨头交错放置的形状，短竖表示骨节两端的突出处。楚简加意符"月"（肉），成会意字，表示骨肉相连。小篆规整化，从冎（guǎ，去肉骨形）从月（肉）。**音 gǔ**：本义是骨骼，如"脱胎换骨"。引申为人的尸骨，如"朱门酒肉臭，路有冻死骨"（杜甫《自京赴奉先县咏怀五百字》）。又引申指人的气节、品质，如"傲骨铮铮"，"钢筋铁骨"。又引申指文学作品的风格，如"建安风骨"。又引申指物体内部起支撑作用的架子，如"伞骨"，"钢骨"。在口语中指有韧性，如"这面条有筋骨儿"。**音 gū**：指未开的花，如"花骨朵儿"。骨碌（碌）：表声、形、动作，如"皮球骨碌到一边去了"，"眼珠骨碌碌乱转"。

　　"骨"作为偏旁，在合体字中作意符，所从字与骨头有关，如"骷、髌、骸"；也作声符，如"滑、猾、鹘"。

髓 suǐ　楷书是形声字，从骨，随（"随"的繁体）省（省去"阝"）声。本义是骨中胶脂状的物质，如"敲骨吸髓"。引申指像骨髓的东西，如"脑髓"。又比喻事物的精华部分，如"精髓"。

香部(1字)

香 xiāng （甲）🔲（篆）🔲（隶）🔲🔲　甲骨文是会意字,上部像成熟的禾黍,旁边有散落的黍粒,表示黍、稷散发有香味;下部是口,合起来表示口尝农作物籽粒的香味,一说下部是盛粮食的器皿。小篆上部为黍,下部变为甘(香甜味美)。隶书上部简省为禾,下部简省为日,写作"香"。本义是谷物成熟后的香味,如"山前有熟稻,紫穗袭人香"(皮日休《橡媪叹》)。引申泛指气味好闻,与"臭"相对,如"花香","香醇"。又引申指有香味的东西,如"麝香","檀香"。芳香使人感到舒服,故又引申为味道好或睡得舒服,如"吃得香","睡得香"。也引申为受欢迎,被珍视,如"很吃香","孰知不向边庭苦,纵死犹闻侠骨香"(王维《少年行四首》之二)。女子常用脂粉妆扮,故用以形容女性或与女性有关的事物,如"怜香惜玉","香魂","香艳"。

"香"作为偏旁,在合体字中作意符,所从字与香味有关,如"馥、馨"。

鬼部(3字)

鬼 guǐ （甲）𦥑 𦥑𦥑 （金）𦥑 （篆）𦥑 （隶）𦥑　甲骨文是象形字,像跪坐或站着的人身巨首(非"田"字)之怪物,表示与生人有异之鬼。小篆加"厶"(sī,私)表示鬼的阴私重。本义是某些宗教或迷信的人所说的人死后的精灵,如"鬼魂","新鬼烦冤旧鬼哭"(杜甫《兵车行》)。引申为万物的精灵,如"山鬼"。又引申指神奇,神秘莫测,如"鬼斧神工","神出鬼没"。又引申指阴险,不光明,如"鬼话","心怀鬼胎","鬼鬼祟祟"。也指不可告人的勾当,如"搞鬼"。还引申指恶劣,糟糕(限做定语),如"鬼天气"。也引申指机灵,敏慧(多指小孩子),如"鬼精灵","调皮鬼"。也用于对人的蔑称或憎称,如"酒鬼","吝啬鬼","小鬼子"。

　　"鬼"作为偏旁,在字左作右包围时,第七笔竖折钩要拉长,如"魁、魅"。在合体字中作意符,所从字与鬼怪、魂灵等义有关,如"魄、魍魉、魇";也作声符,如"瑰、愧、嵬"。

　　注意:楷书"鬼"第六笔"丿",要从"白"形中间撇出。

魂 hún （篆）𩀱　小篆是形声字,从鬼,云声。本义是灵魂,即古人想象的能离开人体而存在的精神(依附于形体而能独立存在的称为"魄"),如"魂灵","鬼魂","魂不附体"。引申为精神,神志,如"神魂颠倒","魂不守舍","魂牵梦绕"。又引申指人格化事物的精灵,如"诗魂","画魂"。还引申特指崇高的精神,如"国魂","民族魂"。

魁 kuí （篆）𩲡　小篆是形声字,从斗(长柄酒勺),鬼声。本义是汤勺,调羹。引申为魁星,即北斗七星中的第一星,或为第一星至第四星的总称。进而引申指为首的,居第一位的,如"魁首","罪魁祸首","夺魁"。又引申为高大,如"魁梧","魁伟"。

食(饣、飠)部(17字)

食(饣、飠) shí sì （甲）① ② （金） （篆） （隶） 甲

骨文是象形字,①上部A形是食器的盖子,下部是盛食物的器皿;②中间加两点表示香气。小篆文字化。隶书写作"食"。**音 shí**:本义是食具,此义已消亡。引申为食物,进而引申为粮食。又引申为动词,表示吃,如"废寝忘食"。"吃"的结果是吞没食物,故引申为背弃,如"食言"。由"吞没"又引申为日食,月食(古人认为太阳、月亮被某物吞吃了),此义后写作"蚀"。**音 sì**:用作使动词:拿东西给……吃,此义后写作"飼(饲)"(加声符"司"),如"饲养员"。

　　"食"作为偏旁,在字左时繁体写作"飠",规范简化为"饣",第二画是横钩。在合体字中主要作意符,所从字与食物、吃等义有关,如"饭、饱、飨、餐";也作意符兼声符,如"蚀";也作声符,如"饬、饰"。

饥¹(飢) jī （篆） 小篆是形声字,从食,几声。规范简化为"饥",也作"饑"(谷不熟,即荒年)的简化字。本义是肚子饿,如"饥寒交迫"。

饥²(饑) jī （篆） 小篆是形声字,从食,幾(jī)声。规范简化为"饥"。本义是谷不熟,即五谷歉收,荒年,如"饥荒","饥馑"(馑:蔬不熟)。通"饥"。"飢"与"饑"在先秦是两个字,音、义也不同,汉朝以后两字读音渐同,用法也渐通用。

飨(饗) xiǎng （篆） 小篆是会意兼形声字,从食从鄉(xiāng),鄉在甲骨文中写作 ,意思是二人相向共食,中间是食具;鄉兼表声。"饗"规范简化为"飨","乡"表声。本义是乡人共聚饮酒,如"朋酒斯飨,曰杀羔羊"(《诗经·豳风·七月》)。引申为用酒饭款待人,又引申为请人享用,如"飨客","以飨顾客"。

饪(飪、餁) rèn （篆） 小篆是形声字,从食,壬(rén)声。"餁"是异体字。规范简化为"饪"。本义是煮熟,如"烹饪"。现在指做饭做菜。

饭(飯) fàn （篆） 小篆是形声字,从食,反声。规范简化为"饭"。本义是吃饭,如"饭前要洗手","饭疏食饮水,曲肱而枕之,乐亦在其中矣"(《论语·述而》)。引申泛指每餐所吃的食物,如"米饭","午饭"。

饯(餞) jiàn （篆） 小篆是形声字,从食,戋(jiān)声。规范简化为

"饯"。本义是设酒食送行，如"饯别"，"饯行"。又用来表示用蜜或糖浸渍的果品，如"蜜饯"。"蜜饯"本写作"蜜煎"，是用蜜浸渍煎煮的果品，因是食品，后写作"蜜饯"。

饰（飾）shì （篆）𩜾

小篆是会意兼形声字，右边从人从巾，表示人持巾刷拭，左边食表声。规范简化为"饰"。本义是刷拭使洁净。引申为修饰，装饰。进而引申为遮掩，掩饰，如"饰词"，"文过饰非"，"粉饰太平"。由"装饰"又引申指装饰品，如"首饰"，"衣饰"。又引申为扮演，扮演角(jué)色，如"她饰武则天"。

饱（飽）bǎo （篆）𩜿

小篆是形声字，从食，包声。规范简化为"饱"。本义是吃足，不饿，如"饱餐"，"饱食终日"。引申为充分，如"饱学之士"，"饱经沧桑"。又引申为满足，如"一饱眼福"。

饲（飼、飤）sì

楷书繁体是形声字，从食从司。本作"食"(sì)，后分化为"飤"和"飼"。规范简化为"饲"。本义是拿食物给人或动物吃。后词义缩小，只用于动物，如"饲养"。

饴（飴）yí （篆）𩛆

小篆是形声字，从食，台(yí)声。规范简化为"饴"。本义是饴糖，用米、麦芽熬制成的糖膏。

饶（饒）ráo （篆）饒

小篆是形声字，从食，尧(尧)声。规范简化为"饶"。本义是饱。引申为丰足，富裕，多，如"富饶"，"丰饶"，"饶有趣味"。借作宽恕，宽容，如"饶恕"，"告饶"。

蚀（蝕）shí

楷书繁体是会意兼形声字，从虫从食，食兼表声。本义是虫等蛀伤物。虫蛀物比较慢，故引申为侵蚀（逐渐侵害使变坏）。虫蛀物，则物损伤残缺，故引申为亏损，如"蚀本"。进而引申指日食，月食。

餐（湌、飡）cān （篆）①餐②飡

小篆①是形声字，从食，奴(cán)声。"湌"和小篆②"飡"是异体字。现在规范为"餐"。本义是吃，吞食，如"聚餐"，"风餐露宿"。引申为饭食，如"午餐"，"谁知盘中餐，粒粒皆辛苦"(李绅《悯农二首》之二)。又引申为量词，用于吃饭的顿数，如"一日三餐"。

餮 tiè

楷书是形声字，从食，殄(tiǎn)声。本义是贪食。"贪财为饕，贪食为餮"(《左传·文公十八年》杜预注)。饕(tāo)餮，传说中一种贪食的猛兽(参看"饕"字条)。

馋（饞）chán

楷书繁体是会意兼形声字，从食从毚(chán，贪婪狡诈之兔)，毚兼表声。规范简化为"馋"。本义是贪食，想吃，如"嘴很馋"，"又懒又馋"。引申为想得到喜爱的东西，如"眼馋"。

注意："馋"的右上部是声旁"免",表 an 音,不要多加一点写成"兔"。

饕 tāo　(篆)饕　小篆是形声字,从食,號(hào)声。本义是极其贪财,如"饕残"(贪婪残酷),"饕淫"(贪婪荒淫)。老饕:指贪财者,也指贪食者,如"盖聚物之夭美,以养吾之老饕"(苏轼《老饕赋》)。饕餮(tiè):传说中一种贪食的恶兽,古代鼎彝等铜器上常用它的头部形状做装饰,后人用来比喻贪吃者或贪婪的人。

音部(3个)

音 yīn （甲）🔺 🔺（金）🔺（篆）🔺（隶）**音** 甲骨文中"音"与"言"同字，都表示人口中发出的声音(参看"言"字条)。后来为了分化字义，金文在"言"下部的"口"中加一横，表示说话时发出的声音，成为指事字，从言合一。隶书写作"音"。本义是声音。引申指乐器发出的声音，即乐音，音乐。进而引申指语音，口音，如"字音"，"乡音"。因"声音"传递信息，故又引申指消息，如"音讯"，"再传佳音"。由"乐音"又引申为音律。

"音"作为偏旁，在合体字中多作意符，所从字与音乐、声音等义有关，如"竟、意、韵、韶"；也作意符兼声符，如"暗、歆"；也作声符，如"窨、暗、谙"。

注意："音"的本义不是音乐，音乐在古代称作"乐"。

章 zhāng （甲）🔺 （金）🔺（篆）**章** 甲骨文是会意字，上部是辛(刻刀)(参看"辛"字条)，下部是"辛"在玉璧上雕治的花纹。演变到小篆，《说文·音部》认为"章"是从音从十的会意字，音指音乐，十表示个位数的结束，因此"章"表示乐曲演奏结束。此说应是引申义。本义是(用刻刀)雕刻玉璧花纹。引申泛指花纹，进而引申为文采，如"吾党之小子狂简，斐然成章"(《论语·公冶长》)。再引申指诗文的段落或整篇，如"篇章"，"文章"，"奏章"。古时诗与音乐常相结合，故又称乐曲为乐章。因乐曲结束为一章，故又指乐曲的一段为一章。"乐章"是有节奏规律的，故又引申指条理，如"杂乱无章"。又引申为章法，简章，规章，章程，如"约法三章"，"照章办事"。由"雕刻的花纹"又引申为印章，如"又用篆章一"(魏学洢《核舟记》)。"印章"起标志作用，故又引申为徽章，证章，领章。"雕刻的花纹"又引申泛指花纹，如"永州之野产异蛇，黑质而白章"(柳宗元《捕蛇者说》)。因"花纹"鲜明突出，又引申为明显，彰明；进而引申为表彰。这两个意义后来写作"彰"。

韵(韻) yùn （篆）**韻** 小篆是形声字，从音，員(yún)声。俗写作"韵"，形声兼会意字，从音，匀(yún)声，匀兼表匀称之意，表示声音配合得和谐而有节奏。现在规范为"韵"。本义是和谐悦耳的声音，如"好鸟相鸣，嘤嘤成韵"(吴均《与朱元思书》)。引申为韵母，如"押韵"，"韵文"。由"和谐"又引申为风致情趣，如"风韵"，"韵味"。

首部(1字)

首 shǒu （甲） （金） （篆） （隶） 首 甲骨文是象形字，像一个突出了头发和眼睛的头的形状。金文的上面用一块头皮加几根头发代表头壳，下部用更加突出的眼睛(目)代表面部。小篆将头皮拉平。隶书写作"首"。本义是头，如"昂首阔步"。"首"居人体之上，是人的决策器官，故引申为首领，头领，如"元首"，"罪魁祸首"。"首"在人体最上如同在先，又引申为第一，开头，开始，如"首先"，"首届"。由"头"又引申为低头认错，出头告发，如"自首"，"出首"。作量词，用于诗歌，如"唐诗三百首"。

"首"作为偏旁，在合体字中作意符，所从字与头有关，如"馗"；也作意符兼声符，如"道"。

髟部(6字)

髟 biāo （篆）📜　小篆是会意字,从镸从彡(shān),镸(长,"长"作偏旁的一种写法)指长发,彡像长发飘动的形状。本义是长发下垂之意。

"髟"现只作偏旁,习惯上称为"髟字头"。在合体字中作意符,所从字与毛发长、毛发等义有关,如"髻、鬃、髯(须)、鬓"。

髯 rán　楷书是形声兼会意字,从髟(biāo,表示胡须),冉声,冉兼表柔弱下垂之意。本义是两颊的胡须,如"(高祖)美须髯"(《汉书·高帝纪》)。引申泛指胡须,如"美髯","白发苍髯"。进而引申指须多或须长的人,如"何处识老髯,自虎跑泉始"(袁宏道《赠李云峰》)。

髻 jì （篆）📜　小篆是形声字,从髟(biāo,长发披垂),吉声。本义是盘在头顶或脑后的发结,如"发髻","云髻"。

髭 zī　楷书是形声字,从髟(biāo,与胡须有关),此声。本义是嘴上边的胡子,如"髭须","行者见罗敷,下担捋髭须"(《乐府民歌·陌上桑》)。引申泛指胡须,如"连年收科第,若摘颔底髭"(韩愈《寄崔二十六立之》。摘取髭须,比喻轻而易举)。

鬃 zōng　楷书是形声字,从髟(biāo,长发披垂),宗声。本义是马、猪颈上的长毛,如"马鬃","猪鬃"。

鬓(鬢) bìn （篆）📜　小篆是形声字,从髟(biāo,毛发长),賓(宾)声。规范简化为"鬓"。本义是颊发,即脸旁靠近耳朵的头发,如"两鬓斑白","乡音未改鬓毛衰"(贺知章《回乡偶书》)。

鬲部(2字)

鬲 lì gé （甲）〔字形〕 （金）〔字形〕 （篆）〔字形〕 甲骨文是象形字,像一种主要用来煮水和熬粥的鼎状炊具(鼎主要用来煮肉),上部是方形或圆形的容器,下部三足中空,便于汤水多且烧时易受热。小篆规整化。**音 lì**:本义是古代鼎类炊具。**音 gé**:通"隔"。因三足分开,引申为分隔,阻隔。此义后造"隔"(加意符"阝")字表示。

　　"鬲"作为偏旁,在合体字中作意符,所从字与炊具、饮食、阻隔等义有关,如"融、𩰽(fǔ,即釜)、鬻(yù,本义是粥,引申为卖)";也作意符兼声符,如"隔、嗝";也作声符,如"膈、镉、翮"。

融 róng （篆）〔字形〕 小篆是形声字,从鬲(lì),虫省声(繁体"蟲"省去二虫);鬲是古代一种似鼎的炊具。本义是炊气上升。炊气上升能使某些固体受热变软或化为流体,故引申为融化,消融。进而引申指几种不同的事物合成一体,如"融合","融会贯通"。又引申为流通,如"金融"。

高部（2字）

高 gāo （甲）高 （金）高 （篆）高　甲骨文是象形字，像楼台重叠高耸的形状。小篆规整化。本义是从下向上距离大，如"高楼"。引申为高度，高处，如"身高"，"居高临下"。又引申为等级或程度的高，如"曲高和寡"，"高等"，"高档"，"高水平"。进而引申为尊贵，道德水平高，如"崇高"，"高风亮节"，"高尚"。由此虚化为敬辞，如"高姓大名"，"高见"，"高就"，"高寿"。由本义又引申为大，如"劳苦功高"，"风高浪急"。又引申为年龄大，如"高龄"，"年事已高"。又引申为声音大，响亮，如"高呼口号"，"不敢高声语"（李白《夜宿山寺》）。

"高"作为偏旁，在有些字中省去下部的"口"，如"毫、亭"；有些字中省去"亠"，如"乔（乔）"。在合体字中作意符，所从字与高有关，如"亭、京、亮、嵩"；也作声符，如"搞、敲、毫、豪"。

膏 gāo gào （甲）①膏 ②膏 （篆）膏　甲骨文是形声字，①从月（肉），高声；②"高"省去了下面的"口"。小篆承接甲骨文①并规整化。**音 gāo**：本义是肥肉，如"膏肉"，"膏粱"。又特指油脂，如"春雨如膏"，"膏泽"。油脂有滋润作用，故又引申指润发的油脂，如"膏沐"，"洗发膏"。又引申泛指膏状的物质，如"牙膏"，"药膏"，"唇膏"。由"肥油"又引申为肥沃，如"膏田"，"膏壤"。由"油脂"又引申指古代所称的心尖脂肪，一般"膏肓"连用（心脏与隔膜之间叫"肓"）。**音 gào**：作动词，表示滋润，特指在车轴和机器等经常转动处涂油膏，如"膏油"。又引申指把蘸了墨的毛笔在砚台边上捘匀，如"膏笔"，"膏墨"。

黄部(1字)

黄 huáng （甲）𡩡 （金）黄 （篆）黄 （隶）黄　甲骨文是象形字,像上有系带下有穗的古人腰间的佩玉;一说像人腰间佩有玉璜的形状。是"璜"的初文。金文繁化。隶书写作"黄"。本义是一种玉器,形状像璧的一半。引申泛指佩玉。玉有黄玉,又引申指黄色。又作黄帝的简称,如"黄老","炎黄子孙"。也作黄河的简称,如"黄泛区"。由"黄色"又引申指某些黄颜色的东西,如"蛋黄","牛黄"。又引申指色情,如"扫黄","黄色书刊"。植物枯萎则黄,引申指办事失败,如"这事情黄了"。

"黄"作为偏旁,在合体字中作意符兼声符,所从字与黄色有关,如"璜、癀";也作声符,如"潢、簧、蟥"。

注意:"黄"中间是"由"不是"田",出头的短竖是系绳。

麻部(5 字)

麻(蔴)^{má}　(金)〔金文字形〕　(篆)〔篆文字形〕　金文是会意字,从厂(hǎn,岩崖)从林(pài,劈分麻的茎皮),表示在山崖下面晾挂着的一缕一缕的纤麻。小篆改"厂"为"广"(yǎn,简易的房屋),变为在屋檐下晾麻,反映了古人生活条件的改善。"麻"在古代专指大麻,后加意符"艹"写作"蔴"。现在规范为"麻"。本义是麻类植物。引申指麻类植物的纤维,如"麻纺工业"。麻纤维布常做丧服,引申为丧服,如"披麻戴孝"。麻纤维繁密,引申为众多,如"杀人如麻"。又形容纷乱缠结,如"心如乱麻"。因麻布粗糙,又引申为粗糙不平,进而引申指感觉麻木,如"手脚发麻","麻痹大意"。由"粗糙"又引申喻人脸上的痘瘢,即麻子。

　　"麻"作为偏旁,在合体字中多作声符,主要取其声母"m",如"嘛、摩、磨、糜、魔";也作声符兼意符,所从字与纤细、纷乱等义有关,如"痲、縻、靡";也作意符,如"麿、麾",这些字已不常用。

摩^{mó mā}　(篆)〔篆文字形〕　小篆是形声字,从手,麻声。**音 mó**:本义是摩擦。引申为抚摩,进而引申为接近,接触,如"摩天大楼","摩天岭"。由"摩擦"又引申为切磋琢磨,如"观摩","揣摩"。**音 mā**:摩挲(mā sa),指手轻按着来回地抚摩。

糜^{mí méi}　(篆)〔篆文字形〕　小篆是形声字,从米,麻声。**音 mí**:本义是煮米为稠粥。引申为糜烂。"糜"又表示浪费,如"糜费"。用作姓。**音 méi**:糜子,农作物名,一种不黏的黍。

靡^{mǐ mí}　(篆)〔篆文字形〕　小篆是会意兼形声字,从非(分离相背)从麻(劈麻散乱之意),麻兼表声。**音 mǐ**:本义是散乱倒下,如"风靡"(本指草木随风倒下,后比喻流行、风行,如"风靡一时")。"靡"从非,故又指无,没有,如"春蚕收长丝,秋熟靡王税"(陶渊明《桃花源诗》)。**音 mí**:由"散乱"又引申为浪费,如"奢靡"。

魔^{mó}　(篆)〔篆文字形〕　小篆是形声字,从鬼,麻声,佛教传入中国后所造字。本义是梵语音译"魔罗"的略称,意思是"障碍""破坏""扰乱"等,佛教指妨碍修行、破坏佛法、杀人致死的邪恶之神,如"魔王"。引申泛指我国宗教所说的迷惑人、害人的鬼怪,如"妖魔","魔鬼"。又引申为神秘,奇异,如"魔术","魔法"。又引申为被迷惑,着迷,如"客有诗魔者,念哦不知疲"(白居易《酬裴晋公》)。

鹿部（4字）

鹿 lù （甲）[甲骨文] （金）[金文] （篆）[篆文] （隶）**鹿**　甲骨文、金文是象形字，像雄鹿的侧视的形状，突出了鹿角的形状。篆文变化很大，下部的"比"由鹿的蹄形演变而来。隶书写作"鹿"。本义是鹿科动物。鹿是人们的捕猎对象，故比喻为政权，如"逐鹿中原"。

"鹿"作为偏旁，在合体字中多作意符，所从字与鹿科动物有关，如"麋、麒麟"；也作意符兼声符，如"麓"；也作声符，如"漉、辘"。

麋 mí （甲）[甲骨文] （石鼓文）[石鼓文] （篆）[篆文]　甲骨文是象形字，突出了麋的眉杈发达的特征。石鼓文增加声旁"米"，成形声字，从鹿，米声。小篆规整化。本义是麋鹿，亦称"四不像"。因其眉杈发达，古代借作表示"眉"，如"伊尹之状，面无须麋"（《荀子·非相》）；又如"麋寿"，即眉寿、长寿之意。

麓 lù （甲）[甲骨文] （篆）[篆文]　甲骨文是会意兼形声字，"林"字分在"鹿"的两边，以鹿活动在林中表示生长在山脚的林木；鹿兼表声。小篆将"林"移到"鹿"的上面，成为上下结构。本义是生长在山脚的林木。引申指山脚，如"山麓"，"天山北麓"。古代也称看守山林或苑囿的官吏为"麓"。

麝 shè （篆）[篆文]　小篆是形声字，从鹿，射声。本义是形状像鹿而小、无角的动物。雄的能分泌麝香，又作麝香的简称。

鼎部（1字）

鼎 dǐng （甲） （金） （篆） （隶） 甲骨文是象形字，像鼎的形状。鼎主要用青铜制成，盛行于商、周时代。圆鼎两耳三足，方鼎四足。小篆夸张了足、耳部分，鼎身成"目"。本义是古代用作烹煮的炊具，如"鼎沸"。后发展为置于宗庙作铭功记绩的礼器。相传夏禹收九州之金铸九鼎，成为传国重器，故引申象征君位、政权，如"问鼎中原"。进而引申为显赫，盛大，如"鼎盛"，"钟鸣鼎食"，"大名鼎鼎"。鼎有三足，又比喻引申三方并立，如"三方鼎立"。后又用作香炉，民间仿制的香炉亦称鼎。

　　"鼎"作为偏旁，在合体字中作意符，所从字与鼎有关，如"鼐"（nài）。古文字"鼎"与"贝（貝）"形近，有些从"鼎"的字被写成从"贝"，如"贞、则、员"。

黑部（4字）

黑 hēi　（金）　（篆）　（隶）　金文是会意字，从囱从炎，囱是古文"窗"字，小点表示烟熏的尘灰（上古时无烟囱，屋顶开天窗，用来采光透气和生火出烟）；炎指火气升腾，逐渐熏黑了窗户。隶书将"炎"上部"火"变为"土"，下部"火"变为"灬"。本义是黑色。引申为天色昏暗无光，如"天黑了"。又引申为隐秘的，非法的，如"黑枪"，"黑市"。

　　"黑"作为偏旁，在合体字中多作意符，所从字与黑有关，如"黝、黔、黛、黯"；也作意符兼声符，如"墨"；也作声符，如"嘿"。

墨 mò　（篆）　小篆是会意兼形声字，从土从黑，表示黑颜料用石墨类黑色矿物制成（汉代以后用松烟等原料制成）；黑兼表声。本义是书画所用的黑色颜料。引申指黑色，如"墨镜"。后词义扩大，指接近于黑色的，如"墨玉"。写字绘画用墨，故又引申指书法，绘画，诗文，如"墨宝"，"文人墨客"。

默 mò　（篆）　小篆是形声字，从犬，黑声。本义是犬不吠而突然袭人。引申指不出声，如"默读"。又引申指暗中，如"默契"，"潜移默化"。

黔 qián　（篆）　小篆是形声字，从黑，今声。本义是黑色。秦始皇时改民为"黔首"，是因为当时庶民以黑巾裹头（一说是因为他们长期耕作致使脸色黑黄）。又作贵州省的别称。

黍部(1 字)

黍 shǔ　（甲）① 〔甲骨文字形〕 ② 〔甲骨文字形〕 （金）〔金文字形〕 （篆）〔篆文字形〕 甲骨文①是象形字，像一棵结满果实、散穗下垂的黍子；②是会意字，加意符水（酒），是殷人用黍酿酒的反映。小篆讹变为形声字，从禾，雨省声（省去一横）。《说文》：“以大暑而种，故谓之黍。”（因为大暑前后种植，所以叫做黍，与“暑”同音。）隶变后楷书写作“黍”，会意字，从禾从人从水。本义是黍子，去皮后就是黄米，煮熟呈黏性，可酿酒。

“黍”作为偏旁，在合体字中作意符，所从字与农作物、黏性等义有关，如“黎、黏、黐”。

鼓部(1字)

鼓(鼓、皷)gǔ （甲）[甲骨文字形]（金）[金文字形]（篆）[篆文字形]（隶）**皷鼓** 甲骨文
是会意字,从壴(zhù)从攴(pū)。"壴"的甲骨文[字形],像架起的鼓的形状,上部是装饰物,下部是鼓架,中间是鼓面,短横表示鼓心。是"鼓"的初文。"攴"是手持棍儿击打。合起来像手持鼓槌击鼓的形状。金文简省了鼓面短横。隶书或写作"皷",从"皮"是因鼓的材质。楷书有"鼓""皷""皷"等形。现在规范为"鼓","攴"写作"支"。本义是敲鼓,击鼓,动词,如"一鼓作气","更鼓"。古代作战,以鼓为号令来振声气,故引申为激发,使振作,如"鼓舞","鼓起勇气"。由"敲鼓"又引申泛指敲击、拍弹,如"胶柱鼓瑟","鼓掌"。用作名词,指某些打击乐器,如"腰鼓","手鼓";也指战鼓,如"鼓角齐鸣"。由"鼓"又引申指鼓样之物,如"石鼓"。又引申为高起,凸出、膨胀,如"鼓包","鼓起腮帮","提包装得鼓鼓的"。

　　"鼓"作为偏旁,在合体字中作意符,所从字与鼓、凸起等义有关,如"鼙"(pí);也作意符兼声符,如"鼟";也作声符,如"瞽"。

鼠部(2字)

鼠 shǔ （甲） （金） （篆） （隶）　甲骨文是象形字,像鼠侧视的形状,有尖嘴、利齿、短腿、长尾,小点是食物残渣。金文像鼠蹲踞的形状,上部是头齿,下部是足背尾。小篆突出了鼠头的张口显齿,下部四足鼠背长尾清晰。隶书写作"鼠"。本义是老鼠,俗称"耗子"。引申泛指鼠类动物。

　　"鼠"作为偏旁,在合体字中作意符,所从字与鼠类或像鼠的动物有关,如"鼹、鼬、鼯"。

鼬 yòu （篆）　小篆是形声字,从鼠,由声。本义是一种身细长、尾较粗、四肢短小、善捕鼠的哺乳动物,俗称黄鼠狼。肛门旁有一对臭腺,能放出恶臭。有黄鼬、白鼬、雪鼬、青鼬等。皮可制衣帽,毛可制毛笔。

鼻部(3 字)

鼻 bí （篆）鼻　小篆是形声兼会意字,从自(人鼻)从畀(bì,给予),表示一呼一吸,自相给予;畀兼表声。本义是鼻子。因动物从母体出生时多先出鼻子,故引申为开端,创始,如"鼻祖"。

"鼻"作为偏旁,在合体字中多作意符,如"劓、搟、齁";也作声符,如"濞"(bì,大水突然涌到的声音)。

鼾 hān　（篆）鼾　小篆是形声字,从鼻,干声。本义是熟睡时粗重的鼻息声。

齉 nāng　楷书是形声字,从鼻,囊(náng)声。本义是鼻塞不通,发音不清。